외국인을 위한 한국어 문법과 표현

초급

조사 · 표현 · 어미

외국인을 위한 한국어 문법과 표현(초급)

This Edition was published by Jipmoondang 2018, Seoul, Korea.

Korean Grammar & Expressions for Foreigners

외국인을 위한

한국어 문법과 표현

초급 | 조사 · 표현 · 어미

양명희 이선웅 안경화 김재욱 정선화 유해준

집문당

양명희 | 중앙대학교 국어국문학과 교수
이선웅 | 경희대학교 외국어대학 한국어학과 교수
안경화 | 서울대학교 언어교육원 대우부교수
김재욱 | 한국외국어대학교 교육대학원 외국어로서의 한국어교육 전공 교수
정선화 | 중앙대학교 국어국문학과 교수
유해준 | 경상국립대학교 국어교육과 부교수

외국인을 위한 한국어 문법과 표현(초급)

2018년 9월 10일 1판 1쇄
2023년 2월 10일 2판 1쇄

저자 | 양명희 · 이선웅 · 안경화 · 김재욱 · 정선화 · 유해준
발행인 | 임동규
발행처 | **(주)집문당**
등록 | 1971. 3. 23. 제2012-000069호
주소 | 03134 서울시 종로구 돈화문로 82, 5층
전화 | +82-1811-7567
이메일 | sale@jipmoon.com
홈페이지 | www.jipmoon.com

ISBN 978-89-303-1945-4 94700
ISBN 978-89-303-1944-7(세트)

가격 34,000원

(주)집문당 이순신돋움체B (저작권자 아산시, 무료글꼴)

머리말

외국인을 위한 한국어 문법 수업에서는 무엇을 가르쳐야 할까? 예를 들어 '이/가'와 '은/는'을 가르칠 때 무엇을 어떻게 가르쳐야 할까? 이 책은 한국어를 가르치는 한국어 교사들에게 도움이 되는 한국어 문법 교육 내용을 제공하기 위해 기획되었다. 국어 문법 지식만으로는 해결되지 않는 한국어 문법의 교수 내용이 무엇이며 이를 어떻게 가르쳐야 하는지를 체계적으로 정리하여 한국어 교사뿐 아니라 한국어교육 문법 연구자들에게도 도움이 되고자 하였다.

연구자들은 최신 국어 문법 연구 성과를 바탕으로 하고 현장의 한국어 수업 현장을 고려하여, 한국어 초 · 중급 문법 수업에서 다루어야 할 문법과 표현 항목의 교육 내용을 의미와 용법, 예문, 형태 정보, 제약 정보, 문장 구성 정보, 유사 문법 등으로 나누어 체계적으로 기술하였다. 한국어 교사들이 한국어 문법을 가르치는 데 필요한 문법 정보를 최대한 간결하게 정리하였고, 풍부한 예문을 통해 문법과 표현의 의미와 용법을 이해하도록 하였으며, 초급 문법 항목과 중급 문법 항목도 재정련을 하였다.

이 책의 기반이 된 것은 삼십여 명의 국어 문법 이론가, 한국어 교사와 한국어교육 연구자들이 참여한 국립국어원의 "한국어 문법 · 표현 교육 내용 개발 연구"의 결과물이다. 공동 집필자이기도 한 안경화(서울대), 김재욱(한국외대), 정선화(중앙대), 유해준(서원대) 교수가 중심이 되어 문법 교육 내용의 틀을 짰고, 이선웅(경희대) 교수는 국어 문법 학자의 관점에서 집필 내용을 검토해 주었다. 그리고 김선효(중국 문화대), 이정화, 서경숙(이상 서울대), 이현주(경희대), 고예진, 김지연, 이지용, 이찬희, 박미은(이상 중앙대) 등 한국어 교사들이 어렵고 힘든 1차 집필에 참여해 줬다.

두 해에 걸쳐 한국어 교사들을 대상으로 설문조사를 하였고 그 결과를 집필에 반영하려고 노력하였지만 충분히 만족시킬 만한 결과물을 냈다고 생각하지 않는다. 이는 모두 연구 책임자의 부족함 때문인데 이 부족한 부분들을 숨기거나 가리지 않고 이 책에서 모두 보였다. 앞으로 젊고 열정 있는 한국어교육 연구자들이 이 부족한 부분을 모두 채워 주리라 믿는다.

'외국인을 위한 한국어 문법과 표현'이 출간되는 데는 국립국어원의 민현식, 송철의 원장님을 비롯하여 여러 연구원 선생님들의 도움이 컸다. 이 자리를 빌려 감사의 말씀을 전한다. 그리고 이 책과 더불어 국립국어원의 '한국어교수학습샘터'에 올라 있는 문법 · 표현 내용 검색도 많이 이용해 주었으면 한다. 이 책에 없는 내용, 등급별 목록 비교표나 중국어권 학습자를 위한 도움말이 있어 한국어교육뿐 아니라 한국어교육 연구에도 적지 않게 도움이 될 것이라 생각한다.

마지막으로 백여 년 만의 더운 여름 날씨에 교정 보고 부지런히 연락하느라 고생한 집문당의 전정아 선생님과 이 책의 출판을 기꺼이 해 준 임동규 사장님께 감사 인사 드린다.

일러두기

1. 이 책은 외국어로서의 한국어 학습자 및 교사를 위한 문법 · 표현 항목의 내용 기술을 목적으로 한 책으로서, '초급 조사 · 표현 · 어미', '중급 조사 · 표현 · 어미'로 구성된 총 2권의 시리즈 중 한 권이다.

2. 학습자의 수준에 따른 초급, 중급의 문법 · 표현 항목은 국립국어원의 「국제 통용 한국어교육 표준 모형 개발」Ⅰ(2010), Ⅱ(2011)의 수준별 문법 항목을 바탕으로 부분적으로 수정하였다.

3. 한국어 학습자 및 교사에게 필요한 문법 · 표현 내용 기술을 위해 사전식 기술을 따르지 않고, 교수 및 학습에 필요한 의미 및 용법 설명과 다양한 유형의 예문, 자주 나오는 학습자 오류와 그에 대한 설명, 혼동하기 쉬운 타 문법 · 표현 항목과의 비교 · 대조, 교수자가 해당 문법 · 표현 항목에 대한 교수를 시작하는 방법 등을 중심으로 구성하였다.

[이 책의 구성 및 내용]

❶ 표제어

(1) '대표형-이형태-관련형-핵심적 의미'의 순서로 기술하였다.

(2) 이형태는 [ ] 속에서 제시하였다. (예) 이[가]

(3) 이형태는 아니지만 관련된 형태를 보일 때에는 이형태 뒤의 { } 속에서 제시하였다. (예) 이든[든]{이든지[든지]}

(4) 핵심적 의미가 둘 이상 있을 때에는 1), 2)와 같이 구분하여 기술하였다. (예) 과1), 과2)

(5) 동일한 범주에 동일한 형태가 둘 이상 있는 경우에는 어깨번호를 붙여

구분하였다. 그러나 연결어미 '-어'와 종결어미 '-어'와 같이 동일한 형태이더라도 동일한 범주가 아닌 항목들에 대해서는 어깨번호를 붙이지 않았다.

❷ 의미 및 용법

(1) 표제어에서 보인 의미 단위에 따라 1), 2)와 같이 구분되어 기술하였다.

(2) 문법론의 전문어 사용을 최소화하고 간결하게 설명하도록 하였다.

❸ 예문

(1) 담화 예문과 문장 예문으로 나누어 제시하였다.

(2) 해당 문법 항목이 자주 사용되는 구어 담화 혹은 문어 텍스트 예문을 먼저 보여 줌으로써 상황에 맞게 문법 항목을 사용할 수 있도록 하였다.

(3) 문장 예문은 문법 항목의 연습을 위해 다양한 결합 관계를 드러낼 수 있도록 하였다.

❹ 형태 정보

(1) 해당 급에서 많이 사용되는 어휘와의 결합형을 규칙화하여 기술하였다. 해당 문법 · 표현 항목으로 문장을 만들기 위한 기초이다.

(2) 어간의 형태가 변하는 불규칙 활용 정보는 별도로 기술하였다.

❺ 문장 구성 정보

(1) 해당 항목으로 어떤 문장을 구성할 수 있는지를 제시하였다.

(2) 자주 같이 사용되는 부사나 서술어, 문법 항목 등을 예문과 함께 기술하였다.

❻ 제약 정보

(1) 문장을 구성하는 데 제약으로 설명해야 하는 내용을 기술하였다.

(2) 학습자가 해당 제약 정보를 모를 경우 오류가 발생할 수 있는 경우를 기술하였다.

❼ 확장

(1) 해당 급에서 가르치거나 배우지는 않지만 알아두면 좋을 추가적 용법,

해당 급 이상의 용법 혹은 관련형의 용법을 기술하였다.

(2) 고급 용법은 사전식으로 의미를 세분화하지 않고 교수 · 학습 시 필요한 용법을 단위로 하여 제시하였다.

❽ 유사 문법

(1) 교사나 학습자들이 혼동하기 쉬운 유사한 문법 · 표현 항목들 간의 공통점과 차이점을 간결한 설명과 예문 제시를 통해 쉽게 이해하도록 하였다.

(2) 유사 문법 · 표현 항목은 해당 급이 아닌 다른 등급에서 가르치는 경우도 기술하였다.

❾ 이렇게 도입해 보세요

(1) 특히 초보 한국어 교사를 위한 것으로서, 교사가 문법 항목을 교수할 때 그 항목을 도입하기에 적절한 상황을 보여 주도록 하였다.

(2) 교실 내 환경, 교수자와 학습자의 경험 및 상황을 이용하거나 그림이나 사진을 이용하여 도입을 할 수 있도록 하였다.

❿ 기타

(1) 각 필드별로 상세한 보충이 필요한 경우 + 기호를 사용하여 설명을 덧붙였다.

(2) 문장 뒤에 사용된 (?), (??)는 자연스럽지 않은 문장을 뜻하며 물음표가 많을수록 어색한 문장이다.

목차

조사

표현

선어말어미

연결어미

전성어미

종결어미

조사

과[와]

1) 여러 사물이나 사람을 **연결**하거나 2) 행위를 **함께하는 대상**임을 나타내는 조사.

과1) (명사에 붙어) 사물이나 사람을 같은 자격으로 이어 주는 뜻을 나타낸다. 앞뒤 명사를 함께 묶어 가리킬 때 사용한다.

예문

(1) 가: 교실에 무엇이 있어요?
나: 책상**과** 의자가 있어요.

(2) 가: 편의점에서 무엇을 샀어요?
나: 빵**과** 라면을 샀어요.

(3) 가: 앤디 씨는 생일 선물을 받았어요?
나: 네, 꽃**과** 책을 받았어요.

(4) 가: 식당에서 누구를 만났어요?
나: 앤디**와** 수지를 만났어요.

(5) 가: 철수 씨는 방학 때 어디에 갔습니까?
나: 저는 대구**와** 부산에 갔습니다.

마이클**과** 앤디는 제 친구입니다.

저는 수박**과** 바나나를 좋아합니다.

오늘**과** 내일은 수업이 없어요.

철수**와** 영희가 학교에 갑니다.

왕밍 씨는 바지**와** 가방을 샀어요.

저는 수학**과** 컴퓨터를 배워요.

동생은 밥**과** 김치를 먹어요.

엄마**와** 아빠가 중국으로 여행을 가십니다.

언니는 목걸이**와** 귀걸이를 했습니다.

흐엉 씨는 한국어**와** 영어를 공부해요.

+ '과1)'은 둘 이상의 사물을 같은 자격으로 이어 주는 접속조사이다. '교실에 무엇이 있어요?'의 대답으로 제시된 '책상과 의자가 있어요.'를 보면 교실에 책상도 있고 의자도 있다는 사실을 알 수 있다. '과1)'로 접속되는 두 명사는 자리를 바꾸어 '의자와 책상이 있어요.'로 사용해도 의미가 같으며, 접속되는 명사는 꼭 둘이 아니라 셋 이상이어도 무방하다. (둘이 가장 많이 사용됨.)

+ '과1)'로 연결된 두 명사의 격을 나타내는 조사는 '[책상과 의자]가', '[빵과 라면]을'에서 보듯 맨 뒤에 오는 명사 뒤에 붙는다.

형태 정보

① 명사의 끝음절에 받침이 있으면 '과'를 쓴다.

예) 가방 + 과 → 가방과　　　　연필 + 과 → 연필과
도서관 + 과 → 도서관과　　　　핸드폰 + 과 → 핸드폰과
은행 + 과 → 은행과　　　　책 + 과 → 책과

② 명사의 끝음절에 받침이 없으면 '와'를 쓴다.

예) 컴퓨터 + 와 → 컴퓨터와　　　　전화 + 와 → 전화와
학교 + 와 → 학교와　　　　의자 + 와 → 의자와
한국어 + 와 → 한국어와　　　　종이 + 와 → 종이와

①	받침 ○	+ 과	가방과, 연필과, 도서관과, 핸드폰과, 은행과, 책과
②	받침 ×	+ 와	컴퓨터와, 전화와, 학교와, 의자와, 한국어와, 종이와

제약 정보

① 문장과 문장을 연결하는 경우에는 '과'를 사용할 수 없다. 이때는 '그리고'를 사용한다.

예) 철수는 영어를 공부해요. **와** 앤디는 한국어를 공부해요. (x)
철수는 영어를 공부해요. 그리고 앤디는 한국어를 공부해요. (o)

+ 다음 예처럼 두 문장의 구성이 같고 주어만 다르거나 목적어만 다를 때, 접속조사 '과'를 사용하여 한 문장으로 표현할 수 있다.

예) 철수가 학교에 갑니다. 그리고 영희가 학교에 갑니다.
→ 철수**와** 영희가 학교에 갑니다.
철수는 영어를 공부해요. 그리고 철수는 한국어를 공부해요.
→ 철수는 영어**와** 한국어를 공부해요.

유사 문법

① '과1)', '이랑1)', '하고1)'

과1)	이랑1)	하고1)
· 명사에 붙어 여러 사물이나 사람을 연결할 때 쓴다.		
· 말을 할 때나 글을 쓸 때 쓴다.	· 주로 말할 때 쓴다. 예) 가: 명동에서 무엇을 샀어요? 나: 목걸이**랑** 반지를 샀어요.	· 주로 말할 때 쓴다. 예) 주인: 무엇을 드릴까요? 손님: 김밥**하고** 떡볶이 주세요.
· 주로 격식적인 자리에서 쓴다. 예) 지난 한 해는 많은 어려움이 있었지만 국민 여러분께서 믿음**과** 용기를 주셔서 이겨낼 수 있었습니다.	· 격식적인 자리에서 거의 쓰지 않는다. 예) 지난 한 해는 많은 어려움이 있었지만 국민 여러분께서 믿음**이랑** 용기를 주셔서 이겨낼 수 있었습니다. (??)	· 격식적인 자리에서 잘 안 쓴다. 예) 지난 한 해는 많은 어려움이 있었지만 국민 여러분께서 믿음**하고** 용기를 주셔서 이겨낼 수 있었습니다. (?)
· 제일 끝에 연결되는 명사 뒤에 사용할 수 없다. 예) 옷**과** 가방**과** 사요. (x)	· 제일 끝에 연결되는 명사 뒤에 사용할 수 있다. 예) 옷**이랑** 가방**이랑** 사요. (o)	· 제일 끝에 연결되는 명사 뒤에 사용할 수 있다. 예) 옷**하고** 가방**하고** 사요. (o)

+ '과1)'은 말을 할 때나 글을 쓸 때 모두 사용하지만 '이랑1)'이나 '하고1)'은 주로 말을 할 때 자주 사용된다. 또한 말을 할 때에도 '과1)'은 주로 연설, 발표, 토론 등의 격식적인 자리에서 자주 사용되는 반면 '이랑1)'과 '하고1)'은 격식적인 자리에서는 잘 쓰지 않는다.

+ '과1)', '이랑1)', '하고1)'은 의미는 같지만 서로 섞어 쓰지 않는다. 예를 들어 '저는 수박하고 딸기하고 바나나하고 귤을 좋아해요.'와 같은 문장을 '저는 수박하고 딸기와 바나나랑 귤을 좋아해요.'와 같이 쓰지 않는다.

② '과1)', '에다가1)'

과1)	에다가1)
· 여러 사물을 열거할 때 사용한다.	
· 앞의 명사에 뒤의 명사가 첨가되는 것이 아니다. 예) 가: 저는 냉면을 좋아해요. 나: 저는 냉면**과** 불고기도 좋아해요. (x)	· 앞의 명사에 뒤의 명사가 첨가됨을 나타낸다. 예) 가: 저는 냉면을 좋아해요. 나: 저는 냉면**에다가** 불고기도 좋아해요. (o)

+ 예문에서처럼 여러 사물을 대등한 자격으로 이어 주는 것이 아니라 무엇에 무엇을 더하는 의미를 나타내고자 할 때에는 '에다가'만 쓸 수 있다.

이렇게 도입해 보세요

(1) 교사: 교실에 무엇이 있어요?
학생: 책상이 있어요.
교사: 그리고 무엇이 있어요?
학생: 컴퓨터가 있어요.
교사: 네, 교실에 책상**과** 컴퓨터가 있어요.
학생: 책도 있어요.
교사: 네, 교실에 책상**과** 컴퓨터**와** 책이 있어요.

(2) 교사: 앤디 씨 집에 누가 있습니까?
학생: 아버지가 계십니다.
교사: 또 누가 계십니까?
학생: 어머니가 계십니다.
교사: 또 누가 계십니까?
학생: 할머니가 계십니다.
교사: 네, 앤디 씨 집에 아버지**와** 어머니**와** 할머니가 계십니다.

+ '과1)'을 도입할 때 (1)처럼 연결하고자 하는 대상을 학생들로부터 유도한 후 '과1)'을 사용하여 문장을 만들어 줌으로써 그 의미를 자연스럽게 인지할 수 있도록 한다. 교실이나 병원 등 특정 공간에 있는 사물을 활용하거나 가족, 좋아하는 음식 등 학생들에게 친근한 소재를 이용하여 명사를 연결하는 '과1)'을 이해하게 한다.

과2) (명사에 붙어) 어떤 행위나 동작을 함께하는 대상임을 나타낸다. 누구와 함께 어떤 행위를 함을 가리킬 때 사용한다.

예문

(1) 가: 마이클 씨는 누구**와** 농구를 해요?
나: 저는 친구들**과** 농구를 해요.

(2) 가: 철수 씨는 어제 저녁에 가족들**과** 식사했어요?
나: 네, 가족들**과** 식사했어요.

(3) 가: 수지 씨는 누구**와** 여행을 갈 거예요?
나: 저는 언니**와** 여행을 갈 거예요.

(4) 가: 왕밍 씨는 친구**와** 있으면 무엇을 해요?
나: 저는 보통 친구**와** 같이 영화를 봅니다.

(5) 가: 앤디 씨, 어디 가요?
나: 도서관에 가요. 여자 친구**와** 함께 공부할 거예요.

저는 어제 친구들**과** 영화를 봤어요.
저는 수업 후에 선생님**과** 공부해야 해요.
저는 앤디**와** 명동에서 쇼핑해요.
어제 언니**와** 한강에서 운동했어요.
저는 매일 강아지**와** 산책해요.
형은 부모님**과** 서울에서 살아요.
마이클은 내일 동생**과** 도서관에 갈 거예요.
수지는 철수**와** 커피를 마셨어요.
동생은 엄마**와** 편의점에 갔어요.
저는 누나**와** 사진을 찍었습니다.

+ '과2)'는 어떤 행위를 함께하는 대상을 나타내는 부사격조사이다. '누구와 농구를 해요?'의 대답으로 제시된 '친구들과 농구를 해요.'를 보면 '과2)'의 의미가 농구라는 행위를 친구들과 함께함을 나타낸다는 것을 알 수 있다.

+ '친구와 같이 영화를 봅니다.'의 예문에서 보듯 'N+과' 뒤에 '같이, 함께' 같은 공동의 의미를 나타내는 부사가 어울려 사용된다.

형태 정보

앞의 '과1)'을 참고한다.

문장 구성 정보

① '같이', '함께'와 같은 공동의 의미를 나타내는 부사와 자주 쓰인다.

예) 저는 친구**와** 같이 영화를 봤어요.
앤디는 동생**과** 같이 숙제를 했습니다.
언니는 엄마**와** 함께 운동을 해요.
수지는 오빠**와** 함께 산책을 합니다.

확장

① 주로 '비교하다, 비슷하다, 같다, 다르다, 가깝다, 친하다' 등의 동사, 형용사와 함께 쓰여 비교의 대상이나 기준으로 삼는 대상임을 나타낸다.

예) 앤디는 마이클**과** 비교하면 키가 큰 편이에요.
우리 학교 수업 시간은 다른 학교**와** 비슷합니다.
시간은 흐르는 물**과** 같다.
언니는 생김새가 나**와** 달라요.
수지는 미도리**와** 친합니다.

② '사귀다, 어울리다, 결혼하다, 싸우다' 등의 동사와 함께 쓰여 어떤 행위를 함께하는 상대를 나타낸다.

예) 앤디 씨는 수지 씨**와** 사귑니다.
언니는 남자친구**와** 아주 잘 어울립니다.
그 남자는 나**와** 결혼해요.
저는 동생**과** 자주 싸워요.

+ 이때 'N+과'를 생략하면 어색한 문장이 된다. 반면 일반적인 '함께하는 대상'을 나타내는 'N+과2)'는 생략해도 문장이 문법적이다.

예) 앤디 씨는 수지 씨**와** 사귑니다.
앤디 씨는 사귑니다. (??)
저는 어제 친구들**과** 영화를 봤어요.
저는 어제 영화를 봤어요. (o)

유사 문법

① '과2)', '이랑2)', '하고2)'

과2)	이랑2)	하고2)
· 명사에 붙어 어떤 행위나 동작을 함께하는 대상임을 나타낸다.		
· 말을 할 때나 글을 쓸 때 쓴다.	· 주로 말할 때 쓴다. 예) 저는 주로 친구들**이랑** 밥을 먹어요.	· 주로 말할 때 쓴다. 예) 저는 주로 친구들**하고** 밥을 먹어요.
· 주로 격식적인 자리에서 쓴다. 예) 국민 여러분**과** 이 길을 함께 걸어가고 싶습니다.	· 격식적인 자리에서 거의 쓰지 않는다. 예) 국민 여러분**이랑** 이 길을 함께 걸어가고 싶습니다. (??)	· 격식적인 자리에서 잘 안 쓴다. 예) 국민 여러분**하고** 이 길을 함께 걸어가고 싶습니다. (?)

이렇게 도입해 보세요

(1) 교사: 마이클 씨, 학교에 혼자 와요?
학생: 아니요, 친구 같이 와요.
교사: 네, 마이클 씨는 학교에 친구**와** 와요.
교사: 앤디 씨, 혼자 살아요?
학생: 아니요, 친구 같이 살아요.
교사: 네, 앤디 씨는 친구**와** 살아요.

(2) 교사: 철수 씨 방학 때 여행 가요?
학생: 네, 가요.
교사: 누구 같이 가요?
학생: 친구 같이 가요. / 부모님 같이 가요.
교사: 네, 철수 씨는 여행을 친구**와** 가요. / 부모님**과** 가요.

+ '과2)'를 도입할 때 '친구, 부모님' 등의 명사를 사용하여 '과2)'가 어떤 행위나 동작을 함께 하는 대상을 나타낸다는 것을 인지시킨다. 학습자에게 '누구와 같이'라는 의미의 대답을 유도한 후, 마지막에 교사가 목표 문법을 활용하여 완성된 문장을 만들어 줌으로써 그 의미를 자연스럽게 인지할 수 있게 한다.

까지

범위의 **끝 지점**을 나타내는 조사.

까지 (명사에 붙어) 시간이나 공간 범위의 끝 지점을 나타낸다.

예문

(1) 가: 몇 시**까지** 공부해요?
나: 오후 다섯 시**까지** 공부해요.

(2) 가: 이 가게는 일요일에 문을 열어요?
나: 네, 일요일은 오후 6시**까지** 열어요.

(3) 가: 언제**까지** 시험 기간이에요?
나: 10월 25일**까지** 시험 기간이에요.

(4) 가: 여기에서 도서관**까지** 가까워요?
나: 네, 버스로 10분쯤 걸려요.

(5) 가: 명동에서 대학로**까지** 어떻게 가요?
나: 지하철 4호선을 타고 가세요.

2월**까지** 방학이에요.

앤디는 다섯 시**까지** 아르바이트를 해요.

영희는 이 책을 끝**까지** 다 읽었어요.

마이클은 월요일부터 금요일**까지** 학교에 갑니다.

저는 내년**까지**는 한국에 있을 거예요.

한 시**까지** 교실로 오세요.

미도리는 수업이 끝날 때**까지** 친구를 기다립니다.

흐엉은 버스 정류장**까지** 걸어 다녀요.

한국에서 중국**까지** 얼마나 걸려요?

철수는 오후 2시**까지**만 일을 합니다.

+ '까지'는 어떤 범위의 끝 지점이나 한계를 나타내는 보조사이다. 주로 시간이나 장소를 나타내는 명사와 함께 사용되며 '오후 6시까지', '10월 25일까지'처럼 시간적인 끝 지점을 나타내기도 하고 '도서관까지', '대학로까지'처럼 공간적인 끝 지점을 나타내기도 한다.

+ '까지'는 '은/는, 도'와 같은 다른 보조사와 결합할 수 있다.

형태 정보

① 명사 끝음절의 받침 유무에 관계없이 '까지'를 쓴다.

예) 오늘 + 까지 → 오늘까지　　여름 + 까지 → 여름까지
끝 + 까지 → 끝까지　　도서관 + 까지 → 도서관까지
학교 + 까지 → 학교까지　　어제 + 까지 → 어제까지
다음 주 + 까지 → 다음 주까지　　여기 + 까지 → 여기까지

①	받침 ○	+ 까지	오늘까지, 여름까지, 끝까지, 도서관까지
	받침 ×	+ 까지	학교까지, 어제까지, 다음 주까지, 여기까지

문장 구성 정보

① '까지'는 범위의 끝 지점을 나타내며, 어떤 행위나 상태가 시작하는 지점 또는 출발점을 나타내는 '부터, 에서, 에서부터' 등과 자주 함께 쓴다. 시간적, 공간적 범위를 나타낼 때 사용한다.

예) 저는 아침**부터** 저녁**까지** 한국어를 공부해요.
철수는 오전 9시**에서** 오후 1시**까지** 일을 해요.
여기**부터** 저기**까지** 몇 미터예요?
마이클 씨는 서울**에서부터** 부산**까지** 기차를 타고 갑니다.

이렇게 도입해 보세요

(1) 교사: 앤디 씨는 몇 시에 일어나요?
학생: 여섯 시에 일어나요.
교사: 앤디 씨는 아침 여섯 시에 일어나요. 앤디 씨는 아침 여섯 시**까지** 자요.

(2) 교사: 고향이 어디예요?
학생: 베이징이에요.
교사: 고향에 어떻게 가요?
학생: 비행기로 가요.
교사: 얼마나 걸려요?
학생: 두 시간 걸려요.
교사: 네, 인천 공항에서 베이징**까지** 두 시간 걸려요.

+ '까지'를 도입할 때는 (1), (2)와 같이 시간과 장소를 구분하여 설명하는 것이 좋다. (1)의 '까지'는 시간적인 범위의 끝을 나타내며, (2)의 '까지'는 공간적인 범위의 끝을 나타낸다. 이때 범위의 시작점을 나타내는 명사에 조사인 '에서'나 '부터'가 결합하여 쓰이기도 한다.

께

행위의 영향을 받는 사람이 높임의 대상임을 나타내는 조사.

께 (명사에 붙어) 어떤 행위의 영향을 받는 사람임을 나타낸다. 화자보다 나이나 지위가 높은 사람 뒤에 결합하여 대상에 대한 높임을 표현할 때 사용한다.

예문

(1) 가: 앤디 씨는 누구에게 책을 줘요?
나: 저는 선생님**께** 책을 드려요.

(2) 가: 마이클 씨, 어머니**께** 어떤 선물을 드릴까요?
나: 손수건이 좋겠어요.

(3) 가: 아버지**께** 전화를 드렸어요?
나: 네, 조금 전에 드렸어요.

(4) 가: 아이를 어디에 맡겼어요?
나: 어린이집 선생님**께** 맡겼어요.

(5) 가: 할아버지**께** 말씀 드렸어요?
나: 아니요, 아직 말씀 안 드렸어요.

오늘 부모님**께** 편지를 썼습니다.

철수가 선생님**께** 전화를 걸었어요.

제가 아버지**께** 부탁을 드렸습니다.

친구는 어머니**께** 음식을 만들어 드렸습니다.

이 일은 삼촌**께** 맡겨요.

학생들이 선생님**께** 선물을 드렸어요.

할아버지**께** 연락을 드릴 거예요.

어머니**께** 영어를 가르쳐 드리고 있어요.

수지 씨가 할머니**께** 여쭤 봤어요?

어른**께** 자리를 양보했습니다.

+ '께'는 높임의 대상이 되는 사람 명사에 붙어 행위의 영향을 받는 사람임을 나타낼 때 사용하는 부 사격조사이다. '께'는 '에게'의 높임 표현으로 '에게'와 마찬가지로 사람을 나타내는 명사와 결합한다는 점에 유의한다.

+ '께'는 '에게'와 마찬가지로 '가르치다, 보내다, 전화하다, 던지다, 전하다, 선물하다' 등의 서술어와 함께 쓰이는데, '에게'와 사용되는 '주다, 말하다, 묻다' 대신 높임말인 '드리다, 말씀드리다, 여쭈다'가 사용된다는 점을 강조한다. '선생님께 선물을 주다, 할아버지께 말하다, 할머니께 묻다'는 어법에 맞지 않는 표현으로 '선생님께 선물을 드리다, 할아버지께 말씀드리다, 할머니께 여쭈다'로 써야 맞다.

형태 정보

① 명사 끝음절의 받침 유무에 관계없이 '께'를 쓴다.

예) 선생님 + 께 → 선생님께 　　 삼촌 + 께 → 삼촌께
사장님 + 께 → 사장님께 　　 어른 + 께 → 어른께
할머니 + 께 → 할머니께 　　 아버지 + 께 → 아버지께
어머니 + 께 → 어머니께 　　 할아버지 + 께 → 할아버지께

①	받침 ○	+ 께	선생님께, 삼촌께, 사장님께, 어른께
	받침 ×	+ 께	할머니께, 아버지께, 어머니께, 할아버지께

확장

① '가다, 오다' 등의 동사와 함께 쓰여 그 대상이 행위의 진행 방향이나 목적지임을 나타낸다.

예) 앤디는 할아버지**께** 갔어요.
아이들이 할머니**께** 뛰어갔습니다.
미도리가 사장님**께** 왔어요?
학생이 선생님**께** 다가갔습니다.

+ 이때 '께'는 '께로'와 바꿔 쓸 수 있다. '께'에 비해 '께로'는 행위의 진행 방향이라는 의미가 강조된다. '앤디는 할아버지께 갔어요.'를 '앤디는 할아버지께로 갔어요.'로, '아이들이 할머니께 뛰어갔습니다.'는 '아이들이 할머니께로 뛰어갔습니다.'로 바꿀 수 있다.

② '있다, 없다, 남다, 많다, 적다, 생기다' 등의 동사, 형용사와 함께 쓰여, 무엇이 있는 대상임을 나타낸다.

예) 할머니**께** 돋보기가 있다.
할아버지**께** 문제가 생겼어요.
아버지**께** 이런 어려운 일이 있었다는 것을 몰랐습니다.
어머니**께** 대학에 다니는 나이 어린 동생이 있습니다.

③ '맞다, 알맞다, 어울리다, 비하다, 뒤지다' 등의 동사, 형용사와 함께 쓰여, 비교의 대상이나 기준임을 나타낸다.

예) 할머니**께** 이 옷이 맞을까요?
이 반지가 어머니**께** 어울릴 것 같아요.
선생님**께** 알맞은 일을 저희가 찾아보겠습니다.
작은아버지**께** 비하면 저는 아직 부족한 점이 많습니다.

④ '받다, 얻다, 배우다' 등의 동사와 함께 쓰여, 행동이 비롯되는 대상임을 나타낸다.

예) 저는 어머니**께** 용돈을 받아요.
저는 삼촌**께** 영어를 배웠습니다.
수지는 할머니**께** 편지를 받았습니다.
앤디는 어른들**께** 도움을 받습니다.

⑤ 어떠한 행위를 하도록 시킴을 받는 사람임을 나타낸다.

예) 이 선생님이 김 선생님**께** 보고서를 내게 했어요.
어머니는 아버지**께** 약을 먹게 했습니다.
할머니는 할아버지**께** 병원에 가게 했어요.
의사 선생님이 이모**께** 물을 마시게 합니다.

⑥ 느낌이나 감정을 나타내는 동사, 형용사와 함께 쓰여, 그러한 느낌이나 감정을 가지는 주체 혹은 그러한 느낌이나 감정을 가지게 하는 대상임을 나타낸다.

예) 아버지**께** 필요한 것은 저희입니다.
김 선생님**께** 영어는 쉽습니다.
삼촌은 박 선생님**께** 사랑을 느낍니다.
미도리는 할머니**께** 매우 죄송해합니다.

유사 문법

① '께', '께서'

께	께서
· 명사 뒤에 붙어 높임의 의미를 나타낸다. 예) 할아버지**께** 드립니다. (o) 할아버지**께서** 주십니다. (o)	
· 행위의 영향을 받는 사람임을 나타낸다. 예) 할머니**께** 빵을 드립니다. (o) 할머니**께서** 빵을 드립니다. (x)	· 문장의 주어임을 나타낸다. 예) 할머니**께서** 빵을 드십니다. (o) 할머니**께** 빵을 드십니다. (x)

+ 이때 '께서'는 문장의 주어를 높이는 것이므로 주어와 관련된 어휘를 높임으로 쓰지만(드시다), '께'는 행위의 영향을 받는 사람을 높이는 것이므로 '드리다, 모시다'와 같이 목적어나 부사어를 높이는 어휘를 사용한다.

② '께', '에게', '한테'

께	에게	한테
· 행위의 영향을 받는 대상임을 나타낸다.		
· '에게'의 높임 표현으로, 높임의 대상에게 쓴다. 말할 때나 글을 쓸 때 모두 쓴다. 예) 동생**께** 편지를 쓴다. (x) 선생님**께** 편지를 쓴다. (o) 선생님**께** 편지를 써요. (o)	· 말할 때나 글을 쓸 때 모두 쓴다. 예) 동생**에게** 편지를 쓴다. (o) 동생**에게** 편지를 써요. (o)	· 주로 말할 때 쓴다. 예) 동생**한테** 편지를 써요. (o)

+ '에게'는 말할 때나 글을 쓸 때 모두 사용하고, '한테'는 주로 말할 때 사용한다. '께'는 '에게', '한테'의 높임 표현이다.

이렇게 도입해 보세요

(1) 교사: (수지가 선생님께 책을 주는 그림을 보여 주며) 무엇을 주었어요?
학생: 책을 주었어요.
교사: 네, 누가 누구에게 책을 주었어요?
학생: 수지가 선생님 책을 주었어요.
교사: 네, 수지가 선생님**께** 책을 드렸어요.

(2) 교사: (앤디가 할아버지께 전화하는 그림을 보여 주며) 앤디 씨가 무엇을 해요?
학생: 전화해요.
교사: 앤디 씨가 누구 전화해요?
학생: 할아버지 전화해요.
교사: 네, 앤디 씨가 할아버지**께** 전화해요.

+ '께'를 도입할 때 '드리다, 전화하다(전화드리다), 말씀드리다' 등을 활용하여 대화를 구성하는 것이 학생들의 이해를 쉽게 이끌 수 있다. '께'가 사용되는 전형적인 상황을 제시할 때 처음에는 교사가 '께'가 사용된 예문을 주고 두 번째는 학생에게서 '께'가 사용된 문장을 자연스럽게 이끌어 낸다. 이때 교사, 학생 간의 행동으로 상황을 제시하거나 그림이나 사진 등의 시각 자료를 활용하여 사용 맥락을 학생이 이해하도록 한다.

께서

어떤 동작을 하는 주체 또는 어떤 상태에 있는 대상이 높은 사람임을 나타내는 조사.

께서 (명사에 붙어) 어떤 행위를 하는 사람 또는 어떤 상태의 주체가 되는 사람이 높은 사람임을 나타낸다. 문장의 주어가 화자보다 높은 사람임을 나타낼 때 사용한다.

예문

(1) 가: 아버지**께서** 언제 오세요?
나: 아버지**께서** 오후에 돌아오세요.

(2) 가: 할아버지**께서** 주무세요?
나: 네, 할아버지**께서** 주무세요.

(3) 가: 누가 2급 수업을 해요?
나: 이 선생님**께서** 2급 수업을 하세요.

(4) 가: 어머니**께서** 목소리가 좋으세요.
나: 네, 노래도 잘하세요.

(5) 가: 선생님**께서** 어디 계세요?
나: 선생님**께서** 학교에 계세요.

할머니**께서** 책을 읽으세요.

선생님**께서** 말씀하십니다.

삼촌**께서** 비빔밥을 드세요.

김 선생님**께서** 수업을 하세요.

작은아버지**께서** 중국에서 오셨어요.

어머니**께서** 청소를 하십니다.

아버지**께서** 운동을 하세요.

이모**께서** 산책을 하십니다.

어머니**께서** 아이에게 책을 읽어 주십니다.

할아버지**께서** 신문을 보십니다.

+ '께서'는 동작의 주체, 상태의 대상이 화자보다 높을 때 사용되는 주격조사이다. 이때 '께서'는 문장의 주체를 높이는 것이기 때문에 '께서'를 쓰면 주체의 동작이나 상태를 나타내는 서술어에 반드시 주체 존대 선어말어미 '-으시-'를 쓴다. 그렇지만 역으로 주체 존대 선어말어미를 서술어에 쓴다고 해서 반드시 주격조사 '께서'를 써야 하는 것은 아니다.

형태 정보

① 명사 끝음절의 받침 유무에 관계없이 '께서'를 쓴다.

예) 선생님 + 께서 → 선생님께서　　　삼촌 + 께서 → 삼촌께서
부장님 + 께서 → 부장님께서　　　어른 + 께서 → 어른께서
어머니 + 께서 → 어머니께서　　　할아버지 + 께서 → 할아버지께서
아버지 + 께서 → 아버지께서　　　이모 + 께서 → 이모께서

①	받침 ○	+ 께서	선생님께서, 삼촌께서, 부장님께서, 어른께서
	받침 ×	+ 께서	어머니께서, 할아버지께서, 아버지께서, 이모께서

문장 구성 정보

① 서술어에 주체를 높이는 어미 '-으시-'를 쓰거나 '주무시다, 계시다' 등의 높임을 나타내는 용언과 호응한다.

예) 어머니**께서** 과일을 사 오셨어요.
할머니**께서** 주무십니다.
아버지**께서** 집에 계십니다.
할아버지**께서** 음식을 드십니다.

확장

① '는, 도, 만' 등의 조사와 함께 쓰인다.

예) 어머니**께서는** 늦게 주무세요.
할머니**께서도** 텔레비전을 보십니다.
아버지**께서만** 집에 일찍 들어오셨어요.
할아버지**께서만** 음식을 드십니다.

유사 문법

① '께서', '께'

<table>
<tr><th>께서</th><th>께</th></tr>
<tr><td colspan="2">· 명사 뒤에 붙어 높임의 의미를 나타낸다.
예) 할아버지께서 주십니다. (o)
할아버지께 드립니다. (o)</td></tr>
<tr><td>· 문장의 주어임을 나타낸다.
예) 할머니께서 빵을 드십니다. (o)
할머니께 빵을 드십니다. (x)</td><td>· 행위의 영향을 받는 사람임을 나타낸다.
예) 할머니께 빵을 드립니다. (o)
할머니께서 빵을 드립니다. (x)</td></tr>
</table>

+ 이때 '께서'는 문장의 주어를 높이는 것이므로 주어와 관련된 어휘를 높임으로 쓰지만(드시다), '께'는 행위의 영향을 받는 사람을 높이는 것이므로 '드리다, 모시다'와 같이 목적어나 부사어를 높이는 어휘를 사용한다.

② '께서', '이'

<table>
<tr><th>께서</th><th>이</th></tr>
<tr><td colspan="2">· 문장의 주어 위치에 온다.
예) 할머니께서 집에 계세요. (o)
동생이 집에 있어요. (o)</td></tr>
<tr><td>· 높임을 나타내는 사람 명사가 오는 경우에 쓴다.
예) 동생께서 집에 있어요. (x)
할머니께서 집에 계세요. (o)</td><td>· 일반적인 사람 명사 뒤에 쓰인다.
예) 동생이 집에 있어요. (o)
할머니가 집에 있어요. (x)</td></tr>
</table>

+ 주어를 '께서'로 높여야 할 경우, 서술어에는 일반적으로 높임의 어미 '-으시-'를 넣거나 서술어를 높임 어휘로 바꿔 사용한다(계시다, 주무시다….).

이렇게 도입해 보세요

(1) 교사: (할아버지가 신문을 보는 그림을 보여 주며) 할아버지 지금 뭐 하세요?
학생: 신문 봐요.
교사: 네, 할아버지**께서** 지금 신문을 보세요.
교사: (할머니가 요리하는 그림을 보여 주며) 할머니 지금 뭐 하세요?
학생: 요리해요.
교사: 네, 할머니**께서** 지금 요리를 하세요.

(2) 교사: ('선생님'과 '학생' 이름표를 만들어 두 학생에게 붙인다. '학생'이 '선생님'께 책을 주게 한다.) 누가 책을 줘요?
학생: 학생이 책을 줘요.
교사: 네, 학생이 선생님께 책을 드려요.
교사: ('선생님'이 '학생'에게 책을 주게 한다.) 누가 책을 줘요?
학생: 선생님이 책을 줘요.
교사: 네, 선생님**께서** 학생에게 책을 주십니다.

+ (1)에서는 할아버지와 할머니가 어떠한 행위를 하는 그림을 보여 주어 '께서'의 쓰임을 인지할 수 있게 한다. 이때 '께서'가 쓰이면 서술어도 높임 표현이 쓰인다는 것을 알려 준다. (2)에서도 선생님의 역할을 하는 사람이 학생 역할을 하는 사람에게 직접 책을 주는 행위를 보여 줌으로써 높임을 나타내는 사람 명사 뒤에 조사 '께서'가 결합함을 자연스럽게 인지시킨다. 이 예시는 '께'를 먼저 학습하였을 때 유용하다.

도

어떤 대상이나 사태에 **더함**을 나타내는 조사.

도 (명사에 붙어) 이미 어떤 것이 포함되고 그 위에 더함의 뜻을 나타낸다. 어떤 것이 다른 것과 마찬가지임을 나타내거나(역시), 어떤 것 외에 그와 유사한 것이 있음(또한)을 말할 때 사용한다.

예문

(1) 가: 오늘 아침에 영화 보고 왔어요.
나: 저**도** 아침에 영화 봤어요.

(2) 가: 저는 커피를 정말 좋아해요.
나: 우리 언니**도** 커피를 좋아해요.

(3) 가: 중국 여행이 재미있었어요?
나: 네, 내년에**도** 또 가고 싶어요.

(4) 가: 가방에 무엇이 있어요?
나: 연필**도** 있고 지우개**도** 있어요.

(5) 가: 도서관에서 뭐 해요?
나: 공부**도** 하고 책**도** 빌려요.

나**도** 한국 음식을 좋아해요.

우리 형**도** 군인이에요.

제 의자에**도** 가방이 있어요.

수지 씨 자리에 음료수**도** 있어요.

밥만 먹지 말고 반찬**도** 먹어요.

흐엉 씨가 어제 저녁에**도** 연락을 했어요.

이 식당은 값**도** 싸고 음식**도** 맛있어요.

이번 방학에 제주도**도** 가고 부산**도** 갈 거예요.

앤디**도** 미국 사람이고 마이클**도** 미국 사람이에요.

영수는 돈**도** 없이 여행하고 있어요.

+ '도'는 어떤 것이 다른 것과 마찬가지임을 나타내거나(역시), 어떤 것 외에 그와 유사한 것이 있음(또한)을 말할 때 사용하는 보조사이다. '도'가 '역시'(같음)로 사용되는지 '또한'(첨가, 나열)으로 사용되는지 예문만을 보고 구분하기 어렵기 때문에 담화 예문을 통해 의미를 구분해 주는 것이 좋다.

+ '도'는 '연필도 있고 지우개도 있어요.'나 '공부도 하고 책도 빌려요.'와 같이 보통 '~도 ~도'의 구성으로 쓰여 유사한 행위나 대상을 나열할 때도 사용된다.

+ 문장 예문의 마지막 예문 '돈도 없이'는 가능성이 희박하다고 생각하는 것까지 포함한다는 뜻의 '도'가 사용된 예문이다.

형태 정보

① 명사 끝음절의 받침 유무에 관계없이 '도'를 쓴다.

예) 지갑 + 도 → 지갑도　　라면 + 도 → 라면도
책상 + 도 → 책상도　　가방 + 도 → 가방도
나무 + 도 → 나무도　　학교 + 도 → 학교도
어머니 + 도 → 어머니도　　아버지 + 도 → 아버지도

①	받침 ○	+ 도	지갑도, 라면도, 책상도, 가방도
	받침 ×	+ 도	나무도, 학교도, 어머니도, 아버지도

문장 구성 정보

① 둘 이상의 대상이나 사태를 나열할 때는 주로 '~도 ~도'의 구성으로 쓰인다.

예) 아기가 눈**도** 코**도** 다 예뻐요.
나는 차**도** 있고 집**도** 있어요.
계란은 삶아**도** 먹고 익혀**도** 먹는다.
공원에는 한국 사람**도** 있고 중국 사람**도** 있어요.

제약 정보

① '도'는 주격조사 '이', 목적격조사 '을'과 결합하여 사용되지 않는다.

예) 너가**도** 왔니? (x)
사과를**도** 샀어요? (x)
너**도** 왔니? (o)
사과**도** 샀어요? (o)

확장

① '께서, 에, 에게, 와/과, 로' 등과는 같이 쓸 수 있다.

예) 할머니께서**도** 저에게 선물을 주셨어요. (o)
서울에**도** 눈이 많이 왔어요. (o)
마이클에게**도** 전화했어요? (o)
다른 나라 친구들과**도** 이야기하고 싶어요. (o)
마이클 씨는 한국어로**도** 일기를 쓸 수 있다. (o)

② '-지도 -지도 못하다/않다'의 구성으로 쓰여 반대되는 사실을 나란히 들어 전체 부정을 나타낸다.

예) 죽지**도** 살지**도** 못해요.
이 음식은 맛있지**도** 맛없지**도** 않아요.
그의 걸음은 빠르지**도** 느리지**도** 않습니다.
그 산은 높지**도** 낮지**도** 않았어요.

③ 극단적인 경우를 들어, 다른 경우는 말할 것도 없음을 나타낸다.

예) 원숭이**도** 나무에서 떨어질 때가 있지요.
어린 아이도 하니까 마이클 씨**도** 할 수 있어요.
그동안 시간이 없어서 연락**도** 한 번 못했네요.
교실에 학생이 한 명**도** 없어요.
수지는 하루**도** 빼놓지 않고 운동했습니다.

④ 기대에 못 미치지만 받아들임을 나타낸다.

예) 밥이 없으면 라면**도** 좋아요.
연필이 없으면 볼펜**도** 괜찮아요.
찢어진 우산**도** 돼요?

⑤ 정도를 나타내는 말에 붙어, 그 정도가 기대한 것보다 많거나 적음을 나타낸다.

예) 가까워서 오는 데 오 분**도** 안 걸렸어요.
마이클은 아이만큼**도** 못 뛰어요.
흐엉은 십 킬로미터**도** 넘는 거리를 걸어간다.
시험에 합격한 사람이 다섯 명**도** 안 됩니다.

⑥ 일부 부사나 연결어미에 붙어 강조의 뜻을 나타낸다.

예) 공부를 열심히**도** 했구나.
아직**도** 학교에 다녀요?
아마**도** 마이클이 병원에 갔을 거예요.
미도리는 피곤해서 밥을 먹지**도** 않고 잤습니다.

⑦ 놀라움, 감탄, 실망 등의 감정을 강조할 때 쓴다.

예) 날**도** 참 덥네요.
시장에 사람**도** 사람**도** 그렇게 많을 수가 없어요.
수지는 참 예쁘기**도** 하네요.
흐엉은 참 부지런하기**도** 하구나.

이렇게 도입해 보세요

(1) 교사: (여러 음식 그림을 보여 주며) 앤디 씨, 무슨 음식을 좋아해요?

학생: 비빔밥을 좋아해요.

교사: 선생님**도** 비빔밥을 좋아해요.

(2) 교사: (가족사진을 보여 주며) 누가 있습니까?

학생: 어머니가 있습니다.

교사: 또 누가 있습니까?

학생: 아버지가 있습니다. 동생이 있습니다.

교사: 네, 어머니**도** 있고 아버지**도** 있고 동생**도** 있습니다.

+ 먼저 (1)의 '도'는 어떤 것이 다른 것과 마찬가지임(역시)을 나타내는 의미로 사용된 것이다. 학생에게 질문을 하고 답을 얻은 뒤 교사도 마찬가지임을 '도'를 사용하여 문장을 만들어 제시한다. (2)는 어떤 것 외에 그와 유사한 것이 있음(또한)을 말할 때 사용하는 '도'로, 유사한 것을 둘 이상 나열할 때 '~도 ~도'의 구성으로 사용된다. 두 의미 모두 초급 단계에서 사용되므로 학생들이 혼동하지 않도록 주지시킨다.

마다

하나하나 빠짐없이 **모두**의 뜻을 나타내는 조사.

마다 (명사에 붙어) 하나도 빠짐없이 모두 비슷한 상황에 있음을 나타내거나, 또는 각 상황이 되풀이됨을 나타낸다.

예문

(1) 가: 텔레비전이 교실에 있어요?
나: 네, 텔레비전이 교실**마다** 있어요.

(2) 가: 엄마한테 왜 혼났어요?
나: 방**마다** 불을 켜 놓아서 혼났어요.

(3) 가: 무엇이 힘들어요?
나: 아침**마다** 일찍 일어나기가 힘들어요.

(4) 가: 버스가 몇 분에 한 대씩 와요?
나: 버스가 십 분**마다** 와요.

(5) 가: 언제 축제를 해요?
나: 일 년**마다** 한 번씩 축제를 해요.

사람**마다** 얼굴이 달라요.
설에는 집**마다** 떡국을 끓여 먹어요.
부모님이 생각날 때**마다** 편지를 씁니다.
한국은 계절**마다** 날씨가 달라요.
흐엉은 방학**마다** 해외여행을 가요.

주말에는 가는 곳**마다** 사람이 많아요.
마이클은 책**마다** 자기 이름을 써 놓았다.
수지는 날**마다** 학원에 가요.
지하철이 몇 분**마다** 와요?
오빠는 토요일**마다** 영어를 배웁니다.

+ '마다'는 '낱낱이 모두'의 뜻을 나타내는 보조사이다. 담화 예문의 '교실마다'나 '방마다'는 하나하나 빠짐없이 모두 비슷한 상황에 있음을 나타내는 '마다'의 예시이고, '아침마다', '십 분마다', '일 년마다'는 각 상황이 되풀이됨을 나타내는 '마다'이다.

형태 정보

① 명사 끝음절의 받침 유무에 관계없이 '마다'를 쓴다.

예) 아침 + 마다 → 아침마다　　　방 + 마다 → 방마다
주말 + 마다 → 주말마다　　　공책 + 마다 → 공책마다
의자 + 마다 → 의자마다　　　나라 + 마다 → 나라마다
학교 + 마다 → 학교마다　　　컴퓨터 + 마다 → 컴퓨터마다

①	받침 ○	+ 마다	아침마다, 방마다, 주말마다, 공책마다
	받침 ×	+ 마다	의자마다, 나라마다, 학교마다, 컴퓨터마다

확장

① 관용적으로 '밤이면 밤마다', '날이면 날마다'와 같은 표현이 쓰인다. '밤이면 밤마다'는 '매일 밤'이라는 의미로, '날이면 날마다'는 '매일'의 의미로 사용된다.

예) 밤이면 밤**마다** 텔레비전을 봐요.
이런 기회가 날이면 날**마다** 오지는 않아요.

이렇게 도입해 보세요

(1) 교사: (같은 이름이 써져 있는 물건을 보여 주며) 공책에 뭐라고 썼어요?
　학생: 마이클요.
　교사: 책에는요?
　학생: 마이클.
　교사: 지우개에는요?
　학생: 마이클.
　교사: 네, 맞아요. 물건에 모두 같은 이름을 썼어요. 선생님이 물건**마다** 같은 이름을 썼어요.

(2) 교사: 앤디 씨는 매일 아침에 뭐 해요?
　학생: 세수해요.
　교사: 앤디 씨는 매일 아침 세수해요. 아침**마다** 세수해요.

+ (1)은 '마다'가 '모두'의 의미를 나타낸다는 것을 보여 주기 위해 같은 이름이 써져 있는 물건을 제시하였다. 이처럼 공통점이 있는 대상이나 상황을 제시하여 '마다'의 의미를 인지하도록 한다. (2)는 매일 아침 되풀이하는 상황을 학습자에게 물어 답을 도출한 후 '마다'를 사용하여 문장을 만들어 제시하는 방법이다. '아침'뿐 아니라 '저녁, 토요일, 방학' 등 때에 따라 반복하는 일을 화제로 다양한 상황의 도입이 가능하다.

만

오직 그것만 **한정**하며 다른 모든 것을 **배제**함을 나타내는 조사.

만 (명사에 붙어) 다른 모든 것을 배제하며 오직 그것만 선택하여 한정함을 나타낼 때 사용한다.

예문

(1) 가: 왕밍 씨, 교실에 미국 사람이 있어요?
나: 네, 한 명 있어요. 앤디 씨**만** 미국 사람이에요.

(2) 가: 줄리아 씨, 한국어와 영어를 모두 배우세요?
나: 아니요, 저는 한국어**만** 배워요.

(3) 가: 철수 씨가 뭐 해요?
나: 아침부터 게임**만** 하고 있어요.

(4) 가: 여러분, 모두 책을 가지고 왔어요?
나: 아니요, 현우 씨**만** 책을 가지고 왔어요.

(5) 가: 앤디 씨, 수업 끝나고 같이 영화를 볼까요?
나: 미안해요. 오늘은 집에 꼭 일찍 가야**만** 해요.

제 가방에는 필통**만** 있어요.

언니는 날씨가 추워도 치마**만** 입는다.

흐엉 씨는 밤**만** 되면 남자 친구에게 전화해요.

왕밍 씨는 방학 동안 도서관**만** 갔어요.

페이페이 씨는 한국 드라마에**만** 관심이 있어요.

내일 수지 씨**만** 도서관으로 오세요.

교실에서는 한국어**만** 사용해야 합니다.

동생**만** 혼자 집에 있으면 안 돼요.

어제 줄리아 씨는 수업은 안 듣고 잠**만** 잤어요.

선생님께서는 항상 빨간색 펜으로**만** 쓰십니다.

+ '만'은 다른 것을 모두 배제하고 오직 유일한 것을 한정함을 나타낼 때 사용하는 보조사이다. 유일함을 뜻하기 때문에 그 대상이 강조된다.

형태 정보

① 명사의 끝음절 받침 유무에 상관없이 '만'을 쓴다.

예) 동생 + 만 → 동생만 　　책 + 만 → 책만
선생님 + 만 → 선생님만 　　부산 + 만 → 부산만
가수 + 만 → 가수만 　　한국어 + 만 → 한국어만
나 + 만 → 나만 　　우유 + 만 → 우유만

①	받침 ○	+ 과	동생만, 책만, 선생님만, 부산만
②	받침 ×	+ 와	가수만, 한국어만, 나만, 우유만

제약 정보

① '만'은 주격조사 '이', 목적격조사 '을'과 결합해서 사용되기도 하고 '이, 을' 없이 사용되기도 한다. 다만 결합 순서는 '만이, 만을'로만 쓰고, '이만, 이을'로는 쓰지 않는다.

예) 너**만**이 학교에 안 왔어. (o) 　　너**만** 학교에 안 왔어. (o)
너**만**을 사랑해. (o) 　　너**만** 사랑해. (o)

확장

① '께서, 에, 에게, 와/과, 로' 등과도 같이 쓸 수 있다.

예) 할머니께서**만** 저에게 선물을 주셨어요. (o)
서울에**만** 눈이 많이 왔어요. (o)
마이클에게**만** 전화했어요? (o)
너와**만** 이야기하고 싶어요. (o)
마이클 씨는 한국어로**만** 일기를 쓸 수 있다. (o)
= 마이클 씨는 한국어**만**으로 일기를 쓸 수 있다. (o)

② 수나 양을 최소의 상태로 한정함을 나타낼 때 사용한다.

예) 저에게 천 원**만** 빌려 주세요.
시험 시간을 10분**만** 더 주세요.
식당에 손님이 한 명**만** 있어요.
사과 딱 한 개**만** 더 주세요.

+ 수량을 나타내는 표현에 붙어 사용하며, '사과 딱 한 개만 더 주세요.'와 같이 수량 표현 앞에 '딱'을 붙여 그 의미를 강조한다.

③ 앞에 나타나는 사실이나 동작을 강조함을 나타낸다.

예) 아기가 밥을 줘도 울기**만** 해요.
밥을 조금**만** 먹는다고 살이 빠지는 게 아니다.
동생 말대로**만** 했어도 기차를 놓치지 않았을 거예요.
1등을 했다고 좋아**만** 할 때가 아니에요.

+ '만'이 강조의 의미를 나타낼 때는 명사뿐 아니라 부사, 어미 뒤에도 붙여 쓸 수 있다.

예) 밥을 많이**만** 먹는다고 살이 찌지는 않아.
지금 울고**만** 있을 때가 아니야.

유사 문법

① '만', '밖에'

만	밖에
· 어떤 것을 한정하거나 제한된 선택임을 나타낸다.	
· 뒤에 긍정과 부정을 나타내는 말을 모두 쓴다. 예) 흐엉 씨는 고기**만** 먹어요. (o) 흐엉 씨는 고기**만** 안 먹어요. (o)	· 뒤에 반드시 부정을 나타내는 말을 쓴다. 예) 흐엉 씨는 고기**밖에** 안 먹어요. (o) 흐엉 씨는 고기**밖에** 먹어요. (x)

+ '밖에'는 부정을 나타내는 말과 반드시 같이 쓰이기 때문에 '만'보다 강조의 의미가 더 크게 느껴진다.

② '만', '뿐', '밖에'

만	뿐	밖에
· 앞에 오는 말에 한정됨을 나타낸다.		
· 뒤에 긍정과 부정을 나타내는 말을 모두 쓸 수 있다. 예) 흐엉 씨가 고기**만** 잘 먹어요. (o) 흐엉 씨가 고기**만** 안 먹어요. (o)	· 뒤에 '이다'나 '이 아니다'만 온다. 예) 흐엉 씨가 잘 먹는 것은 고기**뿐**이다. (o)	· 뒤에 반드시 부정을 나타내는 말을 쓴다. 예) 흐엉 씨가 고기**밖에** 안 먹어요. (o) 흐엉 씨가 고기**밖에** 잘 먹어요. (x)

+ '만'은 앞에 있는 것이 유일하다는 것을 강조하지만 뒤에 긍정, 부정이 모두 올 수 있으며 '밖에'를 사용했을 때와 어감의 차이가 있다.

  예) 냉장고에 물**만** 있어요.
  냉장고에 물**밖에** 없어요.

  냉장고에 '물밖에 없다'고 하면 냉장고에 있어야 할 다른 것이 하나도 없다는 것이 강조되고, '물만 있다'고 하면 물의 존재가 강조되어 화자의 불만 등은 드러나지 않는다.

+ '뿐'이 제한의 의미로 쓰일 때는 항상 '뿐이다'의 형태로 쓰인다.

+ '밖에'는 항상 '없다, 모르다, 안 V, 못 V' 등과 같이 부정을 나타내는 말과 함께 쓰여, 앞에 오는 명사만 그러함을 강조한다.

이렇게 도입해 보세요

(1) 교사: (책상 위에 책, 볼펜 등을 놓은 후) 책상에 무엇이 있어요?

학생1: 책이 있어요.

학생2: 펜이 있어요.

교사: (책상 위에 있는 물건을 모두 치우고 책만 둔다.) 책상에 무엇이 있어요?

학생: 책이 있어요.

교사: 다른 것이 있어요?

학생: 아니요.

교사: 책상 위에 책이 있어요. 책**만** 있어요.

(2) 교사: 수업 시간에 무엇을 배워요?

학생: 한국어를 배워요.

교사: 영어도 배워요?

학생: 아니요.

교사: 수업 시간에 한국어를 배워요. 영어는 안 배워요. 한국어**만** 배워요.

+ '만'을 도입할 때 (1)과 같이 처음에는 모든 물건이 있는 상황을 보여 준 후에 교사가 한 가지만을 제시한다. 이는 오직 그것만 있다는 것을 보여 주는 방법으로 학생들에게 '만'의 의미를 인지시킬 수 있다. 또는 (2)와 같이 두 개를 제시하여 그중에 하나만을 선택하여 제한함을 보여 준다.

밖에

오직 그것만을 **선택**함을 나타내는 조사.

밖에 (명사에 붙어) 다른 선택을 할 가능성이 없거나 그것이 유일한 선택임을 나타낸다. 반드시 뒤에 부정을 나타내는 말과 함께 사용한다.

예문

(1) 가: 수지 씨, 교실에 사람이 많아요?
나: 아니요. 3명**밖에** 없어요.

(2) 가: 수지 씨, 생일에 선물을 많이 받았어요?
나: 아니요. 하나**밖에** 못 받았어요.

(3) 가: 앤디 씨, 약속 시간이 얼마나 남았어요?
나: 시간이 조금**밖에** 안 남았어요. 빨리 가요.

(4) 가: 영수 씨, 가방에 무엇이 있어요?
나: 가방 안에 책**밖에** 없어요.

(5) 가: 마이클 씨, 어젯밤에 잘 잤어요?
나: 아니요. 잠이 안 와서 4시간**밖에** 못 잤어요.

왕밍 씨는 운동을 일주일에 한 번**밖에** 안 해요.

저는 지금 돈이 천 원**밖에** 없어요.

줄리아 씨가 숙제를 조금**밖에** 못 했어요.

접시 위에 남은 과자가 하나**밖에** 없다.

페이페이 씨는 남자 친구**밖에** 몰라요.

이번 시험에 합격한 사람은 앤디 씨**밖에** 없다.

수지 씨는 한국에서 서울**밖에** 몰라요.

다이어트를 빨리 하기 위해서는 그 방법**밖에** 없어요.

작년 크리스마스에 선물을 한 개**밖에** 못 받았어요.

어제 돈이 부족해서 이렇게**밖에** 선물을 살 수 없었습니다.

+ '밖에'는 다른 가능성이나 상황에 대한 여지가 없으며, 앞에 사용하는 명사가 유일한 선택임을 나타낼 때 사용하는 보조사이다.

형태 정보

① 명사의 끝음절 받침 유무에 관계없이 '밖에'를 쓴다.

예) 학생 + 밖에 → 학생밖에　　가방 + 밖에 → 가방밖에
서울 + 밖에 → 서울밖에　　주말 + 밖에 → 주말밖에
친구 + 밖에 → 친구밖에　　영화 + 밖에 → 영화밖에
하나 + 밖에 → 하나밖에　　우유 + 밖에 → 우유밖에

①	받침 ○	+ 밖에	학생밖에, 가방밖에, 서울밖에, 주말밖에
	받침 ×	+ 밖에	친구밖에, 영화밖에, 하나밖에, 우유밖에

문장 구성 정보

① '밖에'는 항상 '안, 못, 없다, 모르다, 않다, 못하다'와 같이 부정을 나타내는 표현과 함께 쓴다.

예) 영화표가 한 장**밖에** 안 남았어요.　　저는 과일 중에서 사과**밖에** 못 먹어요.
지금 집에 라면**밖에** 없어요.　　제 여자 친구는 자기**밖에** 몰라요.
저는 과자를 하나**밖에** 먹지 않았어요.　　눈이 나빠서 큰 글자**밖에** 보지 못해요.

제약 정보

① 부정을 나타내는 표현인 '아니다', '-지 말다' 등과 함께 사용하지 않는다.

예) 수지 씨는 선생님**밖에** 아니에요. (x)　　그 구두는 수지 씨의 생일 선물**밖에** 아니에요. (x)
사과를 조금**밖에** 먹지 마세요. (x)　　버스가 늦게 와도 30분**밖에** 기다리지 맙시다. (x)

+ 부정을 나타내는 표현이 모두 '밖에'와 결합할 수 있는 것은 아니다. 한정된 상황임을 나타내더라도 '아니다', '-지 말다'는 '밖에'와 함께 쓸 수 없다.

확장

① 그 상황이 아무리 계속되더라도 그것 외에 더한 일은 없음을 나타내며, 반드시 의문형으로 사용한다.

예) 내일이 시험인데 공부**밖에** 더 하겠어요?
줄리아 씨가 만든 케이크를 먹는다고 죽기**밖에** 더 하겠어요?
미도리 씨가 이사하는데 열심히 도와주기**밖에** 뭘 하겠어요?

+ 그것을 선택한 화자의 강력한 의지를 나타내며 이때 '밖에'의 뒤에 부정을 나타내는 표현을 사용하지 않을 수 있다. 억양에 따라 비꼬거나 과장하는 식의 말투가 될 수 있다.

유사 문법

① '밖에', '만'

밖에	만
· 어떤 것을 한정하거나 제한된 선택임을 나타낸다.	
· 뒤에 반드시 부정을 나타내는 말을 쓴다. 예) 흐엉 씨는 고기**밖에** 안 먹어요. (o) 흐엉 씨는 고기**밖에** 먹어요. (x)	· 뒤에 긍정과 부정을 나타내는 말을 모두 쓴다. 예) 흐엉 씨는 고기**만** 안 먹어요. (o) 흐엉 씨는 고기**만** 먹어요. (o)

+ '밖에'는 부정을 나타내는 말과 반드시 같이 쓰이기 때문에 '만'보다 강조의 의미가 더 크게 느껴진다.

② '밖에', '만', '뿐'

밖에	만	뿐
· 앞에 오는 말에 한정됨을 나타낸다.		
· 뒤에 반드시 부정을 나타내는 말을 쓴다. 예) 흐엉 씨가 고기**밖에** 안 먹어요. (o) 흐엉 씨가 고기**밖에** 잘 먹어요. (x)	· 뒤에 긍정과 부정을 나타내는 말을 모두 쓸 수 있다. 예) 흐엉 씨가 고기**만** 잘 먹어요. (o) 흐엉 씨가 고기**만** 안 먹어요. (o)	· 뒤에 '이다'나 '이 아니다'만 온다. 예) 흐엉 씨가 잘 먹는 것은 고기**뿐**이다. (o)

+ '밖에'는 항상 '없다, 모르다, 안 V, 못 V' 등과 같이 부정을 나타내는 말과 함께 쓰여, 앞에 오는 명사만 그러함을 강조한다.

+ '만'은 앞에 있는 것이 유일하다는 것을 강조하지만 뒤에 긍정, 부정이 모두 올 수 있으며 '밖에'를 사용했을 때와 어감의 차이가 있다.

  예) 냉장고에 물**만** 있어요.
  냉장고에 물**밖에** 없어요.

  냉장고에 '물밖에 없다'고 하면 냉장고에 있어야 할 다른 것이 하나도 없다는 것이 강조되고, '물만 있다'고 하면 물의 존재가 강조되어 화자의 불만 등은 드러나지 않는다.

+ '뿐'이 제한의 의미로 쓰일 때는 항상 '뿐이다'의 형태로 쓰인다.

이렇게 도입해 보세요

(1) 교사: 교실에 한국 사람이 몇 명 있어요?
학생: 한 명 있어요.
교사: 한국 사람이 또 있어요?
학생: 아니요. 없어요.
교사: 교실에 한국 사람이 한 명 있어요. 한 명**밖에** 없어요.

(2) 교사: (책상 위에 책 한 권만 올려놓은 후에)
책상 위에 무엇이 있어요?
학생: 책이 있어요.
교사: 연필이 있어요?
학생: 아니요. 없어요. 책만 있어요.
교사: 책상 위에 책만 있어요. 책**밖에** 없어요.

+ '밖에'를 도입할 때는 오직 그것만 선택할 수 있는 상황을 제시해 주는 것이 좋다. (1)에서 와 같이 제한적으로 정해져 있는 수량적 선택 상황을 보여 주거나, (2)와 같이 한정된 종류를 보여 주면서 다른 가능성이 없음을 인지시키면서 자연스럽게 '밖에'를 도입한다.

보다

비교되는 대상임을 나타내는 조사.

보다 (명사에 붙어) 앞의 말이 비교의 기준이 되는 대상임을 나타낼 때 사용한다.

예문

(1) 가: 시계가 싸요, 가방이 싸요?
나: 시계가 가방**보다** 싸요.

(2) 가: 불고기와 비빔밥 중에서 무엇을 더 좋아해요?
나: 저는 불고기**보다** 비빔밥을 더 좋아해요.

(3) 가: 앤디 씨는 운동을 잘해요?
나: 아니요, 생각**보다** 운동을 잘 못 해요.

(4) 가: 저는 서울을 좋아해요.
나: 경주가 서울**보다** 더 좋아요. 경주에 꼭 가 보세요.

(5) 가: 은행과 도서관 중에서 어디가 학교에서 더 가깝습니까?
나: 은행**보다** 도서관이 더 가깝습니다.

비행기가 버스**보다** 빨라요.

미도리가 흐엉**보다** 운동을 잘 해요.

밥이 빵**보다** 맛있어요.

영희가 동생**보다** 예뻐요.

농구가 축구**보다** 재미있습니다.

한국 가요는 일본에서**보다** 중국에서 더 유명해요.

저는 수학**보다** 영어가 어려워요.

화장실**보다** 교실이 깨끗해요.

콜라**보다** 우유가 건강에 좋아요.

운동화가 구두**보다** 편해요.

+ 조사 '보다'는 서로 차이가 있는 것을 비교하는 경우, 비교의 대상이 되는 말에 붙어 '~에 비해서'의 뜻을 나타내는 부사격조사이다. 첫 번째 문장 예문 '비행기가 버스보다 빨라요.'를 보면, '버스'라는 명사에 '보다'라는 조사가 붙어 '버스보다'가 비교의 기준이 되는 부사어로 사용된다.

+ '보다'를 사용한 대답을 유도하기 위해서 첫 번째 담화 예문과 같이 선택의문문을 사용해서 물어볼 수도 있고, 두 번째 담화 예문처럼 '~ 중에서'를 사용해서 질문할 수도 있다. 마지막 문장 예문 '한국 가요는 일본에서보다 중국에서 더 유명해요.'에서 보듯 '보다'는 명사뿐만 아니라 부사격조사 뒤에서도 사용할 수 있다는 것을 알 수 있다.

형태 정보

① 명사 끝음절의 받침 유무에 관계없이 '보다'를 쓴다.

예) 선생님 + 보다 → 선생님보다
펜 + 보다 → 펜보다
컴퓨터 + 보다 → 컴퓨터보다
사과 + 보다 → 사과보다
동생 + 보다 → 동생보다
책상 + 보다 → 책상보다
친구 + 보다 → 친구보다
학교 + 보다 → 학교보다

①	받침 ○	+ 보다	선생님보다, 동생보다, 펜보다, 책상보다
	받침 ×	+ 보다	컴퓨터보다, 친구보다, 사과보다, 학교보다

문장 구성 정보

① 'N1+이 N2+보다 V'의 구성으로 사용한다. 이때 'N2+보다 N1+이 V'로 도치하여 사용하여도 뜻이 같다.

예) 오늘이 어제**보다** 더워요.
딸기가 바나나**보다** 맛있어요.
비행기가 버스**보다** 빨라요.
책이 지우개**보다** 커요.
어제**보다** 오늘이 더워요.
바나나**보다** 딸기가 맛있어요.
버스**보다** 비행기가 빨라요.
지우개**보다** 책이 커요.

② 서술어가 목적어를 필요로 하는 타동사인 경우 'N1+이 N2+보다 N3+를 V' 또는 'N1+이 N3+를 N2+보다 V'의 구성으로 사용하여도 뜻이 같다.

예) 앤디는 사과**보다** 딸기를 좋아해요. = 앤디는 딸기를 사과**보다** 좋아해요.
형이 동생**보다** 농구를 잘해요. = 형이 농구를 동생**보다** 잘해요.
수지가 빵**보다** 밥을 자주 먹어요. = 수지가 밥을 빵**보다** 자주 먹어요.
흐엉이 언니**보다** 쇼핑을 많이 해요. = 흐엉이 쇼핑을 언니**보다** 많이 해요.

③ 'N1+이 N2+보다 더 V'의 구성으로 사용한다.

예) 여름이 봄**보다** 더 좋아요.
자장면이 짬뽕**보다** 더 맛있어요.
이메일이 편지**보다** 더 편해요.
농구가 축구**보다** 더 재미있어요.

+ 'N1+이 N2+보다 더 V' 구성에서 '더'와 비슷한 '더욱, 훨씬' 등의 부사도 결합할 수 있다. 예를 들어 '여름이 봄보다 더 좋아요.'는 '여름이 봄보다 더욱 좋아요.', '여름이 봄보다 훨씬 좋아요.' 등으로 나타낼 수 있다. 여기서 '더'는 '어떤 기준보다 정도가 심하게 또는 그 이상으로'의 의미를 가지는 반면, '더욱'은 '정도나 수준 따위가 한층 심하거나 높게'의 의미를, '훨씬'은 '정도 이상으로 차이가 나게'라는 의미를 가지므로 강조하는 정도에 약간의 차이가 있다는 것을 알 수 있다.

④ 'N1+이 N2+보다 덜 V'의 구성으로 사용한다.

예) 여름이 봄**보다** 덜 좋아요.
자장면이 짬뽕**보다** 덜 맛있어요.
이메일이 편지**보다** 덜 편해요.
농구가 축구**보다** 덜 재미있어요.

+ 이때 '덜'은 '어떤 기준이나 정도가 약하게 또는 그 이하로'라는 뜻을 가지어 ③에 제시된 '더, 더욱, 훨씬'과는 그 의미가 반대됨을 알 수 있다. 첫 번째 예문 '여름이 봄보다 덜 좋아요.'는 여름이 좋은 정도가 봄을 좋아하는 정도보다 약하게 또는 그 이하라는 의미를 가지는 것이다. 의미를 구분하여 학생들이 이해할 수 있도록 지도한다.

확장

① 나이를 비교하거나 정도를 비교할 때는 '더욱, 훨씬' 등의 부사를 사용하지 않는다.

예) 수지가 앤디**보다** 오 년 선배예요.
언니가 나**보다** 세 살 위예요.
동생이 나**보다** 두 살 아래예요.
부산이 서울**보다** 5도 높아요.

+ 위의 예문과 같이 구체적인 숫자가 들어가서 나이나 정도를 비교할 때는 '더욱, 훨씬' 등의 부사를 사용하지 않는다. 다만 정도를 강조하는 '더'와 같은 부사는 결합하여 사용할 수 있다. 예를 들어 첫 번째 예문 '수지가 앤디보다 오 년 선배예요.' 같은 경우 '수지가 앤디보다 오 년 더욱 선배예요.', '수지가 앤디보다 오 년 훨씬 선배예요.'와 같은 문장은 성립할 수 없지만 '수지가 앤디보다 오 년 더 선배예요.'와 같은 문장은 가능하다.

② 보조사 '는'이나 '도'와 결합하여 '보다는, 보다도'의 형태로 쓰이기도 한다.

예) 생각**보다는** 돈이 많이 필요합니다.
수지**보다는** 미도리가 키가 커요.
이 교실**보다는** 저 교실이 넓습니다.
콜라**보다는** 주스가 좋아요.

생각**보다도** 돈이 많이 필요합니다.
수지**보다도** 미도리가 키가 커요.
이 교실**보다도** 저 교실이 넓습니다.
콜라**보다도** 주스가 좋아요.

유사 문법

① '보다', '에 비하여'

보다	에 비하여
· 둘을 비교하여 기술할 때 사용한다. 예) 철수가 영희**보다** 키가 크다. 철수가 영희**에 비하여** 키가 크다.	
· 비교 대상일 경우만 쓰인다. 예) 미도리 씨는 먹는 것**보다** 살이 찌지 않아요. (x) 철수는 뚱뚱한 몸집**보다** 날렵한 편이었다. (x) 이 컴퓨터는 성능**보다** 비싼 편은 아니다. (x)	· 비교 대상뿐만 아니라 비교 기준을 나타내기도 한다. 예) 미도리 씨는 먹는 것**에 비하여** 살이 찌지 않아요. (o) 철수는 뚱뚱한 몸집**에 비하여** 날렵한 편이다. (o) 이 컴퓨터는 성능**에 비해** 비싼 편은 아니다. (o)

+ '먹는 것, 몸집, 성능' 등을 비교 기준으로 뒤의 내용을 기술할 때 사용하는 '에 비하여' 대신 '보다'를 사용하면 어색하다. 이는 '보다'가 비교 대상 뒤에 주로 사용되기 때문이다.

이렇게 도입해 보세요

(1) 교사: (세계 지도를 보여 주며) 무엇입니까?
학생: 지도입니다.
교사: 중국과 한국 중에서 어느 나라가 더 커요?
학생: 중국이 커요.
교사: 네, 중국이 한국**보다** 더 커요.

(2) 교사: (컴퓨터와 펜을 보여 주며) 무엇입니까?
학생: 컴퓨터와 펜입니다.
교사: 컴퓨터와 펜 중에서 어느 것이 더 비싸요?
학생: 컴퓨터가 비싸요.
교사: 네. 컴퓨터가 펜**보다** 비싸요.

+ '보다'를 도입할 때 비교 대상이 되는 자료를 먼저 제시하여 학습자의 주의를 환기한다. 다음에 학습자 스스로가 비교할 수 있도록 끌어낸 후 교사가 비교가 되는 대상에 '보다'를 붙여 비교 대상에 '보다'가 붙을 수 있음을 자연스럽게 주지시킨다. 교실 환경을 활용하거나 교사와 학생의 물건 등을 이용하여 자연스러운 도입을 할 수 있다.

부터

어떤 동작이나 상태의 **시작점**을 나타내는 조사.

부터 (명사에 붙어) 어떤 동작이나 상태가 시작되는 시간이나, 어떤 순서에서 제일 먼저 할 일을 나타낼 때 사용한다.

예문

(1) 가: 선생님, 수업은 언제 시작해요?
나: 수업은 9시**부터** 시작해요.

(2) 가: 미도리 씨, 시험이 어땠어요?
나: 처음**부터** 너무 어려웠어요.

(3) 가: 흐엉 씨, 여름방학이 언제예요?
나: 여름방학은 6월**부터** 8월까지예요.

(4) 가: 앤디 씨, 집에 가면 제일 먼저 무엇을 할 거예요?
나: 저는 잠**부터** 잘 거예요.

(5) 가: 맛있는 음식이 많아서 뭐**부터** 먹어야 할지 모르겠어요.
나: 가까이에 있는 것**부터** 차례로 드세요.

저는 오늘**부터** 도서관에서 공부할 거예요.

흐엉 씨가 아침**부터** 삼겹살을 먹어요.

아기가 언제**부터** 잤어요?

저는 아침에 신문**부터** 읽어요.

철수가 청소**부터** 하기 시작했다.

학교에 도착했을 때**부터** 배가 아팠어요.

저는 다음**부터** 혼자 여행 가지 않을 거예요.

현우 씨는 원래**부터** 마음이 착합니다.

미도리 씨가 내일**부터** 다음 주까지 아르바이트를 해요.

마이클 씨는 6시**부터** 9시까지 도서관에서 공부를 해요.

수지 씨는 그 약을 먹고**부터** 몸이 좋아졌어요.

+ '부터'는 동작이나 상태가 시작하는 지점을 나타내는 조사이다. 주로 시간을 나타내는 명사와 함께 사용되지만 '잠부터, 신문부터'처럼 여러 가지 일 중 어느 하나를 먼저 시작한다는 의미를 나타낼 때 일반 명사와도 함께 사용되기도 하고 간혹 장소를 나타내는 명사와 함께 사용되기도 한다.

+ '먹고부터'의 예처럼 구 뒤에 결합하기도 하며, '6월부터 8월까지'의 예처럼 '까지'를 함께 사용하여 시간적 범위를 나타내기도 한다.

형태 정보

① 명사 끝음절의 받침 유무에 관계없이 '부터'를 쓴다.

예) 오늘 + 부터 → 오늘부터　　처음 + 부터 → 처음부터
동생 + 부터 → 동생부터　　운동 + 부터 → 운동부터
어제 + 부터 → 어제부터　　원래 + 부터 → 원래부터
언니 + 부터 → 언니부터　　식사 + 부터 → 식사부터

①	받침 ○	+ 부터	오늘부터, 처음부터, 동생부터, 운동부터
	받침 ×	+ 부터	어제부터, 원래부터, 언니부터, 식사부터

문장 구성 정보

① '부터'는 어떤 행위나 상태가 시작하는 지점을 나타내며, 끝을 나타내는 '까지'와 자주 함께 쓴다. 주로 시간에 대한 범위를 나타낼 때 사용한다.

예) 저는 9시**부터** 12시까지 한국어를 배웁니다.
시험은 월요일**부터** 목요일까지입니다.
철수는 아침**부터** 저녁까지 일을 합니다.
마이클 씨가 8월**부터** 9월까지 여행을 갑니다.

유사 문법

① **'부터', '에2)'**

부터	에2)
· 시간을 나타내는 명사 뒤에 온다.	
· 시간의 시작점을 나타낸다. 예) 토요일 오후 4시**부터** 우리 집에 오세요. (x) 서울은 겨울**부터** 눈이 와요. (x)	· 시작점을 나타내지 않고 행위가 일어나는 시간을 나타낸다. 예) 토요일 오후 4시**에** 우리 집에 오세요. (o) 서울은 겨울**에** 눈이 와요. (o)

② '부터', '에서2)'

<table>
<tr><th>부터</th><th>에서2)</th></tr>
<tr><td colspan="2">· '까지'와 함께 사용되어, 어떤 동작이나 상태의 시간과 장소의 시작점을 나타낸다.
예)저는 6월부터 9월까지 미국을 여행할 거예요.
저는 6월에서 9월까지 미국을 여행할 거예요.
수지는 서울부터 부산까지 자전거 여행을 했습니다.
수지는 집에서 부산까지 자전거 여행을 했습니다.</td></tr>
<tr><td>· 주로 시간의 시작점을 나타낸다.
예) 수지는 한 시부터 두 시까지 자전거를 탔습니다. (o)
수업이 9시부터 시작합니다. (o)</td><td>· 주로 장소의 시작점을 나타낸다. 시간의 시작점만을 나타낼 때에는 쓸 수 없다.
예) 수지는 집에서 부산까지 자전거 여행을 했습니다. (o)
수업이 9시에서 시작합니다. (x)</td></tr>
</table>

+ 장소 명사에 따라서 '~부터 ~까지'가 어색한 경우가 많다. 예를 들어 '집에서 부산까지'는 자연스럽지만 '집부터 부산까지'는 어색하다.

③ '부터', '에서2)', '에서부터'

<table>
<tr><th>부터</th><th>에서2)</th><th>에서부터</th></tr>
<tr><td colspan="3">· '까지'와 함께 사용되어, 어떤 동작이나 상태의 시간과 장소의 시작점을 나타낸다.
예) 저는 6월부터 9월까지 미국을 여행할 거예요.
저는 6월에서 9월까지 미국을 여행할 거예요.
저는 6월에서부터 9월까지 미국을 여행할 거예요.
수지는 서울부터 부산까지 자전거 여행을 했습니다.
수지는 서울에서 부산까지 자전거 여행을 했습니다.
수지는 서울에서부터 부산까지 자전거 여행을 했습니다.</td></tr>
<tr><td>· 시간의 시작점만을 나타낼 때 쓸 수 있다. 장소의 시작점만을 나타낼 때에는 쓸 수 없거나 어색하다.
예) 수지는 집부터 걸어왔어요. (??)
수업이 9시부터 시작합니다. (o)</td><td>· 장소의 시작점만을 나타낼 때 쓸 수 있다. 시간의 시작점만을 나타낼 때에는 쓸 수 없다.
예) 수지는 집에서 걸어왔어요. (o)
수업이 9시에서 시작합니다. (x)</td><td>· 어떤 상황이 일어나는 시간과 장소의 시작점을 나타낸다.
예) 수지는 집에서부터 걸어왔어요. (o)
수업이 9시에서부터 시작한다. (o)</td></tr>
</table>

이렇게 도입해 보세요

(1) 교사: 여러분, 은행은 몇 시에 문을 열어요?
학생: 은행은 9시에 문을 열어요.
교사: 그래요. 은행은 9시**부터** 시작해요.

(2) 교사: (하루 일정이 표시된 계획표를 들고) 수지 씨의 일정표예요. 수지 씨는 무슨 일을 가장 먼저 해요?
학생: 운동을 해요.
교사: 수지 씨는 운동을 가장 먼저 해요. 수지 씨는 운동**부터** 해요.

+ '부터'를 도입할 때는 (1), (2)와 같이 뜻을 구분하여 설명하는 것이 좋다. (1)의 '부터'는 동작이나 상태가 시작되는 시점을 나타내며, (2)는 순서나 서열이 있는 것 중에서 가장 먼저인 것을 나타낸다. (2)에서 개인의 일정표 외에도 순서를 매길 수 있는 목록, 즉 하고 싶은 일, 여행하고 싶은 곳 등을 자료로 삼을 수 있다.

에

1) 사람이나 사물이 존재하는 **장소** 2) 어떤 동작이나 행위, 상태가 일어나는 **시간** 3) 행위의 **목적지** 4) 셈을 하거나 값을 매길 때 기준이 되는 **단위**임을 나타내는 조사.

에1) (명사에 붙어) 사람이나 사물이 존재하거나 위치하는 곳을 나타낼 때 사용한다.

예문

(1) 가: 학생들이 어디**에** 있어요?
나: 학생들이 운동장**에** 있어요.

(2) 가: 동생이 도서관**에** 있습니까?
나: 아니요, 동생이 도서관**에** 없습니다.

(3) 가: 어디**에** 살아요?
나: 신촌**에** 살아요.

(4) 가: 저는 어디**에** 앉아요?
나: 이 의자**에** 앉으세요.

(5) 가: 식당**에** 사람이 많아요?
나: 네, 사람이 많아요.

시계가 교실**에** 있습니다.

주스가 식탁 위**에** 있어요.

오빠가 집**에** 없어요.

동화책**에** 그림이 적어요.

접시**에** 음식이 남았어요.

냉장고**에** 우유가 있어요.

강아지가 의자 아래**에** 있어요.

극장**에** 사람이 많아요.

앤디가 서울**에** 살아요.

이 컴퓨터**에** 사진이 많이 들어 있어요.

+ 조사 '에1)'은 장소나 위치를 나타내는 명사 뒤에 붙어 사람이나 사물이 존재하는 위치를 나타낼 때 사용하는 부사격조사이다. 명사 뒤에 '에'가 붙은 단어들 '운동장에, 도서관에, 신촌에, 의자에, 식당에' 등은 문장 안에서 부사어의 역할을 한다. 조사 '에'는 주격조사, 목적격조사 다음으로 오류율이 높다고 알려져 있고, 장소를 나타내는 '에서' 등과 용법이 유사하여 학습자들이 사용에 혼란을 많이 겪는다. '에1)'은 '있다, 없다, 많다, 적다, 살다, 남다, 흔하다, 드물다' 등의 서술어와 자주 함께 쓰인다.

형태 정보

① 명사 끝음절의 받침 유무에 관계없이 '에'를 쓴다.

예) 서점 + 에 → 서점에
집 + 에 → 집에
의자 + 에 → 의자에
학교 + 에 → 학교에
교실 + 에 → 교실에
도서관 + 에 → 도서관에
시계 + 에 → 시계에
기숙사 + 에 → 기숙사에

①	받침 ○	+ 에	서점에, 교실에, 집에, 도서관에
	받침 ×	+ 에	의자에, 시계에, 학교에, 기숙사에

② 장소를 나타내는 지시대명사 '거기, 여기, 저기'와 의문대명사 '어디'에 붙여 사용할 때 '에'는 생략이 가능하다.

예) 거기**에**(거기) 앉아요.
선생님이 저기**에**(저기) 계세요.
여기**에**(여기) 이름을 쓰세요.
어디**에**(어디) 살아요?

확장

① '거기, 여기, 저기, 어디' 등이 아닌 다른 명사 뒤에서 '에'는 잘 생략되지 않는다.

예) 어디∅ 살아요?
철수가 서울 살아요. (?)
시계가 교실 있습니다. (x)
냉장고 우유가 있습니다. (x)

② 어떤 상황의 원인임을 나타낸다.

예) 이번 태풍**에** 집이 무너졌어요.
비**에** 옷이 젖었어요.
큰 소리**에** 잠을 잘 수 없습니다.
오랜 유학 생활**에** 건강이 안 좋습니다.

③ 어떤 행위의 대상임을 나타낸다.

예) 친구 집**에** 선물을 보냈어요.
수지는 꽃**에** 물을 주었어요.
학교**에** 보고서를 제출했어요.
아이를 어린이집**에** 맡겼습니다.

+ 이때 '에' 대신에 '에다, 에다가'를 사용할 수 있다. '에다, 에다가'는 격식적인 문어에서는 잘 사용하지 않는다.

④ 어떤 행위나 상태의 도구나 수단, 방법을 나타낸다.

예) 라면은 불**에** 끓여 먹어야 해요.
수지는 세수한 물**에** 걸레를 빨았어요.
앤디는 칼**에** 손을 베였습니다.
마이클은 빨래를 햇볕**에** 말렸습니다.

+ 이때 '에' 대신에 '에다, 에다가'를 사용할 수 있다. '에다, 에다가'는 격식적인 문어에서는 잘 사용하지 않는다.

⑤ 앞의 말에 다른 내용이 더해짐을 나타낸다.

예) 2**에** 8을 더하면 10입니다.
회사 일**에** 집안일까지 많아서 바빠요.
눈**에** 비까지 와서 밖이 매우 춥습니다.
티셔츠**에** 재킷까지 입어서 따뜻합니다.

+ 이때 '에' 대신에 '에다, 에다가'를 사용할 수 있다. '에다, 에다가'는 격식적인 문어에서는 잘 사용하지 않는다.

⑥ 둘 이상의 사물을 나열할 때 쓴다.

예) 점심으로 불고기**에** 김치찌개**에** 냉면**에** 여러 가지를 먹었더니 배가 너무 불러요.
마이클은 생일선물로 컴퓨터**에** 휴대전화**에** 책**에** 이것저것 많이 받았습니다.
그 시장은 사과**에** 딸기**에** 바나나**에** 없는 게 없어요.
앤디는 빵**에** 음료수**에** 과자**에** 잔뜩 사 가지고 갔습니다.

+ 이때 '에' 대신에 '에다, 에다가'를 사용할 수 있다. '에다, 에다가'는 격식적인 문어에서는 잘 사용하지 않는다.

+ 나열의 '에'는 부사격조사가 아니라 접속조사이다. 나열의 접속조사에는 '에' 외에도 '하고, 하며, 이고, 이니, 이며' 등이 있다.

⑦ 지위나 자격, 신분을 나타낸다.

예) 수지가 반장**에** 뽑혔어요.
이 선생님이 학장**에** 취임하셨어요.
그 사람이 회장**에** 적합합니다.
지금까지 사회**에** 미도리였습니다.

⑧ 비교의 대상이나 기준이 되는 대상임을 나타낸다.

예) 그 학생의 답은 정답**에** 가까워요.
돈은 건강**에** 비할 수 없습니다.
그의 행동은 예의**에** 벗어나요.
뚱뚱한 사람을 돼지**에** 비유합니다.

유사 문법

① '에1)', '에서1)'

<table>
<tr><th>에1)</th><th>에서1)</th></tr>
<tr><td colspan="2">· 장소를 나타내는 명사 뒤에 사용한다.
예) 수지가 부산에 산다.
수지가 부산에서 산다.</td></tr>
<tr><td>· 사람이나 물건이 존재하거나 위치하는 곳임을 나타낸다.
예) 앤디가 한국에 있다. (o)
냉장고에 우유가 없다. (o)
학생들이 운동장에 축구를 한다. (x)
철수가 식당에 밥을 먹는다. (x)</td><td>· 어떤 행위나 동작이 일어나고 있는 곳임을 나타낸다.
예) 앤디가 한국에서 있다. (x)
냉장고에서 우유가 없다. (x)
학생들이 운동장에서 축구를 한다. (o)
철수가 식당에서 밥을 먹는다. (o)</td></tr>
<tr><td>· 주로 위치나 존재를 나타내는 '있다, 없다, 살다, 남다' 등과 쓰인다.
예) 수지가 은행에 있어요. (o)
앤디가 한국에 없어요. (o)
흐엉이 서울에 살아요. (o)
영수가 교실에 남아요. (o)</td><td>· 일반적인 행위나 동작이 일어나는 장소를 나타내므로 여러 동사가 올 수 있다.
예) 흐엉이 친구를 교실에서 만나요. (o)
영수가 도서관에서 공부해요. (o)</td></tr>
</table>

+ '에1)'과 '에서1)'은 모두 장소를 나타내는 명사 뒤에 사용하는데, '에'는 존재나 위치를 나타내고 '에서'는 행위나 동작이 일어나는 장소를 나타내는 점이 다르다. '살다, 모이다' 등의 동사는 명사 뒤에 '에, 에서'가 모두 올 수 있는데, 예를 들어 '수지가 부산에 살아요.'는 부산에 거주하거나 존재하고 있음을 나타내고 '수지가 부산에서 살아요.'는 사는 행위, 즉 생활을 부산에서 하고 있음을 나타낸다.

② '에', '에게'

<table>
<tr><th>에</th><th>에게</th></tr>
<tr><td colspan="2">· 행위의 영향을 받는 대상을 나타낸다.</td></tr>
<tr><td>· 무정명사 뒤에 사용한다.
예) 꽃에 물을 줍니다. (o)
친구 집에 선물을 보냈어요. (o)
개에 밥을 줍니다. (x)
친구에 선물을 줍니다. (x)</td><td>· 유정명사 뒤에 사용한다.
예) 꽃에게 물을 줍니다. (x)
친구 집에게 선물을 보냈어요. (x)
개에게 밥을 줍니다. (o)
친구에게 선물을 줍니다. (o)</td></tr>
</table>

+ 유정명사는 사람, 동물을, 무정명사는 식물, 사물 등을 뜻한다.

③ **'에', '으로2)'**

<table>
<tr><th>에</th><th>으로2)</th></tr>
<tr><td colspan="2">· 도구나 수단, 방법을 나타낸다.
예) 생선을 불에 익혀 먹었다.
생선을 불로 익혀 먹었다.</td></tr>
<tr><td>· 도구로 인하여 의도하지 않은 행위가 일어났음을 나타낸다.
예) 나는 잘못해서 종이에 손을 베였다. (o)
수지는 돌에 걸려 넘어졌다. (o)
흐엉은 안경에 눈을 찔렸다. (o)
종이를 칼에 잘랐다. (x)
철수는 열쇠에 문을 열었다. (x)</td><td>· 도구로 의도적으로 행동하였음을 나타낸다.
예) 나는 잘못해서 종이로 손을 베었다. (??)
수지는 돌로 걸려 넘어졌다. (x)
흐엉은 안경으로 눈을 찔렸다. (x)
종이를 칼로 잘랐다. (o)
철수는 열쇠로 문을 열었다. (o)</td></tr>
</table>

이렇게 도입해 보세요

(1) 교사: 여기는 어디입니까?
학생: 교실입니다.
교사: 시계가 있습니까?
학생: 네, 시계가 있습니다.
교사: 교실입니다. 시계가 있습니다. 교실**에** 시계가 있습니다. 시계가 교실**에** 있습니다.
교사: 누가 있습니까?
학생: 선생님이 있습니다.
교사: 네, 선생님이 있습니다. 선생님이 교실**에** 있습니다. 교실**에** 선생님이 있습니다.

(2) 교사: (백화점 그림을 보여 주며) 어디입니까?
학생: 백화점입니다.
교사: 무엇이 있습니까?
학생: 옷이 있습니다.
교사: 네, 여기는 백화점입니다. 옷이 있습니다. 백화점**에** 옷이 있습니다. 옷이 백화점**에** 있습니다.

+ '에1)'을 도입할 때 (1)처럼 교실이라는 장소에 있는 '책상, 의자, 시계, 칠판, 컴퓨터' 등 여러 사물을 활용하여 연습시킬 수 있다. 사람이 장소에 존재한다는 것을 가르치기 위해 선생님, 학생을 이용해 도입에 활용할 수도 있다. (2)는 그림을 보고 학습자들이 '에'를 활용하여 백화점에 '옷, 신발, 가방' 등의 물건이 있음을 대답할 수 있도록 유도하는 방법이다.

에2) (명사에 붙어) 어떤 동작이나 행위, 상태가 일어나는 시간이나 때를 나타낼 때 사용한다.

예문

(1) 가: 언제 수업이 끝나요?
나: 한 시**에** 수업이 끝나요.

(2) 가: 언제 꽃이 피어요?
나: 봄**에** 꽃이 피어요.

(3) 가: 무슨 요일**에** 아르바이트 가요?
나: 금요일**에** 아르바이트 가요.

(4) 가: 몇 시**에** 점심을 먹어요?
나: 한 시**에** 점심을 먹어요.

(5) 가: 언제 운동을 합니까?
나: 저는 보통 아침**에** 운동을 합니다.

저는 여덟 시**에** 아침을 먹어요.
수지는 지난달**에** 영화를 봤어요.
우리는 다음 주**에** 쇼핑을 할 거예요.
앤디는 수업 전**에** 운동을 해요.
저는 내년**에**도 고향을 갈 거예요.
미도리는 1년 만**에** 일본으로 돌아갔습니다.
아버지는 아침**에** 출근을 하세요.
부모님은 일요일**에** 교회에 가세요.
마이클은 작년**에** 한국으로 유학을 왔습니다.
흐엉은 운동이 끝난 후**에** 친구를 만나요.
한국에서 1월 1일**에**는 떡국을 먹어요.

+ '에2)'는 시간을 나타내는 명사 뒤에 붙어 동작이나 행위, 상태가 일어나는 시간이나 때를 나타내는 부사격조사이다. '에'는 '여덟 시에, 아침에, 지난달에, 일요일에, 다음 주에, 작년에'처럼 구체적인 시간, 요일, 해 등을 나타내는 어휘와 결합할 수 있으며, '수업 전에, 끝난 후에'처럼 명사 '전, 후'와 결합해서도 사용된다.

+ '에2)'는 '내년에도, 1월 1일에는'에서 보듯 보조사 '도, 는'과 결합해서 사용할 수 있으며, '1년 만에'에서와 같이 의존명사 '만'에 결합하여 그 의미를 한정하는 역할도 한다.

형태 정보

앞의 '에1)'을 참고한다.

제약 정보

① 시간을 나타내는 '그제, 어제, 오늘, 내일, 모레, 언제' 등에는 '에'가 결합할 수 없다.

예) 그제**에** 산책을 했어요. (x)	그제 산책을 했어요. (o)
어제**에** 숙제를 했습니다. (x)	어제 숙제를 했습니다. (o)
오늘**에** 운동을 해요. (x)	오늘 운동을 해요. (o)
내일**에** 쇼핑을 할 거예요. (x)	내일 쇼핑을 할 거예요. (o)
언제**에** 텔레비전을 봐요? (x)	언제 텔레비전을 봐요? (o)

확장

① 보조사 '는, 도, 만, 까지' 등과 결합할 수 있다.

예) 2017년**에는** 열심히 공부할 거예요.
월요일**에는** 운동을 합니다.
3월**에는** 꽃이 피어요.
여름**에는** 날씨가 덥습니다.

예) 작년**에도** 여행을 갔어요.
오전**에도** 책을 읽었습니다.
이번 주말**에도** 쇼핑을 할 거예요.
가을**에도** 비가 옵니다.

예) 내년**에만** 학교를 다닐 거예요.
화요일**에만** 아르바이트를 합니다.
오전**에만** 공부를 해요.
겨울**에만** 눈이 옵니다.

예) 2년 후**에까지** 유학을 할 거예요.
목요일**에까지** 숙제를 합니다.
2월**에까지** 고향에 있을 거예요.
봄**에까지** 날씨가 춥습니다.

② 시간을 나타내는 명사 다음에 '에'를 쓰지만, 두 개 이상의 시간 명사가 나오면 '에'는 마지막 명사 뒤에 한 번만 사용한다.

예) 이번 주**에** 수요일**에** 오후**에** 네 시**에** 생일 파티가 있어요. (x)
이번 주 수요일 오후 네 시**에** 생일 파티가 있어요. (o)

유사 문법

① '에2)', '부터'

에2)	부터
· 시간을 나타내는 명사 뒤에 온다.	
· 시작점을 나타내지 않고 행위가 일어나는 시간을 나타낸다. 예) 토요일 오후 4시**에** 우리 집에 오세요. (o) 서울은 겨울**에** 눈이 와요. (o)	· 시간의 시작점을 나타낸다. 예) 토요일 오후 4시**부터** 우리 집에 오세요. (x) 서울은 겨울**부터** 눈이 와요. (x)

이렇게 도입해 보세요

(1) 교사: 언제 수업을 시작해요?
학생: 아홉 시요.
교사: 네, 아홉 시**에** 수업을 시작해요. 그리고 한 시**에** 수업이 끝나요.
교사: 언제 공부를 해요?
학생: 오후요.
교사: 앤디 씨는 오후**에** 공부를 해요.

(2) 교사: 고향에 언제 가요?
학생: 방학요.
교사: 수지 씨는 방학**에** 고향을 가요. 언제 와요?
학생: 2월요.
교사: 네, 수지 씨는 2월**에** 와요.

+ '에2)'를 도입할 때 '수업을 시작하다, 수업이 끝나다, 공부하다'와 같이 학습자들에게 친숙한 어휘를 사용하여 '시간+에' 형태를 인지시킬 수 있다. 교사가 '언제'로 시작하는 질문을 하고 학습자들의 대답을 들은 후 '에'를 사용하여 문장을 만들어 줌으로써 학생들이 자연스럽게 이해할 수 있도록 유도한다.

에3) (명사에 붙어) 행위의 목적지를 나타낼 때 사용한다.

예문

(1) 가: 어디**에** 가요?
나: 은행**에** 가요.

(2) 가: 언제 집**에** 와요?
나: 일곱 시쯤요.

(3) 가: 앤디가 어느 학교**에** 입학했어요?
나: 앤디는 한국대학교**에** 입학했어요.

(4) 가: 내 모자 못 봤어요?
나: 모자가 땅**에** 떨어졌어요.

(5) 가: 언제 식사를 합니까?
나: 서울**에** 도착하면 식사를 할 겁니다.

수지가 학교**에** 가요.

저는 회사**에** 다녀요.

미도리가 일본**에** 돌아갔어요.

앤디는 수업이 끝나고 집**에** 왔어요.

마이클이 대학교**에** 입학했어요.

왕밍이 중국**에** 도착했어요.

마이클은 영국**에** 유학을 갈 거예요

학생들이 모두 교실**에** 들어갔다.

영수가 탄 배가 항구**에** 들어왔습니다.

동생은 내년부터 한국대학교**에** 다니게 되었어요.

+ '에3)'은 '가다, 오다, 다니다, 들어가다, 들어오다, 나가다, 나오다, 도착하다' 등의 이동의 뜻을 나타내는 동사와 함께 쓰여 행위의 도착지나 목적지 등을 나타내는 부사격조사이다. 위 예문에서 보는 바와 같이 일반적으로 '에'는 도착점이나 목표점 등을 나타낸다.

형태 정보

앞의 '에1)'을 참고한다.

확장

① 일부 비격식적인 구어에서 '에3)'을 생략해서 말하기도 한다.

예) 학교Ø 갈 거예요. / 학교에 갈 거예요.

+ 비격식적인 구어라도 일음절 명사 뒤의 '에'는 생략하기 어렵다. 예를 들어 '방에 가요, 집에 가요'를 '방 가요, 집 가요'로 사용하지 않는다.

+ 문어나 격식적인 구어에서는 '에'를 생략하지 않는다.
예) 수지가 올해 대학교Ø 입학했습니다. (?)
저희가 이 제품을 그 회사Ø 전달했습니다. (?)

유사 문법

① **'에3)', '으로1)'**

에3)	으로1)
· 행위가 향하는 목적지를 나타낸다. 예) 수업이 끝나면 식당**에** 오세요. 수업이 끝나면 식당**으로** 오세요.	
· '도착하다, 이르다, 다다르다'와 같은 서술어와 함께 도착점을 나타내는 데에 쓸 수 있다. 예) 나는 서울**에** 도착했다. (o)	· '도착하다, 이르다, 다다르다'와 같은 서술어와 함께 도착점을 나타내는 데에 쓸 수 없다. 예) 나는 서울**로** 도착했다. (x)
· 지향점, 방향, 경유지를 나타낼 때 쓸 수 없다. 예) 나는 부산**에** 떠났다.(지향점) (x) 화장실에 가려면 아래**에** 내려가세요.(방향) (x) 이 길**에** 돌아가면 빠르다.(경유지) (x)	· 지향점, 방향, 경유지를 나타낼 때 쓸 수 있다. 예) 나는 부산**으로** 떠났다.(지향점) (o) 화장실에 가려면 아래**로** 내려가세요.(방향) (o) 이 길**로** 돌아가면 빠르다.(경유지) (o)

+ 도착점을 가리킬 때는 '에', 지향점이나 방향, 경유지를 나타낼 때는 '으로'를 사용한다.

② '에3)', '을'

에3)	을
· 행위의 목표가 되는 장소를 나타낸다. 예) 흐엉이 학교**에** 갑니다. 흐엉이 학교**를** 갑니다.	
· 명사가 목적이 되는 행위일 때 쓸 수 없다. 예) 철수가 목욕/구경/등산/여행/소풍/낚시/일에 갔다. (x)	· 명사가 목적이 되는 행위일 때 쓸 수 있다. 예) 철수가 목욕/구경/등산/여행/소풍/낚시/일을 갔다. (o)

이렇게 도입해 보세요

(1) 교사: 수업이 끝나고 어디 가요?
학생: 식당 가요.
교사: 흐엉 씨는 수업이 끝나고 식당**에** 가요.
교사: 식사를 하고 어디 가요?
학생: 집 가요.
교사: 네, 흐엉 씨는 식사를 하고 집**에** 가요.

(2) 교사: (세계 지도를 보여 주며) 선생님은 방학에 미국**에** 가요. 여러분은 어디**에** 여행 가고 싶어요?
학생: 중국요.
교사: 마이클 씨는 중국**에** 여행 가고 싶어요. 앤디 씨는 어디**에** 가고 싶어요?
학생: 프랑스요.
교사: 네, 앤디 씨는 프랑스**에** 여행 가고 싶어요.

+ '에3)'을 도입하기 위해 (1)에서 보듯 이동 동사 '가다'를 이용하여 대화를 유도한다. (2)는 가고 싶은 여행지를 학습자들에게 물어 목적지를 나타내는 '에'를 익히게 하는 방법이다.

에4) (명사에 붙어) 셈을 하거나 값을 매길 때 기준이 되는 단위임을 나타낼 때 사용한다.

예문

(1) 가: 하루**에** 몇 번 식사를 해요?
나: 저는 하루**에** 세 번 식사를 해요.

(2) 가: 한 달**에** 책을 몇 권 읽어요?
나: 저는 한 달**에** 네 권을 읽어요.

(3) 가: 이 바나나를 어떻게 나누어요?
나: 이 바나나를 한 사람**에** 두 개씩 나눠 가지세요.

(4) 가: 이 치마를 얼마**에** 샀어요?
나: 저는 이 치마를 2만 원**에** 샀어요.

(5) 가: 이 귤은 얼마예요?
나: 이 귤은 세 개**에** 천 원입니다.

앤디는 하루**에** 두 번 세수해요.
수지는 이틀**에** 한 번 도서관에 가요.
미도리는 한 달**에** 한 번 등산을 해요.
이 지우개는 천 원**에** 두 개예요.
이 사과는 오천 원**에** 네 개예요.
귤이 열**에** 아홉이 썩었다.
앤디는 책을 다섯 번**에** 나누어서 읽었습니다.
이 과자를 한 사람**에** 몇 개씩 줄까요?
선생님이 열 사람**에** 상자 하나를 주었습니다.
부모님께서는 일 년**에** 두 번 해외여행을 가세요.

+ '에4)'는 셈을 하거나 값을 매길 때 기준이 되는 단위임을 나타낼 때 쓰는 부사격조사이다. 예문에서 보듯 주로 '기간, 가격, 개수, 횟수, 사람 수' 등 단위가 될 수 있는 명사에 결합하여 사용된다.

형태 정보

앞의 '에1)'을 참고한다.

이렇게 도입해 보세요

(1) 교사: 흐엉 씨는 하루 동안 몇 번 거울 봐요?
학생: 다섯 번요.
교사: 네, 흐엉 씨는 하루**에** 다섯 번 거울을 봐요.
교사: 흐엉 씨는 일주일 동안 몇 번 운동해요?
학생: 세 번요.
교사: 네, 흐엉 씨는 일주일**에** 세 번 운동해요.

(2) 교사: 이 책 얼마예요?
학생: 2만 원요.
교사: 네, 그럼 두 권, 4만 원이에요. 이 책은 한 권**에** 2만 원, 두 권**에** 4만 원이에요.
교사: 연필 몇 개예요?
학생: 두 개요.
교사: 네, 연필 두 개**에** 2천 원이에요. 이 연필은 한 개**에** 천 원이에요.

+ 학생들이 쉽게 접할 수 있는 초급 어휘를 이용하여 대답을 유도한다. '하루에, 일주일에, 한 달에, 일 년에' 등을 사용하여 학생들에게 '에'가 셈을 할 때 기준이 되는 단위임을 자연스럽게 인지시킬 수 있도록 한다. (2)는 값을 매길 때 '에'가 사용되는 것을 보여 주는 예이다. 교실에 있는 물건을 이용하거나 상점의 그림을 이용하여 물건의 가격을 말하는 것을 가르칠 수 있다.

에게

행위의 영향을 받는 **대상**임을 나타내는 조사.

에게 (명사에 붙어) 사람이나 동물이 행위의 영향을 받는 대상임을 나타낼 때 사용한다.

예문

(1) 가: 철수 씨, 영희**에게** 생일 선물 줬어요?
나: 네, 어제 줬어요.

(2) 가: 마이클 씨, 수지 씨**에게** 전화를 했어요?
나: 네, 조금 전에 했어요.

(3) 가: 가방을 어디에 맡겼어요?
나: 옆집 친구**에게** 맡겼어요.

(4) 가: 선생님께서는 무엇을 가르치십니까?
나: 저는 외국인 유학생들**에게** 한국어를 가르칩니다.

(5) 가: 개**에게** 먹이를 줬어요?
나: 아니요, 오늘은 개**에게** 물만 줬습니다.

책을 동생**에게** 주었다.

수지가 왕밍**에게** 전화를 걸었어요.

왕밍이 미도리**에게** 공을 힘껏 던졌다.

동생이 식구들**에게** 대학 합격 소식을 말했다.

누나**에게** 아이를 맡기고 외출을 했습니다.

철수는 친구**에게** 책을 선물했어요.

언니**에게** 옷을 빌려 주었다.

흐엉 씨가 오빠**에게** 편지를 보냈습니다.

친구는 고양이**에게** 늘 생선을 먹여요.

+ '에게'는 사람이나 동물이 행위의 영향을 받는 대상임을 나타낼 때 사용하는 부사격조사이다. '에게'의 앞에 사람이나 동물을 나타내는 명사가 온다는 점에 유의하고, 주로 '주다, 가르치다, 보내다, 전화하다, 말하다, 던지다, 전하다, 선물하다' 등의 서술어와 함께 쓰인다는 점을 강조한다.

+ 편지나 카드를 쓸 때 보통 첫 줄에 받는 대상을 쓴다. 이때 '에게'를 사용하는데 예를 들어 '수지에게, 보고 싶은 딸에게'처럼 쓴다.

형태 정보

① 명사 끝음절의 받침 유무에 관계없이 '에게'를 쓴다.

예) 학생 + 에게 → 학생에게 　　딸 + 에게 → 딸에게
동생 + 에게 → 동생에게 　　친구 + 에게 → 친구에게
누나 + 에게 → 누나에게 　　강아지 + 에게 → 강아지에게

①	받침 ○	+ 에게	학생에게, 딸에게, 동생에게
	받침 ×	+ 에게	친구에게, 누나에게, 강아지에게

② '나에게, 저에게, 너에게' 등은 '내게, 제게, 네게' 등으로 줄여 쓸 수 있다. '내게, 제게, 네게' 등은 주로 구어에서 사용한다.

예) **나에게** 줘요. 　　**내게** 줘요.
저에게 보내세요. 　　**제게** 보내세요.
너에게 선물할 거야. 　　**네게** 선물할 거야.

문장 구성 정보

① 사람과 동물을 나타내는 명사 뒤에 사용한다.

예) 철수가 마이클**에게** 편지를 보내요.
수지 씨가 동생**에게** 전화해요.
왕밍 씨가 고양이**에게** 생선을 줘요.
앤디가 강아지**에게** 공을 던져요.

확장

① '가다, 오다' 등의 동사와 함께 쓰여, 행위의 진행 방향이나 대상임을 나타낸다.

예) 앤디는 수지 씨**에게** 갔어요.
아이들이 마이클**에게** 뛰어갔습니다.
미도리가 흐엉**에게** 왔어요?
선생님이 학생**에게** 다가갔습니다.

+ 이때 '에게'는 '에게로'와 바꿔 쓸 수 있다. '에게'에 비해 '에게로'는 방향의 '로'가 결합된 형태로 행위의 진행 방향이라는 의미가 강조된다. '앤디는 수지에게 갔어요.'를 '앤디는 수지에게로 갔어요.'로, '아이들이 마이클에게 뛰어갔습니다.'는 '아이들이 마이클에게로 뛰어갔습니다.'로 바꿀 수 있다.

② '있다, 없다, 남다, 많다, 적다, 생기다' 등의 동사, 형용사와 함께 쓰여, 무엇이 있는 대상임을 나타낸다.

예) 누나**에게** 국어사전이 있다.
남편**에게** 문제가 생겼어요.
나**에게** 아직 할 일이 남았습니다.
수지**에게** 이렇게 큰 동생이 있어요?

③ '맞다, 알맞다, 어울리다, 비하다, 뒤지다' 등의 동사, 형용사와 함께 쓰여, 비교의 대상임을 나타낸다.

예) 나**에게** 맞는 일을 할 거예요.
이 책이 당신**에게** 알맞습니다.
이 옷은 손님**에게** 어울려요.
다른 친구들**에게** 비하면 저는 아직 부족합니다.

④ '받다, 얻다, 배우다' 등의 동사와 함께 쓰여, 행동이 비롯되는 대상임을 나타낸다.

예) 저는 누나**에게** 용돈을 받아요.
저는 선배**에게** 영어를 배웠습니다.
수지는 동생**에게** 편지를 받았습니다.
앤디는 다른 사람**에게** 도움을 받는 것을 싫어해요.

+ 이때 '에게'는 거의 모든 경우에 '에게서'와 바꿔 쓸 수 있다. '저는 누나에게 용돈을 받아요.'를 '저는 누나에게서 용돈을 받아요.'로, '저는 선배에게 영어를 배웠습니다.'를 '저는 선배에게서 영어를 배웠습니다.'로 바꿀 수 있다. 그렇지만 주어가 피해를 당하는 경우에는 '에게서'로 바꾸면 어색해진다. 예를 들어 '저는 친한 친구한테 맞았습니다.'와 같은 문장은 가능하지만, '저는 친한 친구한테서 맞았습니다.'와 같은 문장은 어색하다.

⑤ 어떠한 행위를 하도록 시킴을 받는 사람임을 나타낸다.

예) 선생님이 마이클**에게** 시험을 보게 했어요.
수지는 아픈 동생**에게** 약을 먹게 했습니다.
할머니는 저**에게** 책을 읽히셨어요.
어머니는 동생**에게** 방 청소를 시키셨어요.

⑥ 느낌이나 감정을 나타내는 동사, 형용사와 함께 쓰여, 그러한 느낌이나 감정을 가지는 주체 혹은 그러한 느낌이나 감정을 가지게 하는 대상임을 나타낸다.

예) 이 사람**에게** 필요한 것은 친구입니다.
마이클**에게** 영어는 쉽습니다.
수지는 친구**에게** 실망했습니다.
앤디는 여자 친구**에게** 사랑을 느낍니다.
미도리는 동생**에게** 매우 미안해합니다.

유사 문법

① '에게', '한테', '께'

에게	한테	께
· 행위의 영향을 받는 대상임을 나타낸다.		
· 말할 때나 글을 쓸 때 모두 쓴다. 예) 동생**에게** 편지를 쓴다. (o) 동생**에게** 편지를 써요. (o)	· 주로 말할 때 쓴다. 예) 동생**한테** 편지를 써요. (o)	· '에게'의 높임 표현으로, 높임의 대상에게 쓴다. 말할 때나 글을 쓸 때 모두 쓴다. 예) 동생**께** 편지를 쓴다. (x) 선생님**께** 편지를 쓴다. (o) 선생님**께** 편지를 써요. (o)

② '에게', '한테', '에'

에게, 한테	에
· 행위의 영향을 받는 대상을 나타낸다.	
· 유정명사 뒤에 사용한다. 예) 꽃**에게** 물을 줍니다. (x) 친구 집**에게** 선물을 보냈어요. (x) 개**에게** 밥을 줍니다. (o) 친구**에게** 선물을 줍니다. (o)	· 무정명사 뒤에 사용한다. 예) 꽃**에** 물을 줍니다. (o) 친구 집**에** 선물을 보냈어요. (o) 개**에** 밥을 줍니다. (x) 친구**에** 선물을 줍니다. (x)

+ 의인화된 무정명사의 경우에는 '에게'를 쓸 수 있다. 예를 들어 '아이가 나무에게 말을 해요.'와 같이 쓸 수 있다.

③ '에게', '보고', '더러'

에게	보고, 더러
· 행위의 영향을 받는 사람임을 나타낸다.	
· 말할 때나 글을 쓸 때 모두 쓴다.	· 주로 말할 때 쓴다.
· 특별한 제약 없이 행위의 영향을 받는 사람임을 나타낸다. 예) 앤디가 수지**에게** 가자고 말했다. (o) 수지가 앤디**에게** 청소하게 했다. (o) 수지가 앤디**에게** 전화를 걸었다. (o)	· 주로 인용 구문에서 말하는 행위와 관계된 '말하다, 묻다, 요청하다, 권하다' 등의 동사나 '-게 하다, -도록 하다' 등의 일부 표현과 사용된다. 예) 앤디가 수지**보고/더러** 가자고 말했다. (o) 수지가 앤디**보고/더러** 청소하게 했다. (o) 수지가 앤디**보고/더러** 전화를 걸었다. (x)

+ '더러'와 '보고'는 '에게'로 교체하여 사용할 수 있지만 '에게'는 '더러'와 '보고'로 교체하여 사용할 수 없는 경우가 있다.

이렇게 도입해 보세요

(1) 교사: (학생에게 책을 주며) 무엇을 주었어요?
학생: 책을 주었어요.
교사: 네, 왕밍 씨**에게** 책을 주었어요. (학생에게 연필을 주며) 그리고 무엇을 주었어요?
학생: 연필을 주었어요.
교사: 네, 왕밍 씨**에게** 연필을 주었어요.

(2) 교사: (앤디가 수지에게 전화하는 그림을 보여 주며) 앤디 씨가 무엇을 해요?
학생: 전화해요.
교사: 앤디 씨가 누구**에게** 전화해요?
학생: 수지 씨**에게** 전화해요.
교사: 네, 앤디 씨가 수지 씨**에게** 전화해요.

+ '에게'를 도입할 때 '주다, 전화하다, 말하다' 등을 활용하여 대화를 구성하는 것이 학생들의 이해를 쉽게 이끌 수 있다. '에게'가 사용되는 전형적인 상황을 제시할 때, 처음에는 교사가 '에게'가 사용된 예문을 주고 두 번째는 학생에게서 '에게'가 사용된 문장을 자연스럽게 이끌어 낸다. 이때 교사, 학생 간의 행동으로 상황을 제시하거나 그림이나 사진 등의 시각 자료를 활용하여 사용 맥락을 학생이 이해하도록 한다.

에게로

움직임이 직접적으로 **향하는 대상**임을 나타내는 조사.

에게로 (명사에 붙어) 움직임이 직접적으로 향하는 대상임을 나타낸다. '~를 향하여'라는 의미를 나타낼 때 사용한다.

예문

(1) 가: 어느 직원**에게로** 가요?
나: 1번 직원**에게로** 가세요.

(2) 가: 선생님**에게로** 소포가 와 있어요.
나: 내 방으로 가져다주세요.

(3) 가: 앤디 씨는 왜 나**에게로** 왔어요?
나: 마이클 씨가 편해서 마이클 씨**에게로** 왔어요.

(4) 가: 저는 강아지가 무서워요.
나: 강아지**에게로** 다가가 봐요. 순해요.

(5) 가: 여자 친구를 다시 만나요?
나: 네, 여자 친구**에게로** 돌아갔어요.

앤디가 친구**에게로** 가요.

아기가 강아지**에게로** 다가가요.

내 마음이 수지**에게로** 향했다.

마이클은 앤디**에게로** 고개를 돌렸다.

모든 관심이 나**에게로** 쏟아졌어요.

고양이가 언니**에게로** 옵니다.

동생이 형**에게로** 뛰어갔어요.

어머니는 누나**에게로** 돈을 내밀었습니다.

형은 동생**에게로** 걸어갑니다.

카메라가 모델**에게로** 향하고 있습니다.

+ '에게로'는 사람이나 동물을 나타내는 명사에 붙어 '~를 향하여'라는 의미를 나타내는 부사격조사이다. 행위를 받는 대상을 가리키는 조사 '에게'에 방향을 나타내는 조사 '로'가 결합한 형태이다. '에게로'는 '에게'와 마찬가지로 사람이나 동물을 나타내는 말에 붙어 사용하며 주로 '가다, 오다' 등 구체적인 움직임을 나타내는 말과 함께 쓰인다.

+ '에게로'는 '에게'로 대체가 가능하며, '에게'와 비교하여 방향을 나타내는 '로'가 첨가되어 방향의 의미가 강조되어 있다.

형태 정보

① 명사 끝음절의 받침 유무에 관계없이 '에게로'를 쓴다.

예) 학생 + 에게로 → 학생에게로
동생 + 에게로 → 동생에게로
친구 + 에게로 → 친구에게로
딸 + 에게로 → 딸에게로
강아지 + 에게로 → 강아지에게로
누나 + 에게로 → 누나에게로

② '나에게로, 저에게로, 너에게로' 등은 '내게로, 제게로, 네게로' 등으로 줄여 쓸 수 있다.

예) **나에게로** 와요.
저에게로 걸어오세요.
너에게로 돌아갈 거야
내게로 와요.
제게로 걸어오세요.
네게로 돌아갈 거야.

①	받침 ○	+ 에게로	학생에게로, 딸에게로, 동생에게로
	받침 ×	+ 에게로	강아지에게로, 친구에게로, 누나에게로

문장 구성 정보

① 사람이나 동물을 나타내는 명사 뒤에 사용한다.

예) 왕밍**에게로** 가요.
친구**에게로** 뛰어가요.
나**에게로** 오세요.
아기**에게로** 가지 마세요.

+ 사물을 나타내는 명사와 결합하지 않는다.

이렇게 도입해 보세요

(1) 교사: (수지가 앤디 쪽으로 걸어가는 그림을 보여 주며) 수지가 무엇을 해요?
학생: 걸어가요.
교사: 어디로 걸어가요?
학생: 앤디 씨요.
교사: 네, 수지가 앤디 씨**에게로** 걸어가요.

(2) 교사: (학생들에게 번호표를 하나씩 나누어 주고) 몇 번입니까?
학생: 1번입니다.(2번입니다….)
교사: (1번 학생에게 가며) 내가 누구에게 갑니까?
학생: 1번 학생에게 갑니다.
교사: 네, 선생님이 1번 학생**에게로** 갑니다.

+ '에게로'를 도입할 때 구체적인 움직임을 나타내는 서술어를 제시한 후 '에게로'를 자연스럽게 인지시킨다. (2)번 도입은 번호표를 만들어서 학생들에게 나누어 준 후 학생들에게 번호를 묻고 교사가 그쪽으로 가는 동작을 보여 준 후 문장을 만들어 제시하는 방법이다. 학생들끼리도 서로 번호나 또는 이름을 묻고 이 활동을 하게 하여 '에게로'를 익히게 할 수 있다.

에게서

어떤 행위의 출발점이나 어떤 행위가 **비롯되는 대상**임을 나타내는 조사.

에게서 (명사에 붙어) 어떤 행위가 나온 출처나 어떤 행위가 비롯되는 대상임을 나타낸다. 어떤 사람이나 동물로부터 주어진 행위가 시작됨을 나타낼 때 사용한다.

예문

(1) 가: 철수 씨는 누구**에게서** 그 말을 들었어요?
나: 선배**에게서** 들었어요.

(2) 가: 누가 편지를 보냈어요?
나: 친구**에게서** 편지가 왔어요.

(3) 가: 수지 씨**에게서** 연락 있었어요?
나: 어제 수지 씨**에게서** 전화가 왔었어요.

(4) 가: 앤디 씨는 아르바이트를 해요?
나: 아니요, 저는 아직 부모님**에게서** 용돈을 받아요.

(5) 가: 이 냄새가 무슨 냄새예요?
나: 고양이**에게서** 나는 냄새예요.

수지는 언니**에게서** 선물을 받았어요.

마이클은 형**에게서** 책을 얻었어요.

미도리는 앤디**에게서** 돈을 빌렸어요.

이 이야기는 동생**에게서** 들은 것입니다.

왕밍은 누나**에게서** 피아노를 배웠어요?

철수는 수지**에게서** 이메일을 받았습니다.

이 아기는 제 언니**에게서** 태어난 아기예요.

고양이는 강아지**에게서** 먹이를 뺏었어요.

영수는 선배**에게서** 항상 좋은 아이디어를 얻어요.

+ '에게서'는 어떤 사람이나 동물로부터 주어진 행위가 시작됨을 나타낼 때 사용하는 부사격조사이다. 행위를 받는 대상을 가리키는 조사 '에게'에 '서'가 결합한 형태이다. '에게서'는 '에게'와 마찬가지로 사람이나 동물을 나타내는 말에 붙어 사용하며, 주로 '받다, 배우다, 듣다' 등의 서술어와 함께 쓰인다.

+ '에게서'는 '에게'로 대체가 가능하며, '에게'와 비교하여 출발점을 나타내는 '서'가 첨가되어 비롯됨의 의미가 강조되어 있다.

형태 정보

① 명사 끝음절의 받침 유무에 관계없이 '에게서'를 쓴다.

예) 학생 + 에게서 → 학생에게서
형 + 에게서 → 형에게서
친구 + 에게서 → 친구에게서
딸 + 에게서 → 딸에게서
선배 + 에게서 → 선배에게서
누나 + 에게서 → 누나에게서

①	받침 ○	+ 에게서	학생에게서, 딸에게서, 형에게서
	받침 ×	+ 에게서	선배에게서, 친구에게서, 누나에게서

② '나에게서, 저에게서, 너에게서' 등은 '내게서, 제게서, 네게서' 등으로 줄여 쓸 수 있다.

예) 동생은 **나에게서** 피아노를 배워요.
그 사람이 **저에게서** 떠났어요.
축하 인사는 **너에게서** 들을 거야.
동생은 **내게서** 피아노를 배워요.
그 사람이 **제게서** 떠났어요.
축하 인사는 **네게서** 들을 거야.

문장 구성 정보

① 사람이나 동물을 나타내는 명사 뒤에 사용한다.

예) 선생님**에게서** 한국어를 배워요.
돼지**에게서** 냄새가 난다.

+ 사물을 나타내는 명사와 결합하지 않는다.

유사 문법

① '에게서', '한테서', '으로부터'

에게서	한테서	으로부터
· 어떤 행위의 출발점이나 어떤 행위가 비롯되는 대상임을 나타낸다.		
·말할 때나 글을 쓸 때 모두 쓴다.	· 주로 말할 때 쓴다.	·말할 때나 글을 쓸 때 모두 쓴다.
· 사람이나 동물 뒤에 사용한다. 예) 사장님**에게서** 월급을 받았어요. (o) 회사**에게서** 월급을 받았어요.(x)	· 사람이나 동물 뒤에 사용한다. 예) 사장님**한테서** 월급을 받았어요. (o) 회사**한테서** 월급을 받았어요. (x)	· 앞에 나오는 명사의 제약을 받지 않는다. 예) 사장님**으로부터** 월급을 받았어요. (o) 회사**로부터** 월급을 받았어요.(o) 지금**으로부터** 1년 전에 있었던 일입니다. (o)

② '에게서', '에서2)'

에게서	에서2)
· 어떤 행위의 출발점이나 어떤 행위가 비롯되는 대상임을 나타낸다.	
· 사람이나 동물 뒤에 사용한다. 예) 선배**에게서** 전화가 왔습니다. (o) 친구**에게서** 선물을 받았어요. (o)	· 장소나 사물, 추상적인 대상 뒤에 사용한다. 예) 회사**에서** 전화가 왔어요. (o) 철수는 학교**에서** 장학금을 받아요. (o) 사람들은 책**에서** 지식을 얻습니다. (o) 꽃**에서** 향기가 나요. (o) 한국어 수업은 말하기 공부**에서** 시작됩니다. (o)

이렇게 도입해 보세요

(1) 교사: (앤디 씨가 왕밍 씨에게 책을 주게 하며) 앤디 씨가 책을 주었어요. 왕밍 씨는 무엇을 해요?

학생: 왕밍 씨는 책을 받아요.

교사: 네, 왕밍 씨가 앤디 씨**에게서** 책을 받았어요.

교사: (앤디 씨가 왕밍 씨에게 연필을 주게 하며) 그리고 왕밍 씨가 무엇을 받았어요?

학생: 왕밍 씨가 연필을 받았어요.

교사: 왕밍 씨가 누구**에게서** 연필을 받았어요?

학생: 왕밍 씨가 앤디 씨**에게서** 연필을 받았어요.

(2) 교사: (수지 씨가 왕밍 씨에게 중국어를 배우는 그림을 보여 주며) 수지 씨가 무엇을 해요?

학생: 수지 씨는 중국어를 배워요.

교사: 네, 수지 씨가 왕밍 씨**에게서** 중국어를 배워요.

+ '에게서'를 도입할 때 '받다, 전화가 오다, 배우다' 등을 활용하여 대화를 구성하는 것이 학생들의 이해를 쉽게 이끌 수 있다. '에게서'가 사용되는 전형적인 상황을 제시할 때, 처음에는 교사가 '에게서'가 사용된 예문을 주고 난 다음, 학생에게서 '에게서'가 사용된 문장을 자연스럽게 이끌어 낸다.

에다가

1) 앞의 명사에 뒤의 명사를 **첨가**하거나 2) 일정한 **장소**를 나타내는 조사.

에다가1) (명사에 붙어) 앞의 명사에 뒤에 오는 명사가 부가됨을 나타낸다. 다른 사물이나 상황을 덧붙일 때 사용한다.

예문

(1) 가: 미도리 씨, 어제 명동에서 무엇을 샀어요?
나: 옷**에다가** 신발까지 많이 샀어요.

(2) 가: 수지 씨, 오늘 많이 바빠요?
나: 네, 아르바이트**에다가** 친구 생일잔치도 있어서 바쁠 것 같아요.

(3) 가: 앤디 씨, 가방이 왜 이렇게 무거워요?
나: 책**에다가** 도시락까지 넣어서 가방이 무거워졌어요.

(4) 가: 왕밍 씨, 줄리아 씨가 많이 아파요?
나: 네, 줄리아 씨가 감기**에다가** 몸살까지 걸려서 많이 아파요.

(5) 가: 선생님, 오늘 시험이 있습니까?
나: 네, 오늘은 듣기 시험**에다가** 말하기 시험도 있습니다.

부모님**에다가** 형제들까지 모두 미국에 살아요.
어제 흐엉 씨가 라면**에다가** 떡볶이도 먹었어요.
2**에다가** 8을 더하면 10이 돼요.
수지 씨는 생일 선물로 옷**에다가** 구두까지 받았어요.
오늘은 눈**에다가** 바람이 심해서 날씨가 추울 것 같아요.
저는 가방을 고를 때 크기**에다가** 무게도 생각해요.
지영 씨는 비싼 구두**에다가** 좋은 가방이 많이 있어요.
피자**에다가** 케이크까지 먹고 나니 배가 너무 부릅니다.
영수 씨가 지난주부터 담배**에다가** 술까지 끊었어요.
어제는 휴일**에다가** 세일 기간이어서 백화점에 사람이 많았습니다.

+ '에다가1)'은 앞에 나오는 명사에 뒤의 다른 명사가 더해진다는 의미를 나타내는 부사격조사이다. '에다가'로 연결되는 두 명사는 '한식, 양식', '옷, 구두'처럼 서로 연관된 것이어야 한다.

+ '에다가1)'은 첨가의 '에'와 강조의 보조사 '다가'가 결합된 조사로, '에'로 대체가 가능하며 또는 '에다'로 줄여 쓸 수 있다.

형태 정보

① 명사 끝음절의 받침 유무에 관계없이 '에다가'를 쓴다.

예) 비빔밥 + 에다가 → 비빔밥에다가
안경 + 에다가 → 안경에다가
비 + 에다가 → 비에다가
바람 + 에다가 → 바람에다가
불고기 + 에다가 → 불고기에다가
시계 + 에다가 → 시계에다가

①	받침 ○	+ 에다가	비빔밥에다가, 바람에다가, 안경에다가
	받침 ×	+ 에다가	불고기에다가, 비에다가, 시계에다가

문장 구성 정보

① 첨가의 의미를 나타내는 '에다가'는 상황에 대한 범위를 한정할 때, '까지'와 함께 사용한다.

예) 불고기**에다가** 비빔밥까지 먹어서 배가 불러요.
시험**에다가** 아르바이트까지 있어서 너무 힘들어요.
비**에다가** 태풍까지 와서 학교에 갈 수 없어요.
결혼**에다가** 이사까지 해서 돈이 많이 들어요.

확장

① '에다가' 대신 준말 '에다'와 조사 '에'를 사용할 수 있다. '에다가, 에다'는 구어에서 주로 사용한다.

예) 5**에다가** 4를 더하면 9가 돼요.
= 5**에다** 4를 더하면 9가 돼요.
= 5**에** 4를 더하면 9가 돼요.
영수 씨가 야구**에다가** 축구도 잘 해요.
= 영수 씨가 야구**에다** 축구도 잘 해요.
= 영수 씨가 야구**에** 축구도 잘 해요.

② 용언 뒤에 결합하는, 첨가의 의미를 지니는 '-(으)ㄴ/는 데다가'가 있다. 이때 '다가'는 '에다가'의 '다가'와 같은 조사이다.

예) 오늘은 날씨가 **좋은 데다가** 따뜻해요.
마이클 씨는 키가 **큰 데다가** 얼굴도 잘생겼어요.
그 식당은 음식이 **맛있는 데다가** 값도 싸요.
줄리아 씨는 공부를 열심히 하지 **않는 데다가** 친구와 떠들어요.

유사 문법

① '에다가1)', '과1)'

에다가1)	과1)
· 여러 사물을 열거할 때 사용한다.	
· 앞의 명사에 뒤의 명사가 첨가됨을 나타낸다. 예) 가: 저는 냉면을 좋아해요. 나: 저는 냉면**에다가** 불고기도 좋아해요. (o)	· 앞의 명사에 뒤의 명사가 첨가되는 것이 아니다. 예) 가: 저는 냉면을 좋아해요. 나: 저는 냉면**과** 불고기도 좋아해요. (x)

+ 예문에서처럼 여러 사물을 대등한 자격으로 이어 주는 것이 아니라 무엇에 무엇을 더하는 의미를 나타내고자 할 때에는 '에다가'만 쓸 수 있다.

이렇게 도입해 보세요

(1) 교사: 미도리 씨, 연필을 갖고 있어요?
학생: 네, 있어요.
교사: 그럼 지우개도 있어요?
학생: 네, 지우개도 갖고 있어요.
교사: 미도리 씨는 연필을 갖고 있어요. 지우개도 있어요. 미도리 씨는 연필**에다가** 지우개도 갖고 있어요.

(2) 교사: 흐엉 씨, 집에 무엇이 있어요?
학생: 냉장고가 있어요.
교사: 또 무엇이 있어요?
학생: 침대가 있어요.
교사: 흐엉 씨의 집에는 냉장고가 있어요. 침대도 있어요. 흐엉 씨의 집에는 냉장고**에다가** 침대도 있어요.

+ '에다가1)'을 도입할 때 교실이나 집에 있는, 학생과 관련된 물건을 이용하여 질문하는 것이 좋다. 또한 '에다가1)'로 연결되는 명사는 '연필, 지우개', '냉장고, 침대'처럼 서로 연관된 것이어야 한다. '에다가1)'을 도입한 후 '에다가' 대신 '에다, 에'가 사용될 수 있음을 예문으로 보여 준다.

에다가2) (명사에 붙어) 일정한 장소를 나타낼 때 사용한다.

예문

(1) 가: 치앙 씨, 휴대전화를 도서관**에다가** 놓고 왔어요.
나: 같이 찾으러 가요.

(2) 가: 수지 씨, 이 짐을 어디에 둬요?
나: 기숙사 방 앞**에다가** 두세요.

(3) 가: 선생님, 어디에 이름을 쓸까요?
나: 시험지 위**에다가** 이름을 쓰세요.

(4) 가: 어머니, 제 책이 어디에 있어요?
나: 아까 네 가방**에다가** 책을 넣어 놨어.

(5) 가: 마이클 씨가 집을 어디에 지었습니까?
나: 언덕 위**에다가** 집을 지었습니다.

앤디 씨가 가방을 책상 위**에다가** 놓았어요.

어머니가 과일을 냉장고 안**에다가** 넣고 계세요.

영수 씨가 포스터를 벽**에다가** 붙이고 있어요.

왕밍 씨가 책을 책꽂이**에다가** 꽂고 있어요.

지영 씨가 제주도**에다가** 집을 샀어요.

지금 상처**에다가** 약을 바르면 빨리 나을 거예요.

빨래는 햇볕**에다가** 말려야 좋아요.

제가 책상 위에 있는 봉투**에다가** 용돈을 넣었어요.

할머니가 어제 저기**에다가** 화분을 두셨습니다.

어디**에다가** 신발을 벗어 두었는지 모르겠어요.

+ '에다가2)'는 일정한 장소를 나타내는 부사격조사이다. '첨가'의 '에다가'와는 달리 앞뒤 명사를 바꾸어 쓸 수 없으며, '가방을 책상 위에다가 놓다/책상 위에다가 가방을 놓다'처럼 두 성분의 위치를 바꾸는 것은 가능하다.

+ '에다가'는 장소를 나타내는 조사 '에'와 강조의 보조사 '다가'가 결합하여 만들어진 복합 조사로, '에'로 대체가 가능하며 또는 '에다'로 줄여 쓸 수 있다.

+ '거기, 여기, 저기, 어디'처럼 부사로 사용되는 명사 뒤에서는 '거기다가, 여기다가, 저기다가, 어디다가'처럼 '에'를 생략하고 사용할 수 있다.

형태 정보

① 명사 끝음절의 받침 유무에 관계없이 '에다가'를 쓴다.

예) 교실 + 에다가 → 교실에다가
부산 + 에다가 → 부산에다가
학교 + 에다가 → 학교에다가
제주도 + 에다가 → 제주도에다가
식당 + 에다가 → 식당에다가
옆 + 에다가 → 옆에다가
냉장고 + 에다가 → 냉장고에다가
아래 + 에다가 → 아래에다가

①	받침 ○	+ 에다가	교실에다가, 식당에다가, 부산에다가, 옆에다가
	받침 ×	+ 에다가	학교에다가, 냉장고에다가, 제주도에다가, 아래에다가

② 장소를 나타내는 지시대명사 '거기, 여기, 저기'와 의문대명사 '어디'에 붙여 사용할 때 '에'는 생략이 가능하다.

예) **거기다가(거기에다가)** 이메일 주소를 쓰세요.
저는 항상 돈을 **여기다가(여기에다가)** 넣어 둬요.
어머니가 **저기다가(저기에다가)** 꽃을 꽂아 주셨어요.
수지 씨가 **어디다가(어디에다가)** 선물을 두었는지 모르겠어요.

확장

① '에다가' 대신 준말인 '에다'와 조사 '에'를 사용할 수 있다. '에다가, 에다'는 구어에서 주로 사용한다.

예) 민준 씨가 주차장**에다가** 차를 두고 왔어요.
= 민준 씨가 주차장**에다** 차를 두고 왔어요.
= 민준 씨가 주차장**에** 차를 두고 왔어요.
히로 씨가 창문 옆**에다가** 풍선을 달았어요.
= 히로 씨가 창문 옆**에다** 풍선을 달았어요.
= 히로 씨가 창문 옆**에** 풍선을 달았어요.

유사 문법

① '에다가2)', '에1)'

에다가2)	에1)
· 일정한 장소를 나타낼 때 사용한다.	
· 사람이나 사물이 위치하는 곳을 나타내지 않는다. 예) 영수 씨가 운동장**에다가** 앉아 있다. (x) 선생님이 교실 안**에다가** 계신다. (x)	· 사람이나 사물이 위치하는 곳을 나타낸다. 예) 영수 씨가 운동장**에** 앉아 있다. (o) 선생님이 교실 안**에** 계신다. (o)

이렇게 도입해 보세요

(1) 교사: (책상에 펜을 놓으며) 선생님이 펜을 어디에 두었어요?
학생: 책상 위에 두었어요.
교사: 선생님이 책상 위**에다가** 펜을 두었어요.

(2) 교사: (봉투를 보여 주며) 봉투에 이름을 쓰고 싶어요. 어디에 쓸까요?
학생: 왼쪽에 쓰세요.
교사: 좋아요. 봉투 왼쪽에 이름을 써요. 선생님이 봉투 왼쪽**에다가** 이름을 써요.

+ 장소를 나타내는 '에다가2)'를 도입할 때 (1)과 같이 '책상 위에 물건을 두는' 등의 행동을 학생들에게 보여 준다. '에다가2)'를 도입한 후 '에다가' 대신 '에다, 에'가 사용될 수 있음을 예문으로 보여 준다.

에서

1) 어떤 행위가 이루어지는 **장소**나 2) 행위의 **출발점**을 나타내는 조사.

에서1) (명사에 붙어) 어떤 행위나 동작이 이루어지고 있는 장소임을 나타낸다.

예문

(1) 가: 앤디 씨는 어디**에서** 공부해요?
나: 저는 보통 학교**에서** 공부해요.

(2) 가: 이번 올림픽은 일본**에서** 합니까?
나: 네, 이번 올림픽은 일본**에서** 합니다.

(3) 가: 내일 도서관**에서** 만날까요?
나: 네, 내일 7시에 도서관**에서** 만납시다.

(4) 가: 사람들이 가게 앞**에서** 무엇을 하고 있어요?
나: 사람들이 가게 앞**에서** 이야기를 하고 있어요.

(5) 가: 수지 씨는 이 물건을 어디**에서** 사 왔습니까?
나: 저는 이 물건을 시장**에서** 사 왔습니다.

저는 도서관**에서** 한국어를 공부해요.
앤디는 백화점**에서** 쇼핑을 했어요.
마이클은 방**에서** 책을 읽어요.
언니는 커피숍**에서** 커피를 마셔요.
왕밍 씨는 어느 공항**에서** 비행기를 타요?
우리 가족은 한국**에서** 살아요.
수지는 기숙사**에서** 숙제를 해요.
미도리는 극장**에서** 영화를 봤어요.
엄마가 부엌**에서** 무엇을 하고 계세요?
우리는 노래방**에서** 노래를 부릅니다.

+ '에서1)'은 어떤 행위나 동작이 이루어지고 있는 장소임을 나타내는 부사격조사이다. 명사 뒤에 '에서'가 붙은 단어들 '도서관에서, 한국에서, 백화점에서, 기숙사에서, 방에서' 등은 문장 안에서 부사어의 역할을 한다. 조사 '에서'는 장소를 나타낸다는 공통점 때문에 조사 '에'와 혼동을 하는 학습자들이 있다. 따라서 그 차이와 쓰임을 확실히 인지시킬 필요가 있다.

형태 정보

① 명사 끝음절의 받침 유무에 관계없이 '에서'를 쓴다.

예) 서점 + 에서 → 서점에서
도서관 + 에서 → 도서관에서
학교 + 에서 → 학교에서
교실 + 에서 → 교실에서
가게 + 에서 → 가게에서
기숙사 + 에서 → 기숙사에서

①	받침 ○	+ 에서	서점에서, 교실에서, 도서관에서
	받침 ×	+ 에서	가게에서, 학교에서, 기숙사에서

확장

① '에서'는 '서'로 줄여 쓸 수 있다.

예) 저는 보통 도서관**서** 숙제해요.
앤디는 식당**서** 자주 식사해요.
여기**서** 버스를 타면 명동에 갈 수 있습니다.

+ 이때 '에서'를 줄이지 못하는 경우도 있다. 예를 들어 '나는 집에서 공부한다.'를 '나는 집서 공부한다.'로 줄이거나 '철수는 회사에서 일한다.'를 '철수는 회사서 일한다.'로 줄일 수 없다. 모든 경우에 해당되는 용법이 아님을 알려 준다.

② 행위의 근거나 이유임을 나타낸다.

예) 걱정하는 마음**에서** 한 말이에요.
모든 병은 마음과 생각**에서** 시작됩니다.
아이들을 사랑하는 마음**에서** 이 일을 시작했어요.
행복은 행복하겠다는 생각**에서** 옵니다.

③ 어떤 사실이나 상태의 배경이나 범위, 영역임을 나타낸다.

예) 우리 반**에서** 수지가 제일 예뻐요.
세상**에서** 제일 중요한 것은 돈이 아닙니다.
가수 중**에서** 빅뱅이 제일 멋있어요.
저는 과일 중**에서** 딸기가 제일 좋아요.

+ 이때 단체 명사일 경우 '에서', 단체 명사가 아닌 경우 '중에서'를 사용한다. '가수, 과일'은 단체 명사가 아니므로 '중'이 결합된 후 '에서'가 사용된다.

④ 비교의 기준점을 나타낸다.

예) 수지는 표준 체중**에서** 미달이에요.
지금 키**에서** 5센티만 더 크면 좋겠어요.
여기**에서** 건강이 더 나빠지면 안 됩니다.
철수는 자기 기준**에서** 성적이 나쁘다고 하는 겁니다.

+ 이때의 '에서'는 비교의 기준을 나타내기 때문에 비교의 의미를 가지는 '보다' 또는 '에서보다'와 그 의미가 유사하다. 다만 '에서'가 '보다'에 비해 '기준점'이라는 의미가 좀 더 강조된다.

⑤ 단체를 나타내는 명사에 붙어 앞말이 주어임을 나타낸다.

예) 오늘 우리 학교**에서** 축제를 해요.
정부**에서** 중요한 정책을 발표했습니다.
우리 회사**에서** 이 휴대 전화를 만들었어요.
우리 학교**에서** 이 대회를 후원했습니다.

+ 이때 '에서'는 부사격조사가 아닌 '주격조사'로서의 기능을 가진다. 그러나 '우리 학교에서 유명합니다.'의 예에서 보듯 단체 뒤에 사용되는 주격조사 '에서'는 서술어가 상태성을 지닌 경우 사용될 수 없다. 이때는 주격조사 '이'를 써야 한다.

유사 문법

① '에서1)', '에1)'

<table>
<tr><th>에서1)</th><th>에1)</th></tr>
<tr><td colspan="2">· 장소를 나타내는 명사 뒤에 사용한다.
예) 수지가 부산에서 산다.
수지가 부산에 산다.</td></tr>
<tr><td>· 어떤 행위나 동작이 일어나고 있는 곳임을 나타낸다.
예) 앤디가 한국에서 있다. (x)
냉장고에서 우유가 없다. (x)
학생들이 운동장에서 축구를 한다. (o)
철수가 식당에서 밥을 먹는다. (o)</td><td>· 사람이나 물건이 존재하거나 위치하는 곳임을 나타낸다.
예) 앤디가 한국에 있다. (o)
냉장고에 우유가 없다. (o)
학생들이 운동장에 축구를 한다. (x)
철수가 식당에 밥을 먹는다. (x)</td></tr>
<tr><td>· 일반적인 행위나 동작이 일어나는 장소를 나타내므로 여러 동사가 올 수 있다.
예) 흐엉이 친구를 교실에서 만나요. (o)
영수가 도서관에서 공부해요. (o)</td><td>· 주로 위치나 존재를 나타내는 '있다, 없다, 살다, 남다' 등과 쓰인다.
예) 수지가 은행에 있어요. (o)
앤디가 한국에 없어요. (o)
흐엉이 서울에 살아요. (o)
영수가 교실에 남아요. (o)</td></tr>
</table>

+ '에1)'과 '에서1)'은 모두 장소를 나타내는 명사 뒤에 사용하는데, '에'는 존재나 위치를 나타내고 '에서'는 행위나 동작이 일어나는 장소를 나타내는 점이 다르다. '살다, 모이다' 등의 동사는 명사 뒤에 '에, 에서'가 모두 올 수 있는데, 예를 들어 '수지가 부산에 살아요.'는 부산에 거주하거나 존재하고 있음을 나타내고 '수지가 부산에서 살아요.'는 사는 행위, 즉 생활을 부산에서 하고 있음을 나타낸다.

이렇게 도입해 보세요

(1) 교사: (교실에서 학생들이 공부하는 그림을 보여 주며) 학생들이 어디에 있어요?
학생: 학생들이 교실에 있어요.
교사: 학생들이 무엇을 해요?
학생: 학생들이 공부해요.
교사: 네, 학생들이 교실에 있어요. 학생들이 공부해요. 학생들이 교실**에서** 공부해요.

(2) 교사: (백화점에서 옷을 사는 그림을 보여 주며) 수지 씨가 어디에 있어요?
학생: 수지 씨가 백화점에 있어요.
교사: 수지 씨가 무엇을 해요?
학생: 옷을 사요.
교사: 네, 수지 씨가 백화점에 있어요. 수지 씨가 옷을 사요. 수지 씨가 백화점**에서** 옷을 사요.

+ '에서1)'을 도입할 때 (1)처럼 공부를 하는 행위가 이루어지고 있는 장소가 학교임을 강조하여 학생들에게 '에서'를 활용한 대답이 나올 수 있도록 유도한다. 이때 '공부하다' 외에 '숙제하다, 책을 읽다, 이야기하다' 등의 동사도 활용할 수 있다. (2)는 옷을 사고 있는 장소가 백화점임을 나타낸다. 이때 백화점 외에 '시장, 편의점, 가게' 등의 다른 장소를 활용하여 무엇을 사는 그림을 보여 줌으로써 어떤 행위나 동작이 이루어지고 있는 장소에 조사 '에서'를 사용한다는 점을 인지시킨다.

+ 보통 '에'를 먼저 배우고 '에서'를 배우므로 도입에서처럼 '에'와 '에서'의 차이를 자연스럽게 이해하도록 하면 좋다.

에서2) (명사에 붙어) 그 대상이 어떤 행위나 상태의 출발점이나 시작점임을 나타낸다.

예문

(1) 가: 서울**에서** 몇 시에 떠나요?
나: 한 시에 떠나요.

(2) 가: 앤디 씨, 어디**에서** 전화가 왔어요?
나: 집**에서** 전화가 왔어요.

(3) 가: 마이클 씨는 내일 서울**에서** 출발해요?
나: 아니요, 저는 내일 인천**에서** 출발해요.

(4) 가: 시험에서 1등을 하면 무엇을 할 수 있어요?
나: 시험에서 1등을 하면 학교**에서** 장학금을 받을 수 있어요.

(5) 가: 서울역**에서** 명동까지 얼마나 걸립니까?
나: 지하철로 10분 정도 걸립니다.

왕밍은 중국 북경**에서** 왔습니다.

고향**에서** 편지가 도착했어요.

마이클은 아이**에서** 어른으로 성장하였다.

이 물건은 외국**에서** 전해졌어요.

서울**에서** 부산까지 얼마나 걸려요?

출입국 사무소**에서** 연락이 왔어요.

학교**에서** 가면 얼마나 걸려요?

많은 사람들이 지방**에서** 올라왔어요.

사장님은 돈을 회사**에서** 받았어요.

집**에서** 기숙사까지 걸어서 갑니다.

+ '에서2)'는 구체적인 장소, 추상적인 대상에 붙어 그 상황이 시작된 출발점이나 근원, 출처임을 나타내는데, 더 나아가 각각의 행위에 대해 영향을 미치는 대상임을 나타내기도 한다. 이때 '에서'는 '로부터/으로부터'로 바꿔 쓸 수 있다. 예를 들어, '왕밍은 중국 북경에서 왔습니다'는 '왕밍은 중국 북경으로부터 왔습니다.'로, '출입국 사무소에서 연락이 왔어요.'는 '출입국 사무소로부터 연락이 왔어요.'로 각각 바꿔 쓸 수 있다.

형태 정보

앞의 '에서1)'을 참고한다.

문장 구성 정보

① '에서'가 도착점을 나타내는 '까지'와 짝을 이루어 어떤 일이나 사건의 범위가 펼쳐지는 출발점 또는 시작점을 나타내기도 한다. 이때 '에서'는 '부터', '에서부터'로 바꿔 쓸 수 있다.

예) 그 여자는 머리**에서**(부터/에서부터) 발끝까지 예뻐요.
서울**에서**(부터/에서부터) 베이징까지 비행기로 두 시간 정도 걸립니다.
이 가게는 7일**에서**(부터/에서부터) 10일까지 문을 열지 않아요.
사무실은 한 시**에서**(부터/에서부터) 두 시까지 점심시간입니다.

유사 문법

① '에서2)', '부터'

<table>
<tr><th>에서2)</th><th>부터</th></tr>
<tr><td colspan="2">· '까지'와 함께 사용되어, 어떤 동작이나 상태의 시간과 장소의 시작점을 나타낸다.
예) 저는 6월에서 9월까지 미국을 여행할 거예요.
저는 6월부터 9월까지 미국을 여행할 거예요.
수지는 집에서 부산까지 자전거 여행을 했습니다.
수지는 서울부터 부산까지 자전거 여행을 했습니다.</td></tr>
<tr><td>· 주로 장소의 시작점을 나타낸다. 시간의 시작점만을 나타낼 때에는 쓸 수 없다.
예) 수지는 집에서 부산까지 자전거 여행을 했습니다. (o)
수업이 9시에서 시작합니다. (x)</td><td>· 주로 시간의 시작점을 나타낸다.
예) 수지는 한 시부터 두 시까지 자전거를 탔습니다. (o)
수업이 9시부터 시작합니다. (o)</td></tr>
</table>

② '에서2)', '을'

<table>
<tr><th>에서2)</th><th>을</th></tr>
<tr><td colspan="2">· '출발하다, 떠나다, 나오다, 벗어나다, 내려오다'와 같은 서술어와 함께 쓰일 수 있다.
예) 우리는 9시에 서울에서 떠났다.
우리는 9시에 서울을 떠났다.</td></tr>
<tr><td>· 서술어를 가리지 않고 쓸 수 있다.
예) 흐엉 씨는 베트남에서 왔어요. (o)</td><td>· '출발하다, 떠나다, 나오다, 벗어나다, 내려오다'와 같은 서술어와만 함께 쓴다.
예) 흐엉 씨는 베트남을 왔어요. (x)</td></tr>
</table>

+ '에서2)'가 행동의 시작점을 나타내는 의미로 사용될 때 서술어가 '떠나다, 출발하다, 나오다, 벗어나다, 내려오다' 등이 오면 '에서2)'를 '을'로 교체할 수 있다. 이때 '에서2)'는 '을'보다 출발점, 시작점의 의미가 강하다.

③ '에서2)', '에게서', '한테서'

에서2)	에게서, 한테서
· 어떤 행위의 출발점이나 어떤 행위가 비롯되는 대상임을 나타낸다.	
· 장소나 사물, 추상적인 대상 뒤에 사용한다. 예) 회사**에서** 전화가 왔어요. (o) 철수는 학교**에서** 장학금을 받아요. (o) 사람들은 책**에서** 지식을 얻습니다. (o) 꽃**에서** 향기가 나요. (o) 한국어 수업은 말하기 공부**에서** 시작됩니다. (o)	· 사람이나 동물 뒤에 사용한다. 예) 선배**에게서** 전화가 왔습니다. (o) 친구**에게서** 선물을 받았어요. (o)

④ '에서2)', '부터', '에서부터'

에서2)	부터	에서부터
· '까지'와 함께 사용되어, 어떤 동작이나 상태의 시간과 장소의 시작점을 나타낸다. 예) 저는 6월**에서** 9월**까지** 미국을 여행할 거예요. 저는 6월**부터** 9월**까지** 미국을 여행할 거예요. 저는 6월**에서부터** 9월**까지** 미국을 여행할 거예요. 수지는 서울**에서** 부산**까지** 자전거 여행을 했습니다. 수지는 서울**부터** 부산**까지** 자전거 여행을 했습니다. 수지는 서울**에서부터** 부산**까지** 자전거 여행을 했습니다.		
· 장소의 시작점만을 나타낼 때 쓸 수 있다. 시간의 시작점만을 나타낼 때에는 쓸 수 없다. 예) 수지는 집**에서** 걸어왔어요. (o) 수업이 9시**에서** 시작합니다. (x)	· 시간의 시작점만을 나타낼 때 쓸 수 있다. 장소의 시작점만을 나타낼 때에는 쓸 수 없거나 어색하다. 예) 수지는 집**부터** 걸어왔어요. (??) 수업이 9시**부터** 시작합니다. (o)	· 어떤 상황이 일어나는 시간과 장소의 시작점을 나타낸다. 예) 수지는 집**에서부터** 걸어왔어요. (o) 수업이 9시**에서부터** 시작한다. (o)

+ '에서'가 어떤 행위의 출발점임을 나타낼 때는 뒤에 서술어 '가다, 오다, 들어오다, 들어가다, 다니다' 등 이동 동사가 올 때이다. 예를 들어 '수지는 집에서 달렸다'에서는 '에서'가 출발점이 아니라 장소만을 뜻하며 이때 '에서'에 '부터'가 결합된 '에서부터'를 사용해야만 출발점의 의미를 지닐 수 있다.

이렇게 도입해 보세요

(1) 교사: (학교 지도를 보여 주며) 여기가 어디입니까?
학생: 학교입니다.
교사: (식당과 기숙사를 가리키며) 기숙사까지 얼마나 걸려요?
학생: 10분 걸려요.
교사: 네, 식당**에서** 기숙사까지 10분 걸려요.

(2) 교사: (고향에서 온 전화를 받는 그림을 보여 주며) 앤디가 무엇을 합니까?
학생: 전화를 받아요.
교사: 네, 어디에서 전화가 왔습니까?
학생: 고향**에서** 전화가 왔습니다.
교사: 네, 고향**에서** 전화가 왔습니다.

+ '에서2)'는 대상이 어떤 행위나 상태의 출발점이나 시작점임을 나타내므로 도입을 할 때 (1)처럼 출발점과 도착점을 함께 보여 주어 '에서'가 가지는 출발점의 의미를 강조하고, 학생들이 쉽게 이해할 수 있도록 안내한다. (2)는 '에게서'와 짝을 이루는 '에서'의 예로 (1)을 이해시킨 후 도입하는 것이 좋다.

에서부터{서부터}

어떤 상황이 일어나는 장소나 시간의 **시작점**임을 나타내는 조사.

에서부터 (명사에 붙어) 어떤 행위나 상태가 시작되는 장소나 시간을 나타낸다. 어느 장소에서 그 상황이 일어나기 시작했는지, 언제 그 상황이 시작되었는지를 나타낼 때 사용한다.

예문

(1) 가: 영수 씨, 어디**에서부터** 차를 타고 왔어요?
나: 부산**에서부터** 계속 차를 타고 왔어요.

(2) 가: 미도리 씨, 여기서 대구까지 몇 시간 걸려요?
나: 서울**에서부터** 대구까지 기차로 3시간 걸려요.

(3) 가: 줄리아 씨, 이 의자들을 어디에 둘까요?
나: 여기**에서부터** 두면 돼요.

(4) 가: 앤디 씨, 쉬는 시간이 언제예요?
나: 쉬는 시간은 11시**에서부터** 11시 30분까지예요.

(5) 가: 현우 씨, 그 학교가 왜 마음에 듭니까?
나: 입학**에서부터** 졸업까지 모두 장학금을 받을 수 있습니다.

저는 남산**에서부터** 학교까지 걸어왔어요.

6월**에서부터** 8월까지는 여름 방학입니다.

치앙 씨가 저기**에서부터** 청소를 시작했어요.

수지 씨는 머리**에서부터** 발끝까지 예뻐요.

어머니께서는 부엌**서부터** 청소하고 계세요.

선생님과 저는 정류장**에서부터** 만나서 같이 왔어요.

마이클 씨가 어디**에서부터** 출발하는지 모르겠어요.

흐엉 씨는 매일 3시**에서부터** 5시까지 피아노를 배워요.

지영 씨는 산 정상**에서부터** 여기까지 뛰어서 내려왔습니다.

저는 아시아**에서부터** 유럽까지 여행을 하고 싶습니다.

+ '에서부터'는 어떤 행위나 상태가 시작되는 공간과 시간을 나타내는 부사격조사이다. '까지'와 같이 쓰여 공간적, 시간적 범위를 나타내며, '서부터'의 형태로 줄여서 사용할 수 있다.

+ '에서부터'는 출발점 또는 시작점을 나타내는 격조사 '에서'와 역시 출발점, 시작점을 나타내는 보조사 '부터'가 결합된 조사로 그 의미가 강조되어 있다.

형태 정보

① 명사 끝음절의 받침 유무에 관계없이 '에서부터'를 쓴다.

예) 부산 + 에서부터 → 부산에서부터　　도서관 + 에서부터 → 도서관에서부터
남산 + 에서부터 → 남산에서부터　　병원 + 에서부터 → 병원에서부터
제주도 + 에서부터 → 제주도에서부터　　학교 + 에서부터 → 학교에서부터
머리 + 에서부터 → 머리에서부터　　회사 + 에서부터 → 회사에서부터

①	받침 ○	+ 에서부터	부산에서부터, 도서관에서부터, 남산에서부터, 병원에서부터
	받침 ×	+ 에서부터	제주도에서부터, 학교에서부터, 머리에서부터, 회사에서부터

확장

① '에서부터'는 줄여서 '서부터'로 사용된다. '서부터'는 주로 구어에서 사용된다.

예) 철수는 도서관**에서부터** 뛰어왔다. = 철수는 도서관**서부터** 뛰어왔다.
수지는 서울**에서부터** 부산까지 비행기를 타고 갔다.
= 수지는 서울**서부터** 부산까지 비행기를 타고 갔다.
여기**에서부터** 저기까지 청소하세요. = 여기**서부터** 저기까지 청소하세요.

유사 문법

① '에서부터', '에서2)', '부터'

<table>
<tr><th>에서부터</th><th>에서2)</th><th>부터</th></tr>
<tr><td colspan="3">· '까지'와 함께 사용되어, 어떤 동작이나 상태의 시간과 장소의 시작점을 나타낸다.
예) 저는 6월에서부터 9월까지 미국을 여행할 거예요.
저는 6월에서 9월까지 미국을 여행할 거예요.
저는 6월부터 9월까지 미국을 여행할 거예요.
수지는 서울에서부터 부산까지 자전거 여행을 했습니다.
수지는 서울에서 부산까지 자전거 여행을 했습니다.
수지는 서울부터 부산까지 자전거 여행을 했습니다.</td></tr>
<tr><td>· 어떤 상황이 일어나는 시간과 장소의 시작점을 나타낸다.
예) 수지는 집에서부터 걸어왔어요. (o)
수업이 9시에서부터 시작한다. (o)</td><td>· 장소의 시작점만을 나타낼 때 쓸 수 있다. 시간의 시작점만을 나타낼 때에는 쓸 수 없다.
예) 수지는 집에서 걸어왔어요. (o)
수업이 9시에서 시작합니다. (x)</td><td>· 시간의 시작점만을 나타낼 때 쓸 수 있다. 장소의 시작점만을 나타낼 때에는 쓸 수 없거나 어색하다.
예) 수지는 집부터 걸어왔어요. (??)
수업이 9시부터 시작합니다. (o)</td></tr>
</table>

+ '에서'가 어떤 행위의 출발점임을 나타낼 때는 뒤에 서술어 '가다, 오다, 들어오다, 들어가다, 다니다' 등 이동 동사가 올 때이다. 예를 들어 '수지는 집에서 달렸다'에서는 '에서'가 출발점이 아니라 장소만을 뜻하며 이때 '에서'에 '부터'가 결합된 '에서부터'를 사용해야만 출발점의 의미를 지닐 수 있다.

이렇게 도입해 보세요

(1) 교사: (기차 옆면에 '서울 → 부산'이 쓰여 있는 기차 그림에서 '서울'은 가려 놓은 채로) 이 기차는 어디까지 가요?

학생: 부산까지 가요.

교사: 그럼, 어디에서 출발해요?

학생: 몰라요.

교사: (서울을 가린 부분을 떼어내며) 이 기차는 서울**에서부터** 출발해요.

(2) 교사: 히로 씨, 제주도에 어떻게 가요?

학생: 비행기를 타고 가요.

교사: 비행기를 타면 몇 시간 걸려요?

학생: 30분 걸려요.

교사: 제주도까지 비행기로 30분 걸려요. 서울**에서부터** 제주도까지 비행기로 30분 걸려요.

+ '에서부터'를 도입할 때는 (1), (2)와 같이 구체적인 장소 명사를 제시하는 것이 좋다. (1)에서는 출발을 나타내는 '에서부터'를 '에서'와 함께 도입하였고, (2)에서는 출발점과 도착점을 같이 말하는 예를 보임으로 '에서부터'가 주로 '까지'와 같이 사용되고 있다는 것을 보여 준다.

으로[로]

1) 향하는 **목적지** 또는 **방향**이나 2) **도구**나 **수단**을 나타내는 조사.

으로1) (명사에 붙어) 향하는 목적지 또는 움직임의 방향을 나타낸다.

예문

(1) 가: 오후에 학교**로** 가요?
나: 네, 수업이 있어요.

(2) 가: 여행을 어디**로** 갈 거예요?
나: 미국**으로** 갈 거예요.

(3) 가: 여기서 뭐하세요?
나: 학교**로** 가는 버스를 기다리고 있어요.

(4) 가: 회의가 끝나면 아래층**으로** 내려오세요.
나: 네, 알겠습니다.

(5) 가: 영화관이 어디에 있습니까?
나: 왼쪽**으로** 가세요. 우체국 옆에 있습니다.

앤디는 프랑스**로** 여행을 간다.
수업이 끝나고 식당**으로** 오세요.
지하철 5번 출구**로** 나오세요.
수지는 3층**으로** 올라갔습니다.
언니는 문 쪽**으로** 가서 나를 불렀어요.
가족들과 같이 극장**으로** 갈 거예요.
내일 아침에 운동장**으로** 와야 해요.
강의실에 가려면 2층**으로** 내려가세요.
왕밍은 집 안**으로** 들어갔습니다.
이 버스는 아파트 안**으로** 지나갑니다.

+ '으로1)'은 장소나 방향을 뜻하는 명사에 붙어 그 지점이나 방향을 목적지로 하거나 그곳을 통하여 이동하거나 향함을 나타내는 부사격조사이다. 주로 '가다', '오다'와 같은 동사에 결합하며 세부적으로는 '어떤 지점을 목적지로 함', '어떤 방향을 향함', '어떤 지점을 기준으로 한 방향' 등을 나타낸다. 마지막 문장 예문 '이 버스는 아파트 안으로 지나갑니다.'에서 '으로'는 어떤 지점을 통하거나 통과한다는 경로의 의미를 나타낸다.

형태 정보

① 명사의 끝음절에 받침이 있으면 '으로'를 쓴다.

예) 식당 + 으로 → 식당으로
도서관 + 으로 → 도서관으로
은행 + 으로 → 은행으로
왼쪽 + 으로 → 왼쪽으로
집 + 으로 → 집으로
병원 + 으로 → 병원으로

② 명사의 끝음절에 받침이 없거나 'ㄹ' 받침으로 끝나면, '로'를 쓴다.

예) 컴퓨터 + 로 → 컴퓨터로
학교 + 로 → 학교로
절 + 로 → 절로
가게 + 로 → 가게로
의자 + 로 → 의자로
서울 + 로 → 서울로

①	받침 ○	+ 으로	식당으로, 왼쪽으로, 도서관으로, 집으로, 은행으로, 병원으로
②	받침 ×	+ 로	컴퓨터로, 가게로, 학교로, 의자로
	ㄹ 받침	+ 로	절로, 서울로

문장 구성 정보

① 주로 '가다, 오다, 내려가다, 올라가다' 등과 함께 쓰인다.

예) 영수가 학교**로** 가다.
카페**로** 와요.
아래층**으로** 내려가세요.
5층**으로** 올라가세요.

+ 장소나 방향을 뜻하는 명사에 붙어 '가다, 오다, 내려가다, 올라가다' 등의 서술어와 함께 쓰이며 이때 '으로'는 무엇을 하러 이동함의 뜻을 나타낸다.

확장

① 'N1+이 N2+으로 V'의 구성으로 쓰여 어떤 결과로 바뀌거나 변화했음을 나타낸다.

예) 수업 시간**이** 오전에서 오후**로** 바뀌었다.
논**이** 학교**로** 변했다.
어린 꼬마**가** 숙녀**로** 성장했다.
아이들의 싸움**이** 어른 싸움**으로** 커졌다.

② 어떤 물건의 재료나 원료가 됨을 나타낸다.

예) 이 음식은 빵과 채소**로** 만들었어요.
초밥은 밥과 생선회**로** 만듭니다.
이 책상은 재활용품**으로** 만들었어요.
어머니가 콩**으로** 간장을 담그십니다.

③ 자격이나 신분을 나타낸다.

예) 흐엉이 반장**으로** 뽑혔어요.
수지는 학교의 회장**으로** 열심히 일했어요.
앤디는 대학교 야구 선수**로** 5년 동안 있었어요.

+ 첫 번째 예문은 흐엉에게 반장의 자격이 주어졌음을, 두 번째 예문은 수지가 학교의 회장 자격을 가지고 활동했음을 나타낸다. 세 번째 예문은 앤디가 대학교 야구 선수의 자격, 신분으로 활동했다는 것이다.

④ 어떤 일의 원인이나 이유를 나타낸다.

예) 앤디 씨가 교통사고**로** 입원했어요.
무슨 일**로** 왔습니까?
눈**으로** 차가 많이 막혀요.
신제품**으로** 우리 회사가 유명해졌어요.

⑤ 시간을 나타내는 명사에 붙어 시간적 범위를 나타낸다.

예) 요즘은 아침저녁**으로** 추워요.
밖이 밤낮**으로** 시끄러워요.
수업 시간이 네 시간**으로** 정해졌으니 일찍 오세요.

유사 문법

① '으로1)', '에3)'

으로1)	에3)
· 행위가 향하는 목적지를 나타낸다. 예) 수업이 끝나면 식당**으로** 오세요. 수업이 끝나면 식당**에** 오세요.	
· '도착하다, 이르다, 다다르다'와 같은 서술어와 함께 도착점을 나타내는 데에 쓸 수 없다. 예) 나는 서울**로** 도착했다. (x)	· '도착하다, 이르다, 다다르다'와 같은 서술어와 함께 도착점을 나타내는 데에 쓸 수 있다. 예) 나는 서울**에** 도착했다. (o)
· 지향점, 방향, 경유지를 나타낼 때 쓸 수 있다. 예) 나는 부산**으로** 떠났다.(지향점) (o) 화장실에 가려면 아래**로** 내려가세요.(방향) (o) 이 길**로** 돌아가면 빠르다.(경유지) (o)	· 지향점, 방향, 경유지를 나타낼 때 쓸 수 없다. 예) 나는 부산**에** 떠났다.(지향점) (x) 화장실에 가려면 아래**에** 내려가세요.(방향) (x) 이 길**에** 돌아가면 빠르다.(경유지) (x)

+ 지향점이나 방향, 경유지를 나타낼 때는 '으로', 도착점을 가리킬 때는 '에'를 사용한다.

이렇게 도입해 보세요

(1) 교사: (앞으로 가는 모습을 보이며) 선생님이 지금 어느 쪽 가요?
학생: 앞 가요.
교사: 네. 선생님이 앞**으로** 가요.
교사: (뒷걸음질 치는 모습을 보이며) 선생님이 지금 어느 쪽 가요?
학생: 뒤 가요.
교사: 네. 선생님이 뒤**로** 가요.

(2) 교사: (교실 물건이 적힌 종이를 뽑게 한다. 예: 칠판, 교탁, 문, 창문, 에어컨 등.)
앤디 씨 무엇을 뽑았어요?
학생: 칠판요.
교사: (칠판을 가리키며) 앤디 씨는 칠판**으로** 가요.
교사: 수지 씨, 무엇을 뽑았어요?
학생: 의자요.
교사: 수지 씨는 의자**로** 가요.

+ (1)은 '으로'가 움직임의 방향을 나타내는 예문이고, (2)는 '으로'가 향하는 목적지를 나타내는 도입 예문이다. (1)을 제시할 때는 '앞으로, 뒤로, 밖으로, 안으로' 등의 어휘를 사용하여 다양한 활용이 가능하다.

으로2) (명사에 붙어) 행위의 도구나 수단을 나타낸다.

예문

(1) 가: 이름을 잘못 썼어요.
나: 지우개**로** 지워요.

(2) 가: 한국 사람은 무엇**으로** 식사해요?
나: 숟가락과 젓가락**으로** 식사해요.

(3) 가: 버스**로** 갈까요?
나: 길이 막히니까 지하철**로** 갑시다.

(4) 가: 시험 볼 때 펜**으로** 쓰세요.
나: 연필**로** 쓰면 안 돼요?

(5) 가: 이삿짐을 어떻게 옮길까요?
나: 트럭**으로** 옮깁시다.

흐엉이 종이를 가위**로** 자른다.
왕밍은 연필**로** 그림을 그려요.
미도리는 이메일**로** 부모님과 연락해요.
수영을 할 때는 입**으로** 숨을 쉬어요.
일기를 지우개**로** 다 지웠어요.
수지는 컴퓨터**로** 영화를 봐요.
앤디는 한국어**로** 말할 수 있어요.
언니는 핸드폰**으로** 사진을 찍어요.
문을 열쇠**로** 잠갔어요.
김 선생님은 정장 차림**으로** 수업을 합니다.

+ '으로2)'는 어떤 행위의 도구나 수단, 방법임을 나타낸다. 첫 번째 문장 예문은 자르는 행위의 도구가 가위임을, 두 번째 문장 예문은 영화를 보는 데 사용하는 수단이 컴퓨터임을, 마지막 문장 예문은 김 선생님이 수업을 할 때 정장 차림이라는 것으로 하나의 방식을 나타내고 있다.

형태 정보

앞의 '으로1)'을 참고한다.

+ 도구가 되는 명사에 결합됨에 유의한다.

유사 문법

① '으로2)', '에'

으로2)	에
· 도구나 수단, 방법을 나타낸다. 예) 생선을 불**로** 익혀 먹었다. 생선을 불**에** 익혀 먹었다.	
· 도구로 의도적으로 행동하였음을 나타낸다. 예) 나는 잘못해서 종이**로** 손을 베었다. (??) 수지는 돌**로** 걸려 넘어졌다. (x) 흐엉은 안경**으로** 눈을 찔렸다. (x) 종이를 칼**로** 잘랐다. (o) 철수는 열쇠**로** 문을 열었다. (o)	· 도구로 인하여 의도하지 않은 행위가 일어났음을 나타낸다. 예) 나는 잘못해서 종이**에** 손을 베였다. (o) 수지는 돌**에** 걸려 넘어졌다. (o) 흐엉은 안경**에** 눈을 찔렸다. (o) 종이를 칼**에** 잘랐다. (x) 철수는 열쇠**에** 문을 열었다. (x)

이렇게 도입해 보세요

(1) 교사: 이것은 무엇입니까?
학생: 분필입니다.
교사: (칠판에 쓰며) 선생님이 무엇을 합니까?
학생: 씁니다.
교사: 네. 선생님이 분필로 씁니다.

(2) 교사: (한국 사람들이 식사하는 그림을 보여 주며) 한국 사람들은 식사할 때 무엇이 필요합니까?
학생: 숟가락, 젓가락 필요해요.
교사: 네. 한국 사람들은 숟가락**으로** 국을 먹어요. 젓가락**으로** 반찬을 먹어요.

+ (1)에서는 교사가 직접 분필로 쓰는 행위를 보여 줌으로써 분필이 '쓰는 행위의 도구'가 되는 것임을 자연스럽게 인지시켜 준다. (2)에서는 한국 사람들이 식사하는 그림을 보여 주며 그때 사용되는 도구로 숟가락, 젓가락이 있다는 것을 자연스럽게 노출시킨다.

은[는]

문장에서 주제임을 나타내거나 대조 및 강조의 뜻을 나타내는 조사.

은 (명사나 부사어, 일부 연결어미 또는 합성동사의 선행 요소에 붙어) 주제임을 나타내거나, 둘 이상을 대조하여 각각을 말할 때, 행위나 상황 자체를 강조할 때 사용한다.

예문

(1) 가: 어제 집에 누가 왔어요?
나: 수지가 왔어요.
가: 수지가 누구예요?
나: 수지**는** 같은 학교 친구예요.

(2) 가: 동생이 대학생이에요?
나: 네, 제 동생**은** 한국대학교에 다녀요.

(3) 가: 미도리 씨**는** 어느 나라 사람이에요?
나: 저**는** 일본 사람이에요.

(4) 가: 운동 좋아해요?
나: 아니요.
가: 그럼 음악**은** 좋아해요?
나: 네, 운동**은** 좋아하지 않지만 음악**은** 좋아해요.

(5) 가: 지금 바빠서 식사할 수 없어요.
나: 바빠도 식사**는** 하세요.

저**는** 미국 사람이에요.

이것**은** 책입니다.

마이클**은** 학생입니다.

제주도**는** 아주 아름다워요.

아버지**는** 회사원이고, 어머니**는** 주부입니다.

겨울에**는** 눈이 내리고 봄에**는** 꽃이 피어요.

아무리 피곤해도 운동**은** 해요.

영희야, 멀리**는** 가지 마라.

수지가 요리를 하고**는** 앤디를 불렀습니다.

흐엉이 학교를 지나**는** 갔지만 들어가지**는** 않았어요.

+ '은'은 주제를 나타내거나 대조 및 강조의 뜻을 나타내는 보조사이다. 주로 주어 자리에서 많이 사용되기 때문에 '은'을 주격조사로 잘못 아는 학생들이 많다. 첫 번째 담화 예문에서 보면 주격조사 '가'는 새로운 주제(수지)를 등장시키며, '는'은 이미 화자와 청자가 알고 있는 정보로 대화의 주제(수지)를 나타낼 때 사용한다. 세 번째 예문에서 '미도리 씨는'이 첫 대화문에서 사용된 것은 이미 화자와 청자가 '미도리'에 대해 알고 이를 주제로 이야기하고 있기 때문이다. 네 번째 예문은 대조의 '은'의 사용을 보여 주며, 다섯 번째 예문의 '바빠도 식사는 하세요.'는 행위나 상황 자체를 강조하는 '은'의 강조 용법의 예이다.

+ 문장 예문 '영희야, 멀리는 가지 마라.', '흐엉이 학교를 지나는 갔지만 들어가지는 않았어요.'에서 '은[는]'은 부사, 합성동사의 선행 요소, 연결어미 뒤에 붙어 사용되고 있는데 강조와 대조의 의미를 갖는다.

형태 정보

① 명사의 끝음절에 받침이 있으면 '은'을 쓴다.

예) 학생 + 은 → 학생은　　서울 + 은 → 서울은
선생님 + 은 → 선생님은　　한국 + 은 → 한국은
책 + 은 → 책은　　직업 + 은 → 직업은

② 명사의 끝음절에 받침이 없으면 '는'을 쓴다.

예) 저 + 는 → 저는　　제주도 + 는 → 제주도는
어머니 + 는 → 어머니는　　프랑스 + 는 → 프랑스는
식사 + 는 → 식사는　　취미 + 는 → 취미는

①	받침 ○	+ 은	학생은, 서울은, 선생님은, 한국은, 책은, 직업은
②	받침 ×	+ 는	저는, 제주도는, 어머니는, 프랑스는, 식사는, 취미는

제약 정보

① 주어, 목적어 자리에 '은'을 사용하려면 주격조사와 목적격조사를 탈락시키고 붙인다.

예) 수지**는** 대학생입니다. (o)
수지가**는** 대학생입니다. (x)
수지가 음악**은** 좋아합니다. (o)
수지가 음악을**은** 좋아합니다. (x)

확장

① '에서, 에, 보다' 등의 조사 뒤에 붙어서 쓸 수 있다.

예) 교실에서**는** 핸드폰을 보지 마세요.
학교에**는** 어떻게 가요?
한국보다**는** 중국이 더 큽니다.

② 말할 때 '는'은 받침이 없는 명사와 결합하여 'ㄴ'으로 줄여 쓸 수 있다.

예) **전** 대학생입니다.
어젠 눈이 왔어요.
나는 제주도에 가요. **제주돈** 아름다워요.
영희는 음식을 **만들어선** 동생에게 주었어요.

③ '은'이 붙은 명사에 관한 사실이나 진리를 말할 때 쓴다.

예) 지구**는** 둥글다.
하와이**는** 따뜻하다.
일 더하기 이**는** 삼이다.
해**는** 동쪽에서 뜬다.

④ '가기는 간다'와 같이 반복되는 두 말을 잇는 곳에 쓰여 앞의 사실이 전제되기는 하지만 어느 정도 조건이 뒤따름을 나타낸다.

예) 가기**는** 가지만 곧 돌아올게요.
사기**는** 샀는데 마음에 들지 않아요.
김 사장이 큰 인물**은** 인물이야.
그 아이가 물건**은** 물건입니다.

유사 문법

① '은', '이'

은	이
· 주로 문장의 주어 위치에 온다. 예) 영희**는** 반장입니다. (o) 영희**가** 반장입니다. (o)	
· 주어 자리뿐 아니라 목적어, 부사어 자리에도 온다. 예) 나**는** 빵**은** 먹는다. 영희**는** 오늘 학교**는** 안 간다.	· 주어 자리에만 온다. 예) 빵**이** 맛있다. 영희**가** 오늘 학교에 안 간다.
· 대조(중립적 배제)의 기능이 있다. 예) 철수**는** 그 사실을 알고 영희**는** 그 사실을 모른다. (o)	· 대조(중립적 배제)의 기능이 없다. 예) 철수**가** 그 사실을 알고 영희**가** 그 사실을 모른다. (?)
· 앞에서 말한 것을 다음 문장에서 다시 말하여 문장의 주제를 나타낼 때 쓴다. 예) 가: 이름이 무엇입니까? 나: 제 이름**은** 마이클입니다. (o)	· 새로운 화제를 도입할 때 쓴다. 예) 옛날 옛적에 한 호랑이**가** 살았습니다. (o)
· 정보의 초점이 서술절에 있을 때 쓴다. 예) 저**는** 김진수입니다. (o) (저 사람은 박아영이고 저는 김진수입니다.)	· 정보의 초점이 명사에 있을 때 쓴다. 예) 제**가** 김진수입니다. (o) (저 사람이 김진수가 아니라, 제가 김진수입니다.)
· 내포절에는 사용되지 않는다. 예) 그 과자는 {철수**는** 먹던} 것이다. (x) 나는 {수지**는** 대학에 합격했다는} 소식을 듣고 기뻤다. (x)	· 내포절에 사용될 수 있다. 예) 그 과자는 {철수**가** 먹던} 것이다. (o) 나는 {수지**가** 대학에 합격했다는} 소식을 듣고 기뻤다. (o)
· 보조사이므로 격조사와의 결합이 비교적 자유롭다. 예) 교실에서**는** 조용히 해야 해요. (o) 철수에게**는** 국어사전이 많이 있다. (o)	· 격조사이므로 다른 격조사와 결합하지 않는 경우가 많다. 예) 교실에서**가** 조용히 해야 해요. (x) 철수에게**가** 국어사전이 많이 있다. (??)
· 부사, 어미와 결합한다. 예) 조금**은** 알겠습니다. (o) 먹고**는** 싶지만 먹지 않아요. (o)	· 부사, 어미와 잘 결합하지 않는다. 예) 조금**이** 알겠습니다. (x) 먹고**가** 싶지만 먹지 않아요. (x)

+ 주격조사 '이'와 보조사 '은'을 혼동하는 것은 보조사 '은'이 주어 자리에 자주 나타나기 때문이다. 그러나 '은'은 주어 자리에만 오는 것이 아니라 '나는 빵은 먹는다.'처럼 목적어 자리에도 오고 '교실에서는 조용히 해야 해요.'처럼 부사어 자리에 오며 부사격조사와의 결합도 자유롭다.

+ '은'은 대조(중립적 배제), 주제, 구정보임을 나타내는 기능이 있는 것으로 알려져 있다. 반면 '이'는 대조의 기능이나 주제의 기능은 없고 신정보를 나타내는 기능이 있다. 새로운 화제를 도입할 때 '이'를 사용하면 신정보임을 나타내고 정보의 초점이 'N+이'에 있게 된다.

+ 내포절에는 '은/는'이 사용되지 않는다. 내포절의 주어는 새로운 정보이기 때문이다. 그러나 내포절 안에서 '은/는'이 대조의 기능으로 사용되는 경우에는 '은/는'을 사용한다.
  예) 내 반에는 {국어**는** 좋아하지만 수학**은** 싫어하는} 학생들이 많다. (o)

② ‘은’, ‘이란’

은	이란
· 문장의 주제를 나타낼 때 사용되며 주어의 위치에 온다. 예) 책**은** 마음의 양식이다. (o) 책**이란** 마음의 양식이다. (o)	
· 주어 자리뿐 아니라 목적어, 부사어 자리에도 온다. 예) 나**는** 빵**은** 먹는다. 영희**는** 오늘 학교**는** 안 간다.	· 주어 자리에만 온다. 예) 사랑**이란** 아낌없이 주는 것이다.
· 대조의 기능이 있다. 예) 철수가 축구**는** 잘한다. (o)	· 대조의 기능이 없다. 예) 철수가 축구**란** 잘한다. (x)
· 앞에 오는 주제에 특별한 제약이 없다. 예) 생신**은** 생일의 높임말이다. (o) 여기**는** 학교입니다. (o) 저**는** 마이클입니다. (o)	· 단순한 지정을 나타내는 문장에는 사용할 수 없다. 예) 생신**이란** 생일의 높임말이다. (o) 여기**란** 학교입니다. (x) 저**란** 마이클입니다. (x)

이렇게 도입해 보세요

(1) 교사: (이름, 직업, 취미가 써져 있는 송혜교의 사진을 보여 주며) 이 사람의 이름이 뭐예요?
학생: 송혜교예요.
교사: 직업이 뭐예요?
학생: 영화배우예요.
교사: 취미가 뭐예요?
학생: 독서예요.
교사: 네, 이 사람**은** 송혜교입니다. 직업**은** 영화배우입니다. 취미**는** 독서입니다.

(2) 교사: (형은 책을 읽고 동생은 전화하는 그림을 보여 주며) 형 뭐 해요?
학생: 책을 읽어요.
교사: 동생 뭐 해요?
학생: 전화해요.
교사: 네, 형**은** 책을 읽어요. 동생**은** 전화해요.

+ 먼저 (1)은 '은/는'이 화제, 즉 무엇을 설명하는 대상에 쓰임을 알게 하기 위한 도입 예문이다. (2)는 '은/는'이 둘 이상을 대조하여 말할 때 쓴다는 것을 이해시키기 위한 도입 예문이다. 서로 상반되는 그림을 보여 줌으로써 대조의 기능은 비교적 쉽게 익힐 수 있다.

+ '은'을 '이/가'와 혼동하는 경우가 많으므로 다양한 예문을 이용하여 문장 전체로 인지할 수 있도록 돕는다. 특히 '은/는'은 자기소개를 할 때, 사물의 명칭을 지칭할 때, 주제에 대해 설명할 때 사용되므로 이러한 예문을 사용하여 학생이 이해할 수 있도록 한다.

을[를]

어떤 행위가 미친 직접적인 **대상**이나 행위의 목적지가 되는 **장소**를 나타내는 조사.

을 (명사에 붙어) 어떤 행위가 미친 직접적인 대상이나 행위의 목적지가 되는 장소를 나타낸다. 문장의 목적어임을 나타낼 때 사용한다.

예문

(1) 가: 영희 씨가 무엇**을** 마셔요?
나: 영희 씨가 콜라**를** 마셔요.

(2) 가: 우리 무엇**을** 할까요?
나: 우리 같이 텔레비전**을** 봅시다.

(3) 가: 동생이 뭐 하고 있어요?
나: 동생이 한국 노래**를** 듣고 있어요.

(4) 가: 어느 학교**를** 다닙니까?
나: 한국대학교**를** 다닙니다.

(5) 가: 이번 주말에 뭐 해요?
나: 명동**을** 갈 거예요.

친구가 공부**를** 해요.

어머니가 요리**를** 하세요.

마이클이 방에서 음악**을** 들어요.

저는 다음 주에 프랑스**를** 갈 거예요.

길**을** 오래 걸어서 피곤해요.

저는 책**을** 읽습니다.

미도리가 마이클**을** 만났습니다.

흐엉은 교회**를** 다녀요.

저는 친구와 서울**을** 떠날 거예요.

그 사람은 밤에 도서관**을** 나왔습니다.

+ '을'은 어떤 행위가 미친 대상 및 행위의 목적지가 되는 장소를 나타내는 목적격조사이다. 담화 예문에서 '콜라, 텔레비전, 노래'는 각각 마시는 대상, 보는 대상, 듣는 대상으로 이때 서술어는 타동사가 사용된다. 언어에 따라 자동사와 타동사의 구분이 다르기 때문에 자주 사용되는 타동사를 사용하여 충분한 연습을 하는 것이 좋다.

+ '대학교를 다니다, 명동을 가다'의 '을'은 행위의 목적지를 나타내는 조사로 '에'로 대치가 가능하다. 이 '을'을 학자에 따라서는 목적격조사가 아니라 강조의 의미를 나타내는 보조사로 보기도 하는데, 이때 서술어는 '가다, 오다, 다니다'와 같은 이동 동사가 온다.

+ 말을 할 때 주격조사와 마찬가지로 목적격조사도 자주 생략된다. 그러나 글에서 목적격조사를 생략하면 어색한 경우가 많다. 간혹 초급 교실에서 목적격조사를 생략하는 교사가 있는데 초급 교실에서는 가능하면 조사를 자주 노출하여 한국어의 조사 사용에 익숙하게 하는 것이 좋다.

형태 정보

① 명사의 끝음절에 받침이 있으면 '을'을 쓴다.

예) 식당 + 을 → 식당을　　　　　컵 + 을 → 컵을
　　도서관 + 을 → 도서관을　　　핸드폰 + 을 → 핸드폰을
　　은행 + 을 → 은행을　　　　　책 + 을 → 책을

② 명사의 끝음절에 받침이 없으면 '를'을 쓴다.

예) 컴퓨터 + 를 → 컴퓨터를　　　전화 + 를 → 전화를
　　학교 + 를 → 학교를　　　　　의자 + 를 → 의자를
　　휴지 + 를 → 휴지를　　　　　피자 + 를 → 피자를

①	받침 ○	+ 을	식당을, 컵을, 도서관을, 핸드폰을, 은행을, 책을
②	받침 ×	+ 를	컴퓨터를, 전화를, 학교를, 의자를, 휴지를, 피자를

문장 구성 정보

① '을/를'이 행위의 대상을 나타낼 때는 주로 '사다, 먹다, 보다, 만들다, 쓰다, 부르다' 등과 같은 타동사와 함께 쓰인다.

예) 엄마가 옷**을** 샀어요.
　　나는 영화**를** 봤습니다.
　　수지는 커피숍에서 커피**를** 마셨어요.
　　마이클은 한국 요리**를** 만들었습니다.

확장

① 말할 때 '를'은 받침이 없는 명사와 결합하여 'ㄹ'로 줄여 쓸 수 있다.

예) 뭐 + 를 → 뭘　　　누구 + 를 → 누굴
　　저 + 를 → 절　　　너 + 를 → 널
　　피자 + 를 → 피잘　　　전화 + 를 → 전활

② '을/를'이 장소를 나타낼 때는 주로 '가다, 걷다, 다니다, 떠나다' 등의 이동 동사와 함께 쓰인다.

예) 왕밍은 학교**를** 갑니다.
　　미도리는 길**을** 걷습니다.
　　엄마는 교회**를** 다닙니다.
　　언니는 부산**을** 떠납니다.

③ 비격식적인 구어에서는 흔히 '을'을 생략한다. 격식적인 구어나 문어에서는 '을'을 잘 생략하지 않는다.

예) 커피ø 잘 안 마셔요.
　　휴지ø 주세요.
　　수업이 끝나고 누구ø 만나요?
　　식사 후에 어디ø 가요?

+ '을/를'의 생략이 가능한 경우에 '을/를'을 쓰게 되면 그 대상을 선택하거나 지정한다는 의미가 첨가된다.

예) 커피**를** 잘 안 마셔요.
　　휴지**를** 주세요.
　　수업이 끝나고 누구**를** 만나요?
　　식사 후에 어디**를** 가요?

④ 수 표현에 붙어 어떤 행위의 시간이나 거리, 그 행위 대상의 수량을 나타낸다.

예) 수지는 두 시간**을** 쇼핑했다.
　　마이클은 한국에서 이 년**을** 살았어요.
　　철수는 매일 2킬로미터**를** 걷습니다.
　　앤디가 물 세 잔**을** 마셨습니다.

⑤ '~를 ~로'의 구성으로 쓰여 어떤 행위의 기준이 되는 대상임을 나타낸다.

예) 왕밍은 대학교 입학**을** 목표로 공부해요.
　　일곱 살 어린이**를** 기준으로 그 이상은 들어올 수 없어요.
　　이 사람**을** 마지막으로 면접을 끝내겠습니다.
　　외국인 노동자**를** 대상으로 하는 한국어 수업을 시작합니다.

유사 문법

① '을', '에3)'

<table>
<tr><th>을</th><th>에3)</th></tr>
<tr><td colspan="2">· 행위의 목표가 되는 장소를 나타낸다.
예) 흐엉이 학교를 갑니다.
흐엉이 학교에 갑니다.</td></tr>
<tr><td>· 명사가 목적이 되는 행위일 때 쓸 수 있다.
예) 철수가 목욕/구경/등산/여행/소풍/낚시/일을 갔다. (o)</td><td>· 명사가 목적이 되는 행위일 때 쓸 수 없다.
예) 철수가 목욕/구경/등산/여행/소풍/낚시/일에 갔다. (x)</td></tr>
</table>

② '을', '에서2)'

<table>
<tr><th>을</th><th>에서2)</th></tr>
<tr><td colspan="2">· '출발하다, 떠나다, 나오다, 벗어나다, 내려오다'와 같은 서술어와 함께 쓰일 수 있다.
예) 우리는 9시에 서울을 떠났다.
우리는 9시에 서울에서 떠났다.</td></tr>
<tr><td>· '출발하다, 떠나다, 나오다, 벗어나다, 내려오다'와 같은 서술어와만 함께 쓴다.
예) 흐엉 씨는 베트남을 왔어요. (x)</td><td>· 서술어를 가리지 않고 쓸 수 있다.
예) 흐엉 씨는 베트남에서 왔어요. (o)</td></tr>
</table>

+ '에서2)'가 행동의 시작점을 나타내는 의미로 사용될 때 서술어가 '떠나다, 출발하다, 나오다, 벗어나다, 내려오다' 등이 오면 '에서2)'를 '을'로 교체할 수 있다. 이때 '에서2)'는 '을'보다 출발점, 시작점의 의미가 강하다.

이렇게 도입해 보세요

(1) 교사: (수지 씨가 책을 사는 그림을 보여 주며) 무엇을 삽니까?
학생: 책 삽니다.
교사: 네, 책 삽니다. 수지 씨가 책을 삽니다.
교사: (이번에는 펜을 사는 그림을 보여 주며) 무엇을 삽니까?
학생: 펜 삽니다.
교사: 네, 펜 삽니다. 수지 씨가 펜을 삽니다.

(2) 교사: (학교에 가는 그림을 보여 주며) 이 사람이 어디 갑니까?
학생: 학교 갑니다.
교사: 네. 이 사람이 학교를 갑니다.
교사: (시장에 가는 그림을 보여 주며) 이 사람이 어디 갑니까?
학생: 시장 갑니다.
교사: 네. 이 사람이 시장을 갑니다.

+ (1)은 행위가 미치는 대상을 의미하는 '을'을 도입하는 예문이다. 책과 펜을 사는 그림을 보여 주고 수지가 '사는' 행위가 미친 직접적인 대상이 '책'과 '펜'임을 알게 하고, 이때 조사 '을'이 쓰인다는 것을 인지시킨다. (2)는 목적지를 나타낼 때 사용되는 '을'의 도입 예문이다.

의

명사와 명사를 연결하여 앞 명사가 뒤 명사를 수식하게 하는 조사.

의 (명사에 붙어) 앞말과 뒷말 간에 소유, 소속, 소재, 주체 등의 의미 관계에 있음을 나타낸다. 명사와 명사를 연결하여 하나의 명사구를 구성하게 하고, 앞의 말이 뒤의 말을 수식하게 한다.

예문

(1) 가: 누구 책이에요?
나: 앤디 씨**의** 책이에요.

(2) 가: 이 개**의** 주인이 어디 있을까요?
나: 글쎄요.

(3) 가: 저는 한국**의** 축구 대표 선수가 되고 싶어요.
나: 네, 꼭 그렇게 되길 바랍니다.

(4) 가: 꽃밭**의** 나비 좀 봐요.
나: 참 예뻐요.

(5) 가: 한국 시인**의** 시를 읽어 보셨어요?
나: 아니요, 아직 못 읽어 봤어요.

(6) 가: 누구 부탁으로 왔어요?
나: 수지 씨**의** 부탁으로 왔습니다.

이 옷은 어머니**의** 옷이에요.

이 분은 앤디 씨**의** 선생님이세요.

꽃**의** 향기가 참 좋네요.

이 지갑**의** 주인을 찾아 주세요.

서울**의** 아파트는 비싸다.

겨울**의** 바닷물은 차지 않다.

부모님**의** 말씀을 잘 들어야 한다.

왕밍 씨**의** 고향은 중국입니다.

흐엉 씨**의** 남편은 일본 사람이에요.

우리 학교**의** 한국어 선생님들이 정말 잘 가르치세요.

한국**의** 영화감독들이 좋은 영화를 많이 만들었어요.

마이클은 십 년**의** 세월이 지나 고향으로 돌아갔습니다.

+ '의'는 주로 앞말이 뒷말에 대하여 소유, 소속, 소재 관계를 나타내는 관형격조사이다. '의'는 소유의 뜻으로 가장 많이 사용되는데 '앤디 씨의 책, 어머니의 옷' 등이 그러한 예이다. '이 개의 주인, 이 지갑의 주인'은 앞말이 소유물인데 소유주에 '주인, 임자'처럼 제한된 소유주만이 사용된다. '한국의 축구 대표 선수, 우리 학교의 한국어 선생님'의 '의'는 소속, '꽃밭의 나비, 서울의 아파트'의 '의'는 소재의 의미로 볼 수 있다.

+ 주체의 의미로 사용되는 '의'는 중간에 서술어가 숨어 있다고 생각할 수 있다. '한국 시인의 시'는 '한국 시인이 쓴 시', '수지 씨의 부탁'은 '수지가 한 부탁'으로 해석된다는 것이다. 이 외에도 '의'는 앞뒤 명사의 의미 관계에 따라 다양하게 해석될 수 있다.

+ 문법적으로는 '의'에 의해 연결된 두 명사는 하나의 명사구를 이루고, 앞말은 뒷말을 수식하는 관형어가 된다.

형태 정보

① 명사 끝음절의 받침 유무에 관계없이 '의'를 쓴다.

예) 선생님 + 의 → 선생님의　　동생 + 의 → 동생의
꽃 + 의 → 꽃의　　어머니 + 의 → 어머니의
사과 + 의 → 사과의　　학교 + 의 → 학교의

①	받침 ○	+ 의	선생님의, 동생의, 꽃의
	받침 ×	+ 의	어머니의, 사과의, 학교의

+ '의'는 [에]로도 발음할 수 있음을 학생들에게 알려 준다.

② '나', '저', '너'에 '의'가 붙은 '나의', '저의', '너의'는 줄여서 '내', '제', '네'로도 쓰인다.

예) 저것은 **내** 컴퓨터예요.
앤디는 **제** 친구입니다.
제 고향은 러시아예요.
네 동생 참 귀엽다.

확장

① '의'는 '소유주-피소유물'의 관계를 나타내는 경우, '전체-부분'의 관계를 나타내는 경우, '친족 관계를 나타내는 경우'에는 생략이 가능하고 그 외의 경우에는 잘 생략되지 않는다.

예) 철수**의** 연필 = 철수 연필
강아지**의** 집 = 강아지 집
호랑이**의** 발 = 호랑이 발
앤디**의** 누나 = 앤디 누나
춘천은 호반**의** 도시이다. (o)　춘천은 호반 도시이다. (x)
5월은 계절**의** 여왕이다. (o)　5월은 계절 여왕이다. (x)

② 앞말이 뒷말에 대하여 행위의 대상이나 목표임을 나타낸다. 이때 뒷말은 행위를 뜻하는 명사가 온다.

예) 이 문제**의** 해결을 위해 모두 노력합시다.
외식 가격**의** 상승으로 외식을 자주 하기 어려워졌다.
선생님은 한국어 교육**의** 발전에 온 열정을 쏟았다.
물**의** 오염을 막으려면 하수 처리를 잘해야 한다.

③ 앞말이 뒷말의 속성 혹은 수량을 나타낸다.

예) 그것은 최선**의** 선택이에요.
그 남자는 최고**의** 남자예요.
책상 위에 다섯 자루**의** 연필이 있어요.
두 반**의** 학생들이 서로 다릅니다.

④ 앞말과 뒷말이 비유의 관계임을 나타낸다.

예) 대처 수상은 철**의** 여인으로 불린다.
5월은 계절**의** 여왕이라고 한다.
그에게 행운**의** 여신이 미소를 지었다.
마음**의** 소리에 귀를 기울일 줄 알아야 한다.

⑤ 일부 조사에 붙어, 그 조사의 의미 특성을 지닌 채 뒷말을 수식할 때 쓴다.

예) 학교에서**의** 하루는 재미있다.
가족을 위해 아버지로서**의** 책임을 다 해야 한다.
친구와**의** 약속을 지켜야 합니다.
미국으로**의** 유학이 기대됩니다.

+ 앞말이 뒤에 연결되는 조사의 의미를 가지고 뒷말을 꾸미는 기능을 가짐을 나타낸다. 예컨대 '학교에서의 하루'와 같이 '학교'가 조사 '에서'와 결합하여 '학교에서'가 되고 이것이 '의'와 결합하여 '하루'를 꾸미는 기능으로 쓰인다.

유사 문법

① **'의', '에'**

의	에
· 체언 뒤에 사용하며, '의'는 주로 '에'로 발음된다.	
· 명사에 '의'가 붙어 관형어 구실을 하며, 뒤에 오는 명사를 수식한다. 예) 기분 좋은 날**의** 데이트 (o) 기분 좋은 날에 데이트 (x)	· 명사에 '에'가 붙어 부사어 구실을 하며, 뒤에 오는 서술어를 수식한다. 예) 기분 좋은 날**에** 데이트를 했다. (o)

+ 원래 '의'와 '에'의 뜻은 다르지만 발음 때문에 그 의미를 혼동하는 학습자들이 많다. 예문을 통해 문법적으로 차이가 있음을 인지시킨다.

이렇게 도입해 보세요

(1) 교사: (학생의 책을 달라고 해서 들고) 이 책 누구 거예요?
학생: 미도리요.
교사: 네, 이 책은 미도리**의** 책이에요. (다른 학생의 책을 달라고 해서 또 물어 본다) 이 책 누구 거예요?
학생: 왕밍요.
교사: 네, 이 책은 왕밍**의** 책이에요. (교사의 책을 들고) 이 책은 누구 거예요?
학생: 선생님**의** 책이에요.

(2) 교사: 앤디 씨는 몇 급 몇 반 학생이에요?
학생: 1급 1반.
교사: 앤디 씨는 1급 1반**의** 학생이에요.
교사: 선생님은 몇 급 몇 반 선생님이에요?
학생: 1급 1반.
교사: 네, 선생님은 1급 1반**의** 선생님이에요.

\+ (1)에서는 앞말이 뒷말에 대하여 소유의 의미를 나타내고, (2)에서는 앞말이 뒷말에 대하여 소속의 의미를 나타낸다. (1)에서는 다양한 사물을 활용하여 소유의 의미를 인지시킬 수 있다.

이[가]

어떤 동작을 하는 주체 또는 어떤 상태에 있는 대상임을 나타내는 조사.

이 (명사에 붙어) 어떤 동작을 하는 주체 또는 어떤 상태에 있는 대상임을 나타낸다. 문장의 주어임을 나타낼 때 사용한다.

예문

(1) 가: 아기**가** 자요?
나: 네, 아기**가** 자요.

(2) 가: 누**가** 밥을 먹어요?
나: 마이클**이** 밥을 먹어요.

(3) 가: 영수**가** 어디에서 공부합니까?
나: 영수**가** 도서관에서 공부합니다.

(4) 가: 동생**이** 큽니까?
나: 네, 동생**이** 큽니다.

(5) 가: 철수**가** 학생이에요?
나: 아니요, 회사원이에요.

왕밍**이** 학교에 갑니다.

동생**이** 일기를 써요.

김 선생님**이** 수업을 하세요.

연필**이** 많아요.

날씨**가** 좋습니다.

언니**가** 의사입니다.

오빠**가** 중국에서 왔어요.

제**가** 청소를 합니다.

미도리**가** 비빔밥을 먹어요.

꽃**이** 예뻐요.

컴퓨터**가** 책상에 있어요.

+ '이'는 문장의 주어임을 나타내는 주격조사이다. 서술어로 '동사, 형용사, 명사+이다'가 오며, 서술어가 동사일 때 'N+이'는 동작의 주체를 나타내고 서술어가 형용사 혹은 '명사+이다'일 때 'N+이'는 상태나 성질의 대상을 나타낸다.

+ 말을 할 때 주격조사는 자주 생략되나, 글에서는 생략하면 어색한 경우가 많다. 간혹 초급 교실에서 주격조사를 생략하는 교사가 있는데 초급 교실에서는 가능하면 조사를 자주 노출시켜 한국어의 조사 사용에 익숙하게 하는 것이 좋다.

형태 정보

① 명사의 끝음절에 받침이 있으으면 '이'를 쓴다.

예) 식당 + 이 → 식당이　　　연필 + 이 → 연필이
도서관 + 이 → 도서관이　　　핸드폰 + 이 → 핸드폰이
은행 + 이 → 은행이　　　책 + 이 → 책이

② 명사의 끝음절에 받침이 없으면 '가'를 쓴다.

예) 컴퓨터 + 가 → 컴퓨터가　　　전화 + 가 → 전화가
학교 + 가 → 학교가　　　의자 + 가 → 의자가
한국어 + 가 → 한국어가　　　종이 + 가 → 종이가

①	받침 ○	+ 이	식당이, 연필이, 도서관이, 핸드폰이, 은행이, 책이
②	받침 ×	+ 가	컴퓨터가, 전화가, 학교가, 의자가, 한국어가, 종이가

③ '가'가 붙을 때 형태가 변하는 예가 있다. '누구'와 '가'가 함께 쓰이면 '누가'로 쓰며, '나, 너, 저'와 같이 쓸 때는 '내가, 네가, 제가'로 쓴다.

누구+가	누가	누가 중국 사람이에요?
나+가	내가	내가 학생이에요.
너+가	네가	네가 영수니?
저+가	제가	제가 한국어를 공부합니다.

+ 조사가 없는 언어를 모국어로 하는 학습자들은 조사가 환경에 따라 형태를 달리하면 대개 혼란스러워한다. 선행 명사의 받침 유무에 따라 달라지는 형태를 구제적인 예를 통하여 제시한 뒤, 다시 표를 사용하여 문법을 각인시키고 연습을 여러 번 해서 익숙해질 수 있도록 한다.

+ ③의 형태 정보는 한꺼번에 교수하지 않고 어느 정도 용법에 익숙해진 후 가르치는 것이 좋다.

문장 구성 정보

① 의문사(누구, 무엇, 어디, 어느 등)가 주어로 사용된 의문문이나 그에 대한 대답의 주어에는 '이/가'를 쓴다.

예) (1) 가: 누**가**(*누구는) 김 선생님입니까?
나: 저분**이** 김 선생님입니다.
(2) 가: 어느 것**이**(*어느 것은) 제 책입니까?
나: 저것**이** 마이클 씨 책입니다.
(3) 가: 수지의 생일 선물로 무엇**이**(*은) 좋을까?
나: 스카프**가** 좋을 것 같아요.
(4) 가: 어디**가**(*는) 수학 여행지로 좋을까요?
나: 설악산**이** 어떨까요?

+ '이'는 신정보를 나타내므로 의문문에 사용되는 의문사 뒤에는 '은'이 아닌 '이'가 붙는다. 의문사는 이미 알고 있는 정보가 아니라 모르는 것을 가리키기 때문이다. 이때 대답도 새로운 정보이므로 조사 '이'가 붙는다.

제약 정보

① 받침이 있는 한국 사람 이름 뒤에는 어조를 고르는 접미사 '이'가 붙고 주격조사 '가'를 쓴다.

예) 영철이**가** 가요. (o) 영철**이** 가요. (??)
(어조를 고르는 접미사)
수진이**가** 와요. (o) 수진**이** 와요. (??)
(어조를 고르는 접미사)
영진이**가** 가요. (o) 영수**가** 와요. (o) 영진**이** 와요. (x)
수영이**가** 와요. (o) 수지**가** 와요. (o) 수영**이** 와요. (x)

② 받침이 있는 한국 사람 이름이라도 성과 이름을 같이 말할 때는 어조를 고르는 접미사 '이'를 잘 붙이지 않는다.

예) 영철이**가** 갑니다. (o) 김영철이**가** 갑니다. (??) 김영철**이** 갑니다. (o)
수진이**가** 옵니다. (o) 이수진이**가** 옵니다. (??) 이수진**이** 옵니다. (o)
영진이**가** 가요. (o) 박영진이**가** 가요. (??) 박영진**이** 가요. (o)
수영이**가** 와요. (o) 최수영이**가** 와요. (??) 최수영**이** 와요. (o)
영수가 옵니다. (o) 김영수가 옵니다. (o)

③ 받침이 있는 외국 사람 이름에는 어조를 고르는 접미사 '이'를 붙이지 않고 바로 주격조사 '이'를 붙인다.

예) 수잔**이** 가요. (o)　　　　수잔이**가** 가요. (x)
마이클**이** 와요. (o)　　　　마이클이**가** 와요. (x)
힐러리 클린턴**이** 좋습니다. (o)

④ 보조사 '는, 도' 등이 붙으면 '이/가'는 탈락한다.

예) 사과**는** 맛있어요. (o)　　　　사과가는 맛있어요. (x)
수박**은** 시원해요. (o)　　　　수박이는 시원해요. (x)
영수**도** 옵니다. (o)　　　　영수가도 옵니다. (x)
수진이**도** 갑니다. (o)
(어조를 고르는 접미사)

+ '수진이도 갑니다.'의 '이'는 주격조사가 아니라 어조를 고르는 접미사 '이'이다.

⑤ 보조사 '만, 부터, 까지'와 결합할 때 '이/가'는 이들 조사 뒤에 온다.

예) 사람**만이** 말을 할 수 있습니다. (o)　　　　사람이만 말을 할 수 있습니다. (x)
여기부터 저기**까지가** 우리 땅이다. (o)　　　　여기부터 저기가까지 우리 땅이다. (x)

+ ①~③을 종합해 보면 결국 한국 사람 이름 중 받침 있는 이름 뒤에는 주격조사 '이'가 바로 붙어 사용되지 않고 어조를 고르는 '이'가 먼저 붙은 다음 주격조사 '가'가 붙는 것이 일반적 형태라 할 수 있다. 연습을 충분히 한 후 이 내용을 스스로 확인할 수 있도록 유도한다. ④~⑤는 학습자가 다른 보조사를 익힌 후에 가르칠 수 있는 내용이다.

확장

① 비격식적인 구어에서는 흔히 '이'를 생략한다. 격식적인 구어나 문어에서는 '이'를 잘 생략하지 않는다.

예) 철수Ø 오늘 학교 안 왔어요. / 철수가 오늘 학교에 안 왔어요.
무슨 일Ø 있어요? / 무슨 일이 있어요?
모자Ø 참 예쁘다. / 모자가 참 예쁩니다.
나Ø 몸이 좀 아파요. / 내가 몸이 좀 아파요.

+ 비격식적 구어에서는 주어인 '나'가 주로 생략되며, '나'가 사용되더라도 '이/가'가 자주 생략된다. '내가 몸이 좀 아파요'처럼 주어인 '나'와 '이/가'가 사용되면 다른 사람이 아닌 '나'를 강조하는 의미가 덧붙는다.

② '좋다, 부럽다, 무섭다, 그립다' 등의 형용사와 함께 쓰여, 어떠한 기분이나 심리 상태를 느끼게 하는 대상임을 나타낸다. 이때 문장이 평서문이면 '나', 즉 화자가 주어가 되고 의문문이면 청자가 주어가 된다.

예) 저는 책**이** 좋아요.
나는 호랑이**가** 무섭습니다.
왕밍 씨는 한국어**가** 어려워요?

+ 서술어가 자동사나 형용사인 경우 '이/가'가 붙은 명사구가 두 번 연달아 올 수 있다. 이때 앞의 주어 뒤에는 주격조사 '이/가'보다 '은/는'이 더 자주 사용되기도 하는데, '이/가'가 오면 문장의 초점이 앞의 명사구에 온다.

예) 토끼**가** 귀**가** 깁니다.
수지**가** 눈**이** 예쁩니다.
이 회사**가** 월급**이** 많아요.
시장**이** 물건 값**이** 싸요.
이 책**이** 디자인**이** 예쁩니다.

③ '되다, 아니다'의 앞에 쓰여 주어가 된 대상, 주어가 아닌 대상을 가리킨다.

예) 저는 선생님**이** 되고 싶어요.
저는 한국에 온 지 삼 년**이** 되었어요.
흐엉은 한국 사람**이** 아니에요.
수지는 스무 살**이** 아닙니다.

④ 지적하여 강조할 때 쓴다.

예) 배가 고프지**가** 않아.
그 사람이 싫지**가** 않았다.
도대체**가** 말이 안 돼.
거의**가** 그 사실을 모르고 있었다.
생긴 것부터**가** 마음에 안 들었다.
나는 커피**가** 마시고 싶다.
우리 애가 하는 말**이** 자기는 커서 엄마랑 살겠대요.

+ 예문에서 볼 수 있듯 '-지 않-' 구문, '도대체, 거의, 본래'와 같은 부사, '부터'와 같은 조사 뒤에 '이/가'가 사용되면 그 성분이 강조가 된다. '-고 싶-' 구문에서는 '-고' 앞의 동사가 목적어를 필요로 하는 타동사일 때 목적격조사 '을/를'이 오는 것이 자연스러운데 '이/가'가 오기도 한다. 마지막 예문은 인용되는 말이 주어가 되는 예로 종결어미로는 인용의 뜻을 나타내는 '-더라, -래, -대' 등이 주로 온다.

유사 문법

① '이', '은'

이	은
· 주로 문장의 주어 위치에 온다. 예) 영희**가** 반장입니다. (o) 영희**는** 반장입니다. (o)	
· 주어 자리에만 온다. 예) 빵**이** 맛있다. 영희**가** 오늘 학교에 안 간다.	· 주어 자리뿐 아니라 목적어, 부사어 자리에도 온다. 예) 나**는** 빵**은** 먹는다. 영희**는** 오늘 학교**는** 안 간다.
· 대조(중립적 배제)의 기능이 없다. 예) 철수**가** 그 사실을 알고 영희**가** 그 사실을 모른다. (?)	· 대조(중립적 배제)의 기능이 있다. 예) 철수**는** 그 사실을 알고 영희**는** 그 사실을 모른다. (o)
· 새로운 화제를 도입할 때 쓴다. 예) 옛날 옛적에 한 호랑이**가** 살았습니다. (o)	· 앞에서 말한 것을 다음 문장에서 다시 말하여 문장의 주제를 나타낼 때 쓴다. 예) 가: 이름이 무엇입니까? 나: 제 이름**은** 마이클입니다. (o)
· 정보의 초점이 명사에 있을 때 쓴다. 예) 제**가** 김진수입니다. (o) (저 사람이 김진수가 아니라, 제가 김진수입니다.)	· 정보의 초점이 서술절에 있을 때 쓴다. 예) 저**는** 김진수입니다. (o) (저 사람은 박아영이고 저는 김진수입니다.)
· 내포절에 사용될 수 있다. 예) 그 과자는 {철수**가** 먹던} 것이다. (o) 나는 {수지**가** 대학에 합격했다는} 소식을 듣고 기뻤다. (o)	· 내포절에는 사용되지 않는다. 예) 그 과자는 {철수**는** 먹던} 것이다. (x) 나는 {수지**는** 대학에 합격했다는} 소식을 듣고 기뻤다. (x)
· 격조사이므로 다른 격조사와 결합하지 않는 경우가 많다. 예) 교실에서**가** 조용히 해야 해요. (x) 철수에게**가** 국어사전이 많이 있다. (??)	· 보조사이므로 격조사와의 결합이 비교적 자유롭다. 예) 교실에서**는** 조용히 해야 해요. (o) 철수에게**는** 국어사전이 많이 있다. (o)
· 다른 부사, 어미와 결합하지 않는다. 예) 조금**이** 알겠습니다. (x) 먹고**가** 싶지만 먹지 않아요. (x)	· 다른 부사, 어미와 결합한다. 예) 조금**은** 알겠습니다. (o) 먹고**는** 싶지만 먹지 않아요. (o)

+ 주격조사 '이'와 보조사 '은'을 혼동하는 것은 보조사 '은'이 주어 자리에 자주 나타나기 때문이다. 그러나 '은'은 주어 자리에만 오는 것이 아니라 '나는 빵은 먹는다.' 처럼 목적어 자리에도 오고 '교실에서는 조용히 해야 해요.' 처럼 부사어 자리에도 오며 부사격조사와의 결합도 자유롭다.

+ '은'은 대조(중립적 배제), 주제, 구정보임을 나타내는 기능이 있는 것으로 알려져 있다. 반면 '이'는 대조의 기능이나 주제의 기능은 없고 신정보를 나타내는 기능이 있다. 새로운 화제를 도입할 때 '이'를 사용하면 신정보임을 나타내고 정보의 초점이 'N+이'에 있게 된다.

+ 내포절에는 '은/는'이 사용되지 않는다. 내포절의 주어는 새로운 정보이기 때문이다. 그러나 내포절 안에서 '은/는'이 대조의 기능으로 사용되는 경우에는 '은/는'을 사용한다.

  예) 내 반에는 {국어**는** 좋아하지만 수학**은** 싫어하는} 학생들이 많다. (o)

② **'이', '께서'**

<table>
<tr><th>이</th><th>께서</th></tr>
<tr><td colspan="2">· 문장의 주어 위치에 온다.
예) 동생이 집에 있어요. (o)
할머니께서 집에 계세요. (o)</td></tr>
<tr><td>· 일반적인 사람 명사 뒤에 쓰인다.
예) 동생이 집에 있어요. (o)
할머니가 집에 있어요. (x)</td><td>· 높임을 나타내는 사람 명사가 오는 경우에 쓰인다.
예) 동생께서 집에 있어요. (x)
할머니께서 집에 계세요. (o)</td></tr>
</table>

+ 주어를 '께서'로 높여야 할 경우, 서술어에는 일반적으로 높임의 어미 '-으시-'를 넣거나 서술어를 높임 어휘로 바꿔 사용한다(계시다, 주무시다….).

이렇게 도입해 보세요

(1) 교사: (아기가 자는 그림을 보여 주며) 누구예요?
학생: 아기예요.
교사: 아기 뭐 해요?
학생: 자요.
교사: 아기 자요. 아기**가** 자요.

(2) 교사: (학생이 학교에 가는 그림을 보여 주며) 학교 갑니까?
학생: 학교 갑니다.
교사: 누구 학교 갑니까?
학생: 학생 갑니다.
교사: 네, 학생 갑니다. 학생 학교 갑니다. 학생**이** 학교 갑니다.

(3) 교사: (꽃을 가리키며) 무엇입니까?
학생: 꽃입니다.
교사: 예쁩니까?
학생: 네.
교사: 네, 꽃**이** 예쁩니다.

+ '이/가'를 도입할 때 (1)처럼 주어인 명사를 먼저 끌어내고 다음에는 서술어를 끌어낸 후 둘을 연결하여 문장을 만들어 준다. 그리고 다시 주어인 명사에 '이/가'를 붙인 형태를 제시한다. 교실 환경이나 교사와 학생의 물건, 외모 등을 이용하여 자연스러운 도입을 할 수 있다. (2)에서는 학생이 학교에 가는 행위가 나타난 그림을 보여 주어 '이/가'의 쓰임을 인지할 수 있게 한다. (3)에서는 '예쁘다'라는 형용사를 사용하여 '꽃'의 상태를 서술하고 있다. 이때 학생들에게 '꽃'과 '예쁘다'의 어휘를 유도하여 두 어휘가 자연스럽게 연결될 수 있도록 한다.

이나[나]

1) **선택**의 뜻을 나타내거나 2) **차선**의 선택을 나타내거나 3) 수량이 **기대보다 크거나 많음**을 나타내는 조사.

이나1) (명사에 붙어) 두 가지 이상을 나열하여 그중에 어떤 것을 선택함을 나타낸다.

예문

(1) 가: 주말에는 보통 무엇을 해요?
나: 농구**나** 야구를 해요.

(2) 가: 영수 씨에게 무엇을 선물할까요?
나: 책**이나** 펜을 선물하세요.

(3) 가: 방학에 뭐 하고 싶어요?
나: 바다**나** 산에 가고 싶어요.

(4) 가: 무엇을 타고 갈까요?
나: 버스**나** 지하철을 타고 가요.

(5) 가: 언제 극장에 갈 거예요?
나: 이번 주**나** 다음 주에 갈 거예요.

피자**나** 스파게티를 먹는다.
컴퓨터**나** 핸드폰으로 음악을 들어요.
연필**이나** 펜으로 쓰세요.
도서관**이나** 은행 앞에서 만나요.
일곱 시**나** 여덟 시에 만나요.
지하철**이나** 버스를 타고 학교에 가요.
토요일**이나** 일요일에 쉬어요.
주스**나** 커피를 주세요.
책**이나** 잡지를 읽어요.
사과**나** 귤을 먹습니다.

+ '이나1)'은 둘 이상의 대상을 나열하여 그중에 어떤 것을 선택함을 나타내는 접속조사이다. 첫 번째 문장 예문 '피자나 스파게티를 먹는다.'에서 '피자나 스파게티'는 '피자'와 '스파게티' 중 하나를 먹는다는 의미이다. 만약 둘을 다 먹는다는 의미를 나타내려면 '피자와 스파게티'처럼 '와'로 두 대상을 연결해야 한다.

+ 선택의 의미를 나타내는 접속조사 '이나'는 부사 '또는'과 의미가 같다.

형태 정보

① 명사의 끝음절에 받침이 있으면 '이나'를 쓴다.

예) 식당 + 이나 → 식당이나 　　　　왼쪽 + 이나 → 왼쪽이나
도서관 + 이나 → 도서관이나 　　　　핸드폰 + 이나 → 핸드폰이나
은행 + 이나 → 은행이나 　　　　책 + 이나 → 책이나

② 명사의 끝음절에 받침이 없으면 '나'를 쓴다.

예) 컴퓨터 + 나 → 컴퓨터나 　　　　전화 + 나 → 전화나
학교 + 나 → 학교나 　　　　의자 + 나 → 의자나
어제 + 나 → 어제나 　　　　피자 + 나 → 피자나

①	받침 ○	+ 이나	식당이나, 왼쪽이나, 도서관이나, 핸드폰이나, 은행이나, 책이나
②	받침 ×	+ 나	컴퓨터나, 전화나, 학교나, 의자나, 어제나, 피자나

확장

① '~이나(나) ~이나(나)'의 구성으로 쓰이기도 한다. 이때에는 '~이든 ~이든 구별하지 않고 다 같이'의 뜻을 나타낸다.

예) 김치**나** 고추장**이나** 똑같이 맵습니다.
핸드폰**이나** 컴퓨터**나** 다 필요합니다.
왕밍은 공부**나** 운동**이나** 다 잘해요.
여름에는 산**이나** 바다**나** 모두 사람이 많습니다.

② '~이나 되는 것처럼', '~이나 되는 듯이'의 구성으로 쓰여 사실은 그렇지 않지만 그런 것처럼 행동함을 나타낸다.

예) 왕밍은 이 집이 자신의 집**이나** 되는 것처럼 말한다.
언니는 그 공원이 자기의 것**이나** 되는 듯이 이야기해요.
그는 자기가 주인**이나** 되는 듯이 마음대로 사용하라고 했어요.
수지는 이 목걸이가 자신의 목걸이**나** 되는 것처럼 사용합니다.

+ 자기의 소유물이 아닌데 자기의 소유물인 것처럼 행동함을 못마땅하게 여기며 빈정거리는 뜻이 드러난다.

③ '무엇', '어느 곳', '아무것', '무슨 일' 등의 뒤에 붙어 이것저것 가리지 않고 어떤 것이든 상관없음을 나타낸다.

예) 마이클은 무엇**이나** 다 잘 먹어요.
어느 곳**이나** 다 비슷해요.
아무 책**이나** 빌려 주세요.
당신을 위해서라면 무슨 행동**이나** 할 수 있어요.

+ 이때 '이나'는 '이든'으로 대치하여 사용할 수 있다.

④ 어느 정도가 되어야 어떤 행위를 할 수 있음을 나타낸다.

예) 똑똑한 사람**이나** 그 어려운 공부를 할 수 있어요.
힘이 센 사람**이나** 힘든 운동을 하는 거예요.
젊은 사람**이나** 오래 일할 수 있습니다.
경험이 많은 사람**이나** 그 일을 해낼 수 있습니다.

⑤ 부사에 붙어 강조의 뜻을 나타낸다.

예) 그 여자는 무척**이나** 예뻐요.
왕밍 씨는 퍽**이나** 친절해요.
가뜩**이나** 몸이 안 좋은데 일을 해서 피곤해요.
마이클은 달리기를 꽤**나** 잘 해요.

+ '무척이나, 퍽이나, 가뜩이나, 꽤나'는 부사 '무척, 퍽, 가뜩, 꽤'를 강조하고 있다.

⑥ '~이나 다름없다/같다/마찬가지이다'의 구성으로 쓰여 비교의 뜻을 나타낸다.

예) 그 사람은 한국 사람**이나** 다름없다.
수지는 흐엉의 가족**이나** 같아요.
그렇게 열심히 했으면 합격한 것**이나** 마찬가지예요.
이 옷은 비싼 옷**이나** 다를 것이 없습니다.

+ 이때 '이나'는 비교를 나타내는 '과'로 대치가 가능하다.

유사 문법

① '이나1)', '또는', '혹은'

이나1)	또는	혹은
· 선택의 뜻을 나타낸다.		
· 조사이므로 앞말에 붙여 쓴다. 예) 사과**나** 귤을 먹어요. (o)	· 부사이므로 앞말과 띄어 쓴다. 예) 사과 **또는** 귤을 먹어요. (o)	· 부사이므로 앞말과 띄어 쓴다. 예) 사과 **혹은** 귤을 먹어요. (o)
· 말할 때나 글을 쓸 때 모두 쓴다. 예) 강의한 내용을 책**이나** 공책에 써요. (o)	· 주로 글을 쓸 때 쓴다. 예) 강의한 내용을 책 **또는** 공책에 씁니다. (o)	· 주로 글을 쓸 때 쓴다. 한자어 '혹은'이 '또는'보다 좀 더 격식 있는 글에 쓰인다. 예) 강의한 내용을 책 **혹은** 공책에 씁니다. (o)

② '이나1)', '이든'

이나1)	이든
· 무엇을 선택하든 차이가 없는 항목들을 연결하여 나열한다. 예) 아침에는 보통 빵**이나** 과일**이나** 우유**나** 냉장고에 있는 거 아무거나 찾아 먹어요. 아침에는 보통 빵**이든** 과일**이든** 우유**든** 냉장고에 있는 거 아무거나 찾아 먹어요.	
· 두 항목을 연결하여 사용할 때 격조사의 결합이 자연스럽다. 예) 아침에는 보통 빵**이나** 과일을 먹어요. (o) 봄**이나** 가을에 여행을 한번 가야겠어요. (o)	· 두 항목을 연결하여 사용할 때 격조사의 결합이 어색하다. 예) 아침에는 보통 빵**이든** 과일을 먹어요. (x) 봄**이든** 가을에 여행을 한번 가야겠어요. (x)
· '언제, 어디'에 '이나'가 붙은 '언제나, 어디나'는 '언제든(언제든지)'과 달리 명령문, 청유문에는 잘 사용되지 않는다. 예) 언제**나** 좋아요. 언제**나** 웃어요? 언제**나** 오세요. (??)	· '언제, 어디'에 '이든', '이든지'가 붙은 '언제든(언제든지), 어디든(어디든지)'은 '어떠한 경우, 어떠한 시간이라고 하더라도'라는 의미로 사용되며 문장 종결에 제약이 없다. 예) 언제**든지** 좋아요. 언제**든지** 웃어요? 언제**든지** 오세요.

+ '언제든지' 뒤에 명령문, 평서문, 의문문 등 다양한 문장을 자유롭게 사용할 수 있다. '언제나'는 '항상'의 의미가 강조되며 '언제든지'는 '어떠한 경우, 어떠한 시간이라고 하더라도'라는 의미가 강조된다. 따라서 '언제나'는 명령문, 청유문에 사용하면 어색한 경우가 많다. '어디나' 역시 '언제나'처럼 명령문, 청유문에 쓰이기 어렵다.

이렇게 도입해 보세요

(1) 교사: 학교 올 때 지하철 타요? 버스 타요?

학생: 지하철요. 버스요.

교사: 선생님은 오늘은 지하철 탔어요. 어제는 버스 탔어요. 선생님은 학교에 올 때 지하철**이나** 버스를 타요.

(2) 교사: 오늘 점심(저녁)에 무엇을 먹어요?

학생: 김치찌개를 먹어요.

학생: 된장찌개를 먹어요.

교사: 점심에 우리는 김치찌개**나** 된장찌개를 먹어요. 다 먹어요? 아니요, 둘 중 하나만 먹어요.

+ (1)은 '지하철'과 '버스'를 학교 오는 방법으로 제시한 다음 교사가 둘 중 아무것이나 하나를 선택하여 학교에 온다는 뜻의 문장을 만들어 줌으로써 '이나'의 의미를 이해하도록 하는 방법이다. (2)는 학생들에게 점심에 먹을 음식에 대해 물어본 후 그 대답을 가지고 문장을 만들어 제시하는 방법이다. '이나'의 의미를 분명하게 제시하기 위해 필요하면 둘 중 하나라는 의미를 부각하여 설명한다.

이나2) (명사에 붙어) 만족스럽지는 않지만 괜찮은 정도의 차선임을 나타낸다. 더 좋은 것이 있을지 모르지만 이것도 괜찮다는 의미를 나타낼 때 사용한다.

예문

(1) 가: 식사 시간이 지났어요.
나: 그럼 김밥**이나** 사서 먹어요.

(2) 가: 방학한 후에 무엇을 할 거예요?
나: 시간이 많으니까 여행**이나** 가려고요.

(3) 가: 도서관에 자리가 없어요.
나: 그럼 영화**나** 보러 가요.

(4) 가: 조용한 곳에 가서 이야기 할까요?
나: 점심**이나** 먹으면서 이야기 합시다.

(5) 가: 무엇을 드릴까요?
나: 물**이나** 주세요.

생일 파티는 안 해도 되니까 밥**이나** 먹읍시다.
식당에 사람이 많으니까 차**나** 마셔요.
심심하니 텔레비전**이나** 봅시다.
밥이 없으니 라면**이나** 먹을까요?
백화점은 비싸니까 시장에**나** 가요.
시험이 끝났으니까 잠**이나** 잡시다.
놀이공원에 줄이 너무 기니까 구경**이나** 할까요?
두 사람의 말**이나** 먼저 들어 봅시다.
해외여행은 비싸니까 국내여행**이나** 갑시다.
맥주는 비싸니까 소주**나** 마십시다.

+ '이나2)'는 최선은 아니지만 어느 정도 만족스러운 차선임을 나타내는 보조사이다. 첫 번째 문장 예문 '밥이나', 두 번째 문장 예문 '잠이나'는 마음에 들지는 않지만 최소한 할 수 있는 차선의 선택임을 나타낸다.

형태 정보

앞의 '이나1)'을 참고한다.

이렇게 도입해 보세요

(1) 교사: 수업이 끝나고 식사를 할까요?
학생: 네.
교사: 어디에 갈까요?
학생: 학교 앞 식당에 가요.
교사: 학교 앞 식당은 머니까 학생 식당**이나** 갑시다.

(2) 교사: 시험 끝나고 뭐 하고 싶어요?
학생: 놀고 싶어요.
학생: 쉬고 싶어요.
교사: 네. 시험 끝나면 놀 수 있어요. 쉴 수 있어요. 그러니까 지금은 공부**나** 합시다.

+ (1)에서는 식사를 하자는 말로 시작해서 어디에 가는 것이 좋을지 질문하여 대답을 유도한 후 먼 다른 식당보다 가까운 학생 식당에 가자는 말로 연결하여 '이나'를 노출하고 있다. (2)에서는 미래의 하고 싶은 일들을 물어봐서 대답을 유도한 후 지금은 그것보단 차선의 다른 것을 하자는 말로 연결하여 '나'를 제시하고 있다.

이나3) (명사에 붙어) 수나 양이 생각했던 정도를 넘어 크거나 많음을 나타낸다.

예문

(1) 가: 흐엉 씨가 밥을 삼 인분 먹었어요.
나: 삼 인분**이나** 먹었어요?

(2) 가: 저는 가방이 삼십 개 있어요.
나: 삼십 개**나** 있어요?

(3) 가: 어제 열두 시간**이나** 잠을 잤어요.
나: 아주 많이 잤군요.

(4) 가: 가족이 몇 명이에요?
나: 저희 가족은 열 명**이나** 돼요.

(5) 가: 일주일에 책을 몇 권 읽어요?
나: 저는 일주일에 다섯 권 읽어요.
가: 다섯 권**이나** 읽어요? 책을 좋아하는군요.

우리 집엔 고양이가 일곱 마리**나** 있다.
어제 커피를 다섯 잔**이나** 마셨습니다.
하루에 영화를 세 편**이나** 봤어요.
이번 시험은 다섯 과목**이나** 봅니다.
이 집에서 십 년**이나** 살았어요.
서울에서 부산까지는 416km**나** 됩니다.
콘서트에 사람이 천 명**이나** 왔습니다.
교실에 학생이 오십 명**이나** 있어요.
이 핸드폰은 삼 년**이나** 사용했어요.
연필을 오십 자루**나** 샀습니다.

+ '이나3)'은 수량을 나타내는 명사에 붙어 수량이 예상되는 정도를 넘었거나 꽤 많음을 나타내는 보조사이다. 첫 번째 문장 예문의 '나'는 수사 '일곱' 뒤에 붙어 고양이의 수가 예상보다 많음을 나타내고, 두 번째 문장 예문 역시, 서울에서 부산까지의 거리가 예상한 거리보다 길다는 것을 뜻한다.

형태 정보

앞의 '이나1)'을 참고한다.

이렇게 도입해 보세요

(1) 교사: 여러분 집에서 학교까지 얼마나 걸려요?

학생: 5분요.

학생: 10분요.

교사: 선생님은 집에서 학교까지 두 시간**이나** 걸려요. 오래 걸려요.

(2) 교사: (사람 수가 써져 있는 단체 사진 두 장을 보여 주며) 여러분 이 사진에 학생이 몇 명 있어요?

학생: 다섯 명 있어요.

교사: 네, 이 사진에 학생이 다섯 명 있어요.

교사: 이 사진에 학생이 몇 명 있어요?

학생: 구십 명? 백 명?

교사: 네, 이 사진에는 학생이 백 명**이나** 있어요. 생각보다 많아요.

+ (1)에서는 학생들에게 집에서 학교까지 걸리는 시간을 물어 대답을 유도한 후 교사의 걸리는 시간과 비교하여 그 정도가 많다는 것을 알려줌으로써 '이나'를 인지시킨다. (2)에서는 다섯 명의 사람이 있는 단체 사진과 백 명의 사람이 있는 단체 사진을 비교해 줌으로써 한쪽의 수가 꽤 많음을 나타내어 '이나'의 의미를 알려 준다.

이다

대상의 부류나 속성을 지정하여 문장의 **서술어**가 되게 하는 조사.

이다 (명사에 붙어) 주어가 지시하는 대상의 부류나 속성을 지정하는 뜻임을 나타낸다. 명사가 문장의 서술어가 되게 할 때 사용한다.

예문

(1) 가: 이것이 무엇**입니까**?
나: 이것은 책**입니다**.

(2) 가: 마이클이 어느 나라 사람**이에요**?
나: 마이클은 미국 사람**이에요**.

(3) 가: 이 아이는 누구**야**?
나: 내 딸**이야**.

(4) 가: 바나나가 얼마**예요**?
나: 하나에 이천 원**이에요**.

(5) 가: 한국의 수도가 어디**예요**?
나: 한국의 수도는 서울**입니다**.

왕밍은 중국 사람**이다**.

저쪽이 출구**입니다**.

앤디는 항상 말썽**이군**.

환자가 수술 중**이니** 조용히 해 주세요.

김 선생님은 예전에 의사**였어요**.

여기가 한국대학교**다**.

이것이 쓰레기통**이에요**.

수지가 지금 오는 중**이에요**.

마이클은 훌륭한 학생**이었다**.

제 이름은 미도리**입니다**.

+ '이다'는 명사를 문장의 서술어가 되게 하는 조사로, 학교문법에서는 서술격조사라고 한다. 'N1+이 N2+이다' 구성으로 주로 사용되어 N1의 부류나 속성을 'N2+이다'로 나타낸다. '이다'는 조사라고는 하지만 다른 조사와 달리 동사나 형용사처럼 활용을 한다. '이다'는 형용사처럼 활용하여 '*학생인다'가 아니라 '학생이다'로 사용하고, '이다'의 어간 '이-'가 받침이 없기 때문에 '*학생이습니다'가 아니라 '학생입니다'로 사용한다.

+ '이다'의 활용은 좀 복잡하다. '이다' 뒤에 해체 어미 '어'가 오면 '학생이야'처럼 '이야'로 사용되고 해요체의 어미는 '어요'보다는 '에요'가 더 많이 사용된다. '이다'의 기능을 이해하도록 한 후 '이다'의 활용을 틀리지 않도록 규칙화해서 알려 줄 필요가 있다.

+ '여기가 한국대학교다.'에서 보듯이 '이다' 앞에 모음으로 끝나는 명사가 오면 '이'가 생략되기도 한다.

형태 정보

① 명사 끝음절의 받침 유무에 관계없이 '이다'를 쓴다.

예) 선생님 + 이다 → 선생님이다
책상 + 이다 → 책상이다
사과 + 이다 → 사과이다
친구 + 이다 → 친구이다
동생 + 이다 → 동생이다
도서관 + 이다 → 도서관이다
학교 + 이다 → 학교이다
나라 + 이다 → 나라이다

①	받침 ○	+ 이다	선생님이다, 동생이다, 책상이다, 도서관이다
	받침 ×	+ 이다	사과이다, 학교이다, 친구이다, 나라이다

+ '이다'는 앞말이 받침이 있거나 없거나 상관없이 '이다'로 쓰지만, 앞말이 받침이 없는 경우에는 '이'가 생략되기도 한다. 예를 들어 '사과이다'의 경우 '사과다'로, '학교이다'의 경우 '학교다'로 '이'를 생략하여 쓸 수 있다.

② '이다' 뒤에 해요체 어미는 주로 '-에요'가 결합한다. '-에요'는 명사 끝음절에 받침이 있으면 형태가 줄지 않고 받침이 없으면 '이에요'가 주로 '예요'로 줄어 사용된다.

예) 앤디 씨는 미국 사람이에요. (o)
앤디 씨는 미국 사람이어요. (?)
앤디 씨는 미국 사람예요. (x)
우리 언니는 의사이에요. (?)
우리 언니는 의사이어요. (?)
우리 언니는 의사예요. (o)

제약 정보

① '이다' 뒤에 선어말어미 '-었-'이 올 때 명사 끝음절에 받침이 있으면 형태가 줄지 않고 받침이 없으면 '이었-'이 '였-'으로 줄어 사용된다.

예) 앤디 씨는 선생님**이었어요**. (o)
앤디 씨는 선생님**였어요**. (x)
앤디 씨는 선생님**이였어요**. (x)
우리 언니는 의사**이었어요**. (o)
우리 언니는 의사**였어요**. (o)
우리 언니는 의사**이였어요**. (x)

+ '선생님이였어요, 의사이였어요'는 잘못된 표기이다. 소리는 이렇게 나지만 표기는 이렇게 하지 않음에 유의한다.

② '이다' 뒤에 연결어미 '-어서'가 오면 '이어서, 이라서'로 사용된다. 명사 끝음절에 받침이 없으면 '이어서'가 '여서'로 줄 수 있으며 '이라서'의 '이'는 생략하고 '라서'로 사용된다.

예) 앤디 씨는 미국 사람**이어서/이라서** 영어를 잘해요.
　　언니는 교사**이어서/여서/라서** 매일 학교에 가요.

③ '이다' 뒤에 해체 어미 '-어'가 오면 '이야'로 사용된다. 명사 끝음절에 받침이 없으면 '이'가 생략되어 '야'가 사용된다.

예) 철수는 학생**이야**. (o)	철수는 학생이어. (x)
우리 언니는 의사**야**. (o)	우리 언니는 의사이어. (x)
이 아이는 누구**야**? (o)	이 아이는 누구어? (x)

확장

① 일부 명사 또는 부사에 붙어, 어떤 상황이나 상태임을 나타낸다.

예) 저는 그 계획에 찬성**입니다**.
　　그가 장학금을 받는 것은 물론**이다**.
　　언제 해외여행을 갈지는 아직 미정**이다**.

+ 첫 번째 예문은 '이다'가 '찬성, 걱정, 반대' 등에 붙어 서술어로 사용된 예이다. '찬성이다, 걱정이다, 반대이다'뿐 아니라 '찬성하다, 걱정하다, 반대하다'도 사용되는데 앞의 서술어는 상태성이 강하며 뒤의 서술어는 동작성이 강하다. 두 번째는 '이다'가 '제법, 물론'과 같은 일부 부사에 붙어 서술어로 사용된 예이다. 마지막 예문은 '이다'가 '미달, 미정' 등 일부 명사에 붙어 서술어로 사용된 예로 이때는 '미달하다, 미정하다'로 쓰이지 않는다.

② 'N+적' 명사에 붙어 어떠하다는 속성을 나타낸다.

예) 그의 주장은 매우 과학적**이다**.
　　그는 무엇을 볼 때 항상 분석적**이에요**.
　　선생님의 설명은 늘 구체적**입니다**.
　　내가 한 경험은 간접적**이었어요**.

③ 어미 '-어서'에 붙어 이유나 목적 등을 나타낸다.

예) 언니가 병원에 일찍 간 것은 많이 아파서**이다**.
　　어머니가 우리 집에 온 건 나와 같이 여행을 하기 위해서**입니다**.
　　내가 배가 아픈 건 어젯밤에 많이 먹어서**예요**.
　　그 남자가 그 여자와 결혼하고 싶은 이유는 많이 사랑해서**입니다**.

+ 위의 '아파서', '위해서', '먹어서', '사랑해서'는 동사나 형용사에 어미 '-어서'가 붙은 활용형인데 '이다'가 이들 뒤에 붙어 서술어 '아파서이다', '위해서입니다', '먹어서예요', '사랑해서입니다'가 된다. 모두 이유를 나타내면서 문장의 서술어 역할을 한다.

유사 문법

① '이다', '아니다'

이다	아니다
· 주어가 지시하는 대상의 속성을 지정하며 문장의 서술어로 쓰인다.	
· 품사가 조사이며, 명사에 직접 붙여 쓴다. '명사+이다'를 서술어로 본다. 예) 나는 학생**이다**. (o)	· 품사가 형용사이며, 앞말과 띄어 쓴다. '아니다' 자체가 서술어이다. 예) 나는 학생**아니다**. (x) 나는 학생이 **아니다**. (o)

+ '이다'는 '아니다'와 그 의미가 다르지만 한국어 문장 내에서 영어의 'be 동사' 역할을 하기 때문에 학습자들이 같은 범주에 놓고 이해하기 쉽다. 예문을 통한 문법 설명을 통해 학습자들이 올바로 구분할 수 있도록 돕는다.

이렇게 도입해 보세요

(1) 교사: (책을 보여 주며) 무엇**입니까**?
학생: 책.
교사: 네, 이것은 책**입니다**.
교사: (연필을 보여 주며) 뭐**예요**?
학생: 연필.
교사: 네, 이것은 연필**이에요**.

(2) 교사: 앤디 씨는 어느 나라 사람**이에요**?
학생: 미국 사람.
교사: 네, 앤디 씨는 미국 사람**입니다**.
교사: 왕밍 씨는 어느 나라 사람**입니까**?
학생: 중국 사람.
교사: 네, 왕밍 씨는 중국 사람**이에요**.

+ '이다'를 도입할 때는 (1)과 (2)에서 보듯 명사 뒤에 '이다'를 사용하여 의문문을 만들어 제시하고 다시 이에 대한 대답을 제시하여 '이다'가 명사 뒤에 붙어 서술어 노릇을 함을 저절로 인지할 수 있게 해야 한다. 도입을 제시할 때 가능한 '이다'의 다양한 활용 형태를 보여 주어 학생들이 자연스럽게 학습할 수 있도록 돕는다.

이랑[랑]

1) 여러 사물이나 사람을 **연결**하거나 2) 행위를 **함께하는 대상**임을 나타내는 조사.

이랑1) (명사에 붙어) 사물이나 사람을 같은 자격으로 이어 주는 뜻을 나타낸다. 앞뒤 명사 모두를 가리킬 때 사용한다. 주로 구어에서 사용한다.

예문

(1) 가: 교실에 무엇이 있어요?
나: 책상**이랑** 의자가 있어요.

(2) 가: 편의점에서 무엇을 샀어요?
나: 빵**이랑** 라면을 샀어요.

(3) 가: 앤디 씨는 생일 선물을 받았어요?
나: 네, 꽃**이랑** 책을 받았어요.

(4) 가: 식당에서 누구를 만났어요?
나: 앤디**랑** 수지를 만났어요.

(5) 가: 철수 씨, 방학 때 어디에 갔어요?
나: 대구**랑** 부산**이랑** 갔어요.

마이클**이랑** 앤디는 제 친구예요.

저는 수박**이랑** 바나나를 좋아해요.

오늘**이랑** 내일은 수업이 없어요.

철수**랑** 영희가 학교에 가요.

왕밍은 바지**랑** 가방을 샀어요.

저는 수학**이랑** 컴퓨터를 배워요.

동생은 밥**이랑** 김치를 먹어요.

언니**랑** 오빠가 중국으로 여행을 가요.

언니는 목걸이**랑** 귀걸이를 했어요.

흐엉 씨는 한국어**랑** 영어를 공부해요.

+ '이랑1)'은 둘 이상의 사물을 같은 자격으로 이어 주는 접속조사로, 주로 입말에서 사용된다. '교실에 무엇이 있어요?'의 대답으로 제시된 '책상이랑 의자가 있어요.'를 보면 교실에 책상도 있고 의자도 있다는 사실을 알 수 있다. '이랑1)'로 접속되는 두 명사는 자리를 바꾸어 '의자랑 책상이 있어요.'로 사용해도 의미가 같으며, 접속되는 명사는 꼭 둘이 아니라 셋 이상이어도 무방하다. (둘이 가장 많이 사용됨.)

+ '이랑1)'로 연결된 두 명사의 격을 나타내는 조사는 '[책상이랑 의자]가, [빵이랑 라면]을'에서 보듯 맨 뒤에 오는 명사 뒤에 붙는다.

+ 담화 예문 (5)에서 보듯 '이랑1)'은 '과'와 달리 두 번째 명사 뒤에도 결합할 수 있다.

형태 정보

① 명사의 끝음절에 받침이 있으면 '이랑'을 쓴다.

예) 가방 + 이랑 → 가방이랑 　　연필 + 이랑 → 연필이랑
도서관 + 이랑 → 도서관이랑 　　핸드폰 + 이랑 → 핸드폰이랑
은행 + 이랑 → 은행이랑 　　책 + 이랑 → 책이랑

② 명사의 끝음절에 받침이 없으면 '랑'을 쓴다.

예) 컴퓨터 + 랑 → 컴퓨터랑 　　전화 + 랑 → 전화랑
학교 + 랑 → 학교랑 　　의자 + 랑 → 의자랑
한국어 + 랑 → 한국어랑 　　종이 + 랑 → 종이랑

①	받침 ○	+ 이랑	가방이랑, 연필이랑, 도서관이랑, 핸드폰이랑, 은행이랑, 책이랑
②	받침 ×	+ 랑	컴퓨터랑, 전화랑, 학교랑, 의자랑, 한국어랑, 종이랑

문장 구성 정보

① 문장과 문장을 연결하는 경우에는 '이랑'을 사용할 수 없다. 이때는 '그리고'를 사용한다.

예) 철수는 영어를 공부해요. **랑** 앤디는 한국어를 공부해요. (x)
철수는 영어를 공부해요. 그리고 앤디는 한국어를 공부해요. (o)

+ 다음 예처럼 두 문장의 구성이 같고 주어만 다르거나 목적어만 다를 때, 접속조사 '이랑'을 사용하여 한 문장으로 표현할 수 있다.

예) 철수가 학교에 가요. 그리고 영희가 학교에 가요.
→ 철수**랑** 영희가 학교에 가요.
철수는 영어를 공부해요. 그리고 철수는 한국어를 공부해요.
→ 철수는 영어**랑** 한국어를 공부해요.

유사 문법

① '이랑1)', '하고1)', '과1)'

이랑1)	하고1)	과1)
· 명사에 붙어 여러 개의 사물이나 사람을 연결할 때 쓴다.		
· 주로 말할 때 쓴다. 예) 가: 명동에서 무엇을 샀어요? 나: 목걸이**랑** 반지를 샀어요.	· 주로 말할 때 쓴다. 예) 주인: 무엇을 드릴까요? 손님: 김밥**하고** 떡볶이 주세요.	· 말을 할 때나 글을 쓸 때 쓴다.
· 격식적인 자리에서 거의 쓰지 않는다. 예) 지난 한 해는 많은 어려움이 있었지만 국민 여러분께서 믿음**이랑** 용기를 주셔서 이겨낼 수 있었습니다. (??)	· 격식적인 자리에서 잘 안 쓴다. 예) 지난 한 해는 많은 어려움이 있었지만 국민 여러분께서 믿음**하고** 용기를 주셔서 이겨낼 수 있었습니다. (?)	· 주로 격식적인 자리에서 쓴다. 예) 지난 한 해는 많은 어려움이 있었지만 국민 여러분께서 믿음**과** 용기를 주셔서 이겨낼 수 있었습니다.
· 제일 끝에 연결되는 명사 뒤에 사용할 수 있다. 예) 옷**이랑** 가방**이랑** 사요. (o)	· 제일 끝에 연결되는 명사 뒤에 사용할 수 있다. 예) 옷**하고** 가방**하고** 사요. (o)	· 제일 끝에 연결되는 명사 뒤에 사용할 수 없다. 예) 옷**과** 가방**과** 사요. (x)

+ '과1)'은 말을 할 때나 글을 쓸 때 모두 사용하지만 '이랑1)'이나 '하고1)'은 주로 말을 할 때 자주 사용된다. 또한 말을 할 때에도 '과1)'은 주로 연설, 발표, 토론 등의 격식적인 자리에서 자주 사용되는 반면 '이랑1)'과 '하고1)'은 격식적인 자리에서는 잘 쓰지 않는다.

+ '과1)', '이랑1)', '하고1)'은 의미는 같지만 서로 섞어 쓰이지 않는다. 예를 들어 '저는 수박하고 딸기하고 바나나하고 귤을 좋아해요.'와 같은 문장을 '저는 수박하고 딸기와 바나나랑 귤을 좋아해요.'와 같이 쓰지 않는다.

이렇게 도입해 보세요

(1) 교사: 교실에 무엇이 있어요?
학생: 책상이 있어요.
교사: 그리고 무엇이 있어요?
학생: 컴퓨터가 있어요.
교사: 네, 교실에 책상**이랑** 컴퓨터가 있어요.
학생: 책도 있어요.
교사: 네, 교실에 책상**이랑** 컴퓨터**랑** 책이 있어요.

(2) 교사: 백화점에서 무엇을 사요?
학생: 옷, 구두, 가방….
교사: 네, 백화점에서 옷**이랑** 구두**랑** 가방**이랑** 사요.

(3) 교사: 한국 음식 무엇을 좋아해요?
학생: 불고기, 삼겹살, 김치, 된장찌개….
교사: 네, 앤디 씨는 불고기**랑** 김치를 좋아해요.

+ '이랑1)'을 도입할 때 (1)처럼 연결하고자 하는 대상을 학습자로부터 유도한 후 '이랑1)'을 사용하여 문장을 만들어 줌으로써 그 의미를 자연스럽게 인지할 수 있도록 한다. 교실이나 상점 등 특정 공간에 있는 사물을 활용하거나 쇼핑, 좋아하는 음식 등 학생들에게 친근한 소재를 이용하여 명사를 연결하는 '이랑1)'을 이해하게 한다.

+ '이랑1)'은 '과1)'과 달리 주로 구어에서 사용되며, (2)의 도입에서 보듯 제일 뒤에 오는 명사 뒤에도 결합이 가능하다. 학습자들이 이미 '과1)'의 용법을 알고 있는 경우가 대부분이므로 '이랑1)'의 용법이 '과1)'과 같음을 인지시키고 사용의 차이를 이해하도록 하는 것이 좋다.

이랑2) (명사에 붙어) 어떤 행위나 동작을 함께하는 대상임을 나타낸다. 누구 또는 무엇과 같이 어떤 행위를 함을 가리킬 때 사용한다. 주로 구어에서 사용한다.

예문

(1) 가: 마이클 씨는 누구**랑** 농구를 해요?
나: 저는 친구들**이랑** 농구를 해요.

(2) 가: 철수 씨는 어제 저녁에 가족들**이랑** 식사했어요?
나: 네, 가족들**이랑** 식사했어요.

(3) 가: 수지 씨는 누구**랑** 여행을 갈 거예요?
나: 저는 언니**랑** 여행을 갈 거예요.

(4) 가: 앤디 씨는 라면을 먹을 때 뭐**랑** 먹어요?
나: 저는 라면을 먹을 때 김치**랑** 먹어요.

(5) 가: 왕밍 씨는 친구**랑** 있으면 무엇을 해요?
나: 저는 보통 친구**랑** 같이 영화를 봐요.

저는 어제 친구들**이랑** 영화를 봤어요.
저는 수업 후에 선생님**이랑** 공부해야 해요.
저는 앤디**랑** 명동에서 쇼핑해요.
어제 언니**랑** 한강에서 운동했어요.
저는 매일 강아지**랑** 산책해요.
형은 부모님**이랑** 서울에서 살아요.
마이클은 내일 동생**이랑** 도서관에 갈 거예요.
수지는 철수**랑** 커피를 마셨어요.
동생은 엄마**랑** 편의점에 갔어요.
저는 누나**랑** 사진을 찍었어요.

+ '이랑2)'는 어떤 행위를 함께 하는 대상을 나타내는 부사격조사로, 주로 입말에서 사용된다. '누구랑 농구를 해요?'의 대답으로 제시된 '친구들이랑 농구를 해요.'를 보면 '이랑2)'의 의미가 농구라는 행위를 친구들과 함께함을 나타낸다는 것을 알 수 있다.

+ 친구랑 같이 영화를 봐요.'의 예문에서 보듯 'N+이랑' 뒤에 '같이, 함께' 같은 공동의 의미를 나타내는 부사가 어울려 사용된다.

형태 정보

앞의 '이랑1)'을 참고한다.

문장 구성 정보

① '같이', '함께'와 같은 공동의 의미를 나타내는 부사와 자주 쓰인다.

예) 저는 친구**랑** 같이 영화를 봤어요.
　앤디는 동생**이랑** 같이 숙제를 해요.
　언니는 엄마**랑** 함께 운동을 해요.
　수지는 오빠**랑** 함께 산책을 해요.

확장

① 주로 '비교하다, 비슷하다, 같다, 다르다, 가깝다, 친하다' 등의 동사, 형용사와 함께 쓰여 비교의 대상이나 기준으로 삼는 대상임을 나타낸다.

예) 앤디는 마이클**이랑** 비교하면 키가 큰 편이에요.
　우리 학교 수업 시간은 다른 학교**랑** 비슷해요.
　언니는 생김새가 나**랑** 달라요.
　수지는 미도리**랑** 친해요.

② '사귀다, 어울리다, 결혼하다, 싸우다' 등의 동사와 함께 쓰여 어떤 행위를 함께하는 상대를 나타낸다.

예) 앤디 씨는 수지 씨**랑** 사귀어요.
　언니**랑** 남자친구는 아주 잘 어울려요.
　그 남자는 나**랑** 결혼해요.
　저는 동생**이랑** 자주 싸워요.

+ 이때 'N+이랑'을 생략하면 어색한 문장이 된다. 반면 일반적인 '함께하는 대상'을 나타내는 'N+이랑2)'는 생략해도 문장이 문법적이다.

예) 앤디 씨는 수지 씨**랑** 사귀어요.
　앤디 씨는 사귀어요. (??)
　저는 어제 친구들**이랑** 영화를 봤어요.
　저는 어제 영화를 봤어요. (o)

유사 문법

① '이랑2)', '하고2)', '과2)'

이랑2)	하고2)	과2)
· 명사에 붙어 어떤 행위나 동작을 함께하는 대상임을 나타낸다.		
· 주로 말할 때 쓴다. 예) 저는 주로 친구들**이랑** 밥을 먹어요.	· 주로 말할 때 쓴다. 예) 저는 주로 친구들**하고** 밥을 먹어요.	· 말을 할 때나 글을 쓸 때 쓴다.
· 격식적인 자리에서 거의 쓰지 않는다. 예) 국민 여러분**이랑** 이 길을 함께 걸어가고 싶습니다. (??)	· 격식적인 자리에서 잘 안 쓴다. 예) 국민 여러분**하고** 이 길을 함께 걸어가고 싶습니다. (?)	· 주로 격식적인 자리에서 쓴다. 예) 국민 여러분**과** 이 길을 함께 걸어가고 싶습니다.

이렇게 도입해 보세요

(1) 교사: 마이클 씨, 학교에 혼자 와요?
학생: 아니요, 친구 같이 와요.
교사: 네, 마이클 씨는 학교에 친구**랑** 와요.
교사: 앤디 씨, 혼자 살아요?
학생: 아니요, 친구 같이 살아요.
교사: 네, 앤디 씨는 친구**랑** 살아요.

(2) 교사: 철수 씨, 방학 때 여행 가요?
학생: 네, 가요.
교사: 누구 같이 가요?
학생: 친구 같이 가요. / 부모님 같이 가요.
교사: 네, 철수 씨는 여행을 친구**랑** 가요. / 부모님**이랑** 가요.

+ '이랑2)'를 도입할 때 '친구, 부모님' 등의 명사를 사용하여 '이랑2)'가 어떤 행위나 동작을 함께 하는 대상을 나타낸다는 것을 인지시킨다. 학습자에게 '누구와 같이'라는 의미의 대답을 유도한 후, 마지막에 교사가 목표 문법을 활용하여 완성된 문장을 만들어 줌으로써 그 의미를 자연스럽게 인지할 수 있게 한다.

처럼

비유나 **비교**의 대상임을 가리키는 조사.

처럼 (명사에 붙어) 어떤 명사에 빗대어 그와 상태나 행동이 서로 비슷하거나 같음을 나타낸다.

예문

(1) 가: 앤디 씨가 노래를 잘 불러요?
나: 네, 앤디 씨는 가수**처럼** 노래를 잘 불러요.

(2) 가: 수지 씨 얼굴이 예뻐요?
나: 네, 수지 씨 얼굴이 영화배우**처럼** 예뻐요.

(3) 가: 동생이 착해요?
나: 네, 동생이 천사**처럼** 착해요.

(4) 가: 이 구두가 편해요?
나: 네, 이 구두는 운동화**처럼** 편해요.

(5) 가: 흐엉 씨가 한국어를 잘해요?
나: 네, 한국 사람**처럼** 한국어를 잘해요.

동생이 토끼**처럼** 귀여워요.

친구 집이 우리 집**처럼** 편안해요.

시간이 화살**처럼** 빨리 간다.

이 드라마**처럼** 재미있는 드라마가 또 있어요?

저는 선생님**처럼** 훌륭한 사람이 되고 싶어요.

저도 새**처럼** 날고 싶어요.

제주도가 그림**처럼** 아름다워요.

요즘 날씨가 겨울 날씨**처럼** 추워요.

흐엉 씨는 한국 사람**처럼** 김치를 잘 먹어요.

수지 씨와 미도리 씨가 자매**처럼** 닮았습니다.

+ '처럼'은 어떤 대상이 다른 것과 상태나 행동이 서로 비슷하거나 같을 때 이를 비유하여 사용하는 부사격조사이다. '앤디 씨가 노래를 잘 불러요?'의 대답으로 '네, 가수처럼 노래를 잘 불러요.'라고 하는 것은 앤디 씨가 노래를 부르는 것이 가수가 부르는 것과 비슷하다는 것, 즉 그 정도로 잘 부른다는 의미를 나타낸다.

형태 정보

① 명사 끝음절의 받침 유무에 관계없이 '처럼'을 쓴다.

예) 선생님 + 처럼 → 선생님처럼　　모델 + 처럼 → 모델처럼
인형 + 처럼 → 인형처럼　　천사 + 처럼 → 천사처럼
가수 + 처럼 → 가수처럼　　영화배우 + 처럼 → 영화배우처럼

①	받침 ○	+ 처럼	선생님처럼, 모델처럼, 인형처럼
	받침 ×	+ 처럼	천사처럼, 가수처럼, 영화배우처럼

확장

① '누구의 말, 예상, 짐작' 등에 붙어, 앞의 말과 다름이 없음의 의미를 나타낸다.

예) 선생님의 말씀**처럼** 시험이 어려웠어요.
언니의 예상**처럼** 오늘은 날씨가 더웠어요.
친구의 말**처럼** 그 식당은 맛이 없어요.
동생의 짐작**처럼** 아버지는 늦게 퇴근하셨습니다.

유사 문법

① **'처럼', '같이'**

처럼	같이
· 앞말이 보이는 모양이나 전형적인 특징과 비슷함을 나타낸다. 예) 수지 씨 얼굴이 사과**처럼** 빨개요. / 수지 씨 얼굴이 사과**같이** 빨개요. 선생님**처럼** 훌륭한 선생님이 되고 싶어요. / 선생님**같이** 훌륭한 선생님이 되고 싶어요.	
· 앞말이 지시하는 대상과 유사함을 나타낸다. 예) 선생님 말씀**처럼** 시험이 어려웠어요. 언니의 예상**처럼** 오늘은 날씨가 더웠어요.	· 앞말이 보이는 전형적인 어떤 특징과 유사함을 나타낸다. 예) 선생님 말씀**같이** 시험이 어려웠어요. (?) 언니의 예상**같이** 오늘은 날씨가 더웠어요. (?)

+ '선생님의 말씀같이'가 어색한 것은 '같이'가 앞말의 전형적인 특징과 같음을 나타내는데 '선생님같이'의 경우 선생님의 전형성을 생각할 수 있지만 '선생님의 말씀같이'에서는 '선생님 말씀'의 전형적인 특징을 알 수 없기 때문이다. 이에 반하여 '처럼'의 경우 앞에 지시하는 대상의 드러난 특징과 유사함을 나타내기 때문에 '선생님 말씀처럼'은 '선생님이 하신 말씀과 유사하게'라는 의미이므로 자연스럽다.

+ '처럼'은 큰 의미 차이 없이 조사 '같이'와 바꿔 쓸 수 있다. 대부분의 지도서에서도 '처럼'과 '같이'를 구분 없이 기술하고 있다. 그러나 '불같이 화를 내다', '새처럼 날고 싶다' 등과 같이 비유적인 표현이 굳어져 사용되는 경우는 '처럼'과 '같이'를 바꾸어 사용하면 자연스럽지 않다. 학생들에게 둘의 차이보다는 유사함을 이해할 수 있도록 안내한다.

② '처럼', '같이', '만큼'

처럼, 같이	만큼
· 비슷한 두 대상을 비교할 때 사용한다.	
· 비교나 비유 표현에 모두 사용할 수 있다. 예) 동생도 형**처럼/같이** 크다. (o) 선생님이 꽃**처럼/같이** 아름답다. (o) 아키라는 번개**처럼/같이** 빨리 달린다. (o)	· 주로 비교할 때 사용하며, 비유 표현에 사용하면 어색하다. 예) 동생도 형**만큼** 크다. (o) 선생님이 꽃**만큼** 아름답다. (?) 아키라는 번개**만큼** 빨리 달린다. (?)
· 보조사 '은', '도'와의 결합이 자연스럽지 않다. 예) 동생도 형**처럼**은/**같이**는 크다. (?) 선생님이 꽃**처럼**도/**같이**도 아름답다. (x)	· 보조사 '은', '도'와 결합할 수 있다. 예) 동생도 형**만큼**은 크다. (o) 형인데 동생**만큼**도 가족 생각을 안 한다. (o)

+ '처럼'과 '같이'가 비슷한 두 대상을 비교하면서 그중 하나를 나타내는 말에 붙어 사용할 때 '만큼'으로 바꿔 사용할 수 있다. 그러나 이때도 의미가 다른 경우가 있다.

  예) ㄱ. 수지 씨는 토끼**처럼** 귀가 길다.
  ㄴ. 수지 씨는 토끼**만큼** 귀가 길다.

  (ㄱ)의 '토끼처럼 귀가 길다'는 것은 다른 사람보다 긴 편이라는 것을 강조하는 표현으로 토끼보다 훨씬 짧은 귀에도 사용할 수 있다. 그러나 (ㄴ)의 '토끼만큼 귀가 길다'는 것은 귀의 길이가 토끼와 비슷하다는 것이 되므로 약간의 의미 차이가 있다.

+ '불같이 화를 내다', '눈처럼 깨끗하다'와 같이 굳어진 비유 표현은 '만큼'으로 바꾸어 쓸 경우 어색하다.

+ '만큼'은 앞말과 비슷한 정도나 한도를 나타내는 의미를 갖고 있기 때문에 '아키라 씨가 번개같이/처럼 빨리 달린다'와 같이 비유의 의미로 사용될 때 '처럼'이나 '같이' 대신 '만큼'으로 대치하면 어색하다. '번개만큼 빨리 달린다'는 것은 번개와 같은 정도로 빠르게 달린다는 의미인데 사람이 번개와 같은 정도로 빠를 수는 없기 때문에 어색하게 느껴진다.

이렇게 도입해 보세요

(1) 교사: (키가 큰 농구 선수의 사진을 보여 주며) 이 농구 선수는 키가 큽니까?
학생: 네, 키가 커요.
교사: 네, 이 농구 선수는 키가 커요.
(농구 선수와 키가 비슷한 앤디의 사진을 보여 주며) 앤디 씨는 키가 큽니까?
학생: 네, 키가 커요.
교사: 네, 앤디 씨도 키가 커요. 앤디 씨가 농구 선수**처럼** 키가 커요.

(2) 교사: (아이가 공주처럼 옷을 입은 사진을 보여 주며) 이 아이의 옷이 누구 옷하고 비슷해요?
학생: 공주 옷요.
교사: 네, 이 아이의 옷이 공주 옷하고 비슷해요. 이 아이가 공주**처럼** 옷을 입었어요.

+ '처럼'을 도입할 때 사진이나 그림을 활용하여 자연스럽게 인지시킬 수 있다. 사진을 활용하면 시각적으로 주위를 환기시킬 수 있고 분명한 비교 대상이 되기 때문에 '처럼'의 의미를 확실하게 이해시킬 수 있다. 마지막에 교사가 '처럼'을 사용하여 문장을 완성시킴으로써 학생들이 '처럼'의 의미를 이해할 수 있도록 안내한다.

하고

1) 여러 사물이나 사람을 **연결**하거나 2) 행위를 **함께하는 대상**임을 나타내는 조사.

하고1) (명사에 붙어) 사물이나 사람을 같은 자격으로 이어 주는 뜻을 나타낸다. 앞뒤 명사 모두를 가리킬 때 사용한다. 주로 구어에서 사용한다.

예문

(1) 가: 교실에 무엇이 있어요?
나: 책상**하고** 의자가 있어요.

(2) 가: 편의점에서 무엇을 샀어요?
나: 빵**하고** 라면을 샀어요.

(3) 가: 앤디 씨는 생일 선물을 받았어요?
나: 네, 꽃**하고** 책을 받았어요.

(4) 가: 식당에서 누구를 만났어요?
나: 앤디**하고** 수지를 만났어요.

(5) 가: 철수 씨는 방학 때 어디에 갔습니까?
나: 지는 대구**하고** 부산에 갔습니다.

마이클**하고** 앤디는 제 친구입니다.

저는 수박**하고** 바나나를 좋아합니다.

오늘**하고** 내일은 수업이 없어요.

철수**하고** 영희가 학교에 갑니다.

왕밍은 바지**하고** 가방을 샀어요.

저는 수학**하고** 컴퓨터를 배워요.

동생은 밥**하고** 김치를 먹어요.

엄마**하고** 아빠가 중국으로 여행을 가십니다.

언니는 목걸이**하고** 귀걸이를 했습니다.

흐엉 씨는 한국어**하고** 영어를 공부해요.

+ '하고1)'은 둘 이상의 사물을 같은 자격으로 이어 주는 접속조사로, 주로 입말에서 사용된다. '교실에 무엇이 있어요?'의 대답으로 제시된 '책상하고 의자가 있어요.'를 보면 교실에 책상도 있고 의자도 있다는 사실을 알 수 있다. '하고1)'로 접속되는 두 명사는 자리를 바꾸어 '의자하고 책상이 있어요.'로 사용해도 의미가 같으며, 접속되는 명사는 꼭 둘이 아니라 셋 이상이어도 무방하다. (둘이 가장 많이 사용됨.)

+ '하고1)'로 연결된 두 명사의 격을 나타내는 조사는 '[책상하고 의자]<u>가</u>, [빵하고 라면]<u>을</u>'에서 보듯 맨 뒤에 오는 명사 뒤에 붙는다.

형태 정보

① 명사 끝음절의 받침 유무에 관계없이 '하고'를 쓴다.

예) 책 + 하고 → 책하고
식당 + 하고 → 식당하고
컴퓨터 + 하고 → 컴퓨터하고
책상 + 하고 → 책상하고
사과 + 하고 → 사과하고
지우개 + 하고 → 지우개하고

①	받침 ○	+ 하고	책하고, 책상하고, 식당하고
	받침 ×	+ 하고	사과하고, 컴퓨터하고, 지우개하고

제약 정보

① 문장과 문장을 연결하는 경우에는 '하고'를 사용할 수 없다. 이때는 '그리고'를 사용한다.

예) 철수는 영어를 공부해요. **하고** 앤디는 한국어를 공부해요. (x)
철수는 영어를 공부해요. 그리고 앤디는 한국어를 공부해요. (o)

+ 다음 예처럼 두 문장의 구성이 같고 주어만 다르거나 목적어만 다를 때, 접속조사 '하고'를 사용하여 한 문장으로 표현할 수 있다.

예) 철수가 학교에 가요. 그리고 영희가 학교에 가요.
→ 철수**하고** 영희가 학교에 가요.
철수는 영어를 공부해요. 그리고 철수는 한국어를 공부해요.
→ 철수는 영어**하고** 한국어를 공부해요.

확장

① 'N+하고'를 반복하여 사용하여 서술어와 연관된 여러 사물들을 연결하고 이들이 한 부류임을 나타낸다. 이때 '하고'는 '이고, 이니, 이며, 하며'와 바꿔 쓸 수 있다.

예) 수지는 눈**하고** 코**하고** 입**하고** 다 예뻐요.
언니는 나에게 연필**하고** 지우개**하고** 공책**하고** 모두 사 주었어요.
여행갈 때 치약**하고** 칫솔**하고** 샴푸**하고** 준비하세요.

유사 문법

① '하고1)', '이랑1)', '과1)'

하고1)	이랑1)	과1)
· 명사에 붙어 여러 개의 사물이나 사람을 연결할 때 쓴다.		
· 주로 말할 때 쓴다. 예) 주인: 무엇을 드릴까요? 손님: 김밥**하고** 떡볶이 주세요.	· 주로 말할 때 쓴다. 예) 가: 명동에서 무엇을 샀어요? 나: 목걸이**랑** 반지를 샀어요.	· 말을 할 때나 글을 쓸 때 쓴다.
· 격식적인 자리에서 잘 안 쓴다. 예) 지난 한 해는 많은 어려움이 있었지만 국민 여러분께서 믿음**하고** 용기를 주셔서 이겨낼 수 있었습니다. (?)	· 격식적인 자리에서 거의 쓰지 않는다. 예) 지난 한 해는 많은 어려움이 있었지만 국민 여러분께서 믿음**이랑** 용기를 주셔서 이겨낼 수 있었습니다. (??)	· 주로 격식적인 자리에서 쓴다. 예) 지난 한 해는 많은 어려움이 있었지만 국민 여러분께서 믿음**과** 용기를 주셔서 이겨낼 수 있었습니다.
· 제일 끝에 연결되는 명사 뒤에 사용할 수 있다. 예) 옷**하고** 가방**하고** 사요. (o)	· 제일 끝에 연결되는 명사 뒤에 사용할 수 있다. 예) 옷**이랑** 가방**이랑** 사요. (o)	· 제일 끝에 연결되는 명사 뒤에 사용할 수 없다. 예) 옷**과** 가방**과** 사요. (x)

+ '과1)'은 말을 할 때나 글을 쓸 때 모두 사용하지만 '이랑1)'이나 '하고1)'은 주로 말을 할 때 자주 사용된다. 또한 말을 할 때에도 '과1)'은 주로 연설, 발표, 토론 등의 격식적인 자리에서 자주 사용되는 반면 '이랑1)'과 '하고1)'은 격식적인 자리에서는 잘 쓰지 않는다.

+ '과1)', '이랑1)', '하고1)'은 의미는 같지만 서로 섞어 쓰지 않는다. 예를 들어 '저는 수박하고 딸기하고 바나나하고 귤을 좋아해요.'와 같은 문장을 '저는 수박하고 딸기와 바나나랑 귤을 좋아해요.'와 같이 쓰지 않는다.

이렇게 도입해 보세요

(1) 교사: 교실에 무엇이 있어요?
학생: 책상이 있어요.
교사: 그리고 무엇이 있어요?
학생: 컴퓨터가 있어요.
교사: 네, 교실에 책상**하고** 컴퓨터가 있어요.
학생: 책도 있어요.
교사: 네, 교실에 책상**하고** 컴퓨터**하고** 책이 있어요.

(2) 교사: 백화점에서 무엇을 사요?
학생: 옷, 구두, 가방….
교사: 네, 백화점에서 옷**하고** 구두**하고** 가방**하고** 사요.

(3) 교사: 한국 음식 무엇을 좋아해요?
학생: 불고기, 삼겹살, 김치, 된장찌개….
교사: 네, 앤디 씨는 불고기**하고** 김치를 좋아해요.

+ '하고1)'을 도입할 때 (1)처럼 연결하고자 하는 대상을 학생들로부터 유도한 후 '하고1)'을 사용하여 문장을 만들어 줌으로써 그 의미를 자연스럽게 인지할 수 있도록 한다. 교실이나 상점 등 특정 공간에 있는 사물을 활용하거나 쇼핑, 좋아하는 음식 등 학생들에게 친근한 소재를 이용하여 명사를 연결하는 '하고1)'을 이해하게 한다.

+ '하고1)'은 '과1)'과 달리 주로 구어에서 사용되며, (2)에서 보듯 제일 뒤에 오는 명사 뒤에도 결합이 가능하다. 학습자들이 이미 '과1)'의 용법을 알고 있는 경우가 대부분이므로 '하고1)'의 용법이 '과1)'과 같음을 인지시키고 사용의 차이를 이해하도록 하는 것이 좋다.

하고2) (명사에 붙어) 어떤 행위나 동작을 함께하는 대상임을 나타낸다. 누구 또는 무엇과 같이 어떤 행위를 함을 가리킬 때 사용한다. 주로 구어에서 사용한다.

예문

(1) 가: 마이클 씨는 누구**하고** 농구를 해요?
나: 저는 친구들**하고** 농구를 해요.

(2) 가: 철수 씨는 어제 저녁에 가족들**하고** 식사했어요?
나: 네, 가족들**하고** 식사했어요.

(3) 가: 수지 씨는 누구**하고** 여행을 갈 거예요?
나: 저는 언니**하고** 여행을 갈 거예요.

(4) 가: 앤디 씨는 라면을 먹을 때 뭐**하고** 먹어요?
나: 저는 라면을 먹을 때 김치**하고** 먹어요.

(5) 가: 왕밍 씨는 친구**하고** 있으면 무엇을 해요?
나: 저는 보통 친구**하고** 같이 영화를 봐요.

저는 어제 친구들**하고** 영화를 봤어요.
저는 수업 후에 선생님**하고** 공부해야 해요.
저는 앤디**하고** 명동에서 쇼핑해요.
어제 언니**하고** 한강에서 운동했어요.
저는 매일 강아지**하고** 산책해요.
형은 부모님**하고** 서울에서 살아요.
마이클은 내일 동생**하고** 도서관에 갈 거예요.
수지는 철수**하고** 커피를 마셨어요.
동생은 엄마**하고** 편의점에 갔어요.
저는 누나**하고** 사진을 찍었어요.

+ '하고2)'는 어떤 행위를 함께하는 대상을 나타내는 부사격조사로, 주로 입말에서 사용된다. '누구하고 농구를 해요?'의 대답으로 제시된 '친구들하고 농구를 해요.'를 보면 '하고2)'의 의미가 농구라는 행위를 친구들과 함께함을 나타낸다는 것을 알 수 있다.

+ '친구하고 같이 영화를 봐요.'의 예문에서 보듯 'N+하고' 뒤에 '같이, 함께' 같은 공동의 의미를 나타내는 부사가 어울려 사용된다.

형태 정보

앞의 '하고1)'을 참고한다.

문장 구성 정보

① '같이', '함께'와 같은 공동의 의미를 나타내는 부사와 자주 쓰인다.

예) 저는 친구**하고** 같이 영화를 봤어요.
앤디는 동생**하고** 같이 숙제를 해요.
언니는 엄마**하고** 함께 운동을 해요.
수지는 오빠**하고** 함께 산책을 해요.

확장

① 주로 '비교하다, 비슷하다, 같다, 다르다, 가깝다, 친하다' 등의 동사, 형용사와 함께 쓰여 비교의 대상이나 기준으로 삼는 대상임을 나타낸다.

예) 앤디는 마이클**하고** 비교하면 키가 큰 편이에요.
우리 학교 수업 시간은 다른 학교**하고** 비슷해요.
언니는 생김새가 나**하고** 달라요.
수지는 미도리**하고** 친해요.

② '사귀다, 어울리다, 결혼하다, 싸우다' 등의 동사와 함께 쓰여 어떤 행위를 함께하는 상대를 나타낸다.

예) 앤디 씨는 수지 씨**하고** 사귀어요.
언니**하고** 남자친구는 아주 잘 어울려요.
그 남자는 나**하고** 결혼해요.
저는 동생**하고** 자주 싸워요.

+ 이때 'N+하고'를 생략하면 어색한 문장이 된다. 반면 일반적인 '함께하는 대상'을 나타내는 'N+하고2)'는 생략해도 문장이 문법적이다.

예) 앤디 씨는 수지 씨**하고** 사귀어요.
앤디 씨는 사귀어요. (??)
저는 어제 친구들**하고** 영화를 봤어요.
저는 어제 영화를 봤어요. (o)

유사 문법

① '하고2)', '이랑2)', '과2)'

하고2)	이랑2)	과2)
· 명사에 붙어 어떤 행위나 동작을 함께하는 대상임을 나타낸다.		
· 주로 말할 때 쓴다. 예) 저는 주로 친구들**하고** 밥을 먹어요.	주로 말할 때 쓴다. 예) 저는 주로 친구들**이랑** 밥을 먹어요.	· 말을 할 때나 글을 쓸 때 쓴다.
· 격식적인 자리에서 잘 안 쓴다. 예) 국민 여러분**하고** 이 길을 함께 걸어가고 싶습니다. (?)	· 격식적인 자리에서 거의 쓰지 않는다. 예) 국민 여러분**이랑** 이 길을 함께 걸어가고 싶습니다. (??)	· 주로 격식적인 자리에서 쓴다. 예) 국민 여러분**과** 이 길을 함께 걸어가고 싶습니다.

한테

행위의 영향을 받는 **대상**임을 나타내는 조사.

한테 (명사에 붙어) 사람이나 동물이 행위의 영향을 받는 대상임을 나타낼 때 사용한다. 주로 구어에서 사용한다.

예문

(1) 가: 철수 씨, 영희**한테** 생일 선물 줬어요?
나: 네, 어제 줬어요.

(2) 가: 마이클 씨, 수지 씨**한테** 전화를 했어요?
나: 네, 조금 전에 했어요.

(3) 가: 가방을 어디에 맡겼어요?
나: 옆집 친구**한테** 맡겼어요.

(4) 가: 선생님께서는 뭘 가르치세요?
나: 저는 외국인 유학생들**한테** 한국어를 가르칩니다.

(5) 가: 개**한테** 먹이를 줬어요?
나: 아니요, 오늘은 개**한테** 물만 줬어요.

책을 동생**한테** 주었어요.

수지가 왕밍**한테** 전화를 걸었어요.

왕밍이 미도리**한테** 공을 힘껏 던졌어요.

친구는 고양이**한테** 늘 생선을 먹여요.

동생이 식구들**한테** 대학 합격 소식을 말했습니다.

철수는 친구**한테** 책을 선물했어요.

언니**한테** 옷을 빌려 주었어요.

흐엉 씨가 오빠**한테** 편지를 보냈습니다.

누나**한테** 아이를 맡기고 외출을 했습니다.

+ '한테'는 사람이나 동물이 행위의 영향을 받는 대상임을 나타낼 때 사용하는 부사격조사이다. '한테'의 이러한 용법은 '에게'와 같은데 다른 점이 있다면 '한테'는 주로 구어나 비격식적인 자리에서 사용한다는 점이다. '한테'의 앞에 사람이나 동물을 나타내는 명사가 온다는 점에 유의하고, 주로 '주다, 가르치다, 보내다, 전화하다, 말하다, 던지다, 전하다, 선물하다' 등의 서술어와 함께 쓰인다는 점을 강조한다.

형태 정보

① 명사 끝음절의 받침 유무에 관계없이 '한테'를 쓴다.

예) 학생 + 한테 → 학생한테　　　　딸 + 한테 → 딸한테
　　동생 + 한테 → 동생한테　　　　친구 + 한테 → 친구한테
　　누나 + 한테 → 누나한테　　　　고양이 + 한테 → 고양이한테

①	받침 ○	+ 한테	학생한테, 딸한테, 동생한테
	받침 ×	+ 한테	친구한테, 누나한테, 고양이한테

문장 구성 정보

① 사람과 동물을 나타내는 명사 뒤에 사용한다.

예) 철수가 마이클**한테** 편지를 보내요.
　　수지 씨가 동생**한테** 전화해요.
　　왕밍 씨가 고양이**한테** 생선을 줘요.
　　앤디가 강아지**한테** 공을 던져요.

확장

① '가다, 오다' 등의 동사와 함께 쓰여, 행위의 진행 방향이나 대상임을 나타낸다.

예) 앤디는 수지 씨**한테** 갔어요.
　　아이들이 마이클**한테** 뛰어갔습니다.
　　미도리가 흐엉**한테** 왔어요?
　　선생님이 학생**한테** 다가갔습니다.

② '있다, 없다, 남다, 많다, 적다, 생기다' 등의 동사, 형용사와 함께 쓰여, 무엇이 있는 대상임을 나타낸다.

예) 누나**한테** 국어사전이 있다.
　　남편**한테** 문제가 생겼어요.
　　나**한테** 아직 할 일이 남았습니다.
　　수지**한테** 이렇게 큰 동생이 있어요?

③ '맞다, 알맞다, 어울리다, 비하다, 뒤지다' 등의 동사, 형용사와 함께 쓰여, 비교의 대상임을 나타낸다.

예) 나**한테** 맞는 일을 할 거예요.
이 책이 당신**한테** 알맞습니다.
이 옷은 손님**한테** 어울려요.
다른 친구들**한테** 비하면 저는 아직 부족합니다.

④ '받다, 얻다, 배우다' 등의 동사와 함께 쓰여, 행동이 비롯되는 대상임을 나타낸다.

예) 저는 누나**한테** 용돈을 받아요.
저는 선배**한테** 영어를 배웠습니다.
수지는 동생**한테** 편지를 받았습니다.
앤디는 다른 사람**한테** 도움을 받는 것을 싫어해요.

+ 이때 '한테'는 거의 모든 경우에 '한테서'와 바꿔 쓸 수 있다. '저는 누나한테 용돈을 받아요.'를 '저는 누나한테서 용돈을 받아요.'로, '저는 선배한테 영어를 배웠습니다.'를 '저는 선배한테서 영어를 배웠습니다.'로 바꿀 수 있다. 그렇지만 주어가 피해를 당하는 경우에는 '한테서'로 바꾸면 어색해진다. 예를 들어 '저는 친한 친구한테 맞았습니다.'와 같은 문장은 가능하지만, '저는 친한 친구한테서 맞았습니다.'와 같은 문장은 어색하다.

⑤ 어떠한 행위를 하도록 시킴을 받는 사람임을 나타낸다.

예) 선생님이 마이클**한테** 시험을 보게 했어요.
수지는 아픈 동생**한테** 약을 먹게 했습니다.
할머니는 저**한테** 책을 읽히셨어요.
어머니는 동생**한테** 방 청소를 시키셨어요.

⑥ 느낌이나 감정을 나타내는 동사, 형용사와 함께 쓰여, 그러한 느낌이나 감정을 가지는 주체 혹은 그러한 느낌이나 감정을 가지게 하는 대상임을 나타낸다.

예) 이 사람**한테** 필요한 것은 친구입니다.
마이클**한테** 영어는 쉽습니다.
수지는 친구**한테** 실망했습니다.
앤디는 여자 친구**한테** 사랑을 느낍니다.
미도리는 동생**한테** 매우 미안해합니다.

유사 문법

① **'한테', '에게', '께'**

한테	에게	께
· 행위의 영향을 받는 대상임을 나타낸다.		
· 주로 말할 때 쓴다. 예) 동생**한테** 편지를 써요. (o)	· 말할 때나 글을 쓸 때 모두 쓴다. 예) 동생**에게** 편지를 쓴다. (o) 동생**에게** 편지를 써요.(o)	· '에게'의 높임 표현으로, 높임의 대상에게 쓴다. 말할 때나 글을 쓸 때 모두 쓴다. 예) 동생**께** 편지를 쓴다. (x) 선생님**께** 편지를 쓴다. (o) 선생님**께** 편지를 써요. (o)

② **'한테', '에게', '에'**

한테, 에게	에
· 행위의 영향을 받는 대상을 나타낸다.	
· 유정 명사 뒤에 사용한다. 예) 꽃**한테** 물을 줍니다. (x) 친구 집**한테** 선물을 보냈어요. (x) 개**한테** 밥을 줍니다. (o) 친구**한테** 선물을 줍니다. (o)	· 무정명사 뒤에 사용한다. 예) 꽃**에** 물을 줍니다. (o) 친구 집**에** 선물을 보냈어요. (o) 개**에** 밥을 줍니다. (x) 친구**에** 선물을 줍니다. (x)

+ 의인화된 무정명사의 경우에는 '한테'를 쓸 수 있다. 예를 들어 '아이가 나무한테 말을 해요.'와 같이 쓸 수 있다.

③ **'한테', '보고', '더러'**

한테	보고, 더러
· 행위의 영향을 받는 사람임을 나타낸다.	
· 특별한 제약 없이 행위의 영향을 받는 사람임을 나타낸다. 예) 앤디가 수지**한테** 가자고 말했다. (o) 수지가 앤디**한테** 청소하게 했다. (o) 수지가 앤디**한테** 전화를 걸었다. (o)	· 주로 인용 구문에서 말하는 행위와 관계된 '말하다, 묻다, 요청하다, 권하다' 등의 동사나 '-게 하다, -도록 하다' 등의 일부 표현과 사용된다. 예) 앤디가 수지**보고/더러** 가자고 말했다. (o) 수지가 앤디**보고/더러** 청소하게 했다. (o) 수지가 앤디**보고/더러** 전화를 걸었다. (x)

+ '더러'와 '보고'는 '한테'로 교체하여 사용할 수 있지만 '한테'는 '더러'와 '보고'로 교체하여 사용할 수 없는 경우가 있다.

이렇게 도입해 보세요

(1) 교사: (학생에게 책을 주며) 무엇을 주었어요?

학생: 책을 주었어요.

교사: 네, 왕밍 씨**한테** 책을 주었어요. (학생에게 연필을 주며) 그리고 무엇을 주었어요?

학생: 연필을 주었어요.

교사: 네, 왕밍 씨**한테** 연필을 주었어요.

(2) 교사: (앤디가 수지에게 전화하는 그림을 보여 주며) 앤디 씨가 무엇을 해요?

학생: 전화해요.

교사: 앤디 씨가 누구**한테** 전화해요?

학생: 수지 씨**한테** 전화해요.

교사: 네, 앤디 씨가 수지 씨**한테** 전화해요.

+ '한테'를 도입할 때 '주다, 전화하다, 말하다' 등을 활용하여 대화를 구성하는 것이 학생들의 이해를 쉽게 이끌 수 있다. '한테'가 사용되는 전형적인 상황을 제시할 때, 처음에는 교사가 '한테'가 사용된 예문을 주고 두 번째는 학생에게서 '한테'가 사용된 문장을 자연스럽게 이끌어 낸다. 이때 교사, 학생 간의 행동으로 상황을 제시하거나 그림이나 사진 등의 시각 자료를 활용하여 사용 맥락을 학생이 이해하도록 한다.

한테서

어떤 행위의 **출발점**이나 어떤 행위가 **비롯되는 대상**임을 나타내는 조사.

한테서 (명사에 붙어) 어떤 행위가 나온 출처나 어떤 행위가 비롯되는 대상임을 나타낸다. 어떤 사람이나 동물로부터 주어진 행위가 시작됨을 나타낼 때 사용하며 주로 구어에서 사용된다.

예문

(1) 가: 철수 씨는 누구**한테서** 그 말을 들었어요?
나: 선배**한테서** 들었어요.

(2) 가: 누구**한테서** 편지가 왔어요?
나: 아버지**한테서** 편지가 왔어요.

(3) 가: 누구**한테서** 나온 이야기예요?
나: 과장님**한테서** 나온 이야기예요.

(4) 가: 앤디 씨는 아르바이트를 해요?
나: 아니요, 저는 아직 부모님**한테서** 용돈을 받아요.

(5) 가: 이 냄새가 무슨 냄새예요?
나: 고양이**한테서** 나는 냄새예요.

수지는 언니**한테서** 선물을 받았어요.

마이클은 형**한테서** 책을 얻었어요.

미도리는 앤디**한테서** 돈을 빌렸어요.

이 이야기는 동생**한테서** 들은 것입니다.

영수는 선배**한테서** 항상 좋은 아이디어를 얻어요.

왕밍은 누나**한테서** 피아노를 배웠어요?

철수는 수지**한테서** 이메일을 받았습니다.

이 아기는 제 언니**한테서** 태어난 아기예요.

고양이는 강아지**한테서** 먹이를 뺏었어요.

+ 행위의 출처나 행위가 비롯되는 대상임을 나타낼 때 부사격조사 '한테서'를 사용한다. '한테서'는 '한테'와 마찬가지로 앞에 사람이나 동물을 나타내는 명사가 온다는 점에 유의하고, 주로 '받다, 배우다, 듣다' 등의 서술어와 함께 쓰인다는 점을 강조한다.

형태 정보

① 명사 끝음절의 받침 유무에 관계없이 '한테서'를 쓴다.

예) 학생 + 한테서 → 학생한테서　　딸 + 한테서 → 딸한테서
동생 + 한테서 → 동생한테서　　친구 + 한테서 → 친구한테서
누나 + 한테서 → 누나한테서　　선배 + 한테서 → 선배한테서

①	받침 ○	+ 한테서	학생한테서, 딸한테서, 동생한테서
	받침 ×	+ 한테서	친구한테서, 누나한테서, 선배한테서

문장 구성 정보

① 사람이나 동물을 나타내는 명사 뒤에 사용한다.

예) 선생님**한테서** 한국어를 배워요. (o)
돼지**한테서** 냄새가 난다. (o)
책**한테서** 도움을 받아요. (x)

유사 문법

① '한테서', '에게서', '으로부터'

한테서	에게서	으로부터
· 어떤 행위의 출발점이나 어떤 행위가 비롯되는 대상임을 나타낸다.		
· 주로 말할 때 쓴다.	· 말할 때나 글을 쓸 때 모두 쓴다.	· 말할 때나 글을 쓸 때 모두 쓴다.
· 사람이나 동물 뒤에 사용한다. 예) 사장님**한테서** 월급을 받았어요. (o) 회사**한테서** 월급을 받았어요. (x)	· 사람이나 동물 뒤에 사용한다. 예) 사장님**에게서** 월급을 받았어요. (o) 회사**에게서** 월급을 받았어요. (x)	· 앞에 나오는 명사의 제약을 받지 않는다. 예) 사장님**으로부터** 월급을 받았어요. (o) 회사**로부터** 월급을 받았어요. (o) 지금**으로부터** 1년 전에 있었던 일입니다. (o)

② **'한테서', '에게서', '에서2)'**

한테서, 에게서	에서2)
· 어떤 행위의 출발점이나 어떤 행위가 비롯되는 대상임을 나타낸다.	
· 사람이나 동물 뒤에 사용한다. 예) 선배**한테서** 전화가 왔습니다. (o) 친구**한테서** 선물을 받았어요. (o)	· 장소나 사물, 추상적인 대상 뒤에 사용한다. 예) 회사**에서** 전화가 왔어요. (o) 철수는 학교**에서** 장학금을 받아요. (o) 사람들은 책**에서** 지식을 얻습니다. (o) 꽃**에서** 향기가 나요. (o) 한국어 수업은 말하기 공부**에서** 시작됩니다. (o)

이렇게 도입해 보세요

(1) 교사: (앤디 씨가 왕밍 씨에게 책을 주게 하며) 앤디 씨가 책을 주었어요. 왕밍 씨는 무엇을 해요?
학생: 왕밍 씨는 책을 받아요.
교사: 네, 왕밍 씨가 앤디 씨**한테서** 책을 받았어요.
교사: (앤디 씨가 왕밍 씨에게 연필을 주게 하며) 그리고 왕밍 씨가 무엇을 받았어요?
학생: 왕밍 씨가 연필을 받았어요.
교사: 왕밍 씨가 누구**한테서** 연필을 받았어요?
학생: 왕밍 씨가 앤디 씨**한테서** 연필을 받았어요.

(2) 교사: (수지 씨가 왕밍 씨에게 중국어를 배우는 그림을 보여 주며) 수지 씨가 무엇을 해요?
학생: 수지 씨는 중국어를 배워요.
교사: 네, 수지 씨가 왕밍 씨**한테서** 중국어를 배워요.

+ '한테서'를 도입할 때 '받다, 전화가 오다, 배우다' 등을 활용하여 대화를 구성하는 것이 학생들의 이해를 쉽게 이끌 수 있다. '한테서'가 사용되는 전형적인 상황을 제시할 때, 처음에는 교사가 '한테서'가 사용된 예문을 주고 두 번째는 학생에게서 '한테서'가 사용된 문장을 자연스럽게 이끌어 낸다. 이때 교사, 학생 간의 행동으로 상황을 제시하거나 그림이나 사진 등의 시각 자료를 활용하여 사용 맥락을 학생이 이해하도록 한다.

표현

-게 되다

외부의 영향에 의해 **변화**된 결과나 상황 및 상태를 나타내는 표현.

-게 되다 (동사나 형용사에 붙어) 어떤 상황이 외부의 영향을 받아 어떠한 결과에 이르거나 상황이나 상태가 변화함을 나타낸다.

예문

(1) 가: 왜 식당이 문을 닫았어요?
나: 손님이 너무 없어서 문을 **닫게 됐어요**.

(2) 가: 주말에 뭘 해요?
나: 영화표가 생겨서 영화를 **보게 됐어요**.

(3) 가: 어떻게 줄리아 씨를 알아요?
나: 옆집에 살아서 **알게 됐어요**.

(4) 가: 흐엉 씨, 어떻게 한국에 **가게 됐어요**?
나: 한국 대학에 합격해서 **가게 됐어요**.

(5) 가: 미도리 씨, 과자를 너무 많이 먹는 것 같아요.
나: 맛이 있어서 계속 **먹게 돼요**.

왕밍 씨가 도와줘서 지갑을 **찾게 됐어요.**

드디어 한국어 책을 잘 **읽게 됐어요.**

열심히 운동을 해서 **건강하게 됐습니다**.

졸려서 커피를 계속 **마시게 돼요.**

수지 씨를 **만나게 돼서** 정말 기뻐요.

드라마가 재미있어서 계속 **보게 돼요.**

앤디 씨의 결혼 소식을 **듣게 됐어요.**

우리 반 대표 선수로 운동회에 **나가게 됐어요.**

흐엉 씨 옆자리에 **앉게 돼서** 다행이에요.

늦은 시간에 전화를 **드리게 돼서** 죄송합니다.

+ '-게 되다'는 외부적 상황 때문에 발생한 결과를 나타내므로 '손님이 너무 없어서 문을 닫게 됐어요, 영화표가 생겨서 영화를 보게 됐어요, 옆집에 살아서 알게 됐어요, 한국 대학에 합격해서 가게 됐어요, 맛이 있어서 계속 먹게 돼요.'와 같이 원인을 함께 제시하는 게 좋다.

+ 의도하지 않았지만 우연히 발생한 상황에서도 '-게 되다'를 사용하기도 한다. '옆자리에 앉게 돼서 다행이에요, 만나게 돼서 정말 기뻐요, 늦은 시간에 전화를 드리게 돼서 죄송합니다.'와 같은 예문은 외부적 상황에 의한 결과이지만 외부적 상황이 명시적이지 않으며, 관습적으로 사용되는 표현이다.

형태 정보

① 동사 및 형용사 어간 끝음절의 받침 유무와 관계없이 '-게 되다'를 쓴다.

예) 씻- + -게 되다 → 씻게 되다
먹- + -게 되다 → 먹게 되다
아프- + -게 되다 → 아프게 되다
살- + -게 되다 → 살게 되다
맛있- + -게 되다 → 맛있게 되다
보- + -게 되다 → 보게 되다
사- + -게 되다 → 사게 되다
놀- + -게 되다 → 놀게 되다

①	받침 ○	+ -게 되다	씻게 되다, 맛있게 되다, 먹게 되다, 살게 되다, 놀게 되다
	받침 ×	+ -게 되다	보게 되다, 아프게 되다, 사게 되다

문장 구성 정보

① 부정문은 '-게 되지 않다', '안 -게 되다'로 쓴다. '안 -게 되다'는 주로 구어에서 사용한다.

예) 눈이 아파 책을 **보게 안 돼요.** (x)
눈이 아파 책을 **보게 되지 않아요.** (o)
눈이 아파 책을 **안 보게 돼요.** (o)

② 과거는 '되다'에 '-었-'을 붙여 쓴다. '-게' 앞에 '-었-'을 붙이지 않는다.

예) 병원에 **갔게 돼요.** (x)
병원에 **갔게 됐어요.** (x)
병원에 **가게 됐어요.** (o)

확장

① 주로 '-게 되었다'의 형태로 사용한다.

예) (1) 가: 어떻게 한국어를 **배우게 되었어요**?
나: 한국 친구를 만나서 한국어를 **배우게 되었어요.**
(2) 가: 언제부터 야구를 **하게 되었습니까**?
나: 7살 때부터 야구를 **하게 되었어요.**

+ '상황의 결과'를 의미하므로 현재 시점에서 볼 때 완료된 상황이 되는 것이 자연스럽다.

② '결국, 마침내, 드디어' 등의 부사와 자주 결합한다.

예) 드디어 나도 대학교에 **들어가게 되었다.**
마침내 고향으로 **돌아가게 되었어요.**
결국 그 사람과 **헤어지게 되었어요.**

+ '상황의 결과'를 의미하므로 결과의 의미를 나타내는 부사와 호응 관계를 가진다.

③ 겸손한 표현을 위해 사용하기도 한다.

예) 이번 가을에 **결혼하게 되었어요.**
제가 한국어 말하기 대회에서 상을 **받게 되었어요.**
이번 학기부터 대학원에 **다니게 되었어요.**
이번 달부터 월급이 **오르게 되었어요.**

+ 주로 주어의 적극적인 의지가 반영되지 않은 일에 쓰이지만, 주어의 적극적인 의지가 반영된 결과임에도 그렇지 않은 것처럼 겸손하게 표현할 때 사용하기도 한다.

유사 문법

① '-게 되다', '-어지다'

-게 되다	-어지다
· 어떠한 상황이나 사태로 변화됨을 나타낸다. 예) 시험을 못 봐서 합격이 **어렵게 되었다.** 시험을 못 봐서 합격이 **어려워졌다.**	
· 변화한 결과를 더 강조한다. 예) 날씨가 추워서 두꺼운 옷을 **입게 되었어요.**	· 변화하는 과정을 더 강조한다. 예) 점점 날씨가 **추워져요.**
· 타동사와의 결합이 자유롭다. 예) 올해 새로운 상품을 **만들게 되었다.**	· 타동사와 결합하여 자동사로 사용된다. 예) 올해 새로운 상품이 **만들어졌다.**
· 일부 형용사 결합에 제약을 보인다. 예) 과일 값이 **비싸게 되었어요.** (x) 마음이 **따뜻하게 되었다.** (x) 얼굴이 **곱게 되었다.** (x) 이사를 해서 학교가 **멀게 되었어요.** (x)	· 형용사와 결합하여 동사로 사용된다. 예) 과일 값이 **비싸졌어요.** (o) 마음이 **따뜻해졌다.** (o) 얼굴이 **고와졌다.** (o) 이사를 해서 학교가 **멀어졌어요.** (o)

+ '-어지다'는 어떤 상황이나 상태가 조금씩 변화되어 가는 과정에 초점을 두고 말할 때 사용한다. 그러므로 '점점, 차츰'과 같이 모양이 천천히 변화하는 것을 뜻하는 부사와 함께 사용할 수 있다. 반면에 '-게 되다'는 변화하는 과정이 아니라 변화한 결과에 초점을 두었으므로 '결국, 마침내, 드디어'와 같이 상황이 이미 변화되었음을 의미하는 부사와 함께 사용한다.

이렇게 도입해 보세요

(1) 교사: 한국에 처음 왔을 때 김치를 잘 먹었어요?
학생: 아니요, 못 먹었어요.
교사: 지금도 김치를 못 먹어요?
학생: 아니요, 이제 잘 먹어요.
교사: 처음에는 김치를 못 먹었어요. 그런데 왕밍 씨가 한국에 와서 살았어요. 김치를 많이 먹었어요. 그래서 이제 김치를 잘 먹어요. 이제 김치를 잘 **먹게 됐어요.**

(2) 교사: 저는 요리를 못했어요. 그런데 결혼을 했어요. 어떻게 됐을까요?
학생: 요리를 잘해요.
교사: 결혼을 해서 매일 요리를 했어요. 이제 변했어요. 요리를 잘해요. 요리를 **잘하게 됐어요.**

+ (1)과 (2)를 통해 '-게 되다'가 '어떻게 변했어요'를 말할 때 사용한다는 것을 설명할 수 있다. 김치를 못 먹었지만 많이 먹다 보니 결과적으로 잘 먹게 변했다는 상황과 요리를 못했지만 결혼해서 매일 하다 보니 잘하게 되었다는 상황을 제시하고 학생들도 이와 같은 경험이 있는지 적용하여 이야기해 보도록 하는 게 좋다.

+ (2)를 제시할 때 요리를 못해 쩔쩔매는 그림, 결혼하는 그림, 요리를 잘하는 그림과 같은 시각 자료를 준비하면 학습자들에게 의미를 이해시키기 쉽다.

-고 싶다

말하는 사람의 희망을 나타내는 표현.

-고 싶다 (동사에 붙어) 말하는 사람이 하기 원하거나 바라는 것을 나타낸다. 계획이나 취향과 같은 주제로 원하는 것을 말할 때 주로 사용한다.

예문

(1) 가: 수지 씨, 주말에 어디 갈까요?
나: 명동 어때요? 저는 명동에 **가고 싶어요.**

(2) 가: 수업 끝나면 뭘 해요?
나: 배가 고파서 밥을 **먹고 싶어요.**

(3) 가: 왜 한국어 공부를 해요?
나: 한국 회사에 **취직하고 싶어서요.**

(4) 가: 왕밍 씨도 이 책을 **읽고 싶어요**?
나: 아니요, 그 책은 작년에 읽었어요.

(5) 가: 줄리아 씨는 어느 나라에서 **살고 싶어요**?
나: 저는 베트남에서 **살고 싶어요.**

이 옷을 **입고 싶어요.**

만화책을 **읽고 싶어요.**

한국 영화를 **보고 싶었습니다.**

흐엉 씨, 제주도를 **여행하고 싶어요**?

주말에 청소를 **하고 싶어요.**

저도 이 가방을 **사고 싶어요.**

신나는 음악을 **듣고 싶어요.**

너무 졸려서 커피를 **마시고 싶어요.**

한강에서 자전거를 **타고 싶어요.**

아파서 집에 **돌아가고 싶습니다.**

+ '-고 싶다'는 말하는 사람이나 듣는 사람의 희망을 나타내므로 '명동에 가고 싶어요, 배가 고파서 밥을 먹고 싶어요, 한국 회사에 취직하고 싶어서요.'와 같이 사용한다. 듣는 사람의 바람을 나타낼 때는 의문문으로만 사용되므로 '왕밍 씨도 이 책을 읽고 싶어요?, 줄리아 씨는 어느 나라에서 살고 싶어요?' 등으로 제시함에 주의한다.

형태 정보

① 동사 어간 끝음절의 받침 유무와 관계없이 '-고 싶다'를 쓴다.

예) 찾- + -고 싶다 → 찾고 싶다
먹- + -고 싶다 → 먹고 싶다
사- + -고 싶다 → 사고 싶다
살- + -고 싶다 → 살고 싶다
읽- + -고 싶다 → 읽고 싶다
가- + -고 싶다 → 가고 싶다
공부하- + -고 싶다 → 공부하고 싶다
놀- + -고 싶다 → 놀고 싶다

①	받침 ○	+ -고 싶다	찾고 싶다, 읽고 싶다, 먹고 싶다, 살고 싶다, 놀고 싶다
	받침 ×	+ -고 싶다	가고 싶다, 사고 싶다, 공부하고 싶다

문장 구성 정보

① 부정문은 '-고 싶지 않다', '안 -고 싶다'로 쓴다.

예) 쇼핑을 **하고 안 싶어요.** (x)
쇼핑을 **하고 싶지 않아요.** (o)
쇼핑을 **안 하고 싶어요.** (o)

② 과거 시제를 나타내려면 '싶다'에 '-었-'을 붙여 쓴다. '-고' 앞에 '-었-'을 붙이지 않는다.

예) 김치찌개를 **먹었고 싶어요.** (x)
김치찌개를 **먹었고 싶었어요.** (x)
김치찌개를 **먹고 싶었어요.** (o)

③ 미래, 추측을 나타내는 '-겠-'이 붙으면 내가 아닌 다른 사람이 바라는 것을 추측하는 의미로 사용된다.

예) 저도 한국어를 **배우고 싶겠어요.** (x)
앤디 씨도 한국어를 **배우고 싶겠어요.** (o)
(나는) 스키를 잘 **타고 싶겠다.** (x)
(너는) 스키를 잘 **타고 싶겠다.** (o)

제약 정보

① 형용사와 결합하지 않는다.

예) 저는 **예쁘고 싶어요**. (x)
기분이 **좋고 싶어요**. (x)
왕밍 씨, **빠르고 싶어요?** (x)

+ 형용사에 '-어지다'가 붙으면 결합이 가능하다.
예) 저는 **예뻐지고 싶어요**. (o)

② 다른 사람이 아닌 말하는 사람의 바람을 나타낸다.

예) <u>줄리아 씨는</u> 영화를 **보고 싶어요**. (x)
<u>저는</u> 영화를 **보고 싶어요**. (o)

+ 의문문으로 쓰일 때는 듣는 사람의 바람을 나타낼 수 있다.
예) <u>너도</u> 영화를 **보고 싶어?** (o)

①	평서문에서는 1인칭 주어가 오고, 의문문에서는 2인칭 주어가 와야 한다.	<u>저는</u> 영화를 **보고 싶어요**. (o) <u>너는/줄리아 씨는</u> 영화를 **보고 싶어요**. (x) <u>너도</u> 영화를 **보고 싶어?** (o)
②	'-겠-'이 붙으면 1인칭 주어가 올 수 없다.	<u>저도</u> 한국어를 **배우고 싶겠어요**. (x)

확장

① 규범적 표현은 아니지만 '행복하고 싶다', '건강하고 싶다'와 같이 '-고 싶다'와 관용적으로 결합되어 사용되는 형용사도 있다. 주로 긍정적 의미의 형용사와 결합하여 사용된다.

예) **건강하고 싶어서** 운동을 열심히 합니다.
저도 이제 **행복하고 싶습니다**.
나는 이제 불행하고 싶습니다. (??)
아프고 싶어서 운동을 안 합니다. (??)

② 문학적 표현을 위한 특별한 경우에는 화자가 아닌 다른 사람이나 사물을 주어로 쓸 수 있다. 주어가 희망하는 일을 말하는 이가 전지적으로 아는 것처럼 표현하는 경우이다.

예) 기차는 **달리고 싶다**.
그 남자는 **떠나고 싶었다**.

유사 문법

① '-고 싶다', '-고 싶어 하다'

-고 싶다	-고 싶어 하다
· '희망'을 나타낸다.	
· 평서문에서는 말하는 사람이, 의문문에서는 듣는 사람이 주어가 된다. 예) 왕밍 씨는 제주도에 **가고 싶어요.** (x) 나는 제주도에 **가고 싶어.** (o) 너도 제주도에 **가고 싶어?** (o)	· 말하는 사람이나 듣는 사람이 아닌, 다른 사람이 주어가 된다. 예) 나는 제주도에 **가고 싶어 한다.** (x) 너도 제주도에 **가고 싶어 한다.** (x) 수지도 제주도에 **가고 싶어 한다.** (o)

② '-고 싶다', '-을래1)'

-고 싶다	-을래1)
· 말하는 사람의 의지나 의향을 나타낸다.	
· 실현 가능성을 고려하지 않은 단순한 희망을 나타낸다. 예) 나는 하늘을 **날고 싶어.** 나는 대학을 졸업한 후에 결혼을 해서 아이를 다섯 명 **낳고 싶어.**	· 현재 상황에서 구체적으로 무엇을 하겠다는 의사를 표현하는 데 사용한다. 예) 나는 점심 때 불고기를 **먹을래.** 나는 대학을 졸업한 후에 유학을 **갈래.**

이렇게 도입해 보세요

(1) 교사: 같이 점심을 먹어요. 뭘 먹을까요?

학생1: 저는 피자가 좋아요.

교사: 왕밍 씨는 피자를 **먹고 싶어요**? 왕밍 씨가 이렇게 말해요. 저는 피자를 **먹고 싶어요**. 흐엉 씨는요?

학생2: 저는 햄버거가 좋아요.

교사: 흐엉 씨가 이렇게 말해요. 저는 햄버거를 **먹고 싶어요**.

(2) 교사: 줄리아 씨는 주말에 뭘 해요?

학생1: 저는 영화를 봐요.

교사: 미도리 씨도 영화를 좋아해요? 줄리아 씨와 같이 영화를 보세요. 어때요? **보고 싶어요**?

학생2: 네, 좋아요. 같이 영화를 봐요.

교사: 저도 여러분과 같이 영화를 **보고 싶어요**.

+ (1)과 (2)와 같은 도입으로 학생들이 원하는 행위를 이야기하게 함으로써 희망을 나타내는 '-고 싶다'의 의미를 인식하게 한다. 단, '-고 싶다'가 형용사와 결합하는 경우가 많지 않으므로 동사가 붙는 예로 이야기할 수 있도록 유도하는 게 좋다.

-고 있다

1) **동작의 진행** 2) **결과 상태의 지속** 등을 나타내는 표현.

-고 있다1) (동사에 붙어) 어떤 동작이 끝나지 않고 진행되고 있음을 나타낸다. 지금 무엇을 하는지 설명할 때 사용한다. 또한 진행의 의미가 확장되어 어떤 일을 반복적으로 지속한다는 의미를 나타내기도 한다. 이때는 주로 계획을 수행하기 위해 요즘 하고 있는 일을 설명할 때 사용한다.

예문

(1) 가: 도서관 앞에서 뭘 해요?
나: 친구를 **기다리고 있어요.**

(2) 가: 방에서 뭘 해요?
나: 어제 빌려 온 책을 **읽고 있어요**.

(3) 가: 뭘 **하고 있어요**?
나: 지갑을 **찾고 있어요**.

(4) 가: 왕밍 씨, 왜 대답을 안 해요?
나: 미안해요. 음악을 **듣고 있어서** 몰랐어요.

(5) 가: 수지 씨는 주말마다 뭘 해요?
나: 건강을 위해 등산을 **하고 있어요.**

영수는 밥을 **먹고 있어요.**

앤디는 잠을 **자고 있어요.**

도서관에서 나왔을 때 비가 **내리고 있었어요.**

엄마가 **요리하고 있어요.**

커피를 **마시고 있어요.**

미도리 씨는 열심히 한국어를 **공부하고 있어요.**

동생이 김치찌개를 **만들고 있어요.**

줄리아 씨는 지금 **샤워하고 있어요.**

형은 5시간 동안 컴퓨터를 **고치고 있어요.**

바람이 세게 **불고 있습니다.**

+ '-고 있다1)'은 동작의 진행을 의미하므로 '도서관 앞에서 뭘 해요? - 친구를 기다리고 있어요.', '방에서 뭘 해요? - 어제 빌려 온 책을 읽고 있어요.', '뭘 하고 있어요? - 지갑을 찾고 있어요.'와 같이 '무엇을 해요?'라는 질문에 대한 대답으로 사용하는 것이 일반적이다.

+ '건강을 위해 등산을 다니고 있어요.'의 예처럼 '건강'이라는 목표를 위해 등산이라는 일을 반복적으로 지속한다는 의미를 나타낼 때에도 사용된다.

형태 정보

① 동사 어간 끝음절의 받침 유무에 관계없이 '-고 있다'를 쓴다.

예) 찾- + -고 있다 → 찾고 있다　　먹- + -고 있다 → 먹고 있다
잡- + -고 있다 → 잡고 있다　　살- + -고 있다 → 살고 있다
가- + -고 있다 → 가고 있다　　흐르- + -고 있다 → 흐르고 있다

①	받침 ○	+ -고 있다	찾고 있다, 먹고 있다, 잡고 있다, 살고 있다
	받침 ×	+ -고 있다	가고 있다, 흐르고 있다

문장 구성 정보

① 현재 진행의 의미를 확실하게 나타내기 위해 '지금'과 같은 부사가 함께 사용된다.

예) 가: 지갑을 찾았어요?
나: 아니요, 지금 **찾고 있어요.**

② 부정문은 '-고 있지 않다, 안 -고 있다, -지 않고 있다'로 쓴다. '안 -고 있다'는 주로 구어에서 쓴다.

예) 지금 비가 **오고 없어요.** (x)
지금 비가 **오고 안 있어요.** (x)
지금 비가 **오고 있지 않아요.** (o)
지금 비가 **안 오고 있어요.** (o)
지금 비가 **오지 않고 있어요.** (o)

③ 문장의 주체를 높일 경우에는 '-고 계시다'로 쓴다.

예) 할아버지께서 신문을 **보고 있으세요.** (x)
할아버지께서 신문을 **보고 계세요.** (o)

④ 과거는 '-고 있었다'로 쓴다. '-고' 앞에 '-었-'을 붙이지 않는다.

예) 눈이 **내렸고 있어요.** (x)
눈이 **내렸고 있었어요.** (x)
눈이 **내리고 있었어요.** (o)

⑤ 추측은 '-고 있겠다'로 쓴다. '-고' 앞에 '-겠-'을 붙이지 않는다.

예) 강릉에 눈이 **내리겠고 있어요.** (x)
강릉에 눈이 **내리겠고 있겠어요.** (x)
강릉에 눈이 **내리고 있겠어요.** (o)

제약 정보

① 형용사와 결합하지 않는다.

예) 날씨가 **춥고 있습니다.** (x)
　　수지가 **예쁘고 있습니다.** (x)

+ 형용사 뒤에 '-어지다'가 결합하여 동사가 되면 '-고 있-'이 결합할 수 있다.

② '앉다'나 '서다'와 같이 행위가 시작과 동시에 순간적으로 끝나는 순간 동사와의 결합은 자연스럽지 않다.

예) 개가 **죽고 있다.** (x)
　　친구가 **졸업하고 있다.** (x)
　　영수가 소파에 **앉고 있다.** (??)
　　수지가 교실 앞에 **서고 있다.** (??)

+ 현재 진행 상황을 강조하기 위한 특별한 경우에는 사용되기도 한다.

예) 열차가 지금 **들어오고 있습니다.** (o)
　　대통령께서 지금 **일어서고 계십니다.** (o)

+ 순간 동사의 행위가 비교적 오랜 시간 동안 수행되는 경우에는 '-고 있다'와 결합이 가능하다.

예) 영수가 소파에 천천히 **앉고 있어요.** (o)
　　민희가 천천히 눈을 **감고 있습니다.** (o)

유사 문법

① '-고 있다1)', '-는 중이다'

<table>
<tr><th>-고 있다1)</th><th>-는 중이다</th></tr>
<tr><td colspan="2">· 어떤 일이 진행되고 있음을 나타낸다.
예) 지금 친구를 기다리고 있어요. / 지금 친구를 기다리는 중이에요.
나 지금 드라마 안 보고 공부하고 있어. / 나 지금 드라마 안 보고 공부하는 중이야.</td></tr>
<tr><td>· 그 순간에 동작이 진행되고 있음을 나타낸다.
예) 수지가 밥을 먹고 있다.</td><td>· 동작이 시작되어 끝나기 전까지의 사이, 어떤 일을 하는 동안이라는 의미를 강하게 나타낸다.
예) 수지가 밥을 먹는 중이다.</td></tr>
</table>

② '-고 있다1)', '-는다'

<table>
<tr><th>-고 있다1)</th><th>-는다(현재 시제)</th></tr>
<tr><td colspan="2">· '어떤 행위가 지금 행해짐'이라는 의미를 나타낸다.
예) 지금 밖에 비가 오고 있다. / 지금 밖에 비가 온다.
요즘 눈병이 유행하고 있습니다. / 요즘 눈병이 유행합니다.
나 지금 드라마 안 보고 공부하고 있어. / 나 지금 드라마 안 보고 공부해.</td></tr>
<tr><td>· 동사와만 결합한다.
예) 수지가 예쁘고 있다. (x)</td><td>· 용언 어간의 결합 제약이 없다.
예) 수지가 예쁘다. (o)</td></tr>
<tr><td>· '있다'에 '-겠-, -을 것이-, -었-' 등이 결합되어 미래 및 과거 진행으로 사용된다.
예) 영수는 내일 집에서 공부하고 있을 것이다.
영수는 어제 집에서 공부하고 있었다.</td><td>· 미래 및 과거를 나타내는 전형적인 문법 형태가 따로 있으며, 진행의 의미로 사용되지 않는다.
예) 영수는 내일 집에서 공부할 것이다.
영수는 어제 집에서 공부했다.</td></tr>
</table>

이렇게 도입해 보세요

(1) 교사: (칠판에 글을 쓰면서) 선생님이 지금 무엇을 해요?
학생: 써요.
교사: 선생님이 지금 써요. **쓰고 있어요.**
(지우면서) 선생님이 지금 무엇을 해요?
학생: 지워요.
교사: 선생님이 지금 지워요. **지우고 있어요.**

(2) 교사: (여행가는 사진을 보여 주며) 방학 때 뭘 할 거예요?
학생: 여행을 갈 거예요.
교사: (아르바이트 하는 사진을 보여 주며) 방학 때 여행을 가기 위해 요즘 뭘 해요?
학생: 아르바이트를 해요.
교사: 방학 때 여행을 가기 위해 요즘 아르바이트를 해요. 아르바이드를 **하고 있어요.**

+ (1)은 '지금 해요'라는 설명과 함께 제시할 수 있는 방식이다. 교실 상황에서 진행할 수 있는 다양한 상황을 직접 수행하며 학생들에게 진행의 의미를 설명할 수 있다. 커피를 따르거나 마시는 행위를 중간에 멈추고 커피를 지금 마시고 있는지 물어봄으로써 현재 진행의 의미를 정확하게 인식할 수 있도록 하는 게 좋다.

+ (2)는 시점을 넓혀서 요즘 수행하고 있는 행위에 대해 제시하는 방식이다. (1)을 중심으로 진행의 의미를 먼저 제시하고 충분히 연습한 후에, 상황에 따라 (2)를 제시하는 것이 좋다.

-고 있다2)	('입다, 신다, 타다, 가지다, 알다, 좋아하다' 등의 동사에 붙어) 동작이 끝난 후에 그 결과가 지속되는 상태를 나타낸다. 인물이나 상황을 묘사할 때 사용한다.

예문

(1) 가: 이 사진에서 누가 여자 친구예요?
나: 청바지를 **입고 있는** 사람이요.

(2) 가: 누가 영수 씨의 동생이에요?
나: 저기 꽃을 **들고 있는** 아이예요.

(3) 가: 어디에 가서 밥을 먹을까요?
나: 제가 맛있는 식당을 **알고 있어요.**

(4) 가: 누가 수지 씨의 남자 친구예요?
나: 시계를 **차고 있는** 사람이에요.

(5) 가: 추운데 왜 계속 코트를 **벗고 있어요**?
나: 저는 춥지 않아요.

줄리아 씨가 빨간 구두를 **신고 있어요.**

아기가 모자를 **쓰고 있어요.**

제가 지갑을 **가지고 있었어요.**

저는 1시간 전부터 차에 **타고 있었어요.**

옷을 어깨에 **걸치고 있는** 사람이 제 동생이에요.

수지가 목걸이를 **하고 있어요.**

가방을 **들고 있지** 않은 사람이 미라 씨예요.

흐엉 씨가 결혼반지를 **끼고 있어요.**

왜 계속 가방을 **매고 있어요**?

왕밍 씨를 **믿고 있습니다.**

+ '-고 있다2)'는 주로 '입다, 쓰다' 등의 착용 동사와 '알다, 믿다, 좋아하다' 등의 감정 및 인지를 나타내는 동사와 결합하는데, 이때 '-고 있다1)'과의 의미 차이를 분명하게 알려 주는 게 필요하다. '-고 있다2)'는 '이 사진에서 누가 여자 친구예요? - 청바지를 입고 있는 사람이요.', '누가 영수 씨의 동생이에요? - 저기 꽃을 들고 있는 아이예요.' 등과 같이 행위가 완료된 후 그 완료된 상태가 지속되는 경우를 나타낸다.

형태 정보

① (착용 동사와 감정 및 인지를 나타내는) 동사 어간에 '-고 있다'를 쓴다.

예) 입- + -고 있다 → 입고 있다　　신- + -고 있다 → 신고 있다
차- + -고 있다 → 차고 있다　　매- + -고 있다 → 매고 있다
알- + -고 있다 → 알고 있다　　믿- + -고 있다 → 믿고 있다
좋아하- + -고 있다 → 좋아하고 있다

①	받침 ○	+ -고 있다	입고 있다, 신고 있다, 알고 있다, 믿고 있다
	받침 ×	+ -고 있다	차고 있다, 매고 있다, 좋아하고 있다

+ 앞의 '-고 있다1)'을 참고하되, 일부 동사와만 결합하므로 이에 주의한다.

문장 구성 정보

① 착용 및 탈의와 같은 의미를 나타내는 동사와 감정 및 인지의 의미를 나타내는 타동사와 결합한다.

예) 동생이 시계를 **차고 있어요.**
동생의 생일을 **기억하고 있어요.**

+ 착용 및 탈의와 같은 의미를 나타내는 동사로는 '(반지를) 끼다, (가방을) 들다, (넥타이/스카프를) 매다, (신을) 신다, (모자를) 쓰다, (옷을) 입다, (시계를) 차다, (목걸이를) 하다, (꽃을) 들다, (차에) 타다, (옷을) 벗다, (반지를) 빼다, (단추를) 풀다, 가지다' 등이 있다.

+ 감정 및 인지의 의미를 나타내는 타동사로는 '사랑하다, 좋아하다, 알다, 믿다, 모르다, 기억하다, 느끼다' 등이 있다.

② 부정문은 '-고 있지 않다, 안 -고 있다, -지 않고 있다'로 쓴다. '안 -고 있다'는 주로 구어에서 쓴다.

예) 모자를 **쓰고 없어요.** (x)　　모자를 **쓰고 안 있어요.** (x)
모자를 **쓰고 있지 않아요.** (o)　　모자를 **안 쓰고 있어요.** (o)
모자를 **쓰지 않고 있어요.** (o)

③ 높임은 '-고 계시다'로 쓴다.

예) 교수님께서 안경을 **쓰고 있으세요.** (x)
교수님께서 안경을 **쓰고 계세요.** (o)

④ 과거는 '-고 있었다'로 쓴다. '-고' 앞에 '-었-'을 붙이지 않는다.

예) 앤디 씨가 합격했다는 것을 **알았고 있어요**. (x)
앤디 씨가 합격했다는 것을 **알고 있었어요**. (o)

제약 정보

① 형용사나 순간 동사와 결합하지 않는다.

예) 김치가 **맛있고 있습니다**. (x)
영수가 영화관 앞에 **서고 있어요**. (x)

+ 순간 동사가 상태 지속의 의미를 가지려면 '-어 있다'와 결합하면 된다.
예) 영수가 영화관 앞에 **서 있어요**. (o)

확장

① 지속의 의미를 확실하게 나타내기 위해 '계속'과 같은 부사를 사용하기도 한다.

예) 가: 신발을 벗었어요?
나: 아니요, 계속 **신고 있어요**.

② '-고 있다2)'와 착용 의미의 동사가 결합했을 때 상황에 따라 '-고 있다1)'로도 해석된다. 이때 '-고 있다2)'는 '-었-'으로 바꿔 쓸 수 있다.

예) 수지 씨는 빨간 색 옷을 **입고 있어요**.
'-고 있다1)': 수지 씨는 지금 빨간 색 옷을 입는 중이에요.
'-고 있다2)': 빨간 색 옷을 입고 있는 사람이 수지 씨예요. → 수지 씨는 지금 빨간 색 옷을 입었어요.

유사 문법

① '-고 있다2)', '-어 있다'

-고 있다2)	-어 있다
· 결과 상태의 지속을 의미한다.	
· 착용 동사와 감정 및 인지를 나타내는 동사와만 결합한다. 예) 양말을 **신고 있어요.** (o) 집에 **가고 있어요.** (x) ('-고 있다1)'의 의미일 때는 맞음.)	· 자동사와만 결합한다. 예) 집에 **가 있어요.** (o) 한국 노래를 **좋아해 있어요.** (x) 양말을 **신어 있어요.** (x)
· 착용 동사 등의 결과 상태 지속을 나타낸다. 예) 신문을 **읽고 있어요.** (x) ('-고 있다1)'의 의미임.) 코트를 **입고 있는** 사람이 제 언니예요. (o)	· 착용 동사 이외의 타동사로 결과 상태의 지속을 의미할 때는 과거 '-었-'으로 나타낸다. 예) 밥을 다 **먹어 있어요.** (x) 밥을 다 **먹었어요.** (o)

+ '-고 있다2)'와 '-어 있다'의 의미는 동일하지만 결합하는 동사가 다르다. '-고 있다2)'와 결합하는 동사는 '-어 있다'와 결합하지 않는다

② '-고 있다2)', '-는다'

-고 있다2)	-는다(현재 시제)
· 감정 및 인지 동사와 결합하여 '어떤 행위가 현재 지속되는 상태임'을 나타낸다.	
· 현재 시제보다 현재의 상태를 강조한다. 예) 가: 아직도 그 사람을 기억하고 있어요? 나: 확실하게 **기억하고 있어요.**	· 현재 시제를 나타낼 뿐 강조의 의미는 없다. 예) 가: 아직도 그 사람을 기억하고 있어요? 나: 확실하게 **기억해요.**
· 현재는 그러하나 앞으로는 어떻게 변할지 모른다는 의미를 지니게 되어, 자신의 감정이나 인지를 부담스럽지 않게 표현한다. 예) 가: 왕밍 씨가 말하기 대회에서 잘할 수 있을까요? 나: 네, 그렇게 **믿고 있어요.**	· 일시성, 변화 가능성을 드러내는 의미가 없다. 예) 가: 왕밍 씨가 말하기 대회에서 잘할 수 있을까요? 나: 네, 그렇게 **믿어요.**

이렇게 도입해 보세요

(1) 교사: (자신의 옷을 가리키며) 선생님이 무엇을 입었어요?
학생: 코트를 입었어요.
교사: 네, 선생님이 코트를 입었어요. 코트를 **입고 있어요**. (모자를 쓰며) 선생님이 무엇을 하고 있어요?
학생: 모자를 **쓰고 있어요**.
교사: 네, 지금은 선생님이 모자를 썼어요. 선생님이 모자를 **쓰고 있어요**. (학생에게 모자를 씌운 후) 흐엉 씨도 모자를 썼어요. 흐엉 씨는 모자를 **쓰고 있어요**.

(2) 교사: 왕밍 씨는 넥타이를 매었어요, 안 매었어요?
학생: 넥타이를 매었어요.
교사: 네, 왕밍 씨는 넥타이를 **매고 있어요**. 구두는 신었어요, 안 신었어요?
학생: 구두를 신었어요.
교사: 네, 구두를 신었어요. 구두를 **신고 있어요**.

+ (1)과 (2)는 착용 동사와 결합하는 '-고 있다2)'의 의미를 제시하기 위해 교실 환경을 활용한 것이다. (1)은 행위가 끝나고 지속되는 상태라는 의미를 인식시키기 위해 언제 모자를 썼는지, 그 후의 상태가 계속 유지되는지를 강조하여 제시하는 방식이다. (2)에서는 학생들의 복장 상태를 가지고 다양하게 제시하는 방식이며, 상황에 따라 그림을 보여 주는 것도 좋다.

+ '-고 있다1)'의 의미를 알고 있는 학습자에게는 동작의 진행과 완료된 결과 상태의 지속 모두 가능하다는 것도 알려주는 것이 좋다. 예를 들면 '(모자를 쓰는 행위를 보여 주며) 모자를 쓰고 있어요. (모자를 쓴 후에) 모자를 쓰고 있어요.'라는 제시를 통해 '모자를 쓰고 있다.'는 두 가지 의미 모두 가능함을 알려 주고, 그 구별은 상황에 따라 가능함도 알려 준다.

-기 때문에{N 때문에/-기 때문이다}

어떤 일의 **이유나 원인**을 나타내는 표현.

-기 때문에	(동사나 형용사, '이다, 아니다'에 붙어) 앞 절이 뒤 절의 이유나 원인이 됨을 나타낸다.

예문

(1) 가: 왜 떡볶이를 못 먹어요?
나: 매운 걸 잘 못 **먹기 때문에** 떡볶이를 못 먹어요.

(2) 가: 왜 주말에 영화 보러 갈 수 없어요?
나: 숙제가 **많기 때문에** 갈 수 없어요.

(3) 가: 서울역까지 버스를 타고 갈까요?
나: 지금 시간이 **없기 때문에** 택시를 타고 가야 해요

(4) 가: 미도리 씨는 왜 도서관에서 공부를 해요?
나: **조용하기 때문에** 도서관에서 공부를 해요.

(5) 가: 왕밍 씨, 왜 오늘 학교에 안 갔어요?
나: **방학이기 때문에** 요즘 학교에 안 가요.

밖이 **시끄럽기 때문에** 창문을 닫았어요.

제 책이 **아니기 때문에** 빌려줄 수 없어요.

저는 매일 운동을 **하기 때문에** 건강해요.

매일 늦게 **자기 때문에** 항상 피곤합니다.

수지는 중국 친구와 같이 **살기 때문에** 중국을 잘 알아요.

시장이 백화점보다 물건이 **싸기 때문에** 시장에 자주 가요.

우리는 **학생이기 때문에** 공부를 열심히 해야 해요.

영수 씨는 **영어 교사(이)기 때문에** 영어를 잘해요.

한국 가수를 **좋아하기 때문에** 한국어도 좋아하게 됐어요.

이 식당은 비싸지만 **맛있기 때문에** 손님이 많아요.

+ '-기 때문에'는 이유나 원인을 나타내므로 이유에 대한 대답에 사용된다. '왜 학교에 안 갔어요? - 방학이기 때문에 요즘 학교에 안 가요.', '왜 주말에 같이 영화 보러 갈 수 없어요? - 숙제가 많기 때문에 갈 수 없어요.', '서울역까지 버스를 타고 갈까요? - 지금 시간이 없기 때문에 택시를 타고 가야 해요.'와 같이 질문에 대한 이유를 보다 정확하게 밝혀 쓸 경우에 자연스럽다.

형태 정보

① 동사 및 형용사 어간 끝음절의 받침 유무에 관계없이 '-기 때문에'를 붙여 쓴다.

예) 찾- + -기 때문에 → 찾기 때문에
좋- + -기 때문에 → 좋기 때문에
사- + -기 때문에 → 사기 때문에
예쁘- + -기 때문에 → 예쁘기 때문에
살- + -기 때문에 → 살기 때문에
작- + -기 때문에 → 작기 때문에
공부하- + -기 때문에 → 공부하기 때문에
착하- + -기 때문에 → 착하기 때문에

①	받침 ○	+ -기 때문에	찾기 때문에, 살기 때문에, 좋기 때문에, 작기 때문에
	받침 ×	+ -기 때문에	사기 때문에, 공부하기 때문에, 예쁘기 때문에, 착하기 때문에

② '이다, 아니다'도 '-기 때문에'를 쓴다. 단, '이다' 앞의 명사에 받침이 없으면 주로 '명사+ -기 때문에' 라고 쓴다.

예) 학생이- + -기 때문에 → 학생이기 때문에
선물이- + -기 때문에 → 선물이기 때문에
사람이- + -기 때문에 → 사람이기 때문에
의사이- + -기 때문에 → 의사이기 때문에/의사기 때문에
휴가이- + -기 때문에 → 휴가이기 때문에/휴가기 때문에
아니- + -기 때문에 → 아니기 때문에

문장 구성 정보

① 앞 절과 뒤 절의 주어가 같아도 되고 달라도 된다.

예) (내가) 12시까지 텔레비전을 **봤기 때문에** (내가) 늦잠을 잤어요.
지금 비가 **오기 때문에** (내가) 산책을 할 수 없어요.
철수가 방학 때 중국에 **가기 때문에** 영희는 철수를 만날 수 없어요.

+ 첫 예문의 앞 절과 뒤 절의 주어는 화자이고, 동일하다. 이때 주어는 구어에서는 주로 생략된다. 두 번째 예문은 앞 절은 '비' 뒤 절은 '나', 즉 화자가 주어인 예이다. 이 또한 구어에서 화자가 주어인 경우 생략이 가능하다. 세 번째 예문은 앞 절과 뒤 절의 주어가 다른 예이다. 이처럼 '-기 때문에'로 연결되는 두 문장의 주어는 같아도 되고 달라도 된다.

② 앞 절과 뒤 절의 시제가 같거나 달라도 된다.

예) 요즘 약을 **먹기 때문에** 머리가 아프지 않아요.
요즘 약을 **먹기 때문에** 머리가 아프지 않았어요.
요즘 약을 **먹기 때문에** 머리가 아프지 않을 거예요.
약을 **먹었기 때문에** 머리가 아프지 않아요.
약을 **먹었기 때문에** 머리가 아프지 않았어요.
약을 **먹었기 때문에** 머리가 아프지 않을 거예요.

제약 정보

① 과거는 '-었기 때문에'로 쓴다. 미래 · 추측의 '-겠-'과 결합하지 않는다.

예) 밥을 다 **먹었기 때문에** 배가 불러요. (o)
밥을 다 **먹겠기 때문에** 배가 부를 거예요. (x)

② 뒤 절에 청유문이나 명령문이 올 수 없다.

예) 배가 **고프기 때문에** 밥을 먹자/먹읍시다/먹을래요?/먹을까요?/먹는 건 어때요? (x)
배가 **고프기 때문에** 밥을 먹어라/먹어/먹어요. (x)

확장

① 'N 때문에'의 구성으로 쓰기도 한다. 'N'만으로 이유나 원인을 추측할 수 있을 때 사용한다.

예) 저는 **부모님 때문에** 열심히 공부해요.
(부모님을 기쁘게 해 드리고 싶기 때문에/효도하기 위해/…)
비 때문에 길이 막힌다. (비가 오기 때문에/비가 와서 앞이 잘 안 보여서/…)
너 때문에 오늘 학교는 못 가겠다.

+ 'N+이기 때문에'는 '( )이 N+이다'라는 문장에 '-기 때문에'가 결합한 것이므로 위의 문장을 아래의 문장으로 대체할 수 없다.

예) 저는 **부모님이기 때문에** 열심히 공부해요. (x)
비이기 때문에 길이 막힌다. (x)
너이기 때문에 오늘 학교는 못 가겠다. (x)

+ 'N+이기 때문에'의 구성으로 쓸 수 있는 문장과 비교하면 다음과 같다.

예) 저는 **아빠이기 때문에** 열심히 일합니다.
(나는 아빠이므로 우리 가족을 위해 열심히 일한다./ 주어와 N이 같음)
저는 **아빠 때문에** 열심히 일합니다.
(아빠에게 효도하기 위해 열심히 일한다./ 주어와 N이 같지 않음)

② '-기 때문이다'의 구성으로 쓰기도 한다. 문어에서는 주로 '왜냐하면'과 결합하여 사용한다.

예) (1) 가: 왜 한국으로 유학을 왔어요?
나: 한국 가수를 **좋아하기 때문이에요**.
(2) 저는 한국 회사에 취직하고 싶습니다. 왜냐하면 한국 문화를 **좋아하기 때문입니다.**

+ '-기 때문이다'를 사용하면 이유가 뒤 절에 온다.

예) 저는 한국 문화를 **좋아하기 때문에** 한국 회사에 취직하고 싶습니다.
= 제가 한국 회사에 취직하고 싶은 이유는 한국 문화를 **좋아하기 때문입니다.**

③ 연결어미 '-어서'에 비해 이유를 더 분명하게 표현하는 효과가 있다.

예) 저는 한국 문화를 **좋아해서** 한국어를 배웁니다.
저는 한국 문화를 **좋아하기 때문에** 한국어를 배웁니다.

유사 문법

① '-기 때문에', '-어서1)', '-으니까1)', '-은 결과'

-기 때문에	-어서1)	-으니까1)	-은 결과
· '어떤 일의 원인'이라는 의미를 나타낸다.			
· 과거 '-었-'과 결합한다. 예) 비가 **왔기 때문에** 여행을 취소했다. (o)	· 과거 '-었-'과 결합하지 않는다. 예) 비가 **왔어서** 여행을 취소했다. (x)	· 과거 '-었-'과 결합한다. 예) 비가 **왔으니까** 여행을 취소했다. (o)	· 과거 '-었-'과 결합하지 않는다. 예) 비가 **왔은 결과** 여행이 취소됐다. (x)
· 형용사와 결합할 수 있다. 예) 날씨가 **흐리기 때문에** 여행이 취소됐다. (o)	· 형용사와 결합할 수 있다. 예) 날씨가 **흐려서** 여행이 취소됐다. (o)	· 형용사와 결합할 수 있다. 예) 날씨가 **흐리니까** 여행이 취소됐다. (o)	· 형용사와 결합하지 않는다. 예) 날씨가 **흐린 결과** 여행이 취소됐다. (x)
· 뒤 절에 청유문이나 명령문이 올 수 없다. 예) 비가 **오기 때문에** 여행을 취소하자. (x)	· 뒤 절에 청유문이나 명령문이 올 수 없다. 예) 비가 **와서** 여행을 취소하자. (x)	· 뒤 절에 청유문이나 명령문이 올 수 있다. 예) 비가 **오니까** 여행을 취소하자. (o)	· 뒤 절에 청유문이나 명령문이 올 수 없다. 예) 비가 **온 결과** 여행을 취소하자. (x)

+ '만나서 반갑습니다', '늦어서 죄송합니다' 등과 같이 관용적으로 사용되는 인사말에 '-니까'나 '-기 때문에'는 사용되지 않는다. '반갑다, 고맙다, 감사하다, 미안하다' 등과 함께 자주 쓰이는 인사말이나 자신의 감정이나 상황에 대한 이유를 나타내는 경우에는 '-기 때문에'가 쓰이기 어렵고, '-어서'를 쓰는 것이 자연스럽다.

이렇게 도입해 보세요

(1) 교사: 어디에서 옷을 사요?
학생: 명동에서 옷을 사요.
교사: 왜 명동에서 옷을 사요?
학생: 싸요.
교사: 왕밍 씨는 **싸기 때문에** 명동에서 옷을 사요.

(2) (추운 날씨를 나타내는 그림과 감기에 걸린 그림을 보여 주며)
교사: 날씨가 너무 추워요. 그래서 어떻게 됐어요?
학생: 감기에 걸렸어요.
교사: 날씨가 **춥기 때문에** 감기에 걸렸어요.

(더운 날씨를 나타내는 그림과 에어컨이 켜 있는 그림을 보여 주며)
교사: 날씨가 너무 더워요. 그래서 어떻게 했어요?
학생: 에어컨을 켰어요.
교사: 날씨가 **덥기 때문에** 에어컨을 켰어요.

+ (1)은 학생이 실제로 이유를 생각해낼 수 있는 내용을 소재로 도입하는 방식을 보여 준다. 가격이 싼 것뿐만 아니라, 종류가 많거나, 디자인이 예쁘거나 교통이 편리한 것과 같은 여러 가지 이유를 교사는 미리 준비하여 학생들이 생각해 내지 못할 때 도움을 줄 수 있다.

+ (2)는 원인과 결과를 나타내는 그림을 두 장 준비하여 차례로 보여 주며 목표 문법을 제시하여 의미를 인식하게 하는 방식을 보여 준다.

-기 전에{-기 전/N 전에}

앞의 내용이 뒤의 내용보다 **시간상 나중**임을 나타내는 표현.

-기 전에 (동사에 붙어) 뒤의 행위가 앞의 행위보다 먼저 일어남을 나타낸다. 일의 순서를 말할 때 주로 사용한다.

예문

(1) 가: 언제 한국어를 배웠어요?
나: 한국에 **오기 전에** 한국어를 배웠어요.

(2) 가: 언제 저녁을 먹어요?
나: 드라마가 **시작하기 전에** 먹어요.

(3) 가: 자동차를 사고 싶어요.
나: 운전은 할 줄 알아요?
가: 아니요.
나: 자동차를 **사기 전에** 먼저 운전을 배우세요.

(4) 가: 이 약을 언제 먹어요?
나: **자기 전에** 드세요.

(5) 가: 언제 도서관에 왔어요?
나: 도서관 문을 **열기**도 **전에** 왔어요.

밥을 **먹기 전에** 손을 씻는다.
비가 **오기 전에** 시장에 갔다 올게요.
영화관에 **들어가기 전에** 팝콘을 샀어요.
철수 씨를 **알기 전에** 영수 씨를 먼저 알았어요.
휴가를 **가기 전에** 일을 다 끝냈습니다.
말하기 전에 먼저 생각해 보세요.
은행 문을 **닫기 전에** 빨리 가세요.
버스를 **타기 전에** 화장실에 다녀오세요.
소설을 **읽기 전에** 작가에 대해 알아봅시다.
줄리아 씨를 **만나기 전에**는 돌아가지 않을 거예요.

+ '-기 전에'는 일의 순서를 나타내므로 '언제'와 관련된 질문과 함께 사용되는 경우가 많다. '-기 전에'는 시점을 묻는 질문에 대한 대답으로 자주 사용된다. (5)의 '도서관 문을 열기도 전에 왔어요.'에서 '도'는 강조의 의미를 나타낸다.

형태 정보

① 동사 어간 끝음절의 받침 유무에 관계없이 '-기 전에'를 쓴다.

예) 찾- + -기 전에 → 찾기 전에
살- + -기 전에 → 살기 전에
사- + -기 전에 → 사기 전에
읽- + -기 전에 → 읽기 전에
가- + -기 전에 → 가기 전에
공부하- + -기 전에 → 공부하기 전에

①	받침 ○	+ -기 전에	찾기 전에, 읽기 전에, 살기 전에
	받침 ×	+ -기 전에	가기 전에, 사기 전에, 공부하기 전에

제약 정보

① 과거 '-었-', 미래 · 추측의 '-겠-'과 결합하지 않는다.

예) 잠을 **잤기 전에** 세수를 했어요. (x)
잠을 **자겠기 전에** 세수를 할 거예요. (x)
잠을 **자기 전에** 세수를 했어요. (o)
잠을 **자기 전에** 세수를 할 거예요. (o)

확장

① '에'를 생략하여 '-기 전'으로 쓰기도 한다. 주로 구어에서 사용한다.

예) **출근하기 전** 신문을 봐요.
잠 **자기 전** 음악을 들어요.
밥 **먹기 전** 물을 마셔요.
학교에 **가기 전** 운동을 해요.

② 'N 전에'의 구성으로 쓰기도 한다.

예) **식사 전에** 손을 씻는다.
출발 전에 전화 주세요.
9시 전에 학교에 도착해야 한다.

+ 이때 명사는 시간을 나타내거나 행위와 관련된 의미, 즉 서술성을 가지고 있거나 서술성을 명백하게 추측할 수 있어야 한다.

예)

비서술성 N 전에 (x)	어머니는 밥 **전에** 텔레비전을 봐요. (x) 남자 친구는 학교 **전에** 아르바이트를 갑니다. (??) 저 사람은 가수 **전에** 선생님이었어요. (x)
서술성 N 전에 (o)	어머니는 식사 **전에** 텔레비전을 봐요. (o) 형은 시험 합격 **전에** 여자친구를 사귀었어요. (o) 남자 친구는 수업 **전에** 아르바이트를 갑니다. (o)

+ 비서술성 명사 뒤에 '전에'를 사용하려면 보통 다음 예처럼 비서술성 명사에 어울리는 동사를 보충해 주어야 한다. 서술성 명사는 이미 서술적 의미가 들어가 있으므로 서술성 명사에 '-하다'를 붙여 사용하면 된다.

예)

동사 + -기 전에	어머니는 밥을 먹기 **전에** 텔레비전을 봐요. (o) 남자친구는 학교에 가기 **전에** 아르바이트를 갑니다. (o) 저 사람은 가수가 되기 **전에** 선생님이었어요. (o) 어머니는 식사하기 **전에** 텔레비전을 봐요. (o) 형은 시험에 합격하기 **전에** 여자친구를 사귀었어요. (o) 남자친구는 수업하기 **전에** 아르바이트를 갑니다. (o)

③ '-기'에 강조의 보조사 '도'가 붙어 '-기도 전에'로 쓰기도 한다.

예) 시험을 **보기도 전에** 포기하면 안 돼요. (o)

+ '-기' 뒤에 다른 조사는 붙지 않는다.

④ '-기 전에'의 반의 표현으로 '-은 후에'가 있다.

예) 영화가 **시작하기 전에** 도착했다.
영화가 **시작한 후에** 도착했다.
친구와 **만나기 전에** 쇼핑을 했다.
친구와 **만난 후에** 쇼핑을 했다.

유사 문법

① **'-기 전에', '-기에 앞서'**

-기 전에	-기에 앞서
· '앞의 행위보다 뒤의 행위가 먼저 일어남'을 나타내는 표현이다.	
· 일상적인 대화에서 자주 쓰인다. 예) 밥 **먹기 전에** 마트에 다녀오자.	· 공식적인 자리 혹은 문어에서 주로 쓰인다. 예) 행사를 **시작하기에 앞서** 총장님의 축하 인사를 듣겠습니다.

+ '-기에 앞서'는 격식적인 표현으로 '밥 먹기에 앞서 마트에 다녀오자.'처럼 일상적인 대화에서 사용하면 아주 어색하다

이렇게 도입해 보세요

(1) 교사: 왕밍 씨, 아침에 무엇을 해요?
학생: 세수를 해요.
교사: 세수를 하고 무엇을 해요?
학생: 밥을 먹어요.
교사: 왕밍 씨는 세수를 하고 밥을 먹어요. 왕밍 씨는 밥을 **먹기 전에** 세수를 해요.

(2) 교사: 아침에 밥을 먹고 세수를 해요, 세수를 하고 밥을 먹어요?
학생1(왕밍): 저는 밥을 먹고 세수를 해요.
학생2(흐엉): 저는 세수를 하고 밥을 먹어요.
교사: 왕밍 씨는 **세수하기 전에** 밥을 먹어요. 흐엉 씨는 밥을 **먹기 전에** 세수를 해요.

+ (1)과 (2)는 동일한 소재를 가지고 다르게 접근하는 방식이다. (1)은 학생 개인이 순차적으로 하는 일의 순서를 이야기하게 하여 '-기 전에'의 의미를 인식하도록 하였다. (2)는 일의 순서에 초점을 두고 학생들끼리 각자가 수행하는 일의 순서가 다름을 인식하게 하여 '-기 전에'의 의미를 인식하도록 하는 것이다. 먼저 (1)을 제시하고 자연스럽게 (2)로 확장해 나가는 게 좋다.

+ (2)를 제시할 때는 밥을 먹는 그림과 세수하는 그림을 보여 주는 것이 좋다. 학생들 각자의 방식에 따라 그림 나열 순서를 바꾸어 제시하면 시각적으로 볼 수 있어서 일의 선후 관계를 파악하기 쉽다.

-기로 하다

계획하거나 **결정**함을 나타내는 표현.

-기로 하다 (동사에 붙어) 어떤 행위에 대하여 그렇게 할 것을 계획하거나 결정함을 나타낸다. 상대에게 제안하거나 약속을 할 때 또는 자신의 결심이나 결정을 이야기할 때 사용한다.

예문

(1) 가: 누가 저녁을 **준비하기로 했어요**?
나: 줄리아 씨가 스파게티를 **만들기로 했어요**.

(2) 가: 방학 때 뭐 할 거예요?
나: 저는 아르바이트를 **하기로 했어요**.

(3) 가: 어디에서 만날까요?
나: 도서관에서 **만나기로 해요**.

(4) 가: 왕밍 씨, 같이 산책할래요?
나: 좋아요. 한강까지 **걷기로 해요**.

(5) 가: 버스를 탈까요, 택시를 탈까요?
나: 시간이 없으니까 택시를 **타기로 해요**.

오늘 저녁에는 라면을 **먹기로 해요**.
지하철이 빠르니까 지하철을 **타기로 해요**.
우리는 가을에 **결혼하기로 했습니다**.
내일부터는 일찍 **일어나기로 하자**.
등산을 갈 때에는 운동화를 **신기로 해요**.

친구와 함께 교실을 **청소하기로 했어요**.
한국어 공부를 위해 한국 노래만 **듣기로 했어요**.
시험이 끝나면 여자 친구와 **놀기로 했어요**.
내일 6시에 **보기로 할까요**?
수지 씨에게서 사전을 **빌리기로 했어요**.

+ '-기로 하다'는 앞으로 할 일을 이야기할 때 사용한다. 상황에 따라 제안이나 약속, 결심이나 결정을 나타낼 때 사용하는데, '먹기로 해요, 타기로 해요'는 '먹어요, 타요'처럼 '-기로 하다'를 사용하지 않아도 같은 뜻으로 사용할 수 있다. 반면에 '청소하기로 했어요, 듣기로 했어요'는 '청소했어요, 들었어요' 등으로 사용될 수 없는데 이는 '-기로 하다'가 앞으로의 계획을 이야기하는 것이기 때문이다.

+ '-기로 하다'는 발화 현장에서의 계획이나 결정을, '-기로 했다'는 이미 한 계획이나 결정을 나타낸다. 이러한 차이 때문에 '수지 씨, 내일 비빔밥을 먹기로 해요.'는 제안이나 약속을 나타내고, '수지 씨, 내일 비빔밥을 먹기로 했어요.'는 결심이나 결정을 나타낸다.

형태 정보

① 동사 어간 끝음절의 받침 유무와 관계없이 '-기로 하다'를 쓴다.

예) 먹- + -기로 하다 → 먹기로 하다　　만들- + -기로 하다 → 만들기로 하다
앉- + -기로 하다 → 앉기로 하다　　가- + -기로 하다 → 가기로 하다
자- + -기로 하다 → 자기로 하다　　공부하- + -기로 하다 → 공부하기로 하다

①	받침 ○	+ -기로 하다	먹기로 하다, 만들기로 하다, 앉기로 하다
	받침 ×	+ -기로 하다	가기로 하다, 자기로 하다, 공부하기로 하다

문장 구성 정보

① 이미 결정하여 결심한 의미로 사용될 때는 미래의 일일지라도 과거형으로 쓴다.

예) 저는 지금부터 열심히 **공부하기로 했어요.** (o)
저는 지금부터 열심히 **공부하기로 해요.** (x)
치앙 씨와 다음 시험은 잘 **보기로 했어요.** (o)
치앙 씨와 다음 시험은 잘 **보기로 해요.** (x)

② 부정문은 '-지 않기로 하다', '안 -기로 하다'로 쓴다. '안 -기로 하다'는 주로 구어에서 쓴다.

예) 왕밍 씨와 주말에 **만나지 않기로 했어요.**
왕밍 씨와 주말에 **안 만나기로 했어요.**
이제 드라마를 **보지 않기로 했어요.**
이제 드라마를 **안 보기로 했어요.**

+ '-기로 하지 않다', '-기로 안 하다'는 '하다'를 부정하여 결정하거나 약속하는 행위 자체를 부정하는 의미에 가깝다. 이에 비해 위의 표현은 결정하거나 약속하는 내용에 대한 부정의 의미이다.

예) 왕밍 씨와 주말에 **만나지 않기로 했어요.**/안 만나기로 했어요.
(왕밍 씨와 주말에 만나지 말자는 내용의 약속을 했어요.)
왕밍 씨와 주말에 **만나기로 하지 않았어요.**/만나기로 안 했어요.
(왕밍 씨와 주말에 만나자는 내용의 약속 자체를 하지 않았어요.)

제약 정보

① 과거는 '-기로 했다'로 쓴다. '-기' 앞에 '-었-'을 붙이지 않는다.

예) 운동을 열심히 하기로 했다. (o)
운동을 열심히 했기로 했다. (x)
수지와 결혼하기로 했다. (o)
수지와 결혼했기로 했다. (x)

② 형용사와 결합하지 않는다.

예) 이제 돈이 없기로 해요. (x)
후식까지 다 먹었으니 배가 부르기로 해요. (x)
어떤 상황에서도 용감하기로 해요. (?)
내년부터는 바쁘기로 해요. (?)

+ '용감하기로 해요, 바쁘기로 해요.'가 사용되기도 하는데, 이때 '용감하다, 바쁘다'의 의미는 상태성이 아니라 동작성의 의미로 해석되며, '용감해지기로 해요.', '바빠지기로 해요.'라고 쓰는 것이 정확하다.

유사 문법

① **'-기로 하다', '-을게'**

-기로 하다	-을게
· 약속을 나타낸다.	
· 상대방과 이미 정한 약속을 나타내며, 대화 중에 상대와 약속을 정할 때는 사용할 수 없다. 예) 내일 은행 앞에서 **만나기로 했어요.** 예) 가: 내일 은행 앞에서 만나요. 나: 네, 은행 앞에서 **기다리기로 했어요.** (x)	· '약속'의 의미를 나타내며, 상대방과 대화하면서 화자 자신이 약속을 할 때 사용할 수 있다. 예) 가: 내일 은행 앞에서 만나요. 나: 네, 은행 앞에서 **기다릴게요.** (o)

+ '-기로 하다'와 '-을게' 모두 '약속'의 의미를 나타내나, 사용하는 상황이 다르다. '-을게'는 상대방과 화자가 약속을 할 때 사용하지만, '-기로 하다'는 주로 '-기로 했다'의 형태로 쓰여 이미 정한 약속이나 결심을 표현할 때 사용한다. 그러므로 '-기로 하다'는 상대방과 대화 중에 약속을 정할 때는 사용할 수 없다.

이렇게 도입해 보세요

(1) 교사: 어떤 악기를 배우고 싶어요?
　학생1: 기타를 배우고 싶어요.
　학생2: 피아노를 배우고 싶어요.
　교사: 선생님은 기타를 배우고 싶어요. 그래서 방학 때 기타를 배울 거예요. 방학 때 기타를 **배우기로 했어요.**

(2) 교사: 주말에 뭐 할 거예요?
　학생: 영화를 볼 거예요.
　교사: 선생님도 영화를 보고 싶어요. 같이 영화를 볼래요?
　학생: 네, 같이 영화를 봐요.
　교사: 그럼, 같이 영화를 봐요. 약속해요. 같이 영화를 **보기로 해요.**

+ (1)에서는 자신이 결정하거나 결심하는 상황을 설정하였고, (2)에서는 다른 사람과 어떤 내용에 대해 제안하고 약속하는 상황을 설정하여 '-기로 하다'의 의미를 제시하였다. (1)에서 보듯 미래에 행할 일이라도 이미 결정한 일에는 '-기로 했다'처럼 과거형을 사용함에 주의한다.

-는 것

문장에서 **명사**처럼 쓰여 **주어나 목적어** 등으로 사용하도록 만드는 표현.

-는 것 (동사나 '있다, 없다, 계시다'에 붙어) 어떤 행위나 사실을 나타내거나 행위와 관련된 사물을 가리킨다. 결합하는 말이 문장 내에서 명사로 기능하게 하여 주어나 목적어 및 서술어 등으로 사용할 수 있게 한다.

예문

(1) 가: 어떤 운동을 좋아해요?
나: 저는 테니스 **치는 것**을 좋아해요.

(2) 가: 수지 씨, 지금 **읽는 것**이 소설책이에요?
나: 아니요, 만화책이에요.

(3) 가: 어느 가방이 미도리 씨 가방이에요?
나: 의자 위에 **있는 것**이 제 가방이에요.

(4) 가: 미셸 씨도 커피 **마시는 것**을 좋아해요?
나: 네, 좋아해요.

(5) 가: 한국에서 뭐가 힘들어요?
나: 고향 음식을 못 **먹는 것**이요.

집에 오면 손을 먼저 **씻는 것**이 중요해요.
수지 씨의 꿈은 가수가 **되는 것**입니다.
제 목표는 이 회사에 **다니는 것**이에요.
저는 비가 **오는 것**을 좋아해요.
저는 스파게티를 **만드는 것**을 좋아해요.
저는 잘 때 조용한 음악을 **듣는 것**이 좋아요.
추우니까 코트를 **입는 것**이 어때요?
너무 피곤해서 집에 **가는 것**이 좋겠어요.
오늘은 흐엉 씨가 **좋아하는 것**을 먹을까요?
시험 기간에는 도서관에 자리가 **없는 것**이 문제입니다.

+ '-는 것'은 동사에 붙어 명사로 기능하게 하는 표현으로 문장에서 주어, 목적어, 서술어 등의 역할을 한다.

+ '-는 것'의 '것'은 행위와 관련된 사물을 가리킬 수도 있으며, 행위나 사실 자체를 가리킬 수도 있다. '저는 테니스 치는 것을 좋아해요, 고향 음식을 못 먹는 것이요, 수지 씨의 꿈은 가수가 되는 것입니다, 너무 피곤해서 집에 가는 것이 좋겠어요.' 등에서 '것'은 행위나 사실 자체를 가리킨다.

형태 정보

① 동사 어간 끝음절의 받침 유무에 관계없이 '-는 것'을 쓴다. 단, 'ㄹ' 받침으로 끝날 때는 'ㄹ'이 탈락한다.

예) 씻- + -는 것 → 씻는 것　　읽- + -는 것 → 읽는 것　　먹- + -는 것 → 먹는 것
　　보- + -는 것 → 보는 것　　가- + -는 것 → 가는 것　　사- + -는 것 → 사는 것
　　살- + -는 것 → 사는 것　　놀- + -는 것 → 노는 것　　만들- + -는 것 → 만드는 것

①	받침 ○	+ -는 것	씻는 것, 읽는 것, 먹는 것
	받침 ×	+ -는 것	가는 것, 보는 것, 사는 것
	ㄹ 받침	+ -는 것(어간 'ㄹ' 탈락)	사는 것, 노는 것, 만드는 것

문장 구성 정보

① 부정문은 '-지 않는 것', '안 -는 것'으로 쓴다. '안 -는 것'은 주로 구어에서 쓴다.

예) 부모님 말씀을 **듣지 않는 것**은 잘못이다.
　　부모님 말씀을 **안 듣는 것**은 잘못이다.
　　음악은 제가 **좋아하지 않는 것**이에요.
　　음악은 제가 **안 좋아하는 것**이에요.

② 높임은 '-시는 것'으로 쓴다.

예) 할머니께서 신문을 **읽으시는 것**을 좋아하신다.
　　사장님께서는 **운동하시는 것**이 필요합니다.

제약 정보

① 형용사와 결합하지 않는다.

예) 저는 방이 **넓는 것**을 좋아해요. (x)
　　너무 **편하는 것**만 좋아하면 안 됩니다. (x)

② '-는 것'의 '-는'이 현재를 나타내므로, 과거나 미래를 나타내는 '-었-', '-겠-'과 결합하지 않는다.

예) 비가 많이 와서 우비를 **입었는 것**이 기억나요. (x)
　　눈이 내려서 모자를 **썼는 것**이 생각나요. (x)
　　비가 올 때 새 우산을 **쓰겠는 것**이 기대돼요. (x)
　　눈이 내릴 때 같이 길을 **걷겠는 것**을 약속해요. (x)

확장

① '-는 것'은 현재의 행위, '-은 것/-ㄴ 것'은 과거의 행위 및 현재의 상태, '-을 것/-ㄹ 것'은 미래의 행위나 상태 및 사실을 나타낸다.

결합어의 품사	시제 및 형태		예문
동사	현재	-는 것	지금 **찾는 것**이 지갑이에요. 한국어를 **공부하는 것**이 힘들어요.
	과거	-은 것1) -ㄴ 것1)	지갑을 **찾은 것**을 기억해요. 한국어를 **공부한 것**이 도움이 돼요.
	미래	-을 것 -ㄹ 것	반드시 지갑을 **찾을 것**입니다. 한국에 가서 **공부할 것**이 기대돼요.
형용사	현재	-은 것2) -ㄴ 것2)	저는 날씨가 **맑은 것**을 좋아해요. 수지 씨는 날씨가 **흐린 것**을 좋아해요.
	미래	-을 것 -ㄹ 것	수지 씨는 날씨가 **맑을 것**을 기대한다. 내일 날씨가 **흐릴 것**으로 예상됩니다.

+ '-었던 것', '-던 것'으로 과거를 나타낼 수도 있으며 동사 및 형용사가 모두 결합할 수 있다. 형용사의 과거에는 '-은'을 사용하지 않으므로 형용사의 과거는 '-었던 것', '-던 것'으로 쓴다.

예) 입- + -었던 것/-던 것 → 입었던/입던 것
잡- + -았던 것/-던 것 → 잡았던/잡던 것
재미있- + -었던 것/-던 것 → 재미있었던/재미있던 것
나쁘- + -았던 것/-던 것 → 나빴던/나쁘던 것

+ 'N+이다' 서술어는 'N+인 것'의 구성으로 쓸 수 있다.

예) 교사 + -인 것 → 교사인 것　　학생 + -인 것 → 학생인 것

② 의존명사 '것'은 문장 내의 사물을 지시하거나 행위나 상태 자체를 지시하기도 한다.

예) 줄리아 씨가 **읽는 것**은 신문이에요. (문장 내의 사물)
지금 **보는 것**이 그 영화예요. (문장 내의 사물)
거짓말을 하지 **않는 것**이 중요합니다. (행위 자체)

③ '-는 것이'를 줄여 '-는 게'로, '-는 것을'을 줄여 '-는 걸'로 쓰기도 한다. 주로 구어에서 사용한다.

예) 지금 저녁을 **먹는 게** 좋겠어요.
의사가 **되는 걸** 목표로 정했어요.
아사코 씨, 방학 때 여행을 **가는 게** 어때요?
저는 **요리하는 걸** 좋아해요.

+ 서술격조사 '이다'가 결합한 '-는 것이다'는 '-는 것입니다', '-는 것이에요', '-는 것이다', '-는 것이야', '-는 것일까' 등 다양하게 활용하며 이는 각각 '-는 겁니다', '-는 거예요', '-는 거다', '-는 거야', '-는 걸까'로 줄여 쓴다.

유사 문법

① '-는 것', '-은 것', '-을 것', '-기'

<table>
<tr><th>-는 것, -은 것, -을 것</th><th>-기</th></tr>
<tr><td colspan="2">· 동사, 형용사 또는 '이다, 아니다' 등에 붙어 그 말이 문장 내에서 명사 기능을 하게 한다.</td></tr>
<tr><td>· 뒤에 나오는 서술어에 제약이 거의 없다.</td><td>· 뒤에 나오는 서술어에 제약이 있다.</td></tr>
<tr><td>· 동사와 형용사('이다, 아니다' 포함)의 관형사형의 시제에 따라 '-는 것', '-은 것', '-을 것'이 나뉘어 쓰인다.

예) 그가 가는 것이 보인다. (동사 현재)
순희가 예쁜 것이 확실하다. (형용사 현재)
그 도둑이 잡힌 것을 나중에 들었다. (동사 과거)
영희가 학생인 것이 맞니? ('이다' 현재)
그가 갈 것이 예정되어 있다. (동사 미래)</td><td>· 동사와 형용사, '이다', '아니다' 모두에 '-기'가 붙는다. 시제는 과거와 미래를 나타내는 '-었-'과 '-겠-'이 붙어 '-었기-', '-겠기-'로 나타낸다.
예) 그는 아침에 조깅하기를 좋아한다.
영희가 예쁘기는 예쁘지?
저희 아버지께서 교사였기에 매우 엄하셨습니다.
이제는 수업을 끝내야겠기에 질문을 받지 않겠어요.</td></tr>
</table>

② '-는 것', '-은 것', '-을 것', '-음'

<table>
<tr><th>-는 것, -은 것, -을 것</th><th>-음</th></tr>
<tr><td colspan="2">· 동사, 형용사 또는 '이다, 아니다' 등에 붙어 그 말이 문장 내에서 명사 기능을 하게 한다.</td></tr>
<tr><td>· 뒤에 나오는 서술어에 제약이 거의 없다.</td><td>· 뒤에 나오는 서술어에 제약이 있다.</td></tr>
<tr><td>· 동사와 형용사('이다, 아니다' 포함)의 관형사형의 시제에 따라 '-는 것', '-은 것', '-을 것'이 나뉘어 쓰인다.
예) 그가 가는 것이 보인다. (동사 현재)
순희가 예쁜 것이 확실하다. (형용사 현재)
그 도둑이 잡힌 것을 나중에 들었다. (동사 과거)
영희가 학생인 것이 맞니? ('이다' 현재)
그가 갈 것이 예정되어 있다. (동사 미래)</td><td>· 동사와 형용사, '이다', '아니다' 모두에 '-음'이 붙는다. 과거는 '-었음'으로 나타낸다.
예) 그가 일을 그렇게 처리함은 현명하다.
그가 가장 어리석었음이 드러났다.</td></tr>
<tr><td>· 미래 표현 '-을 것'은 종결형에서뿐 아니라 문장 속에 안겨서도 쓸 수 있다.
예) 그가 갈 것. (o)
그가 갈 것이 예정되어 있다. (o)</td><td>· 미래 표현 '-겠음'은 종결형으로만 쓰이고 문장 속에 안겨 쓰이지 않는다.
예) 내가 가겠음. (o)
그가 가겠음이 예정되어 있다. (x)</td></tr>
<tr><td>· 문어와 구어에 관계없이 쓰인다.
예) 그는 밤새 친구가 왔다간 것을 알았다. (o)
밤새 친구가 왔다간 거 알았어? (o)
나는 피로로 온몸이 무거워진 것을 느꼈다. (o)
가방이 무거워진 거 느꼈어? (o)</td><td>· 문어에서 주로 사용한다.
예) 그는 밤새 친구가 왔다갔음을 알았다. (o)
밤새 친구가 왔다갔음을 알았어? (?)
나는 피로로 온몸이 무거워짐을 느꼈다. (o)
가방이 무거워짐을 느꼈니? (?)
과학이 발달함으로써 세계가 하나가 되었다. (o)</td></tr>
</table>

이렇게 도입해 보세요

(1) 교사: 왕밍 씨, 취미가 뭐예요?
학생: 저는 요리가 취미예요.
교사: 왕밍 씨는 음식을 **만드는 것**이 취미예요. 흐엉 씨는 취미가 뭐예요?
학생: 저는 등산이 취미예요.
교사: 흐엉 씨는 **등산하는 것**이 취미예요.

(2) 교사: 주말에 친구를 만났어요. 친구가 늦게 왔어요. 선생님이 기다렸어요. 저는 **기다리는 것**을 싫어해요. 줄리아 씨는 뭘 싫어해요?
학생: 집에 늦게 가요. 싫어요.
교사: 줄리아 씨는 집에 늦게 **가는 것**을 싫어해요. 미도리 씨는요?
학생: 병원에서 주사를 맞아요. 싫어요.
교사: 미도리 씨는 병원에서 주사를 **맞는 것**을 싫어해요.

(3) 교사: 제가 지금 무엇을 마셔요?
학생: 커피요.
교사: 제가 지금 마셔요. 커피예요. 제가 지금 **마시는 것**이 커피예요. 제가 지금 무엇을 읽어요?
학생: 책이요.
교사: 제가 지금 **읽는 것**이 책이에요.

+ (1)은 '-는 것'을 주어로 사용하는 상황으로 구성하였다. 학생들에게 다양한 취미 활동을 묻고 '-는 것이 취미예요'라는 문장으로 주어의 자리에 오는 동사를 명사로 만들어 주는 기능을 인식할 수 있도록 돕는다. (2)는 '-는 것'을 목적어로 사용하는 상황으로 구성하였다. '-는 것을 싫어하다'라는 문장으로 목적어의 자리에 오는 동사를 명사로 만들어 주는 기능을 인식할 수 있도록 제시하는 게 좋다. (3)은 '-는 것'의 '것'이 행위나 사실 자체가 아닌 행위와 관련된 사물을 가리키는 경우이다.

+ '-는 것'을 제시할 때 동사를 사용하도록 유도해야 한다. 특히 (2)를 제시할 때에는 상황을 잘 나타내는 그림을 함께 제시하여 명사나 형용사로 대답하지 않도록 계획해야 한다.

+ 다음과 같이 원래 명사의 자리에 문장이 온다는 것을 시각적으로 제시해 주는 것이 좋다.

예)

피아노를 쳐요. 등산을 해요. 음악을 들어요. ⋮	취미예요.

↓

(피아노를 치다 등산을 하다 음악을 듣다 ⋮	+ -는 것)	이 취미예요.

친구를 기다려요. 집에 늦게 가요. 병원에서 주사를 맞아요. ⋮	싫어해요.

↓

(친구를 기다리다 집에 늦게 가다 병원에서 주사를 맞다 ⋮	+ -는 것)	을 싫어해요.

선생님이 (커피를) 마셔요. 선생님이 (책을) 읽어요. ⋮	(그것이) 커피예요. (그것이) 책이에요. ⋮

↓

(선생님이 마시다 선생님이 읽다 ⋮	+ - 는 것)	이 커피예요. 이 책이에요.

–는 동안에{-는 동안/N 동안}

어떤 행위가 계속되는 시간을 나타내는 표현.

–는 동안에 (동사나 '있다, 없다, 계시다'에 붙어) 어떤 행위가 계속되는 시간을 나타낸다. 언제부터 언제까지의 시간적 사이를 나타내며, 주절에는 그 시간에 해당되는 어떤 행위나 상태가 온다.

예문

(1) 가: 언제 청소를 할 거예요?
나: 아기가 **자는 동안에** 청소를 할 거예요.

(2) 가: 늦어서 죄송해요.
나: 괜찮아요. **기다리는 동안에** 책을 봤어요.

(3) 가: 언제 한국어 단어를 다 외웠어요?
나: 버스를 타고 **오는 동안** 다 외웠어요.

(4) 가: **얼마 동안** 한국을 여행할 거예요?
나: **한 달 동안** 여행할 거예요.

(5) 가: **여름 방학 동안에** 아르바이트를 하려고요.
나: 방학 때 다음 학기 준비도 해야 해요.

스파게티를 **만드는 동안에** 샐러드를 드세요.

엄마가 **없는 동안에** 아이는 텔레비전을 봤어요.

수지가 음악을 **듣는 동안에** 잠이 들었다.

왕밍 씨는 대학에 **다니는 동안** 배낭여행을 했다.

영화를 **보시는 동안에**는 전화기를 꺼 주십시오.

집에 **가는 동안** 이 책을 읽어 보세요.

줄리아 씨가 **씻는 동안에** 제가 식사를 준비할게요.

미도리 씨가 학교에 **있는 동안에** 저는 집에 있었어요.

흐엉 양은 **일주일 동안** 학교에 안 왔다.

현우는 **추석 연휴 동안** 살이 많이 쪘다.

+ '-는 동안에'는 시간의 간격을 나타내는 표현이다. 그러므로 이 시간 동안 한 일이 후행절로 연결되어야 한다. 위의 예문에서와 같이 '왕밍 씨가 자는 동안에'의 후행절에는 이 시간의 사이에 행해질 일인 '청소를 할 거예요'가 연결될 수 있다. 시간의 간격을 나타내는 표현에는 어떤 행위를 하는 시간으로서 '자는 동안, 기다리는 동안' 등으로 나타낼 수 있다. '-는 동안에'의 부사격 조사 '에'는 주로 구어에서는 생략되며, '-는 동안에'를 구성하는 '동안'은 '한 달 동안, 여름 방학 동안, 일주일 동안'의 예에서 보듯 기간의 뜻을 포함하는 명사나 명사구와 결합하여 사용되기도 한다.

형태 정보

① 동사 어간 끝음절의 받침 유무에 관계없이 '-는 동안에'를 쓴다. 단, 'ㄹ' 받침으로 끝날 때는 'ㄹ'이 탈락한다.

예) 씻- + -는 동안에 → 씻는 동안에
먹- + -는 동안에 → 먹는 동안에
가- + -는 동안에 → 가는 동안에
살- + -는 동안에 → 사는 동안에
만들- + -는 동안에 → 만드는 동안에
읽- + -는 동안에 → 읽는 동안에
보- + -는 동안에 → 보는 동안에
사- + -는 동안에 → 사는 동안에
놀- + -는 동안에 → 노는 동안에

①	받침 ○	+ -는 동안에	씻는 동안에, 읽는 동안에, 먹는 동안에
	받침 ×	+ -는 동안에	보는 동안에, 가는 동안에, 사는 동안에
	ㄹ 받침	+ -는 동안에(어간 'ㄹ' 탈락)	사는 동안에, 노는 동안에, 만드는 동안에

제약 정보

① 형용사와 결합하지 않는다.

예) 방이 **추운 동안에** 옷을 두껍게 입어요. (x)
건강이 **나쁜 동안에** 운동을 시작하세요. (x)

② 행위가 시작과 동시에 순간적으로 끝나는 동사(순간 동사)와의 결합은 자연스럽지 않다.

예) 수지는 숙제를 **마치는 동안** 놀았다. (x)
왕밍 씨는 의자에 **앉는 동안** 배가 아팠다. (x)
미도리 씨는 문 앞에 **서는 동안** 라디오를 들었어요. (x)
영수가 대학을 **졸업하는 동안** 줄리아는 배낭여행을 갔다. (x)

③ 과거 '-었-', 미래 · 추측의 '-겠-'과 결합하지 않는다.

예) 아기가 잤는 동안에 청소를 했어요. (x)
아기가 자겠는 동안에 청소를 할 거예요. (x)
아기가 **자는 동안에** 청소를 했어요. (o)
영화를 봤는 동안에 팝콘을 먹었어요. (x)
영화를 보겠는 동안에 팝콘을 먹겠어요. (x)
영화를 **보는 동안에** 팝콘을 먹을 거예요. (o)

+ 과거를 나타내는 '-은 동안에'의 형태로는 사용되지 않으나, 미래를 나타내는 '-을 동안에'의 형태로는 사용된다.

예) 아기가 잔 동안에 청소를 했어요. (x) / 아기가 **자는 동안에** 청소를 했어요. (o)
영화를 본 동안에 팝콘을 먹었어요. (x) / 영화를 **보는 동안에** 팝콘을 먹었어요. (o)
아기가 **잘 동안에** 청소를 할 거예요. (o) / 아기가 **자는 동안에** 청소를 할 거예요. (o)
영화를 **볼 동안에** 팝콘을 먹을 거예요. (o) / 영화를 **보는 동안에** 팝콘을 먹을 거예요. (o)

확장

① 조사 '에'를 생략하여 '-는 동안'의 구성으로 쓰기도 한다.

예) **기다리는 동안** 신문을 읽으세요.
밥을 **먹는 동안** 서로 이야기하지 않았어요.
숙제하는 동안 라디오를 들었어요.
비가 **내리는 동안** 여기에 들어와 계세요.

② '명사(명사구)+동안(에)'의 구성으로 쓰기도 한다. 이때 명사(명사구)는 기간을 나타낸다.

예) 저는 일주일 **동안** 미도리 씨를 못 봤어요.
아사코 씨는 한 달 **동안** 한국 춤을 배웠다.
왕밍 씨는 방학 **동안에** 아르바이트를 합니다.
한 학기 **동안** 여러분과 함께 공부하게 돼서 기뻐요.

유사 문법

① '-는 동안에', '-는 사이에'

-는 동안에	-는 사이에
· '어떤 행위를 하는 계속되는 시간'이라는 의미를 나타낸다.	
· 어떤 행위가 계속되는 전체 시간에 걸쳐 다른 일이 행해짐을 의미한다. 예) 영수가 집을 **비운 동안에** 친구가 와 있었다. (영수가 집을 비운 순간부터 올 때까지 친구가 와 있었다.) **방심하는 동안에** 사고는 생길 수 있다. (??) 우리는 서울에 **머무르는 동안에** 여러 관광지를 돌아보았다. (o)	· 어떤 행위가 일어나는 시간의 중간이나 짧은 시간의 사이에 다른 일이 행해짐을 의미한다. 예) 영수가 집을 **비운 사이에** 친구가 왔다가 갔다. (집을 비운 중간에 친구가 왔다가 갔다.) **방심하는 사이에** 사고는 생길 수 있다. (o) 우리는 서울에 **머무르는 사이에** 여러 관광지를 돌아보았다. (??)
· '-을 동안에' 형으로 사용된다. 예) 내가 밥 **먹을 동안에** 수지가 청소를 했다. (o)	· '눈 깜짝할 사이에'와 같은 관용적 표현 외에는 '-을 사이에' 형으로 사용되지 않는다. 예) 내가 밥 **먹을 사이에** 수지가 청소를 했다. (x)

\+ '-는 동안'은 어떤 행위가 계속되는 전체 시간에 걸쳐 다른 일이 행해짐을 의미하는 데 비해, '-는 사이'는 어떤 행위가 일어나는 시간의 중간이나 짧은 시간의 사이에 다른 일이 행해짐을 의미할 때 쓴다. 따라서 '방심하는 동안에 사고는 생길 수 있다.', '우리는 서울에 머무르는 사이에 여러 관광지를 돌아보았다.'가 어색하게 느껴지는 것이다.

② '-는 동안에', '-을 때'

-는 동안에	-을 때
· '어떤 행위를 하는 계속되는 시간'이라는 의미를 나타낸다.	
· 어떤 행위가 계속되는 전체 시간에 걸쳐 다른 일이 행해짐을 의미한다. 예) 영수는 밥을 **먹는 동안에** 뉴스를 봤다. (밥을 먹는 동안 계속 뉴스를 봤다.)	· 어떤 행위가 계속되는 전체 시간 혹은 행위가 발생하는 상황이나 시점을 의미한다. 예) 영수는 밥을 **먹을 때** 뉴스를 봤다. (밥을 먹는 동안 또는 밥을 먹는 순간 뉴스를 봤다.)
· 형용사와 결합하지 않는다. 예) 영수는 **바쁘는 동안에** 전화를 받지 않는다. (x)	· 동사, 형용사와 모두 결합한다. 예) 영수는 **바쁠 때** 전화를 받지 않는다. (o)
· 과거 '-었-'과 결합하지 않는다. 예) 영수는 집에 **왔는 동안** 아무도 없었다. (x)	· 과거 '-었-'과 결합한다. 예) 영수가 집에 **왔을 때** 아무도 없었다. (o)

이렇게 도입해 보세요

(1) 교사: 여러분 제가 할 일이 있어요. 미안하지만 30분 정도 기다릴 수 있어요?
학생: 네, 기다릴 수 있어요.
교사: 기다리면서 무엇을 할 거예요?
학생: 기다리면서 책을 볼 거예요.
교사: 그러면 선생님을 기다려요. 책을 봐요. 선생님을 **기다리는 동안에** 책을 보세요.

(2) 교사: 왕밍 씨, 어제 수업 후에 어디에 갔어요?
학생: 도서관에 갔어요.
교사: 도서관에 가서 뭘 했어요?
학생: 도서관에 가서 공부를 했어요.
교사: 치앙 씨는 어제 수업 후에 어디에 갔어요?
학생: 저는 집에 갔어요.
교사: 집에 가서 뭘 했어요?
학생: 잠을 잤어요.
교사: 어제 수업 후에 왕밍 씨는 공부를 했어요. 어제 수업 후에 치앙 씨는 잠을 잤어요. 왕밍 씨가 **공부하는 동안에** 치앙 씨는 잠을 잤어요.

+ (1)에서는 동일한 인물이 두 가지의 행위를 하는 상황을 제시하여, '-는 동안에'를 사용한 문장을 구성하였다. 이에 비해 (2)에서는 앞 절과 뒤 절의 주어가 다르게 상황을 만들어 문장을 구성하였다. 두 가지 구성이 모두 가능하다는 것을 학생들이 알도록 하는 것이 좋다.

+ 시간상 동시에 이루어지는 일이므로 다음과 같이 행위를 수평적으로 나열한 후에 목표 문법을 적용하여 문장을 만들 수 있도록 제시하면 학생들이 보다 쉽게 이해할 수 있다. 뒤 절에 올 내용에 대해 학생들에게 질문을 하고 목표 문법을 활용하여 대답해 주는 식으로 확장할 수 있다.

예)

(내가) 친구를 기다려요.	(내가) 숙제를 해요. (내가) 커피를 마셔요. (내가) 음악을 들어요.
왕밍 씨가 공부해요.	치앙 씨는 잠을 자요. 치앙 씨는 게임을 해요. 치앙 씨도 공부를 해요.

↓

친구를 기다리는 동안에 숙제를 해요. 친구를 기다리는 동안에 커피를 마셔요. 친구를 기다리는 동안에 음악을 들어요.
왕밍 씨가 공부를 하는 동안에 치앙 씨는 잠을 잤어요. 왕밍 씨가 공부하는 동안에 치앙 씨는 게임을 했어요. 왕밍 씨가 공부하는 동안에 치앙 씨도 공부를 했어요.

-어 보다[-아 보다/-여 보다]

1) **시도**, 2) **경험**을 나타내는 표현.

-어 보다1) (동사에 붙어) 과거에 경험하지 않은 어떤 행위를 한번 시도함을 나타낸다. 권유하거나 조언하는 말을 할 때 주로 사용한다.

예문

(1) 가: 이 옷이 마음에 들어요.
나: 그럼 한번 **입어 보세요.**

(2) 가: 그 책 재미있어요?
나: 네, 한번 **읽어 볼래요**?

(3) 가: 왕밍 씨가 집에 있을까요?
나: 모르겠어요. **전화해 봐요.**

(4) 가: 불고기가 맛있어요?
나: 네, 한번 **먹어 봐요**.

(5) 가: 어디에 가고 싶어요?
나: 제주도에 한번 **가 보고 싶어요**.

사진을 한번 **찍어 보세요.**

한국어를 **배워 보세요.**

외국인과 **이야기해 보세요.**

이 구두를 **신어 보세요.**

재미있게 **놀아 볼까요?**

이 화장품을 한번 **써 봐요.**

한국 노래를 **들어 볼게요.**

할아버지, 이 약을 **드셔 보세요.**

학교에 조금 일찍 **와 보세요.**

한국 음식을 한번 **만들어 봤습니다.**

+ 주로 '(한번) -어 보세요.'의 구성으로 상대방에게 시도할 것을 권유하는 의미로 사용된다. 위의 예문에서와 같이 주로 물건을 사는 과정에서, 또는 새로운 것에 도전하는 상황이나 추천하는 상황에서 사용된다.

형태 정보

① 동사 어간 끝음절 모음이 'ㅏ, ㅗ'인 경우 '-아 보다'를 쓴다.

예) 남- + -아 보다 → 남아 보다
살- + -아 보다 → 살아 보다
가- + -아 보다 → 가 보다
찾- + -아 보다 → 찾아 보다
만나- + -아 보다 → 만나 보다
오- + -아 보다 → 와 보다

② 동사 어간 끝음절 모음이 'ㅏ, ㅗ'가 아닌 경우 '-어 보다'를 쓴다.

예) 입- + -어 보다 → 입어 보다
그리- + -어 보다 → 그리어 보다/그려 보다
서- + -어 보다 → 서 보다
먹- + -어 보다 → 먹어 보다
기다리- + -어 보다 → 기다려 보다
쓰- + -어 보다 → 써 보다

③ '-하다'가 붙은 동사 어간에는 '-여 보다'를 쓰는데, 흔히 줄여서 '해 보다'로 쓴다.

예) 여행하- + -여 보다 → 여행해 보다
노력하- + -여 보다 → 노력해 보다
청소하- + -여 보다 → 청소해 보다
시작하- + -여 보다 → 시작해 보다
공부하- + -여 보다 → 공부해 보다
도전하- + -여 보다 → 도전해 보다

①	ㅏ, ㅗ	+ -아 보다	남아 보다, 찾아 보다, 살아 보다, 만나 보다, 가 보다, 와 보다
②	ㅏ, ㅗ 이외	+ -어 보다	입어 보다, 먹어 보다, 그려 보다, 기다려 보다, 서 보다, 써 보다
③	-하다	+ -여 보다(-해 보다)	여행해 보다, 시작해 보다, 노력해 보다, 공부해 보다, 청소해 보다, 도전해 보다

④ 불규칙

걷- 예) 학교까지 **걸어 보세요.**
눕- 예) 새 침대에 **누워 보세요.**
짓- 예) 밥을 **지어 보세요.**
부르- 예) 노래를 **불러 보세요.**

문장 구성 정보

① '한번 V-어 보고 싶다/한번 V-어 보세요'의 구성으로 주로 사용한다.

예)이 옷을 한번 **입어 보고** 싶다. (o)
이 옷을 한번 **입어 보세요**. (o)
그 사람과 한번 **이야기해 보고 싶어요**. (o)
그 사람과 한번 **이야기해 보세요**. (o)

+ '한번'은 어떤 일을 시험 삼아 시도한다는 의미로 '-어 보다'가 가지는 '시도'의 의미를 보다 명확하게 부각시킨다.

② 부정문은 '-어 보지 않다, 안 -어 보다'로 쓴다. '안 -어 보다'는 주로 구어에서 쓴다.

예)이 옷을 **입어 안 보겠다**. (x)
이 옷을 **입어 보지 않겠다**. (o)
이 옷을 **안 입어 보겠다**. (o)

③ 높임은 '-어 보시다'로 쓴다.

예)할아버지, 신문을 **읽어 봐요**. (x)
선생님, 문자 메시지를 **읽어 봐요**. (x)
할아버지, 신문을 **읽어 보세요**. (o)
선생님, 문자 메시지를 **읽어 보세요**. (o)

제약 정보

① 형용사와 결합하지 않는다.

예) 배가 한번 **고파 보세요**. (x)
저도 한번 **예뻐 보고 싶어요**. (x)
키가 **커 볼까요**? (x)
방이 **넓어 보면** 좋겠어요. (x)

② 동사 '보다'와의 결합은 자연스럽지 않다.

예) 이 책을 한번 **봐 보세요**. (?)
안경을 쓰고 **봐 보세요**. (?)
신문을 **봐 보고** 싶어요. (x)
왕밍 씨를 **봐 볼** 수 있어요? (x)

+ '보다'의 형태가 중복되어 어색해지기 때문에 '봐 보다'의 구성으로는 잘 사용하지 않는다.

이렇게 도입해 보세요

(1) 교사: 어디에 가서 옷을 사요?
학생: 백화점에 가서 옷을 사요.
교사: 백화점은 비싸요. 그래서 저는 동대문 시장에 가서 옷을 사요. 동대문 시장을 알아요?
학생: 아니요, 잘 몰라요.
교사: 동대문 시장에 가면, 옷이 싸고 종류도 많아요. 동대문 시장에 **가 보세요.**

(2) 교사: 왕밍 씨, 매운 음식 좋아해요? 어떤 음식을 먹었어요?
학생: 떡볶이를 먹었어요.
교사: 저는 비빔냉면을 좋아해요. 맵지만 맛이 있어요. 먹고 싶어요?
학생: 네, 먹고 싶어요.
교사: 그럼 한번 먹어 보세요.

+ '-어 보다1)'은 시도의 의미이므로 한국에 대해 학생들이 접해보지 못한 장소나 상황을 제시하여 어떤 행위를 하도록 권유하는 게 좋다. (1)은 학생들이 입고 있는 옷이나 소지품을 어디에서 샀는지 물어보고, 교사가 입고 있는 옷이나 소지품을 산 곳을 제시하여 '가 보다'라는 표현을 제시한 것이다. 학생들이 호기심을 가지고 하고 싶어 하는 일과 그 일을 할 수 있는 장소를 연결하여 시도 표현을 만들도록 한다. (2)를 제시할 때 떡볶이, 비빔냉면, 김치 등 매운 음식 사진을 직접 보여 주며 이야기하면 좋다.

-어 보다2) (동사에 붙어) 어떤 행위를 경험함을 나타낸다. 여행이나 취미와 같이 어떤 특별한 경험을 말할 때 사용한다.

예문

(1) 가: 어디에 **가 봤어요**?
나: 명동에 **가 봤어요.**

(2) 가: 운전을 **해 봤어요**?
나: 네, 운전을 **해 봤어요.**

(3) 가: 길을 **잃어버려 봤어요**?
나: 네, 길을 **잃어버려 봤어요.**

(4) 가: 매운 음식을 **먹어 봤어요**?
나: 네, 떡볶이를 **먹어 봤어요.**

(5) 가: 등산을 **해 봤어요**?
나: 아니요, 등산을 **해 본** 적이 없어요.

편지를 **받아 봤어요.**

눈병에 **걸려 봤다.**

아르바이트를 **해 봤어요.**

수영을 **배워 봤어요.**

중국 소설을 **읽어 봤어요.**

비행기를 **타 봤어요.**

지갑을 **주워 본** 적이 있다.

김치찌개를 **만들어 봤어요.**

연예인을 **만나 봤어요.**

수업 시간에 **발표해 봤습니다.**

+ '경험'의 의미를 나타내는 '-어 보다'는 주로 과거형으로 사용된다. '-어 봤어요?'의 형태로 경험이 있는지 없는지에 대해 질문을 하면 '-어 봤어요, -어 보지 않았어요' 등으로 대답을 하는 것이 전형적인 대화문이다.

형태 정보

앞의 '-어 보다1)'을 참고한다.

문장 구성 정보

① '-어 본 적이 있다'의 구성으로 사용하여 경험의 의미를 강조하기도 한다.

예) 제주도에 **가 본** 적이 있어요.
김치를 **먹어 본** 적이 있어요.

+ '-어 본 적이 있다'는 '-어 보다'에 '-은 적이 있다'가 결합한 구성으로 경험에 대한 보다 강한 느낌을 주는 표현이다.

② 부정문은 '-어 보지 않다, 안 -어 보다'로 쓴다. '안 -어 보다'는 주로 구어에서 쓴다.

예) 이 모자를 **써 안 봤다**. (x)
이 모자를 **써 보지 않았다**. (o)
이 모자를 **안 써 봤다**. (o)

③ 높임은 '-어 보시다'로 쓴다.

예) 할아버지께서 중국에 **가 봤다**. (x)
교수님께서 숙제를 **읽어 봤어요**. (x)
할아버지께서 중국에 **가 보셨다**. (o)
교수님께서 숙제를 **읽어 보셨어요**. (o)

제약 정보

① 일상적으로 하는 행위에는 쓰지 않는다.

예) 저는 잠을 **자 봤어요.** (x)
저는 공항에서 잠을 **자 봤어요.** (o)

② 형용사와 결합하지 않는다.

예) 동생이 **착해 봤어요.** (x)
나는 **작아 봤어요.** (x)
얼굴이 **예뻐 봤어요.** (x)
머리가 **아파 봤어요.** (x)
배가 **고파 봤어요.** (x)

③ 동사 '보다'와 결합하지 않는다.

예) 이 영화를 **봐 봤어요.** (x)
이 책을 **봐 봤어요.** (x)
그 사람을 **봐 봤어요.** (x)

+ '보다'의 형태가 중복되어 어색해지기 때문에 '봐 보다'의 구성으로는 사용하지 않는다.

④ 경험을 나타내므로 주로 과거형으로 쓴다. 미래, 추측을 나타내는 '-겠-'과는 결합하지 않는다. 현재나 미래형으로 쓰면 경험이 아닌 시도의 의미가 주로 나타난다.

예) 가: 이 책을 **읽어 봤어요?** (경험)
나: 아니요, **읽어 보지 않았어요.** (경험)
가: 그럼, 한번 **읽어 보세요.** (시도)
나: 네, 한번 **읽어 볼게요.** (시도)

확장

① 가끔 일시적 상태를 나타내는 형용사와 결합하기도 한다.

예) 우리는 옛날에 **배고파 봤어요.**
전염병으로 **아파 봤어요.**

유사 문법

① '-어 보다2)', '-은 적이 있다'

-어 보다2)	-은 적이 있다
· 과거의 경험을 나타낸다.	
· 의도적인 경험이 아닌 상황에서는 잘 사용되지 않는다. 예) 저는 교통사고를 **당해 봤어요**. (?) 영수는 눈병에 **걸려 봤어**요. (?)	· 이전에 경험해 보지 못한 일을 경험한 상황에서 사용된다. 의도하지 않은 상황에 대해서도 자유롭게 사용된다. 예) 저는 교통사고를 **당한 적이 있어요**. 영수는 눈병에 **걸린 적이 있어요**.
· 경험의 '-어 보다'는 '-어 봤다'의 형태로 쓴다. 예) 영수는 아파서 병원에 **입원해 봤다**.	· '적'은 때나 시기를 나타내는 의존명사로 '-어 보다'보다 경험을 강조할 때 사용한다. 예) 영수는 아파서 병원에 **입원한 적이 있다**.
· 부사어는 '-어 봤다' 앞에 사용한다. 예) 영수는 아파서 병원에 한 번 **입원해 봤다**.	· '있다' 앞에 부사어의 삽입이 가능하다. 예) 영수는 아파서 병원에 **입원한 적이** 한 번 **있다**.

+ '적' 은 때나 시기를 나타내는 의존명사로, '-은 일이 있다'와도 비슷한 표현이다.

이렇게 도입해 보세요

(1) 교사: 왕밍 씨, 어떤 나라로 여행을 갔어요?
학생: 미국으로 여행을 갔어요.
교사: 왕밍 씨는 미국에 **가 봤어요**. 줄리아 씨는요?
학생: 저는 일본에 갔어요.
교사: 줄리아 씨는 일본에 **가 봤어요**. 저는 프랑스로 여행을 갔어요. 프랑스에 **가 봤어요**.

(2) 교사: 어떤 운동을 좋아해요?
학생: 저는 스키를 좋아해요. 스키 타는 게 재미있어요.
교사: 미도리 씨는 스키를 **타 봤어요**. 저도 스키를 **타 봤어요**.

+ '-어 보다1)'은 경험의 의미이므로 한국에 대해 학생들이 접했을 법한 장소나 상황을 제시하여 어떤 행위를 해 봤는지 시로 이야기하도록 한다. (1)을 제시할 때는 학생들이 가 본 나라에 대해 이야기하며, 지도가 있으면 지도를 활용하거나 또는 칠판에 간단하게 지도를 그리며 이야기한다. 가 본 나라가 다양하지 않다면 한국에서 가 본 장소를 선정하는 게 좋다. (2)를 제시할 때는 '스키 타는 그림, 스케이트 타는 그림, 수영하는 그림, 골프 치는 그림' 등을 보여 주며 이야기하는 게 좋다.

-어 있다[-아 있다/-여 있다]

결과 상태의 지속을 나타내는 표현.

-어 있다 (동사에 붙어) 어떤 행동이 끝난 결과 그 상태가 지속됨을 나타낸다.

예문

(1) 가: 어떤 게 왕밍 씨 가방이에요?
나: 저 가방이에요. 제 가방에는 이름표가 **붙어 있어요.**

(2) 가: 미안해요. 제가 좀 늦을 것 같아요.
나: 그럼 먼저 영화관에 **들어가 있을게요.**

(3) 가: 박물관 구경은 잘했어요?
나: 아니요, 문이 **닫혀 있어서** 못했어요.

(4) 가: 작년에 심은 꽃이 **살아 있어요**?
나: 네, 잘 자라고 있어요.

(5) 가: 할아버지께서는 어떠세요?
나: 지금 병원에 **입원해 계세요.**

수지 씨 가방에 책과 지갑이 **들어 있어요.**

저는 **앉아 있고** 친구는 **서 있어요.**

식당에 텔레비전이 **켜져 있어요.**

지갑이 복도에 **떨어져 있어요.**

화장실 문이 **열려 있어요.**

꽃이 아름답게 **피어 있어요.**

영수가 침대에 **누워 있어요.**

교실에 불이 **꺼져 있어요.**

식탁에 꽃병이 **놓여 있어요.**

기차가 이미 **도착해 있습니다.**

+ '-어 있다'는 '제 가방에는 이름표가 붙어 있어요, 영화관에 들어가 있을게요, 문이 닫혀 있어요, 교실에 불이 꺼져 있어요'와 같이 자동사(접사 파생 피동사, '-어지다' 형태의 피동사)에 결합하여 결과 상태의 지속을 나타낸다. 상태를 나타내는 형용사, 목적어가 있는 타동사와 결합하지 않는 데 주의한다.

형태 정보

① 동사 어간 끝음절 모음이 'ㅏ, ㅗ'인 경우 '-아 있다'를 쓴다.

예) 남- + -아 있다 → 남아 있다 　　앉- + -아 있다 → 앉아 있다
살- + -아 있다 → 살아 있다 　　오- + -아 있다 → 와 있다
가- + -아 있다 → 가 있다 　　나오- + -아 있다 → 나와 있다

② 동사 어간 끝음절 모음이 'ㅏ, ㅗ'가 아닌 경우 '-어 있다'를 쓴다.

예) 들- + -어 있다 → 들어 있다 　　죽- + -어 있다 → 죽어 있다
서- + -어 있다 → 서 있다 　　피- + -어 있다 → 피어 있다/펴 있다
닫히- + -어 있다 → 닫혀 있다 　　놓이- + -어 있다 → 놓여 있다

③ '-하다'가 붙은 동사 어간에는 '-여 있다'를 쓰는데, 흔히 줄여서 '해 있다'로 쓴다.

예) 입원하- + -여 있다 → 입원해 있다 　　정지하- + -여 있다 → 정지해 있다

①	ㅏ, ㅗ	+ -아 있다	남아 있다, 앉아 있다, 살아 있다, 와 있다, 가 있다, 나와 있다
②	ㅏ, ㅗ 이외	+ -어 있다	들어 있다, 죽어 있다, 서 있다, 피어 있다(펴 있다), 닫혀 있다, 놓여 있다
③	-하다	+ -여 있다(-해 있다)	입원해 있다, 정지해 있다

④ 불규칙 동사

붇- 　예) 비가 많이 와서 한강의 물이 **불어 있어요**.

눕- 　예) 감기에 걸려서 **누워 있었어요**.

붓- 　예) 어제 넘어져서 다리가 계속 **부어 있어요**.

문장 구성 정보

① 동사 중에 일부 자동사, 접사 파생 피동사, '-어지다' 형태의 피동사와 결합한다.

예) (1) 가: 시험 준비를 다 했어요?
나: 아니요, 아직 공부할 게 **남아 있어요.**
(2) 가: 왜 집에 안 들어가요?
나: 문이 **잠겨 있어서** 들어갈 수가 없어요.
(3) 가: 교실에 불이 **켜져 있었어요**?
나: 아니요, 불이 **꺼져 있었어요.**

+ 일부 자동사로 '앉다, 서다, 가다, 오다, 피다, 들다, 붙다, 떨어지다' 등이 있다.

+ 접사 파생 피동사로 '닫히다, 열리다, 놓이다, 쌓이다, 걸리다, 쓰이다, 적히다, 모이다, 섞이다' 등이 있다.

+ '-어지다' 형태의 피동사로 '켜지다, 꺼지다, 버려지다, 떨어지다, 넘어지다' 등이 있다.

② 부정문은 '-어 있지 않다', '안 -어 있다'로 쓴다. '안 -어 있다'는 주로 구어에서 사용한다.

예) 교실에 학생이 **남아 없어요**. (x)
교실에 학생이 **남아 안 있어요**. (x)
교실에 학생이 **남아 있지 않아요**. (o)
교실에 학생이 **안 남아 있어요**. (o)

③ 높임은 '-어 계시다'로 쓴다.

예) 할아버지께서 **의자에 앉아 있으세요**. (x)
할아버지께서 **의자에 앉아 계세요**. (o)

④ 과거는 '-어 있었다'로 쓴다. '-어' 앞에 '-었-'을 붙이지 않는다.

예) 공원 벤치에 **앉았어 있어요**. (x)
공원 벤치에 **앉았어 있었어요**. (x)
공원 벤치에 **앉아 있었어요**. (o)

제약 정보

① 형용사나 타동사와 결합하지 않는다.

예) 목소리가 **작아 있어요.** (x)
문을 **열어 있어요.** (x)
불을 **켜 있어요.** (x)

+ 타동사는 피동 접미사나 '-어지다'가 붙으면 자동사가 되어 '-어 있다'와 결합이 가능하다.

예) 문이 **열려 있어요.** (o)
불이 **켜져 있어요.** (o)

② '-어 있다'는 행동이 끝난 결과 그 상태가 지속됨을 나타내기 때문에, 행동이 끝나고 그 결과가 계속 지속되는 의미의 동사와만 결합한다.

예) 날씨가 흐려서 하늘이 안 **보여 있다.** (x)
열심히 **공부해 있다.** (x)
아기가 엄마에게 **안겨 있다.** (o)
나무가 **죽어 있다.** (o)

+ 행동의 결과가 계속 지속될 수 없으면 '-어 있다'의 결합이 불가능하다.

유사 문법

① '-어 있다', '-고 있다2)'

-어 있다	-고 있다2)
· 결과 상태의 지속을 의미한다.	
· 자동사와만 결합한다. 예) 양말을 **신어 있어요.** (x) 집에 **가 있어요.** (o)	· 착용 동사와 감정 및 인지를 나타내는 동사와만 결합한다. 예) 양말을 **신고 있어요.** (o) 집에 **가고 있어요.** (x) ('-고 있다1)'의 의미일 때는 맞음.)
· 착용 동사 이외의 타동사가 결과 상태의 지속을 의미할 때는 과거 '-었-'으로 나타낸다. 예) 밥을 다 **먹어 있어요.** (x) 밥을 다 **먹었어요.** (o)	· 착용 동사 등의 결과 상태 지속을 나타낸다. 예) 신문을 **읽고 있어요.** (x) ('-고 있다1)'의 의미임.) 코트를 **입고 있는** 사람이 제 언니예요. (o)

+ '-어 있다'와 '-고 있다2)'의 의미는 동일하지만 결합하는 동사가 다르다. 일반적으로 '-고 있다2)'와 결합하는 동사는 '-어 있다'와 결합하지 않는다.

② '-어 있다', '-었-'

-어 있다	-었-
· '어떤 행위가 끝났음'을 나타낸다.	
· 동작이 완료된 결과 그 결과 상태가 지속됨을 나타낸다. 예) 학생이 의자에 **앉아 있다.** (학생이 의자에 앉은 후 계속 그 상태가 유지됨.)	· 과거의 동작을 나타낸다. 예) 학생이 의자에 **앉았다.** (학생이 의자에 앉은 사실만을 나타냄.)
· '-었-'이 상태 지속을 나타내는 경우, 일부 동사에서는 '-었-'을 '-어 있-'으로 바꿀 수 없다. 예) 수지는 이미 **결혼해 있다.** (x) 철수는 오늘 청바지를 **입어 있다.** (x) 꽃이 예쁘게 **피어 있다.** (o)	· 결합되는 동사에 따라 결과 상태 지속을 나타내는 경우가 있다. 예) 수지는 이미 **결혼했다.** (o) 철수는 오늘 청바지를 **입었다.** (o) 꽃이 예쁘게 **피었다.** (o)

이렇게 도입해 보세요

(1) 교사: (의자에 앉은 후) 선생님이 지금 앉았어요, 섰어요?
학생: 앉았어요.
교사: 선생님이 조금 전에 의자에 앉았어요. 그리고 지금도 계속 있어요. 선생님은 의자에 **앉아 있어요**.

(2) 교사: (지우개를 바닥에 떨어뜨린 후) 지우개가 떨어졌어요. 지우개가 계속 바닥에 있어요?
학생: 네, 지우개가 계속 바닥에 있어요.
교사: 지우개가 떨어졌어요. 계속 바닥에 있어요. 지우개가 **떨어져 있어요.**
(종이를 칠판에 붙인 후) 종이가 칠판에 붙었어요. 계속 칠판에 있어요?
학생: 네, 계속 있어요.
교사: 종이가 칠판에 붙었어요. 계속 있어요. 종이가 칠판에 **붙어 있어요**.

+ (1)과 (2) 모두 교실에서의 행동을 바탕으로 행위의 결과가 지속되는 양상을 보여 준다. 행위가 끝난 후 지속되고 있음을 확인시켜 주는 것이 중요하다.

-어 주다[-아 주다/-여 주다]

도움을 주는 어떤 행위를 함을 나타내는 표현.

-어 주다 (동사에 붙어) 다른 사람을 이롭게 하기 위하여 어떤 행위를 함을 나타낸다. 남에게 도움을 제안하거나 약속할 때, 또는 남에게 도움을 요청할 때 주로 사용한다.

예문

(1) 가: 수지 씨랑 통화할 수 있어요?
나: 네, 수지 씨를 **바꿔 줄게요.**

(2) 가: 도서관에서 책 빌리는 방법을 알아요?
나: 아니요, 좀 **알려 주세요.**

(3) 가: 제가 한국어 공부를 **도와줄까요**?
나: 네, 너무 어려워요.

(4) 가: 영수 씨, 이 가방 좀 **들어 줄래요**?
나: 네, 제가 **들어 줄게요.**

(5) 가: 국어사전이 없어요.
나: 제가 학생에게 **빌려 주었어요.**

(6) 가: 이 가방은 십만 원이에요.
나: 너무 비싸요. 좀 **깎아 주세요.**

왕밍 씨는 사진을 잘 **찍어 줘요.**

학생들은 자리에 **앉아 주세요.**

영화가 시작되면 휴대전화를 **꺼 주세요.**

잘 안 들리니까 크게 **말해 주세요.**

만두 2인분을 **포장해 주세요.**

미도리 씨, 제가 병원에 같이 **가 줄게요.**

휴지를 **주워 주세요.**

창문 좀 **닫아 주세요.**

주말에 운전을 **가르쳐 줄게요.**

수지 씨가 떡볶이를 **만들어 줬습니다.**

+ '-어 줄까요?'는 도움을 권유할 때, '-어 줄게요'는 도움을 약속할 때, '-어 주세요', '-어 줄래요?'는 도움을 요청할 때 주로 사용되는 표현이다. 도움을 주고받을 때 사용하기도 하지만, '학생들은 자리에 앉아 주세요.'처럼 완곡한 명령으로도 사용할 수 있다. '-어 주다'가 어떤 상황에서 사용되는지 예문을 통해 이해하도록 하는 것이 좋다.

형태 정보

① 동사 어간 끝음절 모음이 'ㅏ, ㅗ'인 경우 '-아 주다'를 쓴다.

예) 찾- + -아 주다 → 찾아 주다　　남- + -아 주다 → 남아 주다
만나- + -아 주다 → 만나 주다　　가- + -아 주다 → 가 주다
보- + -아 주다 → 봐 주다　　오- + -아 주다 → 와 주다

② 동사 어간 끝음절 모음이 'ㅏ, ㅗ'가 아닌 경우 '-어 주다'를 쓴다.

예) 먹- + -어 주다 → 먹어 주다　　열- + -어 주다 → 열어 주다
켜- + -어 주다 → 켜 주다　　바꾸- + -어 주다 → 바꾸어 주다/바꿔 주다
알리- + -어 주다 → 알려 주다　　끄- + -어 주다 → 꺼 주다

③ '-하다'가 붙은 동사 어간에는 '-여 주다'를 쓰는데, 흔히 줄여서 '해 주다'로 쓴다.

예) 전화하- + -여 주다 → 전화해 주다　　칭찬하- + -여 주다 → 칭찬해 주다
노력하- + -여 주다 → 노력해 주다　　축하하- + -여 주다 → 축하해 주다
설치하- + -여 주다 → 설치해 주다　　이야기하- + -여 주다 → 이야기해 주다

①	ㅏ, ㅗ	+ -아 주다	찾아 주다, 남아 주다, 만나 주다, 가 주다, 봐 주다, 와 주다
②	ㅏ, ㅗ 이외	+ -어 주다	먹어 주다, 열어 주다, 켜 주다, 바꿔 주다, 알려 주다, 꺼 주다
③	-하다	+ -여 주다(-해 주다)	전화해 주다, 칭찬해 주다, 노력해 주다, 축하해 주다, 설치해 주다, 이야기해 주다

④ 불규칙

듣-　　예) 제 얘기를 잘 **들어 주세요**.
줍-　　예) 지갑을 **주워 줬어요**.
붓-　　예) 여기에 물을 **부어 주세요**.
부르-　예) 생일에 노래를 **불러 줬어요**.

문장 구성 정보

① 부정문은 '-어 주지 않다, 안 -어 주다'로 쓴다. '안 -어 주다'는 주로 구어에서 쓴다.

예) 지갑을 **찾아 안 줬다**. (x)
지갑을 **찾아 주지 않았다**. (o)
지갑을 **안 찾아 줬다**. (o)

② 청유 및 명령인 '-어 주세요, -어 주십시오'는 다른 사람에게 도움을 요청할 때 사용한다.

예) 이 가방 좀 **들어 주세요**.
이 가방 좀 **들어 주십시오**.
라디오 좀 **켜 주세요**.
라디오 좀 **켜 주십시오**.

③ 높임은 '-어 드리다'로 쓴다.

예) 할아버지, 내가 가방을 **들어 줄게요**. (x)
할아버지, 제가 가방을 **들어 드릴게요**. (o)
엄마가 동생에게 컴퓨터를 **사 드렸어요**. (x)
엄마가 동생에게 컴퓨터를 **사 주셨어요**. (o)

+ 단 도움을 받는 사람이 윗사람일 때 쓴다. 도움을 주는 사람이 윗사람일 때는 '-어 주시다'를 쓴다. 위 예문에서 윗사람인 '할아버지'는 도움을 받는 사람이고 '제'가 도움을 주는 사람이므로 할아버지에 대한 나의 행위에 '-어 드리다'를 사용한다. 마찬가지로 동생을 위한 엄마의 행위에는 '-어 드리다'를 사용할 수 없다.

예) 선생님께서 제 가방을 **들어 드렸어요**. (x)
선생님께서 제 가방을 **들어 주셨어요**. (o)
사장님께서 저녁을 **사 드렸어요**. (x)
사장님께서 저녁을 **사 주셨어요**. (o)

제약 정보

① 형용사와 결합하지 않는다.

예) 청소를 **깨끗해 주세요**. (x)
강아지를 **예뻐 줬어요**. (x)
청소를 **깨끗하게 해 주세요**. (o)
강아지를 **예뻐해 줬어요**. (o)

+ 형용사와 결합할 수 없으므로 '깨끗하다'는 '깨끗하게 하다'로, '예쁘다'는 '예뻐하다'로 문맥에 맞게 바꾸어 사용할 수 있다. 형용사에 '-어지다'가 붙어 자동사가 되어도 '예뻐져 주다, 깨끗해져 주다'와 같은 표현은 의미상 어색하므로 사용할 수 없다.

② 동사 '주다'와의 결합은 자연스럽지 않다.

예) 여자 친구에게 선물을 **줘 줬다**. (x)
엄마가 용돈을 **주셔 줬어요**. (x)
여자 친구에게 선물을 **줬다**. (o)
엄마가 용돈을 **주셨어요**. (o)

+ 동사 '주다'의 의미와 '-어 주다'의 형태가 중복되어 어색하므로 사용하지 않는다.

확장

① 의문문인 '-어 줄까요?'(-어 드릴까요?)는 상대를 도와주기 위해 의향을 물어볼 때 사용한다. 이에 비해 '-어 주시겠어요?'는 '-어 주세요'와 같이 듣는 사람에게 도움을 요청하는 의미로 '-어 주세요'보다 정중한 표현이다.

예) 가: 줄리아 씨, 가방을 **들어 줄까요**?(**들어 드릴까요**?) (도움 제안)
나: 네, 가방을 **들어 주세요**. 그리고 문도 **열어 주시겠어요**? (도움 요청)

+ '-어 드릴까요?'에 대한 대답은 주로 '-어 주세요/-어 줘요'로 사용한다. '-어 드릴까요?'는 도움을 받는 사람을 높이는 표현이며, 말하는 사람이 자기 자신을 높일 수는 없으므로 '-어 주세요/-어 줘요'만 사용하고 '-어 드리세요/-어 드려요'는 사용하지 않는다.

예) 가: 문을 **열어 드릴까요**?
나: 네, **열어 주세요**.

② '-어 줄게요(-어 드릴게요)'는 상대에게 도움을 약속할 때 사용한다.

예) 가: 영수 씨, 문 좀 **열어 주세요**. (도움 요청)
나: 네, 잠깐만 기다려요. **열어 줄게요**.(**열어 드릴게요**.) (도움 약속)

③ '-겠-'은 '-어 주시겠어요?'의 형태로 주로 사용한다. '-어 주겠어요', '-어 드리겠어요'의 형태로는 잘 사용하지 않는다.

예) 가: 문을 **닫아 주시겠어요**?
나: 네, **닫아 드릴게요.** / **닫아 줄게요.** / 닫아 드리겠어요. (?) / 닫아 주겠어요. (?)

도움 약속	도움 제안	도움 요청
-어 줄게요	-어 줄까요?	-어 주세요
문을 **열어 줄게요.** (다른 사람을 위해 문을 열겠다.)	문을 **열어 줄까요**? (다른 사람을 돕기 위해 문을 열지 물어봄.)	문을 **열어 주세요.** (다른 사람에게 문을 열어 달라고 직접적으로 요청함.)
-어 드릴게요 (-어 드리겠습니다)	-어 드릴까요?	-어 주시겠어요? (-어 주시겠습니까)
문을 **열어 드릴게요.** (나보다 윗사람인 다른 사람을 위해 문을 열겠다.)	문을 **열어 드릴까요**? (나보다 윗사람인 다른 사람에게 문을 열지 물어봄.)	문을 **열어 주시겠어요**? (다른 사람에게 문을 열어 달라고 간접적이고 완곡하게 요청함.)
		-어 주십시오
		문을 **열어 주십시오.** (다른 사람에게 문을 열어 달라고 직접적으로 요청함. '-어 주세요'보다는 좀 더 듣는 이를 높이지만 '-어 주시겠어요?'보다는 덜 정중함.)

유사 문법

① '-어 주다', '-어 주세요', '-으세요3)', '-으십시오'

-어 주다, -어 주세요	-으세요3)	-으십시오
· 부탁이나 요청 및 명령의 의미를 나타낸다.		
· 동사가 결합하여 요청의 의미를 나타낸다. 예) 이리로 **가 주세요.**	· 동사가 결합하여 보다 강한 요청, 즉 명령의 의미를 주로 나타낸다. 예) 이리로 **가세요.**	· 동사가 결합하여 보다 강한 요청, 즉 명령의 의미를 나타내며, 격식적인 상황에서 사용한다. 예) 이리로 **가십시오.**
· 형용사와 결합하지 않는다. 예) **행복해 주세요.** (x)	· 일부 형용사와 결합하여 기원의 의미를 나타낸다. 예) **행복하세요.**	· 일부 형용사와 결합하여 기원의 의미를 나타내며, 격식적인 상황에서 사용한다. 예) **행복하십시오.**

+ '-어 주세요'는 부탁을 하거나 요청할 때 사용하는 데 비해, '-으세요'와 '-으십시오'는 명령할 때 사용한다. 단 '-으십시오'가 '-으세요'보다 격식을 갖춰 듣는 이를 높이는 상황에서 사용된다.

+ '-으세요'와 '-으십시오'가 상대를 높이는 표현이기는 해도 직접적으로 명령하는 의미를 갖고 있기 때문에 정중하고 부드러운 말은 아니다. 특히 '이리로 가십시오, 조용히 하십시오'와 같이 상대의 행위를 구속하는 명령은 개인에게 직접 사용하면 예의 없는 말이 된다.

이렇게 도입해 보세요

(1) 교사: (칠판에 글씨를 작게 쓰며) 알겠어요?
학생: 아니요, 모르겠어요.
교사: 그러면 어떻게 할까요?
학생: 크게 써요.
교사: (글씨를 크게 쓰며) 선생님이 여러분을 위해 크게 써요. 선생님이 글씨를 크게 **써 줘요**.

(2) 교사: 여러분 너무 더워요. 어떻게 할까요?
학생: 창문을 열어요. 에어컨을 틀어요.
교사: 너무 더워요. 부탁을 합니다. 창문을 **열어 주세요**. 에어컨을 **틀어 주세요**.

+ '-어 주다'는 어떤 행위를 다른 사람을 위해서 행한다는 뜻이다. 따라서 다른 사람에게 도움을 요청해야 하는 불편한 상황을 가정하여 '-어 주다'를 유도하는 게 좋다.

+ 도입을 제시하며 다음과 같이 문제가 되는 불편한 상황과 이에 대한 해결 방안을 간단하게 판서한 후, 부탁하는 표현에 '-어 주다'를 사용한다는 것을 알려 주면 '-어 주다'는 도움을 주거나 받기 위한 어려움이 있는 상황에서 사용할 수 있음을 인식할 수 있다.

-어도 되다[-아도 되다/-여도 되다]

어떤 일이나 상황에 대한 **허락**이나 **허용**을 나타내는 표현.

-어도 되다 (동사나 형용사, '이다, 아니다'에 붙어) 어떤 행위나 상태를 허락하거나 허용함을 나타낸다. 허용이 되는지를 질문하거나 이에 대해 허용한다는 의미의 대답을 할 때 사용한다.

예문

(1) 가: 이 옷을 입어 **봐도 됩니까**?
나: 네, 입어 **봐도 됩니다**.

(2) 가: 지금 숙제를 내야 돼요?
나: 아니요, 내일 **내도 돼요**.

(3) 가: 영화관에서 전화를 **받아도 돼요**?
나: 아니요, 영화관에서 전화를 받으면 안 돼요.

(4) 가: 이 책을 버릴까요?
나: 네, 그 책은 **버려도 돼요**.

(5) 가: 나이가 많아도 괜찮을까요?
나: 예, 나이가 좀 **많아도 돼요**.

이제 자리에 **앉아도 돼요**.

제가 식사 준비를 **도와도 될까요**?

수지 씨, 오늘 집에 **놀러 가도 돼요**?

물건이 좋으면 가격이 **비싸도 돼요**.

가방이 빨간색**이어도 돼요**.

여기에서 담배를 **피워도 돼요**?

여러분, 수업을 **시작해도 될까요**?

왕밍 씨, 라디오를 **틀어도 돼요**?

음식이 좀 **달아도 됩니다**.

반드시 비싼 선물이 **아니어도 됩니다**.

+ '-어도 되다'는 허락 및 허용을 나타내므로 '이 옷을 입어 봐도 됩니까? - 네, 입어 봐도 됩니다.'와 같이 허락 여부에 대해 질문을 하는 의문문과 이에 대한 대답으로 주로 사용된다. '영화관에서 전화를 받아도 돼요? - 아니요, 영화관에서 전화를 받으면 안 돼요.'에서 볼 수 있듯 '-어도 되다'는 허락을 나타내며, 이와 반의적 관계에 있는 금지를 나타내는 표현으로는 '-으면 안 되다'를 사용한다.

형태 정보

① 동사, 형용사 어간 끝음절 모음이 'ㅏ, ㅗ'인 경우 '-아도 되다'를 쓴다.

예) 남- + -아도 되다 → 남아도 되다
좋- + -아도 되다 → 좋아도 되다
비싸- + -아도 되다 → 비싸도 되다
만나- + -아도 되다 → 만나도 되다
오- + -아도 되다 → 와도 되다
나쁘- + -아도 되다 → 나빠도 되다

+ 이음절 이상의 어간 끝음절 모음이 'ㅡ'일 때는 'ㅡ' 앞의 끝음절 모음에 따라 교체한다. 이때 'ㅡ' 모음은 탈락한다.

② 동사, 형용사 어간 끝음절 모음이 'ㅏ, ㅗ'가 아닌 경우 '-어도 되다'를 쓴다.

예) 먹- + -어도 되다 → 먹어도 되다
그리- + -어도 되다 → 그려도 되다
크- + -어도 되다 → 커도 되다
입- + -어도 → 입어도 되다
서- + -어도 되다 → 서도 되다
슬프- + -어도 되다 → 슬퍼도 되다

③ '-하다'가 붙은 동사, 형용사 어간에는 '-여도 되다'를 쓰는데, 흔히 줄여서 '해도 되다'로 쓴다.

예) 공부하- + -여도 되다 → 공부해도 되다
깨끗하- + -여도 되다 → 깨끗해도 되다
쇼핑하- + -여도 되다 → 쇼핑해도 되다
시작하- + -여도 되다 → 시작해도 되다
좋아하- + -여도 되다 → 좋아해도 되다
준비하- + -여도 되다 → 준비해도 되다

①	ㅏ, ㅗ	+ -아도 되다	남아도 되다, 만나도 되다, 좋아도 되다, 와도 되다, 비싸도 되다, 나빠도 되다
②	ㅏ, ㅗ 이외	+ -어도 되다	먹어도 되다, 입어도 되다, 그려도 되다, 서도 되다, 커도 되다, 슬퍼도 되다
③	-하다	+ -여도 되다 (-해도 되다)	공부해도 되다, 시작해도 되다, 깨끗해도 되다, 좋아해도 되다, 쇼핑해도 되다, 준비해도 되다

④ '이다, 아니다'는 '-어도 되다'를 쓴다. 단, '이다' 앞의 명사에 받침이 없으면 주로 '명사+-여도 되다'라고 쓴다.

예) 사람이- + -어도 되다 → 사람이어도 되다
책상이- + -어도 되다 → 책상이어도 되다
우유이- + -어도 → 우유이어도/우유여도 되다
의사이- + -어도 되다 → 의사이어도/의사여도 되다
아니- + -어도 되다 → 아니어도 되다

+ '이다' 앞의 명사는 말할 때 '-어도'보다 '-라도'와 결합하여 사용하는 경우도 많다. '사람이라도', '책상이라도', '우유라도', '의사라도'처럼 사용할 수 있다.

+ '아니다'는 말할 때 '아니어도'보다 '아니라도'로 사용하는 경우가 많다.

⑤ 불규칙

걷-	예) 이 신발을 신고 **걸어도 돼요**?
눕-	예) 이제 침대에 **누워도 돼요**.
짓-	예) 강아지 이름을 새로 **지어도 돼요**.
그렇-	예) 머리 색깔이 **그래도 돼요**?
모르-	예) 왕밍 씨는 이 사실을 **몰라도 돼요**.

문장 구성 정보

① 부정은 '-지 않아도 되다', '안 -어도 되다'로 쓴다. '안 -어도 되다'는 주로 구어에서 쓴다.

예) 밥을 **먹지 않아도 돼요**.
밥을 **안 먹어도 돼요**.
커피를 **마시지 않아도 돼요**.
커피를 **안 마셔도 돼요**.

+ 어떤 행위에 대한 허용의 의미인 '-어도 되다'의 부정인 '-지 않아도 되다', '안 -어도 되다'는 그 반대 행위에 대한 허용을 나타낸다. 예를 들면 '밥을 먹어도 돼요?'는 밥을 먹는 행위를 허락하겠느냐는 의미인 데 비해 '밥을 먹지 않아도 돼요?'는 밥을 먹지 않는 행위를 허락하겠느냐는 말이다.

+ '-으면 안 되다'는 '-어도 되다'의 반의적 표현으로 금지를 나타낸다.

예) (1) 가: 지금 밥을 **먹어도 돼요**? (긍정 행위에 대한 허용)
나: 아니요, 지금 밥을 **먹으면 안 돼요**. (긍정 행위에 대한 금지)
(2) 가: 지금 밥을 **안 먹어도 돼요**? (부정 행위에 대한 허용)
나: 아니요, 지금 **안 먹으면 안 돼요**. (부정 행위에 대한 금지)

② '-어도 되다'의 '되다' 자리에 '좋다', '괜찮다', '상관없다' 등을 써서 '-어도 좋다', '-어도 괜찮다', '-어도 상관없다'로 사용하기도 한다.

예) 사진을 **찍어도 돼요**.
사진을 **찍어도 좋아요**.
사진을 **찍어도 괜찮아요**.
사진을 **찍어도 상관없어요**.

확장

① '-어도 되다'의 반대적 의미인 금지 표현으로 '-으면 안 되다'를 사용한다. '-으면 안 되다'는 어떤 조건의 상황에는 허용되지 않음을 나타낸다.

예) 교실에서 담배를 **피우면 안 돼요.**
도서관에서 큰 소리로 **떠들면 안 돼요.**
수업에 **지각하면 안 돼요.**
지하철에서 음식을 **먹으면 안 돼요.**
박물관에서 사진을 **찍으면 안 돼요.**

+ 금지 표현인 '-으면 안 되다'는 '-어야 되다', '-지 않으면 안 되다' 등의 의무를 나타내는 표현과 관련이 있다.

예) 수업 시간에 떠들면 안 돼요.
수업 시간에 조용히 해야 돼요.
수업 시간에 조용히 하지 않으면 안 돼요.

② 상황에 따라 '-어도 되다'는 허용보다 '요청'으로 사용되기도 한다.

예) (1) 선생님: 줄리아 씨, 앞에 나와서 발표해도 돼요. (요청)
줄리아: 네, 제가 발표해도 돼요. (?) / 아니요, 제가 발표하지 않아도 돼요. (?)
네, 제가 발표할게요. (o) / 죄송해요. 제가 발표하지 못할 것 같아요. (o)
(2) 사장님: 이 대리가 이 문제를 처리해도 되겠나? (요청)
이 대리: 네, 제가 처리해도 되겠습니다. (?) / 아니요, 제가 처리하지 않아도 되겠습니다. (?)
네, 제가 처리하겠습니다. (o) /
죄송합니다. 그 문제는 제 담당이 아닌 것으로 알고 있습니다. (o)

+ 위와 같은 상황에서 '-어도 되다'를 요청이 아닌 허용으로 해석하게 되면 학생은 '네, 제가 발표해도 돼요./아니요, 제가 발표하지 않아도 돼요.'로 대답하는 실수를 범할 수도 있다. 마찬가지로 직장 상사에게 '네, 제가 처리해도 되겠습니다./아니요, 제가 처리하지 않아도 되겠습니다.'로 대답하는 것도 어색하다. 왜냐하면 학생이나 직원은 선생이나 사장의 요청에 대해 허락할 수 있는 사회적 위치에 있지 않기 때문이다. 따라서 요청을 수용하겠다는 적극적인 표현을 하는 것이 보다 공손하고 적절한 표현이 된다. 요청을 수용하지 못하는 경우에도 허락하지 못하겠다는 표현인 '-지 않아도 되다'를 사용할 수 있는 사회적 위치가 아니기 때문에 할 수 없음에 대해 돌려서 말하는 방식이 적절하다.

유사 문법

① '-어도 되다', '-어야 되다', '-으면 되다'

-어도 되다	-어야 되다	-으면 되다
· 조건과 관련된 의미를 나타낸다.		
· 허락이나 허용을 나타낸다. 예) 우리 집에 내일 **놀러와도 돼요.** 내일 안 바쁘면 집에 **와도 돼요.**	· 필수적 의무나 조건을 나타낸다. 예) 운전을 하려면 반드시 운전면허증이 **있어야 돼요.** 내일 안 바쁘면 집에 꼭 **와야 돼요.**	· 충족하는 조건임을 나타낸다. 예) 늦지 않으려면 9시에 **출발하면 돼요.**

+ 세 표현은 연결어미와 '되다'가 붙어 형태가 유사하며, 의미도 조건과 관련되어 있다. '-어야 되다'는 필수적 조건을, '-어도 되다'는 선택적 조건을, '-으면 되다'는 충족적 조건을 나타낸다.

이렇게 도입해 보세요

(1) 교사: 교실에서 술을 마셔요. 괜찮아요?
학생: 아니요, 안 괜찮아요.
교사: 교실에서 커피를 마셔요. 괜찮아요?
학생: 네, 괜찮아요.
교사: 교실에서 커피를 마셔요. 괜찮아요. 교실에서 커피를 **마셔도 돼요.**

(2) 교사: 영화관에서 전화를 받아요. 괜찮아요?
학생: 아니요, 안 괜찮아요.
교사: 영화관에서 팝콘을 먹어요. 괜찮아요?
학생: 네, 괜찮아요.
교사: 영화관에서 팝콘을 먹어요. 괜찮아요. 영화관에서 팝콘을 **먹어도 돼요.**

+ '-어도 되다'를 도입할 때 (1)과 (2)처럼 어떤 장소에서 허용이 안 되는 행위를 먼저 제시한 후에 허용이 되는 행위를 제시하는 게 좋다. 이렇게 하면 '금지'와 대비되는 의미로 '허용'의 의미를 보다 쉽게 인식할 수 있기 때문이다. 허용되는 상황만을 제시하면 너무나 당연한 것으로 받아들여, 이것이 허용의 의미를 제시하기 위한 것인지 쉽게 인식할 수 없을 수도 있음을 주의한다.

+ (2)의 도입을 제시하며 영화관에서 전화를 시끄럽게 받는 상황을 나타내는 그림과 영화관에서 팝콘을 먹는 그림을 함께 제시하는 게 좋다.

+ '-어도 돼요?'라고 물어보면 '-어도 돼요', '-(으)면 안 돼요'로 대답할 수 있음을 함께 제시해 주는 것이 좋다. '-(으)면 안 돼요'가 수업의 목표 문법이 아니며, 아직 학생들이 배우지 못한 항목이라면 허용의 반대라는 것만 제시한다.

-어야 되다[-아야 되다/-여야 되다]

어떤 일이나 상황에 대한 **의무**나 **필요성**을 나타내는 표현.

-어야 되다 (동사나 형용사, '이다, 아니다'에 붙어) 어떤 행위를 해야 할 의무가 있거나 어떤 상태로 되어야 할 필요가 있음을 나타낸다. 반드시 수행되어야 하는 의무나 필연적 조건에 대해 말할 때 사용한다.

예문

(1) 가: 주말에 집에 놀러가도 돼요?
나: 아니요, 주말에는 **청소해야 돼요.**

(2) 가: 오늘 쇼핑하러 갈래요?
나: 미안해요, 내일 시험이 있어서 **공부해야 돼요.**

(3) 가: 명동에 가려면 지하철 5호선을 타면 돼요?
나: 아니요, 4호선을 **타야 돼요.**

(4) 가: 미도리 씨, 찾는 집이 좁아도 괜찮아요?
나: 아니요, 친구와 함께 살기 때문에 집이 **넓어야 돼요.**

(5) 가: 가방이 너무 커요.
나: 가방이 좀 **작아야 되겠어요.**

식사 후에 약을 **먹어야 돼요.**

지각하지 않으려면 **서둘러야 돼요.**

살을 빼려면 운동을 **해야 돼요.**

내일까지 발표 준비를 **마쳐야 돼요.**

우리가 마실 물은 깨끗한 **물이어야 돼요.**

한국어 공부를 하려면 이 책을 **사야 돼요.**

차에 타면 안전벨트를 **매야 돼요.**

가수가 되려면 노래를 잘 **불러야 돼요.**

이 옷을 입으려면 다리가 **길어야 돼요.**

숙소는 **기숙사여야 됩니다.**

+ '-어야 되다'는 의무 및 필수 조건을 나타낸다. 따라서 '친구와 함께 살기 때문에 집이 넓어야 돼요, 가방이 더 작아야 돼요, 지각하지 않으려면 서둘러야 돼요, 차에 타면 안전벨트를 매야 돼요.' 등에서와 같이 자신이 수행해야 하는 일이나 요구되는 필연적 조건에 대해 서술할 때 사용한다.

형태 정보

① 동사, 형용사 어간 끝음절 모음이 'ㅏ, ㅗ'인 경우 '-아야 되다'를 쓴다.

예) 일어나- + -아야 되다 → 일어나야 되다
보- + -아야 되다 → 보아야/봐야 되다
많- + -아야 되다 → 많아야 되다
놓- + -아야 되다 → 놓아야 되다
자- + -아야 되다 → 자야 되다
싸- + -아야 되다 → 싸야 되다

② 동사, 형용사 어간 끝음절 모음이 'ㅏ, ㅗ'가 아닌 경우 '-어야 되다'를 쓴다.

예) 먹- + -어야 되다 → 먹어야 되다
쉬- + -어야 되다 → 쉬어야 되다
적- + -어야 되다 → 적어야 되다
입- + -어야 되다 → 입어야 되다
마시- + -어야 되다 → 마셔야 되다
예쁘- + -어야 되다 → 예뻐야 되다

③ '-하다'가 붙은 동사, 형용사 어간에는 '-여야 되다'를 쓰는데, 흔히 줄여서 '해야 되다'로 쓴다.

예) 운동하- + -여야 되다 → 운동해야 되다
편하- + -여야 되다 → 편해야 되다
숙제하- + -여야 되다 → 숙제해야 되다
건강하- + -여야 되다 → 건강해야 되다
친절하- + -여야 되다 → 친절해야 되다
청소하- + -여야 되다 → 청소해야 되다

①	ㅏ, ㅗ	+ -아야 되다	일어나야 되다, 놓아야 되다, 봐야 되다, 자야 되다, 많아야 되다, 싸야 되다
②	ㅏ, ㅗ 이외	+ -어야 되다	먹어야 되다, 입어야 되다, 쉬어야 되다, 마셔야 되다, 적어야 되다, 예뻐야 되다
③	-하다	+ -여야 되다 (-해야 되다)	운동해야 되다, 건강해야 되다, 편해야 되다, 친절해야 되다, 숙제해야 되다, 청소해야 되다

④ '이다, 아니다'도 '-어야 되다'를 쓴다. 단, '-이다' 앞의 명사에 받침이 없으면 주로 '명사+ -여야 되다'라고 쓴다.

예) 꽃이- + -어야 되다 → 꽃이어야 되다
공책이- + -어야 되다 → 공책이어야 되다
나무이- + -어야 되다 → 나무이어야/나무여야 되다
가수이- + -어야 되다 → 가수이어야/가수여야 되다
아니- + -어야 되다 → 아니어야 되다

+ '이다' 앞의 명사는 말할 때 '-어야' 외에 '-라야'와 결합하여 사용하기도 한다. '꽃이라야', '공책이라야', '우유라야', '의사라야' 처럼 사용할 수 있다.

+ '아니다'는 말할 때 '아니어야' 외에 '아니라야'로 사용하기도 한다.

⑤ 불규칙

듣- 예) 부모님 말씀을 잘 **들어야 돼요.**

돕- 예) 어려운 사람을 **도와야 돼요.**

낫- 예) 미도리 씨, 감기에서 빨리 **나아야 돼요.**

하얗- 예) 웨딩드레스는 **하얘야 돼요.**

빠르- 예) 식사 시간이 더 **빨라야 돼요.**

문장 구성 정보

① 부정은 '-지 않아야 되다', '안 -어야 되다'로 쓴다. '안 -어야 되다'는 주로 구어에서 쓴다.

예) 거짓말을 **하지 않아야 돼요.**
거짓말을 **안 해야 돼요.**
건강을 위해서 술을 **마시지 않아야 돼요.**
건강을 위해서 술은 **안 마셔야 돼요.**

+ 어떤 행위가 의무적이어야 함을 나타내는 '-어야 되다'의 부정인 '-지 않아야 되다', '안 -어야 되다'는 그 반대 행위가 의무적이어야 함을 나타낸다. 예를 들면 '학교에 출석해야 돼요.'는 출석하는 행위가 의무적이어야 함을 나타내는 데 비해 '학교에 결석하지 않아야 돼요.'는 결석하지 않는 행위가 의무적이어야 함을 나타내는 말이다. 즉 위의 표현은 의무적인 행위나 상태에 대한 부정을 나타낸다. '의무' 자체에 대한 반의는 '의무가 아님'이므로 행위를 하지 않는 데 대한 허용이 된다.

예) (1) 가: 약을 먹기 전에 밥을 **먹어야 돼요**? (긍정 행위에 대한 의무)
나: 아니요, 밥을 **먹으면 안 돼요.** (긍정 행위에 대한 금지)
아니요, 밥을 **안 먹어도 돼요.** (부정 행위에 대한 허용)
(2) 가: 약을 먹을 때 물을 **안 마셔야 돼요**? (부정 행위에 대한 의무)
나: 아니요, 물을 **안 마시면 안 돼요.** (부정 행위에 대한 금지)
아니요, 물을 **마셔도 돼요.** (긍정 행위에 대한 허용)

확장

① 보조사 '만'이 함께 쓰여 '-어야만 되다'의 구성으로 사용하기도 한다.

예) 이번 시험에 반드시 **합격해야만 돼요.**
부모님과 한 약속은 꼭 **지켜야만 돼요.**
다이어트에 반드시 **성공해야만 돼요.**
나쁜 습관은 꼭 **고쳐야만 돼요.**
이번 과제는 주말까지 **끝내야만 돼요.**

+ 의무 및 필수적 조건을 더욱 강조하는 상황에서 사용한다. '꼭', '반드시'와 같은 부사와 함께 주로 사용한다.

② 의무나 조건에 대한 의미는 듣는 이에게 부담을 주므로 공손하지 못한 표현이 될 수도 있다. 그러므로 특히 윗사람에게는 쓰기 어렵다.

예) 선생님, 여기에 **계셔야 됩니다.** (공손하지 못함)
선생님, 여기에 계시는 것이 좋겠습니다. (공손함)

③ '-었어야 되다, -어야 됐다'와 같은 과거로 쓰면 현재 이루지 못한 행위나 상태에 대한 후회의 의미가 나타난다.

예) 기차를 타려면 더 일찍 **일어났어야 돼요.**
기차를 타려면 더 일찍 **일어나야 됐어요.**
기차를 타려면 더 일찍 **일어났어야 됐어요.**
한국어 시험에 합격하려면 더 열심히 **공부했어야 돼요.**
한국어 시험에 합격하려면 더 열심히 **공부해야 됐어요.**
한국어 시험에 합격하려면 더 열심히 **공부했어야 됐어요.**

+ 위의 예문은 각각 기차를 타지 못하여 일찍 일어나서 준비하지 않은 것에 대해 후회하는 뜻을 나타내고 있으며, 한국어 시험에 합격하지 못하여 더 열심히 공부하지 않은 것에 대해 후회하고 있다. 과거 '-었-'이 붙어 '-었어야 되다', '-어야 됐다', '-었어야 됐다'의 형태로 사용할 수 있다.

유사 문법

① '-어야 되다', '-지 않으면 안 되다'

-어야 되다	-지 않으면 안 되다
· '당위적인 의무'나 '필연적 조건'이라는 의미를 나타낸다.	
· 당위적 의무를 나타낸다. 예) 이번 방학에는 아르바이트를 **해야 된다.**	· '-으면 되다'의 이중 부정 표현으로 '-어야 되다'보다 단호하고 강한 표현이 된다. 예) 이번 방학에는 아르바이트를 **하지 않으면 안 된다.**

② '-어야 되다', '-어도 되다', '-으면 되다'

-어야 되다	-어도 되다	-으면 되다
· 조건과 관련된 의미를 나타낸다.		
· 필수적 의무나 조건을 나타낸다. 예) 운전을 하려면 반드시 운전면허증이 **있어야 돼요.** 내일 안 바쁘면 집에 꼭 **와야 돼요.**	· 허락이나 허용을 나타낸다. 예) 우리 집에 내일 **놀러와도 돼요.** 내일 안 바쁘면 집에 **와도 돼요.**	· 충족하는 조건임을 나타낸다. 예) 늦지 않으려면 9시에 **출발하면 돼요.**

+ 세 표현은 연결어미와 '되다'가 붙어 형태가 유사하며, 의미도 조건과 관련되어 있다. '-어야 되다'는 필수적 조건을, '-어도 되다'는 선택적 조건을, '-으면 되다'는 충족적 조건을 나타낸다.

③ '-어야 되다', '-어야 하다'

-어야 되다	-어야 하다
· '당위적인 의무'나 '필연적 조건'이라는 의미를 나타낸다. 둘은 의미상의 차이 없이 사용 가능하다. 예) 농구 선수는 키가 **커야 돼요.** 농구 선수는 키가 **커야 해요.** 한국어 공부를 열심히 **해야 돼요.** 한국어 공부를 열심히 **해야 해요.**	
· 구어나 비격식적인 상황에서 더 많이 사용한다. 예) 지금 **가야 돼요.** (구어) 건강하려면 운동을 **해야 돼.** (비격식적 상황)	· 문어나 격식적인 상황에서 더 많이 사용한다. 예) 지금 전원 **출발해야 합니다.** (문어) 건강한 삶을 위해서는 규칙적인 운동을 **해야 합니다.** (격식적 상황)

이렇게 도입해 보세요

(1) 교사: 수업에 지각해도 돼요?
학생: 아니요, 안 돼요.
교사: 수업에 지각하지 않으려면 어떻게 해요?
학생: 일찍 일어나요.
교사: 지각하지 않으려면 일찍 일어나요. 일찍 **일어나야 돼요.**

(2) 교사: 다른 나라로 여행을 가요. (여권 사진을 보여 주며) 뭐가 필요해요?
학생: 여권이요.
교사: 여권이 없어도 돼요?
학생: 아니요, 안 돼요.
교사: 여권이 없으면 안 돼요. 여권이 꼭 **있어야 돼요.** 여권을 꼭 **가져가야 돼요.**

+ (1)은 어떤 장소에서 허용이 안 되는 행위를 하지 않기 위해 해야 하는 일을 생각하도록 하는 것이다. 이와 같은 상황을 가정하여 계속해서 예문을 만들도록 유도하는 게 좋다. 예를 들어 '일찍 일어나려면 어떻게 해요?'라고 교사가 다시 묻고 학생이 이에 대한 방안을 답하면 다시 그것을 해결하기 위한 방법을 묻는 식으로 연결하는 것이다.

+ (2)는 특정 상황에서 부과되는 필수 조건에 대한 것을 생각하도록 하는 것이다. 해외여행과 관련된 공항이나 비행기 사진 및 여권 사진 등의 자료를 활용하는 것이 좋다. '여권을 안 가져가면 어떻게 돼요?'와 같은 질문을 부가하여 필수 조건인 여권을 가져가지 않았을 경우에 대한 설명도 같이 해 주는 게 좋다. 필수적이라는 의미에 대해 보다 명확하게 인식하도록 도울 수 있기 때문이다.

-은 것[-ㄴ 것]

문장에서 **명사**처럼 쓰여 **주어**나 **목적어** 등으로 사용하도록 만드는 표현.

-은 것1) (동사에 붙어) 과거의 어떤 행위나 사실을 설명함을 나타내거나 행위와 관련된 사물을 가리킨다. 결합하는 말이 문장 내에서 명사로 기능하게 하여 주어나 목적어 및 서술어 등으로 사용할 수 있게 한다.

예문

(1) 가: 지하철에 가방을 두고 **내린 것**이 너무 속상해요.
나: 분실물 센터에 가 보세요.

(2) 가: 제가 방금 **먹은 것**이 뭐예요?
나: 한국 전통 음식인 잡채예요.

(3) 가: 줄리아 씨가 아까 **본 것**이 뭐예요?
나: 요즘 한국에서 가장 인기 있는 드라마예요.

(4) 가: 눈이 오면 뭐가 생각나요?
나: 어렸을 때 아빠와 함께 눈사람을 **만든 것**이 생각나요.

(5) 가: 미도리 씨, 한국에서 가장 기억에 남는 게 뭐예요?
나: 한국어 말하기 대회에서 상을 **받은 것**을 잊을 수 없어요.

나는 지갑을 **찾은 것**을 믿을 수가 없었다.

이 책은 제가 다 **읽은 것**이에요.

이 대학에 **합격한 것**이 정말 기뻐요.

제 빵은 오늘 아침에 **구운 것**으로 주세요.

흐엉 씨가 **결혼한 것**을 몰랐어요.

처음으로 스키를 **탄 것**이 5년 전이에요.

우산이 없어서 비를 맞으며 **걸은 것**이 기억나요.

이 편지는 왕밍 씨가 손으로 **쓴 것**이에요.

제가 **마신 것**이 수지 씨의 커피였어요?

명동에서 사고가 **난 것**을 알려드립니다.

+ '-은 것1)'은 동사에 붙어 명사로 기능하게 하는 표현으로 문장에서 주어, 목적어, 서술어 등의 역할을 한다.

+ '-은 것1)'의 '것'은 행위와 관련된 사물을 가리킬 수도 있으며, 행위나 사실 자체를 가리킬 수도 있다. '처음으로 스키를 탄 것이 5년 전이에요, 우산이 없어서 비를 맞으며 걸은 것이 기억나요.' 등에서 '것'은 행위나 사실 자체를 가리킨다.

형태 정보

① 동사 어간 끝음절에 받침이 있으면 '-은 것'을 쓴다.

예) 씻- + -은 것 → 씻은 것　　받- + -은 것 → 받은 것　　찾- + -은 것 → 찾은 것
읽- + -은 것 → 읽은 것　　먹- + -은 것 → 먹은 것　　놓- + -은 것 → 놓은 것

② 동사 어간 끝음절에 받침이 없거나 'ㄹ' 받침이 오면 '-ㄴ 것'을 쓴다. 단, 'ㄹ' 받침으로 끝날 때는 'ㄹ'이 탈락한다.

예) 타- + -ㄴ 것 → 탄 것　　배우- + -ㄴ 것 → 배운 것　　보- + -ㄴ 것 → 본 것
마시- + -ㄴ 것 → 마신 것　　놀- + -ㄴ 것 → 논 것　　만들- + -ㄴ 것 → 만든 것

<table>
<tr><td>①</td><td>받침 ○</td><td>+ -은 것</td><td>씻은 것, 받은 것, 찾은 것, 읽은 것, 먹은 것, 놓은 것</td></tr>
<tr><td rowspan="2">②</td><td>받침 ×</td><td>+ -ㄴ 것</td><td>탄 것, 배운 것, 본 것, 마신 것</td></tr>
<tr><td>ㄹ 받침</td><td>+ -ㄴ 것(어간 'ㄹ' 탈락)</td><td>논 것, 만든 것</td></tr>
</table>

③ 불규칙

듣- 예) 어제 수업 시간에 **들은 것**이 기억나지 않아요.
줍- 예) 제가 **주운 것**은 지갑이에요.
잇- 예) 아버지의 뒤를 **이은 것**은 제가 아니라 동생입니다.

문장 구성 정보

① 부정문은 '-지 않은 것', '안 -은 것'으로 쓴다. '안 -은 것'은 주로 구어에서 쓴다.

예) 제 휴대폰을 **만지지 않은 것**이 확실해요?
제 휴대폰을 **안 만진 것**이 확실해요?
제가 공책에 **쓰지 않은 것**이 있으면 알려 주세요.
제가 공책에 **안 쓴 것**이 있으면 알려 주세요.

② 높임은 '-으신 것'으로 쓴다.

예) 할머니께서 **주신 것**을 잃어버렸어요.
사장님께서 **말씀하신 것**이 정확히 뭐예요?

제약 정보

① 형용사와 결합하지 않는다. 형용사와 결합하면 '-은 것2)'의 의미가 된다.

예) 왕밍 씨는 학교가 **가까운 것**을 좋아했어요. (형용사 결합: '-은 것2)')
왕밍 씨와 학교에 **다닌 것**을 기억해요. (동사 결합: '-은 것1)')

② '-은 것1)'의 '-은'이 과거를 나타내므로, 과거나 미래를 나타내는 '-었-', '-겠-'과는 결합하지 않는다.

예) 비가 많이 와서 우비를 **입었은 것**이 기억나요. (x)
비가 올 때 새 우산을 **쓰겠은 것**으로 기대돼요. (x)
눈이 내려서 모자를 **썼은 것**이 생각나요. (x)
눈이 내릴 때 같이 길을 **걷겠은 것**으로 약속해요. (x)

확장

① '-는 것'은 현재, '-은 것/-ㄴ 것'은 과거 및 현재, '-을 것/-ㄹ 것'는 미래의 행위나 상태 및 사실을 나타낸다.

결합어의 품사	시제 및 형태		예문
동사	현재	-는 것	지금 **찾는 것**이 지갑이에요. 한국어를 **공부하는 것**이 힘들어요.
	과거	-은 것1) -ㄴ 것1)	지갑을 **찾은 것**을 기억해요. 한국어를 **공부한 것**이 도움이 돼요.
	미래	-을 것 -ㄹ 것	반드시 지갑을 **찾을 것**입니다. 한국에 가서 **공부할 것**이 기대돼요.
형용사	현재	-은 것2) -ㄴ 것2)	저는 날씨가 **맑은 것**을 좋아해요. 수지 씨는 날씨가 **흐린 것**을 좋아해요.
	미래	-을 것 -ㄹ 것	내일 날씨가 **맑을 것**으로 예상됩니다. 수지 씨는 날씨가 **흐릴 것**을 기대한다.

+ '-었던 것', '-던 것'으로 과거를 나타낼 수도 있으며 동사 및 형용사가 모두 결합할 수 있다. 형용사의 과거에는 '-은'을 사용하지 않으므로 형용사의 과거는 '-었던 것', '-던 것'으로만 쓴다.

예) 입- + -었던 것/-던 것 → 입었던/입던 것
잡- + -았던 것/-던 것 → 잡았던/잡던 것
재미있- + -었던 것/-던 것 → 재미있었던/재미있던 것
나쁘- + -았던 것/-던 것 → 나빴던/나쁘던 것

② 의존명사 '것'은 문장 내의 사물을 지시하거나 행위 자체를 지시하기도 한다.

예) 저번 주에 **본 것**이 이 영화예요. (문장 내 사물)
비행기를 **탄 것**이 처음이에요. (행위 자체)
어제 수지를 **만났던 것**이 기억이 나지 않아요. (행위 자체)

③ '-은 것이'를 줄여 '-은 게'로, '-은 것을'을 줄여 '-은 걸'로 쓰기도 한다. 주로 구어에서 사용한다.

예) 점심에 **먹은 게** 소화가 안 돼요.
아사코 씨가 **화난 게** 누구 때문이에요?
대학에 **합격한 걸** 축하합니다.
의사가 **된 걸** 축하해요.

+ 서술격조사 '이다'가 결합한 '-은 것이다'는 '-은 것입니다', '-은 것이에요', '-은 것이다', '-은 것이야', '-은 것일까' 등 다양하게 활용하며 이는 각각 '-은 겁니다', '-은 거예요', '-은 거다', '-은 거야', '-은 걸까'로 줄여 쓴다.

④ 완료된 행위가 계속 유지되고 있음을 나타낼 때는 '-어 있는 것'이나 '-고 있는 것'의 의미로 사용된다.

예) 제가 지금 **입은 것**이 영수 씨 옷이에요.
= 제가 지금 **입고 있는 것**이 영수 씨 옷이에요.
저기 문 앞에 **떨어진 것**이 뭐예요?
= 저기 문 앞에 **떨어져 있는 것**이 뭐예요?

유사 문법

① '-는 것', '-은 것', '-을 것', '-기'

-는 것, -은 것, -을 것	-기
· 동사, 형용사 또는 '이다', '아니다' 등에 붙어 그 말이 문장 내에서 명사 기능을 하게 한다.	
· 뒤에 나오는 서술어에 제약이 거의 없다. 예) 흐엉 씨가 **성실한 것**을 알고 있다. 나는 비가 올 때 **걷는 것**을 좋아한다.	· 뒤에 나오는 서술어에 제약이 있다. 예) 흐엉 씨가 **성실하기**를 알고 있다. (x) 나는 비가 올 때 **걷기**를 좋아한다. (o)

· 동사와 형용사, '이다', '아니다'의 관형사형의 시제에 따라 '-는 것', '-은 것', '-을 것'이 나뉘어 쓰인다. 예) 그가 **가는 것**이 보인다. (동사 현재) 순희가 **예쁜 것**이 확실하다. (형용사 현재) 그 도둑이 **잡힌 것**을 나중에 들었다. (동사 과거) 영희가 **학생인 것**이 맞니? ('이다' 현재) 그가 **갈 것**이 예정되어 있다. (동사 미래)	· 동사와 형용사, '이다', '아니다' 모두에 '-기'가 붙는다. 시제는 과거와 미래를 나타내는 '-었-'과 '-겠-'이 붙어 '-었기', '-겠기'로 나타낸다. 예) 그는 아침에 **조깅하기**를 좋아한다. 영희가 **예쁘기**는 예쁘지? 저희 아버지께서 **교사였기에** 매우 엄하셨습니다. 이제는 수업을 **끝내야겠기에** 질문을 받지 않겠어요.

② **'-는 것', '-은 것', '-을 것', '-음'**

-는 것, -은 것, -을 것	-음
· 동사, 형용사 또는 '이다', '아니다' 등에 붙어 그 말이 문장 내에서 명사 기능을 하게 한다.	
· 뒤에 나오는 서술어에 제약이 거의 없다. 예) 흐엉 씨가 **성실한 것**을 알고 있다. 나는 비가 올 때 **걷는 것**을 좋아한다.	· 뒤에 나오는 서술어에 제약이 있다. 예) 흐엉 씨가 **성실함**을 알고 있다. (o) 나는 비가 올 때 **걸음**을 좋아한다. (x)
· 동사와 형용사, '이다', '아니다'의 관형사형의 시제에 따라 '-는 것', '-은 것', '-을 것'이 나뉘어 쓰인다. 예) 그가 **가는 것**이 보인다. (동사 현재) 순희가 **예쁜 것**이 확실하다. (형용사 현재) 그 도둑이 **잡힌 것**을 나중에 들었다. (동사 과거) 영희가 **학생인 것**이 맞니? ('이다' 현재) 그가 **갈 것**이 예정되어 있다. (동사 미래)	· 동사와 형용사, '이다', '아니다' 모두에 '-음'이 붙는다. 예) 그가 일을 그렇게 **처리함**은 현명하다. 그가 가장 **어리석었음**이 드러났다.
· 미래 표현 '-을 것'은 종결형에서뿐 아니라 문장 속에 안겨서도 쓸 수 있다. 예) 그가 **갈 것**. (o) 그가 **갈 것**이 예정되어 있다. (o)	· 미래 표현 '-겠음'은 종결형으로만 쓰이고 문장 속에 안겨 쓰이지 않는다. 예) 내가 **가겠음**. (o) 그가 **가겠음**이 예정되어 있다. (x)
· 문어와 구어에 관계없이 쓰인다. 예) 그는 밤새 친구가 **왔다간 것**을 알았다. (o) 밤새 친구가 **왔다간 거** 알았어? (o) 나는 피로로 온몸이 **무거워진 것**을 느꼈다. (o) 가방이 **무거워진 거** 느꼈어? (o)	· 문어에서 주로 사용한다. 예) 그는 밤새 친구가 **왔다갔음**을 알았다. (o) 밤새 친구가 **왔다갔음**을 알았어? (?) 나는 피로로 온몸이 **무거워짐**을 느꼈다. (o) 가방이 **무거워짐**을 느꼈니? (?) 과학이 **발달함**으로써 세계가 하나가 되었다. (o)

③ '-은 것', '-던 것', '-었던 것'

-은 것	-던 것	-었던 것
· 과거의 어떤 행위나 사실을 설명함을 나타낸다.		
· 과거에 완료된 행위나 완료된 후의 상태가 유지되고 있는 사물이나 사건을 나타낸다. 예) 어제 아침에 줄리아 씨가 **읽은 것**이 뭐예요? 흐엉 씨가 **마신 것**이 한국의 전통 음료예요.	· 과거에 완료되지 않은(중단된) 행위와 관련된 사물이나 사건을 나타낸다. 예) 어제 아침에 줄리아 씨가 **읽던 것**이 뭐예요? 흐엉 씨가 **마시던 것**이 한국의 전통 음료예요.	· 과거의 일을 회상하거나 완료된 행위와 관련된 사물이나 사건을 나타낸다. 예) 어제 아침에 줄리아 씨가 **읽었던 것**이 뭐예요? 흐엉 씨가 **마셨던 것**이 한국의 전통 음료예요.
· 과거에 지속되거나 반복된 사건이나 행위를 나타낼 때에는 잘 사용되지 않는다. 그러나 반복 횟수를 나타내는 부사나 보조사와 사용하면 반복의 의미를 나타낼 수 있다. 예) 그 절은 내가 대학 때 **간 곳**이다. (일회성) 그 절은 내가 대학 때 자주 **간 곳**이다. (반복성)	· 과거에 지속되거나 반복된 사건이나 행위를 나타낸다. 예) 그 절은 내가 대학 때 (자주) **가던** 곳이다. (반복성) 주말마다 친구와 함께 기차 여행을 **가던 것**이 기억난다. (반복성)	· 과거에 지속되거나 반복된 사건이나 행위를 나타낸다. 예) 그 절은 내가 대학 때 (자주) **갔던** 곳이다. (반복성) 주말마다 친구와 함께 기차 여행을 **갔던 것**이 기억난다. (반복성)
· 과거의 의미를 나타낼 때는 동사와만 결합한다. 예) 영수가 키가 **작은 것**이 기억난다. (x)	· 과거의 의미를 나타낼 때는 동사뿐 아니라 형용사와도 결합한다. 예) 영수가 키가 **작던 것**이 기억난다.	· 과거의 의미를 나타낼 때는 동사뿐 아니라 형용사와도 결합한다. 예) 영수가 키가 **작았던 것**이 기억난다.

이렇게 도입해 보세요

(1) 교사: 한국에 처음 왔을 때 기억나요? 무슨 일이 있었어요?
학생: 버스를 잘못 탔어요.
교사: 왕밍 씨는 버스를 잘못 **탄 것**이 기억나요. 흐엉 씨는요?
학생: 저는 매운 음식을 먹고 울었어요.
교사: 흐엉 씨는 매운 음식을 먹고 **운 것**이 기억나요.

(2) 교사: 고향에서 잊을 수 없는 일이 있어요?
학생: 바다에서 수영을 했어요.
교사: 줄리아 씨는 고향에서 수영을 했어요. 잊을 수 없어요. 고향에서 **수영한 것**을 잊을 수 없어요. 미도리 씨는요?
학생: 저는 축제에 갔어요.
교사: 미도리 씨는 축제에 갔어요. 잊을 수 없어요. 축제에 **간 것**을 잊을 수 없어요.

(3) 교사: (커피를 마신 후) 선생님이 지금 마셨어요. 무엇이에요?
학생: 커피요.
교사: 선생님이 마셨어요. 커피예요. 선생님이 **마신 것**이 커피예요. (옷을 입은 후) 선생님이 **입었어요.** 무엇이에요?
학생: 선생님이 **입은 것**이 옷이에요.

+ (1)은 '-은 것'을 주어로 사용하는 상황으로 구성하였다. 학생들에게 한국에 처음 와서 겪은 일을 이야기하게 하고 '-은 것이 기억나다'라는 문장으로써 주어의 자리에 오는 동사를 명사로 만들어 주는 기능을 인식할 수 있도록 돕는다. (2)는 '-은 것'을 목적어로 사용하는 상황으로 구성하였다. '-은 것을 잊을 수 없다'라는 문장으로서 목적어의 자리에 오는 동사를 명사로 만들어 주는 기능을 인식할 수 있도록 제시하는 게 좋다. (3)은 '-은 것'의 '것'이 행위나 사실 자체가 아닌 행위와 관련된 사물을 가리키는 경우이다.

+ 다음과 같이 원래 명사의 자리에 문장이 온다는 것을 시각적으로 제시해 주는 것이 좋다.

예)

버스를 잘못 탔어요.
매운 음식을 먹고 울었어요.
⋮
기억나요.

↓

왕밍 씨는 / 흐엉 씨는 (버스를 잘못 타다. / 매운 음식을 먹고 울다. / ⋮ + -은 것) 이 기억나요.

바다에서 수영했어요.
축제에 갔어요.
⋮
잊을 수 없어요.

↓

줄리아 씨는 / 미도리 씨는 (바다에서 수영하다. / 축제에 가다. / ⋮ + -은 것) 을 잊을 수 없어요.

선생님이 (커피를) 마셨어요.
선생님이 (안경을) 썼어요.
⋮

(그것이) 커피예요.
(그것이) 안경이에요.
⋮

↓

선생님이 (마시다. / 쓰다. / ⋮ + -은 것) 이 커피예요. / 이 안경이에요.

–은 것2) (형용사, '이다, 아니다'에 붙어) 현재의 어떤 상태나 상황을 설명함을 나타내거나 상태와 관련된 사물을 가리킨다. 결합하는 말이 문장 내에서 명사로 기능하게 하여 주어나 목적어 및 서술어 등으로 사용할 수 있게 한다.

예문

(1) 가: 이 집이 마음에 드세요?
나: 아니요, 방이 **좁은 것**이 마음에 들지 않아요.

(2) 가: 어떤 가방이 마음에 드세요?
나: **작은 것**보다 **큰 것**이 더 예뻐요.

(3) 가: 어떤 색깔의 재킷이 저에게 잘 어울려요?
나: 색깔이 **진한 것**이 더 잘 어울려요.

(4) 가: 한국에 와서 제일 **좋은 것**이 뭐예요?
나: 한국 드라마를 많이 볼 수 있는 것이오.

(5) 가: 줄리아 씨, 김치찌개 드실래요?
나: 아니요, 저는 **매운 것**을 못 먹어요.

구두는 **낮은 것**이 건강에 좋아요.
마당이 **넓은 것**을 좋아해요.
성공이란, 돈이 **많은 것**보다 친구가 **많은 것**이다.
산에 가면 공기가 **깨끗한 것**을 느낄 수 있어요.
앤디 씨가 **아픈 것**을 몰랐어요.
영수 씨가 **교사인 것**을 알아요.
저는 음식이 **단 것**을 싫어해요.
저는 날씨가 **추운 것**을 제일 싫어해요.
가방에 **무거운 것**이 많이 들어 있어요.
저는 방이 **더러운 것**을 참을 수가 없어요.
너무 **편한 것**만 좋아하면 안 됩니다.
이제는 아이가 **아닌 것**이 믿어지지 않아요.

+ '-은 것2)'는 형용사, '명사+이다'에 붙어 명사로 기능하게 하는 표현으로 문장에서 주어, 목적어, 서술어 등의 역할을 한다

+ '-은 것2)'의 '것'은 상태와 관련된 사물을 가리킬 수도 있으며, 행위나 사실 자체를 가리킬 수도 있다. '마당이 넓은 것을 좋아해요, 저는 날씨가 추운 것을 제일 싫어해요.' 등에서 '것'은 상태나 사실 자체를 가리킨다.

형태 정보

① 형용사 어간 끝음절에 받침이 있으면 '-은 것'을 쓴다.

예) 좁- + -은 것 → 좁은 것　　낮- + -은 것 → 낮은 것
작- + -은 것 → 작은 것　　많- + -은 것 → 많은 것

② 형용사 어간 끝음절에 받침이 없거나 'ㄹ' 받침이 오면 '-ㄴ 것'을 쓴다. 단, 'ㄹ' 받침으로 끝날 때는 'ㄹ'이 탈락한다.

예) 아프- + -ㄴ 것 → 아픈 것　　싸- + -ㄴ 것 → 싼 것
착하- + -ㄴ 것 → 착한 것　　크- + -ㄴ 것 → 큰 것
달- + -ㄴ 것 → 단 것　　길- + -ㄴ 것 → 긴 것

①	받침 ○	+ -은 것	좁은 것, 낮은 것, 작은 것, 많은 것
②	받침 ×	+ -ㄴ 것	아픈 것, 싼 것, 착한 것, 큰 것
	ㄹ 받침	+ -ㄴ 것(어간 'ㄹ' 탈락)	단 것, 긴 것

③ '이다, 아니다'는 '-ㄴ 것'을 쓴다.

예) 영수 씨가 **교사인 것**을 알아요.
앤디 씨가 미국 **사람인 것**을 몰랐어요?
이제는 아이가 **아닌 것**이 믿어지지 않아요.
고향 음식이 **아닌 것**을 먹어 본 적이 없어요.

④ '있다, 없다'나 '있다, 없다'가 붙은 형용사는 동사에 결합하는 것처럼 '-는 것'을 붙여 사용한다.

예) 방에 **있는 것**을 모두 옮기세요.
저에게 **없는 것**은 여자 친구뿐이에요.
요즘 제일 **맛있는 것**이 사과예요.
친구들이랑 **재미있는 것**을 하며 놀고 싶어요.

⑤ 불규칙

맵-　예) 제가 **매운 것**은 잘 먹어요.
낫-　예) 책보다 **나은 것**이 경험이다.
하얗-　예) **하얀 것**과 검은 것.

+ '-은 것1)'과 달리 형용사와 결합함에 유의한다.

문장 구성 정보

① 부정문은 '-지 않은 것', '안 -은 것'으로 쓴다. '안 -은 것'은 주로 구어에서 쓴다.

예) 키가 **크지 않은 것**은 불편하다.
키가 **안 큰 것**은 불편하다.
커피가 **달지 않은 것**이 있으면 주세요.
커피가 **안 단 것**이 있으면 주세요.

② 높임은 '-으신 것'으로 쓴다.

예) 할머니께서 **좋으신 것**을 고르세요.
사장님께서 **편하신 것**을 입으세요.

+ '좋으신 것, 편하신 것'의 '-시-'는 수식하는 명사 '것'을 높이는 것이 아니라 주체인 '할머니, 사장님'이 윗사람이기 때문에 사용된 것이다. '할머니께서 좋아하시는 것, 사장님께서 편하게 생각하시는 것'이라는 의미로 '-시-'가 사용되었다고 이해하면 된다.

제약 정보

① 동사와 결합하지 않는다. 동사와 결합하면 '-은 것1)'의 의미가 된다.

예) 왕밍 씨와 학교에 **다닌 것**을 기억해요. (동사 결합: '-은 것1)')
왕밍 씨는 학교가 **가까운 것**을 좋아했어요. (형용사 결합: '-은 것2)')

② 과거나 미래를 나타내는 '-었-', '-겠-'과는 결합하지 않는다.

예) 백화점에서 코트가 **비쌌은 것**이 기억나요. (x)
백화점에서 코트가 **비싸겠은 것**으로 생각돼요. (x)
그 영화가 **슬펐은 것**으로 생각나요. (x)
그 영화가 **슬프겠은 것**으로 기대돼요. (x)

확장

① '-는 것'은 현재, '-은 것/-ㄴ 것'은 과거 및 현재, '-을 것/-ㄹ 것'은 미래의 행위나 상태 및 사실을 나타낸다.

결합어의 품사	시제 및 형태		예문
동사	현재	-는 것	지금 **찾는 것**이 지갑이에요. 한국어를 **공부하는 것**이 힘들어요.
	과거	-은 것1) -ㄴ 것1)	지갑을 **찾은 것**을 기억해요. 한국어를 **공부한 것**이 도움이 돼요.
	미래	-을 것 -ㄹ 것	반드시 지갑을 **찾을 것**입니다. 한국에 가서 **공부할 것**이 기대돼요.
형용사	현재	-은 것2) -ㄴ 것2)	저는 날씨가 **맑은 것**을 좋아해요. 수지 씨는 날씨가 **흐린 것**을 좋아해요.
	미래	-을 것 -ㄹ 것	내일 날씨가 **맑을 것**으로 예상됩니다. 수지 씨는 날씨가 **흐릴 것**을 기대한다.

+ '-었던 것', '-던 것'으로 과거를 나타낼 수도 있으며 동사 및 형용사가 모두 결합할 수 있다. 형용사의 과거에는 '-은'을 사용하지 않으므로 형용사의 과거는 '-었던 것', '-던 것'으로만 쓴다.

예) 입- + -었던 것/-던 것 → 입었던/입던 것
잡- + -았던 것/-던 것 → 잡았던/잡던 것
재미있- + -었던 것/-던 것 → 재미있었던/재미있던 것
나쁘- + -았던 것/-던 것 → 나빴던/나쁘던 것

+ 'N+이다' 서술어는 '-인 것'의 구성으로 쓸 수 있다.

예) 교사 + -인 것 → 교사인 것
학생 + -인 것 → 학생인 것

② 의존명사 '것'은 문장 내의 사물을 지시하거나 상태 자체를 지시하기도 한다.

예) 기분이 나쁠 때 제일 **좋은 것**은 영화를 보는 거예요. (상태 자체)
몸이 건강한 것보다 마음이 **건강한 것**이 더 중요하다. (상태 자체)
이렇게 **예쁜 것**이 제 것이라고요? (문장 내 사물)

③ '-은 것이'를 줄여 '-은 게'로, '-은 것을'을 줄여 '-은 걸'로 쓰기도 한다. 주로 구어에서 사용한다.

예) 가격이 **싼 게** 이것뿐이에요?
저는 방이 **좁은 게** 더 좋아요.
이 중에 제일 **좋은 걸** 주세요.
늦은 걸 사과합니다.

+ 서술격조사 '이다'가 결합한 '-은 것이다'는 '-은 것입니다', '-은 것이에요', '-은 것이다', '-은 것이야', '-은 것일까' 등 다양하게 활용하며 이는 각각 '-은 겁니다', '-은 거예요', '-은 거다', '-은 거야', '-은 걸까'로 줄여 쓴다.

이렇게 도입해 보세요

(1) 교사: 왕밍 씨, 줄리아 씨의 무엇이 마음에 들어요?
학생: 착해요.
교사: 왕밍 씨는 줄리아 씨가 **착한 것**이 마음에 들어요. 줄리아 씨, 왕밍 씨의 무엇이 마음에 들어요?
학생: 키가 커요.
교사: 줄리아 씨는 왕밍 씨가 키가 **큰 것**이 마음에 들어요.

(2) 교사: 여러분, 어떤 맛의 음식을 좋아해요?
학생: 단 음식을 좋아해요.
교사: 줄리아 씨는 달콤한 음식을 좋아해요. 줄리아 씨는 **달콤한 것**을 좋아해요. 미도리 씨는요?
학생: 저는 매운 음식을 좋아해요.
교사: 미도리 씨는 매운 음식을 좋아해요. 미도리 씨는 **매운 것**을 좋아해요.

+ (1)은 '-은 것'을 주어로 사용하는 상황으로 구성하였다. 학습자들이 '얼굴이 예쁘다, 키가 크다, 마음이 착하다, 양보를 잘한다' 등의 말을 할 수 있도록 유도하고, 이것이 어렵다면 문장 카드를 제시해 주는 것도 좋다. (2)는 '-은 것'을 목적어로 사용하는 상황으로 구성하였는데, 어떤 맛의 음식을 좋아하는지 대답해야 하기 때문에 맛과 관련된 단어 카드를 준비하는 게 좋다. (1)은 '-은 것'이 상태를 가리키며, 이에 비해 (2)의 '-은 것'은 관련된 사물을 가리킨다.

+ 다음과 같이 원래 명사의 자리에 문장이 온다는 것을 시각적으로 제시해 주는 것이 좋다.

예)

	줄리아 씨가 예뻐요. 흐엉 씨가 키가 커요. ⋮	마음에 들어요.

↓

저는 (줄리아 씨가 예쁘다 / 흐엉 씨가 키가 크다 / ⋮ + -은 것) 이 마음에 들어요.

줄리아 씨는 (음식을) 좋아해요.	(그것이) 매워요.
미도리 씨는 (음식을) 좋아해요.	(그것이) 달아요.
⋮	⋮

↓

줄리아 씨는 / 미도리 씨는 ((음식이) 맵다 / (음식이) 달다 / ⋮ + -은 것) 을 좋아해요.

-은 적이 있다[-ㄴ 적이 있다]{-은 적이 없다/-ㄴ 적이 없다}

과거의 **경험**을 나타내는 표현.

-은 적이 있다 (동사에 붙어) 어떤 행위가 과거에 있었던 일임을 나타낸다. 과거의 사건이나 경험을 이야기할 때 사용한다.

예문

(1) 가: 왕밍 씨, 불고기 먹어 봤어요?
나: 네, 중국에서 불고기를 **먹은 적이 있어요.**

(2) 가: 한국 영화관에 가 봤어요?
나: 네, 미도리 씨랑 같이 영화관에 **간 적이 있어요.**

(3) 가: 어느 나라 음식을 좋아해요?
나: 이탈리아 음식을 좋아해요.
가: 이탈리아에 **가 본 적이 있어요**?
나: 아니요, 아직 안 가 봤어요.

(4) 가: 지갑을 **잃어버린 적이 있어요**?
나: 네, 지갑을 **잃어버린 적이** 몇 번 **있어요.**

(5) 가: 한복을 **입은 적이 있어요**?
나: 아니요, 한복을 **입은 적이** 한번도 **없어요.**

나는 한국 신문을 **읽은 적이 있다.**
영철이는 도서관에서 책을 **빌린 적이 있다.**
왕밍 씨는 비싼 가방을 **산 적이 있다.**
현우는 스파게티를 **만든 적이 있다.**
아사코 씨는 무서운 꿈을 **꾼 적이** 전혀 **없다.**
동생은 중국에 가 **본 적이 있다.**
수지는 연예인을 **만난 적이 있다.**
분티안 씨는 배를 **탄 적이 있다.**
앤디 씨는 내 노래를 **들은 적이** 한 번 **있다.**
영수는 밤을 새워 **공부한 적이** 많이 **있습니다.**

+ '-은 적이 있다'는 과거의 일이나 경험을 이야기할 때 사용하는 표현으로 '불고기를 먹은 적이 있어요, 이탈리아에 간 적이 있어요'와 같이 전에는 해 보지 않은 일을 해 봤을 때 사용한다. 이때 '적'은 '때'의 의미와 비슷하다.

형태 정보

① 동사 어간 끝음절에 받침이 있으면 '-은 적이 있다'를 쓴다.

예) 씻- + -은 적이 있다 → 씻은 적이 있다
받- + -은 적이 있다 → 받은 적이 있다
찾- + -은 적이 있다 → 찾은 적이 있다
읽- + -은 적이 있다 → 읽은 적이 있다
먹- + -은 적이 있다 → 먹은 적이 있다
넣- + -은 적이 있다 → 넣은 적이 있다

② 동사 어간 끝음절에 받침이 없거나 'ㄹ' 받침이 오면 '-ㄴ 적이 있다'를 쓴다. 단, 'ㄹ' 받침으로 끝날 때는 'ㄹ'이 탈락한다.

예) 타- + -ㄴ 적이 있다 → 탄 적이 있다
배우- + -ㄴ 적이 있다 → 배운 적이 있다
보- + -ㄴ 적이 있다 → 본 적이 있다
다니- + -ㄴ 적이 있다 → 다닌 적이 있다
놀- + -ㄴ 적이 있다 → 논 적이 있다
만들- + -ㄴ 적이 있다 → 만든 적이 있다

①	받침 ○	+ -은 적이 있다	씻은 적이 있다, 받은 적이 있다, 찾은 적이 있다, 읽은 적이 있다, 먹은 적이 있다, 넣은 적이 있다
②	받침 ×	+ -ㄴ 적이 있다	탄 적이 있다, 배운 적이 있다, 본 적이 있다, 다닌 적이 있다
	ㄹ 받침	+ -ㄴ 적이 있다 (어간 'ㄹ' 탈락)	논 적이 있다, 만든 적이 있다

③ 불규칙

듣- 예) 왕밍 씨의 소식을 **들은 적이 있어요**?
줍- 예) 지갑을 **주운 적이 있어요**.
짓- 예) 한국 이름을 **지은 적이 있어요**.

문장 구성 정보

① '있다' 앞에 '한 번, 몇 번, 많이' 등 횟수를 나타내거나 양을 나타내는 말이 자주 붙는다.

예) 랜디의 노래를 들은 **적이** 한 번 **있다.**
밤을 새워 공부한 **적이** 많이 **있습니다.**

+ 반의 표현인 '-은 적이 없다'는 '없다' 앞에 강조하는 말로 '한번도, 전혀' 등의 부사어가 자주 온다.

예) 한복을 입은 **적이** 한번도 **없어요.**
무서운 꿈을 꾼 **적이** 전혀 **없다.**

제약 정보

① 형용사와 결합하지 않는다.

예) 8월인데 날씨가 **추운 적이 있어요.** (x)
수지가 건강이 **나쁜 적이 있어요.** (x)

+ 형용사와 결합하여 동일한 의미를 나타내려면 '-었던 적이 있다'를 사용한다.

예) 8월인데 날씨가 **추웠던 적이 있어요.** (o)
수지가 건강이 **나빴던 적이 있어요.** (o)

+ '가슴이 답답한 적이 있다, 하루 종일 피곤한 적이 있다.'의 예처럼 일부 형용사와 결합해서 사용하기도 한다. 이때에도 '답답했던, 피곤했던'으로 쓰는 것이 더 자연스럽다.

② 과거 '-었-'이 선행 어간에 결합하지 않는다.

예) 그 책을 **읽었은 적이 있어요.** (x)
미도리 씨와 식사를 **했은 적이 있어요.** (X)
그 책을 **읽은 적이 있어요.** (o)
미도리 씨와 식사를 **한 적이 있어요.** (o)

+ '-은'은 과거 시제를 나타내는 선어말어미이기 때문에 과거 시제를 나타내는 '-었-'이 결합할 필요가 없다.

확장

① 반의 표현으로 '-은 적이/-ㄴ 적이 없다'를 쓴다.

예) 수지는 비행기를 **탄 적이 없어요.**
분티안 씨는 김치를 **먹은 적이 없어요.**
미도리 씨는 영화를 **본 적이 없어요.**
민우는 방을 **청소한 적이 없어요.**

② '-어/-아 본 적이 있다'의 구성으로 쓰기도 한다.

예) 왕밍 씨는 제주도에 **가 본 적이 있어요.**
수지 씨는 중국 음식을 **먹어 본 적이 있어요.**
미도리 씨는 명동에서 **쇼핑해 본 적이 있어요.**
현우는 중국어를 **배워 본 적이 있어요.**

③ '-었던/-았던 적이 있다'의 구성으로 쓰여 유사한 의미를 나타내기도 한다. 이때 '-었던 적이 있다'에는 동사뿐 아니라 형용사가 결합할 수 있다.

예) 왕밍 씨는 길을 **잃었던 적이 있어요.**
수지 씨는 도둑을 **잡았던 적이 있어요.**
미도리 씨는 남자 친구가 **있었던 적이 있어요.**
저는 겁이 **없었던 적이 있어요.**
동생이 건강이 **좋았던 적이 있어요.**

④ '-는 적이 있다/없다'는 '항상'의 의미를 담고 있다. 이때 '-는 적이 없다'는 '항상 없다'의 의미로, '-는 적이 있다'는 의문문의 형태로 강조의 반어법으로 쓰여 '항상 없다'의 의미로 쓰인다.

예) 왕밍 씨는 **지각하는 적이 없어요.** (왕밍 씨는 언제나 지각하지 않아요.)
저는 아침에 **식사하는 적이 없어요.** (저는 언제나 아침에 식사하지 않아요.)
선생님께서 화를 **내는 적이 있어요?** (선생님께서 화를 내는 경우가 없다. 항상 화를 내지 않는다.)
동생이랑 **싸우지 않는 적이 있어요?** (동생이랑 싸우지 않는 경우가 없다. 항상 싸운다.)

+ '선생님께서 화를 내는 적이 있어요?', '동생이랑 싸우지 않는 적이 있어요?'는 각각 '선생님께서 화를 내는 경우가 없다', '동생이랑 싸우지 않는 경우가 없다'는 의미를 확인하는 내용의 의문문이다.

유사 문법

① '-은 적이 있다', '-었-'

-은 적이 있다	-었-
· 과거의 사건을 나타낸다.	
· 과거에 있었던 경험에 초점을 둔 표현이다. 예) 나는 물을 **마신 적이 있다.** (?) (전에는 물을 한 번도 마셔 본 적이 없는 상황에서만 가능한 표현인데, 일반적이지 않은 상황이므로 어색한 표현이 된다.) 나는 더러운 물을 **마신 적이 있다.** (특별히 더러운 물을 먹어 본 경험에 초점을 둔 상황이므로 사용 가능하다.)	· 행위나 사건이 단순히 과거에 일어났음을 나타낸다. 예) 나는 물을 **마셨다.** 나는 더러운 물을 **마셨다.** (새로운 경험이라는 의미보다는 과거에 있었던 행위나 사건이라는 정보만을 제공한다.)

② '-은 적이 있다', '-어 보다2)'

-은 적이 있다	-어 보다2)
· 과거의 경험을 나타낸다.	
· 이전에 경험해 보지 못한 일을 경험한 상황에서 사용된다. 의도하지 않은 상황에 대해서도 자유롭게 사용된다. 예) 저는 교통사고를 **당한 적이 있어요.** 영수는 눈병에 **걸린 적이 있어요.**	· 의도적인 경험이 아닌 상황에서는 잘 사용되지 않는다. 예) 저는 교통사고를 **당해 봤어요.** (?) 영수는 눈병에 **걸려 봤어요.** (?)
· '적'은 때나 시기를 나타내는 의존명사로 '-어 보다'보다 경험을 강조할 때 사용한다. 예) 영수는 아파서 병원에 **입원한 적이 있다.**	· 경험의 '-어 보다'는 '-어 봤다'의 형태로 쓴다. 예) 영수는 아파서 병원에 **입원해 봤다.**
· '있다' 앞에 부사어의 삽입이 가능하다. 예) 영수는 아파서 병원에 **입원한 적이** <u>한 번</u> **있다.**	· 부사어는 '-어 봤다' 앞에 사용한다. 예) 영수는 아파서 병원에 <u>한 번</u> **입원해 봤다.**

③ '-은 적이 있다', '-은 일이 있다'

-은 적이 있다	-은 일이 있다
· 과거의 경험을 나타낸다.	
· 과거에 있었던 경험의 때, 즉 '시간'에 초점을 둔 표현이다. 예) 예전에 한국에 여행을 **온 적이 있어요.**	· 과거에 있었던 '사건'에 초점을 둔 표현이다. 예) 예전에 한국에 여행을 **온 일이 있어요.**

+ '-은 적이 있다'의 '적'은 '그 동작이 진행되거나 상태가 나타나는 때'라는 의미이므로 시간의 의미를 나타내는 의존명사인 데 비해 '일'은 '어떤 내용을 가진 상황이나 장면'이라는 의미의 명사이다.

이렇게 도입해 보세요

(1) 교사: 왕밍 씨, 도서관에 가요?
학생: 네, 저는 매일 도서관에 가요.
교사: 그럼, 어학 실습실에도 가요?
학생: 네, 어학 실습실에 한 번 갔어요.
교사: 왕밍 씨는 어학 실습실에 한 번 갔어요. 왕밍 씨는 어학 실습실에 한 번 **간 적이 있어요**.

(2) 교사: 줄리아 씨, 한국 음식을 먹어 봤어요?
학생: 네, 한국 음식을 먹어 봤어요.
교사: 줄리아 씨는 한국 음식을 **먹은 적이 있어요**. 어떤 음식을 먹어 봤어요?
학생: 김치를 먹어 봤어요.
교사: 줄리아 씨는 김치를 **먹은 적이 있어요**. 그러면 김치를 **만든 적이 있어요**?
학생: 아니요, 김치를 만들어 보지 않았어요.
교사: 줄리아 씨는 김치를 **먹은 적이 있어요**. 그렇지만 김치를 **만든 적은 없어요**.

+ (1)에서는 '-어 보다'를 사용하지 않고 일반 과거인 '-었다'와의 차이를 통해 '-은 적이 있다'를 제시한다. (2)는 '-어 보다'를 사용하여 '-은 적이 있다'의 의미를 제시하고 있다.

+ '-은 적이 있다'는 경험한 일을 이야기할 때 사용하므로 학생이 한국에 와서 경험해 본 일이나 한국과 관련하여 경험한 일을 이야기하도록 유도하는 것이 좋다. 일반적으로 경험의 의미를 지니는 '-어 봤다'를 이미 학습한 후 '-은 적이 있다'를 배우므로 이를 활용하여 '-은 적이 있다'를 교수하면 된다.

-은 지[-ㄴ 지]

어떤 행위에 대한 **시간의 경과**를 나타내는 표현.

-은 지 (동사에 붙어) 어떤 일을 한 후 시간이 얼마 지났다는 것을 나타낼 때 사용한다.

예문

(1) 가: 머리를 **감은 지** 얼마나 됐어요?
나: 머리를 **감은 지** 이틀 됐어요.

(2) 가: 한국에서 **산 지** 얼마 됐습니까?
나: 한국에서 **산 지** 3년 됐습니다.

(3) 가: 그 신문을 **읽은 지** 얼마나 됐어요?
나: 그 신문을 **읽은 지** 일주일이 지났어요.

(4) 가: 왕밍 씨가 고향으로 **돌아간 지** 얼마나 됐지요?
나: 이제 한 달 됐어요.

(5) 가: 버스가 **출발한 지** 한참 됐어요?
나: 아니요, 방금 떠났어요.

밥을 **먹은 지** 일주일 됐어요.

수지 씨를 **만난 지** 10분밖에 안 됐어요.

커피를 **마신 지** 30분이 됐어요.

내년이면 태권도를 **배운 지** 10년이 돼요.

음악을 **들은 지** 한참 됐어요.

자리에 **앉은 지** 5시간이나 됐어요.

영화가 **시작한 지** 한 시간이 지났어요.

비가 안 **온 지** 한 달이 됐습니다.

편지를 **받은 지** 6개월 만에 답장을 썼어요.

출발한 지 10시간이나 지나서 부산에 도착했습니다.

+ '-은 지'를 포함한 답변에 가장 자연스러운 질문은 '~은 지 얼마(나) 됐어요?'로, 이 역시 '-은 지'를 포함하고 있다. 담화 예문에서 제시된 것처럼 먼저 이와 같은 전형적인 질문과 대답의 패턴을 알 수 있도록 하는 게 좋다. 그 후에 대답에 '이제 한 달 됐어요.'처럼 '-은 지'가 생략될 수 있다는 점을 알려 주는 게 좋다.

+ '-은 지'는 기준 시점의 행위와 결합하며, 그 뒤에 경과된 시간이 오는데 '~이/가 됐어요', '-이/가 지났어요' 등의 고정된 패턴으로 제시됨을 알 수 있게 한다.

형태 정보

① 동사 어간 끝음절에 받침이 있으면 '-은 지'를 쓴다.

예) 먹- + -은 지 → 먹은 지　　씻- + -은 지 → 씻은 지
찾- + -은 지 → 찾은 지　　남- + -은 지 → 남은 지
입- + -은 지 → 입은 지　　읽- + -은 지 → 읽은 지

② 동사 어간 끝음절에 받침이 없거나 'ㄹ' 받침으로 끝나면 '-ㄴ 지'를 쓴다. 단, 'ㄹ' 받침으로 끝날 때는 'ㄹ'이 탈락한다.

예) 가- + -ㄴ 지 → 간 지　　만나- + -ㄴ 지 → 만난 지
떠나- + -ㄴ 지 → 떠난 지　　일하- + -ㄴ 지 → 일한 지
살- + -ㄴ 지 → 산 지　　만들- + -ㄴ 지 → 만든 지

①	받침 ○	+ -은 지	먹은 지, 씻은 지, 찾은 지, 남은 지, 입은 지, 읽은 지
②	받침 ×	+ -ㄴ 지	간 지, 만난 지, 떠난 지, 일한 지
	ㄹ 받침	+ -ㄴ 지(어간 'ㄹ' 탈락)	산 지, 만든 지

③ 불규칙

듣-　예) 라디오 뉴스를 **들은 지** 오래 됐어요.

눕-　예) 자려고 **누운 지** 2시간이 지났어요.

낫-　예) 눈병이 **나은 지** 일주일 됐습니다.

문장 구성 정보

① '-은 지 ~이 되다'의 구성으로 주로 사용한다. 기간을 나타내는 명사 뒤에 붙는 조사 '이/가'는 생략되기도 한다.

예) 한국 음악을 **좋아한 지** 5년(이) 됐어요.
청소를 **한 지** 일주일(이) 됐어요.
약을 **먹은 지** 30분(이) 됐어요.
기차가 **떠난 지** 30초(가) 됐어요.
영화가 **끝난 지** 1시간(이) 됐어요.

② 뒤 절에는 시간과 관련된 '되다, 지나다, 넘다, 흐르다, 경과하다' 등의 동사가 온다. 또한 이미 시간이 경과되었다는 의미로 사용되므로 주로 과거형으로 사용된다.

예) 대학생이 **된 지** 3개월이 됐어요.
감기에 **걸린 지** 일주일이 지났어요.
여자 친구를 **사귄 지** 1년이 넘었어요.
고향에 **다녀온 지** 3년이 흘렀어요.
수술을 **받은 지** 반 년이 경과했다.

③ 부정은 '-지 않은 지', '안 -은 지'로 쓴다. '안 -은 지'는 주로 구어에서 쓴다.

예) 비가 **오지 않은 지** 한 달이 됐다.
비가 **안 온 지** 한 달이 됐다.
나는 텔레비전을 **보지 않은 지** 1년이 됐다.
나는 텔레비전을 **안 본 지** 1년이 됐다.

+ 긍정과 부정의 문장 의미가 동일하게 해석되는 상황도 있다. 아래 예문처럼 '-은 지' 앞의 사건이 긍정으로 표현될 경우에는 '-은 지'와 결합한 행위가 순간적으로 행해지고 멈춘 것인지, 그 시점에 시작하여 지속적으로 행해진 것인지에 따라 정반대의 의미로 해석이 된다. '-은 지' 앞의 사건이 부정으로 표현될 경우에는 한 가지 뜻으로만 해석된다.

예) 비가 **온 지** 한 달이 됐다. (한 달 전에 비가 오고 안 왔다. / 한 달 내내 비가 오고 있다.)
비가 **오지 않은 지** 한 달이 됐다. (한 달 전에 비가 오고 안 왔다.)
텔레비전을 **본 지** 1년이 됐다. (텔레비전을 1년 전에 보고 안 봤다. / 텔레비전을 1년 내내 봐 왔다.)
텔레비전을 **보지 않은 지** 1년이 됐다. (텔레비전을 1년 전에 보고 안 봤다.)

제약 정보

① 형용사와 결합하지 않는다.

예) 날씨가 **추운 지** 한 달이 됐어요. (x)
건강이 **좋은 지** 2개월이 됐어요. (x)

+ 형용사는 '-어지다'가 붙으면 자동사가 되어 '-은 지'와 결합이 가능하다.

예) 날씨가 **추워진 지** 한 달이 됐어요. (o)
건강이 **좋아진 지** 2개월이 됐어요. (o)

② 과거 '-었-'과 결합하지 않는다.

예) 자전거를 **탔은 지** 한 달이 됐어요. (x)
책을 **읽었은 지** 오래 됐어요. (x)
자전거를 **탄 지** 한 달이 됐어요. (o)
책을 **읽은 지** 오래 됐어요. (o)

확장

① '-은 지' 뒤에 강조의 보조사 '도'가 붙을 수 있으며 뒤 절에는 시간의 경과의 길고 짧음을 강조하기 위한 보조사 '이나, 밖에' 등이 쓰이기도 한다.

예) 그를 **만난 지**도 1년이나 됐다.
한국어를 **공부한 지** 3년이나 됐어요.
대학원에 **입학한 지** 한 달밖에 안 됐다.
운전을 **배운 지** 일주일밖에 안 됐어요.

+ '밖에' 뒤에는 반드시 부정이 오기 때문에 '-은 지 ~밖에 안 되다'의 구성으로 쓴다.

② 뒤 절에 정확하게 경과한 시간 표현 대신 '-은 지 얼마 안 되다', '-은 지 한참 되다' 등의 표현을 사용하기도 한다.

예) 운동을 **시작한 지** 얼마 안 됐어요.
저도 여기에 **온 지** 얼마 안 됐어요.
수지 씨를 **만난 지** 한참 됐어요.
버스를 **기다린 지** 한참 됐어요.
마트에서 **장을 본 지** 오래 됐어요.

유사 문법

① '-은 지', '-은 다음에', '-은 뒤에', '-은 후에'

-은 지	-은 다음에, -은 뒤에, -은 후에
· '어떤 행위를 한 후'라는 의미를 나타낸다.	
· 뒤 절에는 시간이 얼마나 경과했는지를 나타내는 표현만 올 수 있다. 예) **결혼한 지** 2년이 됐어요. (o) **결혼한 지** 유학을 갔어요. (x)	· 시간의 선후를 나타내므로 뒤 절에는 앞 절의 행위 후 이루어진 행위를 제시해야 한다. 예) **결혼한 다음에/뒤에/후에** 유학을 갔어요. (o) **결혼한 다음에/뒤에/후에** 2년이 됐어요. (x)

② '-은 지', '-은지'

-은 지	-은지
· 형태적으로 유사하다.	
· '지'가 시간을 나타내는 의존명사이므로 '-은'과 띄어 쓴다. 예) 왕밍 씨는 전화를 **끊은 지** 30분이 됐어요. (왕밍 씨가 전화를 끊은 후 30분이 지났어요.)	· '-은지' 전체가 의문을 나타내는 연결어미이므로 붙여 쓴다. 예) 왕밍 씨가 전화를 **끊은지** 몰랐어요. (왕밍 씨가 전화를 끊었다는 사실을 몰랐어요.)

이렇게 도입해 보세요

(1) 교사: 왕밍 씨, 언제 한국어 공부를 시작했어요?
학생: 1월부터 한국어 공부를 시작했어요.
교사: 지금까지 시간이 얼마나 지났어요?
학생: 6개월이 지났어요.
교사: 왕밍 씨가 한국어 공부를 **시작한 지** 6개월이 지났어요.

(2) 교사: 미도리 씨, 한국에 언제 왔어요?
학생: 작년 5월에 한국에 왔어요.
교사: 미도리 씨는 작년 5월에 한국에 왔어요. 그리고 10개월이 지났어요. 미도리 씨는 한국에 **온 지** 10개월이 지났어요. 그리고 올해 5월이면 미도리 씨가 한국에 **온 지** 1년이 되어요.

+ '-은 지'를 도입할 때 (1)과 (2)처럼 특정 행위의 시점을 물어본 후, 대화 시점까지 얼마간의 시간이 지났는지를 인지하게 한다. 이때 판서를 통해 기준이 되는 시점부터 어느 정도의 시간이 흘렀는지를 확실히 알게 해 주는 것이 좋다. 그 후에 목표 문법을 사용하여 '기준 시점의 행위+경과된 시간'의 순서로 문장을 구성하여 제시한다.

+ 도입을 제시하며 다음과 같은 그래프 등을 이용하여 시각적으로 시간의 흐름에 대한 인식을 돕는다.

예)

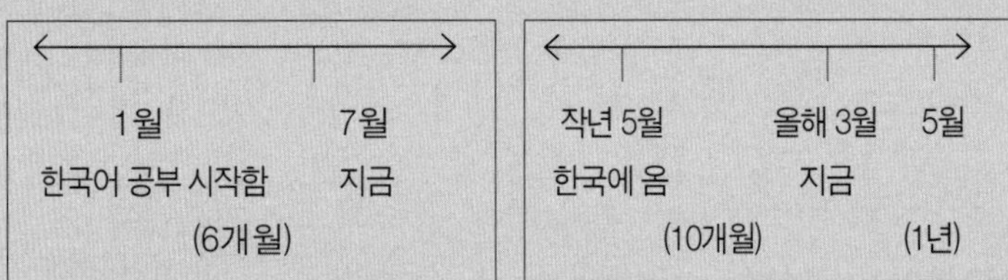

+ 특정 시점을 묻는 질문 '언제 ~ 했어요'에 대답할 때 그 시점을 직접적으로 대답해 주는 방식 이외에도 '-은 지'를 사용하여 경과된 시간을 제시해 주는 방식으로 대답할 수 있음을 알려 주는 게 좋다.

예) (1) 가: 수지 씨는 언제 결혼했어요?
나: 저는 **결혼한 지** 5년 됐어요.
(2) 가: 대학을 언제 졸업했어요?
나: **졸업한 지** 2년이나 지났어요.

-은 후에[-ㄴ 후에]{-은 후/-ㄴ 후}

앞의 행위가 뒤의 행위보다 **시간상 앞섬**을 나타내는 표현.

-은 후에 (동사에 붙어) 어떤 행위를 시간적으로 먼저 한 다음에 뒤의 행위를 함을 나타낸다. 시간 순서에 따른 행위를 나열하거나, 특정 시점이 지난 다음에 일어날 행위를 강조할 때 사용한다.

예문

(1) 가: 어제 저녁에 뭐 했어요?
나: 밥을 **먹은 후에** 텔레비전을 봤어요.

(2) 가: 왕밍 씨, 주말에 뭐 할까요?
나: 영화를 **본 후에** 쇼핑을 해요.

(3) 가: 언제 산책을 할래요?
나: 책을 다 **읽은 후에** 산책을 하고 싶어요.

(4) 가: 수업이 **끝난 후에** 뭐 할 거예요?
나: 도서관에 갈 거예요.

(5) 가: 한국어를 **공부한 후에** 뭐 하고 싶어요?
나: 한국 회사에 취직하고 싶어요.

손을 **씻은 후에** 식사를 하세요.

철수는 숙제를 **한 후에** 텔레비전을 봐요.

수지는 버스를 **탄 후에** 잠이 들었어요.

나는 책을 다 **읽은 후에** 잠을 잘 것이다.

영희는 **결혼한 후에** 공부를 시작했어요.

모두 자리에 **앉은 후에** 회의를 시작하겠습니다.

번개가 **친 후에** 비가 내립니다.

저는 스파게티를 **만든 후에** 샐러드를 만들 거예요.

저는 한국 음악을 **들은 후에** 한국을 좋아하게 됐어요.

미도리는 대학에 **입학한 후에** 남자 친구를 사귀었습니다.

+ '-은 후에'는 시간상 선후 관계에 있는 행위를 나타낼 때 사용한다. 따라서 여러 가지의 행위를 시간 순서로 나열할 때 사용하거나, 특정 행위가 끝난 이후에 일어날 행위를 나타낼 때 사용할 수 있다는 것을 위의 대화문을 바탕으로 설명하는 게 좋다. 예를 들어 '어제 저녁에 뭐 했어요?'와 같은 질문에는 어제 저녁에 한 여러 가지 일들을 시간 순서로 '밥을 먹은 후에 텔레비전을 봤어요.'와 같이 대답할 수 있다. 이에 비해 '수업이 끝난 후에 뭐 할 거예요?'와 같이 특정 행위 이후에 일어날 행위에 대해 말하기 위해 '-은 후에'를 사용할 수도 있다. 이러한 경우에는 뒤 절의 행위가 내용의 중심이 된다.

+ '저는 한국 음악을 들은 후에 한국을 좋아하게 됐어요.'와 같은 문장에서는 앞 절과 뒤 절의 내용이 단순히 시간상의 선후만을 나타내는 것이 아니라, 앞 절의 행위에 의한 결과적 행위로 뒤 절이 올 수 있음을 보여 준다.

형태 정보

① 동사 어간 끝음절에 받침이 있으면 '-은 후에'를 쓴다.

예) 씻- + -은 후에 → 씻은 후에　　받- + -은 후에 → 받은 후에
찾- + -은 후에 → 찾은 후에　　읽- + -은 후에 → 읽은 후에
먹- + -은 후에 → 먹은 후에　　잡- + -은 후에 → 잡은 후에

② 동사 어간 끝음절에 받침이 없거나 'ㄹ' 받침으로 끝나면 '-ㄴ 후에'를 쓴다. 단, 'ㄹ' 받침으로 끝날 때는 'ㄹ'이 탈락한다.

예) 타- + -ㄴ 후에 → 탄 후에　　배우- + -ㄴ 후에 → 배운 후에
보- + -ㄴ 후에 → 본 후에　　쓰- + -ㄴ 후에 → 쓴 후에
놀- + -ㄴ 후에 → 논 후에　　만들- + -ㄴ 후에 → 만든 후에

①	받침 ○	+ -은 후에	씻은 후에, 받은 후에, 찾은 후에, 읽은 후에, 먹은 후에, 잡은 후에
②	받침 ×	+ -ㄴ 후에	탄 후에, 배운 후에, 본 후에, 쓴 후에
	ㄹ 받침	+ -ㄴ 후에 (어간 'ㄹ' 탈락)	논 후에, 만든 후에

③ 불규칙

묻-　예) 왕밍 씨의 생각을 **물은 후에** 시간을 정할까요?

굽-　예) 고기를 **구운 후에** 찌개를 끓일게요.

낫-　예) 감기가 **나은 후에** 수영장에 가고 싶어요.

제약 정보

① 형용사와 결합하지 않는다.

예) 날씨가 **추운 후에** 눈이 올 거예요. (x)
건강이 **좋은 후에** 일을 시작할 거예요. (x)

+ 형용사는 '-어지다'가 붙으면 자동사가 되어 '-어 있다'와 결합이 가능하다.

예) 날씨가 **추워진 후에** 눈이 올 거예요. (o)
건강이 **좋아진 후에** 일을 시작할 거예요. (o)

+ 행위의 앞섬을 뜻하므로 상태를 나타내는 형용사와는 결합하지 않는다.

② 과거 '-었-'이 결합하지 않는다.

예) 책을 **<u>읽었은 후에</u>** 독후감을 썼어요. (x)
식사를 **<u>했은 후에</u>** 커피를 마셨어요. (x)
책을 **읽은 후에** 독후감을 썼어요. (o)
식사를 **한 후에** 커피를 마셨어요. (o)

+ 이미 알고 있듯이 '-은'은 과거 시제를 나타내는 선어말어미이기 때문에 과거 시제를 나타내는 '-었-'이 결합할 필요가 없다.

확장

① '에'를 생략한 '-은/-ㄴ 후'의 구성으로 쓰기도 한다. 주로 구어에서 사용한다.

예) 저는 대학을 **졸업한 후** 배낭여행을 갈 거예요.
철수는 숙제를 **마친 후** 놀 거예요.
저는 한국에 **온 후** 한국 음식을 좋아하게 됐어요.
철수 씨는 미도리 씨를 **만난 후** 사랑에 빠졌어요.
비가 **온 후** 날씨가 추워졌어요.

② '명사+후(에)'의 구성으로 쓰기도 한다.

예) 영수 씨가 한 달 **후에** 결혼을 해요.
도착 **후에** 바로 전화 주세요.
저는 취업 **후** 결혼할 거예요.
일주일 **후에** 시험이 있어요.
저는 졸업 **후** 유학을 갈 거예요.

+ 이때 명사는 시간을 나타내거나 행위와 관련된 의미, 즉 서술성을 가지고 있거나 서술성을 명백하게 추측할 수 있어야 한다.

예) 어머니는 밥 **후에** 텔레비전을 봐요. (x)
남자 친구는 학교 **후에** 아르바이트를 갑니다. (x)
어머니는 식사 **후에** 텔레비전을 봐요. (o)
남자 친구와 졸업 **후에** 결혼할 거예요. (o)

③ '-은 뒤에', '-은 다음에'와 바꿔 쓸 수 있다. 이때 조사 '에'는 모두 생략될 수 있다.

예) 철수는 아침에 일어나서 세수를 **한 후(에)** 밥을 먹어요.
아침에 일어나서 세수를 **한 뒤(에)** 밥을 먹어요.
아침에 일어나서 세수를 **한 다음(에)** 밥을 먹어요.

④ 행위의 단순 나열의 의미로 사용될 때 부정 형태 '-지 않은 후에', '안 -은 후에'가 사용되면 의미적으로 어색한 경우가 많다.

예) 텔레비전을 **본 후에** 잠을 잤다.
텔레비전을 **안 본 후에** 잠을 잤다. (??)
밥을 **먹지 않은 후에** 산책을 했다. (??)
밥을 **안 먹은 후에** 산책을 안 했다. (x)

+ '-은 후에'는 완료된 행위를 시간적 순서로 나열하는 것이기 때문에 하지 않은 행위 자체를 완료하여 나열한다는 것은 의미적으로 모순된다. 그러나 '술을 마시지 않은 후에 건강해졌다, 라면을 안 먹은 후에 살이 빠졌다.'처럼 앞 절의 행위로 인한 결과적 행위나 상태가 뒤 절의 내용으로 오면 자연스럽게 사용된다.

예) 라면을 **먹지 않은 후에** 살이 빠졌다. / 라면을 **안 먹은 후에** 살이 빠졌다.
술을 **마시지 않은 후에** 건강해졌다. / 술을 **안 마신 후에** 건강해졌다.

유사 문법

① '-은 후에', '-고2)'

<table>
<tr><th>-은 후에</th><th>-고2)</th></tr>
<tr><td colspan="2">· '어떤 행위를 한 다음에'라는 의미를 나타낸다.</td></tr>
<tr><td>· 앞 절의 행위가 뒤 절의 행위보다 앞섬을 나타내며, 앞 행위의 완료에 초점을 둔다.
예) 수지는 숙제를 한 후에 친구를 만났다.</td><td>· 앞 절의 행위가 끝났다는 완료의 의미를 나타내기는 하지만, 단순히 행동의 연결에 초점을 둔다.
예) 수지는 숙제를 하고 친구를 만났다.</td></tr>
</table>

② '-은 후에', '-기 전에'

<table>
<tr><th>-은 후에</th><th>-기 전에</th></tr>
<tr><td colspan="2">· 앞 절과 뒤 절의 시간의 선후 관계를 나타낸다.</td></tr>
<tr><td>· 앞 절의 행위가 뒤 절의 행위보다 먼저임을 나타낸다.
· 행위를 시간 순서대로 A, B라고 했을 때, 'A은 후에 B'의 구성이 된다.
예) 철수는 운동을 한 후 샤워를 해요.
수지는 신문을 본 후 출근했어요.</td><td>· 앞 절의 행위가 뒤 절의 행위보다 나중임을 나타낸다.
· 행위를 시간 순서대로 A, B라고 했을 때, 'B기 전에 A'의 구성이 된다.
예) 철수는 샤워를 하기 전에 운동을 해요.
수지는 출근하기 전에 신문을 봤어요.</td></tr>
</table>

+ '-은 후에'는 '후(後)'라는 한자어의 의미대로 이 절의 행위가 뒤 절의 행위보다 앞서 있으나 '-기 전에'는 '전(前)'이라는 한자어의 의미대로 이 절의 행위가 뒤 절의 행위보다 뒤에 일어남을 뜻한다. 그러므로 두 표현을 사용하여 동의의 문장을 만들면 앞뒤의 동사가 바뀐다.

③ '-은 후에', '-은 다음에', '-은 뒤에', '-은 지'

<table>
<tr><th>-은 후에, -은 다음에, -은 뒤에</th><th>-은 지</th></tr>
<tr><td colspan="2">· '어떤 행위를 한 후'라는 의미를 나타낸다.</td></tr>
<tr><td>· 시간의 선후를 나타내므로 뒤 절에는 앞 절의 행위 후 이루어진 행위를 제시해야 한다.
예) 결혼한 다음에/뒤에/후에 유학을 갔어요. (o)
결혼한 다음에/뒤에/후에 2년이 됐어요. (x)</td><td>· 뒤 절에는 시간이 얼마나 경과했는지를 나타내는 표현만 올 수 있다.
예) 결혼한 지 2년이 됐어요. (o)
결혼한 지 유학을 갔어요. (x)</td></tr>
</table>

이렇게 도입해 보세요

(1) 교사: 왕밍 씨, 어제 집에 가서 뭐 했어요?
학생: 어제 집에 가서 컴퓨터를 했어요.
교사: 컴퓨터를 하고 그 다음에 뭐 했어요?
학생: 컴퓨터를 하고 잠을 잤어요.
교사: 왕밍 씨는 어제 집에 가서 컴퓨터를 하고 잠을 잤어요. 왕밍 씨는 컴퓨터를 **한 후에** 잠을 잤어요.

(2) 교사: 줄리아 씨, 수업이 끝나면 뭐 할 거예요?
학생: 학생 식당에서 밥을 먹을 거예요.
교사: 줄리아 씨는 수업이 **끝난 후에** 학생 식당에서 밥을 먹을 거예요. 그리고 밥을 먹으면 뭐 할 거예요?
학생: 밥을 먹으면 도서관에서 공부를 할 거예요.
교사: 줄리아 씨는 밥을 **먹은 후에** 도서관에서 공부를 할 거예요.

+ '-은 후에'의 도입을 위해 시간의 선후 관계를 알 수 있는 상황을 제시하는 게 좋다. 먼저 했던 일을 순차적으로 나열하여 문장을 만들어 제시해 주고, 다음에는 앞으로 할 일을 '-은 후에'와 연결하여 제시한다. 목표 문법을 도입한 후 학생들에게 '줄리아 씨가 밥을 먹은 후에 도서관에서 공부를 할 거예요?', '도서관에서 공부를 한 후에 밥을 먹을 거예요?'와 같은 질문을 하여, 목표 문법이 시간의 선후를 나타내므로 행위의 순서 배열에 따라 의미가 달라짐을 알 수 있도록 유도하면 좋다.

+ 도입을 제시하며 다음과 같이 시간에 따른 행위를 순차적으로 판서하고 설명을 하면 시간의 선후 관계에 대한 인식을 도울 수 있다.

예)

왕밍	
5시 5시 30분 8시 ⋮	집에 갔어요. 컴퓨터를 했어요. 잠을 잤어요. ⋮

줄리아	
1시 1시 30분 2시 30분 ⋮	수업이 끝나요. 학생 식당에서 밥을 먹을 거예요. 도서관에서 공부를 할 거예요. ⋮

-을 것 같다[-ㄹ 것 같다/-는 것 같다/-은 것 같다]

추측을 나타내는 표현.

-을 것 같다 (동사나 형용사, '이다, 아니다'에 붙어) 말하는 사람이 어떤 일에 대해 추측함을 나타낸다. 여러 상황으로 미루어 추측하는 말을 할 때 주로 사용한다.

예문

(1) 가: 날씨가 어때요?
나: 흐린 걸 보니 비가 **올 것 같아요**.

(2) 가: 이 음식은 맛이 어때요?
나: 김치가 들어가서 **매울 것 같아요.**

(3) 가: 우리 이 영화 볼까요?
나: 네, **재미있을 것 같아요**.

(4) 가: 줄리아 씨, 언제 여행을 떠나요?
나: 다음 달에 **떠날 것 같아요.**

(5) 가: 수지 씨, 주말에 시간 있어요?
나: 아니요, **바쁠 것 같아요.**

영수가 장학금을 **받을 것 같다.**

내일 날씨가 **흐릴 것 같아요.**

비빔밥이 **매울 것 같아요.**

한국어는 **어려울 것 같았습니다.**

수업이 빨리 **끝날 것 같아요.**

수지가 오늘 학교에 **올 것 같아요.**

저 사람이 왕밍 씨**일 것 같아요.**

이 책은 **쉬울 것 같아요.**

길이 막혀서 **늦을 것 같아요.**

주말에는 눈이 **내릴 것 같습니다.**

+ '-을 것 같다'는 추측의 의미를 나타낸다. '흐린 걸 보니 비가 올 것 같아요, 김치가 들어가서 매울 것 같아요.'와 같이 대답하는 것은 근거를 가지고 추측하는 상황이다. 이와는 달리 '바쁠 것 같아요, 다음 달에 떠날 것 같아요.'와 같이 대답하는 것은 자기 자신의 상황에 대한 추측이나 불확실한 결정에 대해 말하고 있다.

형태 정보

① 동사 및 형용사 어간 끝음절에 받침이 있으면 '-을 것 같다'를 쓴다.

예) 찾- + -을 것 같다 → 찾을 것 같다　　먹- + -을 것 같다 → 먹을 것 같다
　　입- + -을 것 같다 → 입을 것 같다　　좋- + -을 것 같다 → 좋을 것 같다
　　작- + -을 것 같다 → 작을 것 같다　　넓- + -을 것 같다 → 넓을 것 같다

② 동사 및 형용사 어간 끝음절에 받침이 없거나 'ㄹ' 받침으로 끝나면 '-ㄹ 것 같다'를 쓴다. 단, 'ㄹ' 받침으로 끝날 때는 'ㄹ'이 탈락한다.

예) 가- + -ㄹ 것 같다 → 갈 것 같다　　크- + -ㄹ 것 같다 → 클 것 같다
　　배우- + -ㄹ 것 같다 → 배울 것 같다　　예쁘- + -ㄹ 것 같다 → 예쁠 것 같다
　　졸- + -ㄹ 것 같다 → 졸 것 같다　　만들- + -ㄹ 것 같다 → 만들 것 같다

①	받침 ○	+ -을 것 같다	찾을 것 같다, 먹을 것 같다, 입을 것 같다, 좋을 것 같다, 작을 것 같다, 넓을 것 같다
②	받침 ×	+ -ㄹ 것 같다	갈 것 같다, 클 것 같다, 배울 것 같다, 예쁠 것 같다
	ㄹ 받침	+ -ㄹ 것 같다(어간 'ㄹ' 탈락)	졸 것 같다, 만들 것 같다

③ '이다, 아니다'는 '-ㄹ 것 같다'를 쓴다.

예) 외국 사람이- + -ㄹ 것 같다 → 외국 사람일 것 같다
　　선생님이- + -ㄹ 것 같다 → 선생님일 것 같다
　　배우이- + -ㄹ 것 같다 → 배우일 것 같다
　　운동선수이- + -ㄹ 것 같다 → 운동선수일 것 같다
　　아니- + -ㄹ 것 같다 → 아닐 것 같다

④ 불규칙

듣-　예) 줄리아 씨도 이 소식을 **들을 것 같다**.

덥-　예) 오늘 날씨가 **더울 것 같아요**.

낫-　예) 이제 감기가 **나을 것 같다**.

그렇-　예) 내 생각에도 **그럴 것 같다**.

문장 구성 정보

① 부정문은 '-지 않을 것 같다, 안 -을 것 같다, -을 것 같지 않다'로 쓴다. '안 -을 것 같다'는 주로 구어에서 쓴다.

예) 오늘은 비가 **오지 않을 것 같다**. (o)
오늘은 비가 **안 올 것 같다**. (o)
오늘은 비가 **올 것 같지 않다**. (o)
오늘은 비가 **올 것 안 같다**. (x)

+ 아래 예문을 비교해 보면 '같다'를 부정하는 '-을 것 같지 않다'와 추측 내용 자체를 부정하는 '-지 않을 것 같다', '안 -을 것 같다'의 의미 차이가 거의 없음을 알 수 있다.

예) 줄리아 씨가 이 가방을 **좋아할 것 같지 않아요.**
줄리아 씨가 이 가방을 **좋아하지 않을 것 같아요.**

② 주어를 높일 때는 '-으실 것 같다'로 쓴다.

예) 할머니께서 **기뻐할 것 같다**. (x)
할머니께서 **기뻐할 것 같으시다**. (x)
할머니께서 **기뻐하실 것 같다**. (o)

제약 정보

① '-을 것 같다'의 의미가 추측이므로 미래 · 추측을 나타내는 '-겠-'과는 결합하지 않는다.

예) 내일은 날씨가 **좋을 것 같겠어요**. (x)
내일은 날씨가 **좋겠을 것 같아요**. (x)

② '-었을 것 같다'의 형태로 과거에 대한 추측을 나타내기도 한다. 과거 추측인 '-은 것 같다'는 동사와만 결합하는 데 비해, '-었을 것 같다'는 동사, 형용사와 모두 결합한다.

예) 어제 제주도 날씨가 **흐린 것 같다**. (x)
어제 제주도 날씨가 **흐렸을 것 같다**. (o)
어제 춘천에 눈이 **온 것 같다**. (o)
어제 춘천에 눈이 **왔을 것 같다**. (o)

+ '어제 날씨가 흐린 것 같다.'는 잘못된 표현이지만 '어제 날씨가 흐린 것 같았다.'는 과거 상태에 대한 과거 시점의 추측으로 사용될 수 있는 표현이다.

확장

① '-을 것 같다/-ㄹ 것 같다'는 미래에 대한 추측, '-는 것 같다/-은 것 같다/-ㄴ 것 같다'는 현재에 대한 추측, '-은 것 같다/-ㄴ 것 같다/-었을 것 같다/-았을 것 같다'는 과거에 대한 추측을 나타낸다.

시제	형태		예문
미래	동사 결합	-을 것 같다 -ㄹ 것 같다	주말에 등산화를 **신을 것 같다.** 주말에 눈이 **올 것 같다.**
	형용사 결합	-을 것 같다 -ㄹ 것 같다	주말에 날씨가 **맑을 것 같다.** 주말에 날씨가 **흐릴 것 같다.**
현재	동사 결합	-는 것 같다	지금 바람이 **부는 것 같다.** 지금 눈이 **오는 것 같다.**
	형용사 결합	-은 것 같다 -ㄴ 것 같다	지금 날씨가 **맑은 것 같다.** 지금 날씨가 **흐린 것 같다.**
과거	동사 결합	-은 것 같다 -ㄴ 것 같다 -었을 것 같다 -았을 것 같다 -였을 것 같다	어제 눈이 **녹은 것 같다.** 어제 눈이 **온 것 같다.** 어제 눈이 **내렸을 것 같다.** 어제 눈이 **왔을 것 같다.** 어제 수지가 늦게까지 **공부했을 것 같다.**
	형용사 결합	-었을 것 같다 -았을 것 같다 -였을 것 같다	어제 날씨가 **흐렸을 것 같다.** 어제 날씨가 **맑았을 것 같다.** 이곳은 언제나 **조용했을 것 같다.**

+ '-는 것 같다'는 동사 어간 끝음절 받침 유무에 관계없이 '-는 것 같다'를 쓴다.

예) 입- + -는 것 같다 → 입는 것 같다
그리- + -는 것 같다 → 그리는 것 같다
만들- + -는 것 같다 → 만드는 것 같다

② 과거 시점에서의 과거, 현재, 미래의 사실이나 내용에 대한 추측을 나타낼 때는 각각 '-은 것 같았다/-는 것 같았다/-을 것 같았다'를 쓴다.

시제		형태	예문
과거에서의 추측	과거 사실이나 내용	-은 것 같았다 -었을 것 같았다	어제, 비가 **온 것 같았다**. (어제보다 더 과거의 시점에 비가 왔었다는 사실에 대해 어제 추측했다.)
	현재 사실이나 내용	-는 것 같았다 -은 것 같았다	어제, 비가 **오는 것 같았다**. (어제 비가 오고 있음을 그 순간에 추측했다.)
	미래 사실이나 내용	-을 것 같았다	어제, 비가 **올 것 같았다**. (어제보다 미래에 비가 올 것이라고 어제 추측했다.)

③ '-을 것 같다'와 '-은 것 같다'의 의미가 확신의 정도에 의해 구분되기도 한다. '-을 것 같다'보다 '-은 것 같다'가 더 강한 확신을 가진 추측의 의미로 사용된다.

예) 가: 미나 씨는 아르바이트를 하니까 **바쁠 것 같아**.
나: 맞아요. 전화도 안 받는 걸 보면 정말 **바쁜 것 같아요**.
(아르바이트를 한다는 정황상의 근거를 가지고 바쁠 것 같다고 추측하지만, 이어서 전화를 받지 않는 보다 확실한 행위의 근거를 가지고 바쁜 것 같다고 추측하고 있다.)

④ '-을 것 같다'는 사실이나 생각에 대해 간접적으로 부드럽게 표현하기 위해 사용하기도 한다. 때로는 소극적인 태도로 보일 수도 있다.

예) 가: 같이 저녁을 먹을래요?
나: 죄송해요. 오늘 **바쁠 것 같아요**.
(오늘 바쁘다는 사실에 대해 확실하지 않은 것처럼 표현하여 상대방에게 부담을 줄여준다.)

⑤ '-을 것 같다'가 '죽다, 살다, 미치다' 등에 붙어, 힘든 상황이거나 힘든 상황에서 벗어난 상황에서 관용적으로 쓰인다.

예) 너무 더워서 **죽을 것 같아**.
배가 너무 고파서 **미칠 것 같아**.
배가 부르니 **살 것 같다**.

유사 문법

① '-을 것 같다', '-을걸'

-을 것 같다	-을걸
· '추측'을 나타낸다.	
· 추측에 대한 확신이 강하지 않을 때에 사용한다. 예) 가: 내일은 비가 안 온다면서요? 나: 아뇨. 비가 **올 것 같아요.**	· 추측에 대한 확신이 강할 때에 사용한다. 예) 가: 내일은 비가 안 온다면서요? 나: 아뇨. 비가 **올걸요.**
· 격식적인 상황에서도 사용할 수 있다. 예) 가: 여러분, 오늘은 단체장들의 의견을 듣도록 하겠습니다. 나: 이 의견은 중요하게 들을 필요가 **있을 것 같습니다.** (o)	· 격식적인 상황에서는 쓸 수 없다. 예) 가: 여러분, 오늘은 단체장들의 의견을 듣도록 하겠습니다. 나: 이 의견은 중요하게 들을 필요가 **있을걸요.** (x)
· 듣는 사람에게 공손한 태도로 말할 때에 사용할 수 있다. 예) 교수님, 희수는 오늘 일이 있어서 회의에 못 **갈 것 같습니다.** (o)	· 듣는 사람에게 공손한 태도로 말할 때에는 사용할 수 없다. 예) 교수님, 희수는 오늘 일이 있어서 회의에 못 **갈걸요.** (x)

+ '-을 것 같다'는 말하는 사람이 듣는 사람에게 어떤 사실을 전달하면서 공손한 태도로 말할 때에 사용한다. '교수님, 오늘 일이 있어서 회의에 못 갑니다.'보다 '교수님, 오늘 일이 있어서 회의에 못 갈 것 같습니다.'가 더 공손한 의미로 사용된다. 다시 말해, 이때의 '-을 것 같다'는 추측의 의미가 아니라 공손성의 한 표현이다.

② '-을 것 같다', '-는 것 같다', '-는 듯하다', '-는 모양이다', '-나 보다'

-을 것 같다, -는 것 같다, -는 듯하다	-는 모양이다, -나 보다
· '추측'을 나타낸다.	
· 자신에 대한 사실이나 생각을 간접적으로 부드럽게 표현하기 위해 사용하기도 한다. 예) 저는 한국어를 **잘하는 것 같아요.** 저는 한국어를 **잘하는 듯해요.**	· 직접 경험한 것이 아닌, 다른 근거로 추정할 때만 사용한다. 따라서 화자 자신에 대한 추측에는 사용하지 않는다. 예) 줄리아 씨가 **늦는 모양이에요.** 줄리아 씨가 **늦나 봐요.** 저는 한국어를 **잘하는 모양이에요.** (x) 저는 한국어를 **잘하나 봐요.** (x)

이렇게 도입해 보세요

(1) 교사: 왕밍 씨, 여자 친구 있어요?
학생: 네, 있어요.
교사: 여자 친구와 헤어지면 기분이 어떨까요?
학생: 슬퍼요.
교사: 여자 친구와 헤어지면 기분이 슬퍼요. 기분이 **슬플 것 같아요.**

(2) (식당에 손님이 많은 그림을 보여 주며)
교사: 이 식당 음식이 맛있을까요?
학생: 네, 맛있어요.
교사: 왜 그렇게 생각해요?
학생: 손님이 많아요.
교사: 왕밍 씨, 손님이 많아요. 이 식당의 음식이 **맛있을 것 같아요?** 저도 그렇게 생각해요.

+ (1)은 학생에게 가정의 상황을 제시하여 기분이 어떨 것 같은지 물어봄으로써 추측하게 하는 상황이다. 위의 상황 외에도 시험을 잘 보거나 못 본 상황, 복권에 당첨된 상황, 좋아하는 연예인을 만나게 되는 상황 등 학생의 형편이나 관심사와 관련된 상황을 제시하는 게 좋다.

+ (2)는 추측할 수 있는 근거가 있는 상황을 시각 자료로 제시하여 추측의 의미에 접근하도록 한다.

–을 것[1][-ㄹ 것[1]]

명령이나 지시의 의미를 나타내면서 **문장을 종결**하는 표현.

–을 것[1] (동사에 붙어) 명령이나 지시를 나타낸다. 어떤 일을 해야 하는 당위성이나 의무가 있음을 나타내거나 누군가에게 해야 할 일을 알릴 때 쓴다. 주로 문어에서 사용한다.

예문

회의에 **참석할 것**.

전기를 **아껴 쓸 것**.

하루에 세 번 이를 **닦을 것**.

쓰레기를 아무 데나 버리지 **말 것**.

밥 먹기 전에 반드시 손을 **씻을 것**.

보고서 **제출할 것**.

세 시까지 교실로 **올 것**.

이 책을 다음 주까지 **읽을 것**.

여기서 30분 **기다릴 것**.

수업 전에 자료를 모두 **읽을 것**.

+ '–을 것'은 동사에 붙어 명사절을 만드는데, 뒤에 다른 말이 오지 않고 '–을 것'으로 끝나면 명령이나 지시의 의미를 나타낸다. 일반적으로 말할 때는 쓰지 않고 메모, 담화문, 공지문 등의 글에서만 쓴다. 가까운 친구나 아랫사람에게 또는 본인 스스로에게 지시, 명령할 때 쓰며, 대중을 상대로 당위성이나 의무를 나타내기 위해서도 쓴다.

+ '회의에 참석할 것'은 회의에 참석해야 함을 나타내고, '보고서 제출할 것' 또한 보고서를 제출해야 하는 의무가 있음을 나타낸다. '쓰레기를 아무 데나 버리지 말 것'은 쓰레기를 아무 데나 버리지 말라는 것이고, '수업 전에 자료를 모두 읽을 것'은 수업에 가기 전에 자료를 모두 읽으라고 본인 스스로에게 강조하고자 간단하게 메모 형식으로 나타낸 말이다.

형태 정보

① 동사 어간 끝음절에 받침이 있으면 '-을 것'을 쓴다.

예) 먹- + -을 것 → 먹을 것　　입- + -을 것 → 입을 것
　읽- + -을 것 → 읽을 것　　찾- + -을 것 → 찾을 것
　놓- + -을 것 → 놓을 것　　끊- + -을 것 → 끊을 것

② 동사 어간 끝음절에 받침이 없거나 'ㄹ' 받침으로 끝나면 '-ㄹ 것'으로 쓴다. 단, 'ㄹ' 받침으로 끝날 때는 'ㄹ'이 탈락한다.

예) 쓰- + -ㄹ 것 → 쓸 것　　마시- + -ㄹ 것 → 마실 것
　하- + -ㄹ 것 → 할 것　　이기- + -ㄹ 것 → 이길 것
　놀- + -ㄹ 것 → 놀 것　　만들- + -ㄹ 것 → 만들 것

①	받침 ○	+ -을 것	먹을 것, 입을 것, 읽을 것, 찾을 것, 놓을 것, 끊을 것
②	받침 ×	+ -ㄹ 것	쓸 것, 마실 것, 할 것, 이길 것
	ㄹ 받침	+ -ㄹ 것(어간 'ㄹ' 탈락)	놀 것, 만들 것

③ 불규칙

듣-　예) 내일 7시에 수업을 **들을 것**.

짓-　예) 항상 웃음을 **지을 것**.

줍-　예) 길에 버려진 쓰레기를 **주울 것**.

문장 구성 정보

① 부정문은 '-지 않을 것', '-지 말 것'으로 쓴다.

예) 줄리아 씨와 **만나지 않을 것**.
　줄리아 씨를 **만나지 말 것**.
　희망을 **놓지 않을 것**.
　희망을 **놓지 말 것**.

+ 이때 '-지 않을 것'과 '-지 말 것'은 의미 차이가 있다. '-지 않을 것'은 단순 부정으로 스스로의 다짐이나 상대에 대한 경고를 의미하는 반면 '-지 말 것'은 금지 명령의 의미가 강하다.

제약 정보

① 과거 '-었-', 미래 · 추측의 '-겠-'과 결합하지 않는다.

예) 어제 학교에 **왔을 것**. (x)
내일 운동장에 **오겠을 것**. (x)
12시 전에 **자겠을 것**. (x)

유사 문법

① '-을 것[1]', '-기'

-을 것[1]	-기
· 동사에 붙어 미래의 계획을 나타낸다.	
· 어떤 일을 해야 하는 당위성을 나타낸다. 예) 내일 세 시까지 **갈 것**. 김 선생님께 보고서를 **제출할 것**.	· 단순한 계획을 나타낸다. 예) 내일 세 시까지 **가기**. 김 선생님께 보고서를 **제출하기**.

+ '-을 것[1]'과 '-기'는 모두 문장의 마지막에 쓰여 문장을 끝맺는 기능을 한다. 두 표현 모두 미래의 계획을 나타내지만 그 의미에는 약간의 차이가 있다. '-을 것[1]'이 '-기'보다 당위성 및 의무의 기능을 더 많이 포함하고 있다.

② '-을 것[1]', '-을 것[2]'

-을 것[1]	-을 것[2]
· 어미 '-을'과 의존명사 '것'이 함께 쓰인 표현이다.	
· 문장을 종결하며, 명령이나 지시의 의미를 나타낸다. 예) 서울역에 5시까지 **도착할 것**.	· 문장에서 동사 및 형용사를 명사로 바꾸어 주어나 목적어 역할을 하게 한다. 예) 줄리아 씨도 서울역에 **갈 것**을 알았다.

이렇게 도입해 보세요

(1) 교사: 여러분, 내일 몇 시까지 학교에 와야 해요?
학생: 아홉 시까지 와야 해요.
교사: 네, 아홉 시까지 학교에 와야 해요. 자, 이렇게 글로 쓸 수 있어요. '내일 아침 아홉 시까지 학교에 **올 것**' 선생님이 얘기해요. 내일 아침 아홉 시까지 학교에 와야 해요. 글로 써요. '내일 아침 아홉 시까지 학교에 **올 것**'.

(2) 교사: 앤디 씨, 이 종이에 쓰여 있는 글을 읽어 보세요.
학생: '금요일까지 숙제를 **낼 것**'.
교사: 네, 맞아요. 여러분 모두 금요일까지 선생님에게 숙제를 내야 합니다. 내지 않으면 안 돼요. 알았죠?
학생: 네, 알겠어요.

+ (1)의 '아침 아홉 시까지 학교에 올 것.', (2)의 '금요일까지 숙제를 낼 것.' 모두 선생님이 학생들에게 무언가를 지시하는 내용의 예문이다. 대중을 상대로 당위성이나 의무를 나타낼 때 위와 같은 표현을 사용할 수 있다. 학생들에게 친숙한 상황을 사용하여 자연스럽게 도입을 유도할 수 있다.

–을 것²[–ㄹ 것²]

문장에서 **명사**처럼 쓰여 **주어나 목적어** 등으로 사용하도록 만드는 표현.

–을 것² (동사나 형용사, '이다, 아니다'에 붙어) 미래의 어떤 행위나 사실을 가리키거나 행위와 관련된 사물을 나타낸다. 결합하는 말이 문장 내에서 명사로 기능하게 하여 주어나 목적어 및 서술어 등으로 사용할 수 있게 한다.

예문

(1) 가: 수지 씨, **먹을 것**이 있어요?
나: 네, 여기에 빵이 있어요.

(2) 가: 이번 시험에 **합격할 것**을 믿어요?
나: 네, 이번에는 반드시 합격할 거예요.

(3) 가: 심심한데 **읽을 것** 좀 주세요.
나: 여기 신문이 있어요.

(4) 가: 내일 날씨가 맑을까요?
나: 네, 날씨가 **맑을 것**으로 예상하고 있어요.

(5) 가: 이 문제가 어려워요?
나: 흐엉 씨에게는 **어렵지 않을 것**이 확실해요.

입을 것이 없는데 쇼핑하러 같이 갈래요?

이번 주말에는 영화관에 사람이 **많을 것**입니다.

이 드라마는 **재미있을 것**이다.

더운데 **마실 것** 좀 주세요.

주말에 비가 **올 것**입니다.

할머니께서 계속 **건강할 것**을 약속하셨다.

이 대학에 **다닐 것**을 상상해 보세요.

더 **닦아야 할 것**이 있으면 주세요.

수지 씨는 분명히 착한 사람**일 거라** 믿어요.

이번 시험은 중요한 시험이 **아닐 거**예요.

+ '–을 것'은 동사, 형용사에 붙어 명사로 기능하게 하는 표현으로 문장에서 주어, 목적어, 서술어 등의 역할을 한다.

+ '–을 것'의 '것'은 행위와 관련된 사물을 가리킬 수도 있으며, 행위나 사실 자체를 가리킬 수도 있다. '할머니께서 계속 건강할 것을 약속하셨다, 이 대학에 다닐 것을 상상해 보세요.' 등에서 '것'은 행위나 사실 자체를 가리킨다.

형태 정보

① 동사 및 형용사 어간 끝음절에 받침이 있으면 '-을 것'을 쓴다.

예) 먹- + -을 것 → 먹을 것　　입- + -을 것 → 입을 것
읽- + -을 것 → 읽을 것　　찾- + -을 것 → 찾을 것
많- + -을 것 → 많을 것　　작- + -을 것 → 작을 것

② 동사 및 형용사 어간 끝음절에 받침이 없거나 'ㄹ' 받침으로 끝나면 '-ㄹ 것'을 쓴다. 단, 'ㄹ' 받침으로 끝날 때는 'ㄹ'이 탈락한다.

예) 쓰- + -ㄹ 것 → 쓸 것　　마시- + -ㄹ 것 → 마실 것
깨끗하- + -ㄹ 것 → 깨끗할 것　　빠르- + -ㄹ 것 → 빠를 것
놀- + -ㄹ 것 → 놀 것　　만들- + -ㄹ 것 → 만들 것

①	받침 ○	+ -을 것	먹을 것, 입을 것, 읽을 것, 찾을 것, 많을 것, 작을 것
②	받침 ×	+ -ㄹ 것	쓸 것, 마실 것, 깨끗할 것, 빠를 것
	ㄹ 받침	+ -ㄹ 것(어간 'ㄹ' 탈락)	놀 것, 만들 것

③ '이다, 아니다'는 '-ㄹ 것'을 쓴다.

예) 외국 책이- + -ㄹ 것 → 외국 책일 것　　볼펜이- + -ㄹ 것 → 볼펜일 것
교사이- + -ㄹ 것 → 교사일 것　　운동선수이- + -ㄹ 것 → 운동선수일 것
아니- + -ㄹ 것 → 아닐 것

④ 불규칙

듣-　예) 저는 수지 씨에게 **들을 것**이 없어요.
짓-　예) 이곳에는 아직 **지을 것**이 많습니다.
줍-　예) 더 이상 **주울 것**이 없어요.

문장 구성 정보

① 부정문은 '-지 않을 것', '안 -을 것'으로 쓴다. '안 -을 것'은 주로 구어에서 쓴다.

예) 줄리아 씨와 **만나지 않을 것**을 알아요.
줄리아 씨를 **안 만날 것**을 알아요.
희망을 **놓지 않을 것**이 당연해요.
희망을 **안 놓을 것**이 당연해요.

② 주어를 높일 때는 '-으실 것'으로 쓴다.

예) 할머니께서 **좋아하실 것**으로 음식을 준비했어요.
사장님께서 이 대리를 **찾으실 것**을 알고 있었습니다.

③ 과거에 일어난 일에 대해 추측할 때에는 과거 '-었-'과 결합한다.

예) 지금쯤 집에 **도착했을 것**으로 믿어요.
이미 기차가 **떠났을 것**이라고 생각해요.

+ 과거에 발생했던 일에 대해 추측할 때도 '-을 것'의 '-을'을 쓸 수 있다. 이때 '-을'은 미래 시제를 나타내는 것이 아니라, '추측'의 의미를 지닌다.

제약 정보

① '-을 것'의 '-을'이 미래를 나타내므로 미래를 나타내는 '-겠-'과는 결합하지 않는다.

예) 비가 많이 **오겠을 것**으로 예상됩니다. (x)
눈이 내릴 때 같이 길을 **걷겠을 것**을 약속해요. (x)

확장

① '-는 것'은 현재, '-은 것/-ㄴ 것'은 과거 및 현재, '-을 것²/-ㄹ 것²'는 미래의 행위나 상태 및 사실을 나타낸다.

결합어의 품사	시제 및 형태		예문
동사	현재	-는 것	지금 **찾는 것**이 지갑이에요. 한국어를 **공부하는 것**이 힘들어요.
	과거	-은 것1) -ㄴ 것1)	지갑을 **찾은 것**을 기억해요. 한국어를 **공부한 것**이 도움이 돼요.
	미래	-을 것² -ㄹ 것²	반드시 지갑을 **찾을 것**입니다. 한국에 가서 **공부할 것**이 기대돼요.
형용사	현재	-은 것2) -ㄴ 것2)	저는 날씨가 **맑은 것**을 좋아해요. 수지 씨는 날씨가 **흐린 것**을 좋아해요.
	미래	-을 것² -ㄹ 것²	내일 날씨가 **맑을 것**으로 예상됩니다. 수지 씨는 날씨가 **흐릴 것**을 기대한다.

+ '-었던 것', '-던 것'으로 과거를 나타낼 수도 있으며 동사 및 형용사가 모두 결합할 수 있다. 형용사의 과거에는 '-은'을 사용하지 않으므로 형용사의 과거는 '-었던 것', '-던 것'으로만 쓴다.

예) 입- + -었던 것/-던 것 → 입었던 것/입던 것
잡- + -았던 것/-던 것 → 잡았던 것/잡던 것
재미있- + -었던 것/-던 것 → 재미있었던 것/재미있던 것
나쁘- + -았던 것/-던 것 → 나빴던 것/나쁘던 것

② 서술격조사 '이다'와 함께 '-을 것이다'로 쓰면 어떤 행위에 대한 강한 의지 및 추측을 나타낸다. 1인칭 주어와 쓰면 의지를 나타내며, 3인칭 주어와 쓰면 추측을 나타낸다.

예) (저는) 이번 시험에 **합격할 것입니다.** (1인칭 주어 : 의지)
(저는) 방학 때 아르바이트를 **할 거예요.** (1인칭 주어 : 의지)
내일은 눈이 **올 것이다.** (3인칭 주어 : 추측)
흐엉 씨는 지금 **잘 거예요.** (3인칭 주어 : 추측)

+ '-을 거예요'는 '-을 것이에요'의 축약형이다.

③ '-을 것이'를 줄여 '-을 게'로, '-을 것을'을 줄여 '-을 걸'로 쓰기도 한다. 주로 구어에서 사용한다.

예) 저녁에 **먹을 게** 없어요. 왕밍 씨가 의사가 **될 걸** 믿어요.

+ 서술격조사 '이다'가 결합한 '-을 것이다'는 '-을 것입니다', '-을 것이에요', '-을 것이다', '-을 것이야', '-을 것일까' 등 다양하게 활용하며 이는 각각 '-을 겁니다', '-을 거예요', '-을 거다', '-을 거야'로 줄여 쓴다.

유사 문법

① '-을 것²', '-는 것', '-은 것', '-기'

-을 것², -는 것, -은 것	-기
· 동사, 형용사 또는 '이다', '아니다' 등에 붙어 그 말이 문장 내에서 명사 기능을 하게 한다.	
· 뒤에 나오는 서술어에 제약이 거의 없다.	· 뒤에 나오는 서술어에 제약이 있다.
· 동사와 형용사('이다, 아니다' 포함)의 관형사형의 시제에 따라 '-는 것', '-은 것', '-을 것'이 나뉘어 쓰인다. 예) 그가 **가는 것**이 보인다. (동사 현재)/ 순희가 **예쁜 것**이 확실하다. (형용사 현재)/ 그 도둑이 **잡힌 것**을 나중에 들었다. (동사 과거)/ 영희가 **학생인 것**이 맞니? ('이다' 현재)/ 그가 **갈 것**이 예정되어 있다. (동사 미래)	· 동사와 형용사, '이다', '아니다' 모두에 '-기'가 붙는다. 시제는 과거와 미래를 나타내는 '-었-'과 '-겠-'이 붙어 '-었기', '-겠기'로 나타낸다. 예) 그는 아침에 **조깅하기**를 좋아한다. 영희가 **예쁘기**는 예쁘지? 저희 아버지께서 **교사였기에** 매우 엄하셨습니다. 이제는 수업을 **끝내야겠기에** 질문을 받지 않겠어요.

② '-을 것²', '-는 것', '-은 것', '-음'

-을 것², -는 것, -은 것	-음
· 동사, 형용사 또는 '이다', '아니다' 등에 붙어 그 말이 문장 내에서 명사 기능을 하게 한다.	
· 뒤에 나오는 서술어에 제약이 거의 없다.	· 뒤에 나오는 서술어에 제약이 있다.
· 동사와 형용사('이다, 아니다' 포함)의 관형사형의 시제에 따라 '-는 것', '-은 것', '-을 것'이 나뉘어 쓰인다. 예) 그가 **가는 것**이 보인다. (동사 현재) 순희가 **예쁜 것**이 확실하다. (형용사 현재) 그 도둑이 **잡힌 것**을 나중에 들었다. (동사 과거) 영희가 **학생인 것**이 맞니? ('이다' 현재) 그가 **갈 것**이 예정되어 있다. (동사 미래)	· 동사와 형용사, '이다', '아니다' 모두에 '-음'이 붙는다. 과거는 '-었음'으로 나타낸다. 예) 그가 일을 그렇게 **처리함**은 현명하다. 그가 가장 **어리석었음**이 드러났다.
· 미래 표현 '-을 것'은 종결형에서뿐 아니라 문장 속에 안겨서도 쓸 수 있다. 예) 그가 **갈 것**. (o) 그가 **갈 것**이 예정되어 있다. (o)	· 미래 표현 '-겠음'은 종결형으로만 쓰이고 문장 속에 안겨 쓰이지 않는다. 예) 내가 **가겠음**. (o) 그가 **가겠음**이 예정되어 있다. (x)
· 문어와 구어에 관계없이 쓰인다. 예) 그는 밤새 친구가 **왔다간 것**을 알았다. (o) 밤새 친구가 **왔다간 거** 알았어? (o) 나는 피로로 온몸이 **무거워진 것**을 느꼈다. (o) 가방이 **무거워진 거** 느꼈어? (o)	· 문어에서 주로 사용한다. 예) 그는 밤새 친구가 **왔다갔음**을 알았다. (o) 밤새 친구가 **왔다갔음**을 알았어? (?) 나는 피로로 온몸이 **무거워짐**을 느꼈다. (o) 가방이 **무거워짐**을 느꼈니? (?) 과학이 **발달함**으로써 세계가 하나가 되었다. (o)

③ '-을 것[2]', '-을 것[1]'

-을 것[2]	-을 것[1]
· 어미 '-을'과 의존명사 '것'이 함께 쓰인 표현이다.	
· 문장에서 동사 및 형용사를 명사로 바꾸어 주어나 목적어 역할을 하게 한다. 예) 줄리아 씨도 서울역에 **갈 것**을 알았다.	· 문장을 종결하며 명령이나 지시의 의미를 나타낸다. 예) 서울역에 5시까지 **도착할 것**.

이렇게 도입해 보세요

(1) 교사: 왕밍 씨, 왕밍 씨가 회사에 취직해요. 무엇을 기대해요?
학생: 돈을 많이 벌어요.
교사: 왕밍 씨는 돈을 많이 **벌 것**을 기대해요. 흐엉 씨는요?
학생: 결혼을 해요.
교사: 흐엉 씨는 **결혼할 것**을 기대해요.

(2) 교사: 선생님이 배가 고파요. 저는 **먹을 것**이 없어요. 여러분 **먹을 것**이 있어요?
학생: 네, 여기에 빵이 있어요.
교사: 줄리아 씨가 선생님에게 **먹을 것**을 주었어요. 그러면 **마실 것**이 있어요?
학생: 여기 주스가 있어요.
교사: 미도리 씨가 선생님에게 **마실 것**을 주었어요.

+ (1)에서는 '-을 것'을 미래의 추측되는 행위를 가리키는 의미로 제시하였다. 학습자가 체언이 아닌 용언으로 대답할 수 있도록 유도하는 것이 중요하다. '-을 것'이 목적어로 사용되는 상황이므로 목적어 자리에 올 수 있는 문장을 '-을 것'을 사용하여 바꿀 수 있음을 인식하도록 돕는다. (2)에서는 '-을 것'이 문장 내의 사물을 가리키고 있다. 또한 '-을 것'이 목적어와 주어 자리에 올 수 있음을 함께 제시하고 있다.

+ 다음과 같이 원래 명사의 자리에 문장이 온다는 것을 시각적으로 제시해 주는 것이 좋다.

예)

돈을 많이 벌 거예요. 결혼을 할 거예요. ⋮	기대해요. ⋮

↓

회사에 취직하면 (돈을 많이 벌다 / 결혼을 하다 / ⋮ + -을 것)을 기대해요.

선생님에게 (무엇)을 줬어요. ⋮	(그것은) 마실 거예요. (그것은) 먹을 거예요. ⋮

↓

미도리 씨가 선생님에게 (마시다 / 먹다 / ⋮ + -을 것)을 줬어요.

-을 때[-ㄹ 때]

어떤 행위나 상황이 일어나는 **순간**이나 **동안**을 나타내는 표현.

-을 때 (동사나 형용사에 붙어) 어떤 행위나 상황이 발생한 시간상의 순간이나 지속되는 동안을 나타낸다. 특정 시점에 행해진 일이나 발생한 상황을 나타내거나, 특정 조건 및 상황을 나타낼 때 사용한다.

예문

(1) 가: 언제 음악을 들어요?
나: 기분이 **좋을 때** 음악을 들어요.

(2) 가: 언제 기타를 배웠어요?
나: 대학교 **다닐 때** 배웠어요.

(3) 가: 시간이 **있을 때** 뭘 해요?
나: 영화를 봐요.

(4) 가: 철수 씨는 화가 **날 때** 어떻게 해요?
나: 저는 화가 **날 때** 따뜻한 차를 마셔요.

(5) 가: 왕밍 씨, 부모님이 보고 **싶을 때** 어떻게 해요?
나: 부모님께 전화를 해요.

밥을 **먹을 때** 친구가 왔어요.

저는 잠이 **올 때** 커피를 마셔요.

시간이 **있을 때** 전화해 주세요.

버스에서 **내릴 때** 오토바이를 조심하세요.

도서관에 **갈 때** 학생증을 가져가세요.

수지 양은 **공부할 때** 음악을 듣습니다.

미도리 씨는 **시험 볼 때**만 열심히 공부합니다.

흐엉 씨는 길을 **걸어갈 때**에도 책을 읽습니다.

저는 **영화 볼 때**(가) 제일 행복합니다.

철수 씨는 버스에서 음악을 **들을 때** 이어폰을 사용합니다.

+ '-을 때'는 시간의 순간이나 동안을 나타낼 때 사용한다. 따라서 '언제 ~어요?', '-을 때 ~어요.'를 전형적인 대화쌍의 구성으로 볼 수 있다. 또한 특정 시점이나 상황을 지정하여 '-을 때 무엇을 해요?'와 같은 질문도 자주 사용되는 표현이다.

+ '-을 때'는 시간을 나타내는 부사절로 사용되는 것이 일반적인데, '저는 영화 볼 때가 제일 행복합니다.'의 예문에서 볼 수 있듯 '-을 때' 뒤에 격조사 '이/가'가 붙어 사용되기도 한다.

형태 정보

① 동사 및 형용사 어간 끝음절에 받침이 있으면 '-을 때'를 쓴다.

예) 작- + -을 때 → 작을 때　　웃- + -을 때 → 웃을 때
찾- + -을 때 → 찾을 때　　앉- + -을 때 → 앉을 때
없- + -을 때 → 없을 때　　좋-+ -을 때 → 좋을 때

② 동사 및 형용사 어간 끝음절에 받침이 없거나 'ㄹ' 받침으로 끝나면 '-ㄹ 때'를 쓴다. 단, 'ㄹ' 받침으로 끝날 때는 'ㄹ'이 탈락한다.

예) 자- + -ㄹ 때→ 잘 때　　슬프- + -ㄹ 때 → 슬플 때
크- + -ㄹ 때 → 클 때　　비싸- + -ㄹ 때 → 비쌀 때
놀- + -ㄹ 때 → 놀 때　　만들- + -ㄹ 때 → 만들 때

①	받침 ○	+ -을 때	작을 때, 웃을 때, 찾을 때, 앉을 때, 없을 때, 좋을 때
②	받침×	+ -ㄹ 때	잘 때, 슬플 때, 클 때, 비쌀 때
	ㄹ 받침	+ -ㄹ 때(어간 'ㄹ' 탈락)	놀 때, 만들 때

③ 불규칙

걷-　예) 오랫동안 **걸을 때** 운동화를 신으세요.
춥-　예) 저는 **추울 때** 따뜻한 차를 마셔요.
짓-　예) 수지 씨, 밥을 **지을 때** 물을 적당히 넣으세요.
이렇-　예) 왕밍 씨도 저처럼 **이럴 때** 병원에 가세요.

문장 구성 정보

① 부정은 '-지 않을 때', '안 -을 때'로 쓴다. '안 -을 때'는 주로 구어에서 쓴다.

예) 저는 기분이 **좋지 않을 때** 매운 음식을 먹어요.
저는 기분이 **안 좋을 때** 매운 음식을 먹어요.
바쁘지 않을 때 같이 등산할까요?
안 바쁠 때 같이 등산할까요?

② 과거 '-었-'과 결합할 수 있다. '-었을 때'는 '과거의 시간'이나 '어떤 동작이 완료된 상황'을 나타낸다.

예) 저는 **어렸을 때** 선생님이 되고 싶었어요.
북경에 **갔을 때** 날씨가 추웠어요.
남의 발을 **밟았을 때**에는 '미안합니다'라고 말합니다.
지갑을 **잃어버렸을 때**에는 경찰서에 가 보세요.

+ '어렸을 때, 북경에 갔을 때'는 과거의 시간을 나타내며, '지갑을 잃어버렸을 때, 남의 발을 밟았을 때'는 완료를 뜻한다.

+ 현재형은 조건적인 상황을 가정하는 데 비해, 과거형은 특정 행위를 했던 시점에 대한 의미만 나타낸다. 학습자에게 이를 제시할 때에는 행동이 진행 중임을 나타내는 현재형부터 제시하고, 그 이후에 과거형을 제시하는 게 좋다.

확장

① '명사+때'의 구성으로 쓰기도 한다.

예) 방학 **때** 아르바이트를 했어요.
시험 **때**가 가장 피곤해요.
이번 휴가 **때** 제주도에 갈 거예요.
식사 **때** 말 시키지 마세요.
수지 씨는 학생 **때** 인기가 많았어요.

+ 이때 '방학', '학생', '휴가'와 같은 일부 시간을 나타내는 명사와만 결합한다. 시간과 관련된 의미를 나타낸다고 해도 '주말', '요일', '주', '오전', '오후', '시' 등의 명사와는 결합하지 않는다. 이들 명사는 시간을 나타내는 부사격 조사 '에'와 함께 사용된다.

예) 3시 **때** 텔레비전을 봐요. (x)
주말 **때** 영화를 봤어요. (x)
오전 **때** 늦잠을 잤어요. (x)
화요일 **때** 집에 놀러오세요. (x)

② '-을 때' 다음에 조사가 붙을 수 있다.

예) 잘못을 **반성할 때**까지 연락하지 마세요.
시간이 **있을 때(에)**만 영화를 봐요.
머리가 **아플 때**는 약을 먹어요.
돈이 **없을 때**도 쇼핑을 하고 싶어요.
부모님을 **생각할 때**가 많아요.

유사 문법

① '-을 때', '-을 적에'

-을 때	-을 적에
· '어떤 행위나 상태가 나타나는 시간의 순간이나 동안'이라는 의미를 나타낸다.	
· 주로 조사 '에'를 붙이지 않고 사용한다. 예) 나는 학교에 **갈 때** 도시락을 싸 간다. 수지는 **어릴 때** 인형같이 예뻤다.	· 주로 조사 '에'를 붙여 사용한다. 예) 나는 학교에 **갈 적**에 도시락을 싸 간다. 수지는 **어릴 적**에 인형같이 예뻤다.
· 보조사와 결합할 때 '에'를 생략할 수 있고 간혹 반드시 생략해야 한다. 예) 수지는 **어릴 때(에)**도 예뻤다. (o) 수지는 **어릴 때(에)**만 예뻤다. (o) 수지는 **어릴 때**까지는 예뻤다. (o)	· 보조사와 결합할 때 '에'를 생략할 수 없다. 예) 수지는 **어릴 적에**도 예뻤다. (o) 수지는 **어릴 적도** 예뻤다. (x) 수지는 **어릴 적에**만 예뻤다. (o) 수지는 **어릴 적만** 예뻤다. (x)

② '-을 때', '-는 동안에'

-을 때	-는 동안에
· '어떤 행위를 하는 계속되는 시간'이라는 의미를 나타낸다.	
· 어떤 행위가 계속되는 전체 시간 혹은 행위가 발생하는 상황이나 시점을 의미한다. 예) 영수는 밥을 **먹을 때** 뉴스를 봤다. (밥을 먹는 동안 또는 밥을 먹는 순간 뉴스를 봤다.)	· 어떤 행위가 계속되는 전체 시간에 걸쳐 다른 일이 행해짐을 의미한다. 예) 영수는 밥을 **먹는 동안에** 뉴스를 봤다. (밥을 먹는 동안 계속 뉴스를 봤다.)
· 동사, 형용사와 모두 결합한다. 예) 영수는 **바쁠 때** 전화를 받지 않는다.	· 형용사와 결합하지 않는다. 예) 영수는 **바쁘는 동안에** 전화를 받지 않는다. (x)
· 과거 '-었-'과 결합한다. 예) 영수가 집에 **왔을 때** 아무도 없었다.	· 과거 '-었-'과 결합하지 않는다. 예) 영수가 집에 **왔는 동안에** 아무도 없었다. (x)

이렇게 도입해 보세요

(1) 교사: 수지 씨는 언제 기분이 좋아요?
학생: 쇼핑을 해요. 기분이 좋아요.
교사: 수지 씨는 쇼핑을 **할 때** 기분이 좋아요. 영수 씨, 언제 기분이 좋아요?
학생: 드라마를 봐요. 기분이 좋아요.
교사: 영수 씨는 **드라마를 볼 때** 기분이 좋아요.

(2) 교사: 왕밍 씨, 피곤해요. 뭘 해요?
학생: 잠을 자요.
교사: 왕밍 씨는 **피곤할 때** 잠을 자요. 줄리아 씨, **피곤할 때** 뭘 해요?
학생: 저는 커피를 마셔요.
교사: 줄리아 씨는 **피곤할 때** 커피를 마셔요.

+ 도입 질문은 앞 절에 대한 의문을 나타내는 '언세 ~어요?'와 뒤 질에 대힌 의문을 나타내는 '~어요. 뭘 해요/어때요?'의 두 가지 유형으로 제시하였다. 시간이나 상황을 생각하게 하기 위해 어떤 행위를 언제 하는지 물어보는 질문과, 이와 반대로 특정 시점이나 상황에 어떤 행위를 하는지를 생각하게 하기 위한 질문을 나눠서 제시한다. 다음과 같이 앞 절과 뒤 절의 내용을 구분하여 판서하는 게 좋다.

예)

수지 영수 줄리아 ⋮	쇼핑을 해요. 드라마를 봐요. 샤워를 해요. ⋮	기분이 좋아요.

수지 왕밍 줄리아 ⋮	피곤해요.	운동을 해요. 잠을 자요. 커피를 마셔요. ⋮

-을 수 있다[-ㄹ 수 있다]{-을 수 없다}

1) **능력** 2) **가능성** 등을 나타내는 표현.

-을 수 있다1) (동사에 붙어) 어떤 일을 할 수 있는 능력이 있음을 나타낸다.

예문

(1) 가: 수지 씨, 자전거를 탈 수 있어요?
나: 네, **탈 수 있어요.** /
아니요, **탈 수 없어요.**

(2) 가: 줄리아 씨, 중국어를 **할 수 있어요**?
나: 네, **할 수 있어요**. /
아니요, **할 수 없어요.**

(3) 가: 피아노를 **칠 수 있어요**?
나: 네, 피아노를 **칠 수 있어요**. /
아니요, 피아노를 **칠 수 없어요.**

(4) 가: 불고기를 **만들 수 있어요**?
나: 네, 불고기를 **만들 수 있어요**. /
아니요, 불고기를 **만들 수 없어요.**

(5) 가: 왕밍 씨, 은행에서 돈을 **찾을 수 있겠어요**?
나: 네, **찾을 수 있어요**. / 아니요, **찾을 수 없어요**.

미도리 씨는 매운 음식을 **먹을 수 있어요.**

유미 씨는 **운전할 수 있어요?**

저는 한국어 신문을 **읽을 수 있어요.**

영수는 중국어로 노래를 **부를 수 있다.**

수지는 다리가 아파서 **걸을 수 없어요.**

너무 시끄러워서 **잘 수 없어요.**

배가 고프지만 **참을 수 있었어요.**

영어로 편지를 **쓸 수 있어요.**

작년에는 수영을 **할 수 없었지만,** 지금은 수영을 **할 수 있어요.**

저는 책을 보지 않고 본문을 **외울 수 있습니다.**

+ '-을 수 있다1)'은 능력을 나타내는 표현이므로 능력을 가지고 있는지에 대한 질문과 대답인 '자전거를 탈 수 있어요? - 네, 탈 수 있어요.', '피아노를 칠 수 있어요? - 네, 칠 수 있어요.'와 같이 전형적인 대화가 구성된다. '-을 수 없다'는 '-을 수 있다1)'의 반의 표현으로, 능력을 가지고 있는지에 대한 질문에 대해 없다고 대답할 때 '아니요, 탈 수 없어요.', '아니요, 칠 수 없어요.'와 같이 사용된다.

형태 정보

① 동사 어간 끝음절에 받침이 있으면 '-을 수 있다'를 쓴다.

예) 먹- + -을 수 있다 → 먹을 수 있다　　읽- + -을 수 있다 → 읽을 수 있다
잡- + -을 수 있다 → 잡을 수 있다　　찾- + -을 수 있다 → 찾을 수 있다
씻- + -을 수 있다 → 씻을 수 있다　　받- + -을 수 있다 → 받을 수 있다

② 동사 어간 끝음절에 받침이 없거나 'ㄹ' 받침으로 끝나면 '-ㄹ 수 없다'를 쓴다. 단, 'ㄹ' 받침으로 끝날 때는 'ㄹ'이 탈락한다.

예) 마시- + -ㄹ 수 있다 → 마실 수 있다　　가- + -ㄹ 수 있다 → 갈 수 있다
오- + -ㄹ 수 있다 → 올 수 있다　　그리- + -ㄹ 수 있다 → 그릴 수 있다
살- + -ㄹ 수 있다 → 살 수 있다　　만들- + -ㄹ 수 있다 → 만들 수 있다

①	받침 ○	+ -을 수 있다	먹을 수 있다, 읽을 수 있다, 잡을 수 있다, 찾을 수 있다, 씻을 수 있다, 받을 수 있다
②	받침 ×	+ -ㄹ 수 있다	마실 수 있다, 갈 수 있다, 올 수 있다, 그릴 수 있다
	ㄹ 받침	+ -ㄹ 수 있다(어간 'ㄹ' 탈락)	살 수 있다, 만들 수 있다

③ 불규칙

듣-　예) 헤드폰을 끼고 있어서 **들을 수 없었어요.**
돕-　예) 제가 **도울 수 있어요.**
짓-　예) 밥을 **지을 수 있어요.**

문장 구성 정보

① 부정문은 반의 표현인 '-을 수 없다'로 쓴다.

예) 자전거를 **탈 수 있지 않아요.** (x)
자전거를 **안 탈 수 있어요.** (x)
자전거를 **탈 수 없어요.** (o)

② 주어를 높일 때는 '-으실 수 있다, -을 수 있으시다'로 쓴다.

예) 어머니께서는 수영을 **할 수 계시다.** (x)
어머니께서는 수영을 **할 수 있으시다.** (o)
어머니께서는 수영을 **하실 수 있다.** (o)
어머니께서는 수영을 **하실 수 있으시다.** (o)

제약 정보

① 형용사와 결합하지 않는다.

예) 수지는 **예쁠 수 있다.** (x)
영수는 키가 **작을 수 있다.** (x)

② 과거 '-었-'이 '있다'에 붙는다. '-었-'이 동사 어간에 붙으면 능력이 아니라 가능성의 의미를 나타낸다.

예) 영수는 탁구를 **쳤을 수 있다.** (x)
영수는 탁구를 **쳤을 수 있었다.** (x)
영수는 탁구를 **칠 수 있었다.** (o)

+ '영수는 탁구를 쳤을 수 있다.'는 '-을 수 있다1)'이 아닌 '-을 수 있다2)'의 의미로 사용되면 맞는 문장이 된다.

확장

① '-을 수 없다1)'은 '-을 수 있다1)'의 반의 표현으로 어떤 일을 할 수 있는 능력이 없음을 나타낸다.

예) 저는 컴퓨터를 **고칠 수 없어요.**
미도리 씨는 스파게티를 **만들 수 없어요.**
왕밍 씨는 한국어로 노래를 **부를 수 없어요.**

유사 문법

① '-을 수 있다1)', '-을 수 없다', '-을 줄 알다', '-을 줄 모르다'

-을 수 있다1), -을 수 없다	-을 줄 알다, -을 줄 모르다
· '어떤 행위를 할 능력 유무'의 의미를 나타낸다.	
· 능력이 있는지 없는지에 초점을 두었다. 예) 나는 운전을 **할 수 있어요.** (o) 이번에는 1등을 **할 수 있어요.** (o)	· 특정한 방법을 아는지 모르는지에 대해 초점을 두었다. 예) 나는 운전을 **할 줄 알아요.** (o) 이번에는 1등을 **할 줄 알아요.** (x)

② '-을 수 없다', '-지 못하다'

-을 수 없다	-지 못하다
· '어떤 행위를 할 능력이 없음'이라는 의미를 나타낸다.	
· 단순히 능력이 없음을 의미하기도 하지만, 능력을 가지고 있지만 의도적으로 하지 않음을 의미하기도 한다. 예) 나는 중국어를 **할 수 없어요.** (나는 중국어를 할 줄 알지만 중국어로 말하고 싶지 않거나 또는 말할 상황이 아니에요.)	· 단순히 능력의 부재만을 의미한다. 예) 나는 중국어를 **하지 못해요.** (나는 중국어로 말할 능력이 없어요.)

이렇게 도입해 보세요

(1) 교사: 저는 한국 사람이에요. 한국어를 잘해요. 한국어를 **잘할 수 있어요**. 왕밍 씨는요?

학생1: 저는 중국 사람이에요. 중국어를 **잘할 수 있어요**.

학생2: 저는 베트남 사람이에요. 베트남어를 **잘할 수 있어요**.

교사: 저는 한국어를 **잘할 수 있어요**. 그렇지만 중국어, 베트남어를 **잘할 수 없어요**.

(2) 교사: 선생님은 수영을 배웠어요. 수영을 **할 수 있어요**. 흐엉 씨는 수영을 **할 수 있어요**?

학생1: 아니요, 저는 수영을 **할 수 없어요**.

교사: (운동 사진이나 그림을 보여 주며) 어떤 것을 **할 수 있어요**?

학생1: 저는 스키를 **탈 수 있어요**.

교사: 흐엉 씨는 수영을 **할 수 없어요**. 스키를 **탈 수 있어요**. 미도리 씨는 스키를 **탈 수 있어요**?

학생2: 네, 저도 스키를 **탈 수 있어요**.

+ (1)은 교사가 자신의 모국어를 가지고 '-을 수 있다'의 의미를 설명하며, 학생 역시 각자의 모국어를 가지고 '-을 수 있다'를 사용하도록 하는 방식을 보여 준다. 다른 나라의 말은 잘하지 못하지만 모국어로는 말을 잘한다는 내용을 통하여 학생들이 '-을 수 있다/-을 수 없다'의 의미를 쉽게 인식하도록 할 수 있다.

+ (2)는 '수영하다, 농구하다, 축구하다, 피아노 치다, 기타 치다, 스케이트 타다, 자전거 타다, 스키 타다' 등의 그림 및 단어 카드를 보며 어떤 것을 할 수 있고 없는지 물어 보고 대답하게 함으로 '-을 수 있다/-을 수 없다'의 의미를 파악하고 연습할 수 있도록 구성한 것이다.

–을 수 있다2) (동사나 형용사, '이다, 아니다'에 붙어) 어떤 상황이나 일이 가능함을 나타낸다. 가능성에 대해 말할 때 주로 사용한다.

예문

(1) 가: 우산을 가져갈까요?
나: 네, 날씨가 흐려서 비가 **올 수 있어요.**

(2) 가: 수지 씨, 8시까지 **올 수 있어요**?
나: 아니요, 길이 막혀서 좀 **늦을 수 있어요**.

(3) 가: 걸어서 학교에 갈래요?
나: 비가 안 오면 **걸을 수 있어요.**

(4) 가: 늦었어요. 빨리 버스를 타러 갑시다.
나: 빨리 가려면 버스보다 지하철이 더 **나을 수 있어요**.

외국인에게는 버스를 타는 것도 **힘들 수 있어요.**

그 사람의 동생이 **아닐 수 있어요.**

어린이에게는 김치가 **매울 수 있다.**

배가 좀 부르지만 더 **먹을 수 있어요**.

오늘 눈이 많이 **올 수 있다**고 했습니다.

방학에 여행을 **갈 수 있어요?**

한국어를 처음 배울 때는 **어려울 수 있다.**

이번 주말에는 시간이 **없을 수 있어요**.

더 이야기해 보면 좋은 **사람일 수 있어요.**

+ '–을 수 있다2)'는 가능성을 나타내는 표현으로, '8시까지 올 수 있어요?'라는 질문은 상대의 능력이 아니라 상황이나 일이 가능함을 묻는 것이다. '아니요, 길이 막혀서 좀 늦을 수 있어요.'도 상황이나 일의 가능성을 나타내고 있다. '–을 수 없다'는 '–을 수 있다2)'의 반의 표현으로, 가능성이 없을 때 '아니요, 올 수 없어요.'와 같이 사용된다.

형태 정보

앞의 '–을 수 있다1)'을 참고하되, 형용사, '이다, 아니다'와도 결합하므로 이에 주의한다.

문장 구성 정보

① 부정문은 반의 표현인 '-을 수 없다'로 쓴다.

예) 도서관에서는 음식을 **먹을 수 있지 않아요.** (x)
도서관에서는 음식을 **안 먹을 수 있어요.** (x)
도서관에서는 음식을 **먹을 수 없어요.** (o)

+ 단, 형용사와 결합한 경우에 '-을 수 없다'로 부정문을 만드는 것이 어색하므로 주의한다.

예) 버스를 타는 것이 **힘들 수 있어요.** (o)
버스를 타는 것이 **힘들 수 없어요.** (x)
한국어를 배우는 것이 **어려울 수 있다.** (o)
한국어를 배우는 것이 **어려울 수 없다.** (x)

② 주어를 높일 때는 '-을 수 있으시다' 또는 '-으실 수 있다'로 쓴다.

예) 이 약을 드시면 **졸릴 수 계세요.** (x)
이 약을 드시면 **졸릴 수 있으세요.** (o)
이 약을 드시면 **졸리실 수 있어요.** (o)
이 약을 드시면 **졸리실 수 있으세요.** (o)

제약 정보

① 과거 '-었-'이 '있다' 앞에 오는 동사 어간에 붙는다.

예) 영수는 탁구를 **칠 수 있었다.** (x)
영수는 탁구를 **쳤을 수 있었다.** (x)
영수는 탁구를 **쳤을 수 있다.** (o)

+ '영수는 탁구를 칠 수 있었다.'는 '-을 수 있다2)'가 아닌 '-을 수 있다1)'의 의미로 사용되면 맞는 문장이 된다.

확장

① '-을 수 없다2)'는 '-을 수 있다2)'의 반의 표현으로 어떤 일이나 상황이 가능하지 않음을 나타낸다.

예) 오늘 저녁에는 약속이 있어서 **갈 수 없어요.**
외국인에게는 지하철을 타는 일도 **쉬울 수 없어요.**
날씨가 이렇게 맑은데 비가 **올 수 없어요.**

② '-을 수 있다2)'와 '-을 수 없다2)'는 다음 대화에서처럼 가능함을 묻는 질문에 가능하지 않음을 뜻하는 답으로 자주 사용된다.

예) (1) 가: 박물관에서 사진을 **찍을 수 있어요**?
나: 아니요, 사진을 **찍을 수 없어요.**
(2) 가: 영화관에서 전화를 **받을 수 있어요**?
나: 아니요, 영화관에서는 전화를 **받을 수 없어요.**

유사 문법

① '-을 수 있다2)', '-을 수 없다', '-을 수밖에 없다'

-을 수 있다2), -을 수 없다	-을 수밖에 없다
· '어떤 행위를 할 가능성 유무'에 대한 의미를 나타낸다.	
· '-을 수 있다'는 어떤 행위를 할 가능성이 있음을 나타낸다. 예) 외국어를 배우는 것은 **힘들 수 있다.** (외국어를 배우는 것은 힘들 가능성이 있다.)	· 어떤 행위를 할 가능성이 매우 높음을 나타낸다. 예) 외국어를 배우는 것은 **힘들 수밖에 없다.** (외국어를 배우는 것은 반드시 힘이 든다.)
· '-을 수 없다'는 어떤 행위를 하는 것이 불가능함을 나타낸다. 예) 너무 바빠서 외국어를 **배울 수 없다.** (너무 바빠서 외국어를 배우는 것이 불가능하다.)	· 어떤 행위를 하기 위해서 한 가지 방법만 가능함을 나타낸다. 예) 취직하기 위해서는 외국어를 **배울 수밖에 없다.** (취직하기 위해서는 반드시 외국어를 배워야만 한다.)

② '-을 수 있다2)', '-을 수 없다', '-어도 되다', '-으면 안 되다'

-을 수 있다2), -을 수 없다	-어도 되다, -으면 안 되다
· '어떤 행위가 허용되거나 금지됨'이라는 의미를 나타낸다.	
· 행위의 허용이나 금지의 정도가 '-어도 되다/-으면 안 되다'에 비해 약하다. 예) 버스에서 커피를 **마실 수 있어요./마실 수 없어요.**	· 행위의 허용이나 금지의 의미가 명시적으로 나타난다. 예) 버스에서 커피를 **마셔도 돼요./마시면 안 돼요.**

③ '-을 수 없다', '-지 못하다'

-을 수 없다	-지 못하다
· '어떤 행위를 할 가능성이 없음'이라는 의미를 나타낸다.	
· 가능하지 않음을 포괄적으로 의미한다. 예) 그것은 좋은 태도라고 **말할 수 없어요.** (o) 그것은 좋은 태도라고 **말하지 못해요.** (x)	· 외부적 상황이나 타의에 의해 어떤 행위가 불가능함을 의미한다. 예) 바빠서 외국어를 **배우지 못해요.** (o) (외부적 상황으로 외국어를 배우기가 불가능함.) 바빠서 외국어를 **배울 수 없어요.** (x) (외부적 상황으로 외국어를 배우기 불가능할 경우에는 '-지 못하다'를 쓰는 것이 좋음.)

이렇게 도입해 보세요

(1) 교사: 여러분, 영화를 보러 갈까요? 언제가 좋을까요?

학생1: 토요일이 좋아요.

교사: 왕밍 씨는 토요일에 **만날 수 있어요**. 줄리아 씨는요?

학생2: 저도요. 선생님은요?

교사: 저도 일요일에는 약속이 있어서 토요일에 만나는 게 좋아요. 토요일에 **만날 수 있어요**.

(2) (서로 다른 두 집을 보여 주며)

교사: 이사를 가려고 하는데 어떤 집이 좋을까요?

학생: 저 집은 너무 좁아요.

교사: 여기는 너무 좁아요. **좁을 수 있어요**. 그럼 다른 집은요?

학생: 엘리베이터가 없어서 힘들어요.

교사: 엘리베이터가 없어서 **힘들 수 있어요**.

+ (1)에서는 학생들과 약속 일정을 잡으면서 가능한 날짜를 이야기함으로써 가능성의 의미를 유추하도록 한다. (2)에서는 서로 다른 두 종류의 집을 보여 주며 좋은 점과 좋지 않은 점을 생각하며 가능성의 의미를 유추하도록 한다.

-을 수밖에 없다[-ㄹ 수밖에 없다]

다른 방법이 없거나 **당연한 결과**임을 나타내는 표현.

-을 수밖에 없다 (동사나 형용사, '이다, 아니다'에 붙어) 그것 이외에 다른 방법이나 다른 가능성이 없음을 나타낸다.

예문

(1) 가: 버스를 탈까요, 택시를 탈까요?
나: 버스가 끊겨서 택시를 **탈 수밖에 없어요.**

(2) 가: 5시 영화를 볼 수 있을까요?
나: 아니요, 5시 표는 매진이 되어서 7시에 **볼 수밖에 없어요.**

(3) 가: 영화표를 수지 씨가 가지고 있어요?
나: 네, 그래서 수지 씨가 올 때까지 **기다릴 수밖에 없어요.**

(4) 가: 철수는 키가 정말 커요.
나: 맞아요. 매일 농구를 하니까 키가 **클 수밖에 없어요.**

(5) 가: 한국에서 얼마나 살았어요?
나: 5년이요. 그래서 한국에 대해 잘 **알 수밖에 없어요.**

머리가 너무 아파서 약을 **먹을 수밖에 없다.**
주말에는 시내에 사람이 **많을 수밖에 없다.**
그렇게 운동을 안 하면 살이 **찔 수밖에 없어요.**
지금은 너무 졸려서 **잘 수밖에 없어요.**
어머니는 누구나 강한 **사람일 수밖에 없다.**
삼겹살이 없어서 불고기를 **시킬 수밖에 없었어요.**
한국어를 처음 배울 때는 **어려울 수밖에 없다.**
이 드라마를 보면 **울 수밖에 없어요.**
현금이 없어서 카드로 **살 수밖에 없어요.**
늦게 자니까 늦게 **일어날 수밖에 없습니다.**

+ '-을 수밖에 없다'는 오직 하나의 방법 내지는 가능성만이 있음을 나타낸다. '-을 수밖에 없다'는 '버스를 탈까요, 택시를 탈까요?'라는 질문에 '버스가 끊겨서 택시를 탈 수밖에 없어요.'로 답하거나 '5시 영화를 볼 수 있을까요?'라는 질문에 '아니요, 5시 영화가 매진이 되어 7시 영화를 볼 수밖에 없어요.'로 답한 것같이 다른 방법이 없을 때 사용한다. 또한 '-을 수밖에 없다'는 '매일 농구를 하니까 키가 클 수밖에 없어요.', '그렇게 운동을 안 하면 살이 찔 수밖에 없어요.'에서 보듯 앞 절의 내용에 따른 단 하나의 가능성이 뒤 절에 오게 되어 '당연한 결과'를 나타낸다.

형태 정보

① 동사 및 형용사 어간 끝음절에 받침이 있으면 '-을 수밖에 없다'를 쓴다.

예) 입- + -을 수밖에 없다 → 입을 수밖에 없다
찾- + -을 수밖에 없다 → 찾을 수밖에 없다
좋- + -을 수밖에 없다 → 좋을 수밖에 없다
먹- + -을 수밖에 없다 → 먹을 수밖에 없다
작- + -을 수밖에 없다 → 작을 수밖에 없다
짧- + -을 수밖에 없다 → 짧을 수밖에 없다

② 동사 및 형용사 어간 끝음절에 받침이 없거나 'ㄹ' 받침으로 끝나면 '-ㄹ 수밖에 없다'를 쓴다. 단, 'ㄹ' 받침으로 끝날 때는 'ㄹ'이 탈락한다.

예) 가- + -ㄹ 수밖에 없다 → 갈 수밖에 없다
주- + -ㄹ 수밖에 없다 → 줄 수밖에 없다
크- + -ㄹ 수밖에 없다 → 클 수밖에 없다
예쁘- + -ㄹ 수밖에 없다 → 예쁠 수밖에 없다
놀- + -ㄹ 수밖에 없다 → 놀 수밖에 없다
만들- + -ㄹ 수밖에 없다 → 만들 수밖에 없다

①	받침 ○	+ -을 수밖에 없다	입을 수밖에 없다, 먹을 수밖에 없다, 찾을 수밖에 없다, 작을 수밖에 없다, 좋을 수밖에 없다, 짧을 수밖에 없다
②	받침 ×	+ -ㄹ 수밖에 없다	갈 수밖에 없다, 줄 수밖에 없다, 클 수밖에 없다, 예쁠 수밖에 없다
	ㄹ 받침	+ -ㄹ 수밖에 없다 (어간 'ㄹ' 탈락)	놀 수밖에 없다, 만들 수밖에 없다

③ '이다, 아니다'는 '-ㄹ 수밖에 없다'를 쓴다.

예) 계란이- + -ㄹ 수밖에 없다 → 계란일 수밖에 없다
이불이- + -ㄹ 수밖에 없다 → 이불일 수밖에 없다
아이이- + -ㄹ 수밖에 없다 → 아이일 수밖에 없다
친구이- + -ㄹ 수밖에 없다 → 친구일 수밖에 없다
아니- + -ㄹ 수밖에 없다 → 아닐 수밖에 없다

④ 불규칙

걷- 예) 버스가 없으면 **걸을 수밖에 없어요.**
덥- 예) 여름이니까 **더울 수밖에 없어요.**
붓- 예) 하루 종일 서 있으면 다리가 **부을 수밖에 없습니다.**
그렇- 예) **그럴 수밖에 없었습니다.**

문장 구성 정보

① 당연한 결과를 나타내는 경우 '당연히', '반드시'와 같은 부사와 함께 자주 사용한다.

예) 열심히 공부하지 않으면 당연히 시험을 못 **볼 수밖에 없다.**
열심히 공부하면 당연히 시험을 잘 **볼 수밖에 없다.**
그렇게 노력했으니 반드시 성공**할 수밖에 없어요.**

② 부정문은 '-지 않을 수밖에 없다', '안 -을 수밖에 없다'로 사용할 수 있지만 의미 해석이 복잡하여 잘 쓰지 않는다.

예) 그가 자꾸 놀리니 **먹을 수밖에 있어요.** (x)
그가 자꾸 놀리니 **먹을 수밖에 없지 않아요.** (x)
그가 자꾸 놀리니 **먹지 않을 수밖에 있다.** (x)
그가 자꾸 놀리니 **더 이상 먹지 않을 수밖에 없어요.** (o)
그가 자꾸 놀리니 **더 이상 안 먹을 수밖에 없어요.** (o)

확장

① '-는 수밖에 없다'는 동사와만 결합하며 오직 한 가지 방법임을 더욱 강조할 때 쓰인다.

동사 ○ 형용사 ×	+ -는 수밖에 없다	졸릴 때는 **자는 수밖에 없어요.** (o) 수술을 했으니까 **아프는 수밖에 없어요.** (x)
동사 ○ 형용사 ○	+ -을 수밖에 없다	졸릴 때는 **잘 수밖에 없어요.** (o) 수술을 했으니까 **아플 수밖에 없어요.** (o)

유사 문법

① **'-을 수밖에 없다', '-을 수 있다2)', '-을 수 없다'**

-을 수밖에 없다	-을 수 있다2), -을 수 없다
· '어떤 행위를 할 가능성 유무'에 대한 의미를 나타낸다.	
· 어떤 행위를 할 가능성이 매우 높음을 나타낸다. 예) 외국어를 배우는 것은 **힘들 수밖에 없다.** (외국어를 배우는 것은 반드시 힘이 든다.)	· 어떤 행위를 할 가능성이 있음을 나타낸다. 예) 외국어를 배우는 것은 **힘들 수 있다.** (외국어를 배우는 것은 힘들 가능성이 있다.)
· 어떤 행위를 하기 위해서 한 가지 방법만 가능함을 나타낸다. 예) 취직하기 위해서는 외국어를 **배울 수밖에 없다.** (취직하기 위한 방법으로 외국어를 배우는 방법만 있다.)	· 어떤 행위를 하는 것이 불가능함을 나타낸다. 예) 너무 바빠서 외국어를 **배울 수 없다.** (너무 바빠서 외국어를 배우는 것이 불가능하다.)

이렇게 도입해 보세요

(1) (10,000원짜리 피자 그림, 2,000원짜리 김밥 그림을 보여 주며)

교사: 제가 돈이 2,000원이 있어요. 그런데 피자를 먹고 싶어요. 먹을 수 있어요?

학생: 아니요, 먹을 수 없어요.

교사: 다른 것을 먹을 수 있어요?

학생: 네, 김밥을 먹을 수 있어요.

교사: 김밥을 먹고 싶지 않지만 다른 방법이 없어요. 김밥을 **먹을 수밖에 없어요.**

(2) (새벽 2시까지 공부하는 그림, 지하철에서 조는 그림을 보여 주며)

교사: 이 학생은 어제 몇 시에 잤어요?

학생: 새벽 2시에 잤어요.

교사: 어제 새벽 2시에 잤어요? 그러면 지금 괜찮아요?

학생: 너무 피곤해요.

교사: 어제 새벽 2시에 잤어요. 오늘 피곤해요. 늦게까지 공부해서 **피곤할 수밖에 없어요.** 늦게 자서 **졸 수밖에 없어요.**

+ (1)에서는 선택할 수 있는 방법이 오직 한 가지인 제한된 상황을 제시하여 다른 가능성이나 방법이 없을 때 '-을 수밖에 없다'를 사용함을 알게 한다. (2)에서는 앞선 행위나 사건으로 인해 예상되는 상황을 추측하여 말하게 함으로써 '-을 수밖에 없다'가 당연한 결과를 나타낼 때 사용함을 인식하게 한다.

+ (1)의 의미를 기본으로 하여 (2)로 확장하여 적용하도록 한다.

-을까 보다[-ㄹ까 보다]

1) 어떤 행위에 대한 **불확실한 의지** 2) 어떤 행위 및 상황에 대해 **우려되는 추측**을 나타내는 표현.

-을까 보다1) (동사에 붙어) 어떤 행위에 대해 확실하게 결정한 것은 아니지만 화자가 그 행위를 할 생각이 있음을 나타낸다. 확실성의 정도가 약한 의지를 나타낼 때 사용한다.

예문

(1) 가: 방학 때 뭐 할 거예요?
나: 특별한 계획은 없고 중국어 공부나 **할까 봐요.**

(2) 가: 뭐 시킬래요?
나: 저는 비빔밥을 **먹을까 봐요.**

(3) 가: 수업이 끝나면 뭐 할 거예요?
나: 도서관에 가서 책을 **빌릴까 봐요.**

(4) 가: 주말에 등산하러 갈래요?
나: 저는 피곤해서 집에서 **쉴까 봐요.**

(5) 가: 저는 이 옷을 살래요. 수지 씨는요?
나: 저는 양말이나 **살까 봐요.**

졸려서 커피를 **마실까 봐요.**

한국어 공부를 위해 뉴스를 **들을까 봐요.**

공원에 가서 자전거를 **탈까 봐요.**

저녁으로 스파게티를 **만들까 봐요.**

시간도 많은데 한강까지 **걸을까 봐요.**

배가 고픈데 라면이나 **먹을까 봐요.**

저녁에 영화를 **보러 갈까 봐요.**

심심한데 만화책을 **읽을까 봐요.**

너무 늦었는데 이제 집으로 **돌아갈까 봐요.**

왕밍 씨에게 제가 먼저 **사과할까 봐요.**

너무 더운데 머리를 **자를까 봐요.**

이번 가을에는 제주도로 **떠날까 봅니다.**

+ '-을까 보다1)'은 말하는 사람의 의지나 의도를 나타내는 표현으로 '특별한 계획은 없고 중국어 공부나 할까 봐요.'의 문장에서 볼 수 있듯이 다소 불확실하고 약한 의지의 느낌을 주는 게 일반적이다. 예에서 볼 수 있듯 해요체의 종결형으로 주로 사용되며, 화자 '나'는 생략되는 경우가 많다. '-을까 보다'는 불확실하고 약한 의지를 전달하기 때문에 '배가 고픈데 라면이나 먹을까 봐요.'와 같이 차선의 선택을 나타내는 조사 '이나'와 함께 사용되기도 한다.

형태 정보

① 동사 어간 끝음절에 받침이 있으면 '-을까 보다'를 쓴다.

예) 찾- + -을까 보다 → 찾을까 보다　　입- + -을까 보다 → 입을까 보다
읽- + -을까 보다 → 읽을까 보다　　앉- + -을까 보다 → 앉을까 보다
먹- + -을까 보다 → 먹을까 보다　　잡- + -을까 보다 → 잡을까 보다

② 동사 어간 끝음절에 받침이 없거나 'ㄹ' 받침으로 끝나면 '-ㄹ까 보다'를 쓴다. 단, 'ㄹ' 받침으로 끝날 때는 'ㄹ'이 탈락한다.

예) 쉬- + -ㄹ까 보다 → 쉴까 보다　　보- + -ㄹ까 보다 → 볼까 보다
자- + -ㄹ까 보다 → 잘까 보다　　다니- + -ㄹ까 보다 → 다닐까 보다
살- + -ㄹ까 보다 → 살까 보다　　만들- + -ㄹ까 보다 → 만들까 보다

①	받침 ○	+ -을까 보다	찾을까 보다, 입을까 보다, 읽을까 보다, 앉을까 보다, 먹을까 보다, 잡을까 보다
②	받침 ×	+ -ㄹ까 보다	쉴까 보다, 볼까 보다, 잘까 보다, 다닐까 보다
	ㄹ 받침	+ -ㄹ까 보다(어간 'ㄹ' 탈락)	살까 보다, 만들까 보다

③ 불규칙

걷-　예) 학교까지 **걸을까 봐요.**
눕-　예) 피곤한데 침대에 **누울까 봐요.**
짓-　예) 강아지 이름을 미미로 **지을까 봐요.**

문장 구성 정보

① 부정은 '-지 말까 보다', '안 -을까 보다'로 쓴다.

예) 오늘 학교에 **가지 말까 봐요.**
오늘 학교에 **안 갈까 봐요.**
배탈이 나서 저녁을 **먹지 말까 봐요.**
배탈이 나서 저녁을 **안 먹을까 봐요.**
가방이 너무 비싸요. **사지 말까 봐요.**
가방이 너무 비싸요. **안 살까 봐요.**

② '-을까 보다'의 '보-'에 연결어미가 결합되어 사용되지 않는다.

예) 운동을 **할까 보면** 좋겠어요. (x)
아이가 **넘어질까 봐** 조심스럽다. ('-을까 보다2)'의 뜻)

+ 연결어미 '-어'가 결합되어 사용된 두 번째 예는 '-을까 보다2)'의 의미로 사용된 것이다.

제약 정보

① 형용사와는 결합하지 않는다.

예) 저는 배가 **아플까 봐요.** (x) 저는 왕밍 씨와 생각이 **다를까 봐요.** (x)
식당에 사람이 **많을까 봐요.** (x) 이 음악이 **좋을까 봐요.** (x)

② 주어는 1인칭인 '나, 우리, 저, 저희' 등만 쓴다.

예) 왕밍 씨는 자전거를 **탈까 봐요.** (x) 왕밍 씨, 자전거를 **탈까 봐요?** (x)
제가 자전거를 **탈까 봐요.** (o) 우리가 자전거를 **탈까 봐요.** (o)

+ 주어가 1인칭만 가능하기 때문에 의문문이나 명령 및 청유로 사용되지 않는다.

예) 제가 자전거를 **탈까 봐요?** (x)
자전거를 **탈까 보세요.** (x)
제가 자전거를 **탈까 봐라.** (x)
우리가 자전거를 **탈까 봅시다.** (x)

③ 과거 '-었-', 미래 · 추측의 '-겠-'과 결합하지 않는다.

예) 어제 운동을 **했을까 봐요.** (x) 어제 운동을 **할까 봤어요.** (x)
어제 운동을 **했을까 봤어요.** (x) 내일 운동을 **하겠을까 봐요.** (x)
내일 운동을 **할까 보겠어요.** (x)

유사 문법

① **'-을까 보다1)', '-을까 하다', '-을까 싶다'**

-을까 보다1)	-을까 하다, -을까 싶다
· '약한 확신을 가진 의지'라는 의미를 나타낸다.	
· 과거 '-었-'이 '보-'와 결합하지 않는다. 예) 어제 수지 씨랑 쇼핑하러 **갈까 봤어요.** (x)	· 과거 '-었-'이 '하-, 싶-'과 결합할 수 있다. 예) 어제 수지 씨랑 쇼핑하러 **갈까 했어요.** (o) 어제 수지 씨랑 쇼핑하러 **갈까 싶었어요.** (o)

+ '-을까 보다, -을까 하다, -을까 싶다' 모두 과거 '-었-'이 '-을까'와 결합하지 않는다.

예) 어제 수지 씨랑 쇼핑하러 **갔을까 봐요.** (x)
어제 수지 씨랑 쇼핑하러 **갔을까 해요.** (x)
어제 수지 씨랑 쇼핑하러 **갔을까 싶어요.** (x)

이렇게 도입해 보세요

(1) 교사: 주말에 뭐 할 거예요?
학생: 영화를 볼 거예요.
교사: 어디에서 누구랑 영화를 볼 거예요?
학생: 글쎄요, 약속하지 않았어요.
교사: 저도 미도리 씨처럼 약속하지 않았어요. 그런데 주말에 영화를 보려고 해요. 주말에 영화를 **볼까 봐요.**

(2) 교사: 선생님은 방학 때 부산에 가고 싶어요. 여러분, 부산에 가 봤어요?
학생: 아니요, 저도 부산에 가 보고 싶어요.
교사: 부산에 갈 때 비행기, 기차, 버스를 타고 갈 수 있어요.
학생: 어떤 걸 타고 가면 좋아요?
교사: 비행기를 타면 빨리 갈 수 있지만 비싸요. 버스는 너무 시간이 오래 걸려요.
학생: 그러면 기차를 타는 게 좋겠어요.
교사: 그래요. 비행기는 비싸니까 기차를 타고 **갈까 봐요.**

+ '-을까 보다'의 주어는 1인칭만 가능하므로 교사가 자신을 주어로 말하는 문장으로 도입을 하도록 해야 한다. 명시적인 교수의 상황이 아니므로 학생을 주어로 하여 교사가 문장을 발화하게 되면 비문이 발생하게 된다.

+ (1)에서 교사는 학생의 주말 계획을 물은 후 그 계획이 확정되지 않은 사실이라는 대답을 유도하기 위한 질문을 해야 한다. 만약에 질문을 던진 학생의 계획이 매우 확정적인 것이라면, 대화를 마무리한 후 다른 학생에게 질문을 하여 확정적인 계획과 비확정적인 계획에 대한 차이를 확실하게 구별하게 한다.

+ (2)에서 학생이 부산에 어떻게 가는지에 대해 먼저 질문하지 않을 수도 있다. 부산에 가고 싶은지 학생에게 먼저 물어본 후 이에 대한 대답이 나오지 않으면, 부산이 어디에 있는지, 어떻게 가는지에 대해 간단하게 질문하여 목표 상황으로 유도하도록 한다.

-을까 보다2) (동사나 형용사, '이다, 아니다'에 붙어) 어떤 행위가 발생하거나 어떤 상황이 될 것에 대한 추측을 나타낸다. 이러한 추측이 염려스럽거나 걱정스러울 때 사용한다.

예문

(1) 가: 영수 씨, 벌써 왔어요?
나: 비행기가 **떠날까 봐** 일찍 왔어요.

(2) 가: 왜 김치를 안 먹어요?
나: **매울까 봐** 못 먹겠어요.

(3) 가: 같이 피자를 먹으러 갈래요?
나: 살이 **찔까 봐** 걱정이 돼서 먹을 수가 없어요.

(4) 가: 이 컴퓨터를 10년 전에 샀어요?
나: 네, 그래서 고장이 **날까 봐** 조심하고 있어요.

(5) 가: 수지 씨, 급한 일이 있어요?
나: 약국이 문을 **닫을까 봐** 걱정이에요.

시험을 못 **볼까 봐** 걱정이에요.
기차가 **출발할까 봐** 일찍 왔어요.
수업 시간에 **졸까 봐** 커피를 마시고 있어요.
지갑을 **잃어버릴까 봐** 조심하면서 쇼핑했어요.
어제 온 분이 우리 **선생님이실까 봐** 걱정입니다.

머리가 **아플까 봐** 두통약을 준비했어요.
교수님께서 저에게 답을 **물으실까 봐** 떨려요.
친구 결혼식에 **늦을까 봐** 택시를 타고 왔어요.
아이가 계단에서 **넘어질까 봐** 걱정이 돼요.
합격이 **아닐까 봐** 아직 전화를 못 했어요.

+ '-을까 보다2)'는 '-을까 봐(서)'의 형태로만 고정되어 사용되며, 이때의 의미는 발생되지 않기를 바라는 걱정스러운 추측을 나타낸다. '비행기가 떠날까 봐 일찍 왔어요.', '약국이 문을 닫을까 봐 걱정이에요.'의 문장에서와 같이 '-을까 봐'의 뒤 절에는 앞 절의 사건으로 인한 걱정이나 그 사건이 일어나지 않도록 대비하는 행위에 대한 서술이 오는 것이 일반적이다. '-을까 보다1)'과 의미와 형태 등이 모두 구별되어 사용됨에 주의한다.

형태 정보

① 동사 및 형용사 어간 끝음절에 받침이 있으면 '-을까 보다'로 쓴다.

예) 찾- + -을까 보다 → 찾을까 보다　　입- + -을까 보다 → 입을까 보다
읽- + -을까 보다 → 읽을까 보다　　앉- + -을까 보다 → 앉을까 보다
작- + -을까 보다 → 작을까 보다　　늦- + -을까 보다 → 늦을까 보다

② 동사 및 형용사 어간 끝음절에 받침이 없거나 'ㄹ' 받침으로 끝나면 '-ㄹ까 보다'로 쓴다. 단, 'ㄹ' 받침으로 끝날 때는 'ㄹ'이 탈락한다.

예) 쉬- + -ㄹ까 보다 → 쉴까 보다　　보- + -ㄹ까 보다 → 볼까 보다
아프- + -ㄹ까 보다 → 아플까 보다　　크- + -ㄹ까 보다 → 클까 보다
살- + -ㄹ까 보다 → 살까 보다　　달- + -ㄹ까 보다 → 달까 보다

①	받침 ○	+ -을까 보다	찾을까 보다, 입을까 보다, 읽을까 보다, 앉을까 보다, 작을까 보다, 늦을까 보다
②	받침 ×	+ -ㄹ까 보다	쉴까 보다, 볼까 보다, 아플까 보다, 클까 보다
	ㄹ 받침	+ -ㄹ까 보다(어간 'ㄹ' 탈락)	살까 보다, 달까 보다

+ 앞의 '-을까 보다1)'과 달리, 동사 및 형용사, '이다, 아니다'와 모두 결합하므로 이에 주의한다.

③ 불규칙

묻-　예) 왜 그랬는지 이유를 **물을까 봐** 걱정이에요.

맵-　예) 음식이 **매울까 봐** 물을 많이 넣었다.

짓-　예) 아버지께서 집을 못 **지을까 봐** 걱정을 많이 하셨다.

④ '이다, 아니다'는 '-ㄹ까 보다'를 쓴다.

예) 학생이- + -ㄹ까 보다 → 학생일까 보다　　책- + -ㄹ까 보다 → 책일까 보다
의사이- + -ㄹ까 보다 → 의사일까 보다　　아니- + -ㄹ까 보다 → 아닐까 보다

문장 구성 정보

① '-을까 봐(서)'의 형태로 고정되어 사용된다. 주로 '-을까 봐'의 형태로 사용한다.

예) 강아지가 **아플까 보니까** 병원에 데려갔어요. (x)
강아지가 **아플까 봐도** 병원에 데려갔어요. (x)
강아지가 **아플까 봤지만** 병원에 데려갔어요. (x)
강아지가 **아플까 봐(서)** 병원에 데려갔어요. (o)

② 부정은 '-지 않을까 봐', '안 -을까 봐'로 쓴다.

예) 제 사과를 **받지 않을까 봐** 고민이에요.
제 사과를 **안 받을까 봐** 고민이에요.
부모님과 제 생각이 **같지 않을까 봐** 걱정이에요.
부모님과 제 생각이 **안 같을까 봐** 걱정이에요.

제약 정보

① 과거 '-었-'과 결합할 수 있다.

예) 기차가 **떠났을까 봐** 서둘렀다.
수업이 **끝났을까 봐** 걱정했어요.
영화가 **시작했을까 봐** 택시를 타고 왔어요.
수지 씨가 **감기에 걸렸을까 봐** 걱정이 돼요.

② 미래 · 추측의 '-겠-'과 결합하지 않는다.

예) 기차가 **떠나겠을까 봐** 서둘렀다. (x)
수업이 **끝나겠을까 봐** 걱정했어요. (x)

확장

① '-을까 해서/-을까 싶어/-을지 몰라'와 바꿔 쓸 수 있다.

예) 수지 씨가 **기분이 나쁠까 봐** 걱정이에요.
수지 씨가 **기분이 나쁠까 해서** 걱정이에요.
수지 씨가 **기분이 나쁠까 싶어** 걱정이에요.
수지 씨가 **기분이 나쁠지 몰라** 걱정이에요.
배가 **고플까 봐** 간식을 사 왔어요.
배가 **고플까 해서** 간식을 사 왔어요.
배가 **고플까 싶어** 간식을 사 왔어요.
배가 **고플지 몰라** 간식을 사 왔어요.

이렇게 도입해 보세요

(1) 교사: 여러분, 모두 건강해요?
　학생: 네, 건강해요.
　교사: 선생님은 여러분이 아파요. 걱정해요. 선생님은 여러분이 **아플까 봐** 걱정해요.

(2) 교사: 여러분, 선생님이 노래하고 싶어요. 노래해도 돼요?
　학생: 네, 노래해 주세요.
　교사: 그런데 선생님이 노래를 잘 못해요. 걱정이 돼요. 노래를 **못할까 봐** 걱정이 돼요. 여러분이 노래해 주세요.

+ (1)에서는 학생이 아픈 것에 대해 교사가 걱정하는 상황을 제시하고, (2)에서는 노래를 하고 싶지만 노래를 못하는 것에 대해 염려하는 상황을 제시하여 학생들의 이해를 돕도록 하였다. 도입의 상황처럼 무언가를 염려하고 걱정하는 상황을 자연스럽게 구성하여 '-을까 보다'를 사용하는 상황과 의미를 이해할 수 있도록 돕는 게 좋다.

이 아니다[가 아니다]

어떤 대상이나 사실을 **부정함**을 나타내는 표현.

이 아니다 (명사에 붙어) 어떤 대상이나 사실을 부정함을 나타낸다. '이다'의 부정 표현으로 사용한다.

예문

(1) 가: 베트남 사람이에요?
나: 아니요, 베트남 사람**이 아니에요.** 중국 사람이에요.

(2) 가: 이 사람이 미도리 씨 오빠예요?
나: 아니요, 오빠**가 아니에요.** 동생이에요.

(3) 가: 여기가 도서관입니까?
나: 아니요, 여기는 도서관**이 아닙니다.** 서점입니다.

(4) 가: 수지 씨, 이 집이 수지 씨 집 아니지요?
나: 네, 이 집**이 아니에요.**

(5) 가: 분티안 씨는 꿈이 의사예요?
나: 아니요, 제 꿈은 의사**가 아니에요.** 축구 선수예요.

이건 거짓말**이 아니에요.**

수지 씨는 요리사**가 아니에요.**

그건 제 생각**이 아니에요.**

제가 좋아하는 것은 커피**가 아니에요.**

여기는 우리 자리**가 아니에요.**

이 옷은 비싼 것**이 아니에요.**

왕밍 씨는 부자**가 아니에요.**

6월은 여름**이 아니에요.**

이것은 앤디 씨의 목소리**가 아니에요.**

내일은 휴일**이 아닙니다.**

+ '이 아니다'는 '이다'의 부정 표현으로, '수지 씨가 요리사예요.'의 부정문은 '수지 씨가 요리사가 아니에요.'이다. '이다'를 부정하면 '이다' 앞의 명사가 떨어져 나와 학교문법에서 보격조사라고 부르는 '이/가'가 붙고 뒤에 '아니다'가 오게 된다. '이 아니다'와 대칭을 이루는 구성은 '이 이다'가 아니라 '이다'임을 기억한다.

형태 정보

① 명사의 끝음절에 받침이 있으면 '이 아니다'를 쓴다.

예) 학생 + 이 아니다 → 학생이 아니다
책상 + 이 아니다 → 책상이 아니다
식탁 + 이 아니다 → 식탁이 아니다
사람 + 이 아니다 → 사람이 아니다

② 명사의 끝음절에 받침이 없으면 '가 아니다'를 쓴다.

예) 컴퓨터 + 가 아니다 → 컴퓨터가 아니다
친구 + 가 아니다 → 친구가 아니다
버스 + 가 아니다 → 버스가 아니다
의자 + 가 아니다 → 의자가 아니다

①	받침 ○	+ 이 아니다	학생이 아니다, 책상이 아니다, 식탁이 아니다, 사람이 아니다
②	받침 ×	+ 가 아니다	컴퓨터가 아니다, 친구가 아니다, 버스가 아니다, 의자가 아니다

③ '아니다'에 어미 '-에요'가 붙은 '아니에요'는 줄여서 '아네요'라고 쓴다. '아니예요'는 잘못된 표기이다.

예) 저는 학생**이 아니에요.** (o)
저는 학생**이 아녜요.** (o)
저는 학생**이 아니예요.** (x)

+ '아니다'에 어미 '-어요'가 붙은 '아니어요'는 줄여서 '아녀요'라고 쓴다. '아니여요'는 잘못된 표기이다.

문장 구성 정보

① '이/가' 다음에 다른 조사가 붙지 않는다. 다른 조사가 붙을 때 '이/가'는 생략된다.

예) 이것은 제 커피**가도 아니에요**. (x)
이것은 제 커피**가만 아니에요**. (x)
이것은 제 커피**가는 아니에요**. (x)

+ '이/가'의 이런 특징은 주격조사와 같다.

확장

① '이 아니다'에 연결어미 '-라'가 붙어 '~이 아니라 ~이다', 연결어미 '-고'가 붙어 '~이 아니고 ~이다'의 구성으로 사용되기도 한다. 이때 앞 절과 뒤 절의 내용은 서로 대칭이 된다.

예) 이건 제가 만든 음식**이 아니라** 수지 씨가 만든 음식**이에요**.
여기는 백화점**이 아니라** 마트**예요**.
반장은 제**가 아니라** 왕밍 씨**예요**.
이 책은 산 것**이 아니라** 빌린 거**예요**.

② '이 아니다'는 '이다'의 부정 표현이다. '이다'는 '이' 없이 명사에 붙여 사용한다.

예) 아사코 씨는 일본 사람**이 이에요**. (x)
분티안 씨의 모자**가 이에요**. (x)
아사코 씨는 일본 사람**이에요**. (o)
분티안 씨의 모자**다**. (o)

+ '아니다'는 형용사로서 앞에 보어가 오고 앞말과 띄어 쓰지만, '이다'는 조사로 명사에 직접 붙여 쓴다.
예) 이것은 책상 **이에요**. (x)
이것은 책상**이에요**. (o)
이것은 책상**아니에요**. (x)
이것은 책상이 **아니에요**. (o)

③ '~이 ~이에요?'라는 질문에 대해 대답을 할 때 '이 아니다'는 '아니요'와 호응한다. 이에 비해 '~이 ~이 아니에요?'라는 질문에 대해서 '이 아니다'는 '네'와 호응한다.

예) 가: 이 신발이 새것이에요?
나: 네, 새것이에요.
아니요, 새것**이 아니에요**.

가: 이 신발이 새것**이 아니에요**? (부정형)
나: 네, 새것**이 아니에요**.
아니요, 새것이에요.

이렇게 도입해 보세요

(1) 교사: 왕밍 씨, 오늘은 수요일이에요. 맞아요?
학생: 아니요, 오늘은 화요일이에요.
교사: 맞아요. 오늘은 화요일이에요. 오늘은 수요일**이 아니에요**. 지금은 10시예요. 맞아요?
학생: 틀려요. 지금은 11시예요.
교사: 지금은 11시예요. 10시**가 아니에요**.

(2) 교사: 줄리아 씨, 미국 사람이에요?
학생: 아니요, 저는 영국 사람이에요.
교사: 줄리아 씨는 영국 사람이에요. 미국 사람**이 아니에요**. 분티안 씨는 태국 사람이에요?
학생: 아니요, 저는 캄보디아 사람이에요.
교사: 분티안 씨는 캄보디아 사람이에요. 태국 사람**이 아니에요**.

+ '이 아니다'로 대답할 수 있도록 유도하기 위해서 '이다'를 사용하여 잘못된 사실의 문장을 제시한 후에 맞는지 틀린지를 묻는다. 바로 확인 가능한 사실과 학생들과 관련된 내용들을 활용하는 것이 좋다.

-지 말다

어떤 행위의 **금지**를 나타내는 표현.

-지 말다 (동사에 붙어) 어떤 행위를 하지 못하게 함을 나타낸다. 다른 사람의 행위를 금지할 때 주로 사용한다.

예문

(1) 가: 여기에 주차해도 됩니까?
나: 아니요, 여기에 **주차하지 마십시오.**

(2) 가: 창문을 열어도 돼요?
나: 비가 와요. 창문을 **열지 마세요.**

(3) 가: 저는 떡볶이를 먹고 싶어요
나: 떡볶이는 너무 매우니까 **먹지 마세요.**

(4) 가: 이곳은 참 조용하군요.
나: 그러니까 여기에서는 **떠들지 맙시다.**

(5) 가: 커피를 너무 많이 마셨어요.
나: 그러면 커피를 **마시지 말고** 차를 드세요.

박물관에서 사진을 **찍지 마세요.**

미도리 씨, 수업에 **늦지 마세요.**

영화가 시작되면 전화를 **받지 마요.**

우리 도서관에서 크게 **말하지 말아요.**

밤늦게까지 **게임하지 마.**

오늘은 운동을 **하지 맙시다.**

휴지를 **버리지 마세요.**

수업 시간에 **떠들지 마십시오.**

음악을 크게 **듣지 마세요.**

신호등이 빨간색일 때 길을 **건너지 마라.**

잔디를 **밟지 마십시오.**

친구들을 **놀리지 말자.**

+ '-지 말다'는 주로 명령문과 청유문에서 쓰이는데 명령형은 해(해요)체는 '-지 마(요)/-지 말아(요)', 해라체는 '-지 마라/-지 말아라', 하십시오체는 '-지 마십시오'이며, 청유형은 '-지 말아요, -지 말자, -지 맙시다' 등으로 사용된다. 학교문법에서는 '말다'가 '안, 못' 같은 부정 요소 없이 부정문을 만들기 때문에 특수 부정어라고 한다.

+ '-지 말다'는 주로 '-지 마세요'의 형태로 '창문을 열지 마세요, 매우니까 먹지 마세요.'와 같이 사용되거나, '-지 마십시오'의 형태로 '여기에 주차하지 마십시오, 수업 시간에 떠들지 마십시오.'와 같이 사용된다.

형태 정보

① 동사 어간 끝음절의 받침 유무와 관계없이 '-지 말다'를 쓴다.

예) 먹- + -지 말다 → 먹지 말다
찾- + -지 말다 → 찾지 말다
만지- + -지 말다 → 만지지 말다
남- + -지 말다 → 남지 말다
가- + -지 말다 → 가지 말다
바꾸- + -지 말다 → 바꾸지 말다

①	받침 ○	+ -지 말다	먹지 말다, 남지 말다, 찾지 말다
	받침 ×	+ -지 말다	가지 말다, 만지지 말다, 바꾸지 말다

문장 구성 정보

① 높임은 '-지 마세요, -지 마십시오' 형태로 쓰지만, 금지의 의미 자체가 높임과는 거리가 있으므로 예의 바른 표현은 아니다.

예) 사장님, 술을 **드시지 마세요.**
손님, 그 물건을 **만지지 마십시오.**
할아버지, 라디오를 **켜지 마세요.**
엄마, 제 방에 **들어오지 마세요.**

+ '-지 마세요, -지 마십시오'를 보다 공손하게 사용하기 위해서 '-어 주다'를 뒤에 붙여 써서 강한 느낌을 완화시키는 게 좋다.

예) 선생님, 발표를 **시키지 말아 주십시오.**
손님, 그 물건을 **만지지 말아 주십시오.**
할아버지, 라디오를 **켜지 말아 주세요.**
엄마, 제 방에 **들어오지 말아 주세요.**

제약 정보

① 형용사와 결합하지 않는다.

예) 키가 **작지 마세요.** (x)
기분이 **나쁘지 마세요.** (x)
배가 **고프지 마세요.** (x)

② 주로 명령문과 청유문에만 사용된다.

예) 수업에 **늦지 말았어요.** (x) 수업에 **늦지 마세요.** (o)
음악을 크게 **듣지 말 거예요?** (x) 음악을 크게 **듣지 마라.** (o)
술을 **마시지 맙니다.** (x) 술을 **마시지 맙시다.** (o)
게임을 **하지 말았어요?** (x) 게임을 **하지 말자.** (o)

+ 바람의 의미를 나타내는 동사가 '-지 말다' 뒤에 오면 서술문과 의문문에서도 쓸 수 있다. 이때 '-지 말다'를 '-지 않다'로 바꿔 쓸 수도 있다.

예) 수업에 **늦지 마시기를**/늦지 않기를 바랍니다. (o)
음악을 크게 **듣지 말았으면**/듣지 않았으면 좋겠어요. (o)
술을 **마시지 말기를**/마시지 않기를 원해요? (o)
게임을 **하지 말았으면**/하지 않았으면 좋겠어요. (o)

+ 간접 인용문이나 특수한 명령문에서 '-지 말다'에 '-으라'가 결합하면 '말라'가 되는 것에 주의해야 한다. '-으라'는 명령의 의미를 나타내며, 주로 신문이나 글, 또는 권위적인 상황에서 불특정 독자나 청자에게 사용된다.

예) 선생님께서 수업에 **지각하지 말라고** 하셨어요. (o)
선생님께서 수업에 **지각하지 마라고** 하셨어요. (x)
젊은이여, **포기하지 말라.** (o)
젊은이여, **포기하지 마라.** (x) (해라체의 명령문이면 맞음)

③ 과거 '-었-', 미래 · 추측의 '-겠-'과 결합하지 않는다.

예) 문을 **닫지 말았어요**. (x)
길을 **건너지 말았어.** (x)
밤늦게 **전화하지 말겠어요.** (x)
빵을 **먹지 말겠어요**. (x)

+ 예외적으로 '-지 말면, -지 말았으면'이 '좋겠다, 하다'와 같은 말 앞에서 사용되기도 하고, '-지 말기를'이 '바라다, 빌다, 기도하다'와 같은 동사 앞에서 사용되기도 한다. 이때 '-지 말면'과 '-지 말았으면'은 같은 뜻이나 '-지 말기를'과 '-지 말았기를'은 같은 뜻이 아니다. '-지 말기를'은 미래의 일, '-지 말았기를'은 과거의 일에 대해 쓴다.

예) 문을 **닫지 말면** 좋겠어요. (o)
길을 **건너지 말았으면** 한다. (o)
밤늦게 **전화하지 말기를** 바랍니다. (o)
당신이 그 일을 **하지 말았기를** 기도해요. (o)

④ '-지 말다' 자체가 부정의 의미이므로 부정문으로는 쓰지 않는다.

예) 약을 **먹지 않지 마세요**. (x) / 약을 **안 먹지 마세요.** (x)
공부를 **하지 않지 마세요**. (x) / 공부를 **안 하지 마세요**. (x)

+ '-지 말고'의 형태로 사용될 때는 부정을 나타내는 '안'과 함께 사용되기도 한다.

예) 이 책을 **안 읽지 말고** 꼭 읽으세요. (o)
공부를 **안 하지 말고** 꼭 해라. (o)

확장

① '-지 말고' 뒤에 명령문과 청유문이 결합하여 사용하기도 한다.

예) **졸지 말고** 열심히 공부해요.
일하지 말고 좀 쉬어라.
지금 밥을 **먹지 말고** 미도리 씨가 오면 같이 먹어요.
명동에 **가지 말고** 동대문에 갑시다.

② '-지' 뒤에 의미를 강조하기 위해 '도, 는, 를' 등의 조사가 붙기도 한다.

예) 그런 생각을 **하지**도 **마십시오.**
크게 **떠들지**는 **마세요.**
그 사람을 **만나지**를 **마세요.**

유사 문법

① '-지 말다', '-지 못하다', '-지 않다'

-지 말다	-지 못하다	-지 않다
· '부정'의 의미를 나타낸다.		
· 행위의 금지를 나타낸다. 예) 흐엉 씨, 수업 시간에 **졸지 마세요.**	· 능력의 부정을 나타낸다. 예) 흐엉 씨는 노래를 잘 **부르지 못해요.**	· 의도 혹은 단순 사실의 부정을 나타낸다. 예) 졸렸지만 수업 시간에 **졸지 않았어요.** (의도) 오늘은 식당 문을 **열지 않습니다.** (단순 사실)
· 명령문 및 청유문에서 주로 쓰인다. 예) 우리 오늘 학교에 **가지 말자.** (o) 오늘은 학교에 **가지 맙니다.** (x)	· 평서문, 의문문, 감탄문에서만 쓰인다. 예) 흐엉 씨, 노래를 잘 **부르지 못해요?** (o) 흐엉 씨, 같이 노래를 **부르지 못하자.** (x)	· 평서문, 의문문, 감탄문에서만 쓰인다. 예) 오늘도 식당 문을 **열지 않았어요?** (o) 오늘은 식당 문을 **열지 않읍시다.** (x)

+ 셋 다 넓은 의미에서 '부정'을 나타낸다. 차이점은 '-지 말다'는 명령문 및 청유문에서 주로 쓰이는 데 반해 '-지 못하다, -지 않다'는 평서문, 의문문, 감탄문에서만 사용된다는 점이다.

이렇게 도입해 보세요

(1) 교사: 교실에서 밥을 먹어도 돼요?

학생: 아니요, 안 돼요.

교사: 교실에서 밥을 먹으면 안 돼요. 교실에서 밥을 **먹지 마세요**. 수업 시간에 잠을 자도 돼요?

학생: 수업 시간에 잠을 자면 안 돼요.

교사: 맞아요. 수업 시간에 잠을 자면 안 돼요. 잠을 **자지 마세요**.

(2) 교사: (표지판을 보여주며) 박물관에 있는 표지판이에요. 무슨 의미예요?

학생: 사진을 찍으면 안 돼요.

교사: 맞아요. '박물관에서 사진을 **찍지 마십시오**.'라고 말할 수 있어요. 또 이건 무슨 의미예요?

학생: 주차하면 안 돼요.

교사: 맞아요. '여기에 **주차하지 마세요**.'라는 의미예요.

+ (1)은 학생들과 인접한 환경인 교실이나 도서관 등에서 하면 안 되는 행위를 생각하게 하여 '-지 말다'를 도입한 예이다. '-어도 돼요?'로 질문하여 안 된다는 대답을 이끌어 내고 이에 맞추어 명령형인 '-지 마세요'를 제시하면 된다. 여기에서는 금지 행위의 의미를 보다 쉽게 제시하기 위해 '-으세요'의 반대 의미로 설명하였다.

+ (2)에서는 금지 행위를 나타내는 표지판을 준비하여 함께 제시한다. 표지판을 보고 의미를 먼저 생각하도록 유도한다.

-지 못하다

능력이 없거나 어떤 상태에 이르지 못함을 나타내는 표현.

-지 못하다 (동사에 붙어) 어떤 행위를 이룰 능력이 없거나 행위를 이룰 수 없는 상황에 처하게 됨을 나타낸다.

예문

(1) 가: 왕밍 씨, 기타를 칠 수 있어요?
나: 아니요, 기타를 **치지 못해요.**

(2) 가: 밥을 더 드실래요?
나: 아니요, 배가 불러서 더 **먹지 못해요.**

(3) 가: 등산을 가려면 새벽에 일어나야 해요.
나: 저는 일찍 **일어나지 못해요.**

(4) 가: 비가 내리는 소리 들었습니까?
나: 아니요, **듣지 못했습니다.**

(5) 가: 오늘이 시험인 것 몰랐어요?
나: 네, 저는 **알지 못했어요.**

흐엉 씨는 한국 음식을 **만들지 못해요.**

영수는 다리를 다쳐서 **걷지 못해요.**

오늘은 할 일이 많아서 **자지 못해요.**

왕밍 씨는 한국 신문을 **읽지 못해요.**

저는 술을 **마시지 못해요.**

저는 노래를 잘 **부르지 못해요.**

어머니는 지갑을 **찾지 못했어요.**

분티안 씨는 약속을 **지키지 못했어요.**

이 동네는 시끄러워서 **살지 못하겠어요.**

어머니는 다리가 아프셔서 바닥에 **앉지 못하십니다.**

+ '-지 못하다'는 능력에 대한 부정의 의미로 사용된다. 담화 예문에서 제시된 '기타를 치지 못하다, 먹지 못하다, 일어나지 못하다' 등은 이를 나타낸다. 하지만 '듣지 못하다, 알지 못하다'는 들을 수 있거나 알 수 있는 능력이 없어서라는 의미가 아닌, 들을 수 없는 상황이나 알 수 없는 상황에 처하게 되어 어쩔 수 없이 그 행위를 하지 못했다는 의미로 사용되었음에 주의한다.

형태 정보

① 동사 어간 끝음절의 받침 유무와 관계없이 '-지 못하다'를 쓴다.

예) 먹- + -지 못하다 → 먹지 못하다
남- + -지 못하다 → 남지 못하다
만들- + -지 못하다 → 만들지 못하다
가- + -지 못하다 → 가지 못하다
쓰- + -지 못하다 → 쓰지 못하다
공부하- + -지 못하다 → 공부하지 못하다

①	받침 ○	+ -지 못하다	먹지 못하다, 남지 못하다, 만들지 못하다
	받침 ×	+ -지 못하다	가지 못하다, 쓰지 못하다, 공부하지 못하다

문장 구성 정보

① 동사 뒤에 붙은 '-지 못하다'는 동사 활용을 한다.

예) 공부를 **잘하지 못한다고** 포기하면 안 돼요. (o)
공부를 **잘하지 못하다고** 포기하면 안 돼요. (x)
동생은 배가 아파서 밥을 **먹지 못한다.** (o)
동생은 배가 아파서 밥을 **먹지 못하다.** (x)

② '못하다'에 과거 '-었-'과 미래 · 추측의 '-겠-'이 결합한다. '-지' 앞에는 붙을 수 없다.

예) 나는 자전거를 **타지 못했어요.** (o)
나는 자전거를 **탔지 못해요.** (x)
나는 자전거를 **탔지 못했어요.** (x)
나는 수영을 **하지 못하겠어요.** (o)
나는 수영을 **하겠지 못해요.** (x)
나는 수영을 **하겠지 못하겠어요.** (x)

③ 높임을 나타내는 '-시-'와 결합한다.

예) 할아버지께서 **걸으시지 못해요.** (o)
할아버지께서 **걷지 못하세요.** (o)
할아버지께서 **걸으시지 못하세요.** (o)
할아버지께서 **걷지 못해요.** (x)

+ '-시-'가 '-지' 앞에만 붙을 수도 있고 '못하다'에만 붙을 수도 있으며, '-시지 못하시다'와 같이 두 군데에 다 붙을 수도 있다.

④ '동사+-지 못하다'를 '못+동사'로 바꿔 쓸 수 있다. '못+동사'는 단형 부정, '동사+-지 못하다'는 장형 부정이라고 한다.

예) 저는 술을 **못 마셔요.**
저는 술을 **마시지 못해요.**
쿠앙 씨는 노래를 **못 불러요.**
쿠앙 씨는 노래를 **부르지 못해요.**

+ 단형 부정과 장형 부정이 모든 상황에서 동일하게 치환되는 것은 아니다. '공부하다'처럼 '명사+하다' 형태의 동사는 '못'으로 부정하지 않는다.

예) 졸려서 **못 공부해요.** (x)
졸려서 **공부하지 못해요.** (o)
저는 **못 요리해요.** (x)
저는 **요리하지 못해요.** (o)

제약 정보

① 능력이나 의지와 관계없는 동사나, 피동형의 동사와는 결합하기 어렵다.

예) 텔레비전이 **켜지지 못해요.** (x) 텔레비전이 **켜지지 않아요.** (o)
줄리아 씨가 **보이지 못해요.** (x) 줄리아 씨가 **보이지 않아요.** (o)

+ 이루고 싶지 않는 부정적 의미의 동사와도 결합하기 어렵다.

예) 사업에 **실패하지 못했어요.** (x)
사업에 **실패하지 않았어요.** (o)
시험에 **떨어지지 못했어요.** (x)
시험에 **떨어지지 않았어요.** (o)

② '-지 못하다' 자체가 부정의 의미로 다른 부정 표현과 결합하지 않는다.

예) 약을 **먹지 못하지 마세요.** (x) 약을 **먹지 못하지 않아요.** (x)
약을 **안 먹지 못해요.** (x) 약을 **못 먹지 못해요.** (x)

③ '-지 못하다'는 의도를 나타내는 연결어미(-려고, -고자)나 '-고 싶다'와 결합하지 못한다.

예) 다리를 다쳐서 등산을 **가지 못하려고 해요.** (x)
다리를 다쳐서 등산을 **가지 못하고자 합니다.** (x)
다리를 다쳐서 등산을 **가지 못하고 싶어요.** (x)

④ 명령문과 청유문에 사용되지 않는다. 평서문, 의문문, 감탄문에서만 사용된다.

예) 수영을 **하지 못해라.** (x)
수영을 **하지 못하자.** (x)
수영을 **하지 못합시다.** (x)
수영을 **하지 못한다.** (o)
수영을 **하지 못했어?** (o)
수영을 **하지 못하는구나!** (o)

확장

① '-지' 뒤에 '도, 는' 등의 보조사가 붙어 부가적 의미를 나타내기도 하고 '를'을 붙여 강조하기도 한다.

예) 화를 **내지**도 **못하겠다.**
운전을 **하지**는 **못해요.**
술을 **마시지**를 **못한다.**

② '-지 못하다'는 일부 형용사와 결합하면 기대되는 상태에 이르지 못함을 나타낸다. 따라서 어떠한 상황에서 기대되지 않는 의미를 가지는 형용사와는 결합하지 않는다.

예) 제 마음도 **편하지 못해요.** (o)
그런 행동은 **올바르지 못해요.** (o)
미도리 씨는 기분이 **나쁘지 못해요.** (x)
저는 **더럽지 못해요.** (x)

+ 형용사에는 단형 부정(못 + 동사)을 사용할 수 없으며 장형 부정 '-지 못하다'만 사용이 가능하다.

예) 왕밍 씨는 **못 학생답다.** (x)
왕밍 씨는 **학생답지 못하다.** (o)
강아지가 **못 귀여워요.** (x)
강아지가 **귀엽지 못해요.** (o)

③ '-지 못하다'는 완곡한 표현으로 사용되기도 한다.

예) 가: 왕밍 씨, 어제 왜 결석했어요?
나: 선생님, 죄송해요. 머리가 아파서 학교에 **오지 못했어요.**

+ '오지 못하다'는 학교에 가고 싶었지만 어쩔 수 없는 상황에 의하여 결석할 수밖에 없었다는 의미로 해석된다. 다음과 같이 '-지 않다'와 비교하면 '-지 못하다'의 완곡함을 보다 확실히 알 수 있다.

예) 머리가 아파서 어제 학교에 **오지 못했어요.**
머리가 아파서 어제 학교에 **오지 않았어요.**
커피를 많이 마셔서 더 **마시지 못하겠어요.**
커피를 많이 마셔서 더 **마시지 않겠어요.**

유사 문법

① '-지 못하다', '-지 않다'

-지 못하다	-지 않다
· '부정'의 의미를 나타낸다. · 평서문, 의문문, 감탄문에서만 쓰인다.	
· 주로 동사와만 결합한다. 예) 오늘은 **바쁘지 못해요**. (x) 목이 아파서 **말하지 못해요**. (o)	· 동사, 형용사와 모두 결합한다. 예) 오늘은 **바쁘지 않아요**. (o) 일요일에는 학교에 **가지 않아요**. (o)
· 능력의 부정을 나타낸다. 예) 가: 왕밍 씨, 공부를 하지 않고 놀았어요? 성적이 안 좋아요. 나: 공부를 하기 싫어서 하지 않은 게 아니라 시간이 없어서 **하지 못했어요**. (의도적으로 하지 않은 것이 아니라 어쩔 수 없이 하지 못함.)	· 의도 혹은 사실의 단순 부정을 나타낸다. 예) 가: 왕밍 씨, 왜 김치를 **먹지 않아요**? 나: 먹기 싫어서 **먹지 않는** 게 아니라, 먹으면 배가 아파서 **먹지 못해요**. (먹기 싫은 것은 먹지 않는 것인데 비해 먹을 수 없는 것은 먹지 못하는 것임.)

② '-지 못하다', '-을 수 없다'

-지 못하다	-을 수 없다
· '어떤 행위를 할 능력이 없음'이라는 의미를 나타낸다.	
· 단순히 능력의 부재만을 의미한다. 예) 나는 중국어를 **하지 못해요**. (나는 중국어로 말할 능력이 없어요.)	· 단순히 능력이 없음을 의미하기도 하지만, 능력을 가지고 있지만 의도적으로 하지 않음을 의미하기도 한다. 예) 나는 중국어를 **할 수 없어요**. (나는 중국어를 할 줄 알지만 중국어로 말하고 싶지 않거나 또는 말할 상황이 아니에요.)

③ '-지 못하다', '-지 않다', '-지 말다'

-지 못하다	-지 않다	-지 말다
· '부정'의 의미를 나타낸다.		
· 능력의 부정을 나타낸다. 예) 흐엉 씨는 노래를 잘 **부르지 못해요.**	· 의도 혹은 단순 사실의 부정을 나타낸다. 예) 졸렸지만 수업 시간에 **졸지 않았어요.** (의도) 오늘은 식당 문을 **열지 않습니다.** (단순 사실)	· 행위의 금지를 나타낸다. 예) 흐엉 씨, 수업 시간에 **졸지 마세요.**
· 평서문, 의문문, 감탄문에서만 쓰인다. 예) 흐엉 씨, 노래를 잘 **부르지 못해요?** (o) 흐엉 씨, 같이 노래를 **부르지 못하자.** (x)	· 평서문, 의문문, 감탄문에서만 쓰인다. 예) 오늘도 식당 문을 **열지 않았어요?** (o) 오늘은 식당 문을 **열지 않읍시다.** (x)	· 명령문 및 청유문에서 주로 쓰인다. 예) 우리 오늘 학교에 **가지 말자.** (o) 오늘은 학교에 **가지 맙니다.** (x)

+ 셋 다 넓은 의미에서 '부정'을 나타낸다. 차이점은 '-지 말다'는 명령문 및 청유문에서 주로 쓰이는 데 반해 '-지 못하다, -지 않다'는 평서문, 의문문, 감탄문에서만 사용된다는 점이다.

이렇게 도입해 보세요

(1) 교사: 왕밍 씨, 김치를 만들 수 있어요?
학생: 아니요, 김치를 만들 수 없어요.
교사: 왕밍 씨는 김치를 만들 수 없어요. 왕밍 씨는 김치를 **만들지 못해요**.

(2) 교사: (그림 카드를 보여 주며) 수영할 수 있어요?
학생: 아니요, 수영할 수 없어요.
교사: 수영할 수 없어요. 수영을 **하지 못해요**. 스키를 탈 수 있어요?
학생: 아니요, 스키를 탈 수 없어요.
교사: 스키를 탈 수 없어요. 스키를 **타지 못해요**.

+ (1)은 '-지 못하다'의 능력이 없다는 의미를 제시하기 위해 김치를 만들 수 있는지를 학생에게 물어본 후 표현을 제시하는 방식이다. 만약 학생이 만들 수 있다고 대답하면 다른 학생에게 질문을 하면 된다.

+ (2)는 여러 가지 그림 카드를 이용하여 학생들이 할 수 있는 것과 할 수 없는 것을 답하게 한 후 '-지 못하다'를 사용하여 문장을 만들어 의미를 인식하게 하는 방식이다.

-지 않다

어떤 행위 및 상태의 **부정**을 나타내는 표현.

-지 않다 (동사나 형용사에 붙어) 어떤 행위 및 상태를 부정하거나 행위를 할 의지가 없음을 나타낸다. 행위나 상태를 단순하게 부정하거나 의도적으로 행위를 하지 않을 때 주로 사용한다.

예문

(1) 가: 수지 씨, 머리가 아파요?
나: 아니요, 이제 **아프지 않아요.**

(2) 가: 왕밍 씨, 학교에 안 갔어요?
나: 네, 공휴일이어서 학교에 **가지 않았어요.**

(3) 가: 미도리 씨, 왜 김치를 **먹지 않아요?**
나: 너무 매워서 먹을 수가 없어요.

(4) 가: 영화관에 사람이 많습니까?
나: 아니요, **많지 않습니다**.

(5) 가: 커피 좀 드릴까요?
나: 아니요, 아까 마셔서 **마시지 않을래요**.

밤에는 서점 문을 **열지 않아요.**

택시를 타면 **늦지 않을 거예요.**

영수는 아침에 신문을 **읽지 않았어요.**

흐엉 씨는 요즘 **바쁘지 않아요.**

영수는 열심히 **공부하지 않았어요.**

수지는 토요일에는 학교에 **가지 않아요.**

저는 배가 **고프지 않아요.**

왕밍 씨는 음악을 **듣지 않아요.**

오늘 저는 기분이 **좋지 않습니다.**

다시는 **지각하지 않겠습니다.**

+ '-지 않다'는 긍정 행위나 상태에 대한 부정의 의미로 사용된다. 담화 예문에서 제시된 '아프지 않다, 수업을 하지 않다, 많지 않다' 등은 일반적인 단순 부정을 나타내지만, '김치를 먹지 않다, 커피를 마시지 않다' 등에서 보듯이 주어가 사람일 경우 의지적으로 행위를 하지 않는다는 의미를 나타낼 수 있다. 그렇지만 '-지 않다'를 처음 제시할 때는 단순 부정의 의미를 먼저 다루는 것이 좋다.

+ 문장 예문에서 제시된 '읽지 않다, 듣지 않다, 공부하지 않다, 지각하지 않다' 등도 의도적 부정의 의미인데, '신문이 어려워서 읽지 않았어요, 음악을 싫어해서 듣지 않아요'와 같이 의지적으로 부정적 행위를 했다는 맥락을 제시하면 보다 이해하기 용이할 것이다. 이때 어떠한 상황으로 인해 어쩔 수 없이 부정적 행위를 했다는 맥락을 제시하면 '-지 못하다'와의 의미 구별이 모호해지므로 확실하게 구분할 수 있는 맥락을 제시해 주는 게 좋다.

형태 정보

① 동사 및 형용사 어간 끝음절의 받침 유무에 관계없이 '-지 않다'를 쓴다.

예) 먹- + -지 않다 → 먹지 않다　　남- + -지 않다 → 남지 않다
좋- + -지 않다 → 좋지 않다　　만지- + -지 않다 → 만지지 않다
크- + -지 않다 → 크지 않다　　고프- + -지 않다 → 고프지 않다

①	받침 ○	+ -지 않다	먹지 않다, 남지 않다, 좋지 않다
	받침 ×	+ -지 않다	만지지 않다, 크지 않다, 고프지 않다

문장 구성 정보

① '않다'에 과거 '-었-'과 미래 · 추측 '-겠-'이 결합한다.

예) 문을 **닫지 않았어요.** (o)
문을 **닫았지 않아요.** (x)
문을 **닫았지 않겠어요.** (x)
밤늦게 **전화하지 않겠어요.** (o)
밤늦게 **전화하겠지 않아요.** (x)
밤늦게 **전화하겠지 않겠어요.** (x)

+ '-지' 앞에 '-었-'을 결합하여 이미 알고 있는 사실에 대한 확인 의문문으로 사용하기도 한다.
  예) 일요일에 약국 문을 **닫았지 않아요?** (약국 문을 닫은 사실을 알고 이를 확인하는 질문)
  어제 날씨가 정말 **좋았지 않아요**?

② 높임을 나타내는 '-시-'와 결합한다.

예) 할아버지께서 신문을 **읽으시지 않아요.** (o)
할아버지께서 신문을 **읽지 않으세요.** (o)
할아버지께서 신문을 **읽으시지 않으세요.** (o)
할아버지께서 신문을 **읽지 않아요.** (x)

+ '-시-'가 '-지' 앞에만 붙을 수도 있고 '않다'에만 붙을 수도 있으며, '-시지 않으시다'와 같이 두 군데에 다 붙을 수도 있다.

③ '동사(형용사)+-지 않다'를 '안+동사'로 바꿔 쓸 수 있다. '안+동사(형용사)'는 단형 부정, '동사(형용사)+-지 않다'는 장형 부정이라고 한다.

예) 저녁에는 커피를 **안 마셔요.**
저녁에는 커피를 **마시지 않아요.**
왕밍 씨는 키가 **안 커요.**
왕밍 씨는 키가 **크지 않아요.**

+ 단형 부정과 장형 부정이 모든 상황에서 동일하게 치환되는 것은 아니다. '수업하다, 공부하다'처럼 '명사+하다' 형태의 동사는 '안'으로 부정하지 않는다.

예) 주말에는 **안 수업해요.** (x)
주말에는 **수업하지 않아요.** (o)

제약 정보

① 인지 동사와 결합하지 않는다. 주어의 의지와 상관없이 저절로 상황을 인지하게 되는 것이기 때문에 의미상 어색하기 때문이다.

예) 그 사실을 **알지 않았어요.** (x)
그 사실을 **알지 못했어요.** (o)
그 사실을 **깨닫지 않았어요.** (x)
그 사실을 **깨닫지 못했어요.** (o)

+ 능력의 의미가 포함되어 있는 동사도 '-지 않다'와 결합하면 의미상 충돌한다.

예) 어려움을 **견디지 않았어요.** (x)
어려움을 **견디지 못했어요.** (o)

② '-지 않다' 자체가 부정의 의미이므로 다른 장형 부정 표현과 결합하지 않는다. 그러나 단형 부정 표현과는 어울릴 수 있다.

예) 약을 **먹지 않지 마세요.** (x)
약을 **먹지 않지 못해요.** (x)
약을 **안 먹지 않아요.** (o)
약을 **못 먹지 않아요.** (o)

+ '-지 않으면 안 되다'의 구성으로 사용하면, 의무의 뜻을 나타낸다.

예) 약을 **먹지 않으면 안 돼요.**
병원에 **가지 않으면 안 됩니다.**

③ 명령문과 청유문에 사용되지 않는다. 평서문, 의문문, 감탄문에서만 사용된다.

예) 수업에 **늦지 않아라.** (x)
수업에 **늦지 않자.** (x)
수업에 **늦지 않읍시다.** (x)
수업에 **늦지 않는다.** (o)
수업에 **늦지 않았어?** (o)
수업에 **늦지 않았구나!** (o)

+ 명령문과 청유문에는 '-지 말다'를 쓴다.

예) 수업에 **늦지 마라.** (o)
수업에 **늦지 말자.** (o)
수업에 **늦지 맙시다.** (o)

확장

① 파생어와 합성어의 경우에는 단형 부정이 아니라 '-지 않다', 즉 장형 부정을 사용하여 부정을 나타낸다.

예) 왕밍 씨는 **안 학생답다.** (x)
왕밍 씨는 **학생답지 않다.** (o)
경찰이 도둑을 **안 뒤쫓았다.** (?)
경찰이 도둑을 **뒤쫓지 않았다.** (o)

+ 일부 파생어와 합성어, 사동사나 피동사의 경우에는 '안'과 '-지 않다'를 모두 사용할 수 있다.

예) 왕밍 씨는 집에 **안 들어갔어요.** / 왕밍 씨는 집에 **들어가지 않았어요.**
왕밍 씨는 1층으로 **안 내려갔어요.** / 왕밍 씨는 1층으로 **내려가지 않았어요.**
제 목소리가 **안 들려요?** / 제 목소리가 **들리지 않아요?**
글자가 작아서 잘 **안 보여요.** / 글자가 작아서 잘 **보이지 않아요.**

② '이다/아니다, 있다/없다, 알다/모르다'와 같이 부정어가 따로 있는 경우에 '안'을 사용할 수 없다.

예) 왕밍 씨는 학생이다. — 왕밍 씨는 **안 학생이다.** (x)
왕밍 씨는 **학생이지 않다.** (x)
왕밍 씨는 **학생이 아니다.** (o)
돈이 있다. — 돈이 **안 있다.** (x)
돈이 **있지 않다.** (x)
돈이 **없다.** (o)
그 사실을 알다. — 그 사실을 **안 알다.** (x)
그 사실을 **알지 않다.** (x)
그 사실을 **모르다.** (o)

③ '-지' 뒤에 '도, 는' 등의 보조사가 붙어 부가적 의미를 나타내기도 하고 '가, 를'을 붙여 강조하기도 한다.

예) 그렇게 **슬프지**는 **않아요.**
그 사람을 **생각하지**도 **않겠다.**
아이가 밥을 **먹지**를 **않는다.**
꽃이 **피지**가 **않는다.**

④ '네, 아니요'를 요구하는 긍정형 질문에서 '-지 않다'는 '아니요'와 호응한다. 이에 비해 부정형 질문에서 '-지 않다'는 '네'와 호응한다.

예) 가: 수지 씨, 병원에 갔어요? (긍정형)
나: 네, 갔어요.
아니요, **가지 않았어요.**

가: 수지 씨, 병원에 **가지 않았어요**? (부정형)
나: 네, **가지 않았어요.**
아니요, 갔어요.

유사 문법

① **'-지 않다', '-지 못하다'**

-지 않다	-지 못하다
· '부정'의 의미를 나타낸다. · 평서문, 의문문, 감탄문에서만 쓰인다.	
· 동사, 형용사와 모두 결합한다. 예) 오늘은 **바쁘지 않아요.** (o) 일요일에는 학교에 **가지 않아요.** (o)	· 주로 동사와만 결합한다. 예) 오늘은 **바쁘지 못해요.** (x) 목이 아파서 **말하지 못해요.** (o)
· 의도 혹은 사실의 단순 부정을 나타낸다. 예) 가: 왕밍 씨, 왜 김치를 **먹지 않아요**? 나: 먹기 싫어서 **먹지 않는** 게 아니라, 먹으면 배가 아파서 **먹지 못해요.** (먹기 싫은 것은 먹지 않는 것인데 비해 먹을 수 없는 것은 먹지 못하는 것임.)	· 능력의 부정을 나타낸다. 예) 가: 왕밍 씨, 공부를 하지 않고 놀았어요? 성적이 안 좋아요. 나: 공부를 하기 싫어서 하지 않은 게 아니라 시간이 없어서 **하지 못했어요.** (의도적으로 하지 않은 것이 아니라 어쩔 수 없이 하지 못함.)

② '-지 않다', '-지 못하다', '-지 말다'

-지 않다	-지 못하다	-지 말다
· '부정'의 의미를 나타낸다.		
· 의도 혹은 단순 사실의 부정을 나타낸다. 예) 졸렸지만 수업 시간에 **졸지 않았어요.** (의도) 오늘은 식당 문을 **열지 않습니다.** (단순 사실)	· 능력의 부정을 나타낸다. 예) 흐엉 씨는 노래를 잘 **부르지 못해요.**	· 행위의 금지를 나타낸다. 예) 흐엉 씨, 수업 시간에 **졸지 마세요.**
· 평서문, 의문문, 감탄문에서만 쓰인다. 예) 오늘도 식당 문을 **열지 않았어요?** (o) 오늘은 식당 문을 **열지 않읍시다.** (x)	· 평서문, 의문문, 감탄문에서만 쓰인다. 예) 흐엉 씨, 노래를 잘 **부르지 못해요?** (o) 흐엉 씨, 같이 노래를 **부르지 못하자.** (x)	· 명령문 및 청유문에서 주로 쓰인다. 예) 우리 오늘 학교에 **가지 말자.** (o) 오늘은 학교에 **가지 맙니다.** (x)

+ 셋 다 넓은 의미에서 '부정'을 나타낸다. 차이점은 '-지 말다'는 명령문 및 청유문에서 주로 쓰이는 데 반해 '-지 못하다, -지 않다'는 평서문, 의문문, 감탄문에서만 사용된다는 점이다.

이렇게 도입해 보세요

(1) 교사: 선생님이 전화를 해요?
학생: 아니요, 책을 읽어요.
교사: 선생님이 책을 읽어요. 전화를 안 해요. 전화를 **하지 않아요.**

(2) 교사: 왕밍 씨, 미도리 씨가 지금 밥을 먹어요. 맞아요?
학생: 아니요.
교사: 미도리 씨가 밥을 안 먹어요. 밥을 **먹지 않아요.**
미도리 씨, 왕밍 씨가 지금 울어요. 맞아요?
학생: 아니요, 왕밍 씨 지금 웃어요.
교사: 맞아요. 왕밍 씨가 지금 안 울어요. **울지 않아요.**

+ (1)은 '-지 않다'의 부정의 의미를 제시하기 위해 교사의 행위와 다른 내용을 제시하는 방식을 보여 준다. 교사는 교실 내에서 다양한 행위를 하며 그 행동과 다른 문장을 생각하여 제시하도록 한다.

+ (2)는 학생들의 행동이나 상태를 제시하여 '-지 않다'의 의미를 도입하는 방식을 보여 준다. 관련 단어 카드나 그림 카드를 함께 제시하면 더 유용하며, 반의적 관계에 있는 어휘를 가지고 다음과 같이 구성해도 좋다.

예)

제시할 그림	제시할 질문	목표 표현
웃는 그림	울어요?	울지 않아요
더운 날씨 그림	추워요?	춥지 않아요
뛰는 그림	걸어요?	걷지 않아요
노는 그림	공부해요?	공부하지 않아요

+ '-지 않다'의 의지적 부정의 의미는 심화된 내용이므로 도입에서는 제시하지 않는 게 좋다. '-지 못하다'와의 비교를 통해 보다 확실하게 의미를 인식할 수 있기 때문에 심화된 내용으로 다루는 게 좋다.

선어말어미

-겠-

1) 미래의 일에 대한 **의지**나 2) 상황에 대한 **추측**을 나타내는 선어말어미.

-겠-1) (동사에 붙어) 앞으로 일어날 일에 대한 의지를 드러낼 때 사용한다. 말하는 사람의 의지, 의도를 나타낼 때 사용한다.

예문

(1) 가: 흐엉 씨, 언제까지 이 책을 읽을까요?
나: 저는 이번 주말까지 **읽겠습니다**.

(2) 가: 시험이 끝나면 무엇을 할 거예요?
나: 저는 명동에 **가겠어요**.

(3) 가: 수지 씨, 새해에 계획이 있어요?
나: 네, 저는 올해 다이어트를 **하겠어요**.

(4) 가: 현우 씨, 커피와 주스가 있는데, 어느 것을 드실래요?
나: 저는 주스를 **마시겠어요**.

(5) 가: 내일 앤디 씨 생일이어서 케이크를 만들려고 해요. 같이 만들까요?
나: 네, 저도 같이 **만들겠습니다**.

저는 이번 학기에 꼭 장학금을 **받겠어요**.

저도 오늘부터 수업을 열심히 **듣겠습니다**.

우리가 교실을 **청소하겠다**.

나는 새로 나온 컴퓨터를 **사지 않겠다**.

저는 이제 담배를 피우지 **않겠어요**.

저는 스무 살이 되면 운전부터 **배우겠어요**.

제가 현우 씨에게 생일 선물을 **주겠어요**.

내일 아침에 제가 왕밍 씨에게 **전화하겠어요**.

저희가 주말마다 줄리아 씨와 같이 **운동하겠어요**.

제가 교실에서 친구들을 기다리고 **있겠습니다**.

+ '-겠-'은 말하는 사람이 미래에 하는 행동에 대한 자신의 의지나 의도를 나타낼 때 쓴다. 말하는 이가 주어가 되며, 동사에만 결합해서 사용한다는 데 유의한다.

형태 정보

① 동사 어간 끝음절 모음의 받침 유무에 관계없이 '-겠-'을 쓴다.

예) 먹- + -겠- + -다 → 먹겠다　　듣- + -겠- + -다 → 듣겠다
찾- + -겠- + -다 → 찾겠다　　가- + -겠- + -다 → 가겠다
보- + -겠- + -다 → 보겠다　　만나- + -겠- + -다 → 만나겠다

①	받침 ○	+ -겠-	먹겠다, 듣겠다, 찾겠다
	받침 ×	+ -겠-	가겠다, 보겠다, 만나겠다

문장 구성 정보

① 부정문은 '안 -겠어요, -지 않겠어요'의 두 가지 형태를 모두 쓸 수 있다.

예) 밤에 늦게 안 **자겠어요**/자지 **않겠어요**.
이제 담배를 안 **피우겠어요**/피우지 **않겠어요**.
주말에 쇼핑을 안 **하겠어요**/하지 **않겠어요**.
오늘부터 술을 안 **마시겠어요**/마시지 **않겠어요**.

제약 정보

① 말하는 사람의 의지를 나타내는 것이므로 1인칭 이외의 주어를 쓸 수 없다.

예) 페이페이 씨가 저와 같이 점심을 **먹겠어요**. (?)
저는 페이페이 씨와 같이 점심을 **먹겠어요**. (o)
너는 내일 학교에 **오겠어**. (?)
저는 내일 학교에 **오겠어요**. (o)
수지 씨는 다음 달에 **결혼하겠어요**. (?)
저는 다음 달에 **결혼하겠어요**. (o)

+ 2, 3인칭의 주어를 쓰는 것이 문법적으로 틀린 것은 아니다. 다만, 이 경우에는 주어의 의지가 아닌 추측의 뜻을 나타낸다.

② '의지'의 뜻을 나타내는 경우에는 형용사와 결합하지 않는다.

예) 저는 내년부터 **똑똑하겠어요**. (x)
제가 시험이 끝나면 기분이 **좋겠어요**. (x)
저는 점심을 먹은 후에 **아프겠어요**. (x)
제가 내일부터 **예쁘겠어요**. (x)

확장

① 관용적 표현에 '-겠-'을 넣어 완곡하게 말하는 데 사용한다.

예) 처음 **뵙겠습니다**.
　　예, **알겠습니다**.
　　잘 **모르겠습니다**.

② 다른 사람의 의향에 대해 공손하게 물어볼 때도 '-겠-'을 쓰며, 이때 주로 의문문에서 사용한다.

예) 수지 씨, 제가 만든 김밥 좀 **드시겠어요**?
　　앤디 씨, 수업이 끝나고 도서관에서 **공부하겠어요**?
　　왕밍 씨, 오늘 제 공부 좀 **도와주시겠어요**?
　　손님, 다른 색의 옷도 **입으시겠어요**?

+ 다른 사람이 무엇을 하고 싶어 하는지 그 생각이나 마음에 대해 알고 싶을 때, 주로 다른 사람을 존대하여 나타내는 공손한 표현으로 쓴다. 상대방의 의향을 물어보는 것이지만, 때로는 요청이나 제안의 의미를 같이 갖고 있다. '오늘 제 공부 좀 도와주시겠어요?'는 겉으로 상대방의 생각을 물어보지만, 엄밀히 보면 '오늘 제 공부를 도와주세요.'와 같은 요청의 뜻으로 해석할 수 있다.

유사 문법

① '-겠-1)', '-을 것이다'

-겠-1)	-을 것이다
· 미래에 나타나는 행위에 대한 의지를 나타낸다.	
· 의지를 나타내는 경우, 1인칭 주어만 사용될 수 있다. 예) 제가 김치찌개를 **먹겠어요**. (o) 미도리 씨가 비빔밥을 **먹겠어요**. (x)	· 모든 인칭이 주어의 의지를 나타내는 데에 사용될 수 있다. 예) 저는 김치찌개를 **먹을 거예요**. (o) 미도리 씨가 비빔밥을 **먹을 거예요**. (o)

이렇게 도입해 보세요

(1) 교사: 주말에 무엇을 해요?
학생1: 저는 영화를 봐요.
학생2: 저는 친구와 같이 부산에 가요.
교사: 영화를 봐요. 저는 주말에 영화를 보**겠**습니다.
부산에 가요. 저는 주말에 부산에 가**겠**어요.

(2) 교사: 내일은 왕밍 씨 생일이에요. 무엇을 해요?
학생: 저는 왕밍 씨에게 생일 선물을 줘요.
교사: 선물을 줘요. 저는 내일 왕밍 씨에게 선물을 주**겠**어요. 앤디 씨는요?
학생: 저는 노래를 부르**겠**어요.

+ (1)과 (2)에서 시간을 나타내는 단어를 통해 '-겠-'이 미래에 하는 행동을 나타낸다는 것을 분명히 보여 주는 것이 좋다. 학생들에게 미래에 무엇을 할 것인지 물어보는 질문을 함으로써 자신이 미래에 하는 행동에 대한 의도나 의지를 나타낼 때 쓴다는 것을 자연스럽게 알려 줄 수 있다.

-겠-2)	(동사나 형용사에 붙어) 다른 사람의 일이나 상황에 대해 추측함을 나타낸다. 자신의 의견이나 생각을 근거로 추측할 때 사용한다.

예문

(1) 가: 이번 시험에서 현우 씨가 1등을 했어요.
나: 와, 현우 씨가 장학금을 **받겠어요.**

(2) 가: 미도리 씨, 오늘은 날씨가 흐려요.
나: 네, 곧 비가 **오겠어요.**

(3) 가: 어제 게임을 하다가 늦게 잤어요.
나: 그래요? 많이 **피곤하겠어요.**

(4) 가: 다음 주에 수지 씨 생일 파티에 같이 갈까요?
나: 네, 좋아요. **재미있겠어요.**

(5) 가: 남자 친구가 어제 꽃을 주었어요.
나: 기분이 **좋았겠어요.**

김밥이 너무 맛있어서 동생이 다 **먹겠다.**

수지 씨가 시험이 끝나서 기분이 **좋겠어요.**

왕밍 씨가 1등을 했으니 선물을 **받겠어요.**

주말이니 미도리 씨가 친구를 **만나겠어요.**

현우 씨가 일이 많아서 **바쁘겠다.**

부모님이 키가 크시니, 앤디 씨도 키가 **크겠어요.**

내일이 시험이니 학생들이 열심히 **공부하겠어요.**

도서관은 여름에도 **시원하겠어요.**

그 배우가 나오는 것을 보면 영화가 **재미있겠다.**

줄리아 씨가 음식을 많이 준비해서 **힘들었겠습니다.**

> + '-겠-2)'는 상황이나 행위에 대해 자신이 생각하는 바에 따른 추측을 나타내므로, 1인칭 주어를 제외한 모든 주어가 사용될 수 있다. 이때 '-겠-'은 과거, 현재, 미래 사실에 대한 추측의 뜻을 지닌다.
>
> 예) 어제 백화점에 사람이 많이 **왔겠어요.** (o) : 과거에 대한 추측
> 지금 시간에는 백화점에 사람이 많이 **있겠어요.** (o) : 현재에 대한 추측
> 내일 백화점에 사람이 많이 **오겠어요.** (o) : 미래에 대한 추측

형태 정보

앞의 '-겠-1)'을 참고한다.

제약 정보

① 자신의 의견을 근거로 다른 사람이나 상황에 대해 추측함을 나타내기 때문에, 주어가 1인칭인 경우 자신에 대한 추측의 뜻으로 사용되지 않는다.

예) 저는 요즘 일이 많아서 **힘들겠어요.** (x)
저는 1등을 해서 기분이 **좋겠어요.** (x)
저는 어제 친구를 만나서 **반가웠겠어요.** (x)
저는 주말에 친구랑 같이 여행을 가서 **재미있겠어요.** (x)

\+ 어떤 상황을 근거로 한 추측의 의미를 나타낼 때는 1인칭 주어를 쓸 수 있다.

예) 이렇게 하다가는 (제가) 수업에 **늦겠어요.**
저 사람처럼 운동하면 (나도) **날씬해지겠어요.**

확장

① 원인을 나타내는 '-아/어', '-아서/어서'와 같이 쓰여 '-아/어 -겠다', '-아서/어서 -겠다'의 구성으로 쓰기도 한다. 그러한 원인을 바탕으로 곧 그러한 상태나 상황이 될 것임을 나타낸다.

예) 요즘 비가 안 와서 곧 호수가 **마르겠어요.**
날씨가 추워서 감기에 **걸리겠어요.**
부모님이 오셔서 기분이 **좋겠어요.**

+ '죽다, 미치다' 등의 부정적인 단어를 사용하여 극단적인 감정 상태를 나타낸다. 앞의 원인으로 인해 곧 그 상황에 이를 것 같다는 점을 과장하여 강조한다.

예) 친구가 말을 안 해서 답답해 **죽겠어요.**
남자 친구와 싸워서 속상해 **미치겠어요.**

② 사람의 능력이나 상황에 대한 가능성을 나타낸다.

예) 저도 그 정도 요리는 할 수 **있겠어요.**
앤디 씨도 그만큼의 책은 읽을 수 **있겠어요.**
교실에 학생 30명은 **들어가겠어요.**
이렇게 무거운 짐을 어떻게 혼자 **들겠어요**?

③ 곧 어떠한 일이 발생할 것임을 추측하여 나타낸다.

예) 비행기가 5분 후에 서울에 **도착하겠습니다.**
내일은 눈이 많이 **오겠습니다.**
다음은 빅뱅의 노래를 **듣겠습니다.**
10분 후에 영화가 **시작되겠습니다.**
잠시 후에 12시가 **되겠습니다.**

+ 주로 일기 예보, 교통 정보, 방송 등에서 다음에 발생하는 행위나 상황에 대해 안내할 때 '-겠-'을 쓴다. 이때 '-겠-'은 추측에 의한 미래로도 해석이 가능하다.

유사 문법

① '-겠-2)', '-을 것이다'

-겠-2)	-을 것이다
· 어떤 일이나 상황에 대한 추측을 나타낸다.	
· 추측의 근거가 말하는 이의 주관적 생각이나 판단에 있을 때 사용한다. 예) 제 생각에는 이게 **좋겠어요.** (o) 전에 먹어 봤는데 음식이 **맛있겠어요.** (x) 채소를 끓는 물에 넣으면 바로 **익겠어요.** (x)	· 추측의 근거가 말하는 이의 경험을 포함하여 다른 사람들의 객관적 생각이나 판단 혹은 일반적 사실에 있을 때 사용한다. 예) 제 생각에는 이게 **좋을 거예요.** (?) 전에 먹어 봤는데 음식이 **맛있을 거예요.** (o) 채소를 끓는 물에 넣으면 바로 **익을 거예요.** (o)

+ '결혼하면 좋겠어요.'는 객관적 근거를 통한 추측을 말하는 것이 아니라 주관적인 추측을 말하는 것인 데 반해, '결혼하면 좋을 거예요.'는 말하는 사람이 어느 정도의 근거를 가지고 말하는 것이다.

이렇게 도입해 보세요

(1) 교사: (어려운 한국어 책을 보여 주며) 이 책이 쉬울까요? 어려울까요?
학생: 어려워요.
교사: 이 책은 어려워요. 이 책은 **어렵겠어요.**

(2) 교사: 수지 씨는 한국에서 5년 동안 살았어요.
한국어를 잘할까요? 못할까요?
학생: 한국어를 잘해요.
교사: 네, 수지 씨가 한국어를 잘할 것 같아요. 수지 씨가 한국어를 **잘하겠어요.**

+ (1), (2)에서와 같이 학생들이 쉽게 추측할 수 있도록 상황을 교사가 직접 보여 주거나 그림이나 사진 등의 자료를 제시하는 것이 좋다.

-었-[-았-/-였-]

상황이나 사건이 **과거**에 일어났음을 나타내는 선어말어미.

-었- (동사나 형용사, '이다, 아니다'에 붙어) 과거에 발생한 상황이나 사건을 나타낼 때 사용한다. 부차적으로 과거의 상황이나 사건이 이미 완료됨을 나타내거나, 과거 사건의 결과 상태가 지금까지 지속되고 있음을 나타낼 때 사용한다.

예문

(1) 가: 마이클 씨, 빵이 어디에 있어요?
나: 제가 어젯밤에 **먹었어요**.

(2) 가: 흐엉 씨, 지난 주말에 무엇을 **했어요**?
나: 저는 친구와 같이 쇼핑을 **했어요**.

(3) 가: 줄리아 씨, 여름 방학에 어디에 **갔어요**?
나: 남자 친구와 같이 제주도에 **갔어요**.

(4) 가: 현우 씨, 어제 본 영화가 **어땠어요**?
나: 영화가 너무 **무서웠어요**.

(5) 가: 이 집이 김 선생님 집이에요?
나: 네, 20년 전부터 여기 **살았어요**.

영수 씨가 지난달에 책을 5권이나 **읽었다**.

어제 동생이 보낸 편지를 받고 기분이 **좋았어요**.

왕밍 씨는 2011년에 대학교를 **졸업했다**.

수지 씨가 늦잠을 자서 눈이 **부었어요**.

작년에 제가 받은 생일 선물은 **구두였어요**.

마이클 씨는 작년에 한국에 **왔어요**.

제 동생은 어렸을 때 정말 **예뻤어요**.

작년 여름에 서울은 정말 **더웠어요**.

어제 냉장고에 음식이 **없었어요**.

앤디 씨는 할아버지를 많이 **닮았습니다**.

+ '-었-'은 말하는 시점을 기준으로 과거에 이미 일어난 동작이나 상태를 나타낸다. 동사에 따라 완료를 나타내거나 과거에 발생한 행위나 상태가 지금까지 지속됨을 나타내기도 한다. 마지막 담화 예문에서 '살았어요'는 과거부터 지금까지 계속 살았다는 지속의 의미를 나타낸다.

+ 외양을 나타내는 일부 동사 '생기다, 닮다, 찌다, 마르다' 등에 '-었-'이 붙은 '생겼다, 닮았다, 쪘다, 말랐다'는 '-었-'이 결합되었지만 과거가 아닌 현재의 의미로 사용된다. '앤디 씨는 할아버지를 많이 닮았습니다.'는 과거에 완료된 상태가 현재까지 지속되고 있음을 보여 준다.

형태 정보

① 동사 및 형용사 어간 끝음절 모음이 'ㅏ, ㅗ'인 경우 '-았-'을 쓴다.

예) 찾- + -았- + -다 → 찾았다
　　좋- + -았- + -다 → 좋았다
　　가- + -았- + -다 → 갔다
　　고프- + -았- + -다 → 고팠다
　　작- + -았- + -다 → 작았다
　　살- + -았- + -다 → 살았다
　　보- + -았- + -다 → 보았다/봤다

+ 이음절 이상의 어간 끝음절 모음이 'ㅡ'일 때는 'ㅡ' 앞의 끝음절 모음에 따라 교체한다. 이때 'ㅡ' 모음은 탈락한다.

② 동사 및 형용사 어간 끝음절 모음이 'ㅏ, ㅗ'가 아닌 경우 '-었-'을 쓴다.

예) 먹- + -었- + -다 → 먹었다
　　쓰- + -었- + -다 → 썼다
　　서- + -었- + -다 → 섰다
　　크- + -었- + -다 → 컸다
　　싫- + -었- + -다 → 싫었다
　　주- + -었- + -다 → 주었다/줬다
　　마시- + -었- + -다 → 마시었다/마셨다
　　예쁘- + -었- + -다 → 예뻤다

③ '-하다'가 붙은 동사 및 형용사 어간에는 '-였-'을 쓰는데, '하였-'을 흔히 '했-'으로 줄여 쓴다.

예) 운동하- + -였- + -다 → 운동하였다/운동했다
　　도착하- + -였- + -다 → 도착하였다/도착했다

①	ㅏ, ㅗ	+ -았-	찾았다, 작았다, 좋았다, 살았다, 갔다, 봤다, 고팠다
②	ㅏ, ㅗ 이외	+ -었-	먹었다, 싫었다, 썼다, 주었다, 섰다, 마셨다, 컸다, 예뻤다
③	-하다	+ -였-(-했-)	운동했다, 도착했다

④ '이다', '아니다'는 '-었-'을 쓴다. '이다' 앞의 명사에 받침이 있으면 '-었-', 받침이 없으면 줄여서 주로 '-였-'을 쓴다.

예) 학생이- + -었- + -다 → 학생이었다
　　학생이 아니- + -었- + -다 → 학생이 아니었다
　　의사이- + -었- + -다 → 의사이었다/의사였다
　　의사가 아니- + -었- + -다 → 의사가 아니었다

⑤ 불규칙

듣-　예) 저는 3년 전에 한국 노래를 처음 **들었어요**.
춥-　예) 지난 1월에 한국은 정말 **추웠어요**.
낫-　예) 어제 수지 씨의 감기가 다 **나았어요**.
파랗-　예) 작년 가을 하늘은 정말 **파랬어요**.
부르-　예) 어제 저녁에 밥을 너무 많이 먹어서 배가 **불렀어요**.

확장

① 앞으로 일어날 상황에 대해 말하는 사람이 확신을 갖고 당연한 결과를 예상함을 나타낸다. 미래 사건에 대한 동작의 완료를 미리 생각하고 '-었-'을 사용한다.

예) 지금 이렇게 길이 막히는 것을 보니, 오늘도 집에 다 **갔다**.
숙제를 하나도 안 했으니, 너는 오늘 선생님한테 **혼났다**.
왕밍 씨가 거짓말한 것을 어머니께 들켰으니, 이제 큰일 **났다**.
동생이 집에 친구들을 데리고 온 걸 보니, 나는 이제 오늘 공부는 다 **했다**.

② 과거에 나타난 상황이 계속되지 않고 다른 상황으로 바뀌었을 때, '-았었/었었-'을 쓴다.

예) 작년에 저는 부산에 **살았었어요**.
예전에는 김치가 매워서 못 **먹었었어요**.
저는 초등학교 때 **뚱뚱했었어요**.
영수 씨는 미도리 씨를 **좋아했었어요**.

+ '작년에 저는 부산에 살았었어요.'는 작년에는 부산에 살았으나 지금은 부산에 살지 않는다는 뜻으로, 상황이 바뀌었음을 나타낸다. '예전에는 김치가 매워서 못 먹었었어요.'도 과거에는 김치를 먹지 못했으나 지금은 먹을 수 있다는 뜻으로, 상황이 바뀌었음을 뜻한다.

유사 문법

① '-었-', '-어 있다'

-었-	-어 있다
· 어떤 행위가 끝났음을 나타낸다.	
· 과거의 동작을 나타낸다. 예) 학생이 의자에 **앉았다**. (학생이 의자에 앉은 사실만을 나타냄.)	· 동작이 완료된 결과 그 상태가 지속됨을 나타낸다. 예) 학생이 의자에 **앉아 있다**. (학생이 의자에 앉은 후 계속 그 상태가 유지됨.)
· 결합되는 동사에 따라 상태 지속을 나타내는 경우가 있다. 예) 수지는 이미 **결혼했다**. (o) 철수는 오늘 청바지를 **입었다**. (o) 꽃이 예쁘게 **피었다**. (o)	· '-었-'이 상태 지속을 나타내는 경우, 일부 동사에서는 '-었-'을 '-어 있-'으로 바꿀 수 없다. 예) 수지는 이미 **결혼해 있다**. (x) 철수는 오늘 청바지를 **입어 있다**. (x) 꽃이 예쁘게 **피어 있다**. (o)

② '-었-', '-은 적이 있다'

-었-	-은 적이 있다
· 과거의 사건을 나타낸다.	
· 행위나 사건이 단순히 과거에 일어났음을 나타낸다. 예) 나는 물을 **마셨다.** 나는 더러운 물을 **마셨다.** (새로운 경험이라는 의미보다는 과거에 있었던 행위나 사건이라는 정보만을 제공한다.)	· 과거에 있었던 경험에 초점을 둔 표현이다. 예) 나는 물을 **마신 적이 있다.** (?) (전에는 물을 한 번도 마셔 본 적이 없는 상황에서만 가능한 표현인데, 일반적이지 않은 상황이므로 어색한 표현이 된다.) 나는 더러운 물을 **마신 적이 있다.** (특별히 더러운 물을 먹어 본 경험에 초점을 둔 상황이므로 사용 가능하다.)

③ '-었-', '-었었-'

-었-	-었었-
· 과거 시제를 나타낸다.	
· 단순히 어떤 동작이나 작용이 과거에 일어났음을 나타내거나 행위가 완료되어 그 결과 상태가 유지되고 있음을 나타낸다. 예) 그는 **결혼했다.** 부장님, 댁에서 전화 **왔어요.**	· 현재와 다르거나 단절된 과거의 사건을 나타낸다. 예) 그는 **결혼했었다.** 부장님, 댁에서 전화가 **왔었어요.**

+ '그는 결혼했었다.'는 그가 과거에 결혼을 했으나 현재는 결혼한 상태에 있지 않음을 의미한다. 그러나 '그는 결혼했다.'는 단순히 과거에 일어난 일에 이야기하는 것이거나 과거에 결혼을 했고 지금도 결혼한 상태에 있음을 주로 나타낸다.

+ '댁에서 전화가 왔었어요.'는 과거에 전화가 왔으나 부장님이 받지 못하였을 때 말한다. 그러나 '댁에서 전화 왔어요.'는 전화가 왔고 지금 연결을 기다리는 상황에서도 말할 수 있다.

이렇게 도입해 보세요

(1) 교사: 어제 무엇을 해요?
학생: 공부를 해요.
교사: 어제 공부를 해요. 어제 공부를 **했어요.**

(2) 교사: 수지 씨, 고등학교 때 키가 커요? 작아요?
학생: 키가 작아요.
교사: 키가 작아요. 수지 씨는 고등학교 때 키가 **작았어요.**

+ '-았-'은 (1), (2)와 같이 '어제, 지난 주말'과 같은 가까운 과거에서부터 '작년, 고등학교 때' 등 먼 과거에 있었던 사건이나 상황을 물어보면서 도입할 수 있다. 과거에 발생한 사건임을 분명히 제시하기 위해 '시간'을 나타내는 명사를 사용하는 것이 좋다. 현재를 나타내는 것을 먼저 보여 주고 동일한 내용을 과거로 물어보거나 이야기하면서 현재와 과거의 차이를 비교하여 보여 주는 것이 효과적이다.

-으시-[-시-]

문장 내 주어의 행위나 상태를 **존대함**을 나타내는 선어말어미.

-으시-	(동사나 형용사, '이다, 아니다'에 붙어) 문장 안에 등장하는 주어를 높여서 주어의 행위나 상태를 존대함을 나타낼 때 사용한다.

예문

(1) 가: 수지 씨, 선생님께서 지금 기분이 **어떠세요**?
나: 기분이 매우 **좋으세요**.

(2) 가: 사장님께서 언제 **나가셨습니까**?
나: 1시간 전에 **나가셨습니다**.

(3) 가: 마이클 씨, 할머니께서 어디에 **사세요**?
나: 지금 미국에 **사세요**.

(4) 가: 앤디 씨, 아버지께서 무슨 일을 **하십니까**?
나: 저희 아버지는 **의사이십니다**.

(5) 가: 줄리아 씨, 어머니께서 키가 **크세요**?
나: 아니요. 키가 **작으세요**.

선생님께서 교실 앞에 있는 의자에 **앉으십니다**.
아버지께서 내일 출장을 **가세요**.
집에 손님이 와서 어머니께서 음식을 **만드세요**.
은행에서 나오신 분이 저희 회장님**이십니다**.
선생님께서 책을 **찾으세요**.
이제 부장님의 말씀이 **있으시겠습니다**.
사장님께서 돈이 **많으신** 것 같아요.
할머니께서 지금 제 노래를 **들으십니다**.
미도리 씨, 한국에 언제 다시 **오시겠어요**?
우리 어머니는 한국 분이 **아니세요**.
할아버지께서는 비가 오면 항상 다리가 **아프세요**.

+ '-으시-'는 문장에 나타나는 주어를 존대하기 위해 그 주어의 상태나 행위를 높여서 나타낼 때 사용한다.

+ '-으시-'는 높임을 받는 대상과 관계가 있는 소유물이나 신체의 일부가 문장의 주어일 경우 이를 높이기 위해서도 사용된다. '사장님께서 돈이 많으시다.'에서 '많으시다'는 사장님을 높이기 위해 사용된 것이며, '어머니께서 키가 크세요.'에서 '크세요'도 어머니를 높이기 위해 사용된 것이다.

형태 정보

① 동사 및 형용사 어간 끝음절에 받침이 있으면 '-으시-'를 쓴다.

예) 읽- + -으시- + -다 → 읽으시다　　받- + -으시- + -다 → 받으시다
찾- + -으시- + -다 → 찾으시다　　많- + -으시- + -다 → 많으시다
작- + -으시- + -다 → 작으시다　　좋- + -으시- + -다 → 좋으시다

② 동사 및 형용사 어간 끝음절에 받침이 없거나 'ㄹ' 받침으로 끝나면, '-시-'를 쓴다. 단, 'ㄹ' 받침으로 끝날 때는 'ㄹ'이 탈락한다.

예) 가- + -시- + -다 → 가시다　　보- + -시- + -다 → 보시다
크- + -시- + -다 → 크시다　　예쁘- + -시- + -다 → 예쁘시다
만들- + -시- + -다 → 만드시다　　살- + -시- + -다 → 사시다

①	받침 ○	+ -으시-	읽으시다, 받으시다, 찾으시다, 많으시다, 작으시다, 좋으시다
②	받침 ×	+ -시-	가시다, 보시다, 크시다, 예쁘시다
	ㄹ 받침	+ -시-(어간 'ㄹ' 탈락)	만드시다, 사시다

③ '이다, 아니다'도 '-시-'를 쓴다. 단, '이다' 앞의 명사에 받침이 없으면 주로 '명사+-시다'라고 쓴다.

예) 선생님이- + -시- + -다 → 선생님이시다　　의사이- + -시- + -다 → 의사이시다/의사시다
아니- + -시- + -다 → 아니시다

+ 'N+-시다'는 격식적인 문어에서는 잘 사용하지 않는다.

확장

① 높임을 나타낼 때 어휘의 형태가 완전히 변화하는 경우도 있다.

예) 먹다 → 드시다/잡수시다	아버지께서 비빔밥을 **드신다/잡수신다**.
자다 → 주무시다	어머니께서 일찍 **주무셨다**.
아프다 → 편찮으시다	할머니께서 어제부터 **편찮으시다**.
있다 → 계시다	선생님께서 교실에 학생들과 같이 **계신다**.
죽다 → 돌아가시다	할아버지께서 작년에 **돌아가셨다**.

+ '먹으시다, 자시다'는 쓸 수 없으며, '아프시다, 있으시다'는 특별한 상황에서 사용할 수 있다. '아프시다'는 문장의 주어 자체를 높이는 것이 아니라, 존대하는 주어의 신체 일부를 높일 때 쓴다. '있으시다' 또한 존대하는 대상과 관계된 소유물을 높여서 말할 때 쓴다.

예) 아프다 → 아프시다	할아버지께서 머리가 많이 **아프세요**/***편찮으세요**.
있다 → 있으시다	선생님은 책이 많이 **있으세요**/***계세요**.

② '주다'는 '주시다'와 '드리다' 두 가지 형태로 높임 표현이 나타난다. 주어를 높이는 경우 '주시다'를 사용하고, 받는 대상을 높이는 경우에는 '드리다'를 사용한다.

예) 할아버지께서 저에게 선물을 **주셨어요**.
어머니께서 저에게 도시락을 **주셨어요**.
제가 선생님께 책을 **드렸습니다**.
영수 씨가 할머니께 꽃을 **드렸어요**.

③ 높임의 대상이 되는 인물과 관계된 신체의 일부나 관련된 대상 등이 주어로 올 때 '-으시-'를 쓸 수 있다.

예) 우리 어머니께서는 눈이 **예쁘세요**.
선생님, 아드님이 참 **잘생기셨어요**.
요즘 일은 **잘되세요**?

+ '우리 어머니께서는 눈이 예쁘세요.'에서 문장의 주어는 '눈'으로 존대하지 않아도 되나, 이는 높임의 대상인 '어머니'와 분리할 수 없는 신체의 일부이므로 '-시-'를 사용하여 높임을 나타낸다.

이렇게 도입해 보세요

(1) 교사: (책 읽는 그림을 보여 주며) 앤디 씨는 무엇을 해요?
학생: 앤디 씨가 책을 읽어요.
교사: 선생님은 지금 무엇을 해요?
학생: 선생님은 책을 읽어요.
교사: 선생님은 책을 읽어요. 선생님께서 책을 **읽으세요.**

(2) 교사: (아이가 요리하는 사진을 보여 주며) 아이가 요리합니다.
(할머니가 요리하는 사진을 보여 주며) 누구입니까?
학생: 할머니입니다.
교사: 할머니가 무엇을 합니까?
학생: 할머니가 요리합니다.
교사: 할머니가 요리합니다. 할머니께서 **요리하십니다.**

+ '-으시-'를 도입할 때는 (1)과 같이 높임을 받지 않는 대상과 높임을 받는 대상을 비교하여 도입하면 자연스럽게 '-으시-'의 쓰임을 인지할 수 있다. 또한 (2)에서와 같이 높임을 받는 대상이 나이가 많거나 지위가 높은 경우를 분명히 드러내어 나타내는 것이 좋다.

연결어미

-거나

1) **선택** 2) 어느 것이나 **상관없음**을 나타내는 연결어미.

-거나1) (동사나 형용사, '이다, 아니다'에 붙어) 둘 이상의 행위나 사실 중 하나를 선택함을 나타낸다. 두 가지 이상의 행동이나 상태를 나열하고 그 가운데 하나를 선택할 때 사용한다.

예문

(1) 가: 감기에 걸렸는데 어떻게 해요?
나: 약을 **먹거나** 병원에 가세요.

(2) 가: 부모님이 보고 싶으면 어떻게 해요?
나: 편지를 **쓰거나** 전화를 해요.

(3) 가: 경치가 좋은 곳으로 여행 가고 싶어요.
나: 그러면 설악산으로 **가거나** 제주도로 가세요.

(4) 가: 수지 씨는 언제 택시를 타요?
나: **바쁘거나** 짐이 많을 때 택시를 타요.

(5) 가: 영철 씨, 왕밍 씨 직업이 뭐예요? 혹시 아세요?
나: 잘 모르지만 **회사원이거나** 교사인 것 같아요.

여름에는 모자를 **쓰거나** 선글라스를 껴요.

내일은 **흐리거나** 눈이 오겠습니다.

여기는 **도서관이거나** 박물관일 것입니다.

저는 주로 한국 신문을 **읽거나** 한국 드라마를 봐요.

친구가 늦으면 전화를 **하거나** 문자 메시지를 보내요.

저는 결혼하면 미국에서 **살거나** 캐나다에서 살고 싶어요.

학교에서 **가깝거나** 집세가 싼 집이 인기가 많습니다.

호엉 씨는 **슬프거나** 외로울 때 노래방에 가서 노래를 불러요.

그 가게의 물건들은 모두 가격이 **싸거나** 품질이 좋습니다.

강아지가 배가 많이 **고팠거나** 욕심이 많은 게 틀림없어요.

+ '-거나1)'은 '-거나1)'의 앞과 뒤에 나타난 상태나 행동 모두가 아니라 그중 하나의 상태나 행동을 나타내는 연결어미이다.

형태 정보

① 동사 및 형용사 어간 끝음절의 받침 유무에 관계없이 '-거나'를 쓴다.

예) 앉- + -거나 → 앉거나
오- + -거나 → 오거나
놀- + -거나 → 놀거나
좋- + -거나 → 좋거나
크- + -거나 → 크거나
길- + -거나 → 길거나
줍- + -거나 → 줍거나
다니- + -거나 → 다니거나
만들- + -거나 → 만들거나
넓- + -거나 → 넓거나
예쁘- + -거나 → 예쁘거나
멀- + -거나 → 멀거나

+ 어떤 동사나 형용사가 와도 형태가 변하지 않음에 주의한다.

①	받침 ○	+ -거나	앉거나, 줍거나, 놀거나, 만들거나, 좋거나, 넓거나, 길거나, 멀거나
	받침 ×	+ -거나	오거나, 다니거나, 크거나, 예쁘거나

② '이다, 아니다'는 '-거나'를 쓴다. 단, '이다' 앞의 명사에 받침이 없으면 주로 '명사+-거나'라고 쓴다.

예) 가방이- + -거나 → 가방이거나
사과이- + -거나 → 사과이거나/사과거나
아니- + -거나 → 아니거나
꽃이- + -거나 → 꽃이거나
의자이- + -거나 → 의자이거나/의자거나

+ 'N+-거나'는 격식적인 문어에서 잘 사용하지 않는다.

문장 구성 정보

① 보통은 두 가지 다른 내용을 연결할 때 사용하지만 세 가지 이상의 내용을 연결해서 사용할 수 있다.

예) **재미있거나 슬프거나** 감동적인 영화를 좋아해요.
주말에 보통 텔레비전을 **보거나** 컴퓨터 게임을 **하거나** 만화책을 봐요.
모르는 단어는 사전을 **찾거나** 친구에게 **묻거나** 선생님께 여쭈어 봅니다.

② '-거나' 뒤에 '하다'가 나타날 수 있다. '-거나 -거나' 구성으로 쓰일 때는 뒤에 '하다'가 온다.

예) 나는 일요일에 청소를 **하거나** 합니다.
남학생들은 운동장에서 친구들과 축구를 **하거나** 해요.
감기에 걸리면 약을 **먹거나** 병원에 **가거나** 해요.
방학 때 고향에 **가거나** 서울에 **남거나** 할 거예요.

제약 정보

① 앞 절과 뒤 절의 주어가 같아도 되고 달라도 된다.

예) 나는 잠이 안 오면 목욕을 **하거나** (나는) 따뜻한 우유를 마셔요. (o)
네가 민수를 **도와주거나** 내가 민수를 도와줘야 한다. (o)

② 과거 '-었-'은 사용하지만, 미래 · 추측의 '-겠-'은 사용하지 않고 현재 시제로 쓴다. 미래의 뜻은 문장의 마지막에 나타낸다.

예) 그 사람은 나를 **좋아했거나** 내 동생을 좋아했을 것이다. (o)
그 사람은 나를 **좋아하거나** 내 동생을 좋아했을 것이다. (x)
내일 백화점에 **가거나** 마트에 갈 거예요. (o)
내일 백화점에 **가겠거나** 마트에 갈 거예요. (x)

유사 문법

① '-거나1)', '-든지'

-거나1)	-든지
· 선택을 나타내는 연결어미이다. 예) 노래를 **하거나 춤을 추거나** 해야 한다. 노래를 **하든지 춤을 추든지** 해야 한다.	
· '무엇, 누구, 어디, 언제' 등의 의문사와 함께 사용하는 것이 가능하기는 하나 어색하다. 예) 무엇을 **먹거나** 잘 먹는다. (?) 언제 **가거나** 아름다운 곳이다. (?)	· 자연스럽게 '무엇, 누구, 어디, 언제' 등의 의문사와 함께 사용할 수 있다. 예) 무엇을 **먹든지** 잘 먹는다. 언제 **가든지** 아름다운 곳이다.
· 문장의 끝에 올 수 없다. 예) 심심하면 나 좀 **도와주거나**. (x) 시간이 남으면 게임을 좀 **하거나**. (x)	· 문장의 끝에 올 수 있다. 예) 심심하면 나 좀 **도와주든지**. (o) 시간이 남으면 게임을 좀 **하든지**. (o)

이렇게 도입해 보세요

(1) 교사: 아침에 무엇을 먹어요?
학생: 밥을 먹어요. 빵을 먹어요.
교사: 밥과 빵 다 먹어요?
학생: 아니요, 하나만 먹어요.
교사: 아침에 밥을 먹어요. 아침에 빵을 먹어요. 둘 중에 하나만 해요. 아침에 밥을 **먹거나** 빵을 먹어요.

(2) 교사: 주말에 무엇을 해요?
학생: 숙제를 해요. 영화를 봐요.
교사: 숙제를 해요. 영화를 봐요. 다 해요?
학생: 아니요, 한 개만 해요.
교사: 주말에 숙제를 해요. 영화를 봐요. 둘 중에 하나만 해요. 주말에 숙제를 **하거나** 영화를 봐요.

+ '-거나1)'을 도입할 때 학생들에게서 두 가지 이상의 행동을 끌어낸 다음, 이것을 모두 하는 것이 아니라 둘 중 하나만을 할 때 사용하는 것임을 알려 준다. (2)의 경우 두 가지를 모두 할 수도 있는 상황이므로 한 가지만 선택해야 하는 상황으로 제한하기 위해 그림 카드를 제시하는 게 좋다.

-거나2) (동사나 형용사, '이다, 아니다'에 붙어) 주로 '-거나 -거나'로 쓰여, 둘 모두를 선택해도 괜찮거나 상관없음을 나타낼 때 사용한다. 이때 '-거나'로 연결되는 앞과 뒤의 내용은 서로 반대되거나 매우 다른 뜻을 나타낸다.

예문

(1) 가: 오늘도 왕밍 씨가 안 왔어요?
나: 왕밍 씨가 **오거나 안 오거나** 미도리 씨는 열심히 공부하세요.

(2) 가: 사전이 너무 비싸요.
나: **싸거나 비싸거나** 사전은 필요하니까 꼭 사야 해요.

(3) 가: 마이클 씨는 정말 성실해요.
나: 네, 시험이 **있거나 없거나** 항상 열심히 공부해요.

(4) 가: 빨리 준비해라. 학교에 늦겠다.
나: 제가 학교에 **늦거나 말거나** 그냥 내버려 두세요.

(5) 가: 영수 씨는 합격이에요.
나: 저는 영수 씨가 **합격이거나 불합격이거나** 관심 없어요.

치마를 **입거나** 바지를 **입거나** 마음대로 하세요.

농구를 **하거나** 축구를 **하거나** 다 좋아요.

음식이 **맛있거나 맛없거나** 상관없이 다 먹을 거예요.

방이 **크거나 작거나** 저는 그 집에서 살고 싶어요.

성적이 **좋거나 나쁘거나** 상관없이 진급을 할 수 없어요.

그 사람이 **듣거나 말거나** 하고 싶은 말을 다 하고 왔어요.

당신이 **불편하거나 말거나** 내 친구를 데리고 올 거예요.

손님이 **오거나 말거나** 나랑 상관없어요.

친구가 **기다리거나 말거나** 항상 약속 시간을 지키지 않아요.

한국 사람이거나 중국 사람이거나 가리지 않고 회원을 받아요.

+ '-거나2)'는 서로 상반되는 두 개 이상의 행위나 상태를 제시하여 어느 쪽이든 상관없이 뒤의 내용이 이루어짐을 나타낸다. '농구를 하거나 축구를 하거나 다 좋아요.'는 농구를 해도 좋고 축구를 해도 좋다는 의미를 나타낸다.

+ '-거나 말거나' 꼴로 쓰여 '-거나'와 결합하는 상태나 행동에 대해 긍정과 부정을 나열하고 그중 어느 것을 선택해도 상관없음을 나타낼 수도 있다. '당신이 불편하거나 말거나 내 친구를 데리고 올 거예요.'는 당신이 불편한 것과 상관없이 나는 내 친구를 데리고 오겠다는 의미를 나타낸다.

형태 정보

앞의 '-거나1)'을 참고한다.

확장

① '-거나'는 '-건'으로 줄여 쓸 수 있다.

예) 내가 아침에 치킨을 **먹거나** 불고기를 **먹거나** 상관하지 마세요.
= 내가 아침에 치킨을 **먹건** 불고기를 **먹건** 상관하지 마세요.
네가 **믿거나 말거나** 그건 모두 사실이야.
= 네가 **믿건 말건** 그건 모두 사실이야.

② '간에, 상관없이' 따위가 뒤따라 뜻을 분명히 한다.

예) 노래를 **부르거나** 춤을 **추거나** 간에 네 마음대로 해라.
영희가 꽃을 **좋아하거나** 좋아하지 **않거나** 상관없이 나는 꽃을 선물했다.

③ '무엇, 어디, 누구, 언제, 어떻게' 등과 함께 사용하여 모든 경우에 해당이 됨을 나타낼 때 사용할 수 있다.

예) 수지 씨는 무엇을 **하거나** 열심히 해요.
줄리아 씨는 어디에 **가거나** 사랑받을 거예요.
앤디 씨가 누구와 **사귀거나** 상관하지 마세요.
내가 어떻게 **하거나** 신경 쓰시지 않아도 돼요.

+ 이때도 '수지 씨는 무엇을 하거나 간에 열심히 해요.', '줄리아 씨는 어디에 가거나 상관없이 사랑받을 거예요.'와 같이 '-거나'의 뒤에 '간에, 상관없이'를 사용해서 뜻을 분명하게 나타낼 수 있다.

유사 문법

① '-거나2)', '-는다거나[1]'

<table>
<tr><th>-거나2)</th><th>-는다거나[1]</th></tr>
<tr><td colspan="2">· 둘 이상의 사건이나 행동을 나열한다.
예) 비가 오거나 눈이 오거나 하면 행사는 취소됩니다.
비가 온다거나 눈이 온다거나 하면 행사는 취소됩니다.
한국에서는 너무 춥거나 덥거나 하는 날에는 건강을 위해 챙겨 먹는 음식이 있어요.
한국에서는 너무 춥다거나 덥다거나 하는 날에는 건강을 위해 챙겨 먹는 음식이 있어요.</td></tr>
<tr><td>· '-거나'를 반복하여 사용할 때 '하-'를 붙여 사용할 수도 있고 그렇지 않을 수도 있다.
예) 시간이 없거나 바쁘면 나중에 오세요. (o)
시간이 없거나 바쁘거나 하면 나중에 오세요. (o)</td><td>· '-는다거나'를 반복하여 사용할 때 '하-'를 붙여 사용한다.
예) 시간이 있으면 노래한다거나 쉬면서 시간을 보내요. (x)
시간이 있으면 노래한다거나 쉰다거나 하면서 시간을 보내요. (o)</td></tr>
<tr><td>· 두 개 이상의 행위나 상태를 제시하여 어느 쪽이든 상관없음을 나타낸다.
예) 주말에 밥을 먹거나 영화를 보거나 다 좋아요. (o)
친구가 기다리거나 말거나 항상 약속 시간을 지키지 않아요. (o)</td><td>· 두 개 이상의 행위나 상태를 제시하여 어느 쪽이든 상관없음을 나타내지 않는다.
예) 주말에 밥을 먹는다거나 영화를 본다거나 해도 다 좋아요. (??)
친구가 기다린다거나 만다거나 항상 약속 시간을 지키지 않아요. (x)</td></tr>
</table>

+ '-거나2)'와 '-는다거나[1]'은 둘 이상의 사건이나 행동, 예를 나열한다는 의미가 있다는 공통점이 있다. 그러나 '-거나'에는 어느 쪽을 선택해도 상관없다는 의미가 있어서 '-거나 말거나' 꼴로 쓰여 '-거나'와 결합하는 상태나 행동에 대해 긍정과 부정을 나열하고 그중 어느 것을 선택해도 상관없음을 나타낼 수 있다.

이렇게 도입해 보세요

(1) 교사: 여러분 우리 주말에 같이 밥을 먹어요. 어때요?

학생: 좋아요.

교사: 아니면 같이 영화를 볼까요?

학생: 네, 좋아요.

교사: 밥을 먹을까요? 영화를 볼까요? 시간이 없어서 한 가지만 해요. 어떤 걸 할까요?

학생: 다 좋아요.

교사: 주말에 **밥을 먹거나 영화를 보거나** 다 좋아요.

(2) 교사: (멋있는 자동차 사진을 보여 주며)
여러분, 이 차가 어때요?

학생: 멋있어요.

교사: 왕밍 씨, 이 차를 사고 싶어요?

학생: 네, 사고 싶어요.

교사: 그런데 이 차가 비싸요. 그래도 괜찮아요?

학생: 네. / 아니요.

교사: 선생님도 이 차를 사고 싶어요. 이 차가 비싸요. 그렇지만 괜찮아요. 이 차를 사고 싶어요. 이 차가 싸요. 그것도 괜찮아요. 이 차를 사고 싶어요. 이 차가 **비싸거나 싸거나** 사고 싶어요.

+ '-거나2)'를 도입할 때 학생들에게 두 가지 이상의 대립되는 상황을 제시한 다음, 두 가지 중 어떤 것을 선택해도 모두 상관없다는 뜻을 나타낼 때 사용함을 알려 준다.

-게{-게끔}

1) 정도나 방식 2) 목적을 나타내는 연결어미.

-게1)	(동사나 형용사에 붙어) 뒤에 오는 상태나 행동의 정도 또는 방식을 나타낸다. '어떻게' 또는 '얼마나'에 대한 답으로 사용한다.

예문

(1) 가: 머리를 얼마나 자를까요?
나: 더우니까 **짧게** 잘라 주세요.

(2) 가: 수지 씨 어디 아파요?
나: 아니요, 어제 **늦게** 자서 조금 피곤해요.

(3) 가: 미도리 씨, 방학에 어떻게 지냈어요?
나: **바쁘게** 지냈어요.

(4) 가: 옷을 싸게 사고 싶은데 어디에서 살까요?
나: 동대문 시장에 가면 옷을 **싸게** 살 수 있어요.

(5) 가: 민수 씨는 술 마시러 안 가요?
나: 네, 이제 술을 마시지 않기로 **굳게** 다짐했어요.

선생님이 어려운 문제를 **쉽게** 설명해 주십니다.

흐엉 씨는 글씨를 **예쁘게** 써요.

친구가 종이를 **길게** 잘라서 나에게 주었어요.

주말에는 방을 **깨끗하게** 청소합니다.

지나가는 사람이 **친절하게** 가르쳐 주었어요.

줄리아 씨가 떡볶이를 **맛있게** 만들었어요.

그 강아지는 정말 **귀엽게** 생겼어요.

영수 씨는 이야기를 **재미있게** 해서 친구들이 많습니다.

왕밍 씨를 목이 **터지게** 불렀지만 돌아보지 않았어요.

그 사람은 천재라서 **어렵지 않게** 모든 문제를 다 풀었습니다.

+ '-게1)'은 형용사와 일부 동사에 붙어 뒤에 오는 상태나 행위의 의미를 한정한다. '더우니까 짧게 잘라 주세요.'나 '친구가 종이를 길게 잘라서 나에게 주었어요.'에서는 자르는 행위의 정도나 방식을 나타내고 있고, '흐엉 씨는 글씨를 예쁘게 써요.'에서는 글씨를 쓰는 방식을 나타내고 있다. 이처럼 '-게1)'은 주로 상태나 행위의 정도 또는 방식을 나타낸다.

형태 정보

① 동사 및 형용사 어간 끝음절의 받침 유무에 관계없이 '-게'를 쓴다.

예) 굳- + -게 → 굳게　　터지- + -게 → 터지게　　작- + -게 → 작게
　넓- + -게 → 넓게　　싸- + -게 → 싸게　　느리- + -게 → 느리게
　크- + -게 → 크게　　깨끗하- + -게 → 깨끗하게
　길- + -게 → 길게　　달- + -게 → 달게

+ 어떤 동사나 형용사가 와도 형태가 변하지 않음에 주의한다.

①	받침 ○	+ -게	굳게, 작게, 넓게, 길게, 달게
	받침 ×	+ -게	터지게, 싸게, 느리게, 크게, 깨끗하게

제약 정보

① 과거 '-었-', 미래 · 추측의 '-겠-'과 결합하지 않는다.

예) 그 사람의 딸은 아주 **예뻤게** 생겼어요. (x)
　그 사람의 딸은 아주 **예쁘게** 생겼어요. (o)
　놀이공원에 가서 **재미있겠게** 놀아요. (x)
　그 사람의 딸은 아주 **예쁘겠게** 생겼어요. (x)
　놀이공원에 가서 **재미있었게** 놀아요. (x)
　놀이공원에 가서 **재미있게** 놀아요. (o)

확장

① 특별한 의미를 더해 주는 보조사 '는', '도', '만' 등과 함께 쓸 수 있다.

예) 그 영화가 **재미있게는** 보여요.
　답안을 **짧게도** 썼구나.
　그 사람을 너무 **나쁘게만** 보지 마세요.

② 형용사에 결합하여 '여기다, 보다, 생각하다' 등의 동사 앞에서, 어떠하다고 생각하고 느낌을 나타낸다.

예) 그러한 관심은 **기쁘게** <u>여기지</u> 않아요.
　나를 너무 **불쌍하게** <u>보지</u> 마세요.
　나는 유미 씨의 남자 친구를 **좋게** <u>생각하지</u> 않아요.

③ '놀랍다, 슬프다' 등의 형용사에 '-게도'의 형태가 결합하여 문장의 제일 앞에서 뒤 절에 대한 느낌, 감상의 의미를 나타낸다.

예) **놀랍게도** 그 사람은 아주 많은 돈을 가지고 있었다.
　슬프게도 유미 씨의 할아버지께서 어제 돌아가셨다.
　다행스럽게도 사망자는 나오지 않았다.

유사 문법

① '-게1)', '-도록2)'

<table>
<tr><th>-게1)</th><th>-도록2)</th></tr>
<tr><td colspan="2">· 정도나 방식을 나타내는 연결어미이다.
예) 목이 터지게 응원했어요.
목이 터지도록 응원했어요.</td></tr>
<tr><td>· 형용사와 동사 모두 결합이 자유롭다.
예) 선생님이 어려운 문제를 쉽게 설명해 주십니다. (o)
친구가 종이를 길게 잘라서 나에게 주었어요. (o)
목이 빠지게 기다렸어요. (o)</td><td>· 주로 동사와 결합한다.
예) 선생님이 어려운 문제를 쉽도록 설명해 주십니다. (x)
친구가 종이를 길도록 잘라서 나에게 주었어요. (x)
목이 빠지도록 기다렸어요. (o)</td></tr>
<tr><td>· 시간의 한계를 나타낼 때는 사용할 수 없다.
예) 친구는 12시가 되게 오지 않았다. (x)
3년이 지나게 그는 소식이 없다. (x)</td><td>· 시간의 한계를 나타낼 때 사용한다.
예) 친구는 12시가 되도록 오지 않았다. (o)
3년이 지나도록 그는 소식이 없다. (o)</td></tr>
</table>

이렇게 도입해 보세요

(1) 교사: (글씨를 크게 쓰며) 선생님이 무엇을 해요?
학생: 글자를 써요.
교사: 선생님이 글자를 써요. 글자가 어때요?
학생: 커요.
교사: 네, 선생님이 글자를 써요. 글자가 커요.
선생님이 글자를 **크게** 써요.

(2) 교사: (미용실에서 머리를 자르는 모습을 보여 주며) 무엇을 해요?
학생: 머리를 잘라요.
교사: 머리를 잘라요. 머리가 어때요?
학생: 짧아요.
교사: 네, 머리를 잘라요. 얼마나? 짧아요. 게. **짧게** 잘라요.

+ '-게1)'을 도입할 때는 먼저 특정한 상황을 제시하고 학생들에게 그 상태나 행동의 정도를 나타내는 표현을 유도하는 질문을 한다. 정도를 나타내는 표현 다음에 '-게1)'이 결합하여 얼마나, 혹은 어떻게 뒤의 행위가 이루어지는지 보여 줄 때 사용함을 알 수 있게 한다.

-게2)	(동사나 형용사에 붙어) 뒤 절의 행위에 대한 목적이나 결과를 나타낸다. 뒤 절의 내용이 앞 절의 상황을 이루기 위한 조건이나 방법일 때 사용한다.

예문

(1) 가: 왜 머리를 잘라요?
나: 지금은 여름이니까 **덥지 않게** 머리를 잘라요.

(2) 가: 교실이 너무 더워요.
나: 그래요? 바람이 **들어오게** 창문을 여세요.

(3) 가: 흐엉 씨가 만든 김밥이 무척 맛있어요.
나: 나도 **먹어 보게** 한 개만 주세요.

(4) 가: 학생들이 **집중하게** 조용히 해 주십시오.
나: 네, 죄송합니다.

(5) 가: 수지 씨, 일찍 왔네요?
나: 네, **늦지 않게** 지하철을 탔어요.

사진을 **찍게** 모두 모이세요.

이 선물을 들고 **가게** 잘 포장해 주세요.

문을 **열게** 조금만 비켜 주세요.

민수 씨가 범인을 **잡게** 도와주었어요.

손님들이 편안히 **지내시게** 배려해야 합니다.

아이들도 **먹을 수 있게** 만들었어요.

모두가 **들을 수 있게** 큰 소리로 대답하세요.

바닥이 미끄러우니 **넘어지지 않게** 조심하세요.

춥지 않게 두꺼운 옷을 입었습니다.

뒤에 오는 사람이 **지나가게** 문을 잡아 주었습니다.

+ '-게2)'는 동사 및 형용사의 뒤에 붙어 뒤에 오는 행위의 목적을 나타낼 때 사용한다. 정도의 의미로 사용된 '-게1)'은 '머리를 짧게 잘라요.'처럼 '자르다'라는 행위의 정도를 나타내지만, 목적의 의미로 사용된 '-게2)'는 '덥지 않게 머리를 잘라요.'처럼 '자르다'라는 행위의 목적을 나타낸다.

형태 정보

① 동사 및 형용사 어간 끝음절의 받침 유무에 관계없이 '-게'를 쓴다.

예) 굳- + -게 → 굳게　　터지- + -게 → 터지게　　작- + -게 → 작게
넓- + -게 → 넓게　　싸- + -게 → 싸게　　느리- + -게 → 느리게
크- + -게 → 크게　　깨끗하- + -게 → 깨끗하게
길- + -게 → 길게　　달- + -게 → 달게

+ 어떤 동사나 형용사가 와도 형태가 변하지 않음에 주의한다.

①	받침 ○	+ -게	굳게, 작게, 넓게, 길게, 달게
	받침 ×	+ -게	터지게, 싸게, 느리게, 크게, 깨끗하게

제약 정보

① 앞 절과 뒤 절의 주어가 같아도 되고 달라도 된다.

예) 아기가 잘 수 **있게** 우리는 조용히 이야기했다. (o)
(내가) 선생님의 이야기를 **잊어버리지 않게** (내가) 공책에 써 놓았다. (o)

② 과거 '-었-', 미래 · 추측의 '-겠-'과 결합하지 않는다.

예) 나는 유미 씨가 옷을 **갈아입었게** 밖으로 나왔어요. (x)
나는 유미 씨가 옷을 **갈아입겠게** 밖으로 나왔어요. (x)
나는 유미 씨가 옷을 **갈아입게** 밖으로 나왔어요. (o)
약을 **먹었게** 물을 주세요. (x)
약을 **먹겠게** 물을 주세요. (x)
약을 **먹게** 물을 주세요. (o)

확장

① '-게'를 강조하기 위해서 '-게끔'을 사용하기도 한다.

예) 멀리서도 **보이게** 크게 쓰세요. = 멀리서도 **보이게끔** 크게 쓰세요.
접시를 깨지 **않게** 조심하세요. = 접시를 깨지 **않게끔** 조심하세요.

② 앞 절과 뒤 절의 순서를 바꾸어 '-게'를 종결어미처럼 사용할 수 있다.

예) 제가 직접 **이야기하게** 영수 씨 좀 바꿔 주세요.
= 영수 씨 좀 바꿔 주세요. 제가 직접 **이야기하게**.
어머니께서 **기뻐하시게** 열심히 공부합시다.
= 열심히 공부합시다. 어머니께서 **기뻐하시게**.

이렇게 도입해 보세요

(1) 교사: (칠판에 글씨를 아주 작게 쓰며) 여러분, 글씨가 보여요?
학생: 아뇨, 안 보여요.
교사: (칠판에 글씨를 아주 크게 쓰며) 여러분, 글씨가 보여요?
학생: 네, 보여요.
교사: 네, 글씨가 잘 보여요. 글씨를 써요.
글씨가 잘 **보이게** 써요.

(2) 교사: 날씨가 추워요. 많은 사람들이 감기에 걸려요.
감기에 걸리고 싶지 않아요. 어떻게 해요?
학생: 따뜻한 옷을 입어요.
교사: 네, 감기에 걸리지 않아요. 따뜻한 옷을 입어요.
감기에 **걸리지 않게** 따뜻한 옷을 입어요.

+ '-게2)'를 도입할 때는 먼저 어떠한 행위나 상황을 제시하고 그 상황의 목적이 무엇인지 학습자들이 스스로 대답하도록 유도한 다음, '-게2)'를 목적을 나타낼 때 사용한다는 것을 알려 준다.

+ 반대로 어떠한 목적을 제시하고 그 목적을 위해 어떤 행동을 할 수 있는지 자유롭게 대답하게 하여 '-게2)'를 이해할 수 있도록 돕는다.

-고

1) **나열** 2) **시간적 선후 관계**를 나타내는 연결어미.

-고1) (동사나 형용사, '이다, 아니다'에 붙어) 어떤 상태나 행위를 나열함을 나타낸다. 시간의 순서와 관계없이 두 가지 이상의 사실이나 내용을 대등하게 연결할 때 사용한다.

예문

(1) 가: 지금 뭐 해요?
나: 나는 밥을 **먹고** 동생은 숙제를 해요.

(2) 가: 앤디 씨가 열이 **나고** 기침을 해요?
나: 네, 감기에 걸린 것 같아요.

(3) 가: 오늘 날씨가 어때요?
나: 조금 **춥고** 바람이 많이 불어요.

(4) 가: 수진 씨의 남자 친구가 어때요?
나: 키가 **크고** 멋있어요.

(5) 가: 왕밍 씨와 줄리아 씨는 어느 나라 사람입니까?
나: 왕밍 씨는 **중국 사람이고** 줄리아 씨는 미국 사람입니다.

저는 서울에 **살고** 마이클 씨는 뉴욕에 살아요.

이 의자는 **가볍고** 튼튼합니다.

오렌지 주스가 **시원하고** 맛있어요.

내 동생은 얼굴이 **동그랗고** 눈이 커요.

저는 학생이 **아니고** 선생님입니다.

오늘 저는 원피스를 **입고** 언니는 바지를 입었어요.

흐엉 씨는 학원에서 한국어를 **배우고** 영어도 배웁니다.

학생 식당은 음식이 **싸고** 아주머니들이 친절합니다.

요스케 씨의 가방은 **회색이고** 미도리 씨의 가방은 빨간색입니다.

제 아버지는 **경찰이셨고** 어머니는 요리사셨습니다.

+ '-고1)'은 동사나 형용사, '명사+이다' 뒤에 붙어 어떤 사실을 시간 순서에 상관없이 나열하여 나타낼 때 사용하는 연결어미이다. '나는 밥을 먹는다.', '동생은 숙제를 한다.'라는 두 개의 사실을 '-고'로 연결하여 한 문장으로 나타낼 수 있다. 또한 앤디 씨의 두 가지 상태 '(앤디 씨가) 열이 나다.', '(앤디 씨가) 기침을 하다.'를 '-고'를 사용하여 '(앤디 씨가) 열이 나고 기침을 하다.'처럼 대등하게 연결하여 말할 수 있다.

형태 정보

① 동사 및 형용사 어간 끝음절의 받침 유무에 관계없이 '-고'를 쓴다.

예) 읽- + -고 → 읽고　　잡- + -고 → 잡고
가- + -고 → 가고　　오- + -고 → 오고
넓- + -고 → 넓고　　어둡- + -고 → 어둡고
빠르- + -고 → 빠르고　　예쁘- + -고 → 예쁘고
살- + -고 → 살고　　길- + -고 → 길고

+ 어떤 동사나 형용사가 와도 형태가 변하지 않음에 주의한다.

①	받침 ○	+ -고	읽고, 잡고, 넓고, 어둡고, 살고, 길고
	받침 ×	+ -고	가고, 오고, 빠르고, 예쁘고

② '이다, 아니다'는 '-고'를 쓴다. 단, '이다' 앞의 명사에 받침이 없으면 주로 '명사+-고'라고 쓴다.

예) 연필이- + -고 → 연필이고　　사람이- + -고 → 사람이고
책이- + -고 → 책이고　　우유이- + -고 → 우유이고/우유고
의자이- + -고 → 의자이고/의자고　　아니- + -고 → 아니고

+ 'N+-고'는 격식적인 문어에서는 잘 사용하지 않는다.

문장 구성 정보

① 앞 절과 뒤 절을 바꾸어 쓸 수 있다.

예) 도서관이 **크고** 조용합니다.
= 도서관이 **조용하고** 큽니다.
나는 피아노를 **치고** 동생은 노래를 부릅니다.
= 동생은 노래를 **부르고** 나는 피아노를 칩니다.

제약 정보

① 앞 절과 뒤 절의 주어가 같아도 되고 달라도 된다.

예) 내 친구는 **착하고** (내 친구는) 똑똑합니다.
나는 책을 **읽고** 앤디 씨는 텔레비전을 봅니다.
그 가게는 연필도 **팔고** (그 가게는) 공책도 팝니다.
저희 집은 여기**이고** 유미 씨의 집은 저기입니다.

② 과거 '-었-', 미래 · 추측의 '-겠-'은 앞 절과 뒤 절에 모두 쓰일 수 있으나, 주로 뒤 절에만 사용된다.

예) 나는 사과를 **먹고** 수지 씨는 바나나를 먹었어요. (o)
나는 사과를 **먹었고** 수지 씨는 바나나를 먹었어요. (o)
내일 서울의 날씨는 **춥고** 비도 내리겠습니다. (o)
내일 서울의 날씨는 **춥겠고** 비도 내리겠습니다. (o)

확장

① 서로 상반되거나 대립되는 사실을 나열할 때 사용한다. 이때는 앞 절과 뒤 절을 바꾸어 쓰지 않는다.

예) **싸고** 비싼 것은 중요하지 않아요.
KTX는 1년 내내 서울과 부산을 **오고** 갑니다.
크고 작은 문제들이 계속 생깁니다.

② 관용적으로 '-고 또 -어도'나 '-고 -은'의 형태로 동사나 일부 형용사를 반복함으로써 그 행위나 상태를 강조할 때 사용한다.

예) 나는 너무 피곤해서 **자고 또 자도** 졸린다.
(나는 너무 피곤해서 아주 많이 자도 졸린다.)
줄리아 씨의 고향은 아주 **멀고 먼** 나라입니다.
(줄리아 씨의 고향은 아주 먼 나라입니다.)

유사 문법

① '-고1)', '-으며'

<table>
<tr><th>-고1)</th><th>-으며</th></tr>
<tr><td colspan="2">· 두 가지 이상의 사실을 대등하게 연결함을 나타낸다.
예) 왕밍 씨는 친절하고 재미있습니다.
왕밍 씨는 친절하며 재미있습니다.</td></tr>
<tr><td>· 글을 쓸 때와 말할 때 둘 다 사용한다.
예) 선생님, 페이페이 씨의 아버지는 회사원이고 어머니는 주부예요.</td><td>· 글을 쓸 때 주로 사용한다.
예) 이 작가의 아버지는 회사원이며 어머니는 주부이다.</td></tr>
<tr><td>· 과거 사실을 나타낼 때, 앞 절에 과거 시제를 나타내는 '-었-'을 써도 되고 쓰지 않아도 된다.
예) 나는 숙제를 하고 친구도 함께 숙제를 했다. (o)
나는 숙제를 했고 친구도 함께 숙제를 했다. (o)</td><td>· 과거 사실을 나타낼 때, 앞 절에 과거 시제를 나타내는 '-었-'을 쓰는 것이 일반적이다.
예) 나는 숙제를 하며 친구도 함께 숙제를 했다. (x)
나는 숙제를 했으며 친구도 함께 숙제를 했다. (o)</td></tr>
<tr><td>· 두 가지 이상의 상태나 행동을 겸하고 있을 때 사용할 수 없다.
예) 나는 아침 식사를 하고 신문을 본다.
(아침 식사를 하는 행위와 신문을 보는 행위에 동시성이 없음.)</td><td>· 두 가지 이상의 상태나 행동을 겸하고 있을 때 사용할 수 있다.
예) 나는 아침 식사를 하며 신문을 본다.
(아침 식사를 하는 동시에 신문을 봄.)</td></tr>
</table>

이렇게 도입해 보세요

(1) 교사: 여러분, 우리 교실이 어때요?
학생: 넓어요.
교사: 네, 교실이 넓어요. 또 어때요?
학생: 깨끗해요.
교사: 교실이 넓어요. 그리고 교실이 깨끗해요.
교실이 **넓고** 깨끗해요.

(2) ('월요일: 한국어 공부, 운동'을 판서한다.)
교사: 여러분, 월요일에 뭐 해요?
학생: 한국어 공부를 해요.
교사: 그리고 또 뭐 해요?
학생: 운동해요.
교사: 네, 한국어 공부를 해요. 그리고 운동해요.
월요일에 우리는 한국어 공부를 **하고** 운동해요.

+ '-고1)'을 도입할 때 '교실', '생활' 등의 주제를 제시하고 그것에 대한 사실이나 내용을 두 가지 이상 이끌어 낸다. 두 가지 사실을 나란히 나열하고 사이에 '-고'를 넣어 한 문장으로 만들 수 있음을 보여 준다.

+ (2)를 제시할 때 다음과 같은 요일에 따른 시간표를 제시하면 '-고1)'의 의미 이해를 도울 수 있다. 단, 시간의 순서를 드러나게 제시하면 선후 관계를 나타내는 '-고2)'의 의미를 나타낼 수 있으므로 이에 주의한다.

예)

월	한국어 공부, 운동
화	한국어 공부, 쇼핑
수	독서, 청소
목	한국어 공부, 운동
금	한국어 공부, 빨래

-고2) (동사에 붙어) 앞의 내용과 뒤의 내용이 시간 순서대로 일어난 것임을 나타낸다. 시간적으로 먼저 하는 행동과 나중에 하는 행동을 이어 말할 때 사용한다.

예문

(1) 가: 라면을 어떻게 끓여요?
나: 냄비에 물을 **끓이고** 라면을 넣으세요.

(2) 가: 주말에 뭐 했어요?
나: 청소를 **하고** 공원에서 산책했어요.

(3) 가: 내일 뭐 할 거예요?
나: 명동에서 친구를 **만나고** 옷을 살 거예요.

(4) 가: 운동화를 어느 쪽부터 신습니까?
나: 왼쪽을 **신고** 오른쪽을 신습니다.

(5) 가: 지금 놀아도 돼요?
나: 먼저 숙제를 **하고** 놀아라.

저는 밥을 **먹고** 이를 닦습니다.
여러분, 책을 **읽고** 문제를 푸세요.
나는 그 영화를 **보고** 울었다.
우리는 사진을 **찍고** 헤어졌다.
꽃이 **지고** 열매가 맺힙니다.
줄리아 씨는 학교를 **졸업하고** 고향에 돌아갈 거예요?
저는 밤에 **샤워하고** 잡니다.
수업이 **끝나고** 우리 같이 인사동에 갑시다.
저는 세계 여행을 **하고** 많은 것을 배웠습니다.
수지 씨는 전화를 **받고** 밖에 나갔어요.

+ '-고2)'는 동사 뒤에 붙어 먼저 하는 행동과 나중에 하는 행동을 순서대로 연결하여 한 문장으로 나타낼 때 사용하는 연결어미이다. '냄비에 물을 끓이고 라면을 넣으세요.'에서 앞 절과 뒤 절은 시간의 선후 관계로 연결된 것으로, 앞 절의 물을 끓이는 행위가 먼저 이루어진 다음에 뒤 절의 라면을 넣는 행위가 이어진다.

형태 정보

앞의 '-고1)'을 참고한다.

문장 구성 정보

① 앞 절과 뒤 절을 바꾸면 의미가 달라진다.

예) 나는 옷을 **갈아입고** 텔레비전을 켰어요.
(먼저 옷을 갈아입었다. 나중에 텔레비전을 켰다.)
≠ 나는 텔레비전을 **켜고** 옷을 갈아입었어요.
(먼저 텔레비전을 켰다. 나중에 옷을 갈아입었다.)
오빠는 시험에 **떨어지고** 술을 마셨어요.
(먼저 시험에 떨어졌다. 나중에 술을 마셨다.)
≠ 오빠는 술을 **마시고** 시험에 떨어졌어요.
(먼저 술을 마셨다. 나중에 시험에 떨어졌다.)

제약 정보

① 형용사, '이다, 아니다'와 결합하지 않는다. 형용사나 '이다, 아니다'와 결합하면 나열의 의미인 '-고1)'로 해석된다.

예) 나는 **슬프고** 울었다. (x)
수지 씨의 남자 친구는 **의사이고** 출장을 갔다. (x)
이 책은 내 책이 **아니고** 왕밍 씨의 책이다. ('-고1)'의 의미)

② 앞 절과 뒤 절의 주어는 같아야 한다.

예) 나는 옷을 **벗고** 앤디 씨는 욕실에 들어갔다. (x)
나는 옷을 **벗고** (나는) 욕실에 들어갔다. (o)
나는 커피를 다 **마시고** 앤디 씨는 자리에서 일어났다. (x)
나는 커피를 다 **마시고** (나는) 자리에서 일어났다. (o)

③ 과거 '-었-', 미래 · 추측의 '-겠-'은 뒤 절에서만 나타낸다. 앞 절에 '-었-'과 '-겠-'이 사용되면 나열의 의미인 '-고1)'로 해석된다.

예) 나는 숙제를 **했고** 컴퓨터 게임을 했다. ('-고1)'의 의미)
나는 숙제를 **하고** 컴퓨터 게임을 했다. (o)
나는 숙제를 **하겠고** 컴퓨터 게임을 하겠다. ('-고1)'의 의미)
나는 숙제를 **하고** 컴퓨터 게임을 하겠다. (o)
나는 청소를 **끝냈고** 텔레비전을 봤다. ('-고1)'의 의미)
나는 청소를 **끝내고** 텔레비전을 봤다. (o)
나는 청소를 **끝내겠고** 텔레비전을 보겠다. ('-고1)'의 의미)
나는 청소를 **끝내고** 텔레비전을 보겠다. (o)

확장

① '입다, 쓰다, 신다, 끼다, 차다' 등의 동사, '타다, 들다, 잡다' 등 동작의 완료성이 있는 동사와 결합하여, 앞 절의 행위의 결과가 유지되는 상태에서 뒤 절의 행위를 하는 것을 나타낼 때 사용한다.

예) 여름에는 모자를 **쓰고** 밖에 나가요.
등산을 할 때 운동화를 **신고** 오세요.
나는 버스를 **타고** 학교에 가요.
이 줄을 **잡고** 걸으세요.

② 앞의 내용과 뒤의 내용이 동시에 이루어짐을 나타낼 때 사용할 수 있다.

예) 우리 할아버지는 시골에서 농사를 **짓고** 사세요.
오늘 하루 종일 비를 **맞고** 다녔어요.

③ 앞의 내용이 뒤의 내용의 이유나 근거임을 나타낼 때 사용할 수 있다.

예) 어머니의 편지를 **받고** 눈물을 흘렸어요.
그 글을 **읽고** 기분이 나빠졌어요.

④ 부정 표현과 어울려 사용하면 '순서'를 나타내는 것이 아니라 앞 절의 행동이나 결과가 뒤 절의 사건 속에서 그대로 지속됨을 나타낸다.

예) 아침을 **먹고** 학교에 갔다. (순서)
아침을 **먹지 않고** 학교에 갔다. ('안 먹은 채로'의 뜻)
아침을 **안 먹고** 학교에 갔다. ('안 먹은 채로'의 뜻)

유사 문법

① '-고2)', '-어서2)'

-고2)	-어서2)
· 행동의 시간적 순서를 나타낸다.	
· 단순히 행동의 시간적 순서를 나타낸다. 예) 영수는 친구를 **만나고** 학교에 갔다. (동작의 시간 순서만 나타냄. 영수가 친구와 만난 후 혼자 학교에 갔다는 의미) 철수는 밥을 **먹고** 이를 닦아요. (o)	· 행동의 순서를 나타내되, 두 행동에 밀접한 관련이 있다. 예) 영수는 친구를 **만나서** 학교에 갔다. (친구를 만난 후 친구와 같이 학교에 갔다는 의미) 철수는 밥을 **먹어서** 이를 닦아요. (x)
· 앞 절에는 주로 목적어를 가진 타동사가 나오나, 앞뒤 두 행동에 밀접한 관련이 있으면 거의 쓰지 않는다. 예) 수지는 학교에 **가고** 공부를 했어요. (x) 버스에서 **내리고** 지하철을 탔어요. (x) 아침에 **일어나고** 세수를 했어요. (x) 저는 어제 책을 **사고** 다 읽었어요. (??)	· 앞 절 동사의 종류에 제약이 없으나 자동사의 경우에 폭넓게 쓰이고, 타동사의 경우에는 앞뒤 두 행동에 밀접한 관련이 있다는 의미적 조건이 좀 더 필요하다. 예) 수지는 학교에 **가서** 공부를 했어요. (o) 버스에서 **내려서** 지하철을 탔어요. (o) 아침에 **일어나서** 세수를 했어요. (o) 저는 어제 책을 **사서** 다 읽었어요. (o)

② '-고2)', '-은 다음에'

-고2)	-은 다음에
· '어떤 행위를 한 뒤에'라는 의미를 나타낸다. 예) 학교를 **졸업하고** 취직을 했어요. 학교를 **졸업한 다음에** 취직을 했어요.	
· 앞 절의 행위가 끝났다는 완료의 의미를 나타내며, 단순히 행동의 연결에 초점을 둔다. 예) 수지는 숙제를 **하고** 친구를 만났다.	· 앞 절의 행위가 뒤 절의 행위보다 앞섬을 나타내며, 앞 행위의 완료에 초점을 둔다. 예) 수지는 숙제를 **한 다음에** 친구를 만났다.

+ '-은 다음에'는 시간적 선후 관계를 나타내는 연결어미 '-고2)'와 기본 의미는 유사하지만 앞 행위가 완료되었음을 강조할 때 사용한다.

③ '-고2)', '-고서'

-고2)	-고서
· 동작의 시간적 순서를 나타낸다.	
· 동작의 시간적 순서뿐만 아니라 단순한 나열의 의미도 가진다. 예) 노래를 **하고** 춤을 췄어요. (o) 장미는 **예쁘고** 향기로워요. (o) 그는 **의사이고** 한국 사람이에요. (o)	· 동작의 시간적 순서를 나타낸다. 단순한 나열의 의미를 가지지 않는다. 예) 노래를 **하고서** 춤을 췄어요. (o) 장미는 **예쁘고서** 향기로워요. (x) 그는 **의사이고서** 한국 사람이에요. (x)
· 단순한 나열의 의미인 경우 과거의 '-었-', 미래 · 추측의 '-겠-'과 결합할 수 있다. 예) 아이는 학교에 **갔고** 어머니는 청소를 시작했다. (o) 내일 서울의 날씨는 비가 **오겠고** 춥겠습니다. (o)	· 과거의 '-었-', 미래 · 추측의 '-겠-'과 결합하지 않는다. 예) 아이가 학교에 **갔고서** 어머니는 청소를 시작했다. (x) 내일 서울의 날씨는 비가 **오겠고서** 춥겠습니다. (x)

+ '-고서'는 동작의 시간적 순서만을 나타낼 뿐 단순한 나열의 의미는 가지지 않는다. 따라서 '노래를 하고서 춤을 췄어요.'는 '노래를 한 후에 춤을 췄다.'는 의미이다. 이와 달리 '노래를 하고 춤을 췄어요.'는 시간적 순서를 나타낼 수도 있고 단순한 나열을 나타낼 수도 있다. 단순한 나열의 경우는 앞과 뒤의 절을 바꾸어도 의미가 같다.

④ '-고2)', '-으면서'

-고2)	-으면서
· 앞의 내용과 뒤의 내용이 동시에 이루어짐을 나타낸다. 예) 우리 할아버지는 시골에서 농사를 **짓고** 사세요. 우리 할아버지는 시골에서 농사를 **지으면서** 사세요.	
· 앞의 동작이 먼저 시작되고 끝나지 않은 상태에서 뒤의 동작도 시작되어 일정 부분 두 동작이 겹침을 나타낸다. 예) 선생님께서는 내 손을 **쥐시고** 말씀하셨다. 비를 **맞고** 다니면 감기에 걸려요. ('비를 맞는다'는 행위와 '그 상태 그대로 비가 계속 오든 그치든 관계없이 길을 다닌다'는 행위를 의미함.)	· 두 동작이 동시에 진행되는 그 시점에서의 상태를 설명한다. 예) 선생님께서는 내 손을 **쥐시면서** 말씀하셨다. 비를 **맞으면서** 다니면 감기에 걸려요. ('비를 맞는다'는 행위와 '길을 다닌다'는 행위가 동시에 진행되는 상태를 의미함.)

+ 동시에 이루어짐을 나타내는 '-고'는 '-고2)'의 확장에 해당하는 의미이다.

이렇게 도입해 보세요

(1) 교사: 여러분, 아침에 일어나요. 옷을 입어요.
티셔츠를 먼저 입어요? 바지를 먼저 입어요?
학생1: 티셔츠를 입어요. 바지를 입어요.
학생2: 바지를 입어요. 티셔츠를 입어요.
교사: 앤디 씨는 티셔츠를 입어요. 그리고 그다음에 바지를 입어요. 티셔츠를 **입고** 바지를 입어요. 줄리아 씨는 바지를 입어요. 그리고 그다음에 티셔츠를 입어요. 바지를 **입고** 티셔츠를 입어요.

(2) 교사: (손을 씻는 그림, 밥을 먹는 그림을 보여 주며)
손을 씻어요. 밥을 먹어요. 무엇을 먼저 해요?
학생: 손을 씻어요.
교사: 다음에 무엇을 해요?
학생: 밥을 먹어요.
교사: (그림을 순서대로 나열하고 손을 씻는 그림 옆에 ①, 밥을 먹는 그림 옆에 ②라고 번호를 쓴다.)
네, 손을 씻어요. 그리고 밥을 먹어요.
손을 **씻고** 밥을 먹어요.

+ '-고2)'를 도입할 때 두 가지 상황을 제시하여 학생들에게 먼저 하는 행동과 나중에 하는 행동을 구분하도록 한다. 그리고 '먼저 하는 행동 + -고 + 나중에 하는 행동'의 순서를 보여 주고 이해를 돕는다.

예)

티셔츠를 입어요				바지를 입어요
바지를 입어요	+	-고	+	티셔츠를 입어요
손을 씻어요				밥을 먹어요

-는데[-은데/-ㄴ데]

1) **배경이나 상황** 제시 2) **대조**를 나타내는 연결어미.

-는데1) (동사나 형용사, '이다, 아니다'에 붙어) 뒤 절의 사실에 대해 앞 절이 배경이 되거나 상관되는 상황이 됨을 나타낸다. 뒤 절에서 서술하거나 질문하거나 시키거나 제안하기에 앞서서 관련 배경이나 상황을 설명할 때 주로 사용한다.

예문

(1) 가: 지금 마트에 **가는데** 무엇을 사 올까요?
나: 과자와 맥주를 사 오세요.

(2) 가: 이 치마를 어제 **샀는데** 마음에 안 들어요.
나: 그래요? 그럼 가게에 가서 환불하세요.

(3) 가: 학교 근처에 괜찮은 식당이 있어요?
나: '맛나 식당'이 **괜찮은데** 거기에 가 보세요.

(4) 가: 배가 **고픈데** 밥 먹으러 갑시다.
나: 네, 좋아요.

(5) 가: 이 사람이 누구예요?
나: 제 **친구인데** 지금 미국에 있어요.

저는 요즘 한국어를 **배우는데** 정말 재미있어요.
비가 **오는데** 택시를 탑시다.
심심한데 같이 영화를 보러 갈래요?
저는 잡채를 잘 **만드는데** 무엇을 잘 만드세요?
추운데 창문을 닫을까요?
얼굴이 **하얀데** 어디 아픈 거 아니에요?
친구들과 함께 사진을 **찍는데** 눈을 감아 버렸어요.
인사동에 **갔는데** 한국의 전통 물건이 많이 있었어요.
영수 씨는 혼자 **사는데** 매일 청소를 해서 방이 깨끗합니다.
줄리아 씨는 아직 **학생인데** 다음 달에 졸업할 거예요.

+ '-는데1)'은 말하고자 하는 내용에 앞서 그 배경이나 상황 등을 설명할 때 사용하는 연결어미이다. '무엇을 사 올까요?'처럼 무언가 사 올 것이나 부탁할 것이 있느냐고 물을 때, 이 질문에 앞서서 관련 상황이 되는 '마트에 가다'를 먼저 이야기하며 사용할 수 있다.

형태 정보

① 동사 어간 끝음절의 받침 유무에 관계없이 '-는데'를 쓴다. 단, 'ㄹ' 받침으로 끝날 때는 'ㄹ'이 탈락한다.

예) 먹- + -는데 → 먹는데　　읽- + -는데 → 읽는데　　잡- + -는데 → 잡는데
남- + -는데 → 남는데　　가- + -는데 → 가는데　　쓰- + -는데 → 쓰는데
기다리- + -는데 → 기다리는데　　공부하- + -는데 → 공부하는데　　살- + -는데 → 사는데
밀- + -는데 → 미는데

+ '있다, 없다'는 동사와 마찬가지로 '-는데'가 결합한다.

② 형용사 어간 끝음절에 받침이 있으면 '-은데'를 쓴다.

예) 좋- + -은데 → 좋은데　　높- + -은데 → 높은데　　작- + -은데 → 작은데
많- + -은데 → 많은데　　낮- + -은데 → 낮은데　　넓- + -은데 → 넓은데

③ 형용사 어간 끝음절에 받침이 없거나 'ㄹ' 받침으로 끝나면 '-ㄴ데'를 쓴다. 단, 'ㄹ' 받침으로 끝날 때는 'ㄹ'이 탈락한다.

예) 크- + -ㄴ데 → 큰데　　싸- + -ㄴ데 → 싼데　　아프- + -ㄴ데 → 아픈데
바쁘- + -ㄴ데 → 바쁜데　　멀- + -ㄴ데 → 먼데　　힘들- + -ㄴ데 → 힘든데

+ '-는데'는 동사, 형용사에 따라 형태가 달라지며, 특히 어간이 'ㄹ' 받침으로 끝나는 경우는 다른 받침과 달리 'ㄹ'이 탈락한다.

①	동사	받침 ○	+ -는데	먹는데, 읽는데, 잡는데, 남는데
		받침 ×		가는데, 쓰는데, 기다리는데, 공부하는데
		ㄹ 받침	+ -는데(어간 'ㄹ' 탈락)	사는데, 미는데
②	형용사	받침 ○	+ -은데	좋은데, 높은데, 작은데, 많은데, 낮은데, 넓은데
③	형용사	받침 ×	+ -ㄴ데	큰데, 싼데, 아픈데, 바쁜데
		ㄹ 받침	+ -ㄴ데(어간 'ㄹ' 탈락)	먼데, 힘든데

④ '이다, 아니다'는 '-ㄴ데'를 쓴다. 단, '이다' 앞의 명사에 받침이 없으면 주로 '명사+-ㄴ데'라고 쓴다.

예) 책이- + -ㄴ데 → 책인데　　가방이- + -ㄴ데 → 가방인데
사과이- + -ㄴ데 → 사과인데/사관데　　의자이- + -ㄴ데 → 의자인데/의잔데
지우개이- + -ㄴ데 → 지우개인데/지우갠데　　아니- + -ㄴ데 → 아닌데

+ 'N+-ㄴ데'는 격식적인 문어에서 잘 사용하지 않는다.

⑤ '있다, 없다'는 형용사이지만, 동사와 같이 '-는데'를 붙여 사용한다.

예) 있- + -는데 → 있는데　　　　없- + -는데 → 없는데
재미있- + -는데 → 재미있는데　　　　맛없- + -는데 → 맛없는데

⑥ 불규칙

맵-　예) 김치가 **매운데** 먹어 볼래요?

빨갛-　예) 얼굴이 **빨간데** 감기에 걸린 거 아니에요?

확장

① 주로 질문이나 요청, 제안, 명령을 하기 전에 그 이유나 근거를 말할 때 사용한다.

예) 건강도 좋지 **않은데** 오늘은 밖에 나가지 말고 쉬세요.
비가 많이 **오는데** 지하철을 타고 갑시다.
오늘 제 **생일인데** 저희 집에 놀러 오세요.
답답한데 밖으로 나갑시다.

+ 이때 뒤 절에는 주로 명령문이나 청유문을 쓴다.

② '-는데야'와 같은 의미로, 어떤 상태나 행동을 강조하는 뜻으로 사용할 수 있다.

예) 아무리 화를 내도 듣지 **않는데** 어쩌겠어요.
여자 친구가 **부탁하는데** 어떻게 해요. 당연히 도와줘야지.
방법이 **없는데** 어쩌겠어요.
무조건 싫다고 **하는데** 어떻게 하겠어요.

+ 이때 앞 절의 내용은 말하는 사람이 판단할 때 바람직하지 않은 내용을 담고 있으며 뒤 절에는 주로 '어쩌겠느냐, 어떻게 하느냐' 같은 표현을 사용한다.

③ '다시 말하다, 다시 설명하다, 거듭 덧붙이다' 등과 결합하여 '-거니와'와 같은 의미로 앞의 사실과 상관되는 내용을 다시 한 번 말함을 나타낼 때 사용할 수 있다.

예) 다시 **말하는데** 아무쪼록 최선을 다해 주세요.
다시 **설명하는데** 이것은 정말 중요한 규칙입니다.
거듭 **덧붙이는데** 내일은 절대로 늦게 오면 안 됩니다.

유사 문법

① '-는데1)', '-으니까1)'

-는데1)	-으니까1)
· 질문, 요청, 제안, 명령을 하기 위한 이유나 근거를 나타낸다.	
· 이유나 근거를 직접적으로 드러내지 않고 배경 설명을 통해 듣는 사람이 생각하고 판단할 수 있게 한다. '-으니까'보다 더 완곡하게 권유할 때 사용한다. 예) 날씨가 **좋은데** 공원에 갑시다. (공원에 가자고 하는 권유를 꺼낸 배경을 설명함.)	· 앞 절의 내용이 뒤 절의 제안이나 명령의 직접적인 이유로 사용된다. 예) 날씨가 **좋으니까** 공원에 갑시다. (공원에 가자고 하는 이유를 직접적으로 표현함.)

② '-는데1)', '-으니1)'

-는데1)	-으니1)
· 이유나 근거를 나타낸다. 예) 비가 **오는데** 오늘은 집에서 쉽시다. 비가 **오니** 오늘은 집에서 쉽시다.	
· 이유나 근거를 직접적으로 드러내지 않고 배경 설명을 통해 듣는 사람이 생각하고 판단할 수 있게 한다. '-으니'보다 더 부드러운 권유를 나타낸다. 예) 날씨가 **좋은데** 공원에 갑시다. (공원에 가자고 하는 권유를 꺼낸 배경 설명. 부드러운 권유.)	· 앞 절의 내용이 뒤 절의 제안이나 명령의 직접적인 이유로 사용된다. 예) 날씨가 **좋으니** 공원에 갑시다. (공원에 가자고 하는 이유를 강조. 다소 딱딱하고 강한 권유.)

+ '-으니1)'과 '-는데1)'은 모두 이유나 근거의 의미를 나타낼 수 있다. 특히 제안의 의미나 근거를 나타낼 때 '-는데1)'이 '-으니1)'보다는 주관적으로 강한 주장을 나타내는 의미가 적어 더 부드럽게 느껴진다.

이렇게 도입해 보세요

(1) 교사: 오늘 날씨가 어때요?
  학생: 좋아요.
  교사: 날씨가 좋아요. 공원에 갈까요?
     날씨가 **좋은데** 공원에 갈까요?
  학생: 좋아요. 공원에 가요.

(2) 교사: 유미 씨는 지난주에 뭐 했어요?
  학생: 저는 명동에 갔어요.
  교사: 어땠어요?
  학생: 사람들이 아주 많았어요.
  교사: 명동에 갔어요. 사람들이 아주 많았어요.
     명동에 **갔는데** 사람들이 아주 많았어요.

+ '-는데1)'을 도입할 때 뒤 절의 배경이 되는 어떠한 상황, 즉 공원에 가기 위한 관련 상황이 되는 좋은 날씨를 먼저 제시하고 뒤 절의 내용을 이야기할 때 사용하는 것을 알려 준다.

-는데2) (동사나 형용사, '이다, 아니다'에 붙어) 앞 절의 내용과 다른 상황이나 결과가 뒤 절에 이어짐을 나타낸다. 대조되는 두 가지 사실을 말할 때 사용한다.

예문

(1) 가: 왕밍 씨는 김치를 잘 먹어요?
나: 네, 처음에는 잘 못 **먹었는데** 지금은 잘 먹어요.

(2) 가: 민수 씨는 축구를 좋아해요?
나: 네, 축구를 **좋아하는데** 잘하지 못해요.

(3) 가: 공원에는 항상 사람들이 많아요?
나: 낮에는 사람들이 **많은데** 밤에는 적어요.

(4) 가: 가방이 어때요?
나: **예쁜데** 너무 비싸요.

(5) 가: 두 사람 다 학생이에요?
나: 아니요, 저는 **학생인데** 제 친구는 회사원이에요.

나는 손을 잘 **씻는데** 동생은 잘 씻지 않아요.
줄리아 씨는 춤은 잘 **추는데** 노래는 잘 못 불러요.
흐엉 씨는 언니는 **있는데** 여동생은 없어요.
저희 회사는 일은 **많은데** 월급은 적습니다.
지금은 **바쁜데** 오후에는 한가해요.
방은 **추운데** 거실은 따뜻해요.
미도리 씨는 **외국인인데** 한국어를 잘해요.
서울은 지금 **여름인데** 제 고향은 겨울입니다.
읽기 시험은 100점을 **받았는데** 쓰기 시험은 60점을 받았어요.
마이클 씨는 매일 열심히 **공부하는데** 앤디 씨는 매일 놀아요.

+ '-는데2)'는 '처음에 김치를 잘 못 먹었다.'와 '지금은 잘 먹는다.', '낮에는 사람들이 많다.'와 '밤에는 사람들이 적다.'처럼 서로 대조되는 두 가지 사실을 연결하여 말할 때 사용한다. 앞 절과 뒤 절의 주어는 같을 수도 있고 다를 수도 있다.

형태 정보

앞의 '-는데1)'을 참고한다.

확장

① '-는데'에 조사 '도'가 결합하여 그 의미를 강조할 수 있다.

예) 나는 이번에 공부를 열심히 **했는데** 시험을 잘 못 봤어요.
= 나는 이번에 공부를 열심히 했는데도 시험을 잘 못 봤어요. ('공부를 열심히 했음'을 강조)
나는 밥을 잘 **먹는데** 살이 찌지 않아요.
= 나는 밥을 잘 먹는데도 살이 찌지 않아요. ('밥을 잘 먹음'을 강조)

유사 문법

① '-는데2)', '-지만'

-는데2)	-지만
· 앞의 내용과 반대되거나 다른 이야기를 이음을 나타낸다.	
· 앞 절은 뒤 절의 배경 상황이 되며 대립되는 배경 상황 제시의 의미를 가진다. 예) 영수 씨는 농구를 **좋아하는데** 잘하지 못해요. 영수 씨는 농구를 **좋아하는데** 민수 씨는 축구를 좋아해요.	· 앞 절과 뒤 절의 내용이 대등하며 대립의 의미를 가진다. 예) 영수 씨는 농구를 **좋아하지만** 잘하지 못해요. 영수 씨는 농구를 **좋아하지만** 민수 씨는 축구를 좋아해요.
· 비교적 중립적인 연결 기능을 담당하는 연결어미로서 '-지만'보다 '대립'의 의미가 약하다. 따라서 뒤 절이 생략되면 대립의 의미뿐만 아니라 여러 가지 다른 의미를 생각할 수 있다. 예) 열심히 **공부했는데** 시험을 잘 못 봤어요. 열심히 **공부했는데**… (시험을 잘 못 봤어요. / 시험이 취소됐어요. / 시험 문제가 이상하게 나왔어요.)	· '대립'의 의미를 이미 가지고 있는 연결어미로서 뒤 절이 생략되어도 대립되는 결과를 쉽게 짐작할 수 있다. 예) 열심히 **공부했지만** 시험을 잘 못 봤어요. 열심히 **공부했지만**… (시험을 잘 못 봤어요.)

② '-는데2)', '-으나'

<table>
<tr><th>-는데2)</th><th>-으나</th></tr>
<tr><td colspan="2">· 앞의 내용과 반대되거나 다른 이야기가 이어짐을 나타낸다.
예) 날씨가 나쁜데 사람들이 등산을 간다.
날씨가 나쁘나 사람들이 등산을 간다.</td></tr>
<tr><td>· 앞 절은 뒤 절의 배경 상황이 되며, 대립되는 배경 상황 제시의 의미를 가진다.
예) 수지 씨는 수영을 좋아하는데 잘하지 못해요.</td><td>· 앞 절과 뒤 절의 내용이 대등하며, 대립의 의미를 가진다.
예) 수지 씨는 쇼핑을 좋아하나 샤오잉 씨는 안 좋아해요.</td></tr>
<tr><td>· 비교적 중립적인 연결 기능을 담당하는 연결어미로서 '-으나'보다 '대립'의 의미가 약하다. 따라서 뒤 절이 생략되면 대립의 의미뿐만 아니라 여러 가지 다른 의미를 생각할 수 있다.
예) 열심히 공부했는데 시험을 잘 못 봤어요.
열심히 공부했는데… (시험을 잘 못 봤어요. / 시험이 취소됐어요. / 시험 문제가 잘못 나왔어요.)</td><td>· '대립'의 의미를 이미 가지고 있는 연결어미로서 뒤 절이 생략되어도 대립되는 결과를 쉽게 짐작할 수 있다.
예) 열심히 공부했으나 시험을 잘 못 봤어요.
열심히 공부했으나… (시험을 잘 못 봤어요.)</td></tr>
</table>

+ '-으나'와 '-는데2)'는 반대되거나 대조되는 상황을 이야기할 때 사용할 수 있다. '-는데2)'의 기본적인 용법은 배경 제시이므로 앞 절과 뒤 절이 대등함을 드러내지 못하고 앞 절이 뒤 절의 상황이나 진술의 배경이 된다. 그렇기 때문에 생략되면 뒤의 내용을 하나로 명확히 드러내지 못하고 다양한 가능성이 열리게 된다. 반면 '-으나'는 대립의 의미를 잘 드러내므로 뒤 절이 생략이 되어도 쉽게 의미를 찾아낼 수 있다.

이렇게 도입해 보세요

(1) 교사: 왕밍 씨는 중국어를 잘해요?
학생: 네, 잘해요.
교사: 선생님은 중국어를 잘해요?
학생: 아니요.
교사: 네, 왕밍 씨는 중국어를 잘해요. 선생님은 중국어를 못해요. 왕밍 씨는 중국어를 **잘하는데** 선생님은 중국어를 못해요.

(2) 교사: (키 차이가 많이 나는 형제의 사진을 보여 주며) 누가 키가 커요?
학생: 형이 키가 커요.
교사: 누가 키가 작아요?
학생: 동생이 키가 작아요.
교사: 네, 형은 키가 커요. 동생은 키가 작아요.
형은 키가 **큰데** 동생은 키가 작아요.

+ '-는데2)'를 도입할 때 먼저 대조되는 두 상황을 제시한 다음, 두 상황을 이어서 말할 때 '-는데2)'를 사용한다는 것을 알려 준다. 필요한 경우, '↔' 기호를 사용해 앞 절과 뒤 절이 서로 대조된다는 것을 직관적으로 알 수 있도록 판서한다.

-다가[1]{-다[1]}

어떠한 행위나 상태가 **중단**되고 다른 행위나 상태로 **전환**됨을 나타내는 연결어미.

-다가[1] (동사나 형용사, '이다, 아니다'에 붙어) 어떠한 행위나 상태가 중단되고 다른 행위나 상태로 바뀜을 나타낸다. 어떤 일을 하는 도중에 그 일을 그만두거나 다른 일을 할 때 사용한다.

예문

(1) 가: 어제 뭐 했어요?
나: 집에서 책을 **읽다가** 잤어요.

(2) 가: 어제 본 영화는 재미있었어요?
나: 아니요, 너무 재미없어서 **보다가** 나왔어요.

(3) 가: 오늘 한국 날씨는 어땠어요?
나: 오전에 **흐리다가** 오후에 개었어요.

(4) 가: 아직 새벽인데 왜 벌써 일어났어요?
나: 잠을 **자다가** 무서운 꿈을 꿨어요.

(5) 가: 왕밍 씨, 이 커피 다 마신 거예요?
나: 아니요, 커피를 **마시다가** 화장실에 다녀왔어요.

밥을 **먹다가** 전화를 받았어요.

줄리아 씨가 과일을 **깎다가** 학교에 갔어요.

남자 친구와 **이야기하다가** 울었어요.

산에 **올라가다가** 다리가 아파서 쉬고 있습니다.

조금 전까지 비가 **오다가** 지금은 눈이 온다.

교실이 **조용하다가** 다시 시끄러워졌다.

수지는 회사를 **다니다가** 대학원에 갔다.

아침에는 **춥다가** 오후에는 날씨가 많이 풀렸어요.

아이가 놀이터에서 **놀다가** 밥 먹으러 집에 갔어요.

저는 기숙사에서 **살다가** 지난주에 하숙집으로 이사했습니다.

+ '-다가[1]'은 동사, 형용사, '명사+이다' 뒤에 붙어 앞 절의 행위나 상태가 완전히 완료되지 않고 진행되는 도중에 뒤 절의 다른 행위로 바뀌거나, 뒤 절의 행위가 추가로 끼어듦을 나타낼 때 사용하는 연결어미이다. '책을 읽다', '영화를 보다'와 같은 앞 절의 행동이 완전히 끝나지 않은 상태에서 행동이 중지되고, 뒤 절의 '자다', '나오다'와 같은 행동으로 바뀔 때 '-다가'를 사용할 수 있다.

+ 또한 '-다가[1]'은 앞 절의 행동이 계속되면서 추가로 뒤 절의 행동이 일어나는 경우에도 사용할 수 있다. '잠을 자다가 무서운 꿈을 꿨어요.'에서 '잠을 자다'와 같은 행동이 멈추지 않고 계속 지속되는 도중에 '무서운 꿈을 꾸다'라는 행동이 추가로 일어나는 것을 알 수 있다.

+ 초급에서 '-다가[1]'은 주로 동사와의 결합만을 다룬다.

형태 정보

① 동사 및 형용사 어간 끝음절의 받침 유무에 관계없이 '-다가'를 쓴다.

예) 먹- + -다가 → 먹다가
듣- + -다가 → 듣다가
춥- + -다가 → 춥다가
가- + -다가 → 가다가
쉬- + -다가 → 쉬다가
예쁘- + -다가 → 예쁘다가
입- + -다가 → 입다가
찾- + -다가 → 찾다가
어둡- + -다가 → 어둡다가
오- + -다가 → 오다가
마시- + -다가 → 마시다가
흐리- + -다가 → 흐리다가

+ 어떤 동사나 형용사가 와도 형태가 변하지 않음에 주의한다.

①	받침 ○	+ -다가	먹다가, 입다가, 듣다가, 찾다가, 춥다가, 어둡다가
	받침 ×	+ -다가	가다가, 오다가, 쉬다가, 마시다가, 예쁘다가, 흐리다가

② '이다, 아니다'는 앞의 명사의 받침 유무에 관계없이 '-다가'를 쓴다.

예) 공원이- + -다가 → 공원이다가
의자이- + -다가 → 의자이다가
책상이- + -다가 → 책상이다가
선생님이- + -다가 → 선생님이다가
아기이- + -다가 → 아기이다가
아니- + -다가 → 아니다가

문장 구성 정보

① '-다가'는 행위의 중단이나 행위의 전환을 의미하는 경우가 많으므로 형용사보다는 동사의 사용이 압도적으로 많지만, 그렇다고 해서 형용사의 사용이 불가능한 것은 아니다. 경우에 따라서는 '-다가도'의 형태가 더 자연스럽게 쓰인다.

예) 저녁이 되자 아이들이 **놀다가** 집에 들어갔다.
저도 그 소식을 듣고 영화를 **보다가** 밖으로 나왔어요.
그런 말을 들으니 미셸이 **밉다가** 갑자기 예뻐 보였다.
지영이는 **성실하다가도** 가끔씩 저렇게 결석을 해요.

+ 형용사와 결합할 때에는 앞 절의 상태와 뒤 절의 상태가 대립되는 경우에 많이 나타난다.

예) 하늘이 **맑다가** 갑자기 흐려졌다.
불이 **환하다가** 그만 꺼져 버렸다.
아침에 **춥다가** 따뜻해졌다.
교실이 **조용하다가** 다시 시끄러워졌다.

② 새로운 상황이나 행위로의 전환의 의미보다 단순히 '중단'의 의미만을 드러낼 경우 뒤 절에서는 '말다, 그만두다, 그치다, 멈추다, 포기하다'와의 결합이 자연스럽다.

예) 영수가 옷을 **벗으려고 하다가** 그만두었다.
아키라 씨는 무슨 말을 **하려고 하다가** 멈추었다.
비가 **오다가** 그쳤다.

제약 정보

① 일반적으로 앞 절과 뒤 절의 주어가 같아야 한다.

예) 영수 씨가 의자에 **앉다가** 유미 씨가 넘어졌어요. (x)
영수 씨가 의자에 **앉다가** (영수 씨가) 넘어졌어요. (o)
나는 숙제를 **하다가** 동생이 전화를 받았어요. (x)
나는 숙제를 **하다가** (내가) 전화를 받았어요. (o)

+ 그러나 앞 절과 뒤 절의 주어가 다르고 서술어가 동일한 경우, 행위의 전환이 아니라 시간에 따른 상황의 전환을 나타내는 의미로 사용할 수 있다.

예) 이 방은 원래 형이 **쓰다가** 요즘은 내가 씁니다.
이 옷은 어머니가 **입으시다가** 요즘은 여동생이 입어요.

+ 다음 예문은 앞 절과 뒤 절의 주어가 같지 않지만 앞뒤 절의 화제(주제)가 '기상 현상'으로서 동일하므로 문장이 성립한다.

예) 비가 오다가 눈이 내렸다. (o)
바람이 불다가 우박이 내렸다. (o)

② 과거를 나타낼 때 문장의 가장 마지막 서술어를 과거 시제로 바꾼다.

예) 어제 옷을 **입었다가** 전화가 와서 전화를 받았어요. (x)
저는 회사를 **다니다가** 지난주에 그만뒀어요. (o)
어젯밤에 잠을 **자다가** 큰 소리가 나서 깼어요. (o)
어제 옷을 **입다가** 전화가 와서 전화를 받았어요. (o)

+ '-다가[1]'은 과거의 '-었-'과 결합할 수 있다. 그러나 '-었-'과 결합한 '-었다가'는 '-다가[1]'의 과거 시제 표현이 아니고, 앞 절의 행동이 모두 완료된 뒤에 뒤 절의 행동을 함을 의미한다. 이처럼 '-었다가'는 '-다가'와는 다른 의미를 가진다.

예) 옷을 **입었다가** 더워서 벗었어요.
버스를 **탔다가** 잘못 타서 내렸어요.

③ 미래 · 추측의 '-겠-'과 결합할 수 없다.

예) 내일 집에 **가겠다가** 친구를 만나요. (x)
내일 스케이트를 **타겠다가** 넘어져서 다쳐요. (x)
내일 길을 **걷겠다가** 고향 생각이 나요. (x)
내일 **일하겠다가** 잠깐 나가요. (x)

확장

① '-다가'는 '-다'로 줄여 쓸 수 있다.

예) 요리를 **하다가** 소금이 없어서 사 왔어요.
= 요리를 하다 소금이 없어서 사 왔어요.
버스에서 **내리다가** 지갑을 잃어버렸어요.
= 버스에서 내리다 지갑을 잃어버렸어요.

② '-다가 -다가 하다'의 구성으로 쓰여 두 가지 이상의 사건이 번갈아 일어남을 나타낼 때 사용한다. 이때 주로 대립되는 동작을 나타내는 동사가 쓰인다.

예) 날씨가 좋지 않아서 버스가 **가다가 멈추다가** 한다.
= 날씨가 좋지 않아서 버스가 가다 멈추다 한다.
재미있는 이야기에 저희 모두 **울다가 웃다가** 했습니다.
= 재미있는 이야기에 저희 모두 울다 웃다 했습니다.
몸이 아파서 밤에 **자다가 깨다가** 했어요.
= 몸이 아파서 밤에 자다 깨다 했어요.

+ 주로 대립되는 동작이 교대로 반복해서 일어남을 나타낸다.

③ '-다가 -다가'의 구성으로 쓰여 행위의 계속을 나타내어 그 행위를 강조할 때 사용한다.

예) 나는 그 일을 **하다가 하다가** 포기하고 말았다.
= 나는 그 일을 **하다 하다** 포기하고 말았다.
너 같은 사람은 **보다가 보다가** 처음이다.
= 너 같은 사람은 **보다 보다** 처음이다.

+ 이때 주로 동일한 동작을 나타내는 동사를 반복하여 사용한다. 이때 '-다가 -다가'는 '-다 -다'로 줄여 쓰는 경우가 많다.

+ 어떠한 일을 하고 또 하는 행위를 계속하고 다른 여러 사람을 보고 또 보는 행위를 계속함을 나타냄으로써 '하는' 행위와 '보는' 행위를 강조하고 있다.

④ '-다가 못해' 구성으로 쓰여 어떤 행위나 상태가 극에 달해 그것을 더 이상 유지할 수 없음을 나타낼 때 사용한다. '-다가 못해'는 '-다 못해'로 줄여 쓰는 경우가 많다.

예) 배가 **고프다가 못해** 아파요.
= 배가 **고프다 못해** 아파요.
수진 씨는 시끄러운 소리를 **참다가 못해** 화를 냈어요.
= 수진 씨는 시끄러운 소리를 **참다 못해** 화를 냈어요.

+ 각각 '배가 고프다', '시끄러운 소리를 참다'라는 행동이 쌓이고 쌓여 극에 다다른 나머지 '아프다', '화를 내다'의 상황으로 돌입했다는 것을 뜻한다.

이렇게 도입해 보세요

(1) 교사: (숙제를 하는 그림과 잠을 자는 그림을 보여 주며) 무엇을 해요?
학생: 숙제해요. / 잠을 자요.
교사: (잠을 자는 그림에서 다 못 한 숙제를 보여 주며) 숙제를 다 했어요?
학생: 아니요.
교사: 네, 숙제를 다 안 했어요. 숙제를 해요. 다 안 해요.
중간에 잠을 자요. 숙제를 **하다가** 잠을 자요.

(2) 교사: (사거리가 나온 간단한 지도를 보여 주며) 병원에 어떻게 가요?
학생: 똑바로 가요. 그리고 왼쪽으로 가요.
교사: 똑바로 가요. (지시봉이나 손으로 사거리를 지나친다.)
그리고 계속 끝까지 가요?
학생: 아니요.
교사: 네, 계속 가지 않아요. 똑바로 가요. 중간에 사거리에서 왼쪽으로 가요.
똑바로 **가다가** 사거리에서 왼쪽으로 가요.

+ '-다가[1]'을 도입할 때는 두 가지 행동을 학생들에게 인식시키고 먼저 하는 행동을 끝까지 하지 않고 도중에 중단함을 알려 준다. 그다음 두 번째 행동을 하게 됨을 알려 준다. (2)와 같이 지도를 통하여 다양한 장소로 가는 방법을 이야기하게 하여 학생들이 '-다가'를 사용한 문장을 만들 수 있도록 유도한다. 뒤 절의 행위나 사건에 의해 앞 절의 행위가 중단되거나 미완으로 끝나 버리는 예문을 많이 들어 주는 것이 좋다.

-어서[-아서/-여서]{-어/-아/-여}

1) **이유나 원인** 2) **시간적 선후 관계**를 나타내는 연결어미.

-어서1) (동사나 형용사, '이다, 아니다'에 붙어) 앞의 내용이 뒤의 내용의 이유나 원인이 됨을 나타낸다. 어떤 상태가 왜 그런지, 어떤 일이 왜 일어났는지에 대해 말할 때 사용한다.

예문

(1) 가: 왜 수업에 늦었어요?
나: 차가 **막혀서** 늦었어요.

(2) 가: 한국에 왜 왔어요?
나: 한국 노래가 **좋아서** 한국에 왔어요.

(3) 가: 왜 저쪽으로 안 가요?
나: 길이 **좁아서**요.

(4) 가: 그 가수는 노래를 **잘해서** 인기가 많습니까?
나: 아니요, 얼굴이 **잘생겨서** 인기가 많습니다.

(5) 가: 왜 왕밍 씨는 한국말을 잘 못해요?
나: 왕밍 씨는 **중국 사람이어서** 한국말을 잘 못해요.

저는 옷을 많이 **입어서** 좀 불편해요.

비가 **와서** 우산을 샀어요.

질문이 **많아서** 대답을 다 못했어요.

컵이 **깨져서** 깜짝 놀랐어요.

그 영화가 너무 **재미있어서** 세 번이나 봤어요.

내일이 친구 **생일이어서** 생일 파티를 할 거예요.

저는 어제 너무 많이 **걸어서** 다리가 아파요.

김치가 너무 **매워서** 못 먹었어요.

저는 커피를 **좋아해서** 하루에 다섯 잔쯤 마십니다.

그 돈은 제 돈이 **아니어서** 마음대로 쓸 수 없습니다.

+ '-어서1)'은 동사나 형용사, '명사+이다' 뒤에 붙어 뒤 절의 행위나 상태의 이유, 원인을 나타낼 때 사용하는 연결어미이다. 앞 절에 이유, 원인이 나타나며 뒤 절에는 그로 인한 결과가 나타난다. '왜 늦었어요?'와 같이 주로 '왜?'라는 질문의 대답으로 사용되며 '차가 막혔다.'라고 이유를 말한 다음 '-어서1)'을 사용하고 '늦었다'라는 상황을 제시하여 문장을 구성할 수 있다.

+ '-어서1)'은 세 번째 담화 예문에서 볼 수 있듯 보조사 '-요'가 붙어 종결어미로 사용하는 것도 가능하다. 이때 '길이 좁아서요.'는 '길이 좁아서 저쪽으로 안 가요.'가 줄어서 사용된 것으로 해석할 수 있다.

형태 정보

① 동사 및 형용사 어간 끝음절 모음이 'ㅏ, ㅗ'인 경우 '-아서'를 쓴다.

예) 찾- + -아서 → 찾아서
좋- + -아서 → 좋아서
사- + -아서 → 사서
아프- + -아서 → 아파서
좁- + -아서 → 좁아서
가- + -아서 → 가서
오- + -아서 → 와서
고프- + -아서 → 고파서

+ 어간 음절이 'ㅏ'로 끝나면 '가서, 사서'와 같이 줄여서 쓴다.

+ 어간 음절이 'ㅗ'로 끝나면 '와서'와 같이 줄여서 쓴다.

+ 이음절 이상의 어간 끝음절 모음이 'ㅡ'일 때는 'ㅡ' 앞의 끝음절 모음에 따라 교체한다. 이때 'ㅡ' 모음은 탈락한다.

② 동사 및 형용사 어간 끝음절 모음이 'ㅏ, ㅗ'가 아닌 경우 '-어서'를 쓴다.

예) 먹- + -어서 → 먹어서
서- + -어서 → 서서
슬프- + -어서 → 슬퍼서
막히- + -어서 → 막히어서/막혀서
보내- + -어서 → 보내어서/보내서
있- + -어서 → 있어서
울- + -어서 → 울어서
두- + -어서 → 두어서/둬서
기쁘- + -어서 → 기뻐서
마시- + -어서 → 마시어서/마셔서
세- + -어서 → 세어서/세서
없- + -어서 → 없어서

+ 어간 음절이 'ㅓ'로 끝나면 '서서'와 같이 줄여서 쓴다.

+ 어간 음절이 'ㅜ'로 끝나면 '둬서, 꿔서'와 같이 줄여서 쓴다.

+ 이음절 이상의 어간 끝음절 모음이 'ㅡ'일 때는 'ㅡ' 앞의 끝음절 모음에 따라 교체한다. 이때 'ㅡ' 모음은 탈락한다.

+ 어간 음절이 'ㅣ'로 끝나면 흔히 '막혀서, 마셔서'와 같이 줄여서 쓴다. 어간 음절이 'ㅐ, ㅔ'로 끝나면 '보내서, 세서'와 같이 줄여서 쓴다.

③ '-하다'가 붙은 동사 및 형용사 어간에는 '-여서'를 쓰는데, 흔히 줄여서 '해서'로 쓴다.

예) 하- + -여서 → 하여서/해서
공부하- + -여서 → 공부하여서/공부해서
사랑하- + -여서 → 사랑하여서/사랑해서
말하- + -여서 → 말하여서/말해서
친절하- + -여서 → 친절하여서/친절해서
시작하- + -여서 → 시작하여서/시작해서

①	ㅏ, ㅗ	+ -아서	찾아서, 좁아서, 좋아서, 가서, 와서, 고파서
②	ㅏ, ㅗ 이외	+ -어서	먹어서, 울어서, 서서, 둬서, 슬퍼서, 기뻐서, 막혀서, 마셔서, 보내서, 세서, 있어서, 없어서
③	-하다	+ -여서(-해서)	해서, 말해서, 공부해서, 친절해서, 사랑해서, 시작해서

④ '이다, 아니다'는 '-어서'를 쓴다. 단, '이다' 앞의 명사에 받침이 없으면 주로 '명사+-여서' 라고 쓴다.

예) 책이- + -어서 → 책이어서　　　　학생이- + -어서 → 학생이어서
종이이- + -어서 → 종이여서　　　　의사이- + -어서 → 의사여서
남자이- + -어서 → 남자여서　　　　아니- + -어서 → 아니어서

+ '이다' 앞의 명사는 말할 때 '-라서'와 결합하여 사용하는 경우도 많다. '책이라서', '학생이라서', '종이라서', '의사라서'처럼 사용할 수 있다.

+ '아니다'는 말할 때 '아니어서'보다 '아니라서'로 사용하는 경우가 많다.

⑤ 불규칙

듣-　　예) 그 이야기는 많이 **들어서** 다 외웠어요.
춥-　　예) 날씨가 **추워서** 두꺼운 옷을 입었어요.
붓-　　예) 눈이 **부어서** 집에 있어요.
파랗-　예) 하늘이 **파래서** 예뻐요.
부르-　예) 배가 **불러서** 더 못 먹어요.

제약 정보

① 과거 '-었-', 미래 · 추측의 '-겠-'과 결합하지 않는다.

예) 생일 선물을 **받았어서** 기분이 좋았어요. (x)
생일 선물을 **받겠어서** 기분이 좋겠어요. (x)
생일 선물을 **받아서** 기분이 좋겠어요. (o)
눈이 **내렸어서** 길이 미끄러웠어요. (x)
눈이 **내리겠어서** 길이 미끄럽겠어요. (x)
눈이 **내려서** 길이 미끄럽겠어요. (o)

② 뒤 절에 청유문이나 명령문이 올 수 없다.

예) 교통사고가 **나서** 경찰차를 부릅시다. (x)
교통사고가 **나서** 경찰차를 부르세요. (x)
교통사고가 **나서** 경찰차를 불렀어요. (o)
날씨가 **더워서** 에어컨을 켭시다. (x)
날씨가 **더워서** 에어컨을 켜세요. (x)
날씨가 **더워서** 에어컨을 켰어요. (o)

확장

① 큰 의미 차이 없이 '서'를 생략하고 '-어'로 바꿔 사용한다.

예) 길을 **몰라서** 지나가는 사람한테 물어봤어요.
= 길을 몰라 지나가는 사람한테 물어봤어요.
배가 **고파서** 식탁 위에 있는 빵을 다 먹었어요.
= 배가 고파 식탁 위에 있는 빵을 다 먹었어요.

② '반갑다, 고맙다, 감사하다, 미안하다, 죄송하다' 등과 함께 관용적인 인사말에 쓰인다.

예) **만나서** 반가워요.
초대해 주셔서 감사합니다.
늦어서 죄송합니다.

③ 말할 때 뒤 절 없이 사용할 수 있고, 이때 상대방을 높이고자 할 때는 '-요'를 붙여 사용한다.

예) 가: 어제 왜 파티에 안 갔어요?
나: **바빠서**. / **바빠서요**.
가: 왜 더 안 먹어요?
나: **맛없어서**. / **맛없어서요**.

④ 동사에 붙어 앞 절의 행동이 뒤 절의 목적임을 나타낼 때 사용한다.

예) 잃어버린 지갑을 **찾아서** 여기저기 가 보았어요.
교통이 편리한 곳을 **원해서** 이곳으로 이사 왔어요.

+ 이때 앞 절과 뒤 절의 주어는 동일해야 하고, 동사와만 결합할 수 있다.

⑤ 관용적으로 특정 시기를 나타내는 말과 함께 쓰여 '어느 시기에 이르러'의 뜻을 나타낸다.

예) 20세기에 **들어와서** 환경 문제는 세계적인 관심사가 되었다.
1990년대 **들어서** 사람들의 삶이 이전보다 훨씬 더 풍족해졌다.

⑥ 관용적으로, '말하다, 예를 들다' 등의 말과 함께 쓰여 설명함을 나타낸다.

예) **다시 말해서** 모든 사람이 이해할 수 있도록 설명하는 것은 무척 어려운 일이다.
예를 들어서 우리가 모두 학생이라고 생각해 보자.

+ ⑤, ⑥번의 경우 주로 글을 쓸 때나 공식적인 상황에서 많이 사용한다.

유사 문법

① '-어서1)', '-으니까1)'

-어서1)	-으니까1)
· 앞의 내용이 뒤의 내용에 대한 이유나 원인, 근거임을 나타낸다. 예) 옷이 **작아서** 입을 수 없어요. (o) 옷이 **작으니까** 입을 수 없어요. (o)	
· 뒤 절에 청유문과 명령문을 사용할 수 없다. 예) 시간이 **없어서** 서두르세요. (x) 시간이 **없어서** 서두릅시다. (x)	· 문장의 종결 제약이 없다. 예) 시간이 **없으니까** 서두르세요. (o) 시간이 **없으니**까 서두릅시다. (o)
· 과거를 나타내는 '-었-'과 결합하지 않는다. 예) 꽃을 **좋아했어서** 꽃을 샀어요. (x) 물이 **뜨거웠어서** 마시지 못했어요. (x)	· 과거를 나타내는 '-었-'과 결합할 수 있다. 예) 꽃을 **좋아했으니까** 꽃을 샀어요. (o) 물이 **뜨거웠으니까** 마시지 못했어요. (o)
· 보편적인 결과에 대한 원인을 밝히는 의미가 강하다. 따라서 일반적인 자연의 현상이나 사물의 변화로 발생한 결과를 설명할 때 '-어서'를 주로 사용한다. 예) 비행기가 **추락해서** 사람들이 많이 죽었다. 비가 많이 **내려서** 홍수가 났다.	· 주로 주관적인 행동의 동기, 주장이나 추론의 전제, 명령 따위의 근거를 제시하는 때의 이유를 나타낸다. 예) 배가 **고프니까** 빨리 집에 돌아가요. 집에서 책만 **읽으니까** 친구가 없지.
· '미안하다, 죄송하다, 반갑다, 고맙다, 감사하다' 등과 어울려 자주 쓰이는 인사말처럼 관용적으로 사용할 수 있다. 예) **만나서** 반가워요. (o) **도와주셔서** 감사합니다. (o)	· 관용적으로 사용하지 않는다. 예) **만나니까** 반가워요. (x) **도와주시니까** 감사합니다. (x)

② '-어서1)', '-으므로'

-어서1)	-으므로
· 이유나 근거를 나타낸다. 예) 길이 **미끄러워서** 조심해야 한다. 길이 **미끄러우므로** 조심해야 한다.	
· 뒤 절에 명령문이나 청유문이 올 수 없다. 예) 교통이 **혼잡해서** 대중교통을 이용하십시오. (x) 교통이 **혼잡해서** 대중교통을 이용합시다. (x)	· 문어 혹은 격식적 상황에서 뒤 절에 명령문이나 청유문이 올 수 있다. 예) 교통이 **혼잡하므로** 대중교통을 이용하십시오. (o) 교통이 **혼잡하므로** 대중교통을 이용합시다. (o)
· 과거의 '-었-', 미래·추측의 '-겠-'과 결합하지 않는다. 예) 추위가 **풀렸어서** 야외 활동에 지장이 없었다. (x) 추위가 **풀리겠어서** 야외 활동에 지장이 없겠습니다. (x)	· 과거의 '-었-', 미래·추측의 '-겠-'과 결합한다. 예) 추위가 **풀렸으므로** 야외 활동에 지장이 없었다. (o) 추위가 **풀리겠으므로** 야외 활동에 지장이 없겠습니다. (o)
· 보편적인 결과에 대한 이유를 밝히는 의미가 강하다. 따라서 일반적인 자연의 현상이나 사물의 변화로 발생한 결과를 설명할 때 주로 사용한다. 예) 밥을 많이 **먹어서** 배가 부르다. 비가 많이 **내려서** 홍수가 났다.	· 주로 격식적인 상황에서 사용되며 공문서, 발표문 등에서 논리적 판단의 근거를 제시할 때 자주 사용된다. 예) 99.9% 유전자가 **일치하므로** 친자 관계가 성립함. 죄를 깊이 뉘우치고 **있으므로** 형을 감한다.

③ '-어서1)', '-느라고'

-어서1)	-느라고
· 앞의 내용이 뒤의 내용에 대한 이유나 원인임을 나타낸다.	
· 앞 절의 결과로 뒤 절의 상황이 일어남을 나타낸다. 예) 첫사랑을 다시 **만나서** 기뻤다. (o) 늦게 **일어나서** 지각을 했어요. (o) 어려운 문제를 **풀어서** 고생했다. (x)	· 앞 절의 행동을 하는 과정에서 뒤의 상황이 일어남을 나타낸다. 예) 첫사랑을 다시 **만나느라고** 기뻤다. (x) 늦게 **일어나느라고** 지각을 했어요. (x) 어려운 문제를 **푸느라고** 고생했다. (o)
· 동사, 형용사, '이다, 아니다'와 모두 결합한다. 예) 데이트를 **해서** 기분이 좋아요. (o) 머리가 **길어서** 바람에 자주 날린다. (o) 이것은 내 동생의 **책이어서** 너에게 빌려줄 수 없다. (o)	· 동사와만 결합한다. 예) 데이트를 **하느라고** 시간이 없어요. (o) 머리가 **기느라고** 바람에 자주 날린다. (x) 이것은 내 동생의 **책이느라고** 너에게 빌려줄 수 없다. (x)
· 앞 절과 뒤 절의 주어가 달라도 된다. 예) 나는 술을 **마셔서** 운전을 할 수 없어요. (o) 나는 술을 **마셔서** 앤디 씨가 운전을 했어요. (o)	· 앞 절과 뒤 절의 주어가 같아야 한다. 예) 나는 술을 **마시느라고** 돈을 다 썼어요. (o) 나는 술을 **마시느라고** 앤디 씨가 돈을 다 썼어요. (x)
· 뒤 절의 내용에 의미적 제약이 없다. 예) 나는 술을 **마셔서** 운전을 할 수 없어요. (o) 어젯밤에 많이 **자서** 피곤이 풀렸어요. (o)	· 주로 어떤 일을 못 하거나 부정적인 결과가 나온 이유일 경우 사용한다. 예) 나는 잠을 **자느라고** 전화를 못 받았어요. (o) 어젯밤에 많이 **자느라고** 피곤이 풀렸어요. (x)

④ '-어서1)', '-으니까1)', '-기 때문에'

-어서1)	-으니까1)	-기 때문에
· 어떤 일의 이유나 원인을 나타낸다.		
· 과거 '-었-'과 결합하지 않는다. 예) 비가 **왔어서** 여행을 취소했다. (x)	· 과거 '-었-'과 결합한다. 예) 비가 **왔으니까** 여행을 취소했다. (o)	· 과거 '-었-'과 결합한다. 예) 비가 **왔기 때문에** 여행을 취소했다. (o)
· 뒤 절에 청유문이나 명령문이 올 수 없다. 예) 비가 **와서** 여행을 취소하자. (x)	· 뒤 절에 청유문이나 명령문이 올 수 있다. 예) 비가 **오니까** 여행을 취소하자. (o)	· 뒤 절에 청유문이나 명령문이 올 수 없다. 예) 비가 **오기 때문에** 여행을 취소하자. (x)

+ '만나서 반갑습니다.', '늦어서 죄송합니다.' 등과 같이 관용적으로 사용되는 인사말에 '-으니까'나 '-기 때문에'는 사용되지 않는다. '반갑다, 고맙다, 감사하다, 미안하다' 등과 함께 자주 쓰이는 인사말이나 자신의 감정이나 상황에 대한 이유를 나타내는 경우에는 '-기 때문에'가 쓰이기 어렵고, '-어서'를 쓰는 것이 자연스럽다.

⑤ '-어서1)', '-으니까1)', '-기에'

<table>
<tr><th>-어서1)</th><th>-으니까1)</th><th>-기에</th></tr>
<tr><td colspan="3">· 앞 절이 뒤 절의 원인이나 이유, 근거임을 나타낸다.
예) 아이가 울어서 어머니가 가서 달래 주었다.
아이가 우니까 어머니가 가서 달래 주었다.
아이가 울기에 어머니가 가서 달래 주었다.</td></tr>
<tr><td>· 말할 때나 글을 쓸 때 쓰인다.
예) 비가 와서 행사를 취소했습니다.
비가 와서 행사를 취소했어.</td><td>· 말할 때나 글을 쓸 때 쓰인다.
예) 비가 오니까 행사를 취소했습니다.
비가 오니까 행사를 취소했어.</td><td>· 주로 글을 쓸 때 쓰인다.
예) 비가 오기에 행사를 취소했습니다.</td></tr>
<tr><td>· 뒤 절에 청유문이나 명령문이 올 수 없다.
예) 시간이 없어서 서두르세요. (x)
시간이 없어서 서두릅시다. (x)</td><td>· 뒤 절에 청유문이나 명령문이 올 수 있다.
예) 시간이 없으니까 서두르세요. (o)
시간이 없으니까 서두릅시다. (o)</td><td>· 뒤 절에 청유문이나 명령문이 올 수 없다.
예) 시간이 없기에 서두르세요. (x)
시간이 없기에 서두릅시다. (x)</td></tr>
<tr><td>· 과거 '-었-', 미래·추측 '-겠-'과 결합하지 않는다.
예) 꽃을 좋아했어서 꽃을 선물해요. (x)
꽃을 좋아하겠어서 꽃을 선물해요. (x)</td><td>· 과거 '-었-', 미래·추측 '-겠-'과 결합한다.
예) 꽃을 좋아했으니까 꽃을 선물해요. (o)
꽃을 좋아하겠으니까 꽃을 선물해요. (o)</td><td>· 과거 '-었-', 미래·추측 '-겠-'과 결합한다.
예) 꽃이 아름다웠기에 꽃을 한 송이 샀어요. (o)
꽃이 향기롭겠기에 꽃을 한 송이 샀어요. (o)</td></tr>
<tr><td>· 보편적인 결과에 대한 원인을 밝히는 의미가 강하다. 따라서 일반적인 자연의 현상이나 사물의 변화로 발생한 결과를 설명할 때 '-어서'를 주로 사용한다.
예) 비행기가 추락해서 사람들이 많이 죽었다.
비가 많이 내려서 홍수가 났다.</td><td>· 주로 주관적인 행동의 동기, 주장이나 추론의 전제, 명령 따위의 근거를 나타낸다.
예) 배가 고프니까 빨리 집에 돌아가요.
집에서 책만 읽으니까 친구가 없지.</td><td>· 주로 앞 절이 뒤 절의 행위를 하게 된 근거나 이유를 제시하는 경우에 사용한다.
예) 아이가 울기에 아이에게 사탕을 하나 주었다.
자꾸 까불기에 아이를 혼내 주었다.</td></tr>
</table>

+ 사용 면에서 빈도가 높은 것은 '-으니까'와 '-어서'이다. '-기에'는 뒤 절에 명령문이나 청유문이 올 수 없다는 제약에서 볼 때 '-어서'와 비슷하다. 반면 '-었-'과 '-겠-'과의 결합에 제약이 없다는 점에서 보면 '-으니까'와 비슷한 면이 있다.

⑥ '-어서1)', '-으니까1)', '-다가²'

-어서1)	-으니까1)	-다가²
· 앞 절이 뒤 절의 원인, 이유, 근거임을 나타낸다.		
· 뒤 절에 청유문과 명령문이 올 수 없다. 예) 시간이 **없어서** 서두르세요. (x) 시간이 **없어서** 서두릅시다. (x)	· 뒤 절에 청유문과 명령문이 올 수 있다. 예) 배가 **고프니까** 식사부터 하세요. (o) 배가 **고프니**까 식사부터 합시다. (o)	· 뒤 절에 청유문과 명령문이 올 수 없다. 예) 밤늦게까지 게임을 **하다가** 건강이 나빠졌다. (o) 밤늦게까지 게임을 **하다가** 건강이 나빠져라. (x)
· 과거 '-었-', 미래·추측의 '-겠-'과 결합하지 않는다. 예) 꽃을 **좋아했어서** 꽃을 선물해요. (x) 꽃을 **좋아하겠어서** 꽃을 선물해요. (x)	· 과거 '-었-', 미래·추측의 '-겠-'을 모두 사용할 수 있다. 예) 꽃을 **좋아했으니까** 꽃을 선물해요. (o) 꽃을 **좋아하겠으니까** 꽃을 선물해요. (o)	· 과거 '-었-'과 결합할 수 있으나, 미래·추측의 '-겠-'과는 결합하지 못한다. 예) 그 가수는 술을 마시고 **운전했다가** 경찰서에 가게 되었어요. (o) 그 가수는 술을 마시고 **운전하겠다가** 경찰서에 가게 될 거예요. (x)
· 보편적인 결과에 대한 원인을 밝히는 의미가 강하다. 따라서 일반적인 자연의 현상이나 사물의 변화로 발생한 결과를 설명할 때 '-어서'를 주로 사용한다. 예) 비행기가 **추락해서** 사람들이 많이 죽었다. 비가 많이 **내려서** 홍수가 났다.	· 주로 주관적인 행동의 동기, 주장이나 추론의 전제, 명령 따위의 근거를 제시하는 이유를 나타낸다. 예) 배가 **고프니까** 빨리 집에 돌아가요. 집에서 책만 **읽으니까** 친구가 없지.	· 주로 앞 절이 뒤 절의 결과에 대해 의도하지 않게, 우연적으로 원인이나 근거가 된 경우에 사용한다. 예) 수지는 욕심을 **부리다가** 있던 재산도 모두 날렸다. 민수는 친구를 집에 데리고 **왔다가** 어머니께 꾸중을 들었다.

+ '-다가'의 뒤 절에 청유문과 명령문이 올 수 있는 '여기에서 놀다가 가라.'와 같은 문장의 '-다가'는 어떠한 행위나 상태가 중단되고 다른 행위나 상태로 전환됨을 나타내는 초급의 '-다가¹'에 해당한다.

+ '-다가²'는 주어가 의도하지 않은 우연적인 인과 관계를 드러낼 때 사용한다. 원인이나 근거를 나타내는 연결어미 중에서 사용 면에서 빈도가 높은 것은 '-으니까'와 '-어서'이다.

⑦ '-어서1)', '-는다고'

-어서1)	-는다고
· 앞 절이 뒤 절에 대하여 이유를 나타낸다. 예) 수지가 **아파서** 병원에 갔어요. 수지가 **아프다고** 병원에 갔어요.	
· 뒤 절에 무정물이 주어로 올 수 있다. 예) 학생들이 날씨가 **추워서** 결석을 많이 했어요. (o) 날씨가 **추워서** 얼음이 얼었다. (o)	· 뒤 절에 무정물이 주어로 올 수 없다. 예) 학생들이 날씨가 **춥다고** 결석을 많이 했어요. (o) 날씨가 **춥다고** 얼음이 얼었다. (x)
· '-어서'로 표현되는 사건은 현재의 일이거나 과거의 일을 가리킨다. 예) 수지가 외국으로 공부하러 **가서** 어머니께서 걱정을 많이 하세요. 수지가 직장을 **그만둬서** 어머니께서 걱정을 많이 하세요.	· '-는다고'로 표현되는 사건은 앞으로의 일이거나 현재의 일을 가리킨다. 예) 수지가 외국으로 공부하러 **간다고** 어머니께서 걱정을 많이 하세요. 수지가 **직장을 그만둔다고** 어머니께서 걱정을 많이 하세요.
· 뒤 절에 청유문이나 명령문이 올 수 없다. 예) 비가 **와서** 택시를 타세요. (x) 비가 **와서** 택시를 탑시다. (x)	· 뒤 절에 청유문이나 명령문이 올 수 있다. 예) 많이 **안다고** 무시하지 마세요. (o) 많이 **안다고** 무시하지 맙시다. (o)

+ '-어서1)'과 '-는다고'는 앞 절이 뒤 절에 대한 이유나 근거를 나타낸다. '-는다고'는 형용사가 오면 이유나 근거로 자연스럽게 해석이 되고, 동사가 오면 간접인용과 이유 및 근거를 구별하기 어려운 경우가 많다. '-는다고'는 '-어서1)'에 비해 후행절 제약이 크지 않으나 '-는다고'가 기본적으로 간접인용에서 유래한 연결어미이므로 주어는 발화와 관련된 유정물 혹은 사람으로 제약된다.

⑧ '-어서1)', '-고 해서'

-어서1)	-고 해서
· 앞의 내용이 뒤의 내용에 대한 이유임을 나타낸다. 예) 옷이 **작아서** 입을 수 없어요. (o) 옷이 **작고 해서** 입을 수 없어요. (o)	
· 과거 '-었-', 미래·추측의 '-겠-'과 결합하지 않는다. 예) 비가 **왔어서** 운동하러 가지 않았다. (x) 비가 **오겠어서** 운동하러 가지 않았다. (x)	· 과거 '-었-', 미래·추측의 '-겠-'과 결합할 수 있다. 예) 비도 **왔고 해서** 나가지 않았다. (o) 비도 **오겠고 해서** 나가지 않았다. (o)
· 다른 이유의 존재 여부에 대한 언급 없이 하나의 이유만을 제시한다. 예) 잠이 **안 와서** 게임을 했다. 기분이 **나빠서** 일찍 자 버렸다.	· '도'와 함께 쓰여 다른 이유도 있다는 것을 함축한다. 예) 잠도 **안 오고 해서** 게임을 했다. 기분도 **나쁘고 해서** 일찍 자 버렸다.

+ '-어서1)'과 '-고 해서' 모두 뒤 절에 청유문과 명령문이 올 수 없다.

+ '-고 해서'는 여러 가지 이유 중의 하나임을 의미하므로 '-고 해서'와 함께 쓰이는 주어나 목적어에 보조사 '도'가 결합하는 것이 더 자연스럽다. 이에 비해 '-어서1)'은 추가 이유가 있는 맥락이 아니라면 보조사 '도'가 쓰이지 않는다.

⑨ '-어서1)', '-어 가지고2)', '-어'

-어서1)	-어 가지고2)	-어
· 앞의 내용이 뒤의 내용에 대한 이유나 원인임을 나타낸다.		
· '이다, 아니다'와 결합한다. 예) 이것은 내 동생의 **책이어서** 너에게 빌려줄 수 없다. (o)	· '이다, 아니다'와 결합하지 않는다. 예) 이것은 내 동생의 **책이어 가지고** 너에게 빌려줄 수 없다. (??)	· '이다, 아니다'와 결합하지 않는다. 예) 이것은 내 동생의 **책이어** 너에게 빌려줄 수 없다. (x)
· 구어와 문어에 관계없이 쓰인다. 예) 요즘 너무 많이 **놀아서** 일이 하기 싫어졌어요. (o) 현대 국가는 국민의 복지에 대한 관심이 **높아서** 그에 따른 법도 많이 만들었습니다. (o)	· 구어에서 많이 사용한다. 예) 요즘 너무 많이 **놀아 가지고** 일이 하기 싫어졌어요. (o) 현대 국가는 국민의 복지에 대한 관심이 **높아 가지고** 그에 따른 법도 많이 만들었습니다. (?)	· 구어와 문어에 관계없이 쓰인다. 예) 요즘 너무 많이 **놀아** 일이 하기 싫어졌어요. (o) 현대 국가는 국민의 복지에 대한 관심이 **높아** 그에 따른 법도 많이 만들었습니다. (o)

⑩ '-어서1)', '-으니까1)', '-기 때문에', '-은 결과'

-어서1)	-으니까1)	-기 때문에	-은 결과
· '어떤 일의 원인'이라는 의미를 나타낸다.			
· 과거 '-었-'과 결합하지 않는다. 예) 비가 **왔어서** 여행을 취소했다. (x)	· 과거 '-었-'과 결합한다. 예) 비가 **왔으니까** 여행을 취소했다. (o)	· 과거 '-었-'과 결합한다. 예) 비가 **왔기 때문에** 여행을 취소했다. (o)	· 과거 '-었-'과 결합하지 않는다. 예) 비가 **왔은 결과** 여행이 취소됐다. (x)
· 형용사와 결합할 수 있다. 예) 날씨가 **흐려서** 여행이 취소됐다. (o)	· 형용사와 결합할 수 있다. 예) 날씨가 **흐리니까** 여행이 취소됐다. (o)	· 형용사와 결합할 수 있다. 예) 날씨가 **흐리기 때문에** 여행이 취소됐다. (o)	· 형용사와 결합하지 않는다. 예) 날씨가 **흐린 결과** 여행이 취소됐다. (x)
· 뒤 절에 청유문이나 명령문이 올 수 없다. 예) 비가 **와서** 여행을 <u>취소하자</u>. (x)	· 뒤 절에 청유문이나 명령문이 올 수 있다. 예) 비가 **오니까** 여행을 <u>취소하자</u>. (o)	· 뒤 절에 청유문이나 명령문이 올 수 없다. 예) 비가 **오기 때문에** 여행을 <u>취소하자</u>. (x)	· 뒤 절에 청유문이나 명령문이 올 수 없다. 예) 비가 **온 결과** 여행을 <u>취소하자</u>. (x)

⑪ '-어서1)', '-더니3)'

-어서1)	-더니3)
· 앞의 내용이 뒤의 내용에 대한 이유나 원인, 근거임을 나타낸다.	
· 주어의 인칭 제약이 없다. 예) 동생이 날짜 지난 우유를 **먹어서** 배탈이 났어요. (o) 제가 날짜 지난 우유를 **먹어서** 배탈이 났어요. (o) 딸이 그 노래를 여러 번 **들어서** 가사를 다 외웠어요. (o) 제가 그 노래를 여러 번 **들어서** 가사를 다 외웠어요. (o) 네가 **늦어서** 영화를 못 봤잖아. (o)	· 앞 절에 주로 3인칭 주어가 나타난다. 예) 동생이 날짜 지난 우유를 **먹더니** 배탈이 났어요. (o) 제가 날짜 지난 우유를 **먹더니** 배탈이 났어요. (x) 딸이 그 노래를 여러 번 **듣더니** 가사를 다 외웠어요. (o) 제가 그 노래를 여러 번 **듣더니** 가사를 다 외웠어요. (x) 네가 **늦더니** 영화를 못 봤잖아. (x)
· '미안하다, 죄송하다, 반갑다, 고맙다, 감사하다' 등과 어울려 자주 쓰이는 인사말처럼 관용적으로 사용할 수 있다. 예) **만나서** 반가웠어요. (o) **도와주셔서** 감사합니다. (o)	· '미안하다, 죄송하다, 반갑다, 고맙다, 감사하다' 등과 어울려 자주 쓰이는 인사말처럼 관용적으로 사용하지 않는다. 예) **만나더니** 반가워요. (x) **도와주시더니** 감사합니다. (x)

⑫ '-어서1)', '-었더니3)'

-어서1)	-었더니3)
· 앞의 내용이 뒤의 내용에 대한 이유나 원인, 근거임을 나타낸다.	
· 앞 절에 과거 또는 완료를 나타내는 '-었-'을 사용할 수 없다. 예) 날짜 지난 우유를 **마셨어서** 배탈이 났어요. (x) 오랜만에 운동을 **했어서** 몸이 쑤셔요. (x)	· 앞 절에 과거 또는 완료를 나타내는 '-었-'과 함께 사용한다. 예) (제가) 날짜 지난 우유를 **먹었더니** 배탈이 났어요. (제가) 오랜만에 운동을 **했더니** 몸이 쑤셔요.
· 주어의 인칭 제약이 없다. 예) (제가) 날짜 지난 우유를 **먹어서** 배탈이 났어요. (o) 동생이 날짜 지난 우유를 **먹어서** 배탈이 났어요. (o) (제가) 여러 번 그 노래를 **들어서** 가사를 다 외웠어요. (o) 동생이 여러 번 그 노래를 **들어서** 가사를 다 외웠어요. (o) 네가 **늦어서** 영화를 못 봤어. (o)	· 앞 절에 주로 1인칭 주어가 나타난다. 예) (제가) 날짜 지난 우유를 **먹었더니** 배탈이 났어요. (o) 동생이 날짜 지난 우유를 **먹었더니** 배탈이 났어요. (x) (제가) 여러 번 그 노래를 **들었더니** 가사를 다 외웠어요. (o) 동생이 여러 번 그 노래를 **들었더니** 가사를 다 외웠어요. (x) 네가 **늦었더니** 영화를 못 봤어. (x)
· '미안하다, 죄송하다, 반갑다, 고맙다, 감사하다' 등과 어울려 자주 쓰이는 인사말처럼 관용적으로 사용할 수 있다. 예) **만나서** 반가웠어요. (o) **도와주셔서** 감사합니다. (o)	· '미안하다, 죄송하다, 반갑다, 고맙다, 감사하다' 등과 어울려 자주 쓰이는 인사말처럼 관용적으로 사용하지 않는다. 예) **만났더니** 반가워요. (x) **도와주셨더니** 감사합니다. (x)

⑬ '-어서1)', '-으니1)

-어서1)	-으니1)
· 앞의 내용이 뒤의 내용에 대한 이유나 원인, 근거임을 나타낸다. 예) 머리가 **아파서** 학교에 못 갑니다. 머리가 **아프니** 학교에 못 갑니다.	
· 뒤 절에 청유문과 명령문을 사용할 수 없다. 예) 시간이 **없어서** 서두르세요. (x) 시간이 **없어서** 서두릅시다. (x)	· 문장의 종결 제약이 없다. 예) 시간이 **없으니** 서두르세요. (o) 시간이 **없으니** 서두릅시다. (o)
· 과거 '-었-', 미래·추측의 '-겠-'을 사용할 수 없다. 예) 꽃을 **좋아했어서** 꽃을 선물해요. (x) 꽃을 **좋아해서** 꽃을 선물해요. (o) 꽃을 **좋아하겠어서** 꽃을 선물해요. (x)	· 과거 '-었-', 미래·추측의 '-겠-'을 사용할 수 있다. '-겠-'을 쓸 자리에는 '-을 테니'를 쓰는 것이 더 자연스럽다. 예) 꽃을 **좋아했으니** 꽃을 선물해요. (o) 꽃을 **좋아하니** 꽃을 선물해요. (o) 꽃을 **좋아하겠으니** 꽃을 선물해요. (??) 꽃을 **좋아할 테니** 꽃을 선물해요. (o)
· 보편적인 결과에 대한 원인을 밝히는 의미가 강하다. 따라서 일반적인 자연의 현상이나 사물의 변화로 발생한 결과를 설명할 때 '-어서'를 주로 사용한다. 예) 비행기가 **추락해서** 사람들이 많이 죽었다. 비가 많이 **내려서** 홍수가 났다.	· 주로 주관적인 행동의 동기, 주장이나 추론의 전제, 명령 따위의 근거를 제시할 때의 이유를 나타낸다. 예) 배가 **고프니** 빨리 집에 돌아가요. 집에서 책만 **읽으니** 친구가 없지.
· '미안하다, 죄송하다, 반갑다, 고맙다, 감사하다' 등과 어울려 자주 쓰이는 인사말처럼 관용적으로 사용할 수 있다. 예) **만나서** 반가워요. (o) **도와주셔서** 감사합니다. (o)	· 관용적인 인사말로 쓸 때, 문법적으로는 가능하지만 거의 사용하지 않는다. 예) **만나니** 반가워요. (x) **도와주시니** 감사합니다. (?)

\+ '-어서1)'과 '-으니1)'은 모두 이유나 근거를 나타내는 의미가 있다. 주관적인 행동의 이유일 때는 '-으니1)'을, 객관적인 사실이나 보편적인 원인일 때는 '-어서1)'을 사용하는 것이 일반적이며, 관용적 인사말일 경우에 '-어서2)'를 쓰는 것이 보통이다.

이렇게 도입해 보세요

(1) 교사: (아기가 혼자 우는 사진을 보여 주며) 왜 아기가 울어요?
학생: 엄마가 없어요. 배가 고파요.
교사: 네, 엄마가 없어요. 그래서 아기가 울어요.
엄마가 **없어서** 아기가 울어요.
아기가 왜 울어요? 엄마가 **없어서** 울어요.
아기가 배가 고파요. 그래서 울어요.
아기가 배가 고파서 울어요.
아기가 왜 울어요? 배가 **고파서** 울어요.

(2) 교사: 왜 병원에 가요?
학생: 머리가 아파요.
교사: 네, 머리가 아파요. 그래서 병원에 가요.
머리가 **아파서** 병원에 가요.

+ '-어서1)'을 도입할 때 먼저 어떤 상황을 제시하고 이유를 묻는다. (1)에서는 아기가 우는 사진을 보여 주며 사진 앞에 크게 물음표를 그려서 보여 준다. 학생들이 다양하게 대답하는 이유를 물음표 아래 판서하고 사진의 상황과 연결하여 원인과 결과가 이어지는 한 문장을 완성하여 아래에 제시한다.

-어서2) (동사에 붙어) 시간적 선후 관계를 나타낸다. 앞의 내용이 먼저 일어나고 뒤의 내용이 나중에 일어남을 나타낼 때 사용한다.

예문

(1) 가: 아이들이 뭐해요?
나: 거실에 **앉아서** 만화 영화를 봐요.

(2) 가: 어제 뭐 했어요?
나: 친구를 **만나서** 같이 쇼핑했어요.

(3) 가: 오늘 도서관에 **가서** 공부할 거예요?
나: 네, 내일이 시험이어서요.

(4) 가: 은행에 어떻게 갑니까?
나: 이 길을 **건너서** 왼쪽으로 가세요.

(5) 가: 무엇을 마실까요?
나: 커피를 **끓여서** 한 잔씩 마셔요.

철수는 아침에 도서관에 **가서** 책을 빌렸습니다.
영수 씨가 사진을 **찍어서** 부모님께 보냈어요.
수지가 과일을 **씻어서** 접시에 담았어요.
여름에는 물을 **끓여서** 마셔야 해요.
민수는 공항에 **도착해서** 택시를 탔어요.
왕밍은 친구들과 함께 고기를 **구워서** 먹었습니다.
저는 돈을 **모아서** 세계 여행을 할 거예요.
경찰이 범인을 **잡아서** 끌고 갔습니다.
그 사람은 벽에 **기대서** 유미 씨를 기다렸어요.
밖에 **나가서** 그림을 그려요.

+ '-어서2)'는 동사 뒤에 붙어 어떠한 행동이나 동작을 시간적인 순서대로 나타낼 때 사용하는 연결어미이다. 이때 앞 절은 뒤 절의 조건이 되며 서로 밀접한 관계를 가진다. '도서관에 가서 책을 빌렸습니다.'를 살펴보면 '도서관에 가다'라는 행동을 먼저 하고, 그다음으로 '책을 빌리다'라는 행동을 한다. 이 '도서관에 가다'와 '책을 빌리다'는 각각 독립된 행동이 단순히 시간 순서대로 나열된 것이 아니라 도서관에 가는 행동 후에 그 행동으로 인해 책을 빌리는 행동으로 이어지는 것을 나타낸다.

형태 정보

앞의 '-어서1)'을 참고하되 동사와만 결합함에 주의한다.

문장 구성 정보

① 동사와만 결합한다. 형용사, '이다'와 결합할 경우 '-어서1)'의 의미를 나타낸다.

예) 김 선생님은 **친절해서** 인기가 많다. ('-어서1)'의 의미)
줄리아 씨는 **가수여서** 노래를 잘 부른다. ('-어서1)'의 의미)
그 사람은 내 친구가 **아니어서** 부르지 않았다. ('-어서1)'의 의미)

② 앞 절과 뒤 절은 반드시 서로 밀접한 관련이 있어서 앞 절의 동작이나 행위 없이는 뒤 절이 이루어질 수 없음을 나타낸다.

예) 어제 책을 **사서** 읽었어요. (o)
어제 책을 **사서** 친구를 만났어요. (x)
밥을 **지어서** 동생과 함께 먹었습니다. (o)
밥을 **지어서** 텔레비전을 봤습니다. (x)

+ '-어서'로 연결되는 앞 절과 뒤 절은 서로 밀접하게 관련된 행동이어야 한다. '책을 사다'와 '친구를 만나다'처럼 서로 독립된 행동은 '-어서'로 연결될 수 없다. '책을 사다' 뒤에는 '책을 읽다', '책을 선물하다', '책을 주다' 등과 같이, 앞선 행위의 상태나 결과에 따라 이어 나올 수 있는 행동이 뒤따라야 한다.

제약 정보

① 앞 절과 뒤 절의 주어가 같아야 하고, 주로 뒤 절의 주어는 생략한다.

예) 나는 어제 중국 음식을 **만들어서** 친구가 먹었어요. (x)
나는 어제 중국 음식을 **만들어서** (내가) 먹었어요. (o)
나는 침대에 **누워서** 동생은 책을 읽었어요. (x)
나는 침대에 **누워서** (나는) 책을 읽었어요. (o)

② 과거 '-었-', 미래 · 추측을 나타내는 '-겠-'과 결합하지 않는다.

예) 저는 사과를 **씻었어서** 먹었어요. (x)
저는 사과를 **씻겠어서** 먹겠어요. (x)
유미 씨는 과자를 **만들었어서** 친구들에게 나누어 주었어요. (x)
유미 씨는 과자를 **만들겠어서** 친구들에게 나누어 주겠어요. (x)

확장

① 말할 때 뒤 절 없이 사용할 수 있고, 이때 상대방을 높이고자 할 때는 '-요'를 붙여 사용한다.

예) 가: 어디에 가서 밥을 먹었어요?
나: 백화점에 **가서**. / 백화점에 **가서요**.

② 뒤 절의 행위가 일어난 시간, 시간의 경과를 나타낼 때 사용한다.

예) 요즘에는 12시가 **넘어서** 집에 들어가요.
어제 회의는 저녁 7시가 **지나서** 끝났어요.
미도리 씨는 얼마 안 **가서** 집으로 돌아왔어요.
나는 며칠 못 **가서** 채식을 포기했어요.
그는 3개월에 **걸쳐서** 이 소설을 썼어요.

+ '며칠, 얼마' 등과 '안, 못' 등의 부정을 나타내는 말과 함께 쓰면 시간이 얼마 지나지 않았음을 나타낸다.

유사 문법

① '-어서2)', '-고2)'

-어서2)	-고2)
· 행동의 시간적 순서를 나타낸다.	
· 행동의 순서를 나타내되, 두 행동에 밀접한 관련이 있다. 예) 영수는 친구를 **만나서** 학교에 갔다. (친구를 만난 후 친구와 같이 학교에 갔다는 의미) 철수는 밥을 **먹어서** 이를 닦아요. (x)	· 단순히 행동의 시간적 순서를 나타낸다. 예) 영수는 친구를 **만나고** 학교에 갔다. (동작의 시간 순서만 나타냄. 영수가 친구와 만난 후 혼자 학교에 갔다는 의미) 철수는 밥을 **먹고** 이를 닦아요. (o)
· 앞 절 동사의 종류에 제약이 없으나 자동사의 경우에 폭넓게 쓰이고, 타동사의 경우에는 앞뒤 두 행동에 밀접한 관련이 있다는 의미적 조건이 좀 더 필요하다. 예) 수지는 학교에 **가서** 공부를 했어요. (o) 버스에서 **내려서** 지하철을 탔어요. (o) 아침에 **일어나서** 세수를 했어요. (o) 저는 어제 책을 **사서** 다 읽었어요. (o)	· 앞 절에는 주로 목적어를 가진 타동사가 나오나, 앞뒤 두 행동에 밀접한 관련이 있으면 거의 쓰지 않는다. 예) 수지는 학교에 **가고** 공부를 했어요. (x) 버스에서 **내리고** 지하철을 탔어요. (x) 아침에 **일어나고** 세수를 했어요. (x) 저는 어제 책을 **사고** 다 읽었어요. (??)

② '-어서2)', '-어다가'

-어서2)	-어다가
· 앞 절과 뒤 절의 행위를 시간 순서에 따라 연결한다. 예) 편의점에서 라면을 **사서** 먹었어요. 편의점에서 라면을 **사다가** 먹었어요.	
· 앞 절과 뒤 절의 행위가 일어나는 장소에 제약이 없다. 예) 편의점에서 라면을 **사서** 집에서 먹었어요. (o) 편의점에서 라면을 **사서** (편의점에서) 먹었어요. (o)	· 앞 절과 뒤 절의 행위가 일어나는 장소가 다르다. 예) 편의점에서 라면을 **사다가** 집에서 먹었어요. (o) 편의점에서 라면을 **사다가** (편의점에서) 먹었어요. (x)

이렇게 도입해 보세요

(1) 교사: 수업이 끝나고 어디에 가요?
학생: 집에 가요.
교사: 집에 가요. 그다음에 집에서 무엇을 해요?
학생: 점심을 먹어요.
교사: 집에 가요. 집에 간 다음에 점심을 먹어요.
왕밍 씨는 집에 **가서** (집에서) 점심을 먹어요.

(2) 교사: (남자가 여자 친구를 떠올리며 꽃가게에서 꽃을 사는 사진을 제시한다.)
남자가 무엇을 해요?
학생: 꽃을 사요.
교사: 꽃을 사요. 그다음에 어떻게 해요?
학생: 여자 친구에게 줘요.
교사: 먼저 꽃을 사요. 그리고 그 꽃을 여자 친구에게 줘요.
영수가 꽃을 **사서** (그 꽃을) 여자 친구에게 줘요.

+ '-어서2)'를 도입할 때 먼저 어떤 행동을 제시하고 그 행동 다음에 무엇을 하는지 묻는다. 학생들의 대답에 따라 그다음에 하는 행동을 이어서 한 문장으로 만들어 보여 준다. 이때 앞 절의 행동과 뒤 절의 행동이 서로 관계가 있음을 괄호의 내용을 강조하며 주지시킨다. '-고2)'를 미리 학습한 상태이면 두 어미를 비교하여 설명해 준다.

-으니까[-니까]

1) **이유나 근거** 2) **발견**을 나타내는 연결어미.

-으니까1) (동사나 형용사, '이다, 아니다'에 붙어) 앞 절이 뒤 절에 대한 이유나 원인, 판단의 근거임을 나타낸다. 앞 절에 나타난 이유나 원인으로 인해 뒤 절에 그에 따른 결과나 판단이 나오게 될 때 사용한다.

예문

(1) 가: 등산을 갈까요, 집에서 영화를 볼까요?
나: 날씨가 **좋으니까** 등산을 갑시다.

(2) 가: 이번 주 주말에 만날까요?
나: 이번 주는 **바쁘니까** 다음 주에 만나요.

(3) 가: 어느 식당으로 갈까요?
나: 학생 식당이 싸고 음식이 **맛있으니까** 학생 식당으로 가요.

(4) 가: 이 컴퓨터를 사용해도 돼요?
나: 이 컴퓨터는 **고장 났으니까** 저 컴퓨터를 쓰세요.

(5) 가: 조용히 하세요.
나: 왜요?
가: 여기는 **도서관이니까** 조용히 해야 해요.

낮은 의자에 **앉으니까** 칠판이 안 보이지요.

방 안이 **밝으니까** 잠을 잘 수 없어요.

그 빵은 왕밍 씨의 빵이**니까** 먹지 마세요.

매일 똑같은 음악을 **들으니까** 지겨워요.

주말에는 길이 **막히니까** 지하철을 타세요.

비행기가 **빠르니까** 비행기로 갑시다.

1시간 전에 **출발했으니까** 곧 도착할 거예요.

그 영화는 엄청 **무서우니까** 보지 마세요.

수지 씨가 떡볶이를 잘 **만드니까** 수지 씨에게 물어보세요.

유미 씨의 동생은 성인이 **아니니까** 이 영화를 볼 수 없어요.

+ '-으니까1)'은 앞 절의 동작이나 상태로 인하여 뒤의 상황이 일어나게 될 때 사용하는 연결어미이다. '낮은 의자에 앉다', '방 안이 밝다'와 같이 이유나 원인이 먼저 제시되면서 뒤 절에 '칠판이 잘 보이지 않다', '잠을 잘 수 없다'와 같은 결과가 따라온다.

형태 정보

① 동사 및 형용사 어간 끝음절에 받침이 있으면 '-으니까'를 쓴다.

예) 먹- + -으니까 → 먹으니까　　입- + -으니까 → 입으니까
작- + -으니까 → 작으니까　　좋- + -으니까 → 좋으니까
재미있- + -으니까 → 재미있으니까　　없- + -으니까 → 없으니까

② 동사 및 형용사 어간 끝음절에 받침이 없거나 'ㄹ' 받침으로 끝나면 '-니까'를 쓴다. 단, 'ㄹ' 받침으로 끝날 때는 'ㄹ'이 탈락한다.

예) 가- + -니까 → 가니까　　주- + -니까 → 주니까　　크- + -니까 → 크니까
예쁘- + -니까 → 예쁘니까　　살- + -니까 → 사니까　　만들- + -니까 → 만드니까
멀- + -니까 → 머니까　　길- + -니까 → 기니까

+ '-으니까'는 어간의 받침 유무에 따라 형태가 달라진다. 특히 'ㄹ' 받침으로 끝나는 경우는 'ㄹ'이 탈락하고 '-니까'가 결합함에 주의한다.

①	받침 ○	+ -으니까	먹으니까, 입으니까, 작으니까, 좋으니까, 재미있으니까, 없으니까
②	받침 ×	+ -니까	가니까, 주니까, 크니까, 예쁘니까
	ㄹ 받침	+ -니까(어간 'ㄹ' 탈락)	사니까, 만드니까, 머니까, 기니까

③ '이다, 아니다'는 '-니까'를 쓴다. 단, '이다' 앞의 명사에 받침이 없으면 주로 '명사+-니까'라고 쓴다.

예) 책이- + -니까 → 책이니까　　과자이- + -니까 → 과자이니까/과자니까
펜이- + -니까 → 펜이니까　　지우개이- + -니까 → 지우개이니까/지우개니까
가방이- + -니까 → 가방이니까　　아니- + -니까 → 아니니까

+ 'N+-니까'는 격식적인 문어에서 잘 사용하지 않는다.

④ 불규칙

듣-　　예) 그 음악을 **들으니까** 기분이 좋아져요.
춥-　　예) **추우니까** 창문을 닫아 주세요.
짓-　　예) 유미 씨가 밥을 **지으니까** 더 맛있어요.
빨갛-　　예) 샤오잉 씨의 얼굴이 **빨가니까** 사과 같아요.

제약 정보

① 앞 절과 뒤 절의 주어가 같아도 되고 달라도 된다.

예) (저는) 키가 **작으니까** (저는) 높은 곳에 있는 물건을 내릴 수 없어요.
나는 거기에 **없었으니까** 그 이야기에 대해 (나는) 아무것도 모른다.
(네가) 그런 이상한 옷을 **입으니까** 여자 친구가 싫어하지.
필립 씨가 한국어를 **잘하니까** 저는 필립 씨와 같이 갈 거예요.

② 미래를 나타낼 때 '-겠-'을 쓰지 않고 '-을 테니까'를 쓴다.

예) 내가 이번 시험에서 1등을 **하겠으니까** 걱정하지 마세요. (x)
내가 이번 시험에서 1등을 **할 테니까** 걱정하지 마세요. (o)
내일 **춥겠으니까** 코트를 입을 거예요. (x)
내일 **추울 테니까** 코트를 입을 거예요. (o)

③ '반갑다, 고맙다, 감사하다, 미안하다' 등과 함께 관용적으로 쓰이는 인사말에서 이유를 말할 때는 '-으니까'를 쓸 수 없다. '-어서'를 쓴다.

예) **만났으니까** 반가워요. (x)
초대해 **주셨으니까** 감사합니다. (x)
늦었으니까 미안합니다. (x)

확장

① 그 의미를 강조하기 위해 '-으니까'에 조사 '는'을 결합해 '-으니까는' 또는 그 준말인 '-으니깐'을 쓰기도 한다.

예) 오늘은 **바쁘니까** 내일 이야기합시다.
= 오늘은 **바쁘니까는** 내일 이야기합시다.
= 오늘은 **바쁘니깐** 내일 이야기합시다.

② '-으니까'는 '-으니'의 형태로 줄여 사용할 수 있다.

예) 아기가 **자니까** 조용히 하세요.
= 아기가 **자니** 조용히 하세요.
너는 **성실하니까** 꼭 성공할 거야.
= 너는 **성실하니** 꼭 성공할 거야.

유사 문법

① '-으니까1)', '-는데1)'

-으니까1)	-는데1)
· 질문, 요청, 제안, 명령을 하기 위한 이유나 근거를 나타낸다.	
· 앞 절의 내용이 뒤 절의 제안이나 명령의 직접적인 이유로 사용된다. 예) 날씨가 **좋으니까** 공원에 갑시다. (공원에 가자고 하는 이유를 직접적으로 표현함.)	· 이유나 근거를 직접적으로 드러내지 않고 배경 설명을 통해 듣는 사람이 생각하고 판단할 수 있게 한다. '-으니까'보다 더 완곡하게 권유할 때 사용한다. 예) 날씨가 **좋은데** 공원에 갑시다. (공원에 가자고 하는 권유를 꺼낸 배경을 설명함.)

② '-으니까1)', '-어서1)'

-으니까1)	-어서1)
· 앞의 내용이 뒤의 내용에 대한 이유나 원인, 근거임을 나타낸다. 예) 옷이 **작으니까** 입을 수 없어요. (o) 옷이 **작아서** 입을 수 없어요. (o)	
· 문장의 종결 제약이 없다. 예) 시간이 **없으니까** 서두르세요. (o) 시간이 **없으니까** 서두릅시다. (o)	· 뒤 절에 청유문과 명령문을 사용할 수 없다. 예) 시간이 **없어서** 서두르세요. (x) 시간이 **없어서** 서두릅시다. (x)
· 과거를 나타내는 '-었-'과 결합할 수 있다. 예) 꽃을 **좋아했으니까** 꽃을 샀어요. (o) 물이 **뜨거웠으니까** 마시지 못했어요. (o)	· 과거를 나타내는 '-었-'과 결합하지 않는다. 예) 꽃을 **좋아했어서** 꽃을 샀어요. (x) 물이 **뜨거웠어서** 마시지 못했어요. (x)
· 주로 주관적인 행동의 동기, 주장이나 추론의 전제, 명령 따위의 근거를 제시하는 때의 이유를 나타낸다. 예) 배가 **고프니까** 빨리 집에 돌아가요. 집에서 책만 **읽으니까** 친구가 없지.	· 보편적인 결과에 대한 원인을 밝히는 의미가 강하다. 따라서 일반적인 자연의 현상이나 사물의 변화로 발생한 결과를 설명할 때 '-어서'를 주로 사용한다. 예) 비행기가 **추락해서** 사람들이 많이 죽었다. 비가 많이 **내려서** 홍수가 났다.
· 관용적으로 사용하지 않는다. 예) **만나니까** 반가워요. (x) **도와주시니까** 감사합니다. (x)	· '미안하다, 죄송하다, 반갑다, 고맙다, 감사하다' 등과 어울려 자주 쓰이는 인사말처럼 관용적으로 사용할 수 있다. 예) **만나서** 반가워요. (o) **도와주셔서** 감사합니다. (o)

③ '-으니까1)', '-으므로'

-으니까1)	-으므로
· 앞의 내용이 뒤의 내용에 대한 이유나 원인, 근거임을 나타낸다. 예) 그 사람은 착하게 **살았으니까** 꼭 성공할 것입니다. 그 사람은 착하게 **살았으므로** 꼭 성공할 것입니다.	
· 글을 쓸 때나 말을 할 때 두루 쓰인다. 예) (친구에게) 넌 공부를 **잘하니까** 상을 받는구나! 그 친구는 열심히 **노력하니까** 한국어 실력이 좋아질 것입니다.	· 일반적인 대화보다는 주로 격식적인 상황이나 글에서 많이 사용한다. 예) 성적이 **우수하므로** 이 상장을 수여합니다. 그 친구는 열심히 **노력하므로** 곧 한국어 실력이 좋아질 거라고 생각합니다.
· '으니까'는 '요'와 결합하여 종결어미처럼 쓰일 수 있다. 예) 토요일에 제주도에 가요. 주말에는 수업이 **없으니까요.** (o) 영수 씨는 인기가 많아요. 다른 사람을 잘 **도와주니까요.** (o)	· 종결어미처럼 사용할 수 없다. 예) 토요일에 제주도에 가요. 주말에는 수업이 **없으므로요.** (x) 영수 씨는 인기가 많아요. 다른 사람을 잘 **도와주므로요.** (x)
· 뒤 절에 청유문과 명령문을 사용할 수 있다. 예) 너는 많이 **먹었으니까** 먹지 마라. (o) 길이 **막히니까** 지하철을 탑시다. (o)	· 구어보다는 문어에서 많이 사용하므로 뒤 절에 청유문과 명령문을 잘 사용하지 않는다. 예) 너는 많이 **먹었으므로** 먹지 마라. (?) 길이 **막히므로** 지하철을 탑시다. (?)

④ '-으니까1)', '-어서1)', '-기 때문에'

-으니까1)	-어서1)	-기 때문에
· 어떤 일의 이유나 원인을 나타낸다.		
· 과거 '-었-'과 결합한다. 예) 비가 **왔으니까** 여행을 취소했다. (o)	· 과거 '-었-'과 결합하지 않는다. 예) 비가 **왔어서** 여행을 취소했다. (x)	· 과거 '-었-'과 결합한다. 예) 비가 **왔기 때문에** 여행을 취소했다. (o)
· 뒤 절에 청유문이나 명령문이 올 수 있다. 예) 비가 **오니까** 여행을 취소하자. (o)	· 뒤 절에 청유문이나 명령문이 올 수 없다. 예) 비가 **와서** 여행을 취소하자. (x)	· 뒤 절에 청유문이나 명령문이 올 수 없다. 예) 비가 **오기 때문에** 여행을 취소하자. (x)

+ '만나서 반갑습니다.', '늦어서 죄송합니다.' 등과 같이 관용적으로 사용되는 인사말에 '-으니까'나 '-기 때문에'는 사용되지 않는다. '반갑다, 고맙다, 감사하다, 미안하다' 등과 함께 자주 쓰이는 인사말이나 자신의 감정이나 상황에 대한 이유를 나타내는 경우에는 '-기 때문에'가 쓰이기 어렵고, '-어서'를 쓰는 것이 자연스럽다.

⑤ '-으니까1)', '-어서1),' '-기 때문에', '-은 결과'

-으니까1)	-어서1)	-기 때문에	-은 결과
· '어떤 일의 원인'이라는 의미를 나타낸다.			
· 과거 '-었-'과 결합한다. 예) 비가 **왔으니까** 여행을 취소했다. (o)	· 과거 '-었-'과 결합하지 않는다. 예) 비가 **왔어서** 여행을 취소했다. (x)	· 과거 '-었-'과 결합한다. 예) 비가 **왔기 때문에** 여행을 취소했다. (o)	· 과거 '-었-'과 결합하지 않는다. 예) 비가 **왔은 결과** 여행이 취소됐다. (x)
· 형용사와 결합할 수 있다. 예) 날씨가 **흐리니까** 여행이 취소됐다. (o)	· 형용사와 결합할 수 있다. 예) 날씨가 **흐려서** 여행이 취소됐다. (o)	· 형용사와 결합할 수 있다. 예) 날씨가 **흐리기 때문에** 여행이 취소됐다. (o)	· 형용사와 결합하지 않는다. 예) 날씨가 **흐린 결과** 여행이 취소됐다. (x)
· 뒤 절에 청유문이나 명령문이 올 수 있다. 예) 비가 **오니까** 여행을 <u>취소하자</u>. (o)	· 뒤 절에 청유문이나 명령문이 올 수 없다. 예) 비가 **와서** 여행을 <u>취소하자</u>. (x)	· 뒤 절에 청유문이나 명령문이 올 수 없다. 예) 비가 **오기 때문에** 여행을 <u>취소하자</u>. (x)	· 뒤 절에 청유문이나 명령문이 올 수 없다. 예) 비가 **온 결과** 여행을 <u>취소하자</u>. (x)

⑥ '-으니까1)', '-어서1)', '-다가[2]'

-으니까1)	-어서1)	-다가[2]
· 앞 절이 뒤 절의 원인, 이유, 근거임을 나타낸다.		
· 뒤 절에 청유문과 명령문이 올 수 있다. 예) 배가 **고프니까** 식사부터 하세요. (o) 배가 **고프니**까 식사부터 합시다. (o)	· 뒤 절에 청유문과 명령문이 올 수 없다. 예) 시간이 **없어서** 서두르세요. (x) 시간이 **없어서** 서두릅시다. (x)	· 뒤 절에 청유문과 명령문이 올 수 없다. 예) 밤늦게까지 게임을 **하다가** 건강이 나빠졌다. (o) 밤늦게까지 게임을 **하다가** 건강이 나빠져라. (x)
· 과거 '-었-', 미래·추측의 '-겠-'을 모두 사용할 수 있다. 예) 꽃을 **좋아했으니까** 꽃을 선물해요. (o) 꽃을 **좋아하겠으니까** 꽃을 선물해요. (o)	· 과거 '-었-', 미래·추측의 '-겠-'과 결합하지 않는다. 예) 꽃을 **좋아했어서** 꽃을 선물해요. (x) 꽃을 **좋아하겠어서** 꽃을 선물해요. (x)	· 과거 '-었-'과 결합할 수 있으나, 미래·추측의 '-겠-'과는 결합하지 못한다. 예) 그 가수는 술을 마시고 **운전했다가** 경찰서에 가게 되었어요. (o) 그 가수는 술을 마시고 **운전하겠다가** 경찰서에 가게 될 거예요. (x)
· 주로 주관적인 행동의 동기, 주장이나 추론의 전제, 명령 따위의 근거를 제시하는 이유를 나타낸다. 예) 배가 **고프니까** 빨리 집에 돌아가요. 집에서 책만 **읽으니까** 친구가 없지.	· 보편적인 결과에 대한 원인을 밝히는 의미가 강하다. 따라서 일반적인 자연의 현상이나 사물의 변화로 발생한 결과를 설명할 때 '-어서'를 주로 사용한다. 예) 비행기가 **추락해서** 사람들이 많이 죽었다. 비가 많이 **내려서** 홍수가 났다.	· 주로 앞 절이 뒤 절의 결과에 대해 의도하지 않게, 우연적으로 원인이나 근거가 된 경우에 사용한다. 예) 수지는 욕심을 **부리다가** 있던 재산도 모두 날렸다. 민수는 친구를 집에 데리고 **왔다가** 어머니께 꾸중을 들었다.

+ '-다가'의 뒤 절에 청유문과 명령문이 올 수 있는 '여기에서 놀다가 가라.'와 같은 문장의 '-다가'는 어떠한 행위나 상태가 중단되고 다른 행위나 상태로 전환됨을 나타내는 초급의 '-다가[1]'에 해당한다.

+ '-다가[2]'는 주어가 의도하지 않은 우연적인 인과 관계를 드러낼 때 사용한다. 원인이나 근거를 나타내는 연결어미 중에서 사용 면에서 빈도가 높은 것은 '-으니까'와 '-어서'이다.

⑦ '-으니까1)', '-어서1)', '-기에'

-으니까1)	-어서1)	-기에
· 앞 절이 뒤 절의 원인이나 이유, 근거임을 나타낸다. 예) 아이가 **우니까** 어머니가 가서 달래 주었다. 아이가 **울어서** 어머니가 가서 달래 주었다. 아이가 **울기에** 어머니가 가서 달래 주었다.		
· 말할 때나 글을 쓸 때 쓰인다. 예) 비가 **오니까** 행사를 취소했습니다. 비가 **오니까** 행사를 취소했어.	· 말할 때나 글을 쓸 때 쓰인다. 예) 비가 **와서** 행사를 취소했습니다. 비가 **와서** 행사를 취소했어.	· 주로 글을 쓸 때 쓰인다. 예) 비가 **오기에** 행사를 취소했습니다.
· 뒤 절에 청유문이나 명령문이 올 수 있다. 예) 시간이 **없으니까** 서두르세요. (o) 시간이 **없으니까** 서두릅시다. (o)	· 뒤 절에 청유문이나 명령문이 올 수 없다. 예) 시간이 **없어서** 서두르세요. (x) 시간이 **없어서** 서두릅시다. (x)	· 뒤 절에 청유문이나 명령문이 올 수 없다. 예) 시간이 **없기에** 서두르세요. (x) 시간이 **없기에** 서두릅시다. (x)
· 과거 '-었-', 미래·추측 '-겠-'과 결합한다. 예) 꽃을 **좋아했으니까** 꽃을 선물해요. (o) 꽃을 **좋아하겠으니까** 꽃을 선물해요. (o)	· 과거 '-었-', 미래·추측 '-겠-'과 결합하지 않는다. 예) 꽃을 **좋아했어서** 꽃을 선물해요. (x) 꽃을 **좋아하겠어서** 꽃을 선물해요. (x)	· 과거 '-었-', 미래·추측 '-겠-'과 결합한다. 예) 꽃이 **아름다웠기에** 꽃을 한 송이 샀어요. (o) 꽃이 **향기롭겠기에** 꽃을 한 송이 샀어요. (o)
· 주로 주관적인 행동의 동기, 주장이나 추론의 전제, 명령 따위의 근거를 나타낸다. 예) 배가 **고프니까** 빨리 집에 돌아가요. 집에서 책만 **읽으니까** 친구가 없지.	· 보편적인 결과에 대한 원인을 밝히는 의미가 강하다. 따라서 일반적인 자연의 현상이나 사물의 변화로 발생한 결과를 설명할 때 '-어서'를 주로 사용한다. 예) 비행기가 **추락해서** 사람들이 많이 죽었다. 비가 많이 **내려서** 홍수가 났다.	· 주로 앞 절이 뒤 절의 행위를 하게 된 근거나 이유를 제시하는 경우에 사용한다. 예) 아이가 **울기에** 아이에게 사탕을 하나 주었다. 자꾸 **까불기에** 아이를 혼내 주었다.

+ 사용 면에서 빈도가 높은 것은 '-으니까'와 '-어서'이다. '-기에'는 뒤 절에 명령문이나 청유문이 올 수 없다는 제약에서 볼 때 '-어서'와 비슷하다. 반면 '-었-'과 '-겠-'과의 결합에 제약이 없다는 점에서 보면 '-으니까'와 비슷한 면이 있다.

이렇게 도입해 보세요

(1) 교사: 여러분, 집에 손님이 와요. 무엇을 해요?
학생: 청소를 해요. 음식을 만들어요.
교사: 네, 손님이 와요. 그러니까 청소를 해요.
손님이 **오니까** 청소를 해요.

(2) 교사: (영화나 연극의 포스터를 보여 주며) 이 영화 봤어요?
학생: 아니요.
교사: 그래요? 재미있어요. 그러니까 한번 보세요.
재미있으니까 한번 보세요.

+ '-으니까1)'을 도입할 때 학생들이 각자 생각하는 이유나 원인을 이야기하도록 유도한다. 특정한 상황이 벌어지거나 행동을 하게 되는 이유를 다양하게 끌어내고 그 이유와 '-으니까1)'을 결합하여 사용할 수 있게 유도한다.

-으니까2) (동사에 붙어) 앞 절의 내용이 진행된 결과 뒤 절의 내용처럼 되거나 그런 일이 일어남을 나타낸다. 앞의 행동을 함으로써 뒤의 사실을 발견하게 될 때 사용한다.

예문

(1) 가: 내일 날씨가 어떨까요?
나: 하늘을 **보니까** 맑을 것 같아요.

(2) 가: 부산 여행은 어땠어요?
나: 좋았어요. 부산에 **가니까** 생선회와 매운탕이 아주 싸고 맛있었어요.

(3) 가: 오늘 몇 시에 일어났어요?
나: 아침에 **일어나니까** 8시였어요.

(4) 가: 무슨 음식을 만들어요?
나: 김치찌개요. 어떻게 알았어요?
가: 집에 **들어오니까** 맛있는 냄새가 났어요.

(5) 가: 가방이 무겁지 않아요?
나: 네, **들어 보니까** 아주 가벼웠어요.

봄이 **되니까** 꽃이 활짝 피었어요.
교실에 **들어가니까** 학생이 한 명도 없었어요.
30분 정도 **기다리니까** 주문한 피자가 왔어요.
창문을 **여니까** 이상한 냄새가 났어요.
김치를 **먹어 보니까** 맵지 않고 맛있었어요.
한국어를 **배워 보니까** 재미있어요.
아침에 **일어나니까** 강아지가 내 옆에서 자고 있었어요.
친구 집에 **전화하니까** 친구의 어머니께서 받으셨어요.
텔레비전을 **틀어 보니까** 좋아하는 가수가 나왔어요.
즐겁게 이야기를 **하다 보니까** 벌써 2시간이 지났습니다.

+ '-으니까2)'는 동사 뒤에 붙어 앞의 행동을 한 결과 뒤의 사실을 발견할 때 사용하는 연결어미이다. 내가 이미 했던 경험이나 행동을 통해 새로 알게 된 사실을 이야기하거나, 어떤 사실을 전하기 위해 그 사실을 알게 된 배경을 설명할 때 사용한다. 따라서 문장 예문에서 볼 수 있듯이 주어는 대부분 말하는 사람 자신이 되며 뒤 절은 주로 과거형이 온다. '-으니까1)'의 의미와 혼동하지 않도록 주의해야 한다.

+ '-으니까2)'는 주로 경험, 시도를 나타내는 '-어 보다'와 함께 사용된다.

형태 정보

앞의 '-으니까1)'을 참고하되 동사와만 결합함에 주의한다.

문장 구성 정보

① 앞 절의 주어는 주로 말하는 사람이고, 뒤 절의 주어는 대부분 앞 절의 주어와 다르다.

예) (내가) 한국 신문을 읽어 **보니까** 어렵지 않았다.
(내가) 창밖을 **보니까** 눈이 오고 있었다.
(내가) 사무실에 **전화하니까** 통화 중이었습니다.
(내가) 난타 공연을 직접 **보니까** (내가) 즐거웠어요.

② '-어 보다, -고 보다, -다가 보다'와 결합하여 '-어 보니까, -고 보니까, -다가 보니까'의 형태로 많이 사용한다.

예) 가까이 가 **보니까** 그 집은 아주 컸습니다.
그 말을 듣고 **보니까** 더 좋은 그림 같습니다.
이야기하다가 **보니까** 그 사람은 내 친구의 형이었습니다.

+ '-어 보다'는 경험, 시도를 나타내는 표현으로 이러한 경험이나 시도에 따라 뒤 절에 어떠한 발견을 하게 되는 상황을 이야기하기 위해 '-으니까2)'와 함께 자주 사용된다.

제약 정보

① 형용사와 결합하지 않는다. 형용사와 결합할 경우에는 '-으니까1)'의 의미를 갖는다.

예) 한국이 **추우니까** 옷을 두껍게 입었어요. ('으니까1)'의 의미)
한국에 **도착하니까** 날이 많이 추워요. (o)
서울에 볼 것이 **많으니까** 사람들이 많이 모여요. ('으니까1)'의 의미)
서울에 **가니까** 사람들이 많아요. (o)

② 뒤 절에 주로 현재나 과거 시제가 오고 미래는 올 수 없다.

예) 백화점에 **가니까** 세일을 하겠어요. (x)
백화점에 **가니까** 세일을 할 거예요. (x)
백화점에 **가니까** 세일을 해요. (o)
백화점에 **가니까** 세일을 했어요. (o)

③ 과거 '-었-', 미래 · 추측의 '-겠-'과 결합하지 않는다.

예) 밖에 **나갔으니까** 비가 오고 있었어요. (x)
밖에 **나가겠으니까** 비가 와요. (x)
회의를 **마쳤으니까** 6시였어요. (x)
회의를 **마치겠으니까** 6시예요. (x)

이렇게 도입해 보세요

(1) 교사: 지하철을 타 봤어요?
학생: 네.
교사: 어땠어요?
학생: 좋았어요. 편했어요.
교사: 네, 지하철을 타 봤어요. 편했어요.
지하철을 **타 보니까** 편했어요.

(2) 교사: 여러분은 명동에 갔어요?
학생: 네.
교사: 명동이 어때요?
학생: 사람이 많아요.
교사: 네. 명동에 갔어요. 사람이 많아요.
명동에 **가니까** 사람이 많아요.

+ '-으니까2)'를 도입할 때 학생들의 특정한 경험을 이야기하도록 유도하여 그 경험을 통해 알게 된 사실이 무엇인지 자유롭게 대답하도록 한다. 그런 후에 '-으니까'를 사용하여 경험과 새로 알게 된 사실을 연결하여 제시한다.

-으러[-러]

이동의 목적을 나타내는 연결어미.

-으러	(동사에 붙어) 뒤 절에 나오는 이동의 목적을 나타낸다. 앞 절의 행동을 하기 위해 이동함을 나타낼 때 사용한다.

예문

(1) 가: 지금 어디에 가요?
나: 돈을 **찾으러** 은행에 가요.

(2) 가: 유미 씨가 왜 도서관에 갔어요?
나: 책을 **빌리러** 도서관에 갔어요.

(3) 가: 이번 주말에 무엇을 할 거예요?
나: 단풍을 **보러** 설악산에 갈 거예요.

(4) 가: 누구를 **만나러** 오셨습니까?
나: 네, 사장님을 **뵈러** 왔습니다.

(5) 가: 수지 씨는 왜 학원에 다녀요?
나: 영어를 **배우러** 학원에 다녀요.

손을 **씻으러** 화장실에 가요.

예쁜 옷을 **사러** 동대문 시장에 갈 거예요.

고향 친구가 서울로 **놀러** 왔어요.

컴퓨터 게임을 **하러** 피시방에 왔습니다.

1년 전 약속을 **지키러** 중국에서 찾아왔어요.

앤디 씨는 요즘 수영을 **배우러** 다녀요.

비를 **피하러** 빈 집에 들어갔습니다.

내 친구가 이사를 **도와주러** 우리 집에 왔어요.

학생들이 점심을 **먹으러** 학생 식당에 갑니다.

미국에서는 할로윈데이 때 아이들이 사탕을 **얻으러** 다닙니다.

+ '-으러'는 앞 절이 뒤 절의 목적을 나타낼 때 사용하는 연결어미이다. 이때 뒤 절에는 이동의 의미가 있는 동사만 사용할 수 있으며, 앞 절의 내용은 뒤 절에 나오는 이동에 관한 동사의 목적으로 한정된다.

+ 주로 '-으러 가다/-으러 오다'의 구성으로 많이 쓰인다.

형태 정보

① 동사 어간 끝음절에 받침이 있으면 '-으러'를 쓴다.

예) 먹- + -으러 → 먹으러　　읽- + -으러 → 읽으러
잡- + -으러 → 잡으러　　앉- + -으러 → 앉으러
찾- + -으러 → 찾으러　　묻- + -으러 → 묻으러

② 동사 어간 끝음절에 받침이 없거나 'ㄹ' 받침으로 끝나면 '-러'를 쓴다.

예) 사- + -러 → 사러　　쓰- + -러 → 쓰러
배우- + -러 → 배우러　　빌리- + -러 → 빌리러
살- + -러 → 살러　　만들- + -러 → 만들러

+ '-으러'는 어간의 받침 유무에 따라 형태가 달라지는데, 'ㄹ' 받침으로 끝나는 경우는 다른 받침과 달리 '-으러'가 아니라 '-러'가 결합한다.

①	받침 ○	+ -으러	먹으러, 읽으러, 잡으러, 앉으러, 찾으러, 묻으러
②	받침 × ㄹ 받침	+ -러	사러, 쓰러, 배우러, 빌리러 살러, 만들러

③ 불규칙

듣-　　예) 앤디 씨는 수업을 **들으러** 갔어요.

돕-　　예) 마이클 씨는 나를 **도우러** 왔어요.

짓-　　예) 할아버지께서는 농사를 **지으러** 시골에 내려가셨어요.

문장 구성 정보

① 뒤 절에는 이동의 의미가 있는 동사만 함께 사용한다. 이때 이러한 동사는 문장의 가장 마지막에 사용한다.

예) 주사를 **맞으러** 병원에 가요.
쇼핑하러 명동에 왔어요.
과일을 **사러** 마트에 갔어요.
요리를 **배우러** 학원에 다녀요.

+ '가다, 오다, 다니다'와 같은 이동을 나타내는 동사와 이들의 합성어인 '다녀가다, 다녀오다, 나가다, 나오다, 들어가다, 들어오다, 올라가다, 내려가다, 올라오다, 내려오다' 등의 동사만 함께 사용할 수 있다.

제약 정보

① 앞에 '가다, 오다, 다니다' 등 이동을 나타내는 동사가 올 수 없다.

예) 저는 부산에 **가러** 기차역에 왔어요. (x)
저는 밖에 **나가러** 갔어요. (x)
줄리아 씨는 친척 집에 **오러** 한국에 왔어요. (x)
흐엉 씨는 대학교에 **다니러** 미국에 갔어요. (x)

② 앞 절과 뒤 절의 주어가 같아야 하며, 뒤 절의 주어는 흔히 생략한다.

예) 미셸 씨가 숙제를 **하러** 앤디 씨가 도서관에 갔어요. (x)
미셸 씨가 숙제를 **하러** (미셸 씨가) 도서관에 갔어요. (o)
요스케 씨가 축구 경기를 **보러** 미도리 씨가 경기장에 갔어요. (x)
요스케 씨가 축구 경기를 **보러** (요스케 씨가) 경기장에 갔어요. (o)

③ 과거 '-었-', 미래 · 추측의 '-겠-'과 함께 사용할 수 없다.

예) 수지 씨는 테니스를 **쳤으러** 연습장에 갔어요. (x)
수지 씨는 테니스를 **치러** 연습장에 갔어요. (o)
수지 씨는 테니스를 **치겠으러** 연습장에 갈 거예요. (x)
수지 씨는 테니스를 **치러** 연습장에 갈 거예요. (o)
왕밍 씨를 **만났으러** 1층으로 내려왔어요. (x)
왕밍 씨를 **만나겠으러** 1층으로 내려올 거예요. (x)

④ 부정 표현과 함께 사용할 수 없다.

예) 나는 물고기를 **안 잡으러** 바다에 갔어요. (x)
나는 물고기를 **잡지 않으러** 바다에 갔어요. (x)
나는 물고기를 **잡으러** 바다에 가지 않았어요. (o)
저는 돈가스를 **안 먹으러** 식당으로 올라갔어요. (x)
저는 돈가스를 **먹지 않으러** 식당으로 올라갔어요. (x)
저는 돈가스를 **먹으러** 식당으로 올라가지 않았어요. (o)

+ 문장의 가장 끝의 동사에 부정 표현을 쓰면 사용할 수 있지만 이는 동사의 부정이 아닌, 문장 전체의 부정이 된다.

유사 문법

① '-으러', '-으려고'

-으러	-으려고
· 의도나 목적을 나타낸다.	
· 문장의 마지막에 '가다, 오다, 다니다' 등의 이동을 나타내는 동사만 사용한다. 예) 나는 친구를 **만나러** 명동에 갔어요. (o) 나는 친구를 **만나러** 명동에서 기다려요. (x)	· 뒤 절에 오는 동사에 제약이 없다. 예) 나는 친구를 **만나려고** 명동에 갔어요. (o) 나는 친구를 **만나려고** 명동에서 기다려요. (o)
· 앞에 이동을 나타내는 동사가 올 수 없다. 예) 남이섬에 **가러** 한국에 왔어요. (x) 한국대학교에 **오러** 한국에 왔어요. (x)	· 앞에 이동을 나타내는 동사가 올 수 있다. 예) 남이섬에 **가려고** 한국에 왔어요. (o) 한국대학교에 **오려고** 한국에 왔어요. (o)
· 뒤 절에 청유문과 명령문이 올 수 있다. 예) 비행기를 **타러** 갑시다. (o) 비행기를 **타러** 가세요. (o)	· 뒤 절에 청유문과 명령문이 올 수 없다. 예) 비행기를 **타려고** 갑시다. (x) 비행기를 **타려고** 가세요. (x)
· 부정 표현과 함께 쓸 수 없다. 예) 나는 그를 **안 만나러** 밖에 나갔다. (x)	· 부정 표현과 함께 쓸 수 있다. 예) 나는 그를 **안 만나려고** 밖에 나갔다. (o)

이렇게 도입해 보세요

(1) 교사: 필립 씨, 왜 한국에 왔어요?
　학생: 한국어를 배워요.
　교사: 한국어를 배워요. 한국에 왔어요.
　　　　한국어를 **배우러** 한국에 왔어요.

(2) 교사: 필립 씨, 수업이 끝나면 어디에 가요?
　학생: 도서관에 가요.
　교사: 왜 도서관에 가요?
　학생: 공부해요.
　교사: 공부해요. 도서관에 가요. **공부하러** 도서관에 가요.

+ '-으러'를 도입할 때 먼저 이동에 관련된 동사를 제시하고, 그 이동은 무엇 때문에 하는지 이야기하도록 유도한다. '가다, 오다, 다니다' 등의 이동의 의미를 가지는 동사의 목적을 이야기할 때 '-으러'를 사용한다는 것을 자연스럽게 노출하고 이해시킨다.

-으려고[-려고]

의도나 목적을 나타내는 연결어미.

-으려고 (동사에 붙어) 뒤 절의 행동을 하는 의도나 목적을 나타낸다. 주어가 어떤 의도나 목적을 가지고 뒤 절의 행위를 하는지에 대해 말할 때 사용한다.

예문

(1) 가: 산에 왜 가요?
나: 나무를 **심으려고** 산에 가요.

(2) 가: 우리 반 친구들과 같이 **먹으려고** 빵을 샀어요. 드세요.
나: 와, 맛있겠어요.

(3) 가: 왜 운동을 해요?
나: 살을 **빼려고** 운동을 해요.

(4) 가: 비행기 표를 **예매하려고** 전화했는데요.
나: 네, 언제 출발하십니까?

(5) 가: 유미 씨, 왜 커피를 그렇게 많이 마셔요?
나: 잠을 **자지 않으려고** 커피를 마셔요.

저는 이번 주말에 친구와 **놀려고** 약속을 했어요.

아내에게 **주려고** 꽃을 샀어요.

7시에 **일어나려고** 알람을 맞춰 두었어요.

앤디 씨는 숙제를 **하려고** 도서관에 갔어요.

민수 씨는 어머니를 **도우려고** 심부름을 했어요.

바깥이 너무 시끄러워서 왕밍 씨가 창문을 **닫으려고** 일어났어요.

아버지는 요즘 담배를 **끊으려고** 노력하고 계십니다.

동생은 시합에서 **이기려고** 매일 열심히 연습합니다.

수지는 남자 친구의 목소리를 **들으려고** 매일 전화해요.

흐엉 씨는 선생님의 말을 잊지 **않으려고** 메모했어요.

+ '-으려고'는 뒤 절의 행동에 대한 의도나 목적을 앞 절에서 나타낼 때 사용하는 연결어미이다. '나무를 심다, 친구들과 같이 먹다'와 같은 행동을 하기 위해 '산에 가다, 빵을 사다'와 같은 행동을 하는 것을 말할 때 사용한다.

형태 정보

① 동사 어간 끝음절에 받침이 있으면 '-으려고'를 쓴다.

예) 먹- + -으려고 → 먹으려고　　읽- + -으려고 → 읽으려고
찾- + -으려고 → 찾으려고　　찍- + -으려고 → 찍으려고
참- + -으려고 → 참으려고　　잡- + -으려고 → 잡으려고

② 동사 어간 끝음절에 받침이 없거나 'ㄹ' 받침으로 끝나면 '-려고'를 쓴다.

예) 가- + -려고 → 가려고　　쓰- + -려고 → 쓰려고
건너- + -려고 → 건너려고　　공부하- + -려고 → 공부하려고
살- + -려고 → 살려고　　만들- + -려고 → 만들려고

+ '-으려고'는 어간의 받침 유무에 따라 형태가 달라지는데, 'ㄹ' 받침으로 끝나는 경우는 다른 받침과 달리 '-으려고'가 아니라 '-려고'가 결합한다.

①	받침 ○	+ -으려고	먹으려고, 읽으려고, 찾으려고, 찍으려고, 참으려고, 잡으려고
②	받침 × ㄹ 받침	+ -려고	가려고, 쓰려고, 건너려고, 공부하려고 살려고, 만들려고

③ 불규칙

듣-　예) 저는 선생님의 이야기를 잘 **들으려고** 앞에 앉았어요.
돕-　예) 수지 씨는 나를 **도우려고** 노력했어요.
짓-　예) 우리 아버지는 집을 **지으려고** 땅을 사셨어요.

제약 정보

① 앞 절과 뒤 절의 주어가 같아야 하고, 주로 뒤 절의 주어는 생략한다.

예) 유미 씨가 친구를 **만나려고** 영수 씨가 커피숍에 갔어요. (x)
유미 씨가 친구를 **만나려고** (유미 씨가) 커피숍에 갔어요. (o)
나는 수지 씨와 **통화하려고** 민수 씨가 수지 씨의 집에 전화를 했습니다. (x)
나는 수지 씨와 **통화하려고** (내가) 수지 씨의 집에 전화를 했습니다. (o)

② 과거 '-었-', 미래 · 추측의 '-겠-'과 결합하지 않는다.

예) 컴퓨터를 **배웠으려고** 학원에 다녀요. (x)
컴퓨터를 **배우겠으려고** 학원에 다닐 거예요. (x)
잠을 **잤으려고** 침대에 누웠어요. (x)
잠을 **자겠으려고** 침대에 누울 거예요. (x)

③ 뒤 절에 청유문이나 명령문이 올 수 없다.

예) 공부를 **하려고** 집에 일찍 돌아갑시다. (x)
공부를 **하려고** 집에 일찍 돌아가세요. (x)
커피를 **마시려고** 물을 끓입시다. (x)
커피를 **마시려고** 물을 끓이세요. (x)

확장

① 표준어형은 '-으려고'이지만, 구어에서 흔히 '-을려고/-을려구', '-을라고/-을라구'의 형태로 쓰이기도 한다.

예) 나는 매일 아침 **산책하려고** 공원에 가요. (o)
나는 매일 아침 **산책할려고** 공원에 가요.
나는 매일 아침 **산책할려구** 공원에 가요.
나는 매일 아침 **산책할라고** 공원에 가요.
나는 매일 아침 **산책할라구** 공원에 가요.

② '-으려고 하다'의 꼴로 '어떤 일이나 행위를 할 마음, 뜻, 의향이 있음'(1)과 '어떤 일이 일어날 것 같거나 어떤 상황이 시작될 것 같음'(2)을 나타낼 때 사용한다.

예) 저는 너무 배가 고파서 그곳에 있는 음식을 다 **먹으려고 했어요**. ((1)의 뜻)
나는 의사가 **되려고 해요**. ((1)의 뜻)
날씨가 **추워지려고 합니다**. ((2)의 뜻)
하늘이 어두워지고 비가 **오려고 합니다**. ((2)의 뜻)

+ (2)의 뜻으로 사용할 때는 사람이나 동물이 아닌 무생물이 주어로 쓰인다. (1), (2)의 뜻 모두 '-으려 하다'로 사용할 수 있다.

③ '-으려고 들다'의 꼴로 어떤 행동을 적극적으로 하고 노력한다는 의미를 나타낼 때 사용한다.

예) 수지 씨는 항상 **싸우려고 든다**.
그 강아지는 아무것도 **먹으려 들지** 않았다.

+ 이때 말하는 사람은 이러한 사실에 대해 부정적으로 생각하는 것을 나타내기도 한다. '-으려 들다'로 사용할 수 있다.

유사 문법

① '-으려고', '-으러'

-으려고	-으러
· 의도나 목적을 나타낸다.	
· 뒤 절에 오는 동사에 제약이 없다. 예) 나는 친구를 **만나려고** 명동에 갔어요. (o) 나는 친구를 **만나려고** 명동에서 기다려요. (o)	· 문장의 마지막에 '가다, 오다, 다니다' 등의 이동을 나타내는 동사만 사용한다. 예) 나는 친구를 **만나러** 명동에 갔어요. (o) 나는 친구를 **만나러** 명동에서 기다려요. (x)
· 앞에 이동을 나타내는 동사가 올 수 있다. 예) 남이섬에 **가려고** 한국에 왔어요. (o) 한국대학교에 **오려고** 한국에 왔어요. (o)	· 앞에 이동을 나타내는 동사가 올 수 없다. 예) 남이섬에 **가러** 한국에 왔어요. (x) 한국대학교에 **오러** 한국에 왔어요. (x)
· 뒤 절에 청유문과 명령문이 올 수 없다. 예) 비행기를 **타려고** 갑시다. (x) 비행기를 **타려고** 가세요. (x)	· 뒤 절에 청유문과 명령문이 올 수 있다. 예) 비행기를 **타러** 갑시다. (o) 비행기를 **타러** 가세요. (o)
· 부정 표현과 함께 쓸 수 있다. 예) 나는 그를 **안 만나려고** 밖에 나갔다. (o)	· 부정 표현과 함께 쓸 수 없다. 예) 나는 그를 **안 만나러** 밖에 나갔다. (x)

② '-으려고', '-고자'

-으려고	-고자
· 어떤 행동의 목적이나 의도, 희망의 의미를 나타낸다. 예) 한국어를 **잘하려고** 열심히 공부합니다. 한국어를 **잘하고자** 열심히 공부합니다.	
· '이다'와 쓸 수 없다. 예) 나는 훌륭한 **선생님이려고** 한다. (x) 저희들은 좋은 **부모이려고** 노력합니다. (x)	· '이다'와 쓸 수 있다. 예) 나는 훌륭한 **선생님이고자** 한다. (o) 저희들은 좋은 **부모이고자** 노력합니다. (o)
· 공식적·비공식적 말이나 글에서 모두 사용한다. 예) 지금부터 개표를 **시작하려고** 합니다. 너를 **만나려고** 왔어.	· 주로 격식을 갖춘 말이나 공식적인 장소에서의 대화, 글에서 많이 사용한다. 예) 여러분께 중요한 공지 사항을 **알려 드리고자** 합니다. 너를 **만나고자** 왔어. (?)

+ '-고자'와 '-으려고'는 말하는 이의 목적이나 의도 및 희망을 나타낸다는 점에서 공통점이 있다. 그러나 '-고자'는 '이다'와 결합할 수 있고 연설이나 보고와 같은 공식적인 말이나 글에 주로 쓰인다는 점에서 '-으려고'와 차이가 있다.

③ '-으려고', '-기 위해'

<table>
<tr><th>-으려고</th><th>-기 위해</th></tr>
<tr><td colspan="2">· 어떤 행동의 목적이나 의도를 나타낸다.
예) 한국어를 잘하려고 열심히 공부합니다.
한국어를 잘하기 위해 열심히 공부합니다.</td></tr>
<tr><td>· 목적보다는 의도를 드러내는 뜻이 강하다.
예) 나는 대학교에 가려고 공부를 열심히 합니다.
(단순히 그렇게 생각하고 있다는 의미)</td><td>· 의도보다는 목적을 드러내는 뜻이 강하다.
예) 나는 대학교에 가기 위해 공부를 열심히 합니다.
(적극적으로 그렇게 하기 위해서 노력할 것이라는 의미)</td></tr>
<tr><td>· 뒤 절에 청유문, 명령문이 올 수 없다.
예) 좋은 회사에 취직하려고 한국어를 배웁시다. (x)
좋은 회사에 취직하려고 한국어를 배우세요. (x)</td><td>· 뒤 절에 청유문, 명령문이 올 수 있다.
예) 좋은 회사에 취직하기 위해서 한국어를 배웁시다. (o)
좋은 회사에 취직하기 위해서 한국어를 배우세요. (o)</td></tr>
</table>

④ '-으려고', '-고자', '-기 위해'

-으려고	-고자	-기 위해
· 어떤 행동의 목적이나 의도를 나타낸다. 예) 한국어를 **잘하려고** 열심히 공부합니다. 한국어를 **잘하고자** 열심히 공부합니다. 한국어를 **잘하기 위해** 열심히 공부합니다.		
· '이다'와 쓸 수 없다. 예) 나는 훌륭한 **선생님이려고** 한다. (x) 저희들은 좋은 **부모이려고** 노력합니다. (x)	· '이다'와 쓸 수 있다. 예) 나는 훌륭한 **선생님이고자** 한다. (o) 저희들은 좋은 **부모이고자** 노력합니다. (o)	· '이다'와 쓸 수 없다. 예) 나는 훌륭한 **선생님이기 위해** 한다. (x) 저희들은 좋은 **부모이기 위해** 노력합니다. (x)
· 의도를 가지고 있음을 나타내므로 청유문이나 명령문, 당위 표현과는 잘 쓰지 않는다. 예) 불우 이웃을 **도우려고** 무슨 일이든 시작하자. (?) 불우 이웃을 **도우려고** 무슨 일이든 시작해라. (?) 불우 이웃을 **도우려고** 무슨 일이든 시작해야 한다. (?)	· 의도를 가지고 있음을 나타내므로 청유문이나 명령문, 당위 표현과는 잘 쓰지 않는다. 예) 불우 이웃을 **돕고자** 무슨 일이든 시작하자. (?) 불우 이웃을 **돕고자** 무슨 일이든 시작해라. (?) 불우 이웃을 **돕고자** 무슨 일이든 시작해야 한다. (?)	· 어떤 목적을 이루려고 하는 행동이 있어야 하므로 청유문이나 명령문, 당위 표현과 함께 쓸 수 있다. 예) 불우 이웃을 **돕기 위해** 무슨 일이든 시작하자. (o) 불우 이웃을 **돕기 위해** 무슨 일이든 시작해라. (o) 불우 이웃을 **돕기 위해** 무슨 일이든 시작해야 한다. (o)
· 단순히 의도만을 나타낼 수 있다. 예) 지금부터 회의를 **시작하려고** 한다. (o)	· 단순히 의도만을 나타낼 수 있다. 예) 지금부터 회의를 **시작하고자** 한다. (o)	· 의도만을 나타낼 경우 쓰지 않는다. 예) 지금부터 회의를 **시작하기 위해** 한다. (x)
· 격식적·비격식적 말이나 글에서 모두 사용한다. 예) 지금부터 개표를 **시작하려고** 합니다. 너를 **만나려고** 왔어.	· 주로 격식을 갖춘 말이나 공식적인 장소에서의 대화, 글에서 많이 사용한다. 예) 여러분께 중요한 공지 사항을 **알려 드리고자** 합니다. 너를 **만나고자** 왔어. (?)	· 격식적·비격식적 말이나 글에서 모두 사용한다. 예) 회장님께서 인사 말씀을 해 **주시기 위해** 회의장으로 들어오고 계십니다. 너를 **만나기 위해** 왔어.

이렇게 도입해 보세요

(1) 교사: 앤디 씨는 왜 한국어를 배워요?
학생: 대학교에 입학해요.
교사: 대학교에 입학해요. 한국어를 배워요.
대학교에 **입학하려고** 한국어를 배워요.

(2) 교사: (백화점으로 가는 여자의 그림을 보여 주며)
오늘 친구의 생일이에요. 어디에 가요?
학생: 백화점에 가요.
교사: 왜 백화점에 가요?
학생: 선물을 사요.
교사: 네, 선물을 사요. 백화점에 가요. 선물을 **사려고** 백화점에 가요.

+ '-으려고'를 도입할 때 먼저 특정한 상황을 제시한 다음, 그 상황이 일어나게 된 목적이나 의도를 추리하도록 유도한다. 그다음 어떠한 행동을 하는 목적이 무엇인지 말할 때 '-으려고'를 사용하여 말할 수 있음을 알려 준다.

-으면[-면]

조건이나 **가정**을 나타내는 연결어미.

-으면 (동사나 형용사, '이다, 아니다'에 붙어) 뒤 절의 내용에 대한 조건이나 가정을 나타낸다. 뒤 절의 내용이 일어나기 위한 근거나 상황에 대한 조건, 확실하지 않거나 아직 이루어지지 않은 사실을 가정하여 말할 때 사용한다.

예문

(1) 가: 수지 씨, 왜 매일 사과를 먹어요?
나: 매일 사과를 **먹으면** 건강에 좋아요.

(2) 가: 지금 출발하면 몇 시쯤 도착할까요?
나: 지금 **출발하면** 5시에 도착할 수 있어요.

(3) 가: 내일 또 산책할 거예요?
나: 날씨가 **좋으면** 산책할 거예요.

(4) 가: 너무 피곤해요.
나: **피곤하면** 집에 가서 쉬세요.

(5) 가: 보통 아침 몇 시에 일어납니까?
나: 보통 7시에 일어납니다. **주말이면** 10시에 일어납니다.

코트를 **입으면** 따뜻해요.

수업이 **끝나면** 친구와 같이 점심을 먹어요.

시간이 **없으면** 나중에 이야기합시다.

내가 부자가 **되면** 너에게 차를 사 줄게.

네가 **못 하겠으면** 언제든지 나한테 말해.

호엉 씨가 서울에서 **살면** 매일 만날 수 있을 거예요.

저는 커피를 **마시면** 잠을 못 자요.

키가 **작으면** 몸무게도 가벼워요.

우리 가족은 **추석이면** 항상 할머니 댁에 가요.

감기가 **나으면** 수영장에 놀러 갈 것입니다.

+ '-으면'은 어떤 상황이 일어나는 조건을 나타내거나 판단을 하기 위해 필요한 근거를 나타낼 때 사용하는 연결어미이다. '코트를 입으면 따뜻해요.'에서 '코트를 입다'라는 조건으로 '따뜻해요'라는 상황이 된다.

+ '-으면'은 아직 일어나지 않았거나 불확실한 사실을 가정할 때도 사용한다. '내가 부자가 되면 너에게 차를 사 줄게.'에서 '부자가 되는 것'은 불확실하고 아직 이루어지지 않은 사실인데, 이때 '-으면'이 결합하여 그 사실이 일어나게 되면 어떻게 할 것인지 그 내용이 뒤 절에 연결된다.

형태 정보

① 동사 및 형용사 어간 끝음절에 받침이 있으면 '-으면'을 쓴다.

예) 읽- + -으면 → 읽으면　　높- + -으면 → 높으면　　있- + -으면 → 있으면
　없- + -으면 → 없으면　　참- + -으면 → 참으면　　좋- + -으면 → 좋으면

② 동사 및 형용사 어간 끝음절에 받침이 없거나 'ㄹ' 받침으로 끝나면 '-면'을 쓴다.

예) 오- + -면 → 오면　　비싸- + -면 → 비싸면　　가- + -면 → 가면
　크- + -면 → 크면　　만들- + -면 → 만들면　　살- + -면 → 살면

+ '-으면'은 어간의 받침 유무에 따라 형태가 달라지는데, 'ㄹ' 받침으로 끝나는 경우는 다른 받침과 달리 '-으면'이 아니라 '-면'이 결합한다.

①	받침 ○	+ -으면	읽으면, 높으면, 있으면, 없으면, 참으면, 좋으면
②	받침 × ㄹ 받침	+ -면	오면, 비싸면, 가면, 크면 만들면, 살면

③ '이다, 아니다'는 '-면'을 쓴다. 단, '이다' 앞의 명사에 받침이 없으면 주로 '명사+-면'이라고 쓴다.

예) 학생이- + -면 → 학생이면　　겨울이- + -면 → 겨울이면
　겨울이- + -면 → 겨울이면　　공부이- + -면 → 공부이면/공부면
　노래이- + -면 → 노래이면/노래면　　아니- + -면 → 아니면

+ 'N+-면'은 격식적인 문어에서 잘 사용하지 않는다.

④ 불규칙

듣-　예) 큰소리로 음악을 **들으면** 귀가 나빠져요.

덥-　예) 교실이 **더우면** 에어컨을 켜세요.

낫-　예) 감기가 **나으면** 수영장에 갈 거예요.

까맣-　예) 피부가 **까마면** 건강해 보입니다.

문장 구성 정보

① 문장의 앞부분에 '만약, 만일, 혹시, 가령' 등과 같은 부사어와 함께 쓰여, 가정의 뜻을 강하게 표현할 수 있다. 주로 확실하지 않거나 실현 가능성이 낮을 때 사용한다.

예) 수지 씨는 반드시 2시까지 올 거예요. <u>만약</u> 수지 씨가 2시까지 오지 **않으면** 전화하세요.
　영수는 시험에 합격할 거예요. <u>만일</u> **떨어지면** 또 시험을 볼 거예요.
　벌써 늦었어요. 지각이에요. <u>혹시</u> 택시를 **타면** 빨리 갈 수 있을까요?

제약 정보

① 앞 절의 조건과 뒤 절의 상황이 특정한 경우는 가정의 의미로 해석되어, 습관이나 일반적 사건을 나타내는 데에는 쓰이지 않는다.

예) 저는 오늘 친구와 **만나면** 스파게티를 사 먹어요. (x)
저는 오늘 친구와 **만나면** 스파게티를 사 먹을 거예요. (o)
저는 친구와 **만나면** 보통 밥을 사 먹어요. (o)

확장

① '-으면 하다, -으면 싶다, -으면 좋겠다, -으면 -을 텐데'의 꼴로 쓰여 말하는 사람의 희망이나 바람을 나타낼 때 사용한다.

예) 오늘은 외식을 **했으면 해요.**
감기에 걸려서 내일은 집에서 **쉬었으면 싶어요.**
우리 가족이 모두 건강하고 **행복했으면 좋겠어요.**
한국어를 열심히 공부해서 대학교에 **들어갔으면 좋겠어요.**
이번 여름에는 비가 덜 **오면 좋을 텐데.**

+ 이때 주로 '-있-'과 결합하여 쓰이는 경우가 많은데 이때의 '-었-'은 과거 시세를 나타내는 것이 아니라 희망하는 내용이 완전히 이루어짐을 나타내는 것이다.

② '-으면 -을수록'의 꼴로 쓰여 동작이나 상태의 정도가 강해지는 것을 나타낼 때 사용한다.

예) 영어는 **배우면 배울수록** 어려워요.
모델은 키가 **크면 클수록** 좋아요.
친구는 **많으면 많을수록** 행복해요.

③ 관용적으로 사용되는 예로는 '예를 들면'의 꼴로 쓰여 뒤 절에서 예시함을 나타낼 때가 있다. 일부 특별한 서술어 '말하다, 알다, 살다' 등에 붙어 '바꿔 말하면, 알고 보면, 살다 보면' 등의 표현으로 쓰여 뒤 절의 내용에 대한 근거를 나타낼 때도 사용한다.

예) **예를 들면** 제주도가 한국의 유명한 관광지입니다.
알고 보면 그 사람은 무척 좋은 사람이에요.
한국에서 오래 **살다 보면** 한국인의 정에 대해 잘 알게 될 거예요.

④ 주로 '-었-' 뒤에 붙어 이미 일어난 과거의 일과 반대되는 상황이나, 현재 사실과 반대되는 상황을 가정할 때 사용한다. 현실이 그렇게 되기를 희망하거나 그렇지 않음을 애석해하는 뜻을 나타낸다.

예) 조금만 일찍 **도착했으면** 기차를 탈 수 있었을 거예요.
　　내가 영어를 **잘했으면** 앤디 씨와 이야기를 할 수 있었을 텐데.

+ '-었으면'은 이미 일어난 일의 반대를 가정하는 것이고, '-으면'은 일어나지 않은 일을 임의로 가정하는 것이라는 점에서 차이가 있다. 그러므로 '-었으면'을 사용할 때는 뒤 절에 말하는 사람의 희망 사항이나 이루어지지 않는 애석함이 나오고, '-으면'을 사용할 때는 뒤 절에 가정에 대한 생각이나 예상이 나온다.

유사 문법

① '-으면', '-는다면', '-다면', '-라면'

-으면	-는다면, -다면, -라면
· 어떤 상황을 가정할 때 사용한다. 예) 내일 비가 **오면** 소풍이 취소됩니다. 내일 비가 **온다면** 소풍이 취소됩니다.	
· 주로 현실 세계의 일이나 일어날 가능성이 있는 일을 조건으로 제시한다. 예) 나는 아이스크림을 **먹으면** 배가 아프다.	· 일어날 가능성이 희박하거나 사실이 아닌 것을 가상하여 제시하는 의미가 강하다. 예) 외계인이 **있다면** 어떤 모습일까?
· 다른 사람이 어떤 말을 했다는 가정을 나타내는 의미가 없다. 예) 네가 김치를 잘 **먹으면** 누가 그 말을 믿겠니? (x)	· 다른 사람이 어떤 말을 했다는 가정을 나타내는 의미가 있다. 즉 '누군가 어떠하다고 말한다면'의 의미가 있다. 예) 네가 김치를 잘 **먹는다면** 누가 그 말을 믿겠니? (o)

+ '-으면'은 '-는다면'과 같이 어떠한 상황을 가정한다는 의미를 나타낸다. 그러나 '-으면'은 '어떤 사람이 어떠한 말을 했다고 가정하면'의 의미, 즉 누군가의 발화 상황(내용)을 가정하는 의미를 가지지 못하는 반면 '-는다면'은 '-는다고 하면'의 준말이므로 간접인용의 의미를 가지고 있어서 누군가의 발화 상황(내용)을 가정하는 의미가 있다. 이때 주어는 사람이 온다.

② '-으면', '-거든'

<table>
<tr><th>-으면</th><th>-거든</th></tr>
<tr><td colspan="2">· 앞 절이 뒤 절에 대해 조건이나 가정의 의미를 나타낸다.
예) 고향에 돌아가면 연락해.
고향에 돌아가거든 연락해.</td></tr>
<tr><td>· 실현될 가능성과 관계없이 모든 가정과 조건에 사용된다.
예) 내가 대통령이 되면 너한테 좋은 집을 사 줄게. (o)</td><td>· 실현될 가능성이 비교적 높은 조건에 사용된다.
예) 내가 대통령이 되거든 너한테 큰 집을 사 줄게. (?)</td></tr>
<tr><td>· 뒤 절의 문장의 유형에 제약이 없다.
예) 시험에 합격하면 저녁을 살게.
시험에 합격하면 저녁을 같이 먹자.
시험에 합격하면 저녁 사라.
시험에 합격하면 저녁을 삽니다.</td><td>· 뒤 절에 명령문, 청유문 등이 오고 평서문, 감탄문은 올 수 없다.
예) 시험에 합격하거든 저녁을 살게. (x)
시험에 합격하거든 저녁을 같이 먹자. (o)
시험에 합격하거든 저녁을 사라. (o)
시험에 합격하거든 저녁을 삽니다. (x)</td></tr>
</table>

+ '-거든'과 '-으면'은 두 행위가 연결될 때 앞 절이 뒤 절의 조건이나 가정의 의미를 지닌다는 점에서 공통점이 있다. 그러나 '-거든'은 실현 가능성이 어느 정도 있어야 한다는 점, 또한 뒤 절에 문장 종결에 제약이 있다는 점에서 '-으면'과 차이가 있다.

이렇게 도입해 보세요

(1) 교사: 선생님은 여행을 하고 싶어요. 지금 할 수 있어요?
학생: 아니요.
교사: 그러면 언제 할 수 있어요?
학생: 방학. 방학요.
교사: 네, 방학이 돼요. 여행을 할 수 있어요.
방학이 **되면** 여행을 할 거예요.

(2) 교사: (지폐를 많이 들고 있는 사람의 사진을 보여 주며)
이 사람은 돈이 아주 많아요. 여러분이 이렇게 돈이 많아요. 그러면 어때요?
학생: 행복해요. 좋아요.
교사: 네, 돈이 많아요. 행복할 거예요.
돈이 **많으면** 행복할 거예요.

+ '-으면'을 도입할 때, 먼저 특정한 행동이나 상태를 제시해 주고, 그 행동이나 상태를 위해 무엇이 필요한지 조건을 생각하고 문장을 구성하도록 한다.

+ 불확실하거나 이루어지지 않은 가정의 '-으면'을 도입할 때는 먼저 특정한 가상의 상황을 제시한 다음, 그 상황에 처했을 때를 가정하여 어떤 행동을 할 수 있는지 혹은 어떤 상태가 되는지 자유롭게 이야기하도록 유도한다.

-으면서[-면서]

둘 이상의 행동이나 상태를 **동시**에 겸하고 있음을 나타내는 연결어미.

-으면서 (동사나 형용사, '이다, 아니다'에 붙어) 두 가지 이상의 행동이나 상태를 동시에 겸하고 있음을 나타낸다. 앞 절의 행동을 하거나 상태를 유지하면서 동시에 뒤 절의 다른 행동을 하거나 다른 상태도 유지하고 있음을 나타낸다.

예문

(1) 가: 아버지께서 지금 무엇을 하세요?
나: 신문을 **읽으면서** 아침을 드시고 계세요.

(2) 가: 어제 친구와 만나서 뭐 했어요?
나: 맥주를 **마시면서** 이야기를 했어요.

(3) 가: 새로 나온 휴대폰이 어때요?
나: **얇으면서** 성능이 뛰어나요.

(4) 가: 선생님은 어떤 분이세요?
나: **친절하면서** 재미있는 분이세요.

(5) 가: 그 사람은 어떤 사람이에요?
나: 그는 훌륭한 축구 **선수이면서** 뛰어난 사업가예요.

앤디 씨가 손을 **씻으면서** 노래를 부르고 있어요.

저는 잡지를 **보면서** 친구를 기다렸어요.

제 어머니께서는 항상 **웃으시면서** 말씀하세요.

이 코트는 **예쁘면서** 값도 쌉니다.

그 가방은 **가벼우면서** 튼튼한 것 같아요.

서울은 저의 **고향이면서** 제가 평생 살아갈 곳입니다.

비를 **맞으면서** 함께 걸을까요?

수지 씨가 **울면서** 교실에서 나갔어요.

조용한 노래를 **들으면서** 쉬고 계세요.

흐엉 씨는 TV를 **보면서** 공부하지 않았어요.

+ '-으면서'는 앞 절과 뒤 절이 동시에 일어남을 나타내는 연결어미이다. 동사와 결합하면 두 가지의 행동이 동시에 일어나는 것을 나타내며, 형용사, '이다, 아니다'와 결합하면 두 가지 상태가 함께 존재하는 경우를 나타낸다.

형태 정보

① 동사 및 형용사 어간 끝음절에 받침이 있으면 '-으면서'를 쓴다.

예) 찾- + -으면서 → 찾으면서 / 입- + -으면서 → 입으면서
넓- + -으면서 → 넓으면서 / 좋- + -으면서 → 좋으면서
맛있- + -으면서 → 맛있으면서 / 재미없- + -으면서 → 재미없으면서

② 동사 및 형용사 어간 끝음절에 받침이 없거나 'ㄹ' 받침으로 끝나면 '-면서'를 쓴다.

예) 가- + -면서 → 가면서 / 쓰- + -면서 → 쓰면서
크- + -면서 → 크면서 / 비싸- + -면서 → 비싸면서
살- + -면서 → 살면서 / 울- + -면서 → 울면서
멀- + -면서 → 멀면서 / 길- + -면서 → 길면서

+ '-으면서'는 어간의 받침 유무에 따라 형태가 달라지는데, 'ㄹ' 받침으로 끝나는 경우는 다른 받침과 달리 '-으면서'가 아니라 '-면서'가 결합한다.

①	받침 ○	+ -으면서	찾으면서, 입으면서, 넓으면서, 좋으면서, 맛있으면서, 재미없으면서
②	받침 × ㄹ 받침	+ -면서	가면서, 쓰면서, 크면서, 비싸면서 살면서, 울면서, 멀면서, 길면서

③ '이다, 아니다'는 '-면서'를 쓴다. 단, '이다' 앞의 명사에 받침이 없으면 주로 '명사+-면서'라고 쓴다.

예) 학생이- + -면서 → 학생이면서 / 선생님이- + -면서 → 선생님이면서
여자- + -면서 → 여자이면서/여자면서 / 남자- + -면서 → 남자이면서/남자면서
바다이- + -면서 → 바다이면서/바다면서 / 아니- + -면서 → 아니면서

+ 'N+-면서'는 격식적인 문어에서 잘 사용하지 않는다.

④ 불규칙

걷- 예) 저는 **걸으면서** 음식을 먹는 것을 좋아하지 않습니다.
부드럽- 예) 그 옷은 **부드러우면서** 따뜻해요.
짓- 예) 저는 집을 **지으면서** 많은 것을 배웠습니다.
하얗- 예) 미셸 씨의 얼굴은 **하야면서** 동그래요.

문장 구성 정보

① '-으면서 -지 마세요'의 꼴로 사용하여 특정한 상황이나 장소에서 동시의 행동을 금지할 때 사용한다.

예) 음식을 **먹으면서** 바닥에 흘리지 마세요.
수업을 **들으면서** 휴대 전화를 사용하지 마세요.
운전하면서 전화하지 마세요.
유물을 **관람하면서** 사진을 찍지 마세요.

제약 정보

① 앞 절과 뒤 절의 주어는 반드시 같아야 하고, 주로 뒤 절의 주어는 생략한다.

예) 나는 피아노를 **치면서** 동생은 노래를 불렀어요. (x)
나는 피아노를 **치면서** (나는) 노래를 불렀어요. (o)
영수 씨의 성격은 **밝으면서** 유미 씨의 성격은 침착합니다. (x)
영수 씨의 성격은 **밝으면서** (영수 씨의 성격은) 침착합니다. (o)

+ 단, 사물이 주어로 사용될 경우 앞 절과 뒤 절의 주어가 달라질 수 있다. 이 경우에도 앞 절과 뒤 절은 동일한 화제(주제)여야 한다.

예) 어제 날씨는 바람이 **불면서** 비가 내렸어요. (o)
그 가게는 물건의 품질이 **좋으면서** 서비스도 좋아요. (o)

② 과거 '-었-', 미래 · 추측의 '-겠-'과 결합하지 않는다.

예) 나는 아이스크림을 **먹었으면서** 집으로 갔어요. (x)
나는 아이스크림을 **먹겠으면서** 집으로 갈 거예요. (x)
나는 **울었으면서** 화를 냈어요. (x)
나는 **울겠으면서** 화를 낼 거예요. (x)

+ 앞 절이 뒤 절에 선행하는 사건이면서 앞 절과 뒤 절이 두 가지 이상의 사실이나 상태, 행동이 서로 상반되는 관계에 있음을 나타낼 때는 '-었-'이 결합할 수 있다. 이때에 '-으면서'는 동시 상황을 뜻하지 않는다.

예) 동생이 저녁을 많이 **먹었으면서** 야식으로 라면을 또 먹는다.

확장

① 부정의 표현과 어울릴 경우 '동시'의 의미라기보다 그러한 행동을 하지 않았음이나 그러한 상태가 아닌 것을 강조하는 문장이 된다.

예) 나는 답을 안 **보면서** 문제를 풀었어요.
나는 답을 보지 **않으면**서 문제를 풀었어요.
흐엉 씨가 안 **웃으면서** 인사를 했어요.
흐엉 씨가 웃지 **않으면서** 인사를 했어요.

② '-으면서'를 강조하기 위해 조사 '도'가 붙은 '-으면서도'의 형태로 사용할 수 있다.

예) 유미 씨는 돈을 **벌면서** 대학원에 계속 다녔어요.
유미 씨는 돈을 **벌면서도** 대학원에 계속 다녔어요. ('돈을 벌다' 강조)
비행기는 기차보다 **빠르면서** 편합니다.
비행기는 기차보다 **빠르면서도** 편합니다. ('빠르다' 강조)

③ 앞 절과 뒤 절에 대립되는 내용을 써서 두 가지 이상의 사실이나 상태, 행동이 서로 상반되는 관계에 있음을 나타낼 때 사용할 수 있다. 이때 조사 '도'를 붙이는 일이 많다.

예) 저 가게는 음식이 **맛없으면서** 값이 비싸다.
내 친구는 자기가 **잘못했으면서** 잘못하지 않았다고 말해요.
미도리 씨와 요스케 씨는 서로 **좋아하면서도** 결혼은 하지 않아요.
민수 씨는 100점을 **받았으면서도** 기뻐하지 않아요.

+ 동시에 일어나는 대립되는 행위나 상태를 나타내어 앞 절의 내용에도 불구하고 뒤 절의 내용이 함께 존재함을 주로 나타낸다. 이때는 과거를 나타내는 '-었-'을 사용할 수 있다.

유사 문법

① '-으면서', '-으며'

-으면서	-으며
· 앞 절과 뒤 절이 동시에 일어남을 나타낸다.	
· 앞 절과 뒤 절의 주어가 동일해야 한다. 예) 미셸 씨가 노래를 **부르면서** 춤을 춥니다. (o) 미셸 씨가 노래를 **부르면서** 앤디 씨가 춤을 춥니다. (x)	· 앞 절과 뒤 절의 주어가 같아도 되고 달라도 된다. 주어가 다를 때의 '-며'는 '-고'와 바꾸어 쓸 수 있다. 예) 미셸 씨가 노래를 **부르며** 춤을 춥니다. (o) 미셸 씨가 노래를 **부르며**, 앤디 씨가 춤을 춥니다. (o)
· 문어, 구어를 가리지 않고 많이 사용한다. 예) 내 동생은 자주 게임을 **하면서** 식사해요.	· 주로 문어에서 사용한다. 예) 최근 게임을 **하며** 식사를 하는 아이들이 늘어나고 있습니다.

② '-으면서', '-고2)'

-으면서	-고2)
· 앞의 내용과 뒤의 내용이 동시에 이루어짐을 나타낸다. 예) 우리 할아버지는 시골에서 농사를 **지으면서** 사세요. 우리 할아버지는 시골에서 농사를 **짓고** 사세요.	
· 두 동작이 동시에 진행되는 그 시점에서의 상태를 설명한다. 예) 선생님께서는 내 손을 **쥐시면서** 말씀하셨다. 비를 **맞으면서** 다니면 감기에 걸려요. ('비를 맞는다'는 행위와 '길을 다닌다'는 행위가 동시에 진행되는 상태를 의미함.)	· 앞의 동작이 먼저 시작되고 끝나지 않은 상태에서 뒤의 동작도 시작되어 일정 부분 두 동작이 겹침을 나타낸다. 예) 선생님께서는 내 손을 **쥐시고** 말씀하셨다. 비를 **맞고** 다니면 감기에 걸려요. ('비를 맞는다'는 행위와 '그 상태 그대로 비가 계속 오든 그치든 관계없이 길을 다닌다'는 행위를 의미함.)

+ 동시에 이루어짐을 나타내는 '-고'는 '-고2)'의 확장에 해당하는 의미이다.

이렇게 도입해 보세요

(1) 교사: (밥을 먹으면서 텔레비전을 보는 아이들의 그림을 보여 주며)
아이들이 무엇을 해요?
학생1: 밥을 먹어요.
학생2: 텔레비전을 봐요.
교사: 네, 아이들이 밥을 먹어요. 아이들이 텔레비전을 봐요.
아이들이 밥을 **먹으면서** 텔레비전을 봐요.

(2) 교사: 여러분, 줄리아 씨는 어떤 사람이에요?
학생1: 예뻐요.
학생2: 착해요.
교사: 네, 줄리아 씨는 예뻐요. 줄리아 씨는 착해요.
줄리아 씨는 **예쁘면서** 착해요.

+ '-으면서'를 도입할 때 먼저 두 가지 이상의 행동을 동시에 하고 있는 그림을 보여 주며 학생들에게 무엇을 하고 있는지 묻는다. 그리고 대답한 두 가지의 행동을 동시에 하는 경우에 '-으면서'를 사용한다는 것을 알려 준다.

+ (2)와 같이 두 가지 이상의 상태를 대답하도록 유도한 다음, 어떠한 상태와 동시에 또 다른 상태를 유지하고 있음을 알려 줄 수도 있다.

-지만

반대를 나타내는 연결어미.

-지만 (동사나 형용사, '이다, 아니다'에 붙어) 앞 절과 뒤 절이 서로 반대되는 내용임을 나타낸다. 앞 절에서 어떤 사실을 말하고 뒤 절에서 그와 반대되는 사실이나 다른 내용을 연결하여 말할 때 사용한다.

예문

(1) 가: 아침에 무엇을 먹어요?
나: 저는 빵을 **먹지만** 유미 씨는 밥을 먹어요.

(2) 가: 민수 씨는 노래를 잘 불러요?
나: 아니요, 노래는 잘 못 **부르지만** 춤은 잘 춰요.

(3) 가: 수지 씨는 오빠가 있어요?
나: 아니요, 언니는 **있지만** 오빠는 없어요.

(4) 가: 그 가게 음식이 어때요?
나: 조금 **비싸지만** 맛있어요.

(5) 가: 영수 씨의 여자 친구는 일본 사람이에요?
나: 아니요, 한국 사람이에요. **한국 사람이지만** 일본어를 잘해요.

기숙사는 **작지만** 아주 깨끗해요.

미국은 **멀지만** 중국은 가까워요.

주말에는 **바쁘지 않지만** 평일에는 바빠요.

음식은 **맛있었지만** 너무 많아서 다 못 먹었어요.

저는 **학생이지만** 언니는 회사원입니다.

저는 한국 가요를 자주 **듣지만** 제 동생은 팝송을 자주 들어요.

흐엉 씨는 매운 음식을 **좋아하지만** 저는 매운 음식을 싫어합니다.

미도리 씨는 한국에서 **살지만** 가족은 모두 일본에서 살아요.

왕밍 씨는 키가 **크지만** 페이페이 씨는 키가 작아요.

이 옷을 입으면 **불편하겠지만** 감기에 걸리지 않을 거예요.

+ '-지만'은 서로 대조 관계에 있는 내용을 연결하여 말할 때 사용하는 연결어미이다. 앞 절의 내용과 뒤 절의 내용은 대조되거나 앞 절로 미루어 짐작할 수 없는 내용을 뒤이어 말할 때 쓴다.

형태 정보

① 동사 및 형용사 어간 끝음절의 받침 유무에 관계없이 '-지만'을 쓴다.

예) 먹- + -지만 → 먹지만
가- + -지만 → 가지만
살- + -지만 → 살지만
좋- + -지만 → 좋지만
크- + -지만 → 크지만
길- + -지만 → 길지만
읽- + -지만 → 읽지만
다니- + -지만 → 다니지만
만들- + -지만 → 만들지만
작- + -지만 → 작지만
예쁘- + -지만 → 예쁘지만
멀- + -지만 → 멀지만

+ 어떤 동사나 형용사가 와도 형태가 변하지 않음에 주의한다.

①	받침 ○	+ -지만	먹지만, 읽지만, 살지만, 만들지만, 좋지만, 작지만, 길지만, 멀지만
	받침 ×	+ -지만	가지만, 다니지만, 크지만, 예쁘지만

② '이다, 아니다'는 '-지만'을 쓴다. 단, '이다' 앞의 명사에 받침이 없으면 주로 '명사+-지만'이라고 쓴다.

예) 학생이- + -지만 → 학생이지만
의사이- + -지만 → 의사이지만/의사지만
가수이- + -지만 → 가수이지만/가수지만
책이- + -지만 → 책이지만
사람이- + -지만 → 사람이지만
아니- + -지만 → 아니지만

+ 'N+-지만'은 격식적인 문어에서 잘 사용하지 않는다.

문장 구성 정보

① 앞 절과 뒤 절의 내용이 대조될 때, 서로 대조되는 성분에 조사 '는'이 결합한다.

예) 내가 빨간색을 좋아하지만 앤디 씨가 파란색을 좋아합니다. (x)
<u>나는</u> 빨간색을 **좋아하지만** <u>앤디 씨는</u> 파란색을 좋아합니다. (o)
민수가 영어를 **잘하지만** 수학을 못한다. (x)
민수가 <u>영어는</u> **잘하지만** <u>수학은</u> 못한다. (o)

제약 정보

① 앞 절과 뒤 절의 주어가 같아도 되고 달라도 된다.

예) 책은 **싸지만** 사전은 비싸요.
학교 앞 식당의 음식은 **싸지만** (그 음식은) 맛있어요.
나는 축구를 **잘하지만** 내 동생은 못해요.
이 노트북은 **작지만** (이 노트북은) 용량이 커요.

+ 단, 앞 절과 뒤 절의 주어가 같은 경우에는 뒤 절의 주어를 생략한다.

예) 이 책상은 **무겁지만** (이 책상은) 아주 튼튼합니다.
마이클 씨는 머리가 **아팠지만** (마이클 씨는) 병원에 가지 않았어요.

② 과거 '-었-', 미래 · 추측의 '-겠-'과 결합하여 쓰인다.

예) 어제 서울에는 눈이 **내리지만** 부산에는 비가 내렸어요. (x)
어제 서울에는 눈이 **내렸지만** 부산에는 비가 내렸어요. (o)
어제는 눈이 **내리지만** 오늘은 맑아요. (x)
어제는 눈이 **내렸지만** 오늘은 맑아요. (o)
내일 그 사람은 바지를 **입지만** 나는 치마를 입을 거예요. (x)
내일 그 사람은 바지를 **입겠지만** 나는 치마를 입을 거예요. (o)
내일 그 사람은 바지를 **입지만** 오늘은 치마를 입어요. (x)
내일 그 사람은 바지를 **입겠지만** 오늘은 치마를 입어요. (o)

+ '어제는 눈이 내렸지만 오늘은 맑아요.', '내일 그 사람은 바지를 입겠지만 오늘은 치마를 입어요.' 와 같이 '-지만'과 결합하는 앞 절의 시제는 과거일 경우 '-었지만', 미래나 추측일 경우 '-겠지만'을 쓴다.

확장

① '-지만'은 '-지마는'의 준말이다. 보통 '-지만'을 더 많이 사용한다.

예) 형은 키가 **크지만** 나는 키가 작아요.
= 형은 키가 크지마는 나는 키가 작아요.
나는 비록 몸은 **늙었지만** 마음은 청춘이다.
= 나는 비록 몸은 늙었지마는 마음은 청춘이다.

② '미안하다, 죄송하다, 실례이다' 등에 붙어, 부탁하거나 양해를 구하는 상황에서 관용적으로 쓰인다.

예) **미안하지만** 그 책 좀 나한테 줘.
죄송하지만 저는 가지 않겠습니다.
실례지만 지금 어디 계세요?
바쁘시겠지만 같이 좀 갑시다.

+ '실례이다'에 '-지만'이 붙으면 '이'는 생략해 말한다.

③ 앞 절에 보조사 '도'와 함께 사용하여 앞의 내용에 대한 조건이나 다른 추가적인 정보를 덧붙일 때 사용한다.

예) 수지 씨는 얼굴**도 예쁘지만** 성격이 정말 좋아요.
공부**도 중요하지만** 건강이 제일 중요해요.
오렌지**도 맛있지만** 역시 귤이 제일 맛있어요.
유미 씨는 한국어**도 잘하지만** 영어도 무척 잘해요.

+ 이때는 뒤 절에 의미의 초점이 놓인다.

유사 문법

① '-지만', '-는데2)'

-지만	-는데2)
· 앞의 내용과 반대되거나 다른 이야기를 이음을 나타낸다.	
· 앞 절과 뒤 절의 내용이 대등하며 대립의 의미를 가진다. 예) 영수 씨는 농구를 **좋아하지만** 잘하지 못해요. 영수 씨는 농구를 **좋아하지만** 민수 씨는 축구를 좋아해요.	· 앞 절은 뒤 절의 배경 상황이 되며 대립되는 배경 상황 제시의 의미를 가진다. 예) 영수 씨는 농구를 **좋아하는데** 잘하지 못해요. 영수 씨는 농구를 **좋아하는데** 민수 씨는 축구를 좋아해요.
· '대립'의 의미를 이미 가지고 있는 연결어미로서 뒤 절이 생략되어도 대립되는 결과를 쉽게 짐작할 수 있다. 예) 열심히 **공부했지만** 시험을 잘 못 봤어요. 열심히 **공부했지만**… (시험을 잘 못 봤어요.)	· 비교적 중립적인 연결 기능을 담당하는 연결어미로서 '-지만'보다 '대립'의 의미가 약하다. 따라서 뒤 절이 생략되면 대립의 의미뿐만 아니라 여러 가지 다른 의미를 생각할 수 있다. 예) 열심히 **공부했는데** 시험을 잘 못 봤어요. 열심히 **공부했는데**… (시험을 잘 못 봤어요. / 시험이 취소됐어요. / 시험 문제가 이상하게 나왔어요.)

② '-지만', '-으나'

-지만	-으나
· 앞 절과 뒤 절의 내용이 대조됨을 나타낸다. 예) 저는 키가 **크지만** 동생은 키가 작아요. 저는 키가 **크나** 동생은 키가 작습니다.	
· 문어와 구어에 모두 쓰인다. 예) 저는 수학은 **잘하지만** 영어는 못해요. (o) 그 친구는 수학은 **잘하지만** 영어는 못한다. (o)	· 주로 문어, 격식적 구어에 사용된다. 예) 저는 수학은 **잘하나** 영어는 못해요. (?) 그 친구는 수학은 **잘하나** 영어는 못한다. (o)
· 앞 절의 내용을 긍정하면서 뒤 절에 또 다른 긍정의 내용을 덧붙일 때 사용할 수 있다. 예) 이 회사는 월급도 많이 **주지만** 집에서도 무척 가까워서 좋다. (o) 참외 맛도 **좋지만** 수박 맛은 더 좋다. (o) 수지는 수학도 **잘하지만** 영어는 더 잘해요. (o)	· 앞 절의 내용을 긍정하면서 뒤 절에 또 다른 긍정의 사실을 덧붙일 때 사용하는 것은 매우 어색하다. 예) 이 회사는 월급도 많이 **주나** 집에서도 무척 가까워서 좋다. (??) 참외 맛도 **좋으나** 수박 맛은 더 좋다. (??) 수지는 수학도 **잘하나** 영어는 더 잘한다. (??)
· '미안하다, 죄송하다, 실례이다' 등에 붙어, 부탁하거나 양해를 구하는 상황에서 관용적으로 쓰인다. 예) **미안하지만** 그 책 좀 나한테 줘. **죄송하지만** 저는 가지 않겠습니다. **실례지만** 지금 어디 계세요? **바쁘시겠지만** 같이 좀 갑시다.	· '미안하나, 죄송하나' 등과 함께 쓰는 관용적 용법이 없다. 예) **미안하나** 그 책 좀 나한테 줘. (x) **죄송하나** 저는 가지 않겠습니다. (x) **실례이나** 지금 어디 계세요? (x)
· '-지만 -지만' 구성으로 사용되는 용법이 없다. 예) 앉지만 서지만 당신 생각. (x) 예) 하지만 말지만 한 이야기는 하지 마세요. (x)	· 서로 반대되는 동사나 형용사를 '-으나 -으나' 구성으로 사용하여, 어떤 경우에도 결과나 행동이 동일함을 나타낸다. 예) 앉으나 서나 당신 생각. (o) 예) 하나 마나 한 이야기는 하지 마세요. (o)

+ '-지만'과 '-으나'는 앞 절의 내용과 반대되는 내용을 뒤 절에 이어서 말할 때 사용한다. 주로 '-으나'는 문어나 격식적 구어에 사용되며 '-지만'은 문어나 구어에 상관없이 자주 사용된다. 특히 '-지만'은 앞 절의 내용을 인정하면서 그것에 다른 내용을 덧붙일 때 사용한다는 점에서 '-으나'와 차이를 보인다.

이렇게 도입해 보세요

(1) 교사: 필립 씨, 아침을 먹었어요?
학생: 네, 아침을 먹었어요.
교사: 필립 씨는 아침을 먹었어요. 선생님은 아침을 먹지 않았어요. 필립 씨는 아침을 **먹었지만** 선생님은 아침을 먹지 않았어요.

(2) 교사: 한국어 공부가 어때요?
학생1: 어려워요.
학생2: 재미있어요.
교사: 한국어 공부가 어려워요. 한국어 공부가 재미있어요. 한국어 공부가 **어렵지만** 재미있어요.

+ '-지만'을 도입할 때는 '필립 씨는 아침을 먹었지만 선생님은 아침을 먹지 않았어요'와 같이 학생들이 잘 이해할 수 있는 일상적인 상황 중에서 대조되는 사실들을 이끌어 내고, 그 두 가지를 이어서 이야기할 때 '-지만'을 사용한다는 것을 알려 준다.

+ (2)와 같이 한 가지 상황이나 사실에 대한 상반되는 두 가지 느낌을 이끌어 내고, 이를 연결하여 이야기할 때 사용할 수도 있음을 알려 준다.

전성어미

-기

동사, 형용사 등을 명사형으로 바꾸어 그 말이 문장 내에서 명사 기능을 하도록 만드는 전성어미.

-기 (동사나 형용사, '이다, 아니다'에 붙어) 그 말이 명사로 기능함을 나타낸다. 동사, 형용사 등을 문장 내에서 주어, 목적어 등으로 만들 때 사용한다.

예문

(1) 가: 수지 씨, 취미가 뭐예요?
나: 제 취미는 **요리하기**예요.

(2) 가: 왕밍 씨, 요즘 저녁에 무엇을 해요?
나: 공원에서 **산책하기**를 자주 해요.

(3) 가: 흐엉 씨, 이 의자 편해요?
나: 아니요, 그 의자는 **앉기**에 불편해요.

(4) 가: 앤디 씨, 올해 계획이 무엇입니까?
나: 제 계획은 열심히 **공부하기**입니다.

(5) 가: 영수 씨, 새로 온 반 친구가 어때요?
나: **보기**보다 친구들과 잘 어울려요.

저는 혼자 밥을 **먹기**가 싫어요.
수지 씨는 도서관에서 **공부하기**를 좋아해요.
영수 씨가 교통사고가 나서 **걷기**가 힘들어요.
왕밍 씨는 집에 혼자 **있기**를 싫어합니다.
저녁에 친구와 영화를 **보기**로 했어요.
현우 씨의 동생이 **예쁘기**는 해요.
선생님이 너무 바쁘셔서 **만나기**가 어려워요.
마이클 씨는 밖에서 **운동하기**를 싫어해요.
나는 남자 친구가 **한국 사람이기**를 바랍니다.
서울역은 너무 복잡해서 **찾아가기**가 힘듭니다.
수지는 **결혼하기**에는 아직 어립니다.

+ '-기'는 동사나 형용사 등을 명사화한다는 점에서 전성어미 '-음'과 유사하나, '-음'과 같은 뜻으로는 교체되어 사용되지 않으며 '-음'보다 사용이 더 활발하다. 학교 문법에서는 둘 다 동사, 형용사를 명사형으로 만들기 때문에 명사형 어미라고 한다. '-기'는 '-는 것'과 큰 의미 차이 없이 바꿔 쓸 수 있는데, '-기에, -기는 하다'와 같이 굳어져 사용되는 표현에서는 '-기'를 '-는 것'으로 바꿔 쓰는 것이 가능하지 않다.

형태 정보

① 동사 및 형용사 어간 끝음절의 받침 유무에 관계없이 '-기'를 쓴다.

예) 먹- + -기 → 먹기　　입- + -기 → 입기　　좋- + -기 → 좋기
어렵- + -기 → 어렵기　　가- + -기 → 가기　　예쁘- + -기 → 예쁘기
공부하- + -기 → 공부하기　　깨끗하- + -기 → 깨끗하기

①	받침 ○	+ -기	먹기, 입기, 좋기, 어렵기
	받침 ×	+ -기	가기, 예쁘기, 공부하기, 깨끗하기

문장 구성 정보

① '-기'는 문장을 명사화하여 문장 전체의 주제나 내용을 설명할 때 자주 쓴다. 주로 '-기(가) 쉽다/어렵다/좋다/싫다/나쁘다/힘들다', '-기를 좋아하다/싫어하다/바라다/원하다' 등의 표현으로 사용한다.

예) 수지 씨, 그 옷을 입으니 **보기**가 좋아요.
한국에서 지하철을 **타기**가 어렵지 않아요.
마이클 씨, 내년에도 **건강하기**를 바랍니다.
저는 한국 드라마를 보면서 **공부하기**를 좋아해요.

확장

① '-기'는 일반화된 사실을 나타내거나, 계획이나 결심, 지침과 같이 아직 일어나지 않은 사실을 짧게 기술할 때 종결어미 대신 사용한다.

예) 이 일은 '누워서 떡 **먹기**'야.
저녁에 일찍 **들어오기**
일주일 동안 다이어트 **하기**
영화관에서 휴대폰 **끄기**
하루 일과: **일어나기** / **세수하기** / 밥 **먹기** / 회사 **가기**….

② '-기는 -다'의 구성으로 동사나 형용사를 반복적으로 쓰면 반복되는 동사나 형용사의 뜻이 강조된다. 뒤에 쓰는 동사와 형용사는 반복하지 않고 '하다'로 바꿔서 사용할 수 있다.

예) 앤디 씨가 매운 음식을 잘 **먹기**는 먹어요. (o)
동생이 낮에도 **자기**는 자요. (o)
수지 씨가 **예쁘기**는 예뻐요. (o)
KTX가 버스보다 **빠르기**는 빨라요. (o)

앤디 씨가 매운 음식을 잘 **먹기**는 해요. (o)
동생이 낮에도 **자기**는 해요. (o)
수지 씨가 **예쁘기**는 해요. (o)
KTX가 버스보다 **빠르기**는 해요. (o)

+ '-기는 -다' 또는 '-기는 -하다'의 문장 구성은 '-긴 -다' 또는 '-긴 -하다'로 줄여서 사용할 수 있다.

예) 앤디 씨가 매운 음식을 잘 **먹긴** 먹어요. (o)
동생이 낮에도 **자긴** 자요. (o)
수지 씨가 **예쁘긴** 예뻐요. (o)
KTX가 버스보다 **빠르긴** 빨라요. (o)

앤디 씨가 매운 음식을 잘 **먹긴** 해요. (o)
동생이 낮에도 **자긴** 해요. (o)
수지 씨가 **예쁘긴** 해요. (o)
KTX가 버스보다 **빠르긴** 해요. (o)

③ '-기도 하다', '-기야 하다'와 같은 문장 구성은 그 뜻이 정말 그렇다고 강조할 때 쓴다. 구어에서 많이 사용한다.

예) 우와, 저 연예인이 정말 **예쁘기도 하네요**.
오늘부터 방학이라 동생이 집에서 **자기도 하고** 게임을 **하기도 해요**.
선생님 말씀대로 **공부하기야 하지만** 시험은 잘 볼지 모르겠어요.
줄리아 씨는 한국에서 10년이나 살았으니 한국어를 **잘하기야 하겠지요**.

④ 상황이나 상태를 비교하여 판단할 때는 '-기에'로 문장을 구성한다. 이는 판단의 근거 혹은 기준을 나타낸다.

예) 내가 **생각하기에** 영수 말이 맞는 것 같아.
그 가방은 제가 **사기에** 너무 비싸요.
이 책상은 두 명이 **들기에** 너무 무거워요.
처음부터 **공부하기에**는 시간이 부족해요.

유사 문법

① '-기', '-음'

-기	-음
· 동사, 형용사 또는 '이다', '아니다' 등에 붙어 그 말이 문장 내에서 명사 기능을 하게 한다.	
· 아직 일어나지 않았거나 머릿속에서 그린 일을 나타낼 때 주로 쓴다. 예) 은행에서 돈을 **찾기**. (앞으로 은행에 가서 돈을 찾아야 한다.)	· 이미 일어났거나 구체적인 일을 나타낼 때 주로 쓴다. 예) 은행에서 돈을 **찾음**. (이미 은행에서 돈을 찾았다.)
· 아직 일어나지 않은 일을 나타내므로 '-었-'과 함께 쓰이기 어렵다. 예) 비가 와서 집에 **가기**가 싫었다. (o) 비가 와서 집에 **갔기**가 싫었다. (x)	· 이미 일어난 일을 나타내므로 '-었-'과 함께 쓰일 수 있다. 예) 문소리로 그가 **왔음**을 알았다.
· '꺼리다, 싫어하다, 좋아하다, 즐기다, 까다롭다, 나쁘다, 쉽다, 알맞다, 어렵다, 적당하다, 좋다, 힘들다, 갈망하다, 고대하다, 기다리다, 기대하다, 기원하다, 바라다, 원하다, 희망하다, 결심하다, 결정하다, 계획하다, 맹세하다, 약속하다, 정하다' 등의 서술어가 뒤에 나온다.	· '기억하다, 깨닫다, 떠오르다, 떠올리다, 모르다, 알다, 잊다, 한탄하다, 보이다, 알리다, 암시하다, 드러나다, 드러내다, 분명하다, 밝혀지다, 밝히다, 알려지다, 틀림없다, 확실하다, 고백하다, 발표하다, 보고하다, 주장하다, 지적하다, 통지하다, 부당하다, 어리석다, 이상하다, 타당하다, 현명하다' 등의 서술어가 뒤에 나온다.
· '-기 나름이다, -기 마련이다, -기 십상이다, -기는 하다, -기도 하다, -기 위해, -기 때문'과 같이 관습적으로 굳어진 표현에서 자주 쓰인다.	· '-음으로써' 이외에는 관습적으로 굳어진 표현에서 쓰이는 경우가 드물다.

② '-기', '-는 것', '-은 것', '-을 것'

-기	-는 것, -은 것, -을 것
· 동사, 형용사 또는 '이다', '아니다' 등에 붙어 그 말이 문장 내에서 명사 기능을 하게 한다.	
· 뒤에 나오는 서술어에 제약이 있다.	· 뒤에 나오는 서술어에 제약이 거의 없다.
· 동사와 형용사, '이다', '아니다' 모두에 '-기'가 붙는다. 예) 그는 아침에 **조깅하기**를 좋아한다./ 영희가 **예쁘기**는 예쁘지?	· 동사와 형용사('이다, 아니다' 포함)의 관형사형의 시제에 따라 '-는 것', '-은 것', '-을 것'이 나뉘어 쓰인다. 예) 그가 **가는 것**이 보인다. (동사 현재)/ 순희가 **예쁜 것**이 확실하다. (형용사 현재)/ 그 도둑이 **잡힌 것**을 나중에 들었다. (동사 과거)/ 영희가 **학생인 것**이 맞니? ('이다' 현재)/ 그가 **갈 것**이 예정되어 있다. (동사 미래)

이렇게 도입해 보세요

(1) 교사: 여러분, 한국어 배웁니다. 한국어 어려워요?
학생: 네, 어려워요.
교사: 네, 한국어 배웁니다. 한국어 어려워요. 한국어를 **배우기**가 어려워요. 그럼 뭐가 쉬워요?
학생: 중국어요.
교사: 네, 중국어를 배웁니다. 쉬워요. 중국어를 **배우기**가 쉬워요.

(2) 교사: 미도리 씨, 책을 읽어요, 노래를 들어요, 운동을 해요.
어느 것을 좋아해요?
학생: 책을 읽어요. 좋아해요.
교사: 네, 미도리 씨는 책을 읽어요, 좋아해요.
미도리 씨는 책을 **읽기**를 좋아해요.

+ (1)과 (2)는 '-기' 명사형이 문장 속에서 주어와 목적어로 쓰인 예이다. 교사가 두 개의 문장을 제시하고 이를 '-기'를 사용하여 한 문장으로 만들어 준다. 일반적으로 '-기'는 초급에서 '-기가 쉽다, -기가 어렵다, -기로 하다' 등의 표현으로 교수하는데 위와 같은 도입을 통해 두 개의 문장을 한 문장으로 합할 수 있다는 것을 이해하도록 하면 좋다.

-는

동사 등을 **관형사형**으로 바꾸어 명사를 수식하게 하며, 동작이나 행위가 **현재** 일어남을 나타내는 전성어미.

-는 (동사나 '있다, 없다, 계시다'에 붙어) 그 동작이나 행위가 현재 일어나고 있음을 나타낸다. '-는' 앞에 오는 동사와 '있다, 없다'를 관형사형으로 바꾸어 뒤에 오는 명사를 수식할 때 사용한다.

예문

(1) 가: 누가 수지 씨 언니예요?
나: 저기 책을 **읽는** 사람이 제 언니예요.

(2) 가: 미도리 씨가 누구예요?
나: 지금 **발표하는** 사람이 미도리 씨예요.

(3) 가: 미셸 씨, 저기가 어디예요?
나: 저곳은 제가 **다니는** 학교예요.

(4) 가: 여러분, 남동생이 **있는** 사람 손들어 보세요.
나: 우리 반에 남동생이 **있는** 사람은 한 명이에요.

(5) 가: 저는 10시에 **출발하는** 기차를 타요.
나: 어디에 가요?
가: 부산에 놀러가요.

앤디 씨가 **찾는** 책이 여기에 있다.
지영 씨가 **보는** 영화가 재미있어요.
제가 **좋아하는** 사람은 영수 씨예요.
요즘은 혼자 **사는** 사람이 많아요.
중국에 **있는** 남자 친구가 보고 싶어요.
큰 소리로 **웃는** 사람이 제 동생이에요.
고향으로 **떠나는** 히로 씨에게 선물을 줄 거예요.
운동하는 현우 씨가 제일 멋있어요.
도서관이 **없는** 대학은 없어요.
이 편지는 고향에 **계시는** 부모님께 보냅니다.

+ 한국어는 동사나 형용사가 뒤에 오는 명사를 수식하려면 '-는, -은, -을'과 같은 관형사형 전성어미가 필요하다. 관형사형 전성어미 '-는'은 현재 일어나는 행위를 나타내며 동사 뒤에만 결합한다.

+ 형용사인 '있다, 없다'에는 다른 형용사와 달리 관형사형 전성어미 '-은'이 아니라, '-는'이 붙어 사용된다.

형태 정보

① 동사 어간 끝음절의 받침 유무에 상관없이 '-는'을 쓴다.

예) 먹- + -는 → 먹는　　찾- + -는 → 찾는
입- + -는 → 입는　　가- + -는 → 가는
보- + -는 → 보는　　만나- + -는 → 만나는

② 'ㄹ' 받침으로 끝나는 동사는 'ㄹ'을 탈락시키고 '-는'을 쓴다.

예) 살- + -는 → 사는　　만들- + -는 → 만드는
빌- + -는 → 비는　　팔- + -는 → 파는
열- + -는 → 여는　　밀- + -는 → 미는

③ '있다, 없다'는 동사와 같이 '-는'을 붙여 사용한다. 또한 '있다, 없다'가 붙어서 만들어진 합성어 '재미있다, 재미없다, 맛있다, 맛없다' 등도 '-는'을 붙여 쓴다.

예) 있- + -는 → 있는　　없- + -는 → 없는
맛있- + -는 → 맛있는　　맛없- + -는 → 맛없는
재미있- + -는 → 재미있는　　재미없- + -는 → 재미없는

+ '있다'의 높임말인 '계시다'는 동사로 사용되므로 '-는'을 붙여 사용한다. 다만, '계시다'는 높임을 받는 대상이 사람일 때에만 사용할 수 있다.

예) 고향에 있는 동생이 보고 싶다. (o) / 고향에 계시는 어머니가 보고 싶다. (o)
얼굴에 점이 있으신 할머니가 집에 오셨다. (o)
얼굴에 점이 계신 할머니가 집에 오셨다. (x)
사진에 관심 있으신 분들은 전화 주세요. (o)
사진에 관심 계신 분들은 전화 주세요. (x)

①	받침 ○, ×	+ -는	먹는, 찾는, 입는, 가는, 보는, 만나는
②	ㄹ 받침	+ -는(어간 'ㄹ' 탈락)	사는, 만드는, 비는, 파는, 여는, 미는
③	있다, 없다, 계시다	+ -는	있는, 없는, 맛있는, 맛없는, 재미있는, 재미없는, 계시는

제약 정보

① 형용사와 결합하지 않는다.

예) **춥는** 겨울이 왔어요. (x)
건강이 **나쁘는** 이유는 과식 때문이에요. (x)

② 과거 '-었-'과 결합하지 않는다. 미래 · 추측의 '-겠-'과는 결합하는 경우가 매우 드물게 있는데 이때는 능력의 의미로 해석된다.

예) 아기가 **잤는** 방을 청소했어요. (x)
정답을 **모르겠는** 사람은 다시 공부해야 해요. (o)

확장

① 주절의 시제가 과거일 때 내포절의 시제가 주절의 시제와 같으면 '-는'을 사용한다.

예) 어제 형이 내가 **읽는** 책을 빌려 갔다.
철수가 보고 **있는** 텔레비전을 어머니가 끄셨다.

+ 주절의 시제가 과거일 때 내포절의 행위가 주절의 시간보다 앞선 경우는 '-은'을 쓴다.

예) 어제 집에 일찍 **간** 영수가 걱정되었다. (o) ('가는 행위'가 '걱정되다'보다 앞섬.)
어제 집에 일찍 **가는** 영수가 걱정되었다. (o) ('가는 행위'와 '걱정되다'는 같은 시간)
어제 식당에서 **먹은** 음식이 이상했다. (o)
어제 식당에서 **먹는** 음식이 이상했다. (x)

② 일반적인 행동이나 상태를 나타내거나, 변하지 않는 진리를 설명할 때는 '-는'을 사용한다.

예) 영수는 부산에 **가는** 기차를 탔다. (o) / 영수는 주말에 부산에 **간** 기차를 탔다. (x)
어머니는 글씨를 예쁘게 **쓰는** 사람을 좋아하신다. (o) / 어머니는 글씨를 예쁘게 **쓴** 사람을 좋아하신다. (x)
아침에 일찍 **일어나는** 것은 힘들어요.
열심히 **공부하는** 학생이 성적이 더 좋아요.
해가 동쪽에서 **뜨는** 것은 당연해요.

이렇게 도입해 보세요

(1) 교사: 어떤 음식을 좋아해요?
학생: 저는 불고기를 좋아해요.
교사: 흐엉 씨는 불고기를 좋아해요. 흐엉 씨가 **좋아하는** 음식은 불고기예요.

(2) 교사: 누가 교실에 있어요?
학생: 선생님이 있어요. 학생이 있어요.
교사: 선생님이 교실에 있어요. 교실에 **있는** 사람은 선생님이에요.
학생이 교실에 있어요. 교실에 **있는** 사람은 학생이에요.

+ '-는'을 도입할 때는 (1)에서와 같이 학생이 좋아하는 음식이나 취미를 물어보는 것으로 시작할 수 있다. 학생이 '좋아하-'에 '-는'을 결합하고 좋아하는 음식의 이름을 뒤에 붙여 동사에 '-는'을 붙여 뒤에 오는 명사를 꾸며 줄 수 있음을 인식할 수 있게 한다. 또한 (2)에서는 '있다, 없다'가 '-은'이 아닌, '-는'을 붙여 쓴다는 점을 보여 준다.

-은[1][-ㄴ[1]]

동사를 **관형사형**으로 바꾸어 명사를 수식하게 하며, 동작이나 행위가 **과거**에 일어났음을 나타내는 전성어미.

-은[1] (동사에 붙어) 그 동작이나 행위가 과거에 있어났거나 완료된 행위가 유지되고 있음을 나타낸다. '-은' 앞에 오는 동사를 관형사형으로 바꾸어 뒤에 오는 명사를 수식할 때 사용한다.

예문

(1) 가: 선생님, 이 사진은 언제 찍으셨어요?
나: 지난 학기에 **찍은** 사진이에요.

(2) 가: 수지 씨가 누구예요?
나: 저기 노란 옷을 **입은** 사람이 수지 씨예요.

(3) 가: 이 편지는 누가 **쓴** 편지예요?
나: 마이클 씨가 **쓴** 편지예요.

(4) 가: 영수 씨가 **만든** 꽃은 어디에 있어요?
나: 제가 **만든** 꽃은 집에 있어요.

(5) 가: 이 상자는 뭐예요?
나: 어머니께서 **주신** 제 생일 선물이에요.

제가 어제 친구와 **먹은** 음식은 불고기예요.

어제 여기에 **앉은** 사람이 누구예요?

봄에 **산** 옷이 작아요.

제가 **여행한** 나라는 한국과 중국, 미국이에요.

어제 마이클 씨에게 **들은** 소식을 알려주세요.

어젯밤에 저와 **전화한** 사람은 왕밍 씨입니다.

작년 여름방학에 저희가 **방문한** 곳은 부산입니다.

지난 주말에 도서관에서 **공부한** 사람은 앤디 씨예요.

지난주에 수지 씨가 **만든** 케이크가 정말 맛있었어요.

작년 생일에 제가 **받은** 선물을 아직도 갖고 있어요.

+ '-은[1]'은 동사와 결합하든 형용사와 결합하든 뒤의 명사를 수식할 수 있게 한다. 둘의 차이는 동사에 '-은[1]'이 결합하면 과거 사건을 나타낸다는 점인데, 이처럼 동사에 붙는 관형사형 어미에는 과거를 나타내는 '-은[1]'과 현재를 나타내는 '-는'이 있다.

+ '-은[1]'이 결합하는 동사에 따라 '-은[1]'의 기능이 달리 해석될 수 있는데, 예를 들어 '찍은'은 단순히 과거에 일어난 행위이지만 '입은'은 과거의 행위가 현재까지 유지되는 것으로 해석된다. 이는 '입다'가 동작이 완료된 결과의 상태가 유지될 수 있는 동사이기 때문이다.

형태 정보

① 동사 어간 끝음절에 받침이 있으면 '-은'을 쓴다.

예) 입- + -은 → 입은　　받- + -은 → 받은　　먹- + -은 → 먹은
　　읽- + -은 → 읽은　　찾- + -은 → 찾은　　찍- + -은 → 찍은

② 동사 어간 끝음절에 받침이 없거나, 'ㄹ' 받침으로 끝나는 동사에는 '-ㄴ'을 쓴다. 단, 'ㄹ' 받침으로 끝날 때는 'ㄹ'이 탈락한다.

예) 오- + -ㄴ → 온　　만나- + -ㄴ → 만난　　보- + -ㄴ → 본
　　주- + -ㄴ → 준　　살- + -ㄴ → 산　　만들- + -ㄴ → 만든

①	받침 ○	+ -은	입은, 받은, 먹은, 읽은, 찾은, 찍은
②	받침 ×	+ -ㄴ	온, 만난, 본, 준
	ㄹ 받침	+ -ㄴ (어간 'ㄹ' 탈락)	산, 만든

③ 불규칙

듣-　예) 어제 **들은** 노래가 수지 씨의 노래예요.

짓-　예) 작년에 제가 **지은** 집으로 이사했어요.

줍-　예) 어제 제가 **주운** 지갑을 경찰서에 갖다 주었어요.

문장 구성 정보

① 부정문은 '-지 않다'를 '-은' 앞에 쓰거나, '안'을 '-은'이 붙은 동사 앞에 쓴다.

예) 언니는 저에게 아직 읽지 **않은** 책을 주었어요.
　　언니는 저에게 아직 안 **읽은** 책을 주었어요.
　　어제 숙제를 하지 **않은** 사람은 없습니다.
　　어제 숙제를 안 **한** 사람은 없습니다.

확장

① '-은'이 완료된 행위가 계속 유지되고 있음을 나타낼 때, '-은'은 '-어 있다'나 '-고 있다'로 대체될 수 있다.

예) 저기 의자에 **앉은** 분이 영수 씨입니다. = 저기 의자에 **앉아 있는** 분이 영수 씨입니다.
　　노란 옷을 **입은** 사람이 제 동생입니다. = 노란 옷을 **입고 있는** 사람이 제 동생입니다.

+ '-어 있다'는 자동사에, '-고 있다'는 착용 동사, 인지 동사와 주로 결합한다.

이렇게 도입해 보세요

(1) 교사: 왕밍 씨, 어디에서 왔어요?
학생: 저는 중국에서 왔어요.
교사: 왕밍 씨는 중국에서 왔어요. 이 사람은 중국에서 **온** 왕밍 씨예요.

(2) 교사: 주말에 누가 영화 봤어요?
학생: 마이클 씨가 영화를 봤어요.
교사: 네, 마이클 씨가 영화를 봤어요.
주말에 영화를 **본** 사람은 마이클 씨예요.

(3) 교사: (책을 들고) 여러분, 이게 뭐예요?
학생: 책이에요.
교사: 네, 책이에요. 선생님이 이 책을 샀어요. 이 책은 선생님이 **산** 책이에요.
선생님이 책을 읽었어요?
학생: 몰라요.
교사: 선생님이 이 책을 읽었어요. 이 책은 선생님이 **읽은** 책이에요.

+ '-은[1]'을 도입할 때는 (1), (2)에서와 같이 학생이 과거에 했던 일에 대해 물어보고 그 대답을 문장으로 만들어 제시하는 것이 좋다. (3)은 사물을 이용하여 이를 수식할 수 있는 동사를 찾아 학생들에게 질문한 뒤 목표 문법을 제시해 준 예이다.

-은^2[-ㄴ^2]

형용사 등을 **관형사형**으로 바꾸어 명사를 수식하게 하고, 사물이나 사람의 **현재 상태**를 나타내는 전성어미.

-은^2 (형용사, '이다, 아니다'에 붙어) 수식하는 명사의 구체적인 속성이나 상태를 나타낸다. 형용사 등을 관형사형으로 바꾸어 뒤에 오는 명사를 수식할 때 사용한다.

예문

(1) 가: 민준 씨, 어떤 여자를 좋아해요?
나: 저는 키가 **작은** 여자가 좋아요.

(2) 가: 수지 씨, 어떤 컴퓨터를 사고 싶어요?
나: 저는 속도가 **빠른** 컴퓨터를 사고 싶어요.

(3) 가: 무슨 음식을 먹을까요?
나: 저는 **매운** 음식이 먹고 싶어요.

(4) 가: 왕밍 씨, 어떤 교실이 좋아요?
나: 저는 **깨끗한** 교실이 좋아요.

(5) 가: 이것이 무엇입니까?
나: 이것은 한국의 전통 악기**인** 장구입니다.

흐엉 씨, 좀 **낮은** 구두를 신으세요.

제가 이번에 **넓은** 방으로 이사했어요.

우리 반에서 키가 가장 **큰** 사람은 영수 씨예요.

이 옷보다 더 **싼** 옷을 보여 주세요.

우리 반에서 제일 **착한** 사람은 현우 씨예요.

어머니, **무거운** 가방은 저에게 주세요.

선생님은 의사**인** 남자 친구가 있어요.

신입생**인** 영수 씨는 항상 아침에 일찍 옵니다.

줄리아 씨가 집에서 **먼** 곳에서 아르바이트를 했어요.

+ '-은^2'는 형용사에 붙어 뒤에 오는 명사를 수식하게 하는 관형사형 어미로, 주절의 시제와 관계없이 수식되는 대상의 속성이나 상태를 나타낸다. 동사가 명사를 수식할 때는 주절의 시제를 기준으로 내포절의 시제가 현재이면 '-는'을(나는 철수가 학교에 가는 것을 보았다.), 과거이면 '-은^1'을 사용한다(나는 철수가 어제 학교에 간 것을 안다.). 그러나 대상의 속성이나 상태를 나타내는 '-은^2'는 주절의 시제가 현재이든 과거이든 관계없이 '-은^2'를 사용한다(영수는 오늘 넓은 방으로 이사한다./ 영수는 어제 넓은 방으로 이사했다.). 다시 말하여 대상의 속성이나 상태는 주절의 사건과 상관없이 일정하기 때문에 '-은^2'를 사용하는 것이다.

+ '있다/없다'나 '있다/없다'가 붙은 형용사는 '집에 혼자 있는 동생이 걱정이에요.'와 같이 현재 시제에 관형사형 어미 '-는'을 사용한다.

형태 정보

① 형용사 어간 끝음절에 받침이 있으면 '-은'을 쓴다.

예) 작- + -은 → 작은　　많- + -은 → 많은　　짧- + -은 → 짧은
높- + -은 → 높은　　좋- + -은 → 좋은　　맑- + -은 → 맑은

② 형용사 어간 끝음절에 받침이 없거나 'ㄹ' 받침으로 끝나면 '-ㄴ'을 쓴다. 단, 'ㄹ' 받침으로 끝날 때는 'ㄹ'이 탈락한다.

예) 크- + -ㄴ → 큰　　예쁘- + -ㄴ → 예쁜
싸- + -ㄴ → 싼　　깨끗하- + -ㄴ → 깨끗한
길- + -ㄴ → 긴　　멀- + -ㄴ → 먼

①	받침 ○	+ -은	작은, 많은, 짧은, 높은, 좋은, 많은
②	받침 ×	+ -ㄴ	큰, 예쁜, 싼, 깨끗한
	ㄹ 받침	+ -ㄴ (어간 'ㄹ' 탈락)	긴, 먼

+ '-은'은 형용사 어간의 받침 유무에 따라 형태가 달라지며, 특히 'ㄹ' 받침으로 끝나는 형용사의 경우는 'ㄹ'이 탈락하고 '-ㄴ'이 결합한다. '길은, 멀은'처럼 쓰지 않도록 주의한다.

예) 저는 머리가 긴 사람이 좋아요. (o)　　저는 머리가 길은 사람이 좋아요. (x)
치앙 씨는 학교에서 먼 곳에 살아요. (o)　　치앙 씨는 학교에서 멀은 곳에 살아요. (x)

③ '이다, 아니다'는 '-ㄴ'을 쓴다.

예) 학생이- + -ㄴ → 학생인　　사람이- + -ㄴ → 사람인
교사이- + -ㄴ → 교사인　　컴퓨터이- + -ㄴ → 컴퓨터인
아니- + -ㄴ → 아닌

④ 불규칙

춥-　예) 저는 **추운** 날씨가 좋아요.
낫-　예) 히로 씨, 푹 쉬고 빨리 **나은** 모습을 보여 주세요.
빨갛-　예) 수지 씨의 **빨간** 구두가 너무 예뻐요.

⑤ '있다, 없다'나 '있다, 없다'가 붙어서 만들어진 합성어 '재미있다, 재미없다, 맛있다, 맛없다' 등의 형용사는 '-는'을 붙여 쓴다.

예) 방에 **있는** 물건을 모두 옮기세요.
지금 교실에 **없는** 사람은 마이클 씨예요.
저는 요즘 **맛있는** 한국 음식을 만들어요.
주말에 수지 씨와 같이 **재미있는** 영화를 보고 싶어요.

확장

① 두 가지 이상의 형용사를 이용하여 상태를 설명하고 싶을 때는 주로 '-고'를 사용하여 연결한 후에 가장 뒤의 형용사에 '-은'을 쓴다.

예) 수지 씨는 재미있고 **아름다운** 영화를 좋아해요. (o)
수지 씨는 **재미있는 아름다운** 영화를 좋아해요. (??)
저는 키가 크고 **잘생긴** 마이클 씨가 좋아요. (o)
저는 키가 **큰 잘생긴** 마이클 씨가 좋아요. (??)

② 대상의 속성이나 상태가 과거의 일이었음을 나타내기 위해서는 '-던'이나 '-었던'을 사용한다.

예) 어제 **아프던** 사람은 영수 씨예요. (o)
어제 **아팠던** 사람은 영수 씨예요. (o)
작년에 **길던** 옷이 지금은 작아요. (o)
작년에 **길었던** 옷이 지금은 작아요. (o)

이렇게 도입해 보세요

(1) 교사: (교실에 있는 학생을 가리키며) 줄리아 씨가 어때요?
학생: 예뻐요. 착해요.
교사: 줄리아 씨는 예뻐요. **예쁜** 줄리아 씨예요. **예쁜** 줄리아 씨는 무엇을 해요?
학생: 한국어 공부를 해요.
교사: 네, **예쁜** 줄리아 씨는 한국어 공부를 해요.

(2) 교사: 앤디 씨는 어떤 사람 좋아요?
학생: 착해요. 예뻐요. 멋있어요. 키가 커요.
교사: 착해요. 좋아요. 저는 **착한** 사람이 좋아요.
멋있어요. 좋아요. 저는 멋있는 사람이 좋아요.

+ '-은²'를 도입할 때는 (1)에서와 같이 교실 안의 상황을 이용하여 자연스럽게 접근할 수 있다. 교실 안 학생의 모습이나 사물의 상태를 물어보면서 연습을 반복하면 좋다. 이와 마찬가지로 (2)에서와 같이 사람의 성격이나 모습에 대하여 이야기하며 관형사형 어미의 사용을 연습할 수 있다. '있다, 없다'는 관형사형 어미 '-는'이 붙는다는 것도 알려 주는 것이 좋다.

-을[-ㄹ]

동사, 형용사 등을 **관형사형**으로 바꾸어 명사를 수식하게 하며, **미래**에 일어날 상황이나 **추측, 예정, 의도** 등을 나타내는 전성어미.

-을 (동사나 형용사, '이다, 아니다'에 붙어) 미래에 발생하는 상황이나 행위에 대한 추측, 예정, 의도 등을 나타낸다. '-을' 앞에 오는 동사와 형용사 등을 관형사형으로 바꾸어 뒤에 오는 명사를 수식할 때 사용한다.

예문

(1) 가: 흐엉 씨, 이 옷을 여름에 입어도 괜찮을까요?
나: 네, 여름에 입으면 **예쁠** 옷이에요.

(2) 가: 현우 씨, 이번 방학에 어디에 갈 거예요?
나: 저는 부산에 **갈** 예정이에요.

(3) 가: 마이클 씨, 고향에 **돌아갈** 마음이 없어요?
나: 아니요. 내년에 **갈** 거예요.

(4) 가: 줄리아 씨, 새 책이 아니면 어떻게 해요?
나: 새 책이 **아닐** 경우에 서점에 가서 바꿔 달라고 하세요.

(5) 가: 선생님께 **드릴** 말씀이 있어요.
나: 나에게 **할** 말이 있다고요? 잠깐 내 방으로 오세요.

수지 씨, 제가 **먹을** 케이크를 남겨 주세요.

시험이 내일이어서 책을 **읽을** 시간이 없어요.

저는 이번 학기부터 대학교에 **다닐** 생각이에요.

비행기가 **출발할** 시간이 되었어요.

그 옷이 마이클 씨가 입기에는 **작을** 크기예요.

다음 주에는 지금보다 더 **바쁠** 거예요.

저는 영수 씨에게 **들을** 이야기가 없어요.

나는 이 책을 **읽을** 마음이 없다.

줄리아 씨가 철수 씨의 여자 친구**일** 가능성이 있어요.

앤디 씨는 지난 달에 미국에 **갈** 예정이었습니다.

+ '-을'은 동사나 형용사, '이다, 아니다'에 결합하여 이를 관형어로 바꾸어 뒤에 오는 명사를 수식하게 한다. '-을'의 기능은 미래, 추측, 예정, 의도 등으로 기술되는데 '제가 먹을 케이크'는 미래나 예정, '입기에는 작을 크기'는 추측, '읽을 마음'은 의도로 해석될 수 있다. 추측이나 예정은 뜻을 구분하기가 쉽지 않다. 아직 일어나지 않은 일을 기술할 때 사용하는 것으로 이해하는 것이 좋다.

+ 학문 문법에서는 '-을'의 미래 시제 기능을 인정하지 않는 경우도 있으나 교육 문법에서는 미래 시제를 인정하는 것이 더 유용하다.

형태 정보

① 동사 및 형용사 어간 끝음절에 받침이 있으면 '-을'을 쓴다.

예) 먹- + -을 → 먹을　　　　읽- + -을 → 읽을
　　찾- + -을 → 찾을　　　　많- + -을 → 많을
　　높- + -을 → 높을　　　　작- + -을 → 작을

② 동사 및 형용사 어간 끝음절에 받침이 없거나 'ㄹ' 받침으로 끝나면, 'ㄹ'을 쓴다. 단, 'ㄹ' 받침으로 끝날 때는 'ㄹ'이 탈락한다.

예) 보- + -ㄹ → 볼　　　　쓰- + -ㄹ → 쓸
　　만나- + -ㄹ → 만날　　　　다니- + -ㄹ → 다닐
　　살- + -ㄹ → 살　　　　멀- + -ㄹ → 멀

①	받침 ○	+ -을	먹을, 읽을, 찾을, 많을, 높을, 작을
②	받침 ×	+ -ㄹ	볼, 쓸, 만날, 다닐
	ㄹ 받침	+ -ㄹ(어간 'ㄹ' 탈락)	살, 멀

③ 불규칙

듣-　예) 저는 수지 씨에게 **들을** 말이 없어요.

짓-　예) 우리 가족은 내년에 제주도에 집을 **지을** 예정이에요.

돕-　예) 선생님, **도울** 일이 있으면 말씀해 주세요.

+ '듣다'의 경우 '들을'의 형태로 활용하는데 간혹 학습자들이 '들을'에서 받침이 'ㄹ'인데 왜 '을'이 오느냐는 질문을 하는 경우가 있다. 이때는 '듣다' 기본형의 원래 받침이 'ㄹ'이 아닌 'ㄷ'임을 주지시켜서 학습자들이 오류를 범하지 않도록 한다.

문장 구성 정보

① 부정은 '-지 않을', '안 -을'로 쓴다.

예) 수지 씨는 새 옷을 입지 **않을** 생각이에요.
　　수지 씨는 새 옷을 안 **입을** 생각이에요.
　　저는 내년에 학교에 가지 **않을** 생각이에요.
　　저는 내년에 학교에 안 **갈** 생각이에요.

제약 정보

① 과거 '-었-'과 결합할 수 있으나 미래 · 추측의 '-겠-'과 결합하지 않는다.

예) 영수는 시험에 꼭 **합격했을** 사람이야. (o)
영수는 시험에 꼭 **합격하겠을** 사람이야. (x)

확장

① '-을' 뒤에 '일, 때, 뿐' 등이 붙을 때는 시제 의미 없이, 단지 뒤에 나타나는 명사를 꾸며 주는 기능을 한다.

예) 저는 그 노래를 **부를** 일이 없어요.
아기는 **웃을** 때가 제일 예뻐요.
두 사람이 사귀는 것은 저만 아는 비밀**일** 뿐이에요.
많은 사람 앞에서 **이야기할** 때는 큰 소리로 말해야 해요.

+ '요즘 주말에 할 일이 너무 많아요.'의 '할 일'과 '수지 씨가 너무 바빠서 쉴 틈이 없어요.'의 '쉴 틈'과 같이 시제와 무관하게 관용적으로 사용되는 경우도 있다.

② 과거에 일어난 일 혹은 과거에 일어난 일의 현재 결과 상태에 대해 추측할 때 '-었을'을 쓴다.

예) 지금쯤 아이를 **찾았을** 경찰에게 전화해야겠다.
내가 어렸을 때 **겪었을** 일에 대해 떠올려 본다.
왕밍 씨가 혼자 살았다면 **있었을** 일에 대해 이야기해 줬다.
수지 씨는 친구들이 어제 **공부했을** 부분을 정리하고 있어요.

③ 거의 모든 경우, 한자의 뜻과 음을 이어서 읽을 때 사용한다.

예) **많을** 다(多) **작을** 소(小) **먹을** 식(食) **밝을** 명(明)

이렇게 도입해 보세요

(1) 교사: 미도리 씨, 주말에 뭐 할 거예요?
학생1: 저는 영화를 볼 거예요.
학생2: 저는 친구와 농구를 할 거예요.
교사: 미도리 씨는 주말에 영화를 볼 거예요.
주말에 영화를 **볼** 사람은 미도리 씨예요.
그럼 농구를 **할** 사람은 누구예요?
학생들: 농구를 **할** 사람은 앤디 씨예요.

(2) 교사: 왕밍 씨, 1년 후에 뭐 해요?
학생: 직장에 다녀요. 중국에 가요.
교사: 네, 왕밍 씨 1년 후에 직장 다녀요. 1년 후에 직장에 **다닐** 왕밍 씨를 생각해 봐요. 왕밍 씨가 어떨까요?
학생: 멋있어요. 돈 많아요.
교사: 1년 후 **멋있을** 왕밍 씨를 생각해 봐요.

+ '-을'은 (1)과 같이 예정의 의미로 가장 많이 사용하므로, 주말에 할 일을 물어보고 이에 대한 대답을 이용하여 '-을'을 도입할 수 있다. (2)에서는 '-을'의 추측의 의미를 도입하기 위한 예이다. 추측 역시 앞으로 일어날 일에 대해 하는 것이 일반적이기 때문에 예정의 의미와 겹친다. (2)에서처럼 형용사에 '-을'이 붙을 때에는 대개 '1년 후'와 같은 조건의 의미를 나타내는 말이나 양보의 의미를 나타내는 말이 앞에 나온다.

-음[-ㅁ]

동사, 형용사 등을 **명사형**으로 바꾸어 그 말이 문장 내에서 **명사 기능**을 하도록 만드는 전성어미.

-음 (동사나 형용사, '이다, 아니다'에 붙어) 그 말이 명사로 기능함을 나타낸다. 동사, 형용사 등을 문장 내에서 주어나 목적어 등으로 만들 때 사용한다. 주로 글에서 사용한다.

예문

(1) 가: 왕밍 씨, 잠이 안 올 때 어떻게 해요?
나: 책을 읽거나 드라마를 **봄**으로 시간을 보내요.

(2) 가: 흐엉 씨, 벌써 10월이에요.
나: 시간이 **빠름**을 알 수 있어요.

(3) 가: 영수 씨가 기분이 좋아 보여요.
나: 네, 영수 씨가 시험에 **합격했음**이 확실해요.

(4) 가: 수지 씨, 앤디 씨가 학생이에요?
나: 네, 앤디 씨가 학생**임**이 틀림없어요.

(5) 가: 선생님이 칠판에 뭐라고 쓰셨어요?
나: '내일 수업은 휴강**임**'이라고 쓰셨어요.

남자 친구가 제 잘못을 **모름**에 안심했어요.

영수의 키가 **작음**에 다시 한 번 놀랐다.

수지는 내가 영수에게 편지를 **보냈음**을 안다.

영수는 수지가 이미 **결혼했음**을 몰랐다.

메모에는 '내일 다시 **오겠음**'이라고 써져 있었다.

앤디 씨가 미국 사람**임**을 알아요.

오늘 수업이 **없음**을 학생들에게 알려 주세요.

왕밍 씨는 노래를 **부름**으로써 사람들을 즐겁게 해 준다.

그 남자는 곧 연주회가 **시작됨**을 모두에게 알렸다.

줄리아 씨가 이번 시험에 최선을 **다했음**을 저는 압니다.

+ '-음'은 동사나 형용사 등을 명사화한다는 점에서 전성어미 '-기'와 유사하나, '-기'와 같은 뜻으로는 교체되어 사용되지 않는다. 학교 문법에서는 둘 다 동사, 형용사를 명사형으로 만들기 때문에 명사형 어미라고 한다. '-음'은 '-는 것'이나 '-은 것'과 큰 의미 차이 없이 바꿔 쓸 수 있는데, '-음'은 글이나 격식적인 맥락에서 주로 쓰고 '-는 것'은 말할 때 주로 쓴다.

+ '-음'은 '내일 수업은 휴강임, 내일 다시 오겠음'의 예에서 보듯 종결어미처럼 사용된다. '-음'은 이처럼 종결어미가 있는 문장을 명사형으로 짧게 줄이는 기능을 한다. 편지 글에서 사용하는 '드림, 올림, 씀, 보냄' 등은 '드립니다, 올립니다, 씁니다, 보냅니다'를 명사형으로 바꾸어 쓰는 말이다.

형태 정보

① 동사 및 형용사 어간 끝음절에 받침이 있으면 '-음'을 쓴다.

예) 먹- + -음 → 먹음　　찾- + -음 → 찾음　　입- + -음 → 입음
작- + -음 → 작음　　높- + -음 → 높음　　맑- + -음 → 맑음

② 동사 및 형용사 어간 끝음절에 받침이 없거나 'ㄹ' 받침으로 끝나면 '-ㅁ'을 쓴다.

예) 가- + -ㅁ → 감　　보- + -ㅁ → 봄　　크- + -ㅁ → 큼
멀- + -ㅁ → 멂　　알- + -ㅁ → 앎　　살- + -ㅁ → 삶

①	받침 ○	+ -음	먹음, 찾음, 입음, 작음, 높음, 맑음
②	받침 ×	+ -ㅁ	감, 봄, 큼
	ㄹ 받침	+ -ㅁ	멂, 앎, 삶

+ 'ㄹ' 받침으로 끝나는 어간 뒤에 명사형 어미 '-ㅁ'이 결합할 때 'ㄹ' 받침이 탈락하지 않는 것에 주의해야 한다. '팖, 만듦' 등의 명사형은 '팜, 만듬'과 발음이 같기 때문에 잘못 쓰는 경우가 많다.

예) 팔다 → 팜(x) / 팖(o)　　알다 → 암(x) / 앎(o)　　살다 → 삼(x) / 삶(o)
만들다 → 만듬(x) / 만듦(o)　　멀다 → 멈(x) / 멂(o)　　길다 → 김(x) / 긺(o)

③ 불규칙

듣-　예) 오늘 아침에 선생님께 **들음**으로써 시험 점수를 알았다.

춥-　예) 11월이 되자 날씨가 **추움**을 느꼈다.

낫-　예) 어머니는 철수의 감기가 쉽게 **나음**에 안심하셨다.

문장 구성 정보

① 과거 '-었-'과 결합할 수 있다.

예) 선생님이 어제 시험에 대해 **말했음**을 잊었어요.
저는 수지 씨가 대학교에 **합격했음**을 몰랐어요.
나는 친구의 학교생활에 문제가 **많았음**을 뒤늦게 알았다.
마이클 씨가 학생**이었음**이 분명해요.

확장

① 문장을 종결할 때 '-음'을 사용하여 어떤 사실이나 정보를 간단하게 알리거나 기록할 때 쓴다. 주로 메모나 공고문을 쓸 때 사용한다. 이때 미래, 추측, 의지 등을 표현하기 위해 '-겠-'이 결합되어 쓰이기도 한다.

예) 내일 오전 9시에 회의가 **있음**. 다음 주 목요일에 시험을 **봄**.
내일은 날씨가 **맑겠음**. 오늘 수업은 10시부터 **하겠음**.

② 동사나 형용사에 '-음'이 붙은 형태가 명사인 예가 있다. 명사는 관형어의 수식을 받는다.

예) 영수는 텔레비전을 보다 **웃음**을 터뜨렸다. 수지는 **믿음**이 가는 친구이다.
동생은 큰 **슬픔**을 이기고 잘 살고 있다. (o) 동생은 크게 **슬픔**을 이기고 잘 살고 있다. (x)

유사 문법

① '-음', '-기'

-음	-기
· 동사, 형용사 또는 '이다', '아니다' 등에 붙어 그 말이 문장 내에서 명사 기능을 하게 한다.	
· 이미 일어났거나 구체적인 일을 나타낼 때 주로 쓴다. 예) 은행에서 돈을 **찾음**. (이미 은행에서 돈을 찾았다.)	· 아직 일어나지 않았거나 머릿속에서 그린 일을 나타낼 때 주로 쓴다. 예) 은행에서 돈을 **찾기**. (앞으로 은행에 가서 돈을 찾아야 한다.)
· 이미 일어난 일을 나타내므로 '-었-'과 함께 쓰일 수 있다. 예) 문소리로 그가 **왔음**을 알았다.	· 아직 일어나지 않은 일을 나타내므로 '-었-'과 함께 쓰이기 어렵다. 예) 비가 와서 집에 **가기**가 싫었다. (o) 비가 와서 집에 **갔기**가 싫었다. (x)
· '기억하다, 깨닫다, 떠오르다, 떠올리다, 모르다, 알다, 잊다, 한탄하다, 보이다, 알리다, 암시하다, 드러나다, 드러내다, 분명하다, 밝혀지다, 밝히다, 알려지다, 틀림없다, 확실하다, 고백하다, 발표하다, 보고하다, 주장하다, 지적하다, 통지하다, 부당하다, 어리석다, 이상하다, 타당하다, 현명하다' 등의 서술어가 뒤에 나온다.	· '꺼리다, 싫어하다, 좋아하다, 즐기다, 까다롭다, 나쁘다, 쉽다, 알맞다, 어렵다, 적당하다, 좋다, 힘들다, 갈망하다, 고대하다, 기다리다, 기대하다, 기원하다, 바라다, 원하다, 희망하다, 결심하다, 결정하다, 계획하다, 맹세하다, 약속하다, 정하다' 등의 서술어가 뒤에 나온다.
· '-음으로써' 이외에는 관습적으로 굳어진 표현에서 쓰이는 경우가 드물다.	· '-기 나름이다, -기 마련이다, -기 십상이다, -기 위해, -기 때문'과 같이 관습적으로 굳어진 표현에서 자주 쓰인다.

② '-음', '-는 것', '-은 것', '-을 것'

-음	-는 것, -은 것, -을 것
· 동사, 형용사 또는 '이다', '아니다' 등에 붙어 그 말이 문장 내에서 명사 기능을 하게 한다.	
· 뒤에 나오는 서술어에 제약이 있다.	· 뒤에 나오는 서술어에 제약이 거의 없다.
· 동사와 형용사, '이다', '아니다' 모두에 '-음'이 붙는다. 과거는 '-었음'으로 나타낸다. 예) 그가 일을 그렇게 **처리함**은 현명하다. 그가 가장 **어리석었음**이 드러났다.	· 동사와 형용사('이다, 아니다' 포함)의 관형사형의 시제에 따라 '-는 것', '-은 것', '-을 것'이 나뉘어 쓰인다. 예) 그가 **가는 것**이 보인다. (동사 현재) 순희가 **예쁜 것**이 확실하다. (형용사 현재) 그 도둑이 **잡힌 것**을 나중에 들었다. (동사 과거) 영희가 **학생인 것**이 맞니? ('이다' 현재) 그가 **갈 것**이 예정되어 있다. (동사 미래)
· 미래 표현 '-겠음'은 종결형으로만 쓰이고 문장 속에 안겨 쓰이지 않는다. 예) 내가 **가겠음**. (o) 그가 **가겠음**이 예정되어 있다. (x)	· 미래 표현 '-을 것'은 종결형에서뿐 아니라 문장 속에 안겨서도 쓸 수 있다. 예) 그가 **갈 것**. (o) 그가 **갈 것**이 예정되어 있다. (o)
· 문어에서 주로 사용한다. 예) 그는 밤새 친구가 **왔다갔음**을 알았다. (o) / 밤새 친구가 **왔다갔음**을 알았어? (?) 나는 피로로 온몸이 **무거워짐**을 느꼈다. (o) / 가방이 **무거워짐**을 느꼈니? (?) 과학이 **발달함**으로써 세계가 하나가 되었다. (o)	· 문어와 구어에 관계없이 쓰인다. 예) 그는 밤새 친구가 **왔다간 것**을 알았다. (o) / 밤새 친구가 **왔다간 거** 알았어? (o) 나는 피로로 온몸이 **무거워진 것**을 느꼈다. (o) / 가방이 **무거워진 거** 느꼈어? (o)

이렇게 도입해 보세요

(1) 교사: 밤에 주로 무엇을 하며 시간을 보내요?
　학생: 텔레비전을 봐요. 책을 읽어요.
　교사: 텔레비전을 **봄**으로 시간을 보내요. 책을 **읽음**으로 시간을 보내요.

(2) 교사: 시험이 언제예요?
　학생: 다음 주 수요일이에요.
　교사: 그래요. 시험이 다음 주 수요일이에요. 잊지 마세요.
　　　시험이 다음 주 수요일**임**을 잊지 마세요.

+ '-음'을 따로 교수하는 경우는 많지 않다. '-음'을 도입할 때 (1)에서와 같이 '-음으로'의 형태로 수단을 나타내는 용법을 제시하거나, (2)처럼 명사형 어미 '-음'과 자주 결합하는 동사나 형용사를 정하고 학생들에게 질문을 하여 '-음'을 사용하여 두 개의 문장을 하나로 만들어 제시한다.

종결어미

-고{-고요}

앞의 말에 **덧붙이거나** 계속 **이어서 서술함**을 나타내는 종결어미.

-고 (동사나 형용사, '이다, 아니다'에 붙어) 상대방이나 말하는 사람이 한 말에 어떤 내용을 계속 이어 말하거나 덧붙이거나 또는 뒤에 올 말을 생략하여 서술함을 나타낸다. 주로 말할 때 사용한다.

예문

(1) 가: 오늘 날씨가 어때요?
나: 추워요. 바람도 **불고요.**

(2) 가: 줄리아 씨가 노래를 참 잘하지요?
나: 네, 춤도 잘 **추고요.**

(3) 가: 몸은 좀 어때요?
나: 이제 괜찮아요. 목도 아프지 **않고요.**

(4) 가: 미도리 씨, 남자 친구가 어때요?
나: 착해요. **성실하고요.**

(5) 가: 주말에 같이 운동을 할래요?
나: 미안해요. 숙제가 많아요. 집안일도 **많고요.**

한국음식은 정말 맛있어요. 건강에도 **좋고요.**

저는 책을 읽어요. 누나는 텔레비전을 **보고요.**

방이 너무 좁아요. 어둡기도 **하고요.**

너무 힘들어요. 숙제도 **어렵고요.**

피곤해서 일찍 집에 왔어. 할 일도 **있고.**

기분이 안 좋아. **졸리고.**

우리나라는 삼면이 바다예요. 땅의 대부분은 **산지고요.**

저 두 사람은 결혼했어요. 신혼여행은 아직 못 **갔고요.**

그 영화는 정말 재미있었어요. 배우들의 연기도 **좋았고요.**

왕밍 씨는 중국 사람이에요. 미도리 씨는 일본 사람**이고요.**

+ '-고'는 말하는 사람 자신이나 상대방이 언급한 내용에서 어떠한 내용을 계속 이어 말하여, 뜻을 덧붙여 전달할 때 사용하는 종결어미이다. '바람도 불고요'는 자신의 생각(추워요)에 덧붙여서 '바람이 분다'는 사실까지 이어서 전달할 때 사용한다. 또한 '밥은 먹었고'처럼 끝을 올려 상대방에게 물어볼 때도 사용한다. 말할 때 주로 사용되며 [구]로 발음되기도 한다.

+ 주로 친구 관계나 그 밖에 아주 친한 사이에서, 또는 말하는 사람보다 아랫사람에게 일반적으로 쓴다. 높임 표현으로는 '요'가 결합한 '-고요'의 형태를 사용한다.

형태 정보

① 동사 및 형용사 어간 끝음절의 받침 유무에 관계없이 '-고'를 쓴다.

예) 찾- + -고 → 찾고　　읽- + -고 → 읽고　　가- + -고 → 가고
다니- + -고 → 다니고　　놀- + -고 → 놀고　　만들- + -고 → 만들고
밝- + -고 → 밝고　　좁- + -고 → 좁고　　크- + -고 → 크고
예쁘- + -고 → 예쁘고　　길- + -고 → 길고　　멀- + -고 → 멀고

+ 어떤 동사나 형용사가 와도 형태가 변하지 않음에 주의한다.

①	받침 ○	+ -고	찾고, 읽고, 놀고, 만들고, 밝고, 좁고, 길고, 멀고
	받침 ×	+ -고	가고, 다니고, 크고, 예쁘고

② '이다, 아니다'는 '-고'를 쓴다. 단, '이다' 앞의 명사에 받침이 없으면 주로 '명사+-고'라고 쓴다.

예) 학생이- + -고 → 학생이고　　선생님이- + -고 → 선생님이고
과자이- + -고 → 과자이고/과자고　　종이이- + -고 → 종이이고/종이고
가방이- + -고 → 가방이고　　아니- + -고 → 아니고

문장 구성 정보

① '-고'는 말하는 사람보다 아랫사람이거나 친한 친구 사이에서 사용한다. 높임 표현으로는 '요'가 결합한 '-고요'의 형태를 사용한다.

예) 어제는 찌개를 만들었어요. 반찬도 **만들었고요**.
일본은 스시로 유명해요. 한국은 김치로 **유명하고요**.

제약 정보

① 회상 '-더-'와 결합할 수 없다.

예) 동수가 요리를 하더군요. 동생도 요리를 **하더고요**. (x)
비가 오지 않더군요. 눈도 오지 **않더고요**. (x)

② 앞 문장과 뒤 문장의 문장 유형이 동일해야 한다.

예) 수지 씨는 빵을 먹어요. 왕밍 씨는 과자를 **먹고요**. (o)
수지 씨는 빵을 먹어요. 왕밍 씨는 과자를 **먹고요**? (x)
수지 씨는 빵을 먹어요? 왕밍 씨는 과자를 **먹고요**. (x)

확장

① 의문문과 함께 쓰여 그 질문과 관련된 상황이나 덧붙여 말할 내용을 나타낸다.

예) 어머, 웬일이세요? 이 시간에 아직 집에 **있고요**.
무슨 일일까요? 미셸 씨가 화를 다 **내고요**.
지금 뭐 하세요? 손님이 오셨는데 나오지 **않고요**.

+ 이때 주로 관련된 상황에 대해 의아해함을 나타낸다.

이렇게 도입해 보세요

(1) 교사: 여러분, 미도리 씨가 한국어를 잘해요?
학생: 네, 잘해요.
교사: 미도리 씨가 한국어를 잘해요. 또 무엇을 잘해요?
학생: 일본어도 잘해요.
교사: 네, 미도리 씨가 한국어를 잘해요. 일본어도 **잘하고요**.

(2) 교사: 선생님은 어느 나라 사람이에요?
학생: 한국 사람이에요.
교사: 왕밍 씨는 어느 나라 사람이에요?
학생: 중국 사람이에요.
교사: 네, 선생님은 한국 사람이에요. 왕밍 씨는 중국 사람**이고요**.

+ '-고'를 도입할 때는 먼저 어떠한 이야기를 먼저 하고 그 다음에 어떤 내용을 덧붙이도록 유도한다. 학생들에게 앞에서 끝난 이야기에 무언가 덧붙이거나 이어서 말할 때 '-고'를 사용한다고 알려 준다. '+' 기호를 사용해 앞의 내용과 덧붙이는 내용을 제시해 학생들의 이해를 도울 수 있다.

-네{-네요}

지금 알게 된 일을 서술하는 종결어미.

-네 (동사나 형용사, '이다, 아니다'에 붙어) 말하는 사람이 현재 경험하여 새롭게 알게 된 사실을 말할 때 사용한다. 흔히 감탄의 뜻으로 사용한다.

예문

(1) 가: 저는 1년에 책을 100권씩 읽어요.
나: 수지 씨는 책을 정말 많이 **읽네요**.

(2) 가: 이 그림은 영수 씨가 그렸어요.
나: 정말요? 영수 씨는 그림을 아주 잘 **그리네요**.

(3) 가: 오늘 날씨가 정말 **춥네요**.
나: 네, 바람이 불어서 더 추운 것 같아요.

(4) 가: 집에서 학교까지 버스로 2시간 반 걸려요.
나: 집이 정말 **머네요**.

(5) 가: 와, 정말 예쁜 **반지네요**. 누가 줬어요?
나: 남자 친구가 선물해 줬어요.

미도리 씨는 매운 음식을 잘 **먹네요**.

줄리아 씨는 떡볶이를 아주 잘 **만드네**.

마이클 씨는 키가 아주 **크네요**.

이렇게 덥다니 벌써 여름**이네요**.

8시 30분인데 벌써 선생님께서 **오셨네요**.

오늘은 길이 많이 **막히네요**.

왕밍 씨는 한국어 발음이 정말 **좋네요**.

흐엉 씨는 머리가 무척 **기네요**.

컴퓨터로 하니까 일이 별로 어렵지 **않네**.

3시간이나 걸었더니 힘들어서 더 못 **가겠네요**.

+ '-네'는 말하는 사람이 새로 알게 된 사실, 예를 들면 '마이클 씨가 키가 아주 크네요.'나 '흐엉 씨는 머리가 무척 기네요.'에서처럼 이러한 사실을 알고 스스로 놀랍다고 느낄 때 사용하는 종결어미이다. 주로 친구 관계나 그 밖에 아주 친한 사이에서 또는 말하는 사람보다 아랫사람에게 쓰는데, 여성스럽고 부드러운 느낌을 준다.

+ 높임 표현으로는 '요'가 결합한 '-네요'의 형태로 사용하며 주로 말할 때 사용한다.

형태 정보

① 동사 및 형용사 어간 끝음절의 받침 유무에 관계없이 '-네'를 쓴다. 단, 'ㄹ' 받침으로 끝날 때는 'ㄹ'이 탈락한다.

예) 먹- + -네 → 먹네　　앉- + -네 → 앉네
가- + -네 → 가네　　오- + -네 → 오네
놀- + -네 → 노네　　만들- + -네 → 만드네
작- + -네 → 작네　　넓- + -네 → 넓네
예쁘- + -네 → 예쁘네　　깨끗하- + -네 → 깨끗하네
길- + -네 → 기네　　멀- + -네 → 머네

+ 동사 및 형용사와 결합하며, 'ㄹ' 받침을 제외하면 어떤 받침의 동사나 형용사가 와도 형태가 변하지 않음에 주의한다. 'ㄹ' 받침으로 끝나는 동사 및 형용사의 경우는 'ㄹ'이 탈락하고 '-네'가 결합한다.

①	받침 ○	+ -네	먹네, 앉네, 작네, 넓네
	받침 ×	+ -네	가네, 오네, 예쁘네, 깨끗하네
	ㄹ 받침	+ -네(어간 'ㄹ' 탈락)	노네, 만드네, 기네, 머네

② '이다, 아니다'는 '-네'를 쓴다. 단, '이다' 앞의 명사에 받침이 없으면 주로 '명사+-네'라고 쓴다.

예) 책이- + -네 → 책이네　　사진이- + -네 → 사진이네
의자이- + -네 → 의자이네/의자네　　아기이- + -네 → 아기이네/아기네
여자이- + -네 → 여자이네/여자네　　아니- + -네 → 아니네

문장 구성 정보

① 흔히 놀라움과 감탄을 나타내기 때문에 '아주, 정말, 매우, 무척, 많이'와 같이 정도를 나타내는 부사와 자주 어울려서 쓰인다.

예) 수지 씨가 아주 춤을 잘 **추네요**.
정말 비가 **오네**.
선생님이 많이 **바쁘시네요**.

제약 정보

① 주어가 2, 3인칭일 때 주로 사용한다. '-네'는 지금 알게 된 사실을 나타내기 때문에 원칙적으로 1인칭 주어를 쓸 수 없다.

예) 나는 친구를 **만나네요**. (x)
왕밍 씨가 친구를 **만나네요**. (o)
나는 많이 **바쁘네요**. (x)
철수가 많이 **바쁘네요**. (o)

+ 주어가 1인칭이더라도 새롭게 알게 된 사실이나 내용을 나타낼 때는 '-네'를 쓸 수 있다.

예) 이번 시험에서 내가 1등**이네**. (o)
(1등인지 모르다가 1등인지를 새롭게 알게 된 경우)
아무래도 제가 잘못한 것 **같네요**. (o)

확장

① 주로 어미 '-겠-'과 결합하여 '-겠네요'의 형태로, 말하는 사람이 추측하거나 짐작한 내용을 듣는 사람에게 동의를 구하여 물어봄을 나타낸다.

예) 서울역 근처에 있어요? 여기서도 **가깝겠네요**?
배가 부르다니 내가 이 빵을 다 먹어도 **되겠네요**?
이 일을 오전에 다 마치면 오후에는 시간이 좀 **남겠네요**?
영수 씨는 여자 친구가 미스코리아라니 정말 **예쁘겠네요**?

+ 이때 억양은 끝을 올린다.

유사 문법

① '-네', '-는군'

<table>
<tr><th>-네</th><th>-는군</th></tr>
<tr><td colspan="2">· 새롭게 알게 된 사실에 대하여 감탄함을 나타낸다.</td></tr>
<tr><td>· 말하는 사람의 직접적인 경험을 통하여 알게 된 사실에 대해 감탄하며 말할 때만 사용할 수 있다.

예) (철수를 보고) 철수 씨는 키가 크네요.
예) (철수를 보지 않고) 철수 씨가 키가 크네요. (x)
예) 가: 이 식당 비빔밥이 정말 맛있어요.
나: (먹지 않고) 이 식당의 비빔밥이 맛있네요. (x)
예) 가: 어제 마이클 씨가 계속 전화했어요.
나: 그랬네요. (x)</td><td>· 말하는 사람이 직접 경험하거나, 다른 사람에게서 들어 알게 된 사실에 대해 감탄하며 말할 때 모두 사용할 수 있다.
예) (철수를 보고) 철수 씨는 키가 크군요.
예) 가: 철수는 엄마를 닮아서 키가 커요.
나: (철수를 보지 않고) 그렇군요. (o)
예) 가: 이 식당 비빔밥이 정말 맛있어요.
나: (먹지 않고) 이 식당의 비빔밥이 맛있군요. (o)
예) 가: 어제 마이클 씨가 계속 전화했어요.
나: 그랬군요. (o)</td></tr>
<tr><td>· 말하는 사람이 현재 인식하게 된 어떤 사실에 대해 감탄하며 말할 때 사용한다. 그러므로 과거 경험에 대한 과거의 인식을 나타내는 '-더-'와 함께 쓸 수 없다.
예) 철수가 1등을 했네요. (o)
철수가 1등을 했었네요. (o)
철수가 1등을 했더네요. (x)</td><td>· 말하는 사람이 현재와 과거에 인식하게 된 어떤 사실에 대해 감탄하며 말할 때 사용한다.

예) 철수가 1등을 했군요. (o)
철수가 1등을 했었군요. (o)
철수가 1등을 했더군요. (o)</td></tr>
</table>

+ 어떤 사실을 들어서 안 경우, '-네'로 표현하려면 그 사실을 화자 자신의 느낌이나 판단으로 바꾸어 말해야 한다.

예) 가: 학교에서 집까지 10시간 걸렸어요.
나: 10시간 **걸렸네요**. (x) / 오래 **걸렸네요**. (o)

② '-네', '-는구나'

-네	-는구나
· 새롭게 알게 된 사실에 대하여 감탄함을 나타낸다.	
· 말하는 사람의 직접적인 경험을 통하여 알게 된 사실, 말하는 내용의 근거가 분명한 사실에 대해 감탄하며 말할 때만 사용할 수 있다. 예) 이 약이 무척 **쓰네요**. 예) (먹지 않고) 이 약이 무척 **쓰네요**. (x) 예) (미도리 씨의 빈자리를 보고) 미도리 씨가 집에 **갔네요**. 예) 가: 이 과일은 반쯤 익어야 **맛있네요**. 나: (먹지 않고) 이 과일은 반쯤 익어야 **맛있네요**. (x) 예) 가: 어제 선생님께서 계속 찾으셨어요. 나: **그랬네요**. (x) 예) 가: 어제 철수 씨가 계속 전화했어요. 나: 급한 일이 **있었네요**. (x)	· 말하는 사람이 직접 경험하거나, 말하는 내용의 근거가 분명한 사실, 다른 사람에게서 들어 알게 된 사실, 추론한 사실에 대해 감탄하며 말할 때 모두 사용할 수 있다. 예) 이 약이 무척 **쓰구나**. 예) (약을 먹지 않고) 이 약이 무척 **쓰구나**. (o) 예) (미도리 씨의 빈자리를 보고) 미도리 씨가 집에 **갔구나**. 예) 가: 이 과일은 반쯤 익어야 **맛있구나**. 나: (먹지 않고) 이 과일은 반쯤 익어야 **맛있구나**. (o) 예) 가: 어제 선생님께서 계속 찾으셨어요. 나: **그랬구나**. (o) 예) 가: 어제 철수 씨가 계속 전화했어요. 나: 급한 일이 **있었구나**. (o)
· 말하는 사람이 현재 인식하게 된 어떤 사실에 대해 감탄하며 말할 때 사용한다. 그러므로 과거 경험에 대한 과거의 인식을 나타내는 '-더-'와 함께 쓸 수 없다. 예) 강아지가 집을 잘 **지키네요**. (o) 강아지가 집을 잘 **지켰네요**. (o) 강아지가 집을 잘 **지켰더네요**. (x)	· 말하는 사람이 현재와 과거에 인식하게 된 어떤 사실에 대해 감탄하며 말할 때 사용한다. 예) 강아지가 집을 잘 **지키는구나**. (o) 강아지가 집을 잘 **지켰구나**. (o) 강아지가 집을 잘 **지켰더구나**. (o)
· 이유나 원인을 나타내는 연결어미 '-니까', '-어서'와 함께 쓰지 않는다. 예) 가: 철수 씨는 편식이 심해서 야채를 안 먹어요. 나: 그렇게 음식을 가려 먹으니까 키가 안 **크네요**. (x) 그렇게 음식을 가려 먹어서 키가 안 **크네요**. (x)	· 이유나 원인을 나타내는 연결어미 '-니까', '-어서'와 함께 쓸 수 있다. 예) 가: 철수 씨는 편식이 심해서 야채를 안 먹어요. 나: 그렇게 음식을 가려 먹으니까 키가 안 **크는구나**. (o) 그렇게 음식을 가려 먹어서 키가 안 **크는구나**. (o)
· 존대의 뜻을 나타내는 조사 '요'와 결합하여 사용할 수 있다. 예) 가을 날씨가 참 **좋네**. (o) 가을 날씨가 참 **좋네요**. (o)	· 존대의 뜻을 나타내는 조사 '요'와 결합하여 사용할 수 없다. 예) 가을 날씨가 참 **좋구나**. (o) 가을 날씨가 참 **좋구나요**. (x)

+ 말하는 사람이 직접 보지 않았으나 말하는 내용의 근거가 분명한 경우에도 '-네'와 '-는구나'를 사용할 수 있다. 이때 '-네'는 '-는구나'보다 확실성이 더 강하다. 예를 들어 말하는 사람이 친구의 얼굴을 보고 친구에게 좋지 않은 일이 있다는 것을 추론하는 경우에 "너 무슨 일 있네."는 "너 무슨 일 있구나."보다 강한 추측을 나타낸다.

예) 가: (친구의 어두운 표정을 보고) 너 무슨 일 **있구나**.
나: 아냐, 아무 일 없어.
가: 무슨 일 **있네**. 말해. 무슨 일이야?

이렇게 도입해 보세요

(1) 교사: (자신의 책을 보여 주며) 여러분, 이 책 얼마일까요?
학생: 10,000원이요. / 20,000원이요.
교사: 이 책은 50만 원이에요. 어때요?
학생: 정말요? 비싸요.
교사: 몰랐어요. 새로 알았어요. 50만 원이에요. 책이 비싸요. 책이 정말 **비싸네요.**

(2) 교사: (아주 많은 음식을 다 먹는 대식가의 사진이나 짧은 동영상을 보여 주며) 여러분, 이 사람 어때요?
학생: 많이 먹어요. 대단해요.
교사: 이 사람은 많이 먹어요. 아주 많이 먹어요. 몰랐어요. 새로 알았어요. 이 사람은 아주 많이 **먹네요.**

+ '-네'를 도입할 때는 학생들이 미처 몰랐던 사실을 그 자리에서 공유하면서 놀라는 감정을 이끌어 낸다. 그리고 이렇게 새로 알게 된 사실에 대해 놀라움이나 감탄을 표현할 때 '-네'를 사용하는 것을 알 수 있게 한다.

-는군[-군]{-는군요/-군요}

새롭게 알게 된 사실에 대해 주목함을 나타내는 종결어미.

-는군 (동사나 형용사, '이다, 아니다'에 붙어) 말하는 사람이 보거나 들음으로써 새롭게 알게 된 사실에 대해 주목함을 나타낼 때 사용한다. 흔히 감탄의 뜻을 갖는다.

예문

(1) 가: 수지 씨는 학교에 몇 시에 와요?
나: 저는 8시에 와요.
가: 정말 일찍 **오는군요**.

(2) 가: 어제 명동에서 새로 산 옷이에요. 어때요?
나: 옷이 정말 **예쁘군요**.

(3) 가: 선생님, 수업 시간이 벌써 20분이나 지났어요.
나: 영수 씨가 많이 **늦는군요**.

(4) 가: 와, 이 케이크가 참 **맛있겠군요**.
나: 제가 지금 만들었어요. 한번 드셔 보세요.

(5) 가: 줄리아 씨, 오늘 흐엉 씨의 생일 선물을 준비했어요?
나: 아, 오늘이 흐엉 씨의 **생일이군요**.

왕밍 씨가 매운 음식을 잘 **먹는군요**.
수지 씨가 눈이 **나쁘군요**.
어머니께서 새로운 요리를 **만드시는군요**.
분티안 씨가 아직 학생**이군요**.
어제 눈이 제법 많이 **왔군**.
미도리 씨가 한국 드라마를 많이 **보는군요**.
오늘은 교실이 정말 **깨끗하군**.
현우 씨가 도서관에 혼자 **있군요**.
동생이 아직도 자는 것을 보니, 감기에 **걸렸군**.
에베레스트 산이 정말 **높더군요**.

+ '왕밍 씨가 매운 음식을 잘 먹는군요.', '수지 씨가 눈이 나쁘군요.'와 같이 새롭게 알게 된 사실에 대해 주목함을 나타낸다. 흔히 감탄하듯이 말할 때 사용하기 때문에 한국어 수업에서는 감탄의 뜻으로 가르치기도 한다.

+ '-는군'은 주로 구어에서 '아랫사람이나 친구'와 같이 친한 사이나 혼잣말에서 사용된다. 듣는 사람이 나보다 나이가 많거나 지위가 높을 때는 '-는군요'의 형태로 사용한다. 젊은 사람들보다는 나이 든 사람들이 자주 사용한다.

형태 정보

① 동사 어간 끝음절의 받침 유무에 관계없이 '-는군'을 쓴다. 단, 'ㄹ' 받침으로 끝날 때는 'ㄹ'이 탈락한다.

예) 먹- + -는군 → 먹는군　　듣- + -는군 → 듣는군
　　찾- + -는군 → 찾는군　　가- + -는군 → 가는군
　　보- + -는군 → 보는군　　팔- + -는군 → 파는군
　　만들- + -는군 → 만드는군

② 형용사 어간 끝음절의 받침 유무에 관계없이 '-군'을 쓴다.

예) 작- + -군 → 작군　　많- + -군 → 많군
　　춥- + -군 → 춥군　　크- + -군 → 크군
　　바쁘- + -군 → 바쁘군　　길- + -군 → 길군
　　멀- + -군 → 멀군

①	동사	받침 ○	+ -는군	먹는군, 듣는군, 찾는군
		받침 ×	+ -는군	가는군, 보는군
		ㄹ 받침	+ -는군(어간 'ㄹ' 탈락)	파는군, 만드는군
②	형용사	받침 ○	+ -군	작군, 많군, 춥군
		받침 ×	+ -군	크군, 바쁘군, 길군, 멀군

③ '이다, 아니다'도 '-군'을 쓴다. 단, '이다' 앞의 명사에 받침이 없으면 주로 '명사+-군'이라고 쓴다.

예) 학생이- + -군 → 학생이군　　선생님이- + -군 → 선생님이군
　　책상이- + -군 → 책상이군　　의사 + -군 → 의사군
　　사과 + -군 → 사과군　　아니- + -군 → 아니군

+ 'N+-군'은 격식적인 문어에서는 잘 사용하지 않는다.

문장 구성 정보

① 과거는 '-었-'을 붙여 '-었군'으로 쓴다.

예) 작년에는 서울에 눈이 많이 **왔군요**.
　　어제 수지가 열심히 **공부했군요**.
　　줄리아 씨가 어렸을 때 정말 **귀여웠군요**.

② 추측을 나타낼 때는 '-겠-'을 붙여 '-겠군'으로 쓴다.

예) 지금쯤 현우 씨는 부산에 **가겠군요**.
주말이라서 도서관에 사람이 **없겠군요**.
12월이니 한국은 날씨가 **춥겠군요**.

③ 동사의 높임은 '-시는군'을, 형용사의 높임은 '-시군'으로 쓴다.

예) 선생님께서 이제 점심을 **드시는군요**.
할아버지께서 제 방에서 **주무시는군요**.
어머니께서 어제부터 많이 **편찮으시군요**.
수지 씨의 아버지께서 키가 정말 **크시군요**.

제약 정보

① 주어가 2, 3인칭일 때 주로 사용한다. '-는군'은 새롭게 알게 된 사실을 나타내기 때문에 원칙적으로 1인칭 주어를 쓸 수 없다.

예) 나는 주말에 친구를 **만나는군요**. (x)
왕밍 씨가 주말에 친구를 **만나는군요**. (o)
나는 요즘 많이 **바쁘군요**. (x)
철수가 요즘 많이 **바쁘군요**. (o)

+ 주어가 1인칭이더라도 새롭게 알게 된 사실이나 내용을 나타낼 때는 '-는군'을 쓸 수 있다.
예) 이번 시험에서 내가 1등**이군요**. (o)
(1등인지 모르다가 1등인지를 새롭게 알게 된 경우)
아무래도 제가 잘못한 것 **같군요**. (o)

확장

① 잘못한 일을 빈정거리거나 비꼬듯이 말할 때 사용한다.

예) 앤디 씨가 공부는 안 하면서 시험은 잘 **보는군요**.
미셸 씨는 돈도 안 내면서 많이도 **먹는군요**.
동생이 오늘 일찍 일어난다더니 아직도 **자는군요**.

② '-는군'은 '-는구나'의 준말로 사용된다.

예) 오늘은 수업이 늦게 **끝나는구나**.
= 오늘은 수업이 늦게 **끝나는군**.
너는 운동을 **좋아하는구나**.
= 너는 운동을 **좋아하는군**.

유사 문법

① '-는군', '-네'

<table>
<tr><th>-는군</th><th>-네</th></tr>
<tr><td colspan="2">· 새롭게 알게 된 사실에 대하여 감탄함을 나타낸다.</td></tr>
<tr><td>· 말하는 사람이 직접 경험하거나, 다른 사람에게서 들어 알게 된 사실에 대해 감탄하며 말할 때 모두 사용할 수 있다.
예) (철수를 보고) 철수 씨는 크가 크군요.
예) 가: 철수는 엄마를 닮아서 키가 커요.
나: (철수를 보지 않고) 그렇군요. (o)
예) 가: 이 식당 비빔밥이 정말 맛있어요.
나: (먹지 않고) 이 식당의 비빔밥이 맛있군요. (o)
예) 가: 어제 마이클 씨가 계속 전화했어요.
나: 그랬군요. (o)</td><td>· 말하는 사람의 직접적인 경험을 통하여 알게 된 사실에 대해 감탄하며 말할 때만 사용할 수 있다.
예) (철수를 보고) 철수 씨는 키가 크네요.
예) (철수를 보지 않고) 철수 씨가 키가 크네요. (x)
예) 가: 이 식당 비빔밥이 정말 맛있어요.
나: (먹지 않고) 이 식당의 비빔밥이 맛있네요. (x)
예) 가: 어제 마이클 씨가 계속 전화했어요.
나: 그랬네요. (x)</td></tr>
<tr><td>· 말하는 사람이 현재와 과거에 인식하게 된 어떤 사실에 대해 감탄하며 말할 때 사용한다.
예) 철수가 1등을 했군요. (o)
철수가 1등을 했었군요. (o)
철수가 1등을 했더군요. (o)</td><td>· 말하는 사람이 현재 인식하게 된 어떤 사실에 대해 감탄하며 말할 때 사용한다. 그러므로 과거 경험에 대한 과거의 인식을 나타내는 '-더-'와 함께 쓸 수 없다.
예) 철수가 1등을 했네요. (o)
철수가 1등을 했었네요. (o)
철수가 1등을 했더네요. (x)</td></tr>
</table>

\+ 어떤 사실을 들어서 안 경우, '-네'로 표현하려면 그 사실을 화자 자신의 느낌이나 판단으로 바꾸어 말해야 한다.

예) 가: 학교에서 집까지 10시간 걸렸어요.
나: 10시간 **걸렸네요.** (x) / 오래 **걸렸네요.** (o)

이렇게 도입해 보세요

(1) 교사: 명동에 가 봤어요?
　학생: 네, 가 봤어요.
　교사: 명동에 사람이 많았어요?
　학생: 네, 많았어요.
　교사: 아주 많았어요? 조금 많았어요?
　학생: 아주 많았어요.
　교사: 네, 명동에 사람이 아주 많았어요. 사람이 아주 **많았군요**.

(2) 교사: (비교적 읽기가 능숙한 학생에게 책을 읽게 한다.)
　　　여러분, 어때요? 미도리 씨가 잘 읽어요?
　학생: 네, 아주 잘 읽어요.
　교사: 네, 아주 잘 읽어요. 정말 잘 **읽는군요**.

+ '-는군'을 도입할 때 (1)과 같이 학생들이 이미 알고 있는 사실을 이용하여, 교사가 그 사실을 잘 몰랐는데 새롭게 알게 되어 감탄함을 보여 준다. 그리고 그러한 상황에서 '-는군'을 사용함을 알 수 있도록 한다. 그리고 (2)와 같이 학생들이 몰랐던 사실을 새로 알게 되어 감탄을 유도할 수 있는 상황도 만들어 '-는군'의 사용에 대해 이해할 수 있도록 한다.

-는데[-ㄴ데/-은데]{-는데요/-ㄴ데요/-은데요}

어떤 일에 대해 **감탄함** 또는 듣는 사람의 **반응을 기다림**을 나타내는 종결어미.

-는데 (동사나 형용사, '이다, 아니다'에 붙어) 어떤 사실을 말하면서 듣는 사람의 반응을 기다리거나 그것에 대해 감탄하며 서술함을 나타낸다.

예문

(1) 가: 수지 씨, 도서관에서 같이 공부할까요?
나: 전 오늘 친구와 영화관에 **가는데요**.

(2) 가: 영수 씨, 이번 주말에 마이클 씨 생일 파티에 같이 갈까요?
나: 저는 초대를 못 **받았는데요**.

(3) 가: 저 검은 구름 좀 봐. 금방 비가 **오겠는데**.
나: 그러네. 우리 빨리 집에 가자.

(4) 가: (전화 통화할 때) 실례지만, 누구세요?
나: 저 흐엉**인데요**.

(5) 가: 분티안 씨, 비가 와서 우산 좀 빌리고 **싶은데요**.
나: 그러세요. 여기 있어요.

미도리 씨가 한국 음식을 정말 잘 **먹는데**.

저는 무서운 영화를 못 **보는데요**.

앤디 씨가 운동을 아주 **잘하는데요**.

요즘 서울의 날씨가 정말 **더운데요**.

수지 씨의 어머니가 정말 미인**이신데요**.

그 옷은 저한테 너무 **작은데요**.

동생이 감기에 걸려서 많이 **아픈데**.

오늘은 교실이 정말 **깨끗한데요**.

아이들이 운동장에서 3시간이나 **노는데요**.

마이클 씨가 어제 선생님의 전화를 **받았는데요**.

+ '-는데'는 '금방 비가 오겠는데'를 말하고 나서, '우리 빨리 집에 가자'와 같이 듣는 사람의 반응을 기대하며 대답하거나 반박 또는 이의를 제기하는 듯이 말할 때 사용한다. '-는데'가 초급에서 많이 사용되는 대표적인 상황은 전화 통화하는 상황으로, '흐엉인데요'와 같이 대답을 하고 난 후 상대방의 반응을 기다림을 나타낸다. 또한 '미도리 씨가 한국 음식을 정말 잘 먹는데요.'와 같이 어떤 사실에 대한 감탄을 나타낼 때 사용한다. 이때 문장의 끝부분에서 억양을 살짝 올리면서 말한다.

형태 정보

① 동사 어간 끝음절의 받침 유무에 관계없이 '-는데'를 쓴다. 단, 'ㄹ' 받침으로 끝날 때는 'ㄹ'이 탈락한다.

예) 먹- + -는데 → 먹는데　　찾- + -는데 → 찾는데　　보- + -는데 → 보는데
　가- + -는데 → 가는데　　놀- + -는데 → 노는데　　만들- +-는데 → 만드는데

② 형용사 어간 끝음절에 받침이 있으면 '-은데'를 쓴다.

예) 작- + -은데 → 작은데　　많- + -은데 → 많은데　　높- + -은데 → 높은데
　낮- + -은데 → 낮은데　　넓- + -은데 → 넓은데　　좁- + -은데 → 좁은데

③ 형용사 어간 끝음절에 받침이 없거나 'ㄹ' 받침으로 끝나면, '-ㄴ데'를 쓴다. 단, 'ㄹ' 받침으로 끝날 때는 'ㄹ'이 탈락한다.

예) 크- + -ㄴ데 → 큰데　　바쁘- + -ㄴ데 → 바쁜데　　싸- + -ㄴ데 → 싼데
　예쁘- + -ㄴ데 → 예쁜데　　힘들- + -ㄴ데 → 힘든데　　멀- + -ㄴ데 → 먼데

①	동사	받침 ○	+ -는데	먹는데, 찾는데
		받침 ×		가는데, 보는데
		ㄹ 받침	+ -는데(어간 'ㄹ' 탈락)	노는데, 만드는데
②	형용사	받침 ○	+ -은데	작은데, 많은데, 높은데, 낮은데, 넓은데, 좁은데
③	형용사	받침 ×	+ -ㄴ데	큰데, 바쁜데, 싼데, 예쁜데
		ㄹ 받침	+ -ㄴ데(어간 'ㄹ' 탈락)	먼데, 힘든데

④ 불규칙

춥-　　예) 올해 서울의 날씨가 정말 **추운데요**.
빨갛-　예) 이 사과는 **빨간데요**.

⑤ '이다, 아니다'는 '-ㄴ데'를 쓴다. 단, '이다' 앞의 명사에 받침이 없으면 주로 '명사+-ㄴ데'라고 쓴다.

예) 선생님이- + -ㄴ데 → 선생님인데　　학생이- + -ㄴ데 → 학생인데
　책이- + -ㄴ데 → 책인데　　친구이- + -ㄴ데 → 친구인데/친군데
　의사이- + -ㄴ데 → 의사인데/의산데　　아니- + -ㄴ데 → 아닌데

+ 'N+-ㄴ데'는 격식적인 문어에서 잘 사용하지 않는다.

⑥ '있다, 없다'는 형용사이지만, 동사와 같이 '-는데'를 붙여 사용한다.

예) 있- + -는데 → 있는데　　　　　　　　없- + -는데 → 없는데
　　재미있- + -는데 → 재미있는데　　　　맛없- + -는데 → 맛없는데

문장 구성 정보

① 과거는 '-었는데'로 쓴다.

예) 작년에 할아버지께 크리스마스 선물을 **받았는데요**.
　　어제 현우 씨가 컴퓨터를 **샀는데요**.
　　2년 전에는 동생이 키가 **작았는데요**.
　　지난 주말에는 앤디 씨가 많이 **바빴는데요**.

② '-겠는데'는 앞으로 다가올 상황을 추측하거나 어떠한 사실을 통해 유추함을 나타낸다.

예) 이제 곧 비가 **그치겠는데요**.
　　왕밍 씨가 저 케이크를 전부 **먹겠는데요**.
　　손님이 많이 와서 준비한 음식이 **적겠는데요**.
　　수지 씨가 지갑을 잃어버려서 기분이 **나쁘겠는데요**.

확장

① 어떤 상황에 대해 받아들일 수 없거나 걱정스러움을 혼잣말로 나타낼 때 '-는데'를 쓴다.

예) 이 문제는 이렇게 하는 게 **맞는데**.
　　아무리 생각해도 기억이 안 **나는데**.
　　책이 분명히 책상 위에 **있었는데**.

② '-는데'를 '어디, 언제, 누구, 무엇, 왜' 등의 의문사와 함께 쓰면, 일정한 대답을 요구하며 물어볼 때 사용한다.

예) 영수 씨가 어디에 **사는데요**?
　　선생님께서 언제 **결혼하시는데요**?
　　마이클 씨가 왜 시험을 못 **봤는데요**?
　　지금 수지 씨가 누구와 같이 **있는데요**?

이렇게 도입해 보세요

(1) 교사: 우리 같이 밥을 먹을까요?
학생: 오늘 먹어요?
교사: 미안해요. 오늘은 약속이 있어요. 안 돼요.
오늘 약속이 **있는데요**.
학생: 그럼 내일은 어때요?
교사: 내일도 약속이 **있는데요**.

(2) 교사: (예쁜 꽃이 있는 사진을 보여 주며) 미도리 씨, 이 꽃이 어때요?
학생: 아주 예뻐요.
교사: 이 꽃이 아주 예뻐요. 아주 **예쁜데요**.

+ (1)과 같이 어떤 상황이나 사실에 대해 말하면서 듣는 사람의 반응을 기대하는 경우에 '-는데'를 사용함을 자연스럽게 인식할 수 있도록 한다. 또한 (2)에서와 같이 놀랍거나 흥미로운 그림 또는 사진 자료를 통해 감탄을 나타낼 때 '-는데'를 사용함을 보여 줄 수 있다.

-습니까[-ㅂ니까]

정중하게 질문함을 나타내는 종결어미.

-습니까 (동사나 형용사, '이다, 아니다'에 붙어) 어떠한 사실에 대해 물어봄을 나타낸다. 의문형 종결어미 중 상대방을 가장 높이는 최고 높임의 뜻을 가지며, 격식적인 상황에서 말하는 사람이 듣는 사람에게 현재의 상황이나 동작에 대해 공손하게 질문할 때 사용한다.

예문

(1) 가: 아침에 무엇을 **먹습니까**?
나: 빵을 먹습니다.

(2) 가: 어디에 **갑니까**?
나: 명동에 갑니다.

(3) 가: 공책이 **있습니까**?
나: 네, 공책이 있습니다.

(4) 가: 어디에 **사십니까**?
나: 방화동에 삽니다.

(5) 가: 영수증이 **필요하십니까**?
나: 네, 주세요.

(6) 가: **안녕하십니까**?
나: 왕밍 씨, 어서 오세요. 그동안 **안녕하셨습니까**?

누가 책을 **읽습니까**?
왕밍 씨는 기숙사에서 **삽니까**?
마이클 씨는 미국 사람이 **아닙니까**?
휴식 시간은 **없습니까**?
사장님께서 언제 **오십니까**?
수지 씨가 **예쁩니까**?
아사코 씨는 회사원**입니까**?
질문 **있으십니까**?
이 문제를 어떻게 **생각하십니까**?
모임이 끝나면 집에 가도 **됩니까**?

+ '-습니까'는 동사나 형용사, '명사+이다' 뒤에 붙어 말하는 사람이 듣는 사람에게 대답을 듣기 위해 물어볼 때 사용하는 종결어미로 학교문법에서는 의문형 종결어미라고 한다. 의문형 종결어미 중 상대방을 가장 높이는 격식체로서 일반적으로 회의나 발표, 텔레비전 뉴스, 인터뷰 등 공식적인 자리에서 많이 사용된다. 회의를 할 때 '질문 있으십니까?', 토론을 할 때 '이 문제에 대해 어떻게 생각하십니까?' 등으로 사용할 수 있다.

+ 듣는 사람이 말하는 사람보다 지위가 높거나 나이가 많아 높여야 할 때, 또는 처음 만난 사람이거나 손님과 같이 예의를 갖춰서 말해야 할 때 사용한다. '마이클 씨는 미국 사람이 아닙니까?', '영수증이 필요하십니까?' 등으로 사용할 수 있다.

형태 정보

① 동사 및 형용사 어간 끝음절에 받침이 있으면 '-습니까'를 쓴다.

예) 먹- + -습니까 → 먹습니까　　읽- + -습니까 → 읽습니까
좋- + -습니까 → 좋습니까　　참- + -습니까 → 참습니까
있- + -습니까 → 있습니까　　춥- + -습니까 → 춥습니까

② 동사 및 형용사 어간 끝음절에 받침이 없거나 'ㄹ' 받침으로 끝나면 '-ㅂ니까'를 쓴다. 단, 'ㄹ' 받침으로 끝날 때는 'ㄹ'이 탈락한다.

예) 가- + -ㅂ니까 → 갑니까　　바쁘- + -ㅂ니까 → 바쁩니까
오- + -ㅂ니까 → 옵니까　　공부하- + -ㅂ니까 → 공부합니까
놀- + -ㅂ니까 → 놉니까　　만들- + -ㅂ니까 → 만듭니까

+ '-습니까'는 어간의 받침 유무에 따라 형태가 달라지며, 특히 'ㄹ' 받침으로 끝나는 경우는 'ㄹ'이 탈락하고 '-ㅂ니까'가 결합한다.

①	받침 ○	+ -습니까	먹습니까, 읽습니까, 좋습니까, 참습니까, 있습니까, 춥습니까
②	받침 ×	+ -ㅂ니까	갑니까, 바쁩니까, 옵니까, 공부합니까
	ㄹ 받침	+ -ㅂ니까(어간 'ㄹ' 탈락)	놉니까, 만듭니까

③ '이다, 아니다'는 '-ㅂ니까'를 쓴다. 단, '이다' 앞의 명사에 받침이 없으면 주로 '명사+-ㅂ니까'라고 쓴다.

예) 학생이- + -ㅂ니까 → 학생입니까　　선생님이- + -ㅂ니까 → 선생님입니까
가수이- + -ㅂ니까 → 가수입니까/가숩니까　　숙제이- + -ㅂ니까 → 숙제입니까/숙젭니까
의사이- + -ㅂ니까 → 의사입니까/의삽니까　　아니- + -ㅂ니까 → 아닙니까

+ 'N+-ㅂ니까'는 격식적인 문어에서 잘 사용하지 않는다.

유사 문법

① **'-습니까', '-어2)'**

-습니까	-어2)
· 어떤 상황이나 사실을 질문하는 종결어미이다.	
· 예의와 격식을 차려서 말해야 하는 상황에서 사용하는 격식체이다. 예) 회의 시간은 몇 시**입니까**? 사장님께서는 어디에서 점심을 **드십니까**?	· 격식을 차리지 않아도 될 만큼 가깝거나 친한 사이에서 사용하는 비격식체이다. 예) 롯데월드는 몇 시에 문을 **열어요**? 유미 씨, 지금 뭐 **먹어요**?
· 듣는 사람을 아주 높일 때 사용한다. 예) 사장님, 오후에 회의가 **있으십니까**?	· '-어'는 듣는 사람을 친근하게 낮출 때 사용하고, '-어요'는 듣는 사람을 친근하게 높일 때 사용한다. 예) 유미야, 오후에 회의가 **있어**? 미셸 씨, 오후에 회의가 **있어요**?

이렇게 도입해 보세요

(1) (칠판에 동사를 두 개 써 놓거나 동사 카드를 두 개 붙여 놓는다.)

교사: (책을 읽는 시늉을 하며 동사 카드를 가리키며) 선생님이?

학생: 읽다.

교사: 선생님이 읽다. 읽습니까? 선생님이 **읽습니까**? (고개를 끄덕이며 '네'를 유도한다.)

학생: 네.

교사: (노래하는 시늉을 하며) 선생님이?

학생: 노래하다.

교사: 선생님이 **노래합니까**?

학생: 네.

(2) 교사: 선생님의 이름은 유미입니다. 한국 사람입니다.
(교실 안의 학생을 가리키며) 왕밍입니다.
왕밍은 중국 사람?

학생: 중국 사람.

교사: 왕밍 씨는 중국 사람**입니까**? 네, 중국 사람입니다.

학생: 네, 중국 사람입니다.

+ (1)처럼 '-습니까'를 도입할 때 동사 카드를 활용하는 것이 좋다. 또는 (2)처럼 교실 사물, 학생 개개인의 국적, 가지고 있는 물건 등을 물어보는 상황을 연출하여 도입을 한다. 이미 '-습니다'를 배운 경우는 '-습니다'와 연계하여 질문과 대답을 하도록 연습한다.

-습니다[-ㅂ니다]

정중하게 동작이나 상태를 **서술함**을 나타내는 종결어미.

-습니다 (동사나 형용사, '이다, 아니다'에 붙어) 동작이나 상태, 사실을 설명함을 나타낸다. 평서형 종결어미 중 가장 상대방을 높이는 최고 높임의 뜻을 가지며, 격식적인 상황에서 말하는 사람이 듣는 사람에게 현재의 상황이나 동작에 대해 정중하게 설명할 때 사용한다.

예문

(1) 가: 책을 읽습니까?
나: 네, **읽습니다.**

(2) 가: 어디에 갑니까?
나: 학교에 **갑니다.**

(3) 가: 앤디 씨의 방은 깨끗합니까?
나: 네, **깨끗합니다.**

(4) 가: 수지 씨는 예쁩니까?
나: 네, **예쁩니다.**

저는 외국인 기숙사에서 **삽니다.**

미도리 씨는 요리를 **잘합니다.**

도서관에 책이 **많습니다.**

1시에 한국어 말하기 대회를 **시작합니다.**

뉴스 **마치겠습니다. 고맙습니다.**

저는 대학생이 **아닙니다.**

저는 아침에 빵을 **먹습니다.**

저는 서울에서 **삽니다.**

마이클 씨는 키가 **큽니다.**

회장님께서 **도착하셨습니다.**

이 가방은 19,800원**입니다.**

저는 샤오잉**입니다.** 중국 사람**입니다.** 저는 한국대학교에 **다닙니다.**

+ '-습니다'는 동사나 형용사, '명사+이다' 뒤에 붙어 생각을 말하거나 알릴 때 사용하는 종결어미로, 학교문법에서는 평서형 종결어미라고 한다. 평서형 종결어미 중 상대방을 가장 높이는 격식체로서 일반적으로 회의나 발표, 텔레비전 뉴스, 인터뷰 등 공식적인 자리에서 많이 사용된다.

+ 듣는 사람이 말하는 사람보다 지위가 높거나 나이가 많아 높여야 할 때, 또는 처음 만난 사람이거나 손님과 같이 예의를 갖춰서 말해야 할 때 사용한다.

+ '-습니다'는 공손하게 말할 때 사용하는 어미이기 때문에 말하는 사람이 주어일 때 '저'를 사용하는 것이 어울린다.

형태 정보

① 동사 및 형용사 어간 끝음절에 받침이 있으면 '-습니다'를 쓴다.

예) 먹- + -습니다 → 먹습니다　읽- + -습니다 → 읽습니다
찾- + -습니다 → 찾습니다　많- + -습니다 → 많습니다
좋- + -습니다 → 좋습니다　덥- + -습니다 → 덥습니다

② 동사 및 형용사 어간 끝음절에 받침이 없거나 'ㄹ' 받침으로 끝나면 '-ㅂ니다'를 쓴다. 단, 'ㄹ' 받침으로 끝날 때는 'ㄹ'이 탈락한다.

예) 가- + -ㅂ니다 → 갑니다　오- + -ㅂ니다 → 옵니다
크- + -ㅂ니다 → 큽니다　공부하- + -ㅂ니다 → 공부합니다
살- + -ㅂ니다 → 삽니다　만들- + -ㅂ니다 → 만듭니다

+ '-습니다'는 어간의 받침 유무에 따라 형태가 달라지며, 특히 'ㄹ' 받침으로 끝나는 경우는 'ㄹ'이 탈락하고 '-ㅂ니다'가 결합한다.

①	받침 ○	+ -습니다	먹습니다, 읽습니다, 찾습니다, 많습니다, 좋습니다, 덥습니다
②	받침 ×	+ -ㅂ니다	갑니다, 옵니다, 큽니다, 공부합니다
	ㄹ 받침	+ -ㅂ니다(어간 'ㄹ' 탈락)	삽니다, 만듭니다

③ '이다, 아니다'는 '-ㅂ니다'를 쓴다. 단, '이다' 앞의 명사에 받침이 없으면 주로 '명사+ -ㅂ니다'라고 쓴다.

예) 책이- + -ㅂ니다 → 책입니다　학생이- + -ㅂ니다 → 학생입니다
가수이- + -ㅂ니다 → 가수입니다/가숩니다　식탁이- + -ㅂ니다 → 식탁입니다
요리사이- + -ㅂ니다 → 요리사입니다/요리삽니다　아니- + -ㅂ니다 → 아닙니다

+ 'N+-ㅂ니다'는 격식적인 문어에서 잘 사용하지 않는다.

유사 문법

① '-습니다', '-어1)'

-습니다	-어1)
· 생각이나 사실을 설명함을 나타낸다.	
· 예의와 격식을 차려서 말해야 하는 상황에서 사용하는 격식체이다. 예) 제가 먼저 **발표하겠습니다**. 신입생 오리엔테이션은 2시에 **시작합니다**.	· 격식을 차리지 않아도 될 만큼 가깝거나 친한 사이에서 사용하는 비격식체이다. 예) 가: 점심으로 햄버거를 **먹었어요**. 나: 나도 먹고 **싶어요**.
· 듣는 사람을 아주 높일 때 사용한다. 예) 사장님, 오후에 회의가 **있습니다**.	· '-어'는 듣는 사람을 친근하게 낮출 때 사용하고, '-어요'는 듣는 사람을 친근하게 높일 때 사용한다. 예) 유미야, 오후에 회의가 **있어**. 미셸 씨, 오후에 회의가 **있어요**.

이렇게 도입해 보세요

(1) (교사와 학생 모두 이름표를 달고 있다.)

교사: (자신의 이름표를 가리키며)
김영희. 김영희입니다.
(학생들이 따라하도록 한다.)

학생: 김영희**입니다**.

교사: (학생의 이름표를 가리키며)
미도리. 미도리입니다.
(학생들이 따라하도록 한다.)

학생: 미도리**입니다**.

(2) (칠판에 동사를 두 개 써 놓거나 동사 카드를 두 개 붙여 놓는다.)

교사: (책을 읽는 시늉을 하며 동사 카드를 가리킨다.)
선생님이?

학생: 읽다.

교사: 선생님이 읽다. 읽습니다. 선생님이 **읽습니다**.
(노래하는 시늉을 한다.) 선생님이?

학생: 노래하다.

교사: 선생님이 노래하다. 선생님이 **노래합니다**.

+ '-습니다'를 도입할 때 먼저 학생에게서 쉽게 끌어낼 수 있는 이름 정보를 바탕으로 학생들이 말하는 이름과 '이름+-ㅂ니다'를 나란히 제시하여 문장을 만들어 준다. 선생님과 학생 한두 명의 연습이 끝나면 교실 안의 모든 학생들이 한 사람 한 사람 차례대로 할 수 있도록 유도한다. 이름이 끝나면 명사 카드 또는 교실에 있는 사물을 이용해서 '-입니다'를 연습한다. '무엇입니까?'를 미리 학습한 상태에서는 질문과 함께 연습한다.

+ 동사 카드를 사용하여 '-습니다'를 도입한다. 교사가 카드에 있는 동사를 행동으로 보여 주면서 자연스럽게 '-습니다'를 연결하여 제시한다. 도입 후에 다양한 동사 카드를 활용하여 '-습니다'를 연습한다. '무엇을 합니까?'를 미리 학습한 상태에서는 질문하고 대답하는 활동까지 연계할 수 있다.

-어[-아/-여]{-어요/-아요/-여요}

사실을 1) **서술** 2) **질문** 3) **명령** 4) **청유**함을 나타내는 종결어미.

-어1) (동사나 형용사, '이다, 아니다'에 붙어) 말하는 사람의 생각이나 사실을 말할 때 사용한다.

예문

(1) 가: 아침에 무엇을 먹어요?
나: 저는 아침에 빵과 우유를 **먹어요**.

(2) 가: 지금 뭐 해?
나: 도서관에서 숙제를 **해**.

(3) 가: 비가 올 것 **같아요**.
나: 그래요? 우산을 가져가요.

(4) 가: 이 방은 어때요?
나: 조금 **좁아요**. 그렇지만 **깨끗해요**.

(5) 가: 유미 씨는 직업이 뭐예요?
나: 저는 회사원**이에요**.

줄리아 씨는 매일 치마를 **입어요**.

흐엉 씨는 비빔밥을 **좋아해**.

마이클 씨는 한국 친구가 **많아요**.

저는 매일 한국 노래를 **들어요**.

이 가방은 비싸지 **않아요**.

앤디 씨는 어제 저녁 11시에 **잤어요**.

학생 식당의 음식이 정말 **맛있어**.

왕밍 씨의 여자 친구는 아주 **친절해요**.

지난 여름은 많이 **더웠어**.

미셸 씨는 미국 사람**이야**.

+ '-어1)'은 동사나 형용사, '이다, 아니다' 뒤에 붙어 생각을 말하거나 설명할 때 사용하는 종결어미이다. 높임 표현으로는 '요'가 결합한 '-어요'의 형태로 사용한다. '-어1)'은 비격식체로 격식체인 '-습니다'와 달리 일상적인 상황에서 주로 사용하고 부드러운 느낌을 준다. 주로 말할 때 많이 사용하며 정중하게 대해야 하는 윗사람에게는 사용하지 않는 것이 좋다.

형태 정보

① 동사 및 형용사 어간의 끝음절 모음이 'ㅏ, ㅗ'인 경우 '-아요'를 쓴다.

예) 앉- + -아요 → 앉아요　　많- + -아요 → 많아요
좋- + -아요 → 좋아요　　가- + -아요 → 가요
오- + -아요 → 와요　　아프- + -아요 → 아파요

+ 어간 음절이 'ㅏ'로 끝나면 '가요, 사요'와 같이 줄여서 쓴다.

+ 어간 음절이 'ㅗ'로 끝나면 '와요'와 같이 줄여서 쓴다.

+ 이음절 이상의 어간 끝음절 모음이 'ㅡ'일 때는 'ㅡ' 앞의 끝음절 모음에 따라 교체한다. 이때 'ㅡ' 모음은 탈락한다.

② 동사 및 형용사 어간의 끝음절 모음이 'ㅏ, ㅗ'가 아닌 경우 '-어요'를 쓴다.

예) 먹- + -어요 → 먹어요　　읽- + -어요 → 읽어요
서- + -어요 → 서요　　주- + -어요 → 주어요/줘요
슬프- + -어요 → 슬퍼요　　기다리- + -어요 → 기다리어요/기다려요
마시- + -어요 → 마시어요/마셔요　　막히- + -어요 → 막히어요/막혀요
지내- + -어요 → 지내어요/지내요　　세- + -어요 → 세어요/세요
있- + -어요 → 있어요　　없- + -어요 → 없어요

+ 어간 음절이 'ㅓ'로 끝나면 '서요'와 같이 줄여서 쓴다.

+ 어간 음절이 'ㅜ'로 끝나면 '줘요, 꿔요'와 같이 줄여서 쓴다.

+ 이음절 이상의 어간 끝음절 모음이 'ㅡ'일 때는 'ㅡ' 앞의 끝음절 모음에 따라 교체한다. 이때 'ㅡ' 모음은 탈락한다.

+ 어간 음절이 'ㅣ'로 끝나면 흔히 '기다려요, 마셔요'와 같이 줄여서 쓴다. 어간 음절이 'ㅐ, ㅔ'로 끝나면 '지내요, 세요'와 같이 줄여서 쓴다.

③ '-하다'가 붙은 동사 및 형용사 어간에는 '-여요'를 쓰는데, 흔히 줄여서 '해요'로 쓴다.

예) 하- + -여요 → 하여요/해요
착하- + -여요 → 착하여요/착해요
친절하- + -여요 → 친절하여요/친절해요
말하- + -여요 → 말하여요/말해요
청소하- + -여요 → 청소하여요/청소해요
공부하- + -여요 → 공부하여요/공부해요

①	ㅏ, ㅗ	+ -아요	앉아요, 많아요, 좋아요, 가요, 와요, 아파요
②	ㅏ, ㅗ 이외	+ -어요	먹어요, 읽어요, 서요, 줘요, 마셔요, 기다려요, 지내요, 세요, 있어요, 없어요
③	-하다	+ -여요(-해요)	해요, 말해요, 착해요, 청소해요, 친절해요, 공부해요

④ '이다' 앞의 명사에는 '-이에요'가 오는데, 받침이 있으면 '-이에요', 받침이 없으면 주로 '명사+예요'라고 쓴다.

예) 펜이- + -에요 → 펜이에요
사과이- + -에요 → 사과예요
의자이- + -에요 → 의자예요
학생이- + -에요 → 학생이에요
가수이- + -에요 → 가수예요
아니- + -에요 → 아니에요

+ '아니에요'는 '아니예요'로 혼동하는 경우가 많으므로 학습자들이 오류를 범하지 않도록 미리 주의를 주도록 한다.

⑤ 불규칙

듣- 예) 저는 한국 음악을 자주 **들어요.**

무겁- 예) 이 의자는 크고 **무거워요.**

짓- 예) 어머니가 아이의 이름을 **지어요.**

파랗- 예) 가을 하늘이 무척 **파래요.**

부르- 예) 유미 씨는 노래방에 가면 항상 팝송을 **불러요.**

문장 구성 정보

① 주어를 존대해야 할 경우에는 '-으시-'를 써서 '-으시어요'로 쓴다. 일반적으로 '-으시어요'는 '-으셔요/-으세요'로 줄여 쓴다. '-으셔요'보다는 '-으세요'를 더 많이 쓴다.

예) 동생은 책을 **읽어요.**
아버지는 책을 **읽으시어요.**
= 아버지는 책을 **읽으셔요.**
= 아버지는 책을 **읽으세요.**

유사 문법

① '-어1)', '-으세요1)'

-어1)	-으세요1)
· 어떤 동작이나 상태를 서술함을 나타낸다.	
· 문장의 주어는 높이지 않는다. 예) 가: 미셸이 지금 뭐 해요? 나: 미셸은 지금 한국 음식을 **만들어요**. ('미셸'을 높이지 않음)	· 문장의 주어를 높인다. 예) 가: 어머니께서 지금 뭐 하세요? 나: 어머니께서는 지금 한국 음식을 **만드세요**. ('-시-'가 주체인 어머니를 높임)
· '-어'는 듣는 사람을 친근하게 낮출 때 사용하고, '-어요'는 듣는 사람을 친근하게 높일 때 사용한다. 예) 유미는 피아노를 잘 **쳐**. 줄리아 씨는 피아노를 잘 **쳐요**.	· 듣는 사람을 친근하게 높일 때 사용한다. 예) 선생님께서 피아노를 잘 **치세요**.

② '-어1)', '-습니다'

-어1)	-습니다
· 어떤 동작이나 상태를 서술함을 나타낸다.	
· 격식을 차리지 않아도 될 만큼 가깝거나 친한 사이에서 사용하는 비격식체이다. 예) 가: 점심으로 햄버거를 **먹었어요**. 나: 나도 먹고 **싶어요**.	· 예의와 격식을 차려서 말해야 하는 상황에서 사용하는 격식체이다. 예) 제가 먼저 **발표하겠습니다**. 신입생 오리엔테이션은 2시에 **시작합니다**.
· '-어'는 듣는 사람을 친근하게 낮출 때 사용하고, '-어요'는 듣는 사람을 친근하게 높일 때 사용한다. 예) 유미야, 오후에 회의가 **있어**. 미셸 씨, 오후에 회의가 **있어요**.	· 듣는 사람을 아주 높일 때 사용한다. 예) 사장님, 오후에 회의가 **있습니다**.

③ '-어1)', '-지1)'

어1)	-지1)
· 어떤 동작이나 상태를 서술함을 나타낸다.	
· 말하는 사람이 말하는 내용을 듣는 사람이 알고 있다고 전제하지 않고 말할 때 사용한다. 예) 가: 이 꽃은 향기가 참 **좋아요**. 나: 네, 참 좋네요. (말하는 사람이 그 꽃의 향기가 좋다는 사실을 듣는 사람이 모르고 있다고 생각함.)	· 말하는 사람이 말하는 내용을 듣는 사람이 알고 있다고 생각하고 확인하듯 말할 때 사용한다. 예) 가: 이 꽃은 향기가 참 좋아요. 나: 네, 향기가 참 **좋지요**. (그 꽃의 향기가 좋다는 사실을 말하는 사람이 이미 알고 있고 듣는 사람도 그 사실을 알고 있다고 생각함.)

이렇게 도입해 보세요

(1) 교사: (밥을 먹는 사진을 보여 주며) 이 사람이? (밥 먹는 행동을 한다.)
학생: 먹다.
교사: 먹다. 어요. **먹어요.**
학생: 먹어요.
교사: (물을 마시는 사진을 보여 주며) 이 사람이? (물 마시는 행동을 한다.)
학생: 마시다.
교사: 마시다. 어요. **마셔요.**
학생: **마셔요.**

(2) 교사: (한복을 입고 있는 사람의 사진을 보여 주며)
어느 나라 사람?
학생: 한국 사람.
교사: 한국 사람. 이에요. 한국 사람**이에요.**

+ '-어1)'을 도입할 때 학생들이 먼저 학습한 동사를 나타내는 그림 자료를 사용하여 자연스럽게 동사를 말하도록 이끌어 내고, 그 다음으로 '-어'를 활용하여 제시한다. 도입이 끝나면 이어서 먼저 학습한 동사들을 제시하여 '-어'를 연결하는 것을 연습할 수 있다.

+ 학생들이 먼저 학습한 나라 이름을 '이다'와 함께 연결하여 사용할 수 있도록 유도한다. 도입이 끝나면 교실 안 사물을 사용해서 연습을 할 수 있다.

-어2) (동사나 형용사, '이다'에 붙어) 현재의 동작이나 상태에 대해 질문함을 나타낸다. 말하는 사람이 듣는 사람에게 현재의 상태나 동작에 대해 물어볼 때 사용한다.

예문

(1) 가: 몇 시에 점심을 **먹어요**?
나: 보통 1시에 점심을 먹어요.

(2) 가: 지금 어디에 **가**?
나: 화장실에 가.

(3) 가: 왕밍 씨는 어디에서 **살았어**?
나: 기숙사에서 살았어.

(4) 가: 김치가 많이 **매워요**?
나: 네, 매워요. 그렇지만 맛있어요.

(5) 가: 이것은 누구의 가방**이에요**?
나: 민수 씨 가방이에요.

지금 무엇을 **읽어요**?

무슨 운동을 **좋아해**?

흐엉 씨 집이 학교에서 **멀어**?

시험을 잘 **봤어요**?

교실이 **덥지 않아**?

줄리아 씨가 누구를 **기다려요**?

그 영화가 **재미있었어요**?

마이클 씨가 앤디 씨보다 키가 **커요**?

한국어가 **어려워요**?

고향이 어디**야**?

+ '-어2)'는 동사나 형용사, '이다, 아니다' 뒤에 붙어 말하는 사람이 듣는 사람에게 물어볼 때 사용하는 종결어미이다. 높임 표현으로는 '요'가 결합한 '-어요'의 형태로 사용한다.

+ 서술의 의미를 가지는 '-어1)'과 형태가 같으며 이야기할 때 문장의 끝을 살짝 올려 발음한다.

형태 정보

앞의 '-어1)'을 참고한다.

유사 문법

① **'-어2)', '-으세요2)'**

-어2)	-으세요2)
· 어떤 동작이나 상태를 질문함을 나타낸다.	
· 문장의 주어는 높이지 않는다. 예) 가: 미셸이 지금 뭐 **해요**? ('미셸'을 높이지 않음) 나: 미셸은 지금 한국 음식을 만들어요.	· 문장의 주어를 높인다. 예) 가: 어머니께서 지금 뭐 **하세요**? ('-시-'가 주체인 어머니를 높임) 나: 어머니께서는 지금 한국 음식을 만드세요.
· '-어'는 듣는 사람을 친근하게 낮출 때 사용하고, '-어요'는 듣는 사람을 친근하게 높일 때 사용한다. 예) 유미는 피아노를 잘 **쳐**? 줄리아 씨는 피아노를 잘 **쳐요**?	· 듣는 사람을 친근하게 높일 때 사용한다. 예) 선생님께서 피아노를 잘 **치세요**?

② **'-어2)', '-습니까'**

-어2)	-습니까
· 어떤 동작이나 상태를 질문함을 나타낸다.	
· 격식을 차리지 않아도 될 만큼 가깝거나 친한 사이에서 사용하는 비격식체이다. 예) 롯데월드는 몇 시에 문을 **열어요**? 유미 씨, 지금 뭐 **먹어요**?	· 예의와 격식을 차려서 말해야 하는 상황에서 사용하는 격식체이다. 예) 회의 시간은 몇 시**입니까**? 사장님께서 어디에서 점심을 **드십니까**?
· '-어'는 듣는 사람을 친근하게 낮출 때 사용하고, '-어요'는 듣는 사람을 친근하게 높일 때 사용한다. 예) 유미야, 오후에 회의가 **있어**? 미셸 씨, 오후에 회의가 **있어요**?	· 듣는 사람을 아주 높일 때 사용한다. 예) 사장님, 오후에 회의가 **있으십니까**?

③ '-어2)', '-지2)'

-어2)	-지2)
· 어떤 동작이나 상태를 질문함을 나타낸다.	
· 말하는 사람이 자신이 모르는 내용을 듣는 사람에게 물을 때 사용한다. 예) 가: 지금 비가 **와요**? 나: 네, 비가 와요. (말하는 사람은 비가 오는지 오지 않는지 모름. 모르는 것을 알기 위해 질문함.)	· 말하는 사람이 아는 내용을 듣는 사람도 알고 있다고 생각하고 확인하며 질문할 때 사용한다. 예) 가: 이 꽃은 향기가 참 좋아요. 나: 네, 향기가 참 **좋지요**? (그 꽃의 향기가 좋다는 사실을 말하는 사람이 이미 알고 있고 듣는 사람도 그 사실을 알고 있다고 생각함.) 예) 가: 지금 비가 **오지요**? 나: 네, 비가 와요. (말하는 사람이 '비가 온다'는 사실을 알고 확인하며 물어봄.)
· 선택 의문문으로 사용된다. 예) 비가 **와요**? 안 **와요**? (o)	· 선택 의문문으로 사용되지 않는다. 예) 비가 **오지요**? 안 **오지요**? (x)

이렇게 도입해 보세요

(1) 교사: (자신을 가리키며) 선생님, 선생님이에요.
(학생을 가리키며 억양을 강조하며) 선생님**이에요**?
학생: 아뇨.
교사: 학생**이에요**?
학생: 네, 학생이에요.

(2) 교사: (전화하는 동작을 보이며)
지금 **공부해요**?
학생: 아니요, 전화해요.
교사: **전화해요**?
학생: 네, 전화해요.

+ '-어2)'를 도입할 때 교실 사물이나 학생, 학생이 가지고 있는 물건을 이용하여 물어보는 상황을 만든다. 평서문의 '-어1)'과 의문문의 '-어2)'가 형태는 같으나 억양을 달리하여 사용함을 강조하며, 문장 끝을 올려 사용하는 '-어2)'가 질문할 때 사용하는 종결어미임을 가르쳐 준다.

-어3) (동사에 붙어) 어떠한 행동을 할 것을 명령함을 나타낸다. 주로 듣는 사람에게 무언가를 시킬 때 사용한다.

예문

(1) 가: 선생님, 저희는 어디에 앉아요?
나: 여기에 **앉아요**.

(2) 가: 지하철을 타요, 아니면 버스를 타요?
나: 지금은 퇴근시간이니까 빨리 가려면 지하철을 **타**.

(3) 가: 왕밍 씨, 빨리 **일어나요**. 지각하겠어요.
나: 지금 몇 시예요?

(4) 가: 주스가 맛이 없어요.
나: 몸에 좋은 주스니까 어서 다 **마셔요**.

(5) 가: 어서 갑시다.
나: 잠깐만 **기다려요**. 유미 씨가 아직 안 왔어요.

날씨가 추우니까 두꺼운 옷을 **입어요**.

이제 사진을 찍습니다. **웃어요**.

늦었어요. 빨리 **준비해요**.

부모님께서 걱정하시니까 일찍 **들어와요**.

열이 많이 나요. 지금 당장 침대에 **누워요**.

서울역에서 4호선으로 **갈아타요**.

짐 좀 **받아**.

어서 줄리아 씨에게 **전화해요**.

김밥 10인분을 **만들어요**.

물건이 다 팔리기 전에 빨리 **골라요**.

+ '-어3)'은 동사 뒤에 붙어 말하는 사람이 듣는 사람에게 어떤 행동을 할 것을 명령할 때 사용하는 종결어미이다. 높임 표현으로는 '요'가 결합한 '-어요'의 형태를 사용한다.

형태 정보

앞의 '-어1)'을 참고하되, 동사와만 결합하므로 이에 주의한다.

유사 문법

① **'-어3)', '-어라', '-으십시오', '-으세요3)'**

-어3)	-어라	-으십시오	-으세요3)
· 명령을 나타낸다.			
· 비격식체로 다소 부드러운 느낌을 주며, 일상적인 대화에서 두루 편하게 쓰인다. 예) 다음으로 줄리아 씨가 **발표해요.** (줄리아 씨와 친하며, 비격식적 상황)	· 격식체로 반드시 말하는 사람보다 아랫사람이거나 친한 친구 사이에 강한 어조로 명령할 때 사용한다. 예) 밥 **먹어라.** 옷을 **입어라.**	· 격식체로 다소 딱딱한 느낌을 주며, 공식적인 자리에서 말할 때 많이 쓰인다. 예) 다음 발표자, **발표하십시오.** (사회자가 발표자에게, 격식적 상황)	· 비격식체로 다소 친분이 있는 윗사람, 비슷한 지위지만 친하지 않아서 약간 높이거나 다소 부드럽게 높여야 하는 사람에게 두루 쓴다. 예) 다음으로 줄리아 씨가 **발표하세요.** (줄리아 씨가 친한 윗사람이거나 친하지 않은 비슷한 또래)
· '-어'는 듣는 사람을 친근하게 낮출 때 사용하고, '-어요'는 듣는 사람을 친근하게 높일 때 사용한다. 예) 수지야, 이쪽으로 **와.** 영수 씨, 이쪽으로 **와요.**	· '-어라'는 듣는 사람을 아주 낮추어 말할 때에 사용한다. 예) 이 손을 **잡아라.**	· 듣는 사람을 아주 높일 때 사용한다. 예) 과장님, 이쪽으로 **오십시오.**	· 듣는 사람을 친근하게 높일 때 사용한다. 예) 앤디 씨, 이쪽으로 **오세요.**

+ '-으십시오'는 명령문으로만 사용할 수 있지만 '-으세요', '-어'는 평서, 의문, 명령, 제안으로 모두 사용할 수 있다.

이렇게 도입해 보세요

(1) 교사: (한쪽 손을 들고 손을 가리키며) 여러분 이게 뭐예요?
　학생: 손.
　교사: 네, 손이에요. 손을 들다. 어요. 손을 들어요.
　　　여러분, 손을 **들어요.** (말을 한 후에 손을 들어 보인다. 다 함께 할 때까지 말하고 손을 드는 행위를 순차적으로 반복하며 명령의 상황임을 알게 한다.)
　학생: 네.

(2) 교사: (미리 교실의 불을 끈다.) 교실이 어때요?
　학생: 어두워요.
　교사: 네, 어두워요. 요스케 씨, 불을 **켜요.** 불을 켜다. 어요. 불을 **켜요.**
　학생: 네.

+ '-어3)'을 도입할 때 먼저 명령하는 말을 하고 그에 해당하는 행동을 하도록 유도한다. 학생들이 이미 알고 있는 어휘를 이용하여 명령 상황에 집중하여 '-어3)'을 인식하도록 한다. 학습자들이 교사의 지시를 자연스럽게 따라하면서 어떤 행동을 하도록 만드는 기능과 문법을 자연스럽게 연결시켜 이해할 수 있도록 알려 준다.

-어4) (동사에 붙어) 말하는 사람이 듣는 사람에게 어떠한 행동을 같이 할 것을 제안하거나 요청할 때 사용한다.

예문

(1) 가: 와, 떡볶이네요. 저도 떡볶이를 좋아해요.
나: 그래요? 그럼 왕밍 씨도 같이 **먹어요.**

(2) 가: 어디 가?
나: 수지 씨하고 인사동에 갈 거야. 너도 같이 **가.**

(3) 가: 책상이 너무 무거워요. 앤디 씨, 이것 좀 함께 **옮겨요.**
나: 네, 알겠어요.

(4) 가: 뭐 해요?
나: 내일이 시험이라서 공부해. 너도 여기서 같이 **공부해.**

(5) 가: 노래가 정말 좋아요. 같이 **들어요.**
나: 와, 정말 좋네요.

책이 한 권밖에 없으니까 같이 **읽어요.**

집에 같이 **들어가요.**

모두 다 함께 사진을 **찍어요.**

이 영화가 너무 무서워요. 같이 **봐요.**

우리 흐엉 씨에게 **부탁해요.**

주말에 함께 테니스를 **쳐요.**

미도리 씨도 같이 **놀아요.**

혼자서 다 못 만들어요. 같이 **만들어요.**

우리 둘 다 영어를 못하니까 같이 영어 학원에 **다녀요.**

마이클 씨 우산이 없어요? 그럼 내 우산을 같이 **써요.**

+ '-어4)'는 동사 뒤에 붙어 듣는 사람에게 말하는 사람과 함께 어떠한 행동을 하자고 제안할 때 사용하는 종결어미이다. 높임 표현으로는 '요'가 결합한 '-어요'의 형태를 사용한다.

+ '같이, 함께' 등과 같은 부사와 자주 어울려 쓰인다.

형태 정보

앞의 '-어1)'을 참고하되, 동사와만 결합하므로 이에 주의한다.

문장 구성 정보

① '같이, 함께' 등과 같은 부사와 자주 어울려 쓰인다.

예) 주말에 영화 보러 <u>같이</u> **가요**.
다 <u>함께</u> 밥 먹으러 **가요**.

유사 문법

① **'-어4)', '-자', '-읍시다'**

-어4)	-자	-읍시다
· 제안, 권유를 나타낸다.		
· 윗사람에게 말할 때 사용할 수 있다. 단 이 경우 매우 친밀한 관계에서만 사용할 수 있나. 예) 선생님, 이번 주말에 같이 **등산해요**. (o) 아버지, 내일 우리 가족 모두 **외식해요**. (o)	· 말하는 사람과 친구이거나 아랫사람에게 어떤 행위를 하자고 요구할 때 사용할 수 있다. 예) 영수야, 우리 이번 주에 영화 보러 **가자**. (o) 엄마, 오늘 오후에 나랑 밖에서 **만나자**. (x)	· 자기보다 윗사람이나 높은 사람에게 사용할 수 없다. 예) 선생님, 우리 점심을 **먹읍시다**. (x) 사장님, 저희 집에 **갑시다**. (x)

이렇게 도입해 보세요

(1) 교사: 수업이 끝난 후에 같이 밥을 먹어요. 왕밍 씨, 어때요?
학생: 좋아요.
교사: 또 누구와 같이 밥을 먹고 싶어요?
학생: 줄리아 씨.
교사: 그럼 줄리아 씨에게 어떻게 말해요?
줄리아 씨, 우리 같이 밥을 **먹어요**.

(2) 교사: 흐엉 씨가 책이 있어요. 그렇지만 마이클 씨는 책이 없어요. 어떻게 해요?
학생: 같이 봐요.
교사: 네, 같이 봐요. 어떻게 말해요?
마이클 씨, 우리 책을 같이 **봐요**.

+ '-어4)'를 도입할 때 일상생활에서 자주 일어나는 상황을 제시하여 같이 하자고 요청하고 제안하는 상황을 통해 자연스럽게 노출시킨다.

-으세요[-세요]{-으셔요/-셔요/-으시어요/-시어요}

문장의 주어를 높이면서 어떤 사실을 1) **서술** 2) **질문** 3) **명령**, **요청**을 나타내는 종결어미.

-으세요1) (동사나 형용사, '이다, 아니다'에 붙어) 현재의 동작이나 상태에 대해 말함을 나타낸다. 문장의 주어를 높이며, 현재와 가까운 미래의 사실을 말할 때도 사용한다.

예문

(1) 가: 영수 씨, 지금 선생님께서 뭐 하세요?
나: 선생님께서 **수업하세요**.

(2) 가: 왕밍 씨, 아버지께서 언제 한국에 오세요?
나: 아버지께서 내일 한국에 **오세요**.

(3) 가: 지금 누가 집에 있어요?
나: 어머니가 집에 **계세요**.

(4) 가: 이분은 누구세요?
나: 이분은 앤디 씨의 선생님**이세요**.

(5) 가: 이분이 유미 씨의 어머니세요?
나: 아니요, 이분은 제 어머니가 **아니세요**.

할아버지는 아침에 신문을 **읽으세요**.
어머니는 냉면을 **좋아하세요**.
아버지는 지금 아주 **바쁘세요**.
할머니는 시골에서 **사세요**.
줄리아 씨의 오빠는 경찰**이세요**.
사장님은 오후에 **도착하세요**.
할머니는 키가 **작으세요**.
우리 선생님은 아주 **친절하세요**.
왕밍 씨의 어머니는 한국 음악을 자주 **들으세요**.
영수 씨의 아버지는 한국 사람이 **아니세요**.

+ '-으세요1)'은 동사나 형용사, '명사+이다' 뒤에 붙어 현재 사실을 서술하거나 현재와 가까운 미래의 사실을 설명할 때 사용하는 평서형 종결어미이다. 공식적인 자리보다는 일상적인 만남에서 편하게 쓰며, '할아버지, 할머니, 아버지, 선생님'과 같이 다소 친분이 있는 윗사람이 주어일 때 사용된다. '줄리아 씨의 오빠'와 같이 비슷한 나이나 지위의 사람이더라도 처음 만났거나 친하지 않아 약간 높여야 하는 경우에 쓰기도 한다.

형태 정보

① 동사 및 형용사 어간 끝음절에 받침이 있으면 '-으세요'를 쓴다.

예) 읽- + -으세요 → 읽으세요
앉- + -으세요 → 앉으세요
작- + -으세요 → 작으세요
닦- + -으세요 → 닦으세요
괜찮- + -으세요 → 괜찮으세요
많- + -으세요 → 많으세요

② 동사 및 형용사 어간 끝음절에 받침이 없거나 'ㄹ' 받침으로 끝나면 '-세요'를 쓴다. 단, 'ㄹ' 받침으로 끝날 때는 'ㄹ'이 탈락한다.

예) 가- + -세요 → 가세요
바쁘- + -세요 → 바쁘세요
공부하- + -세요 → 공부하세요
놀- + -세요 → 노세요
쓰- + -세요 → 쓰세요
아프- + -세요 → 아프세요
식사하- + -세요 → 식사하세요
알- + -세요 → 아세요

+ '-으세요'는 어간의 받침 유무에 따라 형태가 달라지며, 특히 'ㄹ' 받침으로 끝나는 경우는 'ㄹ'이 탈락하고 '-세요'가 결합한다.

①	받침 ○	+ -으세요	읽으세요, 닦으세요, 앉으세요, 괜찮으세요
②	받침 ×	+ -세요	가세요, 쓰세요, 공부하세요, 식사하세요
	ㄹ 받침	+ -세요(어간 'ㄹ' 탈락)	노세요, 아세요.

③ '이다, 아니다'는 '-세요'를 쓴다. 단, '이다' 앞의 명사에 받침이 없으면 주로 '명사+-세요'라고 쓴다.

예) 경찰이- + -세요 → 경찰이세요
교수님이- + -세요 → 교수님이세요
의사이- + -세요 → 의사이세요/의사세요
선생님이- + -세요 → 선생님이세요
가수이- + -세요 → 가수이세요/가수세요
아니- + -세요 → 아니세요

④ 불규칙

듣- 예) 앤디 씨의 어머니는 한국 음악을 자주 **들으세요**.
줍- 예) 우리 할아버지는 가을이 되면 산에서 밤을 **주우세요**.
짓- 예) 아버지께서 아침마다 밥을 **지으세요**.
빨갛- 예) 열이 나서 할머니의 얼굴이 **빨가세요**.

문장 구성 정보

① '먹다, 마시다, 자다, 말하다, 있다' 등의 동사는 높임 표현으로 바뀌어 결합한다.

예) 먹다 → 잡수세요, 드세요
마시다 → 드세요
자다 → 주무세요
말하다 → 말씀하세요
있다(동사) → 계세요
있다(형용사) → 있으세요

+ 학습자들이 높임 표현을 미처 생각하지 못하고 '-으세요'를 그대로 결합하여 쓰는 경우가 많으므로 주의해야 한다. 높임 표현을 배우기 전이면 관용적인 표현으로 먼저 지도하고, 높임 표현을 배우고 난 후면 한 번 더 높임 표현을 복습하고 자연스럽게 연결하여 쓰도록 유도한다.

+ '주무세요, 계세요'는 '-으세요'가 아닌 '-어요'가 결합된 형태이다.

확장

① '-으세요'를 '-으셔요'로 쓰기도 한다. 이는 높임의 선어말어미 '-으시-'와 어말어미 '-어요'가 결합된 '-으시어요'의 준말이다. '-으셔요'와 '-으시어요'는 모두 '-으세요'와 바꿔 쓸 수 있다.

예) 어머니께서 얼굴색이 좋지 **않으세요**. 어머니께서 얼굴색이 좋지 **않으셔요**.
모두 여기를 **보세요**. 모두 여기를 **보셔요**.
이 꽃을 **받으시어요**. 먼저 **가시어요**.

+ '-으셔요'보다 '-으세요'가 보편적으로 더 많이 쓰인다. '-으셔요'와 '-으시어요'는 주로 나이든 사람들이 많이 사용한다.

② 감탄문에도 사용한다.

예) 아, 형님**이세요**.
아휴, 선생님 이제 **오세요**.

+ 평서문은 느낌을 강조하여 말하면 모두 감탄문으로 사용이 가능하다.

유사 문법

① '-으세요1)', '-어1)'

-으세요1)	-어1)
· 어떤 동작이나 상태를 서술함을 나타낸다.	
· 문장의 주어를 높인다. 예) 가: 어머니께서 지금 뭐 하세요? 나: 어머니께서는 지금 한국 음식을 **만드세요**. ('-시-'가 주체인 어머니를 높임)	· 문장의 주어는 높이지 않는다. 예) 가: 미셸이 지금 뭐 해요? 나: 미셸은 지금 한국 음식을 **만들어요**. ('미셸'을 높이지 않음)
· 듣는 사람을 친근하게 높일 때 사용한다. 예) 선생님께서 피아노를 잘 **치세요**.	· '-어'는 듣는 사람을 친근하게 낮출 때 사용하고, '-어요'는 듣는 사람을 친근하게 높일 때 사용한다. 예) 유미는 피아노를 잘 **쳐**. 줄리아 씨는 피아노를 잘 **쳐요**.

이렇게 도입해 보세요

(1) 교사: (아이가 책을 읽는 사진을 보여 준다.) 아이가 무엇을 해요?
학생: 아이가 책을 읽어요.
교사: (할아버지가 책을 읽는 사진을 보여 준다.) 할아버지가 무엇을 해요?
학생: 할아버지가 책을 읽어요.
교사: 할아버지예요. 나이가 많아요.
할아버지가 책을 **읽으세요**.

(2) 교사: 여러분, 어디 살아요?
학생: 한국에 살아요. 서울에 살아요.
교사: 네, 서울에 살아요.
여러분의 부모님은 어디 살아요?
학생: 중국에 살아요. 베이징에 살아요.
교사: 네, 베이징에 살아요. 부모님이에요. 나이가 많아요.
부모님은 베이징에 **사세요**.
나는 서울에 살아요. 부모님은 베이징에 **사세요**.

+ '-으세요1)'을 도입할 때 문장의 주어로 나이가 많거나 지위가 높은 윗사람이 온다는 것을 학생들이 확실하게 학습할 수 있도록 한다. '-습니다', '-어요' 중 먼저 학습한 문법과 비교하여 함께 연습할 수 있도록 유도한다.

-으세요2) (동사나 형용사, '이다, 아니다'에 붙어) 현재의 동작이나 상태에 대해 질문함을 나타낸다. 문장의 주어를 높이면서 말하는 사람이 듣는 사람에게 현재의 상태나 동작에 대해 물어볼 때 사용한다.

예문

(1) 가: 왕밍 씨, 무슨 책을 **읽으세요**?
나: 한국 소설을 읽어요.

(2) 가: 어디에서 한국어를 **배우세요**?
나: 한국대학교에서 한국어를 배워요.

(3) 가: 영수 씨, 무슨 운동을 **좋아하세요**?
나: 저는 축구를 좋아해요.

(4) 가: 저는 미도리 씨 휴대폰 번호를 몰라요.
미도리 씨 휴대폰 번호를 **아세요**?
나: 네, 제가 알아요.

(5) 가: 지금 무슨 음악을 **들으세요**?
나: 한국 노래를 들어요.

선생님께서 학생을 **찾으세요**?
선생님, 지금 무엇을 **만드세요**?
수지 씨는 김치를 **좋아하세요**?
어머니, 음식이 **맛없으세요**?
저분이 이 선생님의 남편**이세요**?
아버지, 지금 어디 **가세요**?
손님, 의자가 많이 **불편하세요**?
선생님, 내일 시간이 **있으세요**?
에어컨을 켰는데 아직 **더우세요**?
여기가 아저씨 댁이 **아니세요**?

+ '-으세요2)'는 동사나 형용사, '명사+이다' 뒤에 붙어 말하는 사람이 듣는 사람에게 대답을 듣기 위해 물어볼 때 사용하는 의문형 종결어미이다. 공식적인 자리보다는 일상적인 만남에서 편하게 쓰거나 '아버지, 선생님, 아저씨'와 같이 다소 친분이 있는 윗사람에게 쓴다. 비슷한 나이나 지위의 사람이더라도 처음 만났거나 친하지 않아서 약간 높여야 하는 경우에 쓰기도 한다.

+ '-으세요2)'로 질문을 받았을 때 이에 대한 답은 '-으세요'가 아니라 말하는 사람 자신이 주어가 되므로 '-어요'라고 해야 한다. 담화 예문을 보면 질문은 모두 '-으세요?'를 사용하고 있으나 대답은 '-어요'로 하고 있다.

형태 정보

앞의 '-으세요1)'을 참고한다.

유사 문법

① '-으세요2)', '-어2)'

<table>
<tr><th>-으세요2)</th><th>-어2)</th></tr>
<tr><td colspan="2">· 어떤 동작이나 상태를 질문함을 나타낸다.</td></tr>
<tr><td>· 문장의 주어를 높인다.
예) 가: 어머니께서 지금 뭐 하세요?
('-시-'가 주체인 어머니를 높임)
나: 어머니께서는 지금 한국 음식을 만드세요.</td><td>· 문장의 주어는 높이지 않는다.
예) 가: 미셸이 지금 뭐 해요?
('미셸'을 높이지 않음)
나: 미셸은 지금 한국 음식을 만들어요.</td></tr>
<tr><td>· 듣는 사람을 친근하게 높일 때 사용한다.
예) 선생님께서 피아노를 잘 치세요?</td><td>· '-어'는 듣는 사람을 친근하게 낮출 때 사용하고, '-어요'는 듣는 사람을 친근하게 높일 때 사용한다.
예) 유미는 피아노를 잘 쳐?
줄리아 씨는 피아노를 잘 쳐요?</td></tr>
</table>

이렇게 도입해 보세요

(1) 교사: 여러분, 무슨 음식을 좋아해요?
학생: 불고기를 좋아해요.
교사: 네, 불고기를 좋아해요. 선생님은 무슨 음식을 좋아해요? 알아요?
학생: 몰라요. 선생님은 무슨 음식을 좋아해요?
교사: 선생님은 나이가 많아요. 여러분은 나이가 적어요.
'세요?'를 써요. 선생님은 무슨 음식을 **좋아하세요**?
학생: 선생님은 무슨 음식을 **좋아하세요**?
교사: 선생님은 김치찌개를 좋아해요.

(2) 교사: (아이가 책을 읽는 사진을 보여 준다.) 아이가 무엇을 해요?
학생: 아이가 책을 읽어요.
교사: (할아버지가 책을 읽는 사진을 보여 준다.)
할아버지께서 무엇을 해요? 아니에요.
할아버지는 나이가 많아요. '-세요?'를 써요.
할아버지는 무엇을 **하세요**?
학생: 할아버지가 책을 읽어요.
교사: 할아버지께서 책을 읽으세요.

+ '-으세요2)'를 도입할 때 문장의 주어가 나이가 많거나 윗사람인가 아닌가를 확실하게 학생들이 학습할 수 있도록 돕는다. '-습니까', '-어요' 중 먼저 학습한 문법과 비교하여 함께 연습할 수 있도록 유도한다.

+ 평서형의 '-으세요1)'과 의문형의 '-으세요2)'는 같이 교수하는 경우가 많다. (2)는 평서형의 '-으세요'를 도입하는 상황과 같다. 둘을 같이 연습할 수 있도록 하는 것이 좋다.

-으세요3) (동사에 붙어) 어떠한 행동을 할 것을 명령하거나 요청함을 나타낸다. 주로 높임의 대상인 사람에게 무언가를 시킬 때 사용한다.

예문

(1) 가: 이 종이에 무엇을 써요?
나: 이름과 전화번호를 **쓰세요.**

(2) 가: 무엇을 드릴까요?
나: 빵하고 우유를 **주세요.**

(3) 가: 한국어 말하기를 잘하고 싶어요.
나: 그럼 한국 친구를 **사귀세요.** 한국 친구와 한국어로 **이야기하세요.**

(4) 가: 엄마, 저 인형 사 **주세요.**
나: 안 돼. 집에 다른 인형도 많잖아.

(5) 가: 이 영화 어때요? 재미있어요?
나: 이 영화를 보지 **마세요.** 재미없어요.

손수건으로 땀을 **닦으세요.**

내일 학교에 9시까지 **오세요.**

조용히 **하세요.**

잘 듣고 문제를 **푸세요.**

술을 마시지 **마세요.**

화장실에서 손을 **씻으세요.**

교실에서 한국어로 **말하세요.**

저 좀 **도와주세요.**

떠들지 **마세요.**

선생님의 말씀을 잘 **들으세요.**

+ '-으세요3)'은 동사 뒤에 붙어 말하는 사람이 듣는 사람에게 어떤 동작이나 행동을 시키기 위해 사용하는 명령형 종결어미이다. '-으십시오'와 같은 의미를 가지지만 '-으십시오'가 공식적인 자리에서 사용하는 높임 표현인 반면, '-으세요3)'은 일상적인 만남에서 편하게 쓰거나 다소 친분이 있는 윗사람에게 어떤 행동을 시킬 때 쓴다. '쓰레기를 버리지 마십시오.'와 같은 표현은 공공장소에 붙어 있는 표어로 많이 쓰이지만 '조용히 하세요.', '선생님의 말씀을 잘 들으세요.'와 같은 표현은 말할 때 일상적으로 사용한다.

+ '-으세요3)'은 명령 외에 요청의 의미로 사용한다. 엄마, 아빠와 같은 친분이 있는 윗사람에게 '저 좀 도와주세요.'와 같이 어떤 일을 요청하여 원하는 바를 이루는 의미로 사용할 수 있다. 요청의 의미로 사용할 때는 '-어 주다'가 주로 결합한다.

형태 정보

앞의 '-으세요1)'을 참고하되, 동사와만 결합하므로 이에 주의한다.

문장 구성 정보

① 부정은 '-지 마세요'로 쓴다.

예) 그런 말 **하지 마세요**.
혼자 집에 **가지 마세요**.
인스턴트 음식을 너무 많이 **먹지 마세요**.

② '-어 주다'와 결합하여 요청의 의미로 많이 사용한다.

예) 여기 좀 **잡아 주세요**.
아주머니, 저 등 좀 **밀어 주세요**.
영화관에서 휴대폰을 **꺼 주세요**.

제약 정보

① 형용사, '이다, 아니다'와 결합하지 않는다.

예) 오늘 날씨는 **맑으세요**. (x)
내일이 마감일이니까 어서 **바쁘세요**. (x)
빨리 대학생**이세요**. (x)
어서 요리사가 **아니세요**. (x)

② 과거 '-었-'이나 미래 · 추측의 '-겠-'과 결합하지 않는다.

예) 숙제는 어제까지 **했으세요**. (x)
숙제는 다음주까지 **하겠으세요**. (x)
어제 커피숍에서 친구를 **기다렸으세요**. (x)
내일 커피숍에서 친구를 **기다리겠으세요**. (x)

유사 문법

① '-으세요3)', '-으십시오', '어3)'

-으세요3)	-으십시오	-어3)
· 명령함을 나타낸다.		
· 다소 친분이 있는 윗사람, 비슷한 지위지만 친하지 않아서 약간 높여야 하는 경우에 쓴다. 예) 다음으로 줄리아 씨가 **발표하세요.** (줄리아 씨가 친한 윗사람이거나 친하지 않은 비슷한 또래)	· 아주 높임의 격식체로 다소 딱딱한 느낌을 주며, 공식적인 자리에서 말할 때 많이 쓰인다. 예) 다음 발표자, **발표하십시오.** (사회자가 발표자에게, 격식적 상황)	· 두루 높임의 비격식체로 다소 부드러운 느낌을 주며, 일상적인 대화에서 두루두루 편하게 쓰인다. 예) 다음으로 줄리아 씨가 **발표해요.** (줄리아 씨와 친하며, 비격식적 상황)
· 청유문에 사용되지 않는다. 청유문으로 사용하려면 '같이, 함께' 등의 부사를 사용해야 한다. 예) 앤디 씨, 도서관에 **가세요.** (명령의 의미) 앤디 씨, 같이 도서관에 **가세요.** (o) (청유의 의미)	· 청유문에 사용되지 않는다. 예) 앤디 씨, 같이 도서관에 **가십시오.** (x)	· 청유문에 사용된다. 예) 앤디 씨, (같이) 도서관에 **가요.** (o)

② '-으세요3)', '-으십시오', '-어 주다', '-어 주세요'

-으세요3)	-으십시오	-어 주다, -어 주세요
· 부탁이나 요청 및 명령의 의미를 나타낸다.		
· 동사가 결합하여 보다 강한 요청, 즉 명령의 의미를 주로 나타낸다. 예) 이리로 **가세요.**	· 동사가 결합하여 보다 강한 요청, 즉 명령의 의미를 나타내며, 격식적인 상황에서 사용한다. 예) 이리로 **가십시오.**	· 동사가 결합하여 요청의 의미를 나타낸다. 예) 이리로 **가 주세요.**
· 일부 형용사와 결합하여 기원의 의미를 나타낸다. 예) **행복하세요.**	· 형용사와 결합하여 기원의 의미를 나타내며, 격식적인 상황에서 사용한다. 예) **행복하십시오.**	· 형용사와 결합하지 않는다. 예) **행복해 주세요.** (x)

+ '-어 주세요'는 부탁을 하거나 요청할 때 사용하는 데 비해, '-으세요'와 '-으십시오'는 명령할 때 사용한다. 단 '-으십시오'가 '-으세요'보다 격식을 갖춰 듣는 이를 높이는 상황에서 사용된다.

+ '-으세요'와 '-으십시오'가 상대를 높이는 표현이기는 해도 직접적으로 명령하는 의미를 갖고 있기 때문에 정중하고 부드러운 말은 아니다. 특히 '이리로 가십시오, 조용히 하십시오'와 같이 상대의 행위를 구속하는 명령은 개인에게 직접 사용하면 예의 없는 말이 된다.

이렇게 도입해 보세요

(1) 교사: 선생님 이름은 김유미입니다. 선생님이 이름을 씁니다.
(칠판에 크게 이름을 쓴다. 그리고 학생 한 명을 지목한다.)
미도리 씨, 이름을 씁니다. 쓰다. 세요. 쓰세요.
미도리 씨, **이름을 쓰세요**.
학생: 네.

(2) 교사: 줄리아 씨는 의자에 앉아 있어요. 줄리아 씨, 일어나요.
일어나다. 세요. 일어나세요.
줄리아 씨, **일어나세요**.
학생: 네.

+ '-으세요3)'을 도입할 때 먼저 행동을 보여 주고 이어 학습자에게 지시를 하고 학습자가 자연스럽게 행동을 따라하면서 어떤 행동을 하게 만드는 뜻이라는 것을 알려 준다. 주위의 사물을 이용하여 직접 몸으로 보여 주고 활동하는 방법을 다양하게 사용할 수 있다.

-으십시오[-십시오]

격식적으로 높여 정중하게 **명령함**을 나타내는 종결어미.

-으십시오	(동사에 붙어) 어떠한 행동을 할 것을 명령하거나 권유함을 나타낸다. 주로 격식적인 상황에서 듣는 사람을 높여 정중하게 무언가를 시키거나 요청할 때 사용한다.

예문

(1) 가: 어디에 앉을까요?
나: 이 의자에 **앉으십시오**.

(2) 가: 내일 몇 시에 올까요?
나: 내일 7시에 **오십시오**.

(3) 가: 지하철역에 어떻게 갑니까?
나: 똑바로 **가십시오**. 그리고 사거리에서 왼쪽으로 **가십시오**.

(4) 가: 박물관에서 사진을 찍지 **마십시오**.
나: 네, 죄송합니다.

(5) 여기는 도서관입니다.
조용히 **하십시오**.

날씨가 추우니 두꺼운 옷을 **입으십시오**.

이 종이에 이름을 **쓰십시오**.

할아버지, 할머니 오래오래 **사십시오**.

같은 나라 사람끼리 서로 **도우십시오**.

교실에서 음식을 먹지 **마십시오**.

쓰레기는 쓰레기통에 **버리십시오**.

질문에 **대답하십시오**.

그 짐은 이 차에 **실으십시오**.

여기에서 잠시 **기다리십시오**.

벽에 낙서하지 **마십시오**.

+ '-으십시오'는 동사 뒤에 붙어 격식적인 상황에서 말하는 사람이 듣는 사람에게 어떤 동작이나 행동을 시키기 위해 사용하는 명령형 종결어미이다. 그리고 '도서관입니다. 조용히 하십시오.', '벽에 낙서하지 마십시오.'와 같이 공지사항이나 주의사항을 써 놓은 게시 글에 사용할 수 있다.

+ 직접적이고 격식적인 명령형이므로 구어에서 아주 높은 사람에게는 '-으시지요'와 같은 권유의 종결형을 사용하는 것이 더 부드러운 느낌을 준다.

형태 정보

① 동사 어간 끝음절에 받침이 있으면 '-으십시오'를 쓴다.

예) 읽- + -으십시오 → 읽으십시오
앉- + -으십시오 → 앉으십시오
잡- + -으십시오 → 잡으십시오
찾- + -으십시오 → 찾으십시오
참- + -으십시오 → 참으십시오
먹- + -으십시오 → 먹으십시오

② 동사 어간 끝음절에 받침이 없거나 'ㄹ' 받침으로 끝나면 '-십시오'를 쓴다. 단, 'ㄹ' 받침으로 끝날 때는 'ㄹ'이 탈락한다.

예) 가- + -십시오 → 가십시오
쓰- + -십시오 → 쓰십시오
자- + -십시오 → 자십시오
하- + -십시오 → 하십시오
살- + -십시오 → 사십시오
만들- + -십시오 → 만드십시오

+ '-으십시오'는 동사 어간의 받침 유무에 따라 형태가 달라지며, 특히 'ㄹ' 받침으로 끝나는 동사의 경우는 'ㄹ'이 탈락하고 '-십시오'가 결합한다.

+ 학습자들이 '어서 오십시요.', '안녕히 계십시요.'와 같이 잘못 쓰는 경우가 많다. 발음은 '-으십시요'로 나지만 동사 어간에 '-으십시오'가 붙은 형태이므로 '어서 오십시오.', '안녕히 계십시오.'로 쓰도록 주의한다.

①	받침 ○	+ -으십시오	읽으십시오, 앉으십시오, 잡으십시오, 찾으십시오, 참으십시오, 먹으십시오
②	받침 ×	+ -십시오	가십시오, 쓰십시오, 자십시오, 하십시오
	ㄹ 받침	+ -십시오(어간 'ㄹ' 탈락)	사십시오, 만드십시오

③ 불규칙

듣- 예) 선생님의 말씀을 잘 **들으십시오.**

눕- 예) 어서 침대에 **누우십시오.**

낫- 예) 감기 빨리 **나으십시오.**

문장 구성 정보

① '먹다, 마시다, 자다, 말하다, 있다' 등의 동사는 높임 표현으로 바꾸어 결합한다.

예) 먹다 → 잡수십시오, 드십시오
마시다 → 드십시오
자다 → 주무십시오
말하다 → 말씀하십시오
있다 → 계십시오

+ 학습자들이 높임 표현을 미처 생각하지 못하고 '-으십시오'를 그대로 결합하여 쓰는 경우가 많으므로 주의해야 한다. 높임 표현을 배우기 전이면 관용적인 표현으로 먼저 지도하고, 높임 표현을 배우고 난 후라면 한 번 더 높임 표현을 복습하고 자연스럽게 연결하여 쓰도록 유도한다.

② 부정은 '-지 마십시오'로 쓴다.

예) 너무 **슬퍼하지 마십시오**.
교실에서 담배를 **피우지 마십시오**.
박물관에서 사진을 **찍지 마십시오**.

+ 부정의 형태는 종종 공공장소 등의 규칙에 쓰여 '금지'의 의미로 사용되는 경우가 많다.

제약 정보

① 형용사, '이다, 아니다'와 결합하지 않는다.

예) 날씨가 계속 **좋으십시오**. (x)
도서관에 책이 **많으십시오**. (x)
지금부터 **선생님이십시오**. (x)
빨리 군인이 **아니십시오**. (x)

② 과거 '-었-'이나 미래 · 추측을 나타내는 '-겠-'과 결합하지 않는다. 명령은 청자가 있는 현재 상황에서 사용하기 때문이다.

예) 궁금한 것이 있으면 **질문했으십시오**. (x)
궁금한 것이 있으면 **질문하겠으십시오**. (x)
어제 버스를 **탔으십시오**. (x)
내일 버스를 **타겠으십시오**. (x)

확장

① 관용적인 인사말에 쓰인다. 이때의 '-으십시오'는 명령의 의미가 약하다.

예) 어서 **오십시오**.
안녕히 **주무십시오**.
안녕히 **계십시오**.
새해 복 많이 **받으십시오**.

② 시험 문제 등과 같이 글을 쓸 때에는 지시함을 나타낸다.

예) 빈칸에 알맞은 답을 **고르십시오**.
잘 듣고 물음에 **답하십시오**.

유사 문법

① '-으십시오', '-으세요3)', '-어3)'

-으십시오	-으세요3)	-어3)
· 명령함을 나타낸다.		
· 아주 높임의 격식체로 다소 딱딱한 느낌을 주며, 공식적인 자리에서 말할 때 많이 쓰인다. 예) 다음 발표자, **발표하십시오**. (사회자가 발표자에게, 격식적 상황)	· 다소 친분이 있는 윗사람, 비슷한 지위지만 친하지 않아서 약간 높여야 하는 경우에 쓴다. 예) 다음으로 줄리아 씨가 **발표하세요**. (줄리아 씨가 친한 윗사람이거나 친하지 않은 비슷한 또래에게 비격식적인 상황)	· 두루 높임의 비격식체로 다소 부드러운 느낌을 주며, 일상적인 대화에서 두루두루 편하게 쓰인다. 예) 다음으로 줄리아 씨가 **발표해요**. (줄리아 씨와 친하며, 비격식적 상황)
· 청유문에 사용되지 않는다. 예) 앤디 씨, 같이 도서관에 **가십시오**. (x)	· 청유문에 사용되지 않는다. 청유문으로 사용하려면 '같이, 함께' 등의 부사를 사용해야 한다. 예) 앤디 씨, 도서관에 **가세요**. (명령의 의미) 앤디 씨, 같이 도서관에 **가세요**. (o) (청유의 의미)	· 청유문에 사용된다. 예) 앤디 씨, (같이) 도서관에 **가요**. (o)

② '-으십시오', '-어 주다', '-어 주세요', '-으세요3)'

-으십시오	-어 주다, -어 주세요	-으세요3)
· 부탁이나 요청 및 명령을 나타낸다.		
· 동사가 결합하여 보다 강한 요청, 즉 명령의 의미를 나타내며, 격식적인 상황에서 사용한다. 예) 이리로 **가십시오.**	· 동사가 결합하여 요청의 의미를 나타낸다. 예) 이리로 **가 주세요.**	· 동사가 결합하여 보다 강한 요청, 즉 명령의 의미를 주로 나타낸다. 예) 이리로 **가세요.**
· 형용사와 결합하여 기원의 의미를 나타내며, 격식적인 상황에서 사용한다. 예) **행복하십시오.**	· 형용사와 결합하지 않는다. 예) **행복해 주세요.** (x)	· 형용사와 결합하여 기원의 의미를 나타낸다. 예) **행복하세요.**

+ '-어 주세요'는 부탁을 하거나 요청할 때 사용하는 데 비해, '-으세요'와 '-으십시오'는 명령할 때 사용한다. 단 '-으십시오'가 '-으세요'보다 격식을 갖춰 듣는 이를 높이는 상황에서 사용된다.

+ '-으세요'와 '-으십시오'가 상대를 높이는 표현이기는 해도 직접적으로 명령하는 의미를 갖고 있기 때문에 정중하고 부드러운 말은 아니다. 특히 "이리로 가십시오, 조용히 하십시오."와 같이 상대의 행위를 구속하는 명령은 개인에게 직접 사용하면 예의 없는 말이 된다.

③ '-으십시오', '-으시지요'

-으십시오	-으시지요
· 윗사람에게 무엇을 하도록 말함을 나타낸다.	
· 격식적인 명령으로 사용되며, 공공장소의 규칙 등에 사용한다. 예) 여기서 **기다리십시오.** 조용히 **하십시오.** 환자 분은 담배를 **끊으십시오.**	· 명령이 아닌 권유나 당부의 의미를 나타낸다. 공공장소의 규칙으로 잘 사용되지 않는다. 예) 여기서 **기다리시지요.** 조용히 **하시지요.** 환자 분은 담배를 **끊으시지요.**

이렇게 도입해 보세요

(1) 교사: 여러분은 의자에 앉아 있어요. 선생님은 서 있어요.
선생님 다리가 많이 아파요. 어떻게 해요?
학생: 선생님 앉아요.
교사: 선생님이 여러분에게 말해요. 앉아요. 괜찮아요.
여러분이 말해요. 선생님 앉아요. 아니에요.
선생님 **앉으십시오**. 따라하세요.
학생: 선생님 **앉으십시오**.
교사: 네, 감사합니다. (교사는 자리에 앉는다.)

(2) (여러 종류의 표지판을 준비한다. 학습자들이 금방 떠올리지 못할 것 같은 표지판은 미리 아래에 '조용히 하다' '담배를 피우다' 같은 것을 제시해 주어도 좋다.)
교사: (정숙 표지판을 보여 준다.) 어떻게 해요?
학생: 조용히 해요.
교사: 네, 조용히 하다. 말해요. 여러분, 조용히 해요.
조용히 **하십시오.**
교사: (금연 표지판을 보여 준다.) 무엇입니까?
학생: 담배 안 돼요. 담배를 피우지 마세요.
교사: 네, 담배를 피우지 마세요. 말해요.
여러분, 담배를 피우지 마세요.
담배를 피우지 **마십시오**.

+ '-으십시오'를 도입할 때 (1)처럼 학습자들이 교사에게 어떤 행동을 하도록 상황을 만든다. 그리고 (2)처럼 학생들이 쉽게 접할 수 있는 표지판을 사용하여 '-으십시오'를 도입하면 격식적인 상황에서 특정한 행동을 명령할 때 사용하는 표현임을 인식할 수 있게 할 수 있다.

-을게[-ㄹ게]{-을게요/-ㄹ게요}

미래에 대한 **의지**나 **약속**을 나타내는 종결어미.

-을게 (동사에 붙어) 말하는 사람이 미래의 어떤 일을 하겠다는 뜻이나 의지를 나타낸다. 또한 약속을 할 때 사용한다.

예문

(1) 가: 앤디 씨, 오늘 집에 몇 시에 와요?
나: 저녁 7시에 **갈게요**.

(2) 가: 영수 씨, 지금 전화할 수 있어요?
나: 미안해요. 제가 나중에 **전화할게요**.

(3) 가: 이 책을 누가 읽을까요?
나: 제가 **읽을게요**.

(4) 가: 수지 씨, 내일은 지각하면 안 돼요.
나: 네, 내일은 지각하지 **않을게요**.

(5) 가: 영수 씨, 같이 점심을 먹을까요?
나: 좋아요. 오늘은 제가 **살게요**.

저는 비빔밥을 **먹을게요**.

이번 주말에는 저희가 할머니 댁에 **갈게요**.

다음 시험부터 열심히 **공부할게요**.

제가 떡볶이를 맛있게 **만들게요**.

저희가 여기에 집을 **지을게요**.

그 소포는 제가 **받을게요**.

제가 서울역에서 기차를 **탈게요**.

내가 동생과 같이 미리 **준비할게**.

저는 피곤해서 잠깐 침대에 **누울게요**.

교실에는 우리가 **있을게요**.

+ '-을게'는 미래에 나타날 어떤 사실에 대한 자신의 생각이나 다짐, 의지를 나타내거나 상대방에게 약속할 때 사용하는 평서형 종결어미이다. 이때 '-을게'는 나보다 듣는 사람이 아랫사람이거나 친구 관계일 때 사용하며, 높임 표현으로는 '요'가 결합한 '-을게요'의 형태로 사용한다. 주로 말할 때 쓴다.

+ '저는 비빔밥을 먹을게요.'와 같이 말하는 사람의 의지를 표현하거나, '다음 시험부터 열심히 공부할게요.'처럼 약속할 때 사용한다. '이번 주말에는 저희가 할머니 댁에 갈게요.'와 같이 '의지'와 '약속' 두 가지 의미를 나타낼 수도 있다.

형태 정보

① 동사 어간 끝음절에 받침이 있으면 '-을게'를 쓴다.

예) 먹- + -을게 → 먹을게　　찾- + -을게 → 찾을게　　찍- + -을게 → 찍을게
　끊- + -을게 → 끊을게　　받- + -을게 → 받을게　　입- + -을게 → 입을게

② 동사 어간 끝음절에 받침이 없거나 'ㄹ' 받침으로 끝나면 '-ㄹ게'를 쓴다. 단, 'ㄹ' 받침으로 끝날 때는 'ㄹ'이 탈락한다.

예) 가- + -ㄹ게 → 갈게　　사- + -ㄹ게 → 살게　　타- + -ㄹ게 → 탈게
　마시- + -ㄹ게 → 마실게　　만들- + -ㄹ게 → 만들게　　팔- + -ㄹ게 → 팔게

+ '-을게'는 동사 어간의 받침 유무에 따라 형태가 달라지며, 특히 'ㄹ' 받침으로 끝나는 동사의 경우는 'ㄹ'이 탈락하고 '-ㄹ게'가 결합한다.

+ 학습자들이 '일찍 올께', '갈께'와 같이 쓰는 경우가 많다. 발음은 '-께'로 나지만 동사 어간에 '-을게'가 붙은 형태이므로 '일찍 올게', '갈게'로 쓰도록 주의한다.

①	받침 ○	+ -을게	먹을게, 찾을게, 찍을게, 끊을게, 받을게, 입을게
②	받침 ×	+ -ㄹ게	갈게, 살게, 탈게, 마실게
	ㄹ 받침	+ -ㄹ게(어간 'ㄹ' 탈락)	만들게, 팔게

③ 불규칙

듣-　예) 선생님 말씀을 잘 **들을게요.**

짓-　예) 내가 밥을 **지을게요.**

돕-　예) 제가 부모님을 **도울게요.**

문장 구성 정보

① '-아/어 드리다'와 결합하여 '-아/어 드릴게요'의 형태로 자주 쓴다. 주로 상대방에게 공손하게 말하거나 높임을 나타낼 때 쓴다.

예) 제가 선생님을 **도와 드릴게요.**　　저희가 책을 **찾아 드릴게요.**
　제가 내일 공항에 **모셔 드릴게요.**　　제가 어머니께 꽃을 **사 드릴게요.**

② 부정문은 '-을게' 뒤에 '-지 않다'를 붙이거나 '-을게'가 붙은 말 앞에 '안'을 붙여 사용한다. '-을게'는 말할 때 주로 쓰므로 '안 -을게'의 형태를 자주 쓴다.

예) 사진을 안 **찍을게.** (o)　　사진을 찍지 **않을게.** (o)
　컴퓨터 게임을 안 **할게.** (o)　　컴퓨터 게임을 하지 **않을게.** (o)
　담배를 안 **피울게요.** (o)　　담배를 피우지 **않을게요.** (o)
　커피를 안 **마실게요.** (o)　　커피를 마시지 **않을게요.** (o)

제약 정보

① 형용사와 결합하지 않는다.

예) 다음에는 제가 **늦을게요.** (x) 제가 내일부터 **예쁠게요.** (x)
제가 성격이 **좋을게요.** (x) 다음 주부터 제가 **바쁠게요.** (x)

② 인식 동사나 심리 동사 등 상태나 성질을 나타내는 동사와 결합하지 않는다.

예) 제가 한국어를 **알게요.** (x) 저는 영어를 잘 **모를게요.** (x)
저는 사과를 **좋아할게요.** (x) 저는 청소를 **싫어할게요.** (x)

+ 상태나 성질은 의지나 약속으로 설명할 수 없기 때문에 '-을게'와 결합하지 않는다.

③ 주어는 1인칭만 사용할 수 있으며, 2, 3인칭은 사용할 수 없다.

예) 저는 먼저 **잘게요.** (o) / 너는 먼저 **잘게요.** (x) / 수지 씨가 먼저 **잘게요.** (x)
제가 커피를 **살게요.** (o) / 네가 커피를 **살게요.** (x) / 영수 씨가 커피를 **살게요.** (x)
저희가 **갈게요.** (o) / 너희가 **갈게요.** (x) / 그들이 **갈게요.** (x)
우리가 **준비할게요.** (o) / 우리가 **준비할게요.** (x) / 우리가 **준비할게요.** (x)

+ '-을게'는 의지나 약속을 나타내므로, '나'가 아닌 다른 사람(2, 3인칭)의 의지를 나타낼 때 사용할 수 없다.

④ 의문문에는 사용할 수 없으며, 평서문에만 사용한다.

예) 제가 다른 사람에게 **말할게요**? (x) 저희가 먼저 **갈게요**? (x)
제가 그 가방을 **찾을게요**? (x) 우리가 돈을 **낼게요**? (x)

⑤ 다른 사람에게 도움이 안 되거나 손해가 되는 행위를 나타낼 때는 '-을게'를 쓸 수 없다.

예) 제가 그 일을 **할게요.** (o) 제가 그 일을 **안 할게요.** (?)
제가 책을 **찾을게요.** (o) 제가 책을 **안 찾을게요.** (?)
제가 밥을 **사 줄게요.** (o) 제가 밥을 **안 사 줄게요.** (?)
제가 종이에 **써 줄게요.** (o) 제가 종이에 **안 써 줄게요.** (?)

+ 형태상으로 '안 해 줄게요.'와 같이 다른 사람에게 도움이 안 되는 행위를 나타낸 것이 틀린 것은 아니나, 의미상 어색하여 거의 사용하지 않는다.

유사 문법

① '-을게', '-기로 하다'

<table>
<tr><th>-을게</th><th>-기로 하다</th></tr>
<tr><td colspan="2">· 약속을 나타낸다.</td></tr>
<tr><td>· '약속'의 의미를 나타내며, 상대방과 대화하면서 자신이 약속을 할 때 사용할 수 있다.
예) 가: 내일 은행 앞에서 만나요.
나: 네, 은행 앞에서 기다릴게요. (o)</td><td>· 상대방과 이미 한 약속을 나타내며, 대화 중에 약속을 정할 때는 사용할 수 없다.
예) 내일 은행 앞에서 기다리기로 했어요.
예) 가: 내일 은행 앞에서 만나요.
나: 네, 은행 앞에서 기다리기로 했어요. (x)</td></tr>
</table>

+ '-을게'와 '-기로 하다'가 모두 '약속'의 의미를 나타내나, 사용하는 상황이 다르다. '-을게'는 상대방과의 대화 중에 자신이 약속을 할 때 사용하지만, '-기로 하다'는 주로 '-기로 했다'의 형태로 쓰여 정한 약속이나 결심을 표현할 때 사용한다. 그러므로 '-기로 하다'는 상대방과 대화 중에 약속을 정할 때는 사용할 수 없다.

② '-을게', '-을 거예요'

<table>
<tr><th>-을게</th><th>-을 거예요</th></tr>
<tr><td colspan="2">· 미래에 할 행동을 나타낸다.</td></tr>
<tr><td>· 대화를 하는 상대방과 관계가 있으며, 말하는 사람의 의지를 표현한다.
예) 가: 몸에 안 좋으니 이제 술을 마시지 마세요.
나: 네, 이제 술을 마시지 않을게요.</td><td>· 대화를 하는 상대방과 관계가 없으며, 자신이 이미 결심한 사실을 이야기한다.
예) 가: 이제 술을 마시지 않을 거예요.
나: 좋은 생각이에요.</td></tr>
<tr><td>· 말하는 사람의 의지나 약속을 나타내므로 2, 3인칭 대명사가 주어로 올 수 없다.
예) (제가) 앞으로 공부를 열심히 할게요. (o)
<u>수지 씨가</u> 공부를 열심히 할게요. (x)</td><td>· 말하는 사람뿐 아니라 2, 3인칭 대명사가 주어로 올 수 있다. 2, 3인칭 대명사가 주어가 되면 의지나 약속이 아니라 미래에 할 행동을 나타낸다.
예) <u>저는</u> 공부를 열심히 할 거예요. (o)
<u>수지 씨가</u> 공부를 열심히 할 거예요. (o)</td></tr>
</table>

③ '-을게', '-을래1)'

-을게	-을래1)
· 말하는 사람의 의지를 나타낸다.	
· 말하는 사람의 결심을 듣는 사람에게 약속하듯이 표현하는 어미이기 때문에 초점이 듣는 사람에게 있다. 예) 내일은 일찍 학교에 **올게.** (듣는 사람에게 약속을 하고 있음. 듣는 사람이 중요.) 제가 내일 학교에 일찍 **올게요.** (o)	· 말하는 사람의 의지나 계획을 표현하기 때문에 초점이 말하는 사람에게 있다. 예) 내일은 일찍 학교에 **올래.** (말하는 사람의 의지, 생각이 담겨 있음. 듣는 사람과 아무 상관이 없음.) 제가 내일 학교에 일찍 **올래요.**
· 듣는 사람에게 초점이 있으므로 듣는 사람에게 불리한 행위를 사용할 수 없다. 예) 나는 너랑 친구 안 **할게.** (x)	· 말하는 사람에게 초점이 있으므로 듣는 사람에게 불리한 행위라도 사용할 수 있다. 예) 나는 너랑 친구 안 **할래.** (o)
· 상대방의 명령이나 요구에 대한 대답으로 사용할 수 있다. 예) 가: 여기에서 담배를 피우지 마세요. 나: 네, 안 **피울게요.** (o)	· 상대방의 명령이나 요구에 대한 대답으로 사용할 수 없다. 예) 가: 여기에서 담배를 피우지 마세요. 나: 네, 안 **피울래요.** (x)

이렇게 도입해 보세요

(1) 교사: (음식 이름이 적힌 메뉴를 보여 주며) 무엇을 먹을까요?
학생: 저는 불고기를 먹어요.
교사: 선생님은 불고기를 먹어요. 선생님은 불고기를 **먹을게요**. 왕밍 씨도 불고기를 먹어요. 말해 보세요.
학생: 저도 불고기를 **먹을게요**.

(2) 교사: 지금 교실이 너무 더러워요. 어떻게 해요?
학생: 청소를 해요.
교사: 제가 청소를 해요. **할게요**. 제가 청소를 **할게요**. 흐엉 씨는 무엇을 할 거예요?
학생: 저도 청소를 **할게요**.

+ '-을게'를 도입할 때 교사는 학생에게 무엇을 할 것인지 먼저 물어보고 학생들의 대답을 '-을게'를 이용하여 문장을 만들어 제시한다. 그런 다음 다시 학생에게 무엇을 할 것인지 '-을게요'를 이용하여 말하도록 유도한다.

-을까[-ㄹ까]{-을까요/-ㄹ까요}

1) 상대에게 **제안**을 하거나 2) **추측**을 나타내며 **질문**하는 의문형의 종결어미.

-을까1) (동사에 붙어) 듣는 사람에게 앞으로 할 일을 제안하며 의견이나 생각을 물어볼 때 사용한다.

예문

(1) 가: 수지 씨, 우리 주말에 영화를 보러 **갈까요**?
나: 안 돼요. 이번 주말에는 바빠서 못 가요.

(2) 가: 왕밍 씨, 수업이 끝나고 같이 점심을 **먹을까요**?
나: 미안해요. 약속이 있어서 오늘은 안 돼요.

(3) 가: 앤디 씨, 제가 교실을 **청소할까요**?
나: 네, 좋아요. 지금 시작해요.

(4) 가: 지영 씨, 저녁에 떡볶이를 **만들까요**?
나: 네, 같이 만듭시다.

(5) 가: 현우야, 저녁에 같이 공원을 **걸을까**?
나: 응, 좋아.

도서관에서 책을 **읽을까요**?

오후에 같이 **운동할까요**?

우리 함께 음악을 **들을까요**?

물이 다 끓었는데, 라면에 물을 **부을까요**?

줄리아 씨 생일인데, 선물을 **살까**?

수업이 끝나면, 같이 커피를 **마실까요**?

날씨가 더운데, 창문을 **열까요**?

우리가 쓰레기를 **주울까요**?

저기서 우리 같이 사진을 **찍을까**?

방학 때 해외여행 **갈까**?

+ '-을까1)'은 상대에게 무엇을 하자고 권유하거나 제안할 때 사용하는 의문형 어미로, 이에 대해 상대는 '네(응), 아니, 안 돼요, 미안한데' 등으로 제안에 대한 자신의 의견을 답으로 말하면 된다. 이때 '-을까'는 나보다 듣는 사람이 아랫사람이거나 친구 관계일 때 사용하며, 높임 표현으로는 '요'가 결합한 '-을까요'의 형태로 사용한다.

+ '-을까1)'은 문장의 주어로 '나'나 '우리'가 오며, 듣는 사람의 의견을 물어보는 것이기 때문에 일반적으로 '-읍시다'보다는 완곡한 표현이다.

형태 정보

① 동사 어간 끝음절에 받침이 있으면 '-을까'를 쓴다.

예) 입- + -을까 → 입을까　　앉- + -을까 → 앉을까
먹- + -을까 → 먹을까　　찍- + -을까 → 찍을까
찾- + -을까 → 찾을까　　받- + -을까 → 받을까

② 동사 어간 끝음절에 받침이 없거나 'ㄹ' 받침으로 끝나면 '-ㄹ까'를 쓴다. 단, 'ㄹ' 받침으로 끝나면 'ㄹ'이 탈락한다.

예) 사- + -ㄹ까 → 살까　　만나- + -ㄹ까 → 만날까
보- + -ㄹ까 → 볼까　　배우- + -ㄹ까 → 배울까
팔- + -ㄹ까 → 팔까　　만들- + -ㄹ까 → 만들까

+ '-을까'는 동사 어간의 받침 유무에 따라 형태가 달라지며, 특히 'ㄹ' 받침으로 끝나는 동사의 경우는 'ㄹ'이 탈락하고 '-ㄹ까'가 결합한다.

①	받침 ○	+ -을까	입을까, 앉을까, 먹을까, 찍을까, 찾을까, 받을까
②	받침 ×	+ -ㄹ까	살까, 만날까, 볼까, 배울까
	ㄹ 받침	+ -ㄹ까(어간 'ㄹ' 탈락)	팔까, 만들까

③ 불규칙

걷-　예) 우리 같이 공원을 **걸을까요**?

짓-　예) 시골에 가서 농사를 **지을까요**?

줍-　예) 함께 쓰레기를 **주울까요**?

문장 구성 정보

① '-을까1)'은 제안의 의미를 지니는 의문형 어미로, 주어로 주로 '우리'가 사용된다. 이때 '우리'는 자주 생략된다.

예) 수지 씨, (우리) 영화 **볼까요**?
　　왕밍 씨, (우리) 부산에 **갈까요**?

② '-을까1)'은 부사 '같이', '함께'와 자주 사용한다.

예) 수지 씨, 같이 길을 **찾을까요**?
　　여러분, 같이 노래를 **부를까요**?
　　영수 씨, 함께 잡지를 **읽을까요**?
　　우리 함께 음악을 **들을까요**?

③ 부정문은 '-을까' 뒤에 '-지 말다'를 써서 '-지 말까'의 형태로 나타난다.

예) 스파게티를 **먹지 말까**?
　　오후에 백화점에 **가지 말까요**?
　　이 음악을 **듣지 말까**?
　　컴퓨터 게임을 **하지 말까요**?

④ '-을까요'에 대한 대답은 보통 '-어요'를 사용하는데, 이는 청유의 의미를 갖는다. 격식적인 상황에서 대답은 '-읍시다'를 쓰지만, 이는 윗사람에게 사용하지 않는다.

예) 가: 선생님, 오후에 같이 차를 **마실까요**?
　　나: 네, 좋아요. 같이 마셔요. (o)
　　　　네, 좋아요. 같이 마십시다. (o)

　　가: 지영아, 엄마랑 함께 **쇼핑할까**?
　　나: 네, 좋아요. 쇼핑을 해요. (o)
　　　　네, 좋아요. 쇼핑을 합시다. (x)

제약 정보

① 형용사와 결합하지 않는다. 형용사와 결합할 경우에는 '-을까2)'(추측)의 의미를 갖는다.

예) 주말에 영화를 보면 **좋을까요**?
　　마이클 씨가 키가 **클까요**?
　　한국어 공부가 **어려울까요**?
　　교실이 **깨끗할까요**?

② 제안의 의미를 나타내는 '-을까1)'은 주어가 3인칭인 경우에는 사용할 수 없다. 주어가 3인칭이면 '-을까'는 추측의 의미를 갖는 의문문이 된다.

예) 앤디 씨가 기차를 **탈까요**?
　　영수 씨가 케이크를 **만들까요**?
　　미도리 씨가 여기에 **앉을까요**?
　　어머니가 지금 요리를 **하실까요**?

확장

① '-을까'는 친한 사이나 아랫사람에게 쓰고, 상대를 높이려면 '-을까요'를 사용한다.

예) 동생아, 우리 라면을 **먹을까**? 영수야, 같이 드라마를 **볼까**?
선생님, 제가 창문을 **열까요**? 어머니, 커피를 **드릴까요**?

② '-을까(요)? + -을까(요)?'의 형태로 쓰여서 듣는 사람의 선택을 물을 때 사용한다.

예) 줄리아 씨, 이번 주말에 부산으로 **갈까요**? 제주도로 **갈까요**?
페이페이 씨, 저녁에 비빔밥을 **먹을까요**? 냉면을 **먹을까요**?
왕밍 씨, 빨간색 원피스를 **살까요**? 파란색 원피스를 **살까요**?
손님, 커피를 **드릴까요**? 주스를 **드릴까요**?

유사 문법

① '-을까1)', '-을래2)'

-을까1)	-을래2)
· 상대방의 의향을 알아보거나 제안을 나타낸다.	
· 주어가 '나, 우리' 등 1인칭일 때 사용하며, 3인칭일 때 사용하지 못한다. 예) 우리 드라마 **볼까**? (o) 제가 저녁에 **전화할까요**? (o) 수지 씨가 저녁에 **전화할까요**? (?) (추측의 의미)	· 주어가 1인칭일 때 사용할 수 없다. ('우리'는 가능함.) 예) 우리 드라마 **볼래**? (o) 제가 저녁에 **전화할래요**? (x) 수지 씨가 저녁에 **전화할래요**? (o)
· 의문문의 종결형으로만 쓰인다. 예) 우리 드라마 **볼까요**? (o) 제가 저녁에 **전화할까요**. (x)	· 평서문의 종결형으로도 사용할 수 있다. 평서문에서는 주어의 '의향'을 나타내므로 주어가 1인칭이어야 한다. 예) 우리 드라마 **볼래요**? (o) 제가 저녁에 **전화할래요**. (o)

+ '-을까1)'은 주어로 말하는 사람, 즉 '나'나 말하는 사람을 포함한 '우리'를 사용한다. 주어가 3인칭이면 제안의 뜻이 아닌 추측의 뜻으로 해석된다. 이와 달리 '-을래'는 말하는 사람이 행동의 주체가 아니라, 듣는 사람이 앞으로 할 행동에 대해 질문하는 것이기 때문에 주어로 '나'를 쓸 수 없다. 주어는 2인칭이다.

이렇게 도입해 보세요

(1) 교사: 무슨 음식을 좋아해요?
학생: 저는 비빔밥을 좋아해요.
교사: 선생님도 비빔밥을 좋아해요.
수업이 끝나면 우리 같이 비빔밥을 먹어요. 어때요?
우리 같이 비빔밥을 **먹을까요**?

(2) 교사: 다음 주에 밖에서 우리 같이 운동을 해요.
무슨 운동을 **할까요**?
학생: 저는 축구가 좋아요.
교사: 그럼 다음 주에 우리 같이 축구를 해요. 어때요?
우리 같이 축구를 **할까요**?

+ '-을까1)'을 도입할 때는 다른 사람에게 의견이나 생각을 물어봐야 하기 때문에 (1)과 (2)처럼 제안을 하는 상황을 만드는 것이 좋다. 상대방에게 나와 같이 할 것을 제안하는 용법이 일반적이기 때문에 '함께, 같이' 등의 부사를 사용하여 제시하면 '-을까'의 의미를 확실히 드러낼 수 있다.

-을까2) (동사나 형용사, '이다, 아니다'에 붙어) 추측을 제기하면서 다른 사람의 의견이나 생각을 물어볼 때 사용한다.

예문

(1) 가: 영수 씨가 술을 **마실까요**?
나: 아니요, 영수 씨는 술을 안 마셔요.

(2) 가: 현우 씨가 이 드라마를 내일 **볼까요**?
나: 아니요. 내일은 보지 않을 거예요.

(3) 가: 내일 날씨가 **좋을까요**?
나: 그럼요.

(4) 가: 수지 씨 여동생이 **예쁠까요**?
나: 네, 아마 예쁠 거예요.

(5) 가: 앤디 씨가 어제 수업에 **왔을까**?
나: 응, 왔을 거야.

동생이 엄마를 **찾을까요**?
줄리아 씨가 이 책을 **살까요**?
영수 씨가 지금 도서관에서 **공부할까요**?
이 김치가 많이 **매울까**?
소포 안에 무엇이 **있을까요**?
이 옷이 저에게 **작을까요**?
왕밍 씨의 키가 **클까요**?
방이 **깨끗할까요**?
저 사람이 우리 반 선생님**일까요**?
마이클 씨가 어제 **운동했을까요**?

+ '-을까2)'는 앞으로 일어날 상황이나 상태에 대해 추측하거나 듣는 사람의 의견을 물어볼 때 사용한다. 또한 동작이나 상태에 대해 말하는 사람의 추측을 나타내거나 가능성에 대해 물을 때 사용한다.

형태 정보

① 동사 및 형용사 어간 끝음절에 받침이 있으면, '-을까'를 쓴다.

예) 찾- + -을까 → 찾을까　　읽- + -을까 → 읽을까
먹- + -을까 → 먹을까　　작- + -을까 → 작을까
많- + -을까 → 많을까　　좋- + -을까 → 좋을까

② 동사 및 형용사 어간 끝음절에 받침이 없거나 'ㄹ' 받침으로 끝나면, '-ㄹ까'를 쓴다. 단, 'ㄹ' 받침으로 끝날 때는 'ㄹ'이 탈락한다.

예) 타- + -ㄹ까 → 탈까　　크- + -ㄹ까 → 클까
가- + -ㄹ까 → 갈까　　예쁘- + -ㄹ까 → 예쁠까
열- + -ㄹ까 → 열까　　멀- + -ㄹ까 → 멀까

+ '-을까'는 동사 어간의 받침 유무에 따라 형태가 달라지며, 특히 'ㄹ' 받침으로 끝나는 동사의 경우는 'ㄹ'이 탈락하고 '-ㄹ까'가 결합한다.

①	받침 ○	+ -을까	찾을까, 읽을까, 먹을까, 작을까, 많을까, 좋을까
②	받침 ×	+ -ㄹ까	탈까, 클까, 갈까, 예쁠까
	ㄹ 받침	+ -ㄹ까(어간 'ㄹ' 탈락)	열까, 멀까

③ '이다, 아니다'는 '-ㄹ까'를 쓴다. 단, '이다' 앞의 명사에 받침이 없으면 주로 '명사+-ㄹ까'라고 쓴다.

예) 경찰이- + -ㄹ까 → 경찰일까　　선생님이- + -ㄹ까 → 선생님일까
교수님이- + -ㄹ까 → 교수님일까　　가수이- + -ㄹ까 → 가수일까/가술까
의사이- + -ㄹ까 → 의사일까/의살까　　아니- + -ㄹ까 → 아닐까

+ 'N+-ㄹ까'는 격식적인 문어에서 잘 사용하지 않는다.

④ 불규칙

듣-　예) 수진 씨가 라디오를 **들을까요**?
짓-　예) 영수 씨가 집을 혼자 **지을까요**?
춥-　예) 주말에 날씨가 **추울까요**?

문장 구성 정보

① 부정문은 '-을까' 뒤에 '-지 않다'를 써서 '-지 않을까'의 형태로 사용한다.

예) 왕밍 씨가 내일 학교에 **오지 않을까**? 기차가 지금 **출발하지 않을까**?
저 영화가 **무섭지 않을까요**? 지금 백화점에 사람이 **많지 않을까요**?

② 과거는 '-을까요' 앞에 '-었-'을 넣어 '-었을까요'의 형태로 쓴다.

예) 어제 서울에 비가 **왔을까**? 수지 씨가 점심을 **먹었을까**?
영수 씨의 기분이 **좋았을까요**? 제가 시험을 잘 **봤을까요**?

③ 추측의 의미를 나타내므로, 대답은 주로 '-을 거예요'를 사용한다.

예) 가: 왕밍 씨가 한국어를 **잘할까요**?
나: 네, 아마 잘 할 거예요.

가: 수진 씨, 주말에 명동에 사람이 **많을까요**?
나: 아니요, 많지 않을 거예요.

확장

① '-을까'가 '보다, 싶다, 하다, 생각하다, 고민하다, 걱정하다' 등의 동사와 함께 쓰이면, 의문형의 형태가 아니라 일반적인 평서형의 문장으로 쓴다. 이때 말하는 사람의 생각이나 추측을 나타낸다.

예) 하늘이 흐리니, 내일은 눈이 많이 **올까 봐요**.
이 책이 너무 어려워서 사람들이 내용을 **이해했을까 싶어요**.
저는 이번 주말에 부산으로 여행을 **갈까 해요**.
차가 막혀서 **지각할까 걱정했는데**, 다행히 제 시간에 도착했어요.

② 듣는 사람에게 가능성을 물어볼 경우에는 '-을까' 앞에 가능성을 나타내는 '-을 수 있다'를 붙여 뜻을 분명히 나타낸다.

예) 마이클 씨가 그 문제를 **풀 수 있을까요**?
줄리아 씨가 매운 음식을 **먹을 수 있을까요**?
왕밍 씨가 한국 노래를 **부를 수 있을까요**?
우리가 정상까지 **올라갈 수 있을까요**?

③ '얼마나 -을까'의 형태로 사용되어 '아주 그러할 것 같다'는 뜻으로 강조의 의미를 나타낸다.

예) 날씨가 더운데 달리려면, 얼마나 **힘들까**?
백화점에서 세일을 한다는데, 사람이 얼마나 **많을까**?
외투도 안 입고 밖에 있으면, 얼마나 **추울까요**?
밤에도 아르바이트를 한다는데, 얼마나 **바쁠까요**?

이렇게 도입해 보세요

(1) 교사: 오늘 날씨가 어때요?
학생: 더워요.
교사: 내일 날씨는 어때요? 날씨가 **더울까요**?
학생: 네, 내일도 더울 거예요.

(2) 교사: 영화 보는 것을 좋아해요?
학생: 네, 좋아해요.
교사: (영화 포스터 몇 개를 보여 주며) 어떤 영화가 **재미있을까요**?
학생: 이 영화가 재미있을 것 같아요.

+ '-을까2)'를 도입할 때는 앞으로 일어날 상황을 추측하는 것이기 때문에 (1)과 같이 미래에 있을 상황을 설정하고 질문을 하는 것이 좋다. 또한 (2)와 같이 상태나 상황에 대해 추측하며 상대방의 의견을 물어볼 수 있다.

–을래[–ㄹ래]{–을래요/–ㄹ래요}

어떤 일을 할 **의사**나 **의향**이 있음을 1) **서술**하거나 2) **질문**함을 나타내는 종결어미.

–을래1) (동사에 붙어) 말하는 사람이 어떤 일을 할 의지나 의향, 계획이 있음을 나타낸다. 말하는 사람이 듣는 사람에게 앞으로 할 일에 대해 자신의 의사를 밝혀 말할 때 사용하며, 주로 비격식적인 구어에서 많이 사용한다.

예문

(1) 가: 오늘 도서관에 같이 갈까?
나: 아니, 안 **갈래**. 피곤해.

(2) 가: 무엇을 마실까요?
나: 저는 커피를 **마실래요**.

(3) 가: 피아노를 배우고 싶어요? 아니면 기타를 배우고 싶어요?
나: 저는 피아노를 **배울래요**.

(4) 가: 유미 씨는 치마가 잘 어울리니까 치마를 입으세요.
나: 오늘은 많이 걸어야 하니까 바지를 **입을래요**.

(5) 가: 밥 좀 더 드세요.
나: 아니요, 너무 배가 불러서 그만 **먹을래요**.

저는 스포츠 신문을 **읽을래요**.

집에 갈 때 저는 지하철을 **탈래요**.

두 분이 다녀오세요. 저희는 그냥 여기 **있을래요**.

디저트는 살이 찌니까 먹지 **않을래요**.

오래 걸어야 하니까 운동화를 **신을래**.

기숙사가 편하니까 기숙사에서 **살래요**.

방학이 되면 여행을 **할래**.

저는 최신 가요보다 클래식 음악을 **들을래요**.

저는 바닥 말고 침대에 **누울래요**.

저는 액션 영화를 좋아하지 않아요. 액션 영화는 안 **볼래요**.

+ '–을래1)'은 동사 뒤에 붙어 말하는 사람이 앞으로 하고 싶은 행동을 하겠다는 의지를 나타낼 때 사용하는 종결어미이다. 말하는 사람의 의향이나 의지를 표현할 때 사용하는 종결어미이기 때문에 이때의 주어는 모두 1인칭을 사용해야 한다.

+ 격식을 차리지 않는 상황에서 사용한다. 글을 쓸 때보다 말을 할 때 많이 사용하며, 친구 사이나 아주 친한 사이에서 또는 말하는 사람보다 아랫사람에게 일반적으로 사용할 수 있다.

형태 정보

① 동사 어간 끝음절에 받침이 있으면 '-을래'를 쓴다.

예) 먹- + -을래 → 먹을래　　앉- + -을래 → 앉을래
잡- + -을래 → 잡을래　　읽- + -을래 → 읽을래
참- + -을래 → 참을래　　남- + -을래 → 남을래

② 동사 어간 끝음절에 받침이 없거나 'ㄹ' 받침으로 끝나면 '-ㄹ래'를 쓴다. 단, 'ㄹ' 받침으로 끝날 때는 'ㄹ'이 탈락한다.

예) 가- + -ㄹ래 → 갈래　　마시- + -ㄹ래 → 마실래
숙제하- + -ㄹ래 → 숙제할래　　쇼핑하- + -ㄹ래 → 쇼핑할래
살- + -ㄹ래 → 살래　　만들- + -ㄹ래 → 만들래

+ '-을래'는 동사 어간의 받침 유무에 따라 형태가 달라지며, 특히 'ㄹ' 받침으로 끝나는 동사의 경우는 'ㄹ'이 탈락하고 '-ㄹ래'가 결합한다.

①	받침 ○	+ -을래	먹을래, 앉을래, 잡을래, 읽을래, 참을래, 남을래
②	받침 ×	+ -ㄹ래	갈래, 마실래, 숙제할래, 쇼핑할래
	ㄹ 받침	+ -ㄹ래(어간 'ㄹ' 탈락)	살래, 만들래

③ 불규칙

걷-　예) 오늘은 집까지 **걸을래**.

줍-　예) 나는 여기에서 밤을 **주울래**.

짓-　예) 나는 시골에 집을 **지을래**.

제약 정보

① 주어는 1인칭만 사용한다.

예) 나 먼저 **잘래.**
저는 한국 전통 기념품을 **살래요.**
우리는 도서관에 좀 더 **있을래요.**
저희는 명동에 가서 **쇼핑할래요.**

+ 말하는 사람 자신의 생각을 이야기할 때 사용하는 어미이므로 1인칭 이외의 주어는 사용할 수 없다. 1인칭 단수인 '나, 저'를 사용하거나 나를 포함한 1인칭 복수인 '우리, 저희'를 사용할 수 있다.

② '-을래1)'의 뒤에 '요'가 붙어 높임 표현 '-을래요'가 된다. 하지만 '요'가 붙어도 구어에서 많이 쓰는 비격식체의 말이기 때문에 정중한 느낌을 주지 못하므로 말하는 사람보다 나이가 많거나 지위가 높은 사람을 상대로 사용할 수 없다.

예) 나는 영수를 **믿을래.**
선생님, 저는 선생님을 **믿을래요.** (?)
나는 오늘 일찍 집에 **갈래.**
과장님, 저는 오늘 일찍 집에 **갈래요.** (?)

유사 문법

① '-을래1)', '-고 싶다'

-을래1)	-고 싶다
· 말하는 사람의 의지나 의향을 나타낸다.	
· 현재 상황에서 구체적으로 무엇을 하겠다는 의사를 표현하는 데 사용한다. 예) 나는 점심 때 불고기를 **먹을래.** 나는 대학을 졸업한 후에 유학을 **갈래.**	· 실현 가능성을 고려하지 않은 단순한 희망을 나타낸다. 예) 나는 하늘을 **날고 싶어.** 나는 대학을 졸업한 후에 결혼을 해서 아이를 다섯 명 **낳고 싶어.**

② '-을래1)', '-을게'

-을래1)	-을게
· 말하는 사람의 의지를 나타낸다.	
· 말하는 사람의 의지나 계획을 표현하기 때문에 초점이 말하는 사람에게 있다. 예) 내일은 일찍 학교에 **올래.** (말하는 사람의 의지, 생각이 담겨 있음. 듣는 사람과 아무 상관이 없음.)	· 말하는 사람의 결심을 듣는 사람에게 약속하듯이 표현하는 어미이기 때문에 초점이 듣는 사람에게 있다. 예) 내일은 일찍 학교에 **올게.** (듣는 사람에게 약속하고 있음. 듣는 사람이 중요.)
· 말하는 사람에게 초점이 있으므로 듣는 사람에게 불리한 행위라도 사용할 수 있다. 예) 나는 너랑 친구 안 **할래.** (o)	· 듣는 사람에게 초점이 있으므로 듣는 사람에게 불리한 행위를 사용할 수 없다. 예) 나는 너랑 친구 안 **할게.** (x)
· 상대방의 명령이나 요구에 대한 대답으로 사용할 수 없다. 예) 가: 여기에서 담배를 피우지 마세요. 나: 네, 안 **피울래요.** (x)	· 상대방의 명령이나 요구에 대한 대답으로 사용할 수 있다. 예) 가: 여기에서 담배를 피우지 마세요. 나: 네, 안 **피울게요.** (o)

이렇게 도입해 보세요

(1) 교사: (여러 가지 음식의 그림을 보여 주며)
우리 같이 식당에 왔어요. 무엇을 먹고 싶어요?
학생: 저는 김밥을 먹고 싶어요.
교사: 네, 선생님도 김밥이 먹고 싶어요. 김밥을 먹을 거예요. 선생님은 김밥을 **먹을래요. 그리고 떡볶이도 먹을래요.**

(2) 교사: 12월에 방학을 해요. 방학에 무엇을 할 거예요?
학생 1: 고향에 돌아갈 거예요.
학생 2: 한국에서 계속 공부할 거예요.
교사: 고향에 돌아갈 거예요. 고향에 **돌아갈래요.**
저는 고향에 **돌아갈래요.**
한국에서 공부할 거예요. **공부할래요.**
저는 한국에서 계속 **공부할래요.**

+ '-을래1)'을 도입할 때 여러 가지 가능한 선택 조건을 주고 그 중 하나를 선택하도록 유도한다. 그리고 어떤 것을 선택할 것인지 자신의 의사를 밝힐 때 '-을래1)'을 사용한다는 것을 알려 준다. 학생들이 문법 사용에 익숙해지면 자유로운 범위 내에서 자신의 의사나 계획을 밝혀 말할 수 있도록 유도한다.

-을래2) (동사에 붙어) 어떤 일이나 선택에 대해 듣는 사람의 의사나 의향을 물음을 나타낸다. 말하는 사람이 듣는 사람의 생각을 알기 위해 질문할 때 사용하며, 주로 비격식적인 구어에서 많이 사용한다.

예문

(1) 가: 주말에 네 방 청소 좀 **할래**?
나: 네, 좋아요.

(2) 가: 수지 씨, 다리 아파요?
저 의자에 **앉을래요**?
나: 아니요, 괜찮아요.

(3) 가: 시험 끝나고 뭐 **할래요**?
나: 먼저 집에 가서 푹 잘래요.

(4) 가: 요즘 여의도에서 벚꽃 축제가 열려요.
나: 그래요? 그럼 오늘 여의도에 같이 **갈래요**?

(5) 가: 한강에서 유람선을 타지 **않을래요**?
나: 네, 좋아요.

줄리아 씨 먼저 손을 **씻을래요**?
내일 아침 8시에 학교 앞에서 **만날래요**?
저는 늦을 것 같으니까 흐엉 씨 먼저 **출발할래요**?
오늘 저와 같이 영화 보지 **않을래요**?
미도리 씨에게 내 전화번호를 좀 가르쳐 **줄래요**?

더우면 코트를 **벗을래**?
여기에서 잠시만 **기다릴래**?
우리 집에서 같이 **놀래**?
김치를 한번 먹어 **볼래요**?
컴퓨터가 고장 났어요? 제 노트북을 **쓰실래요**?

+ '-을래2)'는 동사 뒤에 붙어 말하는 사람이 듣는 사람에게 그 사람의 생각이나 의향을 듣기 위해 물어볼 때 사용하는 의문형 종결어미이다. 듣는 사람에게 물을 때 사용하는 종결어미이기 때문에 이때의 주어는 2인칭이 된다.

+ 주로 격식을 차리지 않는 상황에서 사용한다. 글을 쓸 때보다 말을 할 때 많이 사용하며, 일반적으로 친구 사이나 아주 친한 사이에서, 또는 아랫사람에게 사용한다. 자기보다 나이가 많거나 지위가 높은 사람에게는 사용할 수 없다. 그러나 말하는 사람과 듣는 사람이 친분이 있을 경우에는 높임말의 형태인 '-으실래요?'의 형태로 바꾸면 사용할 수도 있다.

형태 정보

앞의 '-을래1)'을 참고한다.

문장 구성 정보

① '-을래2)'의 뒤에 '요'가 붙어 높임 표현 '-을래요?'가 된다. 하지만 '요'가 붙었다고 해도 말하는 사람보다 나이가 많거나 지위가 높은 사람을 상대로 사용하기 어렵다. 다만, 친분이 있는 윗사람이나 높은 사람, 예를 들어 부모님이나 가까운 직장 상사에게는 '-으시'와 결합하여 '-으실래요?'의 형태로는 사용할 수 있다.

예) 왕밍, 여기 **앉을래**?
왕밍 씨, 여기 **앉을래요**?
선생님, 여기 **앉으실래요**?
수지야, 먼저 **갈래**?
수지 씨, 먼저 **갈래요**?
어머니, 먼저 **가실래요**?

확장

① 위협하는 어조로 쓰여 남을 위협하거나 협박할 때, 또는 상대방의 행동을 못마땅해 하여 그러지 말 것을 야단치듯이 말할 때 사용한다.

예) 너 나한테 **맞을래**?
너 혼 좀 나 **볼래**?
너 엄마한테 정말 **이럴래**?
너 그렇게 욕심 **부릴래**?

유사 문법

① '-을래2)', '-을까1)'

-을래2)	-을까1)
· 듣는 사람의 의향을 알아보거나 제안을 나타낸다.	
· 주어가 2인칭이다. 예) 우리 드라마 **볼래**? (o) 제가 저녁에 **전화할래요**? (x) 수지 씨가 저녁에 **전화할래요**? (o)	· 주어가 1인칭이다. 예) 우리 드라마 **볼까**? (o) 제가 저녁에 **전화할까요**? (o) 수지 씨가 저녁에 **전화할까요**? (?) (추측의 의미)
· '-을까'보다 더 비격식적이기 때문에 말하는 사람보다 윗사람이나 높은 사람에게는 사용할 수 없다. 예) 영수야, 뭐 **먹을래**? (친구 o) 선생님, 몇 시쯤 **갈래요**? (윗사람 x) · 자신과 친분이 있는 윗사람이나 높은 사람에게는 높임말의 형태인 '-으실래요?'로 사용할 수 있다. 예) 선생님, 몇 시쯤 **가실래요**? (윗사람 o)	· 말하는 사람과 아주 친한 윗사람이나 높은 사람에게 사용할 수 있다. 예) 영수야, 몇 시쯤 **갈까**? (친구 o) 할머니, 몇 시쯤 **갈까요**? (아주 친한 윗사람 o) 부장님, 몇 시쯤 **가실까요**? (높은 사람 o)

ㅣ '-을까1)'은 주어로 말하는 사람, 즉 '나'나 말하는 사람을 포함한 '우리'를 사용한다. 주어가 3인칭이면 제안의 뜻이 아닌 추측의 뜻으로 해석된다. 이와 달리 '-을래'는 말하는 사람이 행동의 주체가 아니라, 듣는 사람이 앞으로 할 행동에 대해 질문하는 것이기 때문에 주어로 '나'를 쓸 수 없다. 주어는 2인칭이다.

이렇게 도입해 보세요

(1) 교사: (영화 포스터를 보여 주며) 여러분 영화를 좋아하세요?
　학생: 네, 좋아해요.
　교사: 오늘 숙제는 영화 보기예요. 영화를 보세요.
　　　무슨 영화를 좋아해요?
　학생: 한국 영화를 좋아해요. 한국 영화를 볼 거예요.
　교사: 그럼 한국 영화를 **볼래요**?
　학생: 네, 한국 영화를 볼 거예요.
　교사: 그럼 어떤 영화를 **볼래요**?
　학생: 재미있는 영화를 볼 거예요.

(2) 교사: 이번 주말에 우리 집에 놀러 오세요.
　학생: 좋아요.
　교사: 뭐 먹고 싶어요? 뭐 **먹을래요**?
　학생: 고기를 먹고 싶어요.
　교사: 고기를 **먹을래요**? 고기를 먹고 뭐 **할래요**?
　학생: 영화를 봐요.
　교사: 영화를 봐요? 영화를 **볼래요**?
　학생: 네, 영화를 볼래요.

+ '-을래2)'를 도입할 때 듣는 사람이 자신의 의사에 따라 선택할 수 있는 상황을 제시하고 듣는 사람의 생각이나 의사를 물어볼 때 사용한다는 것을 알려 준다.

-읍시다[-ㅂ시다]

어떤 행동을 함께 하자고 **제안**하거나 **요청**함을 나타내는 종결어미.

-읍시다 (동사에 붙어) 어떠한 행동을 제안하거나 요청함을 나타낸다. 격식적인 상황에서 약간 아랫사람이나 동등한 관계의 듣는 사람에게 어떤 행동을 같이 하자고 권할 때 사용한다.

예문

(1) 가: 수업이 끝난 후에 식당에 가서 김밥을 **먹읍시다**.
나: 네, 좋습니다.

(2) 가: 다음 주에 시험이 있으니까 같이 도서관에 가서 **공부합시다**.
나: 네, 그럼 몇 시에 만날까요?

(3) 가: 5시에 **만납시다**.
나: 알겠습니다. 5시에 **만납시다**.

(4) 가: 내일 유미 씨 생일 케이크를 같이 **만듭시다**.
나: 미안해요. 이번 주말에는 약속이 있어요.

(5) 가: 잠시 쉬시겠습니까?
나: 네, 좀 **쉽시다**.

(6) 새치기를 하지 **맙시다**.
안전 운전을 **합시다**.

저기 있는 의자에 **앉읍시다**.

길이 많이 막히니까 지하철을 **탑시다**.

우리 같이 한국 드라마를 **봅시다**.

수업이 끝난 후에 명동에서 **쇼핑합시다**.

불쌍한 사람을 **도웁시다**.

아침마다 같이 **운동합시다**.

집에서 음악을 **들읍시다**.

동상 앞에서 사진을 **찍읍시다**.

새 집을 찾을 때까지 우리 집에서 함께 **삽시다**.

잔디에 들어가지 **맙시다**.

+ '-읍시다'는 동사 뒤에 붙어 말하는 사람이 듣는 사람에게 어떠한 행동을 같이 하자고 요청할 때 사용하는 종결어미이다. 따라서 '-읍시다'의 주어는 반드시 말하는 사람과 듣는 사람이 포함된 '우리'가 되어야 하며 종종 생략될 수 있다.

+ 주로 말하는 사람과 동등한 관계이거나 아랫사람일 경우에 사용하며, 공식적인 자리에서 많은 사람을 대상으로 요청할 때 사용할 수 있다. 격식체인 '-읍시다'는 비격식체인 '-어요'에 비해 정중하고 예의바른 표현으로 잘못 여겨진다. 이로 인해 한국어 학습자들이 나보다 윗사람이거나 나이가 많은 사람에게 어떤 행동을 하자고 청할 때 '-읍시다'를 사용하는 오류를 범하는 일이 많다. 하지만 '-읍시다'는 윗사람에게 예의를 갖추어 말하는 경우에는 사용할 수 없다. 이럴 때는 '-으시지요'를 사용해서 이야기해야 한다. '-읍시다'가 윗사람에게는 사용되지 않는다는 점을 강조해 준다.

형태 정보

① 동사 어간 끝음절에 받침이 있으면 '-읍시다'를 쓴다.

예) 먹- + -읍시다 → 먹읍시다 　 받- + -읍시다 → 받읍시다
잡- + -읍시다 → 잡읍시다 　 찾- + -읍시다 → 찾읍시다
참- + -읍시다 → 참읍시다 　 읽- + -읍시다 → 읽읍시다

② 동사 어간 끝음절에 받침이 없거나 'ㄹ' 받침으로 끝나면 '-ㅂ시다'를 쓴다. 단, 'ㄹ' 받침으로 끝날 때는 'ㄹ'이 탈락한다.

예) 가- + -ㅂ시다 → 갑시다 　 오- + -ㅂ시다 → 옵시다
기다리- + -ㅂ시다 → 기다립시다 　 공부하- + -ㅂ시다 → 공부합시다
팔- + -ㅂ시다 → 팝시다 　 만들- + -ㅂ시다 → 만듭시다

+ '-읍시다'는 동사 어간의 받침 유무에 따라 형태가 달라지며, 특히 'ㄹ' 받침으로 끝나는 동사의 경우는 'ㄹ'이 탈락하고 '-ㅂ시다'가 결합한다.

①	받침 ○	+ -읍시다	먹읍시다, 받읍시다, 잡읍시다, 찾읍시다, 참읍시다, 읽읍시다
②	받침 ×	+ -ㅂ시다	갑시다, 옵시다, 기다립시다, 공부합시다
	ㄹ 받침	+ -ㅂ시다(어간 'ㄹ' 탈락)	팝시다, 만듭시다

③ 불규칙

듣- 　 예) 다른 사람의 이야기를 잘 **들읍시다**.

돕- 　 예) 같은 중학교 동창끼리 서로 **도웁시다**.

낫- 　 예) 푹 쉬고 빨리 **나읍시다**.

문장 구성 정보

① 형용사와 결합하지 않는다. 그렇지만 일부 형용사는 다음과 같이 결합할 수 있다.

예) 우리 모두 **예쁩시다**. (x)
착합시다. (x)

예) 우리 모두 **침착합시다**.
우리 좀 더 **부지런합시다**.
모두 자신의 일에 **충실합시다**.

+ 이 외에도 '정직하다, 냉정하다, 성실하다' 등이 결합할 수 있다.

② 제안하여 의견을 물어보는 상황에서 사용하는 '-을까요'의 대답으로 그렇게 같이 하자는 의미로 '-읍시다'를 자주 함께 사용한다.

예) (1) 가: 점심에 같이 비빔밥을 먹을까요?
나: 네, 비빔밥을 **먹읍시다**.
(2) 가: 방 안이 더운데 창문을 열까요?
나: 네, 창문을 **엽시다**.

③ 부정문은 '-지 맙시다'로 쓴다.

예) 쓰레기를 **버리지 맙시다**.
차도로 **걷지 맙시다**.
잔디밭에 **들어가지 맙시다**.
시험지에 답을 연필로 **쓰지 맙시다**.

④ '같이, 함께'와 같은 부사와 자주 붙어서 쓰인다.

예) 우리 함께 테니스를 **칩시다**.
우리 같이 제주도에 **놀러갑시다**.

확장

① 말하는 사람이 듣는 사람에게 어떤 일을 요구하거나 양해를 구할 때 사용한다. '좀'과 함께 사용하는 경우가 많다.

예) 나 좀 **봅시다**.
미안하지만 저 좀 **내립시다**.
언제 한번 **봅시다**.
거기 좀 조용히 **합시다**.

+ '-읍시다'의 주어는 주로 '우리'이며, 생략하는 경우가 많다. 그러나 '나 좀 봅시다.', '저 좀 내립시다.'처럼 어떤 일을 요구하거나 양해를 구할 때는 1인칭 단수를 주어로 사용하기도 한다.

② 동사 '치다, 하다'에 붙어 어떠한 내용을 가정할 것을 제안할 때 사용한다.

예) 나한테 돈 천만 원이 있다고 **칩시다**.
여기에 대통령이 있다고 **합시다**.

유사 문법

① '-읍시다', '-어4)', '-자'

-읍시다	-어4)	-자
· 제안, 권유를 나타낸다.		
· 자기보다 윗사람이나 높은 사람에게 사용할 수 없다. 예) 선생님, 우리 점심을 **먹읍시다**. (x) 사장님, 저희 집에 **갑시다**. (x)	· 윗사람에게 말할 때 사용할 수 있다. 단 이 경우 매우 친밀한 관계에서만 사용할 수 있다. 예) 선생님, 이번 주말에 같이 **등산해요**. (o) 아버지, 내일 우리 가족 모두 **외식해요**. (o)	· 말하는 사람과 친구이거나 아랫사람에게 어떤 행위를 하자고 요구할 때 사용할 수 있다. 예) 영수야, 우리 이번 주에 영화 보러 **가자**. (o) 엄마, 오늘 오후에 나랑 밖에서 **만나자**. (x)

이렇게 도입해 보세요

(1) 교사: (동사 카드를 보여 주며) 여러분, 무엇을 하고 싶어요.
학생: 여행 가고 싶어요.
교사: 그래요? 그럼 우리 같이 여행을 가요. 여행을 **갑시다.**
(동사 카드를 보여 주며) 여러분, 무엇을 하고 싶어요?
학생: 쇼핑을 하고 싶어요.
교사: 네, 좋아요. 우리 같이 쇼핑을 해요. 쇼핑을 **합시다.**
(동사 카드를 보여 주며 학생들이 말하게 한다.)
지금부터 같이 하고 싶은 것을 **'읍시다'**로 말해 보세요.
학생: **공부합시다, 먹읍시다, 걸읍시다.**

(2) 교사: 주말에 모두 다함께 소풍 가요! 어디에 갈까요?
학생: 롯데월드에 가요.
교사: 롯데월드에 가요. 우리 같이 롯데월드에 **갑시다.**
가다. **읍시다. 갑시다.** 롯데월드에 **갑시다.**
롯데월드에 앤디 씨하고, 줄리아 씨하고, 미셸 씨하고, 모두 같이 가요.
갑시다.

+ '-읍시다'를 도입할 때 '우리 같이'라는 말과 함께 사용하여 말하는 사람이 듣는 사람과 함께 어떤 행동을 같이 하자고 권유하는 상황을 보여 준다. 칠판에 듣는 사람과 말하는 사람을 그리고 가운데에 '-읍시다'를 써서 학습자들이 의미를 쉽게 이해할 수 있도록 하는 방법도 좋다.

+ 명령을 나타내는 '-으세요'를 먼저 학습했을 경우, 말하는 사람이 시키는 것과 말하는 사람이 함께 하는 청유의 차이를 확실하게 알도록 비교해서 연습을 해도 좋다.

+ (2)를 충분히 이해시킨 후에 소풍 이외에도 영화 관람, 스포츠 경기 관람, 문화 체험, 여행, 방학 계획 등의 상황을 다양하게 제시하여 학습자들 스스로 장소, 시간, 교통수단 등을 제안하는 연습을 하게 할 수 있다.

-지{-지요}

이미 알고 있는 사실을 재확인하며 1) **서술** 2) **질문**함을 나타내는 종결어미.

-지1) (동사나 형용사, '이다, 아니다'에 붙어) 말하는 사람이 어떠한 사실에 대해 듣는 사람도 알고 있다고 전제하여 말함을 나타낸다. 주로 상대방의 의견에 동의하거나 사실을 재확인시킬 때 사용한다.

예문

(1) 가: 요즘에도 주말에 자전거를 타세요?
나: 네, 주말이면 한강에 가서 자전거를 **타지요**.

(2) 가: 요즘 감기에 걸린 사람이 많아요.
나: 맞아요, 날씨가 추워서 감기에 걸린 사람이 **많지요**.

(3) 가: 이 전자사전은 정말 비싸요.
나: 이게 최신 모델이니까 가격이 **비싸지요**.

(4) 가: 필립 씨, 친구들이 다 착한 거 같아요.
나: 네, 그래요. 특히 흐엉 씨가 **착하지요**.

(5) 가: 벌써 겨울인 것 같아요. 너무 추워요.
나: 11월 말이니까 추울 때가 **되었지요**.

(6) 가: 오늘 영화 보는 게 어때요?
나: 역시 주말에는 영화를 보는 게 최고**지요**.

(7) 가: 시험공부 안 해?
나: 맞다. 내일 시험**이지**.

학생들은 주로 학생 식당에서 밥을 **먹지요**.

필립 씨는 매주 토요일마다 등산을 **하지요**.

가방에 책이 많이 들어 있어서 **무겁지요**.

퇴근 시간에는 지하철이 **빠르지요**.

서울에서는 미국이 **멀지요**.

줄리아 씨는 영국 사람**이지요**.

요즘은 경기가 좋지 **않지요**.

우리는 작년에 한국에 **왔지요**.

여기에서 기다리면 언젠가는 **만나겠지요**.

수지 씨의 동생은 고등학생이니까 성인이 **아니지요**.

+ '-지1)'은 말하는 사람과 듣는 사람이 모두 이미 알고 있는 사실을 말할 때 사용하는 종결어미이다. 높임 표현으로는 '요'가 결합한 '-지요'의 형태로 사용한다. 주로 먼저 말을 꺼낸 사람이 준 정보, 즉, '친구들이 착하다'는 정보에 대해 동의하면서 '특히 흐엉 씨가 착하다'는 사실을 재확인할 때 사용한다. 또한 '여기에서 기다리면 언젠가는 만나겠지요.'처럼 말하는 사람 자신에 관한 이야기나 자신의 생각을 친근하게 말할 때도 사용할 수 있다.

형태 정보

① 동사 및 형용사 어간 끝음절의 받침 유무에 관계없이 '-지'를 쓴다.

예) 먹- + -지 → 먹지 받- + -지 → 받지
살- + -지 → 살지 만들- + -지 → 만들지
작- + -지 → 작지 귀엽- + -지 → 귀엽지
멀- + -지 → 멀지 길- + -지 → 길지
있- + -지 → 있지 없- + -지 → 없지
사- + -지 → 사지 공부하- + -지 → 공부하지
크- + -지 → 크지 예쁘- + -지 → 예쁘지

①	받침 ○	+ -지	먹지, 받지, 살지, 만들지, 작지, 귀엽지, 멀지, 길지, 있지, 없지
	받침 ×		사지, 공부하지, 크지, 예쁘지

② '이다, 아니다'는 '-지'를 쓴다. 단, '이다' 앞의 명사에 받침이 없으면 주로 '명사+-지'라고 쓴다.

예) 사람이- + -지 → 사람이지 가방이- + -지 → 가방이지
책이- + -지 → 책이지 구두이- + -지 → 구두이지/구두지
자전거이- + -지 → 자전거이지/자전거지 아니- + -지 → 아니지

확장

① '-지'에 '요'가 붙어 높임 표현으로 사용하는 '-지요'는 '-죠'로 줄여 쓸 수 있다.

예) 시간이 있으면 조용히 음악을 **듣지요**.
=시간이 있으면 조용히 음악을 **듣죠**.
미도리 씨도 한국대학교에서 한국어를 **배우지요**.
=미도리 씨도 한국대학교에서 한국어를 **배우죠**.

② 동사에 붙어 듣는 사람에게 말하는 사람과 함께 어떤 행동을 할 것을 요청할 때 사용할 수 있다.

예) 저희들하고 같이 **가시지요**.
오늘 함께 술 한 잔 **하지요**.
제 책이라도 같이 **보시지요**.
오늘은 저희 집에서 함께 **주무시지요**.

+ '같이, 함께' 등의 부사와 어울려 자주 쓰인다. 또한 일반적으로 행위의 주체인 상대방을 높여, '-시-'와 결합한 '-으시지요'의 꼴로 자주 쓰인다.

③ 동사에 붙어 듣는 사람에게 어떤 행동을 공손하게 요구하거나 명령 또는 권유할 때 사용할 수 있다.

예) 이제 그만 **일어나시지요.**
그냥 이걸로 **정하시지요.**
저쪽에서 담배를 **피우시지요.**
밖에서 **기다리시지요.**

+ 일반적으로 행위의 주체인 상대방을 높여, '-으시-'와 결합한 '-으시지요'의 꼴로 자주 쓰인다.

④ 동사에 붙어 이미 일어난 상황이 말하는 사람의 원하는 것과 달라 마음에 들지 않음을 나타낼 때 사용할 수 있다.

예) 흐엉 씨도 함께 데리고 **가시지요.** 왜 혼자 두고 가셨어요?
여기 있던 빵을 다 드셨네요. 제 것도 좀 남겨 **놓으시지요.**
앤디 씨를 많이 도와주셨군요. 저도 좀 **도와주시지요.**
미셸 씨 것도 사 **오지요.** 왜 다른 사람들 것만 사 오셨어요?

+ 일반적으로 행위의 주체인 상대방을 높여, '-으시-'와 결합한 '-으시지요'의 꼴로 자주 쓰인다.

유사 문법

① '-지1)', '-어1)'

<table>
<tr><th>-지1)</th><th>-어1)</th></tr>
<tr><td colspan="2">· 어떤 동작이나 상태를 서술함을 나타낸다.</td></tr>
<tr><td>· 말하는 사람이 말하는 내용을 듣는 사람도 알고 있다고 생각하고 확인하듯 말할 때 사용한다.
예) 가: 이 꽃은 향기가 참 좋아요.
나: 네, 향기가 참 좋지요.
(그 꽃의 향기가 좋다는 사실을 말하는 사람이 이미 알고 있고 듣는 사람도 그 사실을 알고 있다고 생각함.)</td><td>· 말하는 사람이 말하는 내용을 듣는 사람도 알고 있다고 전제하지 않고 말할 때 사용한다.
예) 가: 이 꽃은 향기가 참 좋아요.
나: 네, 참 좋네요.
(말하는 사람이 그 꽃의 향기가 좋다는 사실을 듣는 사람이 모르고 있다고 생각함.)</td></tr>
</table>

이렇게 도입해 보세요

(1) 교사: (창밖의 풍경이나 하늘을 가리켜 주의를 환기시키며)
선생님은 오늘 추워요. 여러분은 오늘 날씨가 어때요?
학생: 추워요.
교사: 네, 추워요. 날씨가 **춥지요**.
선생님은 옷을 따뜻하게 입었어요. 여러분도 따뜻하게 입었어요? **입었지요**?
학생: 네, 입었어요.

(2) 교사: 내일이 무슨 요일이에요?
학생: 목요일이에요.
교사: 내일도 학교에 와요?
학생: 네, 학교에 와요.
교사: 맞아요. 학교에 와요. 학교에 **오지요**. 내일은 평일이에요. 주말이 아니에요. 학교에 와요. 내일도 학교에 **오지요**.

+ '-지1)'을 도입할 때는 선생님도 알고 학생들도 알고 있는 '날씨'나 '요일'과 같은 일상적인 상황을 제시하여 모두 알고 있지만 한 번 더 확인함을 나타낼 때 사용한다고 가르친다.

-지2) (동사나 형용사, '이다, 아니다'에 붙어) 말하는 사람이 어떠한 사실을 듣는 사람도 알고 있다고 생각하고 다시 한 번 질문함을 나타낸다. 주로 이미 알고 있는 사실을 다시 확인할 때 사용한다.

예문

(1) 가: 왕밍 씨는 기숙사에서 **살지**?
나: 응, 기숙사에서 살아.

(2) 가: 지금 밖에 비가 **오지요**?
나: 아니요, 아까 왔는데 지금은 안 와요.

(3) 가: 한국어 배우기가 **재미있지요**?
나: 네, 어렵지만 재미있어요.

(4) 가: 그 가게의 물건 값이 좀 **비싸지요**?
나: 네, 그래서 다른 가게에서 샀어요.

(5) 가: 약속 시간이 5시**지요**?
나: 맞아요. 5시에 만나요.

여기가 한국대학교 **맞지요**?

우리 회사는 크리스마스 때 **쉬지요**?

그 영화는 정말 **재미있지요**?

여보세요, 거기 대한 여행사**지요**?

한국 사람들은 옛날에 모두 한복을 **입었지요**?

수지 씨는 영어를 **잘하지요**?

김치가 **맵지요**?

제주도는 섬**이지요**?

세종 대왕이 한글을 **만드셨지요**?

지금 점심을 드실 거**지요**?

+ '-지2)'는 듣는 사람이 이미 알고 있다고 믿으면서 그 사실을 확인하듯 물어볼 때 사용하는 종결어미이다. 주로 말하는 사람과 듣는 사람이 모두 아는 사실을 재확인하거나 그러한 사실에 대해 동의를 구할 때 사용한다.

형태 정보

앞의 '-지1)'을 참고한다.

유사 문법

① '-지2)', '-어2)'

-지2)	-어2)
· 어떤 동작이나 상태를 질문함을 나타낸다.	
· 말하는 사람이 아는 내용을 듣는 사람도 알고 있다고 생각하고 확인하며 질문할 때 사용한다. 예) 가: 이 꽃은 향기가 참 좋아요. 나: 네, 향기가 참 **좋지요**? (그 꽃의 향기가 좋다는 사실을 말하는 사람이 이미 알고 있고 듣는 사람도 그 사실을 알고 있다고 생각함.) 예) 가: 지금 비가 **오지요**? 나: 네, 비가 와요. (말하는 사람이 '비가 온다'는 사실을 알고 확인하며 물어봄.)	· 말하는 사람이 자신이 모르는 내용을 듣는 사람에게 물을 때 사용한다. 예) 가: 지금 비가 **와요**? 나: 네, 비가 와요. (말하는 사람은 비가 오는지 오지 않는지 모름. 모르는 것을 알기 위해 질문함.)
· 선택 의문문으로 사용되지 않는다. 예) 비가 **오지요**? 안 **오지요**? (x)	· 선택 의문문으로 사용된다. 예) 비가 **와요**? 안 **와요**? (o)

이렇게 도입해 보세요

(1) 교사: 왕밍 씨, 선생님에게 책을 주세요.
(모든 학생이 보고 있는 가운데 받은 책을 보여 주며)
여러분, 이 책은 누구의 책이에요?
학생: 왕밍 씨의 책이에요.
교사: 네, 왕밍 씨의 책이에요. 왕밍 씨의 책**이지요**?

(2) 교사: 앤디 씨는 어디에서 살아요?
학생: 학교 앞에서 살아요.
교사: 학교까지 얼마나 걸려요?
학생: 걸어서 5분쯤 걸려요.
교사: 와, 가까워요. 여러분, 앤디 씨 집이 **가깝지요**?
학생: 네, 가까워요.

+ '-지2)'를 도입할 때 말하는 사람과 듣는 사람이 모두 알고 있는 사실, 즉 '줄리아 씨 집이 가깝다'는 사실을 모두 알고 있음을 먼저 강조한 다음 그러한 사실을 다시 한 번 확인하여 물어볼 때 '-지2)'를 사용한다고 가르친다.

+ 학습자들이 '-지2)'에 대해 이해했으면, '-어2)'의 용법과의 차이를 비교하면서 보충 설명을 할 수 있다. "선생님의 집이 가까워요? 몰라요. 그러면 '선생님의 집이 가까워요?'라고 물어요. 그런데 줄리아 씨의 집이 가까워요. 우리가 알아요. 그러면 '줄리아 씨의 집이 가깝지요?'라고 확인하면서 물어요."와 같이 비교하여 가르친다.

찾아보기

저자 소개

양명희(Yang Myunghee)

중앙대학교 국어국문학과 교수

대표 논저 『현대국어 대용어에 대한 연구』(1998)

『한국어 듣기교육론』(2011, 공저)

『사회언어학: 언어와 사회, 그리고 문화』(2014, 공저)

이선웅(Yi Seonung)

경희대학교 외국어대학 한국어학과 교수

대표 논저 『국어 명사의 논항구조 연구』(2005)

『한국어 문법론의 개념어 연구』(2012)

『한국어 어휘 교육』(2010, 공저)

『한국어 문법 총론 Ⅰ·Ⅱ』(2015~6, 공저)

안경화(Ahn Kyunghwa)

서울대학교 언어교육원 대우부교수

대표 논저 『한국어 교육의 연구』(2007)

『영어 교육을 위한 화용론』(2011, 공저)

『외국인을 위한 한국 문화 30강』(2014, 공저)

김재욱(Kim Jaewook)

한국외국어대학교 교육대학원 외국어로서의 한국어교육 전공 교수

대표 논저 『한국어 문법형태 연구』(2003)

『외국어로서의 한국어 문법론』(2003, 공저)

『외국어로서의 한국어교육학 개론』(2005, 공저)

『한국어교수법』(2010, 공저)

정선화(Jeong Sunhwa)

중앙대학교 국어국문학과 교수

대표 논저 『(알기 쉽고 재미있는) 중앙 한국어 1~4』(2012, 공저)

『Korean Speaking Beginner 2 -Easy for Foreigners』(2014)

유해준(Yoo Haejun)

경상국립대학교 국어교육과 부교수

대표 논저 『한국어 문법 연습』(2013)

『韓國語口語教育』(2010, 공저)